헌법소송법

김 래 영

法 文 社

머 리 말

　헌법소송법은 민사·형사·행정소송법과 마찬가지로 절차법이다. 법원조직법, 검찰청법, 정부조직법과 같은 헌법소송 기관 조직을 규율하는 별도의 법률을 만들지 않고 헌법소송 절차를 아울러 규정하면서 헌법재판소법이라 이름붙였다. 이 책의 제목을 헌법소송법이라 한 까닭이다.

　어떤 법률이나 공권력 행사가 헌법에 위반되는지는 본안 문제이다. 본안 문제는 어쩔 수 없이 정치와 이념의 대립이 심할 수밖에 없다. 이와 달리 절차를 규정하는 헌법재판소법의 해석마저 정치와 이념에 좌우되어서는 안 된다. 그러나 헌법소송의 역사는 첫 단추인 헌법의 법원(法源) 문제부터 정치와 이념에 사로잡혔음을 보여준다.

　한 국가의 최고법인 헌법은 특히나 정치성, 이념성, 추상성이 강하다. 법을 해석하는 사람에 따라서 전혀 다른 내용의 해석이 가능하다. 선거의 자유와 공정의 관계나 헌법 제119조 제1항과 제2항의 관계를 헌법재판소와 대법원은 전혀 다르게 해석하고 있다. 한정위헌결정의 효력을 놓고도 헌법재판소와 대법원은 3건의 소송에서 날카롭게 대립하였다. 그 이면에는 자유와 정의의 이념 대립이 있었다. 의제규정 없는 사립대학교수를 공무원뇌물죄로 처벌할 수 있는지, 2년 만에 10억 원 가량의 시세차익을 올린 부동산양도에 과세를 하여야 하는지, 자산재평가를 5년여 만에 스스로 취소한 대기업이 수백억원의 납세의무를 면제받는 것을 규제하여야 하는지에 관한 문제이다.

　헌법뿐만 아니라 소송절차를 규정하는 법률 역시 정치와 이념에 어느 정도 좌우될 수밖에 없다. 하물며 정치법인 헌법에 관련한 소송을 규율하는 법률이나 그 해석에서는 더 심해질 수밖에 없다. 그렇다고 하더라도 절차를 규율하는 헌법소송법의 해석이 이념에 치우쳐서는 안 된다. 헌법소송법을 규율하는 하나의 이념이 있다면 민사소송과 행정소송에서의 대원칙인 신의성실의 원칙, 즉 정의(正義)이다.

　코로나 19로 온 세상이 혼란에 빠졌던 2020년은 자유와 평등이라는 이념 대립을 자유와 안전의 대립으로까지 넓혀놓았다. 더불어 정의나 공정 같은 개념이

다시 화두로 떠올랐다. 대학도 1년 내내 비대면수업만 하였다. 일부 혹은 많은 교회는 대면예배가 종교의 자유의 본질이라고 주장한다. 이 책은 대면예배 제한 이라는 본안의 위헌여부를 다투는 헌법소송이 어떻게 진행되는지, 절차규정을 어 떻게 해석하는지를 다룬다.

이 책을 쓰면서 가장 염두에 둔 것은 쉽게 쓰자는 것이었다. 형식 또는 문체 를 뜻하는 글의 틀뿐만 아니라 내용도 쉽게 쓰고자 하였다. 아무리 쉽게 쓴다고 한들 소송법이니만큼 실체법보다 훨씬 더 어려울 수밖에 없다. 재판을 해보지 않 은 학생들에게는 소송법 문장은 라틴어와 마찬가지다. 이 책 역시 재판의 전제성 과 관련하여 하자의 승계, 중대명백설 등을 다루는 부분은 학생들에게는 산스크 리트어로 보이리라 생각한다. 딴에는 쉽게 쓴다고 하였으니 참을성을 가지고 읽 어주기만을 바랄 뿐이다. 책의 내용 중 추가논의는 주요쟁점을 깊이 있게 다루었 는데, 그 일부는 이미 발표했던 논문을 다듬은 것이다. 이 책이 실무가와 연구자 들에게도 도움이 되었으면 하는 바람으로 추가한 내용이다.

판례나 법령은 2020. 11. 30.까지를 기준으로 하였다. 판례 인용은 관례를 따 랐다. 참고문헌은 따로 적지 않았다. 직접 인용한 책이나 글은 빠짐없이 본문 및 후주(後註)에 표시하였다. 후주에도 중요한 내용이나 제법 읽을 만한 것들이 있으 니 꼭 참고하기 바란다. 색인과 일러두기도 생략한다.

이 책의 체제는 은사이신 양 건 교수님의 헌법강의를 그대로 따랐다. 인생과 학문에서의 교수님의 가르침은 말이나 글로 표현할 수 없다. 이 책이 교수님 가 르침에 아주 조금이나마 보답할 수 있으리라는 희망찬 기대를 가져본다.

비대면 수업으로 하루 종일 집에 있는 애들과 남편의 투정을 다 받아주고 묵 묵히 뒷바라지하여 준 아내 정승희씨에게 감사의 뜻을 전한다. 두 딸에게도 고맙 다는 말을 천 번 만 번 하여도 모자란다. 이 책이 나올 수 있었던 것은 오직 아 내와 두 딸 덕분이다. 편집에 최선을 다하여준 편집부 김용석 선생에게도 감사의 뜻을 전한다.

2021년 1월
글쓴이

차 례

제 1 장 총 론

Ⅰ. 헌법재판의 의의 ··· 1
  1. 헌법재판의 개념 ·· 1
  2. 헌법재판의 이론적 토대 ·· 2
  3. 헌법재판의 기능 ·· 2

Ⅱ. 헌법재판의 유래 ·· 3

Ⅲ. 헌법재판의 본질 ·· 4

Ⅳ. 헌법재판제도의 유형 ·· 5

Ⅴ. 헌법재판의 한계 ·· 7
  1. 서 론 ·· 7
  2. 통치행위 일반론 ·· 8
  3. 미국에서의 정치문제이론 ··· 9
  4. 일본에서의 통치행위이론 ·· 10
    가. 미·일 안보조약과 미군의 일본주둔(최고재판소 1959. 12. 16. 판결,
        이른바 '스나가와(砂川) 판결') / 11
    나. 중의원(衆議院) 해산의 위헌여부(최고재판소 1960. 5. 8. 판결, 이른바
        '도마배치(苫米地) 판결') / 11
  5. 우리나라에서의 통치행위이론 ··· 11
    가. 학 설 / 11   나. 판 례 / 12

Ⅵ. 우리 헌법재판제도의 변천 ·· 22
  1. 제헌헌법(제1공화국 헌법) ·· 22
  2. 1960년 헌법(제2공화국 헌법) ·· 22
  3. 1962년 헌법(제3공화국 헌법) ·· 23
  4. 1972년 헌법(유신헌법) ··· 23
  5. 1980년 헌법(제5공화국 헌법) ·· 24

Ⅶ. 현행 헌법재판제도 개관 ·· 24

1. 헌법재판소의 헌법상 지위 ·· 24
　가. 헌법재판기관 / 24　　　　　　나. 헌법보장기관 / 24
　다. 정치적 사법기관 / 25　　　　　라. 국가최고기관 / 25

2. 헌법재판소의 관장사항 ·· 25

3. 헌법재판소와 법원의 관계 ·· 27
　가. 대등한 사법기관으로서의 관계 / 27
　나. 헌법재판에서 권한분할과 상호 기능 관련 / 28
　다. 상호 경합 관계 / 28
　라. 상호 갈등 관계 / 28
　마. 또 다른 미묘한 관계 / 31

4. 헌법재판소의 구성과 조직 ·· 33

5. 헌법재판소의 기타 권한 ·· 35

제 2 장　일반심판절차

Ⅰ. 서　　언 ·· 37

Ⅱ. 재 판 부 ·· 38

Ⅲ. 당 사 자 ·· 40

Ⅳ. 대표자·대리인 ·· 44

Ⅴ. 헌법재판의 심리 ·· 47
1. 개　　관 ·· 47

2. 입증책임 ·· 53

3. 준용규정 ·· 62

4. 심판기간 ·· 69

5. 가 처 분 ·· 70
　가. 서　　언 / 70　　　　　　　　나. 입법례 / 70
　다. 헌법재판소법 및 관련법의 가처분 규정 / 71
　라. 헌법재판 일반에 널리 가처분이 인정되는지 여부 / 72
　마. 판　례 / 76

6. 일사부재리, 중복제소, 소송참가 ································ 78

　　　가. 일사부재리 / 78　　　　　　　나. 중복제소금지 / 79
　　　다. 소송참가 / 80
　　7. 헌법재판소 결정의 효력 ……………………………………………… 82
　　　가. 확정력 / 82　　　　　　　　　나. 기속력 / 83
　　　다. 법규적 효력 / 91
　　8. 집행규정 ……………………………………………………………… 91
　　9. 재　　심 ……………………………………………………………… 93

제3장　위헌법률심판

Ⅰ. 총　　설 ……………………………………………………………………… 97
Ⅱ. 위헌법률심판제청 …………………………………………………………… 98
　　1. 제청권자 ……………………………………………………………… 98
　　2. 대　　상 …………………………………………………………… 100
　　　가. 국회 제정 법률 / 101　　　　　나. 입법부작위 / 105
　　　다. 긴급명령, 조약 / 107　　　　　라. 긴급조치 / 107
　　　마. 헌법규정 / 112
　　　바. 명령, 규칙, 조례, 관습법 / 113
　　3. 재판의 전제성 ……………………………………………………… 119
　　　가. ‘재판’의 의미 / 119　　　　　나. 재판의 ‘전제성’ / 122
　　　다. 재판의 전제성 요건의 심사 / 153
　　　라. 재판의 전제성 판단의 기준시점 / 155
　　4. 이미 심판을 거친 법률조항에 대한 위헌심판제청 …………… 156
　　5. 추가 논의 …………………………………………………………… 157
Ⅲ. 심판대상의 확정 …………………………………………………………… 160
　　1. 서　　언 …………………………………………………………… 160
　　2. 심판대상의 제한 …………………………………………………… 164
　　3. 심판대상의 확장 …………………………………………………… 167
　　　가. 동일 심사척도가 적용되는 경우 / 167
　　　나. 체계적으로 밀접한 경우 / 168
　　　다. 심판대상조항의 적용의 전제가 되는 경우 / 170
　　　라. 개정법률 등 유사법률조항에 대한 확장의 문제 / 172
　　　마. 기　타 / 174

4. 심판대상의 변경 ·· 174

Ⅳ. 위헌법률심판의 기준 ·· 177

1. 위헌법률심판에서 3가지 의미의 심사기준 ················· 177

2. 국 제 법 ··· 178

3. 관습헌법 ·· 180
　가. 서　언 / 180　　　　　　　　나. 헌법재판소 결정 / 180
　다. 비　판 / 184

4. 헌법판례 ·· 190

5. 자연법과 헌법 전문(前文) ··································· 191

Ⅴ. 위헌법률심판의 결정과 그 효력 ······························ 194

1. 서　　언 ·· 194

2. 위헌결정의 효력: 소급효와 장래효 ························· 196

3. 변형결정의 의의와 유형 ····································· 202

4. 한정합헌결정 ·· 205

5. 한정위헌결정 ·· 207

6. 헌법불합치결정 ·· 214

Ⅵ. 추가 논의 ·· 227

1. 재판의 전제성과 헌법재판소의 위헌법률심판권(헌재 2010. 9. 30. 2009헌
가23등 비판) ··· 227
　가. 사실관계 / 227　　　　　　　나. 관련 법 규정 / 227
　다. 헌법재판소의 판단 / 228　　　라. 비　판 / 229

2. 헌법불합치결정 관련 재미있는 반대의견(헌재 2015. 4. 30. 2013헌마
623) ··· 235
　가. 사건개요 / 235　　　　　　　나. 결정요지 / 236
　다. 재판관 이진성 등 3인의 반대의견 / 237

3. 국회는 간통죄 조항을 다시 형법에 추가할 수 있는가?: 간통죄 위헌결정
(헌재 2015. 2. 26. 2009헌바17등)의 효력 ···················· 237
　가. 서언: 결정이유 요약 / 237　　나. 기속력의 주관적 범위 / 238
　다. 기속력의 객관적 범위 / 238　　라. 소급효 제한의 문제 / 241
　마. 벌금형이 추가되어 간통죄가 부활한 경우의 특수문제 / 242
　바. 소급효와 관련한 여론(餘論) / 243

4. 법률 부칙 조항의 실효 여부도 위헌법률심판의 대상이 되는가?(헌법재판
소는 법원 재판의 당부를 심사할 수 있는가? ─ 헌재 2012. 5. 31. 2009헌바123

등 —) ··· 244
　가. 사건 개요 / 244　　　　　　나. 헌법재판소 결정 / 245
　다. 비　판 / 249
5. 법원의 위헌법률판단권 ·· 256
　가. 서　언 / 256
　나. 근거: 헌법재판소법 제47조의 해석 / 257
　다. 개별 사례 / 261

제 4 장　헌법소원심판

Ⅰ. 서　　설 ··· 271
　1. 의　　의 ··· 271
　2. 헌법소원의 기능 ·· 272
　3. 헌법소원제도의 법률유보 ······································ 272

Ⅱ. 헌법소원의 종류 ·· 273
　1. 개　　관 ··· 273
　2. 헌법소원종류의 직권 변경 ······································ 273

Ⅲ. 헌법소원심판의 청구권자 ·· 274
　1. 자 연 인 ··· 274
　2. 사법상의 법인 또는 단체 ······································· 275
　3. 국가기관과 공법인 ··· 276

Ⅳ. 헌법소원심판 청구절차와 청구기간 ·························· 278
　1. 서면주의, 변호사강제주의, 공탁금 납부 등 ·············· 278
　2. 피청구인 ··· 279
　3. 청구기간 ··· 280

Ⅴ. 헌법소원의 대상 ·· 289
　1. 개　　관 ··· 289
　2. 입법작용 ··· 292
　가. 법　률 / 292　　　　　　　나. 입법부작위 / 294
　다. 기　타 / 298

    3. 행정작용 ·· 298

    4. 사법작용 ·· 308

    5. 조례 기타 공권력 작용 ··· 315

  Ⅵ. 헌법소원의 적법요건 ·· 319

    1. 기본권 침해 ··· 319

    2. 법적 관련성: 자기관련성 ····································· 323

    3. 현 재 성 ·· 327

    4. 직 접 성 ·· 330

    5. 보 충 성 ·· 342

    6. 권리보호이익 및 심판이익 ··································· 344

  Ⅶ. 사전심사와 심리 ··· 348

  Ⅷ. 종국결정 ··· 349

    1. 종국결정의 종류와 정족수 ··································· 349

    2. 인용결정 ·· 349

  Ⅸ. 위헌심사형 헌법소원심판 ·· 351

    1. 당 사 자 ·· 351

    2. 심판대상 ·· 352

    3. 심판청구와 적법요건 ··· 357

    4. 가 처 분 ·· 359

    5. 결 정 ·· 359

  Ⅹ. 추가 논의 ··· 365

    1. 지방자치단체장 선거권은 기본권인가? ─헌재 2016. 10. 27. 2014헌마
    797─ ··· 365
      가. 사건의 개요 / 365   나. 결정요지 / 365
      다. 비 판 / 366

    2. 한정위헌청구의 적법성─헌재 2012. 12. 27. 2011헌바117─ ··········· 377
      가. 사건 개요 / 377   나. 헌법재판소의 판단 / 378
      다. 평 석 / 379

    3. 제68조 제1항, 제2항의 헌법소원을 병합하여 동시에 청구할 수 있는가?
    ··· 387
      가. 문제의 제기 / 387   나. 사건개요 / 387

다. 심판대상 / 388   라. 주문(主文) / 388
마. 비 판 / 388

제 5 장   권한쟁의심판

Ⅰ. 서   설 ·· 391

  1. 의   의 ·· 391

  2. 성   격 ·· 392

  3. 현행 제도의 내용상 특징 ··· 392

Ⅱ. 권한쟁의심판의 종류와 당사자 ··· 392

  1. 국가기관 상호간의 권한쟁의 ·· 393

  2. 국가와 지방자치단체간의 권한쟁의 ··································· 395

  3. 지방자치단체 상호간의 권한쟁의 ····································· 396

Ⅲ. 법원의 행정재판 관할권과의 관계 ···································· 397

  1. 행정소송법상 기관소송과의 관계 ····································· 397

  2. 지방자치법상 소송과의 관계 ·· 398

Ⅳ. 권한쟁의심판의 청구 ··· 401

  1. 청구절차 ·· 401

  2. 청구인적격과 제3자 소송담당 ··· 401

  3. 심판청구사유 ··· 403

    가. 처 분 / 404   나. 부작위 / 406
    다. '권한'의 침해 / 406
    라. 권한의 '침해' 또는 '침해가능성' / 408

  4. 청구기간 ·· 410

  5. 청구의 취하 ··· 411

Ⅴ. 권한쟁의심판의 대상 ··· 411

  1. 개   관 ·· 411

  2. 소극적 권한쟁의 ·· 412

Ⅵ. 심리와 가처분 ··· 413

1. 심   리 ·· 413

2. 가 처 분 ··· 413

Ⅶ. 결   정 ·· 415

1. 심판정족수 ··· 415

2. 결정의 유형과 내용 ·· 415

3. 결정의 효력 ·· 418

4. 이른바 부수적 규범통제 ·· 420

제 6 장   탄핵심판절차

Ⅰ. 서   언 ·· 422

Ⅱ. 탄핵소추 ··· 423

1. 탄핵대상자 ··· 423

2. 탄핵소추사유 ··· 425

3. 탄핵소추절차(발의와 의결) ··· 430

4. 탄핵소추의 효과 ··· 435

Ⅲ. 탄핵심판 ··· 436

1. 당 사 자 ·· 436

2. 심판의 대상·확정·추가 ·· 437

3. 심판청구의 취하 ··· 438

4. 탄핵심판의 심리 ··· 440

Ⅳ. 탄핵심판의 결정 ··· 441

1. 유형과 정족수 ·· 441

2. 결정 사유 ·· 443

3. 탄핵심판결정의 효력 ·· 445

제 7 장　정당해산심판

Ⅰ. 개　　관 ··· 447

Ⅱ. 정당해산심판의 청구 ··· 449

Ⅲ. 가 처 분 ·· 450

Ⅳ. 정당해산심판 절차(심리) ·· 453

　　1. 개　　관 ·· 453

　　2. 정당해산 사유 ·· 457

Ⅴ. 정당해산심판결정 ·· 465

　　1. 종국결정 ·· 465

　　2. 해산결정의 효력 ··· 466

■ 주 ··· 471

제 1 장
총 론

I. 헌법재판의 의의

1. 헌법재판의 개념

헌법재판은 헌법과 관련한 분쟁이 발생한 경우에 헌법규범을 기준으로 유권 해결하는 국가작용을 말하는 것으로 설명된다. 그러나 헌법재판의 대상을 반드시 헌법 '분쟁'에 한정하여 그 개념을 좁게 이해하여서는 안 된다. '분쟁'이라는 개념이 대립되는 당사자를 전제로 하고 있는 점, 탄핵심판이나 위헌정당해산심판, 나아가 민·형사재판에서 법원의 직권에 의한 위헌법률심판제청의 경우에는 문의(文意) 그대로의 헌법 '분쟁'을 전제로 하고 있지 않다는 점을 고려하면, 헌법분쟁뿐만 아니라 헌법침해의 경우도 헌법재판의 대상에 포함된다고 하여야 한다. 특히 프랑스의 예에서 볼 수 있듯이, 국회를 통과한 법률에 대하여 그 시행 이전에 정부나 기타 기관의 제소 여부와 관계없이 헌법재판기관이 사전예방적 위헌법률심사를 하는 경우에는 헌법 분쟁과는 무관하다고 할 수 있기 때문이다. 추상적 규범통제와 제2공화국 헌법이 규정하였던 '헌법에 관한 최종적 해석'의 경우도 마찬가지이다.

헌법재판의 구체적 내용은 나라마다 다르지만, 그 중심은 법률의 위헌여부를 심사하는 '위헌법률심사'라고 할 수 있다. 미국·일본 등에서는 이를 '사법심사'(司法審査, judicial review)라 하고, 독일에서는 이를 '규범통제'(規範統制, Normenkontrlle)라고 한다. 규범통제 이외에 헌법소원심판, 위헌정당해산심판, 탄핵심판, 권한쟁의심판 및 선거소송 등이 넓은 의미의 헌법재판에 포함된다.

우리 헌법은 헌법재판소가 관장하는 헌법재판의 종류로 위헌법률심판, 탄핵심판, 정당해산심판, 권한쟁의심판, 헌법소원심판 5가지 경우만을 규정하고 있다. 명령·규칙의 위헌·위법심사권 및 선거소송은 법원의 관할로 하고 있다.

2. 헌법재판의 이론적 토대

헌법재판은 애초부터 성문헌법 규정에 의하여 인정된 제도가 아니다. 1803년 미국 연방대법원의 판례에 의하여 최초로 인정된 이후, 법원에 의한 사법심사를 규정한 노르웨이의 1869년 헌법과 헌법재판소에 의한 규범통제를 규정한 오스트리아의 1920년 헌법이 미국의 제도를 본받아 이를 법제화하였다.

헌법재판의 이론적 토대는 헌법의 최고법규성에서 찾을 수 있다.[1] 한 국가의 최고법규범인 헌법에 위반되는 법률·명령 기타 공권력의 행사를 무효라고 선언할 수 있어야만 헌법의 최고법규성이 보장될 수 있기 때문이다. 헌법의 최고법규성은 성문(成文)의 경성(硬性)헌법에 의하여 더욱 강하게 보장될 수 있다. 미국 연방대법원이 사법심사이론을 창조한 것이 아니라, 헌법개정절차를 일반 법률 개정절차보다 더 엄격하게 요구하고 있는 경성헌법조항에서 헌법의 최고법규성을 인정할 수 있고, 사법심사제는 이러한 헌법해석에 따른 당연한 귀결이라고 하는 견해는 이런 의미에서 설득력 있다. 법원의 부수적 사법심사제의 이론적 토대는 이 판결 이전 미국 '연방주의자논집(The Federalist Papers)'에서 해밀턴이 제시한 바 있다.

한편 불문법국가인 영국의 1610년 Bonham 사건에서 Edward Coke 판사가 "의회가 제정한 법률이 common law에 위반되어서는 아니된다"고 판시한 것에서 헌법재판의 근거를 찾는 견해도 있다.

3. 헌법재판의 기능

헌법재판의 기본 기능은 헌법을 보장하는 것이다. 헌법재판제도가 제대로 운용되는 경우에 헌법의 규범력이 실제 효력을 갖게 되고 헌법의 침해로부터 헌법을 보호하게 된다. 반면 헌법재판제도가 없거나 실제로 작동되지 않으면 헌법은 단순한 정치선언에 불과하다는 비판을 면할 수 없다.[2]

헌법재판에 의하여 헌법의 실질 규범력이 작동하면 이를 통하여 헌법재판은 기본권을 보장하고 권력을 통제하는 기능을 한다. 헌법이 국가기구의 조직 및 구성에 관한 법이고, 이러한 통치구조는 기본권에 기속되어야 한다는 점을 생각하면 쉽사리 이해될 수 있을 것이다. 국민의 기본권을 제한하는 법률에 대한 위헌법률심판, 입법 및 행정 기타 공권력 작용에 대한 헌법소원심판이 이러한 기능을 충실히 수행한다고 할 수 있다.

또한 헌법재판은 정치분쟁 해결기능을 한다. 국가기관 상호간 및 국가와 지방자치단체 간의 분쟁을 해결하는 권한쟁의심판이 이러한 기능을 수행한다. (대통령에 대한) 탄핵심판 역시 기본적으로 국회와 대통령 간의 정치분쟁이라는 점을 고려하면 이러한 기능을 수행한다고 할 수 있다. 다만 헌법재판소가 정치분쟁에 너무 깊숙이 관여하게 되면 정치의 사법화와 동시에 사법의 정치화를 유발하는 부작용이 발생한다.

Ⅱ. 헌법재판의 유래

헌법재판의 핵심인 위헌법률심사는 미국 연방대법원 판례를 통하여 처음 등장하였다. 1803년의 Marbury v. Madison(5 U.S. 137) 판결이 그 효시이다. 그 내용의 대략은 다음과 같다(양 건, 헌법강의 제9판, 법문사, 2020, 1461-2쪽 인용).

1800년 대통령선거에서 Thomas Jefferson이 당선되어 연방주의자당(Federalist Party)에서 민주당으로 정권이 교체되었다. 제2대 대통령 John Adams는 퇴임하기 직전에 Marbury를 비롯한 많은 연방주의자들을 판사로 임명하였는데, 국무장관 John Marshall이 실수로 Marbury에게 임명장을 교부하지 않았다. John Marshall은 곧 대법원장 취임이 예정되어 있는 차였다. 제3대 대통령 Thomas Jefferson의 취임 후 국무장관 James Madison은 대통령의 명령에 따라 Marbury에게 임명장을 교부하지 않았다. Marbury는 국무장관 Madison에게 임명장 교부를 청구하는 직무이행소송을 제기하였다. 이 소송은 법률에 따라 제1심 관할인 연방대법원에 제기되었다. Marshall은 자신의 실수로 초래된 이 소송의 재판장을 맡게 된 것이다.

Marshall은 딜레마에 빠지게 되었다. 임명장 교부를 명하는 판결을 하는 경우에는 국무장관이 이를 무시하고 불이행할 것이 예견되었고, 반면 임명장을 교부하지 않는 것이 위법임에도 불구하고 이를 적법한 것으로 판단한다면 이는 법원의 정치적 굴복을 의미할 것이었기 때문이다. Marshall은 교묘한 절충적인 선택

을 하였다. Marshall은 먼저 임명장 불교부가 위법이며, 이에 대하여 직무이행영
장(writ of mandamus)으로 구제받을 수 있다고 보았다. 그러나 그는 직무이행영
장을 발부하지 않았는데, 그 이유를 다음과 같이 제시하였다.

> "이 사건과 같은 경우, 헌법에 따르면 연방대법원은 오직 상소심만 관할할 수 있
> 는데, 이 사건에 적용된 법률에 의하면 연방대법원이 제1심을 관할하도록 규정하
> 였다. 법원이 적용할 법률이 헌법과 충돌(헌법에 위반)하는 경우에 법원은 이를
> 적용할 수 없으며, 법률의 위헌여부의 판단은 재판에 따른 법원의 부수적 권한이
> 다."

이 판결을 통하여 대법원장 Marshall은 법적 의무와 헌법해석에 관한 문제에
서 사법부가 입법부와 행정부에 우월하다는 원칙을 유지하면서, 현실 정치에 적
응하는 선택을 취한 것이다.

Ⅲ. 헌법재판의 본질

헌법재판의 본질은 다음 두 가지 관점에서 접근할 수 있다.

첫째, 헌법재판의 제도와 기능이라는 측면에 비추어 헌법재판의 본질을 설명
하는 관점이다. 헌법재판은 헌법해석이라는 면에 비추어 사법작용으로 보는 견
해, 헌법재판의 주된 대상이 정치 분쟁이라는 점에 착안하여 정치작용으로 보는
견해, 헌법재판은 헌법을 보충하고 그 내용을 형성하는 기능을 갖는다고 보아
입법작용으로 보는 견해, 입법·행정·사법 외의 제4의 국가작용으로 보는 견해
등도 있다. 헌법규범의 강한 정치성과 재판제도라는 본질을 종합하여 정치적 사
법작용으로 보는 것이 일반적인 견해이다.

우리 헌법재판소도 "(……)사법기관의 일종인 헌법재판소로서는"이라고 설시
하여(헌재 1994. 8. 23. 92헌마174) 헌법재판은 사법작용의 하나라고 스스로 밝히고
있다. 다만 헌법해석이 일반 법률의 해석과 달리 법창조 성격이 강하기 때문에
헌법재판, 특히 위헌법률심판의 경우에는 입법작용으로서의 성격을 부인할 수
없다. 즉 헌법재판소가 간통죄와 혼인빙자간음죄 규정을 위헌으로 선언한 것은
헌법재판소가 형법을 개정하여 이들 형벌규정을 폐지한 것과 같은 효과를 가져
오기 때문이다. 헌법재판의 바탕이 의회불신을 반영하는 제도이고, 이에 따라 헌

법제정권력자로서의 국민이 입법권의 일부를 다른 국가기관인 헌법재판소에 부여한 것이라고 볼 수 있다.[3]

둘째, 헌법재판은 사실인정과 법의 해석·적용을 주내용으로 하는 일반 민·형사재판과 달리 헌법의 해석을 주된 임무로 한다(헌재 2005. 12. 22. 2005헌마 330). 따라서 헌법재판의 내용인 헌법해석이 법발견이냐 법창조이냐 하는 헌법의 기본이론 내지 헌법철학 문제와 직결되지 않을 수 없다(이에 관하여서는 양 건, 45쪽 이하 참조).

Ⅳ. 헌법재판제도의 유형

헌법재판제도의 유형은 비교헌법재판론을 전공한 Mauro Cappelletti의 분류에 따르는 것이 보통이다. 그는 헌법재판제도를 헌법재판을 담당하는 기관이 집중되어 있는지의 여부에 따라서 집중형과 분산형으로 분류하고 있다.

집중형은 단일한 헌법재판기관이 헌법재판을 담당하여 심사권한이 집중되어 있는 제도를 말한다. 오스트리아 헌법재판제도가 그 원형이고, 독일·스페인·이탈리아 등이 집중형 헌법재판제도를 채택하고 있다. 다만 집중형 국가에서도 헌법재판의 세부 내용은 상이하다. 집중형의 규범통제는 크게 3가지 기준으로 다음과 같이 분류할 수 있다.

첫째, '사건성'을 기준으로 구체적 규범통제와 추상적 규범통제로 구분할 수 있다. 전자는 법률(명령 등을 포함하는 경우가 있다)의 위헌여부가 재판의 전제가 된 경우에 소송당사자의 신청이나 법원의 직권에 의하여 법령의 위헌여부를 심사하는 제도이고, 후자는 이러한 재판의 전제성, 즉 사건성을 필요로 하지 않고 일반국민이 법령의 위헌여부의 심사를 청구할 수 있는 제도이다.

둘째, '심사시기'에 따라 사전예방형과 사후교정형으로 분류할 수 있다. 대부분의 집중형 국가에서는 사후교정형 위헌심사제도를 채택하고 있지만, 프랑스는 사전예방형 위헌심사제를 채택하고 있다. 정부조직법 등 통치구조 관련 법률을 제외한 기본권 관련 법률이 의회를 통과하여 공포되기 전 헌법재판소(Conseil Consttutionnel)의 심판을 거치게 한다. 다만 프랑스도 2008년 헌법개정을 통하여 헌법재판소에 위와 같은 사전예방형 위헌심사에서 나아가 헌법이 보장하는 자유와 권리를 침해하는 법률규정은 최고행정법원 또는 최고통상법원의 제청에 의하여 사후교정형 위헌심사를 할 수 있도록 하였다.

셋째, 일반법원과 헌법재판소의 관계에 따라 오스트리아형과 독일형으로 구분할 수 있다. 집중형의 원형인 오스트리아에서는 민·형사법원(통상법원), 행정법원, 헌법재판소라는 3개의 최고법원이 상호 독립하여 구성되고 동등한 지위에 있다. 반면, 독일에서는 헌법재판소가 사법부의 최고정점을 이루고 있고, 일반법원의 상급기관이라고 할 수 있다. 따라서 오스트리아에서는 통상법원의 재판(헌법문제에 관한 재판을 포함한다)에 불복하여 헌법재판소에 심판을 청구할 수 없으나, 독일에서는 법원의 재판도 헌법재판의 대상이 되는 것이 당연한 귀결이다. 다만 아주 좁은 범위의 재판만이 대상이 된다. 스페인은 대법원과 헌법재판소가 상호 대등한 지위에 있으면서도 법원의 재판을 헌법재판소의 헌법소원 대상으로 하고 있다.

분산형은 일반법원에 헌법재판권 혹은 사법심사권을 부여하는 제도이다. 각급 법원이 모두 위헌법률심사권을 갖기 때문에 분산형 혹은 비집중형으로 불린다. 일반법원이 개별 사건의 판단·결정을 위하여 당해 사건에 적용되는 법률(명령 등 포함)조항이 헌법에 위반되는가를 스스로 판단한다. 즉 헌법재판이 분리·독립하여 행하여지는 것이 아니고 실제 개별 사건의 해결을 위하여 부수적으로 행하여지는 것이기 때문에 분산형 헌법재판을 '부수적(附隨的) 위헌심사'라고 한다. 미국이 그 원형이고 캐나다, 일본, 오스트레일리아 등이 분산형 헌법재판제도를 채택하고 있다.

집중형을 헌법보장형, 분산형을 기본권보장형이라고도 한다. 집중형의 경우, 통일된 헌법해석이 가능하다는 장점이 있는 반면, 법원은 헌법재판소의 판단이 나올 때까지 소송절차를 중단하여야 하는 단점이 있다. 이에 반하여 분산형의 경우 각급 법원이 스스로 헌법을 해석하여 개별 분쟁에 이를 적용함으로써 당사자의 권리구제에 충실한 점은 있으나, 심사권한의 분산으로 인하여 헌법해석의 통일이 불가능하다는 점이 단점으로 지적된다. 그러나 집중형의 경우 신속한 헌법재판의 진행으로 그 단점을 보완하고, 분산형의 경우에는 '선례구속의 원칙(stare decisis)'에 의하여 하급법원이 최고법원의 견해에 구속되는 점에 비추어 보면[4] 두 제도가 거의 같은 제도로 변했다고 볼 수도 있으므로, 두 제도의 장·단점을 획일적으로 논할 수는 없다고 하겠다.

분산형, 집중형 이외에 위헌심사권을 법원과 헌법재판소가 분장하고 있는 경우를 절충형으로 분류하면서 우리나라, 페루, 칠레를 그 예로 드는 견해도 있다.

한편 영국 등의 국가에서는 의회우위 혹은 의회주권의 원칙에 따라 위헌법률심사제도를 채택하고 있지 않다. 헌법전(憲法典)도 존재하지 않는다. 스웨덴 역시 정책 측면에서 위헌심사제도를 채택하고 있지 않다고 한다.

V. 헌법재판의 한계

1. 서   론

헌법재판의 강한 정치성 때문에 헌법재판의 한계가 자주 논의되고 있다. 헌법재판에서 분산형 제도를 채택하고 있는 미국, 일본 등의 국가에서는 일반적으로 논하여지고 있는 사법권의 한계 이론이 헌법재판의 한계에 그대로 적용될 수 있다. 미국에서 연방대법원이 '정치문제'(political question)라고 하여 사법판단을 회피하거나 일본에서 소위 '통치행위이론(統治行爲理論)' 및 '부분사회이론(部分社會理論)'이라고 하여 고도의 정치성을 강하게 지닌 이른바 통치행위 및 정당, 종교단체, 대학 등의 자율단체 내부분쟁의 경우 사법부가 개입을 자제하고 있는 것이 그것이다(상세한 설명은 양 건, 1434쪽 이하 참조). 그러나 헌법재판에서 집중형 제도를 채택하고 있는 독일, 오스트리아, 우리나라 등의 경우에는 일반사법권의 한계이론이 그대로 적용될 수는 없을 것이다. 분산형 국가에서는 헌법재판이 국민의 기본권 또는 법률상의 권리 구제를 위하여 부수적으로 행하여지는 것에 불과하지만, 집중형 국가에서는 헌법이 국민의 기본권 보호라는 목적 이외에 객관적 헌법질서수호라는 측면이 보다 강조되고 있기 때문이다. 국가에 따라서는 객관적 헌법질서수호를 위하여 일반적인 사법권의 한계의 하나로서 논하여지고 있는 '쟁송성'(mootness, '사건성'이라고도 한다) 및 '당사자적격'(standing)을 헌법재판에서는 완화하고 있기도 하다. 또한 자신의 분쟁(사건)과 관계없는 추상적 규범통제를 인정하기도 한다.

집중형과 분산형을 불문하고 헌법재판제도를 채택하고 있는 국가에서 헌법재판의 한계로 헌법소원심판에서 '통치행위'가 인정될 수 있을 것인가와 권한쟁의 심판에서 '국회의 자율권'이 인정될 수 있는가가 주로 문제된다.

우리 헌법 제64조 제4항이 국회의원의 자격심사와 징계에 관한 국회의 결정에 관하여 "제2항과 제3항의 처분에 대하여는 **법원에** 제소할 수 없다"라고 명문으로 규정하고 있다는 이유를 들어 위 처분에 대하여 헌법재판소에 헌법소원심판을 청구할 수 있다는 견해가 있다. 이 견해는 지나치게 문언에만 집착한 견해이고, 헌법제정자의 의도에 반하며, 목적론적 해석이나 체계적 해석에도 반한다는 비판을 받았다. 위 헌법조항은 의원의 자격이나 징계에 관한 문제는 국회에서 자율로 해결하도록 하고, 일체의 사법기관의 관여를 막는다는 취지로 보아야 한다는 비판론에 거의 이론(異論)이 없었다. 글쓴이 역시 마찬가지였다.

그러나 다음과 같은 이유로 글쓴이는 견해를 바꾸었다. 박근혜 정부 시절, 통합진보당 소속 이석기 의원 등을 자격심사 또는 제명하려는 움직임이 있었다. 그의 사상이 '주사파', '종북(從北)'에 해당하고 자유민주적 기본질서를 해하려는 의도가 명백하다는 이유에서였다. 표면상의 이유가 정말 근거 있다고 하더라도, 폭력행위로 나아가지 않는 이상 사상의 자유에 속한다고 보아야 한다. 이때 실제 제명을 한다면 그(녀)는 국회의원으로서가 아닌 일반국민으로서 참정권 및 양심의 자유 침해를 이유로 헌법재판소에 헌법소원을 제기할 수 있다고 하겠다.

2. 통치행위 일반론

세계 각국에서 사법권 또는 헌법재판의 한계로서 가장 많이 논의되는 것이 소위 통치행위이다. 통치행위란 고도의 정치성이 있는 국가행위로서 사법심사의 대상에서 제외되는 행위를 말한다. 각국의 사법부는 헌법상 또는 법률상 명문규정이 없는데도 불구하고 고도의 정치성이 있는 국가기관의 행위를 재판대상에서 배제하여 왔다. 이를 독일에서는 통치행위(Regierungsakt), 영국에서는 대권행위(Prerogative), 미국에서는 정치문제(Political Question)라 불러왔다. 다만 미국에서의 정치문제는 반드시 대통령이나 국가기관의 행위에 한정하지 않는다.

대통령의 외국정부 승인이나 외교사절의 신임·접수 등도 통치행위에 해당한다고 보는 견해가 있다. 그러나 이러한 행위는 외교문제에 관한 대통령의 자유재량행위에 해당하는 것이지 이를 통치행위라고 할 수는 없다. 이른바 '진정한 통치행위'는 대통령이나 의회 같은 정치적 기관의 행위가 헌법상 또는 법률상 하자가 있는(또는 하자가 있다고 주장되는) 경우 사법부가 이에 대한 판단을 회피하는 것인 반면, 위와 같은 외국정부 승인이나 외교사절의 신임·접수 등의 외교행위에 있어서는 그 타당성을 문제 삼을 수 있을지는 몰라도 그 위헌·위법성이 문제되는 경우는 생각하기 어렵기 때문이다.

한편 우리나라 유신헌법 제53조 제4항은 "제1항과 제2항의 긴급조치는 사법적 심사의 대상이 되지 아니한다."라고 규정하여 헌법재판권의 한계를 명시하였다. 대법원 역시 "대통령긴급조치는 헌법 제53조 소정의 긴급조치이며, 위 긴급조치는 사법적 심사의 대상이 되지 않는 것"이라고 판시하였다(대결(전합) 1977. 5. 13.자 77모19).

제5공화국 헌법 제51조 제1항 및 제2항은 "① 대통령은 천재·지변 또는 중대한 재정·경제상의 위기에 처하거나, 국가의 안전을 위협하는 교전상태나 그에 준하는 중대한 비상사태에 처하여 국가를 보위하기 위하여 급속한 조치를 할 필요가 있다고 판단할 때에는 내정·외교·국방·경제·재정·사법 등 국정전반에 걸쳐 필요한 비상조치를 할 수 있다. ② 대통령은 제1항의 경우에 필요하다고 인정할 때에는 헌법에 규정되어 있는 국민의 자유와 권리를 잠정적으로 정지할 수 있고, 정부나 법원의 권한에 관하여 특별한 조치를 할 수 있다."고 규정하고 있을 뿐, 유신헌법과 같이 비상조치가 사법심사의 대상에서 제외된다고 명시하고 있지는 않다. 그러나 비상계엄의 경우에도 사법심사의 대상이 되지 않는다는 명시규정이 없음에도 불구하고 헌법과 같은 효력이 인정됨에 비추어, 그 적절성 여부에도 불구하고 해석론상으로는 헌법의 효력이 인정되었다고 볼 수밖에 없을 것이다.

3. 미국에서의 정치문제이론

미국에서는 과거 특정 정치사건에 관하여 이를 '정치문제'라 하여 사법부가 판단을 회피하는 경향이 있었다. 그 예를 살펴보면 대략 다음과 같은 것들이 있다.

Luther v. Borden, 48 U.S. 1(1849) 사건에서는 로드 아일랜드주에서 쿠데타가 일어나 구정부와 신정부 중 어느 것을 합법적인 주정부로 인정할 것인가가 문제되었다. 연방대법원은 법원이 판단할 문제가 아니라는 이유로 판결을 보류하였다. 이후 대통령이 구정부를 합법적인 정부로 인정하자 비로소 재판을 진행하였다.[5]

Coleman v. Miller, 307 U.S. 433(1939) 사건에서는 헌법개정안에 대한 주상원의 비준의 효력이 문제되었다. 연방대법원은 비준절차와 비준에 관한 결정은 연방의회가 최종 결정할 사항이고, 의회가 그 기준을 제시하지 않은 경우에는 주가 정치적 과정을 통하여 해결할 문제라고 판시하였다.

Powell v. McCormack, 395 U.S. 486(1969) 사건에서는 연방의회의원으로 선출된 자를 의회가 그 결의로 자격인준을 거부할 수 있는지가 문제되었다. 연방대법원은 연방헌법 제1조 제5항 제2호는 의회가 의원을 제명할 수 있다는 것만 규정하였으므로, 그 결의에 의하여 의원으로 당선된 자의 자격인준을 거부할 수는 없다고 하였다. 위 판시의 반대해석상 의원의 제명에 대하여는 국회의 자율권 범위 내이므로 이를 사법심사의 대상으로 할 수는 없다고 할 것이다.

Goldwater v. Carter 444 U.S. 996(1979) 사건에서 연방대법원은 대만과의 국교단절은 정치문제이므로 이를 판단할 수는 없다고 판시하였다.

정치문제에 관한 미 연방대법원의 가장 으뜸 판례는 선거구획정에 관한 Baker v. Carr 369 U.S. 186(1962) 사건이다. 연방대법원은 이 판결 이전의 선거구인구획정에 관한 위헌여부의 문제는 정치문제에 해당한다고 하여 심사를 회피하였으나, 이 판결에서 처음으로 선거구획정 문제는 정치문제가 아니라고 판시하였다. 이 사건에서 미 연방대법원은 정치문제의 징표로서 첫째, 헌법규정상 그 권한이 다른 헌법기관에 맡겨진 경우, 둘째, 사법 판단기준의 정립이 불가능한 경우, 셋째 이미 행하여진 정치권의 결정을 특별히 존중할 필요가 있는 경우 등을 들고 있다.

베트남전쟁 참전에 관한 소송에서 미 연방대법원이 정치문제의 원칙을 적용하여 사법판단을 회피한 경우도 없었으며, 최근까지도 미국판례에서 정치문제를 이유로 사법심사를 거부한 사례는 찾을 수 없었다. 그러나 미 연방대법원은 최근 판례를 변경하였다. 미 연방대법원은 2019년 Rucho v. Common Cause(139 S.Ct. 2484; 공식 판례집은 아직 간행되지 않아 No. 18-422, 588 U.S.___으로 표기되기도 한다) 사건에서 처음으로 '특정 정당에 유리한 선거구획정(partisan gerrymandering)'은 사법심사를 하기에 적절하지 않고, 국민의 대의기관인 의회가 정치로 해결할 문제라고 하였다.[6]

4. 일본에서의 통치행위이론

일본에서도 고도의 정치성을 지닌 문제는 이른바 통치행위라고 하여 법원이 이에 관한 판단을 회피하고 있다. 그 내용을 살펴보면 다음과 같다(이 부분은 양건, 1450쪽 인용).

가. 미·일 안보조약과 미군의 일본주둔(최고재판소 1959. 12. 16. 판결, 이른바 '스나가와(砂川) 판결')

미·일 안보조약에 따른 미군의 일본주둔이 일본헌법 제9조의 평화조항에 위반하지 않느냐는 문제가 다루어진 대표 사건이다. 동경지방재판소는 미군주둔이 헌법상 전력보유금지를 규정한 평화조항위반이라고 보았으나, 최고재판소는 이를 파기환송하였다. 최고재판소는 외국군대는 헌법이 금지한 전력(戰力)에 해당하지 않는다고 보았으며, 또한 안보조약은 고도의 정치성을 갖는 것으로 "일견 극히 명백하게 위헌무효라고 인정되지 않는 한, 재판소의 사법심사권의 범위 밖에 있다"고 보았다.

나. 중의원(衆議院) 해산의 위헌여부(최고재판소 1960. 5. 8. 판결, 이른바 '도마배치(苫米地) 판결')

중의원해산의 사유와 절차가 위헌이어서 무효라는 주장에 대하여 최고재판소는 통치행위이론을 적용하여 심사를 거부하였다. 이 판결에 따르면 중의원해산행위는 "재판소의 심사권 밖에 있고, 그 판단은 주권자인 국민에 대하여 정치적 책임을 지는 정부, 국회 등에 맡겨져 있다"는 것이다. 그리고 이러한 "사법권에 대한 제약은 결국 3권분립의 원리에 유래하며, 당해 국가행위의 고도의 정치성, 재판소의 사법기관으로서의 성격, 재판에 필연적으로 수반하는 절차상의 제약 등에 비추어, 특정의 명문에 의한 한정은 없더라도, 헌법상 본질에 내재하는 사법권의 제약이라고 이해하여야 할 것"이라고 판시하였다.

5. 우리나라에서의 통치행위이론

가. 학 설

우리나라 학설은 일반적으로 통치행위의 관념을 인정하고 이를 사법심사의 대상에서 제외된다고 보고 있다. 다만 그 인정근거에서 약간의 차이를 보이고 있을 뿐이다. 우리 학설은 통치행위를 인정하는 근거로 내재적 제약설, 사법부자제설, 자유재량행위설을 들고 있다. 그러나 자유재량행위설의 모순점은 이미 지적한 바 있고, 내재적 제약설은 권력분립 원리를 형식으로만 이해하고 권력분립의 핵심이 '견제와 균형(check and balance)'에 있음을 무시한 것이라고 하겠다.

사법부자제설은 그 근거를 권력분립원리에서 찾는다는 점에서는 내재적 제약설과 동일하나, 내재적 제약설이 통치행위에 대하여 사법심사를 할 수 없다는 것인 반면, 사법부자제설은 사법심사를 할 수는 있으나 이를 하지 않는 것이 바람직하므로 자제한다는 것이다.

생각건대, 통치행위의 개념을 인정하는 한 사법부자제설이 타당하다. 헌법이 통치구조에 관한 법이기는 하나, 통치구조는 기본권의 최대한 보장에 복무하여야 한다는 통치구조의 기본권 기속성을 고려할 때 통치행위라는 개념을 인정한다고 하더라도 사법부자제설이 타당하다고 할 것이다.

나. 판 례

우리 판례가 실제로 통치행위의 관념을 인정하여 사법심사의 대상에서 제외한 사례는 대통령의 비상계엄선포와 국군해외파병결정이다. 그러나 이른바 대북송금사건이나 긴급재정경제명령의 발동, 중앙선거관리위원회의 대통령에 대한 선거중립의무요청 등은 통치행위에 해당하지 않는다고 한다.

(1) 대통령의 비상계엄선포

① 이른바 6·3 사태(대재(大裁) 1964. 7. 21.자 64초3)

"우리나라 현정세가 북한집단과 정전상태에 있고 북한 집단이 휴전선이북에 막대한 병력을 집중하여 호시탐탐 남침을 노리고 있을 뿐 아니라 가진 방법으로 간첩을 남파하여 치안고란과 파괴공작을 감행하고 있는 현대전적인 양상을 이루고 있는 이즈음 1964. 3월 이후 접종하는 데모로 말미암아 민심불안으로 인한 치안상태가 문란하여 오던 중 특히 1964. 6. 3. 데모로 서울특별시 일원의 경찰에 의한 치안유지가 극도로 곤난하게 된 상황아래 같은 날 대통령이 그 재량에 의하여 서울지역에 선포한 비상계엄은 헌법 제75조나 계엄법 제4조, 같은법 시행령 제4조에 규정한 법정 요건을 명백히 가추지 못하여 위 비상계엄의 선포가 당연히 무효라고는 볼 수 없으며 당연무효로 판단할 수 없는 계엄에 대하여서는 그 계엄의 선포가 옳고 그른 것은 국회에서 판단하는 것이고 법원에서 판단할 수 없다고 해석하는 것이 헌법 제75조 제4, 5항의 규정 취지에 부합된다 할 것이므로 금번비상계엄이 법률상 성립될 수 없고 따라서 이 계엄에 기인하여 설치된 수도경비사령부 계엄보통군법회의는 적법한 군법회의라 할 수 없으니 같은 군법회의는 피고인에 대한 재판권이 없다는 취지의 재정신청이유는 이유없음에

돌아간다."

② 이른바 10·26 사태(대재(大裁) 1979. 12. 7.자 79초70)

"사회질서 및 치안유지를 위하여 1979. 10. 27. 04 : 00시를 기하여 전국일원(제주도 제외)에 비상계엄을 선포하게 되었음은 공지의 사실인 바, 위와 같은 사태 아래서, 국가를 보위하며 국민의 자유와 복리의 증진에 노력하여야 할 국가원수인 동시에 행정의 수반이며 국군의 통수자인 대통령(권한대행)이 제반의 객관적 상황에 비추어서 그 재량으로 비상계엄을 선포함이 상당하다는 판단밑에 이를 선포하였을 경우, 그 행위는 고도의 정치적, 군사적 성격을 띠는 행위라고 할 것이어서, 그 선포의 당, 부당을 판단할 권한과 같은 것은 헌법상 계엄의 해제 요구권이 있는 국회만이 가지고 있다고 할 것이고, 그 선포가 당연 무효의 경우라면 모르되, 사법기관인 법원이 계엄선포의 요건의 구비 여부나 선포의 당, 부당을 심사하는 것은, 사법권의 내재적인 본질적 한계를 넘어서는 것이되어, 적절한 바가 못된다 할 것이므로(대법원 1964. 7. 21.자 64초3, 64초4, 64초6 등 각 재정 참조), 위의 비상계엄이 법적 요건을 구비하지 아니한 것이어서 효력이 없는 것이라는 견해를 전제로 하여 군법회의가 재판권이 없다는 논지 주장은 이유없다."

③ 이른바 5·18 내란행위(대판 1997. 4. 17. 96도3376)

"대통령의 비상계엄의 선포나 확대 행위는 고도의 정치적·군사적 성격을 지니고 있는 행위라 할 것이므로, 그것이 누구에게도 일견하여 헌법이나 법률에 위반되는 것으로서 명백하게 인정될 수 있는 등 특별한 사정이 있는 경우라면 몰라도, 그러하지 아니한 이상 그 계엄선포의 요건 구비 여부나 선포의 당·부당을 판단할 권한이 사법부에는 없다고 할 것이나, 비상계엄의 선포나 확대가 국헌문란의 목적을 달성하기 위하여 행하여진 경우에는 법원은 그 자체가 범죄행위에 해당하는지의 여부에 관하여 심사할 수 있다."

④ 평 가

위 ①, ② 사건에서 대법원은 대통령의 계엄선포에 관하여는 내재적 제약설에 입각하여 사법판단을 회피하였다. 그러나 5·18 사건에서 대법원이 종전의 판지에서 다소 벗어나 비상계엄이 국헌문란의 목적을 달성하기 위한 것인 때에는 이를 사법심사의 대상으로 할 수 있다고 한 점은 환영할 만하다. 그러나 비상계엄선포는 헌법과 법률에 그 요건이 명시되어 있을 뿐만 아니라(헌법 제77조

제1항, 계엄법 제2조 제2항), 비상계엄의 효력은 국민의 기본권을 특별히 제한할 수 있는 것이기 때문에(헌법 제77조 제3항) 일정한 제한을 둔다고 하더라도 대통령의 계엄선포를 통치행위로 인정하여 이를 사법심사의 대상에서 제외한 것은 타당하지 못하다. 나아가 헌법 제77조 제3항은 비상계엄선포의 경우 대통령은 법원의 권한에 대하여도 특별한 조치를 취할 수 있다고 규정하고 있으나, 법원의 사법권을 아예 박탈할 수는 없으므로 이러한 경우 법원으로서는 권한쟁의심판청구도 가능하다고 할 것이므로 막연히 통치행위라고 하여 헌법재판의 한계를 인정하는 것은 타당하다고 할 수 없다.

(2) 국군의 해외파견결정(헌재 2004. 4. 29. 2003헌마814)

① 헌법재판소의 판단

"이 사건과 같은 외국에의 국군의 파견결정은 파견군인의 생명과 신체의 안전뿐만 아니라 국제사회에서의 우리나라의 지위와 역할, 동맹국과의 관계, 국가안보문제 등 궁극적으로 국민 내지 국익에 영향을 미치는 복잡하고도 중요한 문제로서 국내 및 국제정치관계 등 제반상황을 고려하여 향후 우리나라의 바람직한 위치, 앞으로 나아가야 할 방향 등 미래를 예측하고 목표를 설정하는 등 고도의 정치적 결단이 요구되는 사안이다.

따라서 그와 같은 결정은 그 문제에 대해 정치적 책임을 질 수 있는 국민의 대의기관이 관계분야의 전문가들과 광범위하고 심도 있는 논의를 거쳐 신중히 결정하는 것이 바람직하며 우리 헌법도 그 권한을 국민으로부터 직접 선출되고 국민에게 직접 책임을 지는 대통령에게 부여하고 그 권한행사에 신중을 기하도록 하기 위해 국회로 하여금 파병에 대한 동의여부를 결정할 수 있도록 하고 있는바, 현행 헌법이 채택하고 있는 대의민주제 통치구조하에서 대의기관인 대통령과 국회의 그와 같은 고도의 정치적 결단은 가급적 존중되어야 한다.

따라서 이 사건과 같은 파견결정이 헌법에 위반되는지의 여부 즉 세계평화와 인류공영에 이바지하는 것인지 여부, 국가안보에 보탬이 됨으로써 궁극적으로는 국민과 국익에 이로운 것이 될 것인지 여부 및 이른바 이라크전쟁이 국제규범에 어긋나는 침략전쟁인지 여부 등에 대한 판단은 대의기관인 대통령과 국회의 몫이고, 성질상 한정된 자료만을 가지고 있는 우리 재판소가 판단하는 것은 바람직하지 않다고 할 것이며, 우리 재판소의 판단이 대통령과 국회의 그것보다 더 옳다거나 정확하다고 단정짓기 어려움은 물론 재판결과에 대하여 국민들의 신뢰를 확보하기도 어렵다고 하지 않을 수 없다.

기록에 의하면 이 사건 파병은 대통령이 파병의 정당성뿐만 아니라 북한 핵 사태의 원만한 해결을 위한 동맹국과의 관계, 우리나라의 안보문제, 국·내외 정치관계 등 국익과 관련한 여러 가지 사정을 고려하여 파병부대의 성격과 규모, 그리고 파병기간을 국가안전보장회의의 자문을 거쳐 결정한 것으로, 그 후 국무회의 심의·의결을 거쳐 국회의 동의를 얻음으로써 헌법과 법률에 따른 절차적 정당성을 확보했음을 알 수 있다.

살피건대, 이 사건 파견결정은 그 성격상 국방 및 외교에 관련된 고도의 정치적 결단을 요하는 문제로서, 헌법과 법률이 정한 절차를 지켜 이루어진 것임이 명백하므로, 대통령과 국회의 판단은 존중되어야 하고 우리 재판소가 사법적 기준만으로 이를 심판하는 것은 자제되어야 한다. 오랜 민주주의 전통을 가진 외국에서도 외교 및 국방에 관련된 것으로서 고도의 정치적 결단을 요하는 사안에 대하여는 줄곧 사법심사를 자제하고 있는 것도 바로 이러한 취지에서 나온 것이라 할 것이다. 이에 대하여는 설혹 사법적 심사의 회피로 자의적 결정이 방치될 수도 있다는 우려가 있을 수 있으나 그러한 대통령과 국회의 판단은 궁극적으로는 선거를 통해 국민에 의한 평가와 심판을 받게 될 것이다."

② 비 판

침략전쟁인지를 판단하는 것이 자제되어야 한다는 헌법재판소의 판지에는 찬성할 수 없다. 헌법재판소는 다른 결정에서 침략전쟁에 강제되지 않을 평화적 생존권을 기본권으로 인정하였다(헌재 2006. 2. 23. 2005헌마268). 국군의 해외파병은 국민의 평화적 생존권에 관련되는 것이 명백하기 때문에, 비록 통치행위라고 하더라도 사법심사의 대상에서 제외할 수 없다고 하여야 한다. 이는 아래에서 살펴보는 바와 같이 헌법재판소 스스로 판단한 사항이기도 하다(헌재 1996. 2. 29. 93헌마186).

헌법재판소는 이러한 문제점에 대한 지적을 의식해서인지 이후 판례를 변경하여 국민의 평화적 생존권이라는 기본권을 인정할 수 없다고 결정하였다(2007년 전시증원연습 등 위헌확인사건, 헌재 2009. 5. 28. 2007헌마369). 국군의 해외파견결정은 아예 기본권과 관련되지 않는 통치행위일 따름이므로 더 이상 사법심사의 대상이 되지 않음을 명백히 하였다. 사법소극주의의 전형이다.

(판 례) 2007년 전시증원연습 등 위헌확인사건

우리 헌법은 전문에서 "조국의 평화적 통일", "항구적인 세계평화"를 추구할 이념 내지 목적으로 규정하고 있고, 제1장 총강에서 평화적 통일정책에 관하여(제4조), 국제평화 유지의 노력과 침략전쟁의 부인에 관하여(제5조 제1항), 국제법규 존중에 관하여(제6조 제1항) 각 규정하고 있을 뿐, 제2장 국민의 권리와 의무에서 "평화적 생존권"이란 기본권을 따로 규정하고 있지는 않다. 따라서 "평화적 생존권"이 헌법상 보장된 기본권인지 여부는 이를 헌법상 열거되지 아니한 기본권으로 인정할 것인지 여부의 문제이다.

헌법 전문 및 제1장 총강에 나타난 "평화"에 관한 규정에 의하면, 우리 헌법은 침략적 전쟁을 부인하고 조국의 평화적 통일을 지향하며 항구적인 세계평화의 유지에 노력하여야 함을 이념 내지 목적으로 삼고 있음은 분명하다. 따라서 국가는 국민이 전쟁과 테러 등 무력행위로부터 자유로운 평화 속에서 생활을 영위하면서 인간의 존엄과 가치를 지키고 헌법상 보장된 기본권을 최대한 누릴 수 있도록 노력하여야 할 책무가 있음은 부인할 수 없다.

그러나 평화주의가 헌법적 이념 또는 목적이라고 하여 이것으로부터 국민 개인의 평화적 생존권이 바로 도출될 수 있는 것은 아니다. 헌법에 열거되지 아니한 기본권을 새롭게 인정하려면, 그 필요성이 특별히 인정되고, 그 권리내용(보호영역)이 비교적 명확하여 구체적 기본권으로서의 실체 즉, 권리내용을 규범 상대방에게 요구할 힘이 있고 그 실현이 방해되는 경우 재판에 의하여 그 실현을 보장받을 수 있는 구체적 권리로서의 실질에 부합하여야 할 것이다.

그런데 평화적 생존권을 구체적 기본권으로 인정한다고 가정할 때, 그 권리내용이란 우선 "침략전쟁에 대한 것"에서 찾을 수밖에 없을 것이다. 왜냐하면 "침략전쟁이나 방어전쟁을 불문하고 전쟁이 없는 평화"란 자국의 노력만으로 이룰 수 있는 것이 아니라 세계 각국이 함께 노력하여 형성하는 평화로운 국제질서의 확립에 의해 달성할 수 있는 것일 뿐만 아니라 우리 헌법이 세계평화의 원칙을 규정하면서도 침략전쟁만을 부인하고 있기 때문이다. 따라서 평화적 생존권의 권리내용으로서 상정할 수 있는 것은 "침략전쟁에 강제로 동원되지 아니할 권리", "침략전쟁을 위한 군사연습, 군사기지 건설, 살상무기의 제조·수입 등 전쟁준비 행위가 국민에게 중대한 공포를 초래할 경우 관련 공권력 행사의 정지를 구할 권리" 등일 것이다.

그러나 침략전쟁과 방어전쟁의 구별이 불분명할 뿐만 아니라 전시나 전시에 준한 국가비상 상황에서의 전쟁준비나 선전포고 등 행위가 침략전쟁에 해당하는지 여부에 관한 판단은 고도의 정치적 결단에 해당하여 사법심사를 자제할 대상으로 보아야 할 경우가 대부분일 것이다(헌재 2004. 4. 29. 2003헌마814 판례집 16-1, 601, 607 참조).

또한, 평상시의 군사연습, 군사기지 건설, 무기의 제조·수입 등 군비확충 등의 행위가 "침략적" 전쟁준비에 해당한다고 볼 수 있는 경우란 거의 없거나 "침략적 성격"·"중대한 공포" 등에 관한 규명이 사실상 곤란하므로, 이에 대하여 평화적 생존권이라는 이름으로 관련 공권력 행사를 중지시키려는 것은 실효적으로 보호받을 가능성을 긍정하기 쉽지 않다.

이러한 사정을 종합적으로 고려해 보면, 평화적 생존권을 헌법에 열거되지 아니한 기본권으로서 특별히 새롭게 인정할 필요성이 있다거나 그 권리내용이 비교적 명확하여 구체적 권리로서의 실질에 부합한다고 보기 어렵다 할 것이다.

한편 평화적 생존권이란 개념의 연원은 일본 헌법 전문 2단의 "평화 속에 생존할 권리"라는 표현이 계기가 되어 일본의 일부 학계와 하급심 법원이 이를 기본권으로 인정한 데에 있다 할 것이다. 그런데 일본 최고재판소는 일본 헌법이 위와 같은 헌법 전문의 "평화 속에 생존할 권리"라는 문구 외에 제9조에서 전쟁을 포기하고 전력 및 교전권을 부인하는 규정까지 두고 있음에도 평화적 생존권으로 주장된 "평화"란 이념 내지 목적으로서의 추상적 개념이고, 그 자체가 독립된 권리가 될 수 없다고 하여 구체적 기본권성을 부정하였다.

우리 헌법은 일본 헌법과 같이 평화적 생존권을 직접적으로 도출할 표현을 두고 있지 아니하고, 다만 전문이나 총강에서 "평화적 통일", "세계평화", "국제평화", "침략전쟁의 부인" 등의 규정을 갖고 있을 뿐이다. 앞서 본 바와 같이 평화적 생존권을 헌법에 열거되지 아니한 기본권으로서 새롭게 인정할 필요성이 있다거나 평화적 생존권이 구체적 권리로서의 실질에 부합한다고 보기 어려운 이상, 우리 헌법 전문이나 총강에 나타난 평화에 관한 몇몇 규정에 기초하여 헌법 제10조 및 제37조 제1항을 근거로 평화적 생존권을 헌법상 보장된 기본권으로 쉽사리 인정할 수는 없다고 할 것이다. 우리 헌법보다 더 강한 평화에 관한 규정을 기본법에 두고 있는 독일의 경우 평화적 생존권에 관한 논의가 학계나 실무에서 이루어지지 않은 것도 같은 이유일 것이다.

결국 청구인들이 평화적 생존권이란 이름으로 주장하고 있는 평화란 헌법의 이념 내지 목적으로서 추상적인 개념에 지나지 아니하고, 개인의 구체적 권리로서 국가에 대하여 침략전쟁에 강제되지 않고 평화적 생존을 할 수 있도록 요청할 수 있는 효력 등을 지닌 것이라고 볼 수 없다. 따라서 평화적 생존권은 헌법상 보장되는 기본권이라고 할 수는 없다 할 것이다. (……)

종전에 헌법재판소가 이 결정과 견해를 달리하여 '평화적 생존권을 헌법 제10조와 제37조 제1항에 의하여 인정된 기본권으로서 침략전쟁에 강제되지 않고 평화적 생존을 할 수 있도록 국가에 요청할 수 있는 권리'라고 판시한 2003. 2. 23. 2005헌마268 결정은 이 결정과 저촉되는 범위 내에서 이를 변경한다.[7]

헌재 2009. 5. 28. 2007헌마369, 판례집 21-1하, 769, 775-777

(3) 긴급재정경제명령의 발동(헌재 1996. 2. 29. 93헌마186)

"통치행위란 고도의 정치적 결단에 의한 국가행위로서 사법적 심사의 대상으로 삼기에 적절하지 못한 행위라고 일반적으로 정의되고 있는바, 이 사건 긴급명령이 통치행위로서 헌법재판소의 심사 대상에서 제외되는지에 관하여 살피건대, 고도의 정치적 결단에 의한 행위로서 그 결단을 존중하여야 할 필요성이 있는 행위라는 의미에서 이른바 통치행위의 개념을 인정할 수 있고, 대통령의 긴급재정경제명령은 중대한 재정 경제상의 위기에 처하여 국회의 집회를 기다릴 여유가 없을 때에 국가의 안전보장 또는 공공의 안녕질서를 유지하기 위하여 필요한 경우에 발동되는 일종의 국가긴급권으로서 대통령이 고도의 정치적 결단을 요하고 가급적 그 결단이 존중되어야 할 것임은 법무부장관의 의견과 같다.

그러나 이른바 통치행위를 포함하여 모든 국가작용은 국민의 기본권적 가치를 실현하기 위한 수단이라는 한계를 반드시 지켜야 하는 것이고, 헌법재판소는 헌법의 수호와 국민의 기본권 보장을 사명으로 하는 국가기관이므로 비록 고도의 정치적 결단에 의하여 행해지는 국가작용이라고 할지라도 그것이 국민의 기본권 침해와 직접 관련되는 경우에는 당연히 헌법재판소의 심판대상이 될 수 있는 것일 뿐만 아니라, 긴급재정경제명령은 법률의 효력을 갖는 것이므로 마땅히 헌법에 기속되어야 할 것이다.

따라서 이 사건 긴급명령이 통치행위이므로 헌법재판의 대상이 될 수 없다는 법무부장관의 주장은 받아들일 수 없다."

(4) 남북정상회담과 대북송금사건(대판 2004. 3. 26. 2003도7878)

"입헌적 법치주의국가의 기본원칙은 어떠한 국가행위나 국가작용도 헌법과 법률에 근거하여 그 테두리 안에서 합헌적·합법적으로 행하여질 것을 요구하며, 이러한 합헌성과 합법성의 판단은 본질적으로 사법의 권능에 속하는 것이다.

다만, 국가행위 중에는 고도의 정치성을 띤 것이 있고, 그러한 고도의 정치행위에 대하여 정치적 책임을 지지 않는 법원이 정치의 합목적성이나 정당성을 도외시한 채 합법성의 심사를 감행함으로써 정책결정이 좌우되는 일은 결코 바람직한 일이 아니며, 법원이 정치문제에 개입되어 그 중립성과 독립성을 침해당할 위험성도 부인할 수 없으므로, 고도의 정치성을 띤 국가행위에 대하여는 이른바 통치행위라 하여 법원 스스로 사법심사권의 행사를 억제하여 그 심사대상에서 제외하는 영역이 있다.

그러나 이와 같이 통치행위의 개념을 인정한다고 하더라도 과도한 사법심사의 자제가 기본권을 보장하고 법치주의 이념을 구현하여야 할 법원의 책무를 태만히 하거나 포기하는 것이 되지 않도록 그 인정을 지극히 신중하게 하여야 하며, 그 판단은 오로지 사법부만에 의하여 이루어져야 하는 것이다. (……)

원심은, 위 공소사실을 유죄로 인정하면서, 위 피고인들의 대북송금행위 및 이에 수반된 각 행위들은 남북정상회담에 도움을 주기 위한 시급한 필요에서 비롯된 이른바 통치행위로서 사법부에 의한 사법심사의 대상이 되지 않는다는 피고인들의 주장에 대하여, 남북정상회담의 개최는 고도의 정치적 성격을 지니고 있는 행위라 할 것이므로 특별한 사정이 없는 한 그 당부를 심판하는 것은 사법권의 내재적·본질적 한계를 넘어서는 것이 되어 적절하지 못하지만, 남북정상회담의 개최과정에서 위 피고인들이 공모하여 재정경제부장관에게 신고하지 아니하거나 통일부장관의 협력사업 승인을 얻지 아니한 채 위와 같이 북한 측에 사업권의 대가 명목으로 4억 5,000만 달러를 송금한 행위 자체는 헌법상 법치국가의 원리와 법 앞에 평등원칙 등에 비추어 볼 때 사법심사의 대상이 된다고 판단하였는바, (……) 상고는 이유 없다.”

(5) 국민투표부의 및 사면

헌법 제72조는 “대통령은 필요하다고 인정할 때에는 외교·국방·통일 기타 국가안위에 관한 중요정책을 국민투표에 붙일 수 있다”, 제79조 제1항은 “대통령은 법률이 정하는 바에 의하여 사면·감형 또는 복권을 명할 수 있다”, 제3항은 “사면·감형 및 복권에 관한 사항은 법률로 정한다”라고 각 규정하고 있다.

우선 사면권은 대통령의 자유재량행위임이 분명하다. 그러나 사면에 관한 사항은 법률로 정하도록 하였으므로 법률 위반인 경우에는 당연히 위법한 것이 된다. 법률 위반이 아니라고 하더라도 가령, 수용자 전체를 사면한다든지 (절대 일어날 수 없을 것이지만) 온 나라를 떠들썩하게 한 연쇄살인마를 사면하는 것은 명백히 재량권의 일탈이나 남용에 해당하므로 당연히 사법심사를 할 수 있다고 하겠다.

국민투표와 관련하여서는 사면권과 달리 헌법에 국민투표의 요건을 명시하고 있으므로 그 요건에 해당하지 않는 사항을 국민투표에 부의한다면 이는 사법심사의 대상이 된다고 하겠다. 가령 ‘복권(福券)’이나 경마, 경륜 등을 폐지하는 내용의 국민투표를 실시하는 것은 '외교·국방·통일 기타 국가안위에 관한 중요정책'에 해당하지 않으므로(긴급재정경제명령의 요건을 갖추었으면 이 방식대로 시행하는 것은 가능하다) 사법심사의 대상이 된다. 헌법재판소도 대통령 신임을 내용으로 하는 국민투표를 실시하려는 대통령의 행위를 위헌이라고 판단한 바 있다. 다만 비례의 원칙상 탄핵(파면)할 만큼 중대한 법위반은 아니라고 하였다(헌재 2004. 5. 14. 2004헌나1).

(6) 기 타

헌법재판소는 대통령의 선거중립의무준수요청 등 조치 취소사건에서 "고도의 정치적 결단에 의하여 행해지는 국가작용에 대하여 헌법소원이 제기되었을 경우 대통령과 국회의 판단이 극히 존중되어야 한다면 그 심판청구가 부적법한 경우도 있으나, 그것이 국민의 기본권침해와 관련되는 경우에는 심판대상이 된다. 그런데 이 사건 조치는 피청구인이 청구인의 행위가 이 사건 법률조항에 위반되는지 여부를 판단한 것이어서 이를 통치행위와 유사한 고도의 정치적 행위라거나 권력분립의 원칙상 그 판단을 극히 존중해야 할 사안으로 보기 어렵다. 따라서 이 사건 조치가 정치적 문제로서 헌법재판소가 사법적 판단을 자제해야 하는 경우에 해당한다고 할 수 없다"라고 판시하였다(헌재 2008. 1. 17. 2007헌마700).

지방자치단체장 선거일 불공고 사건에서는 "단체장 선거시기 자체가 정치적으로 여야간의 이해관계가 첨예하게 대립되는 사안인데다, 위에서 본 바와 같이 피청구인이 이 사건 부작위에 이른 경위와 국민의 여론, 제14대 국회의 여야의 의석비율 및 피청구인의 이 사건 부작위에 대한 야당의 대응태도 등에 비추어 볼 때, 이 사건의 심판대상인 단체장 선거시기의 연기문제는 고도의 정치적 성격을 지닌 사안이라고 할 수 있다. (……) 보충성의 원칙은 헌법소원의 본질이 보충적인 최후의 권리구제수단이라는 것을 의미한다. 이와 같은 헌법소원의 본질에 비추어 볼 때, 이 사건과 같이 고도의 정치적 성격을 지닌 사건에서는 여당과 야당이 타협과 대결을 통하여 국정을 해결하는 정치부인 국회에서 우선적으로 이 사안을 다룰 필요가 있다. 뿐만 아니라 국회가 이 문제를 해결하겠다고 나선다면, 사법기관의 일종인 헌법재판소로서는 이를 존중함이 마땅하다고 본다"라고 하여 지방자치단체장 선거의 연기 및 이에 대한 해결방안 역시 모두 통치행위에 해당한다는 취지의 판단을 하였다(헌재 1994. 8. 31. 92헌마126). 출범 초기인 점을 감안하더라도 결정지연에 따른 사법소극주의의 전형이다.

제2공화국 헌법 제57조는 "내우, 외환, 천재, 지변 또는 중대한 재정, 경제상의 위기에 제하여 공공의 안녕질서를 유지하기 위하여 긴급한 조치를 할 필요가 있을 때에는 대통령은 국회의 집회를 기다릴 여유가 없는 때에 한하여 국무회의의 의결에 의하여 재정상 필요한 **처분**을 할 수 있다. 전항의 처분을 집행하기 위하여 필요한 때에는 국무총리는 법률의 효력을 가진 **명령**을 발할 수 있다"라고 규정하였다. 대통령의 긴급재정처분과 국무총리의 긴급재정명령을 구분하여 후자에 대하여만 법률의 효력을 명시하고 있음에 비추어, 또한 '처분을 집행하기 위하여 법률의 효력을 가지는 명령'이라는 문구에 비추어, 대통령의 긴급재정경제처분은 헌법의 효력을 가진 것, 즉 사법심사의 대상에서 제외되는 것으로 규정하였다고 볼 수도 있다.

대통령의 서훈 수여도 통치행위라고 하는 것이 많은 학자들의 견해이다. 판례는 서훈취소는 통치행위가 아니라고 한다.

(판 례) 대통령의 서훈취소가 통치행위인지 여부

헌법은 제80조에서 "대통령은 법률이 정하는 바에 의하여 훈장 기타의 영전을 수여한다.", 제82조에서 "대통령의 국법상 행위는 문서로써 하며, 이 문서에는 국무총리와 관계 국무위원이 부서한다."고 규정하고 있고, 구 상훈법은 제7조에서 "서훈대상자는 국무회의의 심의를 거쳐 대통령이 결정한다.", 제8조 제2항에서 "서훈을 취소하고 훈장 등을 환수하거나 훈장 패용을 금지하고자 할 경우에는 국무회의의 심의를 거쳐야 한다."고 규정하고 있다. (……)

구 상훈법 제8조는 서훈취소의 요건을 구체적으로 명시하고 있고 그 절차에 관하여 상세하게 규정하고 있다. 그리고 서훈취소는 서훈수여의 경우와는 달리 이미 발생된 서훈대상자 등의 권리 등에 영향을 미치는 행위로서 관련 당사자에게 미치는 불이익의 내용과 그 정도 등을 고려하면 사법심사의 필요성이 크다. 따라서 기본권의 보장 및 법치주의의 이념에 비추어 보면, 비록 서훈취소가 대통령이 국가원수로서 행하는 행위라고 하더라도 법원이 사법심사를 자제하여야 할 고도의 정치성을 띤 행위라고 볼 수는 없다(대법원 2010. 12. 16. 선고 2010도5986 전원합의체 판결 등 참조).

대판 2015. 4. 23. 2012두26920

Ⅵ. 우리 헌법재판제도의 변천

1. 제헌헌법 (제1공화국 헌법)

제헌헌법하에서의 헌법재판기관은 위헌법률심판을 담당하는 헌법위원회와 탄핵사건을 심판하는 탄핵재판소가 있었다. 헌법위원회는 부통령을 위원장으로 하고 대법관 5인과 국회의원 5인으로 구성되어 정치성이 강한 기관이었다. 탄핵재판소 역시 재판장은 부통령이 담당하고 심판관은 대법관 5인과 국회의원 5인으로 구성되었다. 두 기관 모두 상설기관은 아니었다.

법률의 효력을 가지는 대통령 긴급명령을 포함하여 모두 7건의 법률에 대한 위헌심판이 제청되었고, 헌법재판소는 이 중 6건의 심사를 하였다. 헌법위원회는 2건에 대하여 위헌결정을 하였다. 농지개혁법과 비상사태하의 범죄처벌에 관한 특별조치령에 관한 것인데, 2건 모두 대법원에의 상고권 제한에 관한 것이었다. 대법원이 1960. 2. 군정법령 제88호에 관하여 위헌심판을 제청한 소위 '경향신문 폐간·정간 처분사건'은 같은 해 4·19 의거로 제1공화국이 무너짐에 따라 헌법위원회의 심판을 받지 못하였다.

제헌헌법은 제81조에서 "① 대법원은 법률의 정하는 바에 의하여 명령, 규칙과 처분이 헌법과 법률에 위반되는 여부를 최종적으로 심사할 권한이 있다. ② 법률이 헌법에 위반되는 여부가 재판의 전제가 되는 때에는 법원은 헌법위원회에 제청하여 그 결정에 의하여 재판한다"라고 규정하여 위헌법률심사권을 법률과 명령·규칙·처분에 대한 것을 구분하여 헌법위원회와 대법원에 분장시킨 것이 특색이라고 할 수 있다. 제헌헌법은 헌법위원회는 제5장 법원 편에, 탄핵재판소는 제4장 국회 편에 규정하였다.

2. 1960년 헌법 (제2공화국 헌법)

1960년 헌법은 제헌헌법과는 달리 상설기구로 별도의 헌법재판소를 두었다. 헌법재판소는 9인의 심판관으로 구성되며, 심판관은 법관의 자격을 가져야 하고, 대통령·대법원·참의원이 각 3인씩 선임하도록 하였다. 심판관의 임기는 6년으로 하고 2년마다 3명씩 개임(改任)하도록 하였다.

헌법재판소는 위헌법률심사, 헌법에 관한 최종적 해석, 국가기관간의 권한쟁
의, 정당의 해산, 탄핵재판, 대통령·대법원장과 대법관의 선거에 관한 소송을
관할하였다. 위헌법률심사에 있어서는 구체적 규범통제 이외에 소송사건이 법원
에 계속되어 있지 않은 경우에도 일반국민이 법률의 위헌여부 또는 헌법의 최종
적 해석을 제청할 수 있도록 하여 추상적 규범통제를 인정한 점이 특이하다. 그
러나 헌법재판소법이 제정된 지 1개월 만에 5·16 군사쿠데타가 발생하여 헌법
재판소는 구성되지 못하였다.

3. 1962년 헌법 (제3공화국 헌법)

1962년 헌법은 위헌법률심사권을 일반법원에 부여하여 미국식의 분산형 제도
를 채택하였다. 또한 정당해산심판 및 선거소송도 대법원의 관할로 하였다. 한편
탄핵심판은 대법원장을 위원장으로 하고, 대법원판사 3인과 국회의원 5인으로
구성된 탄핵심판위원회가 담당하였다.

위헌심사의 실례를 살펴보면 다음과 같다. 대법원은 '징발법 부칙 제3항에 의
한 징발재산의 보상에 관한 건' 제2조의 "구 법령에 의하여 징발된 재산에 대한
보상금은 1965년부터 1974년까지 매년 예산의 범위 안에서 지급한다"라는 규정
을 헌법 제20조 제3항에서 말하는 '정당한 보상' 규정에 위반한다고 판시하였다
(대판 1967. 11. 2. 67다1334).

또한 대법원은 군인 등에 대한 이중배상을 금지한 국가배상법 제2조 제1항
단서 및 위헌판결의 정족수를 강화한 법원조직법 제59조 제1항 단서에 대하여
도, 전자는 평등권 및 국가배상청구권 등의 위반으로, 후자는 대법원의 위헌결정
에 특별한 정족수 제한규정을 두지 않은 헌법 제102조에 위반된다는 이유로 위
헌판결하였다(대판 1971. 6. 22. 70다1010).

한편 1962년 헌법이 분산형 제도를 채택한 결과 하급심에서도 다수의 위헌판
결이 나왔다(국가배상법 제9조의 배상심의 전치주의에 대한 위헌판결, 서울민사지판
1967. 12. 26. 67가9299 등).

4. 1972년 헌법 (유신헌법)

1972년 헌법은 헌법위원회를 두어 위헌법률심판, 탄핵심판, 정당해산심판을
관할하도록 하였다. 그러나 실제로 단 한 건의 위헌법률심판도 이루어지지 않았

다. 당시 헌법위원회법 제15조는 대법원에 문제된 법률이 헌법에 위반되지 않는 다고 판단되는 경우에는 헌법위원회에 송부하지 않을 권한, 소위 불송부결정권을 부여하였다. 대법원은 단 한 건도 헌법위원회에 송부하지 않았다. 유신헌법은 법관 자격을 가지지 않는 국무위원이나 교수 등도 헌법위원회 위원으로 임명될 수가 있도록 규정되어 있었던 점이 특색이라 하겠다.

5. 1980년 헌법 (제5공화국 헌법)

1980년 헌법은 유신헌법상의 헌법위원회 제도를 거의 그대로 계승하였고, 역시 단 한 건의 위헌법률심판도 이루어지지 않았다.

Ⅶ. 현행 헌법재판제도 개관

1. 헌법재판소의 헌법상 지위

가. 헌법재판기관

헌법재판소는 위헌법률심판, 탄핵심판, 정당해산심판, 권한쟁의심판, 헌법소원심판의 권한을 갖는 헌법재판기관이다. 그러나 광의의 헌법재판개념에 포함되는 모든 헌법재판이 헌법재판소의 관할은 아니다. 명령·규칙 또는 처분이 헌법이나 법률에 위반되는 여부가 재판의 전제가 된 경우에는 대법원이 이를 최종 심사할 권한을 갖고(헌법 제107조 제2항), 선거소송의 재판권은 (대)법원이 갖는다(공직선거법 제222조, 제223조). 그러나 앞서 살펴본 바와 같이 헌법재판의 핵심이 위헌법률심판인 점, 국민의 기본권을 실효성 있게 보장하는 헌법소원심판의 관할기관이 헌법재판소인 점을 감안하면 헌법재판기관은 헌법재판소라고 해도 틀린 말은 아니다.

나. 헌법보장기관

헌법재판소가 헌법재판기관이라는 것이 그 권한 측면에서 고찰한 것이라면 헌법재판소가 헌법보장기관이라는 것은 그 기능 관점에서 살펴본 것이다. 헌법보장기능은 기본권보장기능과 권력제한기능으로 나눌 수 있다. 헌법소원심판권이 헌법재판소에 부여되어 있다는 점에서 기본권보장기관으로서의 헌법재판소의 지위는 매우 높다. 헌법재판소가 위헌법률심판권, 탄핵심판권, 권한쟁의심판권 등을 갖고 있기 때문에 대통령과 국회 등 정치기관에 대한 권력제한기능 역시 매우 강하다.

과거 바이마르 공화국 시절의 헌법의 수호자 논쟁에서 슈미트(C. Schmitt)는 대통령이 헌법의 수호자라고 주장한 반면, 켈젠(H. Kelsen)은 헌법재판소와 같은 사법기관이 헌법의 수호자라고 반박하였다.

다. 정치적 사법기관

헌법재판의 본질을 정치적 사법작용으로 보는 것이 다수 견해임은 이미 살펴보았다. 헌법의 강한 정치성과 헌법재판이 정치 관련 문제를 많이 다룬다는 점, 나아가 헌법재판소의 구성이 정치권의 영향을 강하게 받고 있다는 점에 비추어 헌법재판소의 정치 성격을 부인할 수는 없다. 그러나 현행 헌법상의 헌법재판소는 재판관의 자격을 법관 자격을 가진 자로 한정하고 있고, 심판절차도 사법절차에 따르도록 하고 있기 때문에 헌법재판소는 그 바탕은 사법기관이라고 하겠다. 헌법재판소가 사법기관이라고 한다면 사법권을 갖는 법원, 특히 대법원과의 관계가 문제된다.

라. 국가최고기관

헌법재판소가 국가최고기관이냐에 관하여 견해의 대립이 있으나, 우리 헌법상 권력분립의 원칙에 따라 헌법재판소는 대통령·국회·대법원과 더불어 국가최고기관의 하나다.

2. 헌법재판소의 관장사항

헌법 제111조는 헌법재판소의 심판사항으로 위헌법률심판, 탄핵심판, 정당해산심판, 권한쟁의심판 및 헌법소원심판만을 규정하고 있다. 이외에도 헌법재판소의 관장사항으로 논의되고 있는 것은 다음과 같다.

첫째, 선거소송, 특히 의회와 대통령선거에 관한 소송은 민주적 정당성을 가지는 헌법기관에 대한 통제를 의미하기 때문에 헌법재판소의 권한으로 하여야 한다는 것이다. 제2공화국 헌법 하에서는 선거소송을 헌법재판소의 권한으로 하였다는 것도 논거의 하나로 제시되고 있다.

입법례를 살펴보면 선거소송을 헌법재판소가 관장하도록 하고 있는 국가는 오스트리아 · 프랑스가 있다. 스위스 · 이탈리아 · 스페인은 일반법원에서 선거소송을 담당하고 있다. 독일에서는 선거의 효력은 연방하원의 관장사항이고, 연방하원의 결정에 불복이 있는 경우 연방헌법재판소에 헌법소원을 제기할 수 있다. 한편 독일과 프랑스는 연방선거 혹은 전국 선거에서만 위와 같은 헌법소송을 헌법재판소가 담당하고 있고, 오스트리아는 지방선거까지 포함하고 있다.

헌법재판권을 헌법재판소와 대법원에 분장시키고 있는 우리 헌법의 취지를 고려할 때, 선거소송을 반드시 헌법재판소가 관장하도록 하여야 한다는 논리는 헌법정책으로는 몰라도 헌법해석 관점에서는 타당하다고 할 수 없다. 위와 같은 논의는 국민투표에 관한 소송에도 그대로 적용된다.

둘째, 헌법 제71조는 대통령의 궐위 또는 사고로 인하여 직무를 수행할 수 없는 경우, 그 권한대행의 순서만 규정하고 있다. 궐위 또는 직무수행을 할 수 없는지 여부 등에 대한 최종 결정기관이 명시되어 있지 않다. 이러한 판단 · 결정을 헌법재판소가 해야 한다는 견해가 있다. 이에 대하여 이러한 문제는 헌법의 해석을 통하여 해결할 수 있는 성질의 것이 아니며 헌법의 해석을 초월한 정치 문제에 대하여 헌법재판소가 개입하는 것은 바람직하지 않다는 반론이 있다. 두 견해 모두 직무를 수행할 수 없는 사고에 해당하는지 여부에 관한 대통령의 의사표시가 있으면 이에 따르고, 이러한 의사표시가 없는 경우에 문제가 된다고 하는 점에서는 일치한다.

미국 헌법은 1967년 수정 25조에 상세히 규정하고 있다. 프랑스 헌법은 제7조에서 대통령이 직무수행 불능상태인지의 여부에 관한 결정은 헌법재판소가 하도록 하고 있다.

직무를 수행할 수 없는 사고에 해당하는지 여부는 정치 문제로서 사법심사의 대상에서 제외되어야 한다는 주장은 사법의 정치화를 지나치게 우려한 견해이다. 또 다른 헌법재판의 한계를 설정하여 법치 외의 영역을 확대시키는 결과를 낳을 수 있다. 물론 현행헌법 해석상 헌법재판소가 이에 관한 결정권을 가질 수 있다는 것은 아니다. 결국 헌법의 개정을 통하여 명문화되어야 한다. 헌법재판의 대부분을 담당하고 있는 헌법재판소의 관장사항으로 하는 것이 바람직하다.

셋째, 민주적 기본질서를 수호하기 위하여 위헌정당해산제도를 채택하고, 이를 헌법재판소의 관할로 하고 있는 이상, 일반국민이 자유민주적 기본질서를 침해하는 경우에 이에 대한 제재로써, 독일 헌법이 채택하고 있는 기본권 실효제도를 채택하여 이를 헌법재판소의 관할로 하자는 견해가 있다.

그러나 이에는 찬성할 수 없다. 자유민주적 기본질서 및 이에 상응하는 전투적 민주주의는 나찌즘이나 파시즘과 같은 전체주의에 대한 방어에서 벗어나 냉전체제 하에서 정부에 비판적인 인사들에 대한 탄압수단으로 작동하여 왔다. 뿐만 아니라, 이 제도의 원형인 독일에서도 현재까지 모두 4건만이 접수되었고, 이마저 모두 각하되었다고 한다. 독일에서도 이미 실효된 기본권 실효제도를 우리나라가 굳이 도입할 필요가 있는지 의문이다. 형법과 기타 특별형법에 의하여 자유민주적 기본질서는 충분히 보호되고 있다.

3. 헌법재판소와 법원의 관계

가. 대등한 사법기관으로서의 관계

헌법재판소가 정치 성격이 짙기는 하나, 그 본질은 사법기관이므로 헌법재판소와 법원은 담당하는 사법권의 영역만 다를 뿐, 어느 한 기관이 다른 기관에 비해 우월한 지위에 있는 것이 아니고 대등한 지위에 있다. 현행 헌법도 법원과 헌법재판소를 제5장과 제6장에서 구분하여 규정하고 있다. 헌법재판소법도 헌법재판소장의 대우와 보수는 대법원장의 예에 의하며, 재판관의 대우와 보수는 대법관의 예에 의한다고 규정하고 있다(제15조). 따라서 헌법 및 법률상으로는 양자는 대등한 관계에 있다고 할 수 있다.

다만, 대법원장이 헌법재판소 재판관 3인을 지명하도록 되어 있어(헌법 제111조 제3항), 이 점에서 대법원이 헌법재판소보다 우월한 지위에 있는 것이 아닌가 하는 의문이 있을 수 있다. 더욱이 대법원장이 대법관 경력이 없는 법원장급 판사들을 재판관으로 임명하는 사례가 반복되고 있다는 점도 이러한 의문을 더욱 강하게 하고 있다. 그러나 이는 1987년 헌법재판소를 새로 설치하면서 현존하는 사법부의 수장인 대법원장에게 경력과 인품이 뛰어난 법관 중에서 재판관을 임명하여 줄 것을 요청하였다는 연혁상의 의미가 있고, 후자의 문제는 법제도상의 문제가 아닌 사실상의 문제이므로 이 점만으로 대법원이 우월하다고 할 수는 없다.

나. 헌법재판에서 권한분할과 상호 기능 관련

헌법재판을 담당하는 중추 기관이 헌법재판소인 것이지, 헌법재판소가 광의의 헌법재판권을 독점하고 있는 것이 아니다. 선거소송의 재판권은 법원이 갖고 있고(공직선거법 제222조, 제223조; 선거무효소송과 당선무효소송; 선거사범을 다루는 일반 형사사건은 선거소송의 개념에 포함되지 않는다), 명령·규칙·처분의 위헌여부가 재판의 전제가 된 경우에는 일반법원이 위헌심사권을 가진다.

또한 헌법재판소가 관장하는 헌법재판의 영역에서도 법원과 헌법재판소는 그 기능이 상호 연관되어 있다. 헌법재판소의 위헌법률심판권은 당사자의 신청에 의하든, 법원의 직권에 의하든 법원의 제청이 있어야 한다. 반면 법원 역시 개별 소송에서 적용하여야 하는 법률이 위헌이라고 의심되는 경우에, 당해 법률의 위헌성을 스스로 판단할 수 없으며, 재판절차를 정지하고 헌법재판소에 심판을 제청한 뒤, 헌법재판소의 결정에 따라 재판을 하여야 한다.

다. 상호 경합 관계

헌법재판소와 대법원은 모두 유신헌법하의 긴급조치권 및 관습법의 위헌심사권을 갖는다고 하였고, 실제 심사권을 행사하였다(상세한 논의는 위헌법률심판에서 한다).

헌법과 헌법재판소법에 의하여 국가기관 상호간, 지방자치단체 상호간, 국가기간과 지방자치단체 사이에 권한의 유무 또는 범위에 관하여 다툼이 있을 때에는 헌법재판소에 권한쟁의심판을 청구할 수 있다. 이와는 별개로 국가 또는 공공단체의 기관상호간에 있어서의 권한의 존부 또는 그 행사에 관한 다툼이 있을 때에 제기하는 소송인 '기관소송'이 있어 권한쟁의심판과 경합이 생길 수 있다. 행정소송법 제3조 제4호 단서는 "다만, 헌법재판소법 제2조의 규정에 의하여 헌법재판소의 관장사항으로 되는 소송은 제외한다"라고 규정하여 외관상 양자의 경합은 발생하지 않으나, 기관소송의 경우에도 당사자의 선택에 따라 권한쟁의 심판도 청구할 수 있다는 견해도 있다(상세한 논의는 권한쟁의심판에서 한다).

라. 상호 갈등 관계

헌법은 제101조 제1항에서 "사법권은 법관으로 구성된 법원에 속한다"라고 규정하는 한편, 제111조에서는 헌법재판소가 관장하는 심판사항을 규정하고 있으므로 법원은 헌법재판소의 권한에 속하는 심판사항에 대해서는 사법권을 행사할 수 없다.

또한 제107조 제1항에서 "법률이 헌법에 위반되는 여부가 재판의 전제가 된 경우에는 법원은 헌법재판소에 제청하여 그 심판에 의하여 재판한다"라고 규정하면서도, 제2항에서는 "명령·규칙 또는 처분이 헌법이나 법률에 위반되는 여부가 재판의 전제가 된 경우에는 대법원은 이를 최종적으로 심사할 권한을 가진다."라고 규정하였다. 즉 명령·규칙의 위헌심사권은 법원에, 법률의 위헌심사권은 헌법재판소에 부여하였다. 이는 (명령, 규칙을 포함하는) 법률해석권은 법원에 부여하고 헌법해석권은 헌법재판소에 부여한 것으로 해석된다. 나아가 헌법재판소법은 제68조 제1항에서 법원의 재판을 헌법소원심판의 대상에서 제외하고 있다.

따라서 헌법과 법률의 명문규정상으로만 볼 때는 헌법재판소와 법원의 관할이나 권한의 충돌의 문제는 생기지 아니한다. 그러나 아래에서 살펴보는 경우와 현행법의 해석상으로도 헌법재판소와 법원의 관할 내지는 권한의 충돌 문제는 현실적으로 발생하고 있다.

상세한 논의는 위헌법률심판이나 헌법소원심판에서 하고, 여기서는 아주 간략하게 두 기관의 심사권이 충돌하는 장면만을 살펴본다.

명령이나 규칙의 위헌심사권은 법원에 부여되었지만, 헌법재판소는 법문 그대로 "명령·규칙이 재판의 전제가 되었을 때"에 그렇다는 것이지, 그것이 직접 국민의 기본권을 침해하는 경우에는 헌법소원의 대상이 된다고 하였다. 심사권이 어디에 있는지 명문 규정이 없는 조례의 경우도 마찬가지이다. 헌법재판소의 이러한 판단에는 "행정소송은 구체적 사건에 관한 법적 분쟁을 해결하기 위한 것이므로, 구체적 사실에 대한 법집행 행위만이 소송의 대상이 될 수 있을 뿐, 일반적·추상적 법령 또는 행정규칙이나 사업계획 등은 그 규율대상이 제한되어 있다 하더라도 원칙적으로 항고소송의 대상이 되지 못하고, 그에 기한 구체적인 처분이 있어야 비로소 그 처분이 항고소송의 대상이 된다. 따라서 대통령령, 부령, 지침·고시 등 행정입법의 유효 여부, 행정청에게 어떠한 사항에 관하여 일반적 추상적 권한이 있음을 가려달라는 소송은 허용되지 않는다"는 대법원의 판단(대판 1994. 9. 10. 94두33 외 다수)에 바탕을 둔 것으로 볼 수 있다.

그러나 대법원은 이후 판례를 변경하여 "법령, 조례, 고시가 구체적 집행행위의 개입 없이 그 자체로서 직접 국민에 대하여 구체적 효과를 발생하여 특정한 권리의무를 형성하게 하는 경우에는 항고소송의 대상이 된다"고 하였다(대판 1996. 9. 20. 95누8003(두밀분교 폐지 경기도 조례), 대결 2003. 10. 9.자 2003무23(보건복지부 고시), 대판 2006. 9. 22. 2005두2506(보건복지부 고시) 등). 따라서 헌법재판소는 이러한 '처분성' 조례나 명령·규칙에 대한 헌법소원심판청구는 보충성 요건 결여로 각하결정을 하여야 한다. 그럼에도 불구하고 헌법재판소는 이들 조례나 명령·규칙 등이 항고소송의 대상이 되는 '처분등'에 해당하는지 불명확하다고 하면서 여전히 헌법소원심판의 대상이 된다고 한다. 다만 최근 재판관 3인의 반대의견은 보충성 요건 흠결로 각하하여야 한다고 하였다(상세한 내용은 헌법소원 참조).

헌법재판소와 법원이 가장 첨예하게 대립하는 장(場)은 한정위헌결정의 기속력을 둘러싼 다툼이다. 상세한 논의는 '위헌결정의 효력'부분에서 하겠지만, 기본 논의의 출발은 다음과 같다. 헌법재판소는 "○○법 규정을 ~~로 해석하는 한 위헌이다"라는 형식의 한정위헌결정도 위헌결정의 하나고, 따라서 당연히 법원을 비롯한 모든 국가기관을 기속한다고 한다. 반면 대법원은 법률의 해석·적용 권한은 법원에 전속하고, 한정위헌결정은 '헌법재판소의 법률해석에 관한 견해'에 불과하여 법원에 아무런 기속력을 갖지 못한다고 한다. 헌법재판소는 여기서 나아가 헌법재판소의 한정위헌결정의 기속력을 부인한, 즉 헌법재판소의 법률해석에 따르지 않은 법원의 재판은 헌법소원의 대상이 되고 헌법재판소가 취소할 수 있다고 한다. 그런데 헌법재판소법은 정당해산결정 외에는 집행규정을 두지 않고 있다. 따라서 법원의 판결을 취소한 헌법재판소의 결정을 집행할 수가 없다. 법원과 헌법재판소는 평행선을 달린다.

법원이 헌법재판소의 한정위헌결정 모두의 기속력을 부인하는 것은 아니다. 법원이 헌법재판소의 한정위헌결정을 부인하는 것은 3건이다. 최초에 문제가 되었던 양도소득세 사건에서 법원은 실질가액을 기준으로 과세하여야 한다고 하였고, 헌법재판소는 기준지가에 따라야 한다고 하였다. 법원에 따르면 매도인은 1년 10개월 만에 10억원 넘는 이익을 보아 6억원 이상을 과세하여야 하고, 헌법재판소에 따르면 매도인은 손해를 보아 세금을 내지 않아도 되었다.

두 번째 사건은 법률과 시행령이 개정되면서 개정법에는 종전 법률의 부칙조항이 들어있지 않는데, 개정 시행령은 종전 법률의 부칙조항이 유효함을 전제로 하였다. 법원은 부칙 조항이 실효하였는지 여부는 자신의 권한임을 종전부터 밝혀왔다고 하였고, 헌법재판소는 부칙 조항이 효력이 있는지 여부의 판단도 헌법재판소의 권한이라고 하면서 부칙 조항이 실효되지 않았다고 해석하는 한 위헌이라고 결정하였다. 헌법재판소의 해석에 따르면 이 위헌소원사건의 청구인인 대기업은 자신의 고의나 과실에도 불구하고 수백억원의 세금을 환급받을 수 있게 되었다.

세 번째 사건은 사립대학교수가 제주도환경영향평가위원으로 위촉된 후 공무원 의제조항이 없었음에도 불구하고 그를 공무원 뇌물죄로 처벌하는 한 위헌이라고 결정한 사건이다. 해당 교수는 수억원의 뇌물을 받은 사실이 인정되었다. 헌법재판소에 따르면 공무원 의제조항이 없다는 이유로 무죄이고, 법원은 공무원의 범위는 개별 사건에서 자신이 정하였다는 판례를 이유로 들었다.

헌법재판소와 법원의 한정위헌결정을 둘러싼 충돌은 법적 안정성과 구체적 타당성 중 어느 것을 중시하느냐의 차이로 볼 수도 있다. 위 세 경우에 어느 이념이 앞서야 하는지는 독자들의 몫이다.

마. 또 다른 미묘한 관계

헌법재판소와 법원은 서로 갈등하고 경합, 충돌하기도 하면서 협력도 하는 일종의 애증의 관계에 있다고 할 수 있다. 그런데도 뭐라고 설명할 수 없는 또 다른 미묘한 관계도 있다.

（ⅰ） 헌법재판소는 잡종재산도 시효취득의 대상에서 제외한 국유재산법 규정에 한정위헌결정을 하였다(헌재 1991. 5. 13. 89헌가97; 주문(主文)은 다음과 같다. '국유재산법 제5조 제2항을 동법의 국유재산 중 잡종재산에 대하여 적용하는 것은 헌법에 위반된다.'). 이 결정은 국가와 사인(私人)을 차별하여 위헌이라는 취지다. 그러나 현실에서는 국가나 지방자치단체에 잡종지를 사용하겠다고 신고한 후 차임을 성실히 납부하는 사람은 시효취득을 할 수 없는 반면, 이를 숨기고 사용한 사람들은 시효취득을 주장할 수 있는 모순된, 나아가 정의에 반하는 결과를 초래하였다. 이 사건과 관련하여 법원은 헌법재판소의 한정위헌결정의 기속력을 부인하지 않았다. 대신 시효취득의 요건 중 '자주점유(自主占有)'요건을 엄격히 해석하여 정의에 반하는 결과를 방지하였다(대판 1994. 11. 8. 94다28680; 대판(전합) 1997. 8. 21. 95다28625 등 다수).

（ⅱ） 헌법재판소가 사법소극주의를 택하여 특정 사건의 판단을 미루거나 합헌으로 판단하였는데, 법원은 헌법재판소의 취지와 정반대의 해석을 한 경우가 있다. 양심적 병역거부 사건이 그것이다. 헌법재판소는 수차례에 걸쳐 대체복무를 규정하지 않은 병역법 제5조 제1항 및 병역거부의 '정당한 사유'에는 양심적

병역거부가 포함되지 않는다고 해석되는 제88조 제1항은 합헌이라고 판단하였다 (헌재 2004. 8. 26. 2002헌가1; 헌재 2011. 8. 30. 2008헌가22등). 최근에는 병역법 제5 조 제1항은 헌법에 합치하지 않지만, 제88조 제1항은 합헌이라고 하였다(헌재 2018. 6. 28. 2011헌바379). 헌법재판소가 병역법 제88조 제1항이 헌법에 위반되지 않는다고 한 것은 동 조항의 정당한 사유에 양심적 병역거부는 해당하지 않는다 는 대법원의 일관된 판례를 전제로 한 것이었다. 따라서 헌법재판소로서는 위와 같이 법원의 해석에 의하여 구체화된 병역법의 처벌조항을 위헌으로, 최소한 한 정위헌으로 결정할 수 있었다.

그런데 헌법재판소가 단순합헌결정을 하면서 사실상 대법원에 공을 넘기자, 대법원이 정당한 사유에 양심적 병역거부가 해당한다고 하면서 바로 자신의 판례를 변경하였다(대판(전합) 2018. 11. 1. 2016도10912).

(ⅲ) 두 기관의 충돌이나 경합으로 볼 수도 있는 또 다른 미묘한 관계가 있다. 헌법재판소는 '헌재 2007. 11. 29. 2005헌가10' 결정에서 보건범죄단속에 관한 특별조치법 제6조의 양벌규정을 위헌이라고 선언한 이후 면책규정을 두지 않은 양벌규정 수백개에 대하여 계속 위헌결정을 내리고 있다.

그런데 대법원은 헌법재판소의 위 결정 이전부터 면책규정이 없는 양벌규정에서의 영업주 처벌 근거를 과실책임설로 보았다. 대법원은 "상호저축은행법 제 39조의2는 '법인의 대표자나 법인 또는 개인의 대리인·사용인 기타 종업원이 그 법인 또는 개인의 업무에 관하여 제39조의 위반행위를 한 때에는 그 법인 또는 개인에 대하여도 동조의 벌금형을 과한다'고 규정하고 있는바, 이러한 양벌규정에 의하여 사용자인 법인 또는 개인을 처벌하는 것은 형벌의 자기책임원칙에 비추어 위반행위가 발생한 그 업무와 관련하여 사용자인 법인 또는 개인이 상당한 주의 또는 관리감독 의무를 게을리한 선임감독상의 과실이 있는 때에 한하여야 한다고 해석하는 것이 종래 대법원의 확립된 견해이다(대판 1987. 11. 10. 87도1213; 대판 2006. 2. 24. 2005도7673, 대판 2007. 11. 16. 2005다3229; 글쓴이)"라고 판시하였다(대판 2010. 6. 10. 2009도1148). 대법원은 헌법재판소의 위와 같은 일련의 위헌결정 이후에도 이와 유사한 양벌규정들에 대하여 헌법재판소의 반대의견과 마찬가지로 영업주의 선임감독상의 과실이 있는 경우에만 처벌하는 과실책임조항으로 해석하여 합헌임을 전제로 판단하여 왔다.[8]

즉, 헌법재판소의 판시와 같이 "위헌법률심판의 대상은 법원의 해석에 의하여 구체화된 법률조항"이라고 한다면 헌법재판소는 위헌결정을 한 수많은 양벌조항을 합헌으로 결정하였어야 한다.

(ⅳ) 헌법재판소와 법원의 헌법해석, 법률해석이 정반대인데, 아직 개별 사건에서 문제된 바는 없는 경우가 있다. 헌법재판소는 경제질서에 관하여 자유경쟁을 규정한 제119조 제1항이 우선 적용되고, 경제민주화를 규정한 제2항은 보충의 원리에 따라 적용된다고 한다(헌재 1989. 12. 22. 88헌가13). 그러나 대법원은 대형마트 영업규제 사건에서 헌법 제119조 제1항과 제2항은 서로 우열을 가릴수 없고, 제1항이 경제의 기본원칙을, 제2항은 실천원리를 규정한 것이라고 하였다(대판(전합) 2015. 11. 19. 2015두295). 공직선거법의 양대 이념인 선거의 자유와 공정과 관련하여서도 헌법재판소는 선거의 공정은 선거의 자유의 한정원리라고 보는 반면(헌재 2014. 4. 24. 2011헌바17등), 대법원은 선거의 공정성은 자유선거의 원칙을 실현하는 수단이라고 하였다(대판(전합) 2020. 7. 16. 2019도13328).

(ⅴ) 마지막으로 법원이 헌법재판소의 위헌법률심판권을 행사하는 것과 같은 실질의 판결을 하는 것이다. 이른바 '법원의 위헌법률판단권'이라 이름붙일 수있다. 가령 야간옥외집회・시위의 '주최자'를 처벌하는 규정에 대한 헌법불합치결정을, 법원이 개별 사건에서 이 결정의 효력을 '단순참가자'에게도 미치는 것으로 해석하여 무죄를 선고하는 것이 그것이다. 구법에 대한 위헌결정을 실질내용은 바뀌지 않은 채 단순한 문구만 바뀐 신법에까지 효력이 미친다고 하여신법도 위헌결정된 것으로 보고 재판을 하는 경우도 이에 해당한다고 할 수 있다. 나아가 위헌법률의 의심이 조금 들기는 하지만 위헌법률심판제청을 하지 않고 합헌적 법률해석을 하여 판결을 하는 경우를 들 수 있다. 양심적 병역거부건이 그러하다. 이에 대하여는 위헌법률심판에서 상술한다.

4. 헌법재판소의 구성과 조직

헌법재판소는 대통령이 임명하는 법관의 자격을 가진 9인의 재판관으로 구성된다. 재판관 중 3인은 국회에서 선출하는 자를, 3인은 대법원장이 지명하는 자를 임명한다(헌법 제111조 제2, 3항). 국회와 대법원장이 선출 또는 지명하는 재판관에 대한 대통령의 임명권을 형식적 임명권이라 부르기도 한다.

재판관은 40세 이상이어야 한다. 2020. 6. 9. 법 개정 이전에는 재판관 임용결격 사유로 다른 법령에 따라 공무원으로 임용하지 못하는 사람, 금고 이상의형을 선고받은 사람, 탄핵에 의하여 파면된 후 5년이 지나지 아니한 사람만을 들었다. 그러나 법 개정으로 임용 결격사유에 '정당의 당원 또는 당원의 신분을 상실한 날로부터 3년이 경과되지 아니한 사람, 교육감선거 외의 공직선거에 (예비)후보자로 등록한 날로부터 5년이 경과되지 아니한 사람, 대통령선거에서 후보자의 당선을 위하여 자문이나 고문의 역할을 한 날로부터 3년이 경과되지 아니한 사람'을 추가하였다(제5조 제2항).

재판관의 임기는 6년이며 연임할 수 있다(헌법 제112조 제1항, 헌법재판소법 제7조 제1항). 재판관의 정년은 70세이다(제7조 제2항).

재판관의 임기가 만료되거나 임기 중 결원된 때에는 임기만료 또는 결원된 날로부터 30일 이내에 후임자를 임명하여야 한다. 다만 국회에서 선출한 재판관이 국회의 폐회 또는 휴회 중에 그 임기가 만료되거나 결원된 때에는 국회는 다음 국회가 개시된 후 30일 이내에 후임자를 선출하여야 한다(제6조 제3항). 국회가 선출하여 임명된 헌법재판소 재판관 중 공석이 발생한 경우, 국회가 공석인 재판관의 후임자를 '상당한 기간' 내에 선출하여야 할 헌법상 작위의무가 있다(헌재 2014. 4. 24. 2012헌마2).[9]

재판관은 탄핵 또는 금고 이상의 형의 선고에 의하지 아니하고는 그 의사에 반하여 해임되지 아니한다(헌법 제112조 제3항).

헌법재판소장은 국회의 동의를 얻어 재판관 중에서 대통령이 임명한다(제111조 제4항). 헌법재판소장이 궐위되거나 사고로 인하여 직무를 수행할 수 없을 때에는 헌법재판소 재판관 중 임명일자순으로 그 권한을 대행하며, 동순위 재판관이 수인일 때에는 연장자순으로 대행한다(제12조 제1항, 헌법재판소장의 권한대행에 관한 규칙 제2조).

대법원장, 대법관, 헌법재판관의 임기를 헌법이 직접 규정하고 있는 것과 달리, 헌법재판소장의 임기에 대하여는 헌법과 헌법재판소법 모두 침묵하고 있다. 헌법은 또한 "재판관 중에서 헌법재판소장을 임명"하도록 하고 있다. 이와 관련하여 아래의 두 가지 문제가 발생할 수 있고, 지난 2006년 전효숙 헌법재판소장(후보) 임명동의와 관련하여 현실적으로 발생하기도 하였다.

첫째, 헌법재판소장으로 임명되기 위하여는 헌법재판관으로 임명되는 것이 선행되어야 하는가의 문제이다. 물론 기존의 헌법재판관 중 1인을 헌법재판소장으로 임명할 때에는 아래의 둘째 문제, 즉 임기에 관한 문제만 남게 된다. 이에 대하여는 헌법 문언에 충실하여 재판관으로 일단 임명되고 난 후에야 헌법재판소장으로 임명될 수 있다는 견해가 있다. 나아가 재판관이 되기 위한 인사청문회와 헌법재판소장이 되기 위한 인사청문회라는 2회의 인사청문회를 거쳐야 한다고 한다. 그러나 이에는 찬성할 수 없다. 헌법 문언을 있는 그대로 보더라도 "재판관 중에서 헌법재판소장을 임명"하도록 하였지 중복지명 및 동의(청문)절차를 2회 거치도록 한 것이라고는 볼 수 없다. 그러한 경우 절차상의 번거로움과 낭비만 초래할 뿐이다. 재판관과 헌법재판소장이 되기 위한 절차를 동시에(1회에) 진행하는 것을 금지한 규정도 찾아볼 수 없다. 제1, 2, 3기 헌법재판소장 모두 재판관과 헌법재판소장의 임명절차를 따로 진행하지도 않았다. 헌법은 제94조에서 "행정각부의 장은 국무위원 중에서 국무총리의 제청으로 대통령이 임명한다"라고 규정하고 있다. 이는 헌법재판관과 헌법재판소장에 대한 임명 규정과 완전히 동일하다. 그러나 대통령이 국무위원으로 먼저 임명한 후 각부 장관으로 임명한 경우는 한 번도 없었음에 비추어 보면 그 타당성 여부를 알 수 있을 것이다. 다만 2006. 12. 30. 국회법 제65조의2 제5항 "헌법재판소 재판관 후보자가 헌법재판소장 후보자를 겸하는 경우 제2항 제1호의 규정에도 불구하고 제1항의 규정에 따른 인사청문특별위원회의 인사청문회를 연다. 이 경우 제2항의 규정에 따른 소관상임위원회의 인사청문회를 겸하는 것으로 본다"라는 규정을 신설하여 이 문제를 입법으로 해결하였다.

둘째, 기존의 헌법재판관이 새로운 헌법재판소장이 되었을 때 그 임기는 헌법재판관으로서의 잔여 임기만인가 아니면 처음부터 시작하는가의 문제이다. 헌법재판소장이 되기 위하여 헌법재판관을 사퇴한 경우에는 헌법재판관의 연임 규정에 의하여 헌법재판소장에 임명된 때로부터 새로이 그 임기가 시작된다고 보아야 할 것이다. 반면 재판관 직을 유지한 채 재판소장에 임명되는 경우에는 잔여 임기만 보장된다고 하는 것이 논리적으로 타당하다. 박한철 재판관도 박근혜 전대통령이 그를 헌법재판소장으로 지명하자 청문회에서 자신의 임기는 재판관으로서 남은 임기라고 답하고 실제 3년여를 헌법재판소장으로 재직한 후 퇴직하였다.[10]

5. 헌법재판소의 기타 권한

헌법재판소는 헌법 제111조에 규정된 헌법재판을 관장하는 이외에 법률에 저촉되지 아니하는 범위 안에서 심판에 관한 절차, 내부규율과 사무처리에 관한 규칙을 제정할 수 있다(헌법 제113조 제2항). 본조에서 말하는 규칙은 국민에 구속력을 가지는 법규명령으로서의 규칙을 말한다. 행정기관 내부에서만 효력을 미치고 단순히 내부규율에 관한 사항을 정한 것에 불과한 내규에 특별히 헌법에서 규칙제정권을 인정할 필요는 없기 때문이다.

또한 헌법재판소장은 헌법재판소의 조직·인사·운영·심판절차 그 밖에 헌법재판소의 업무에 관련된 법률의 제정 또는 개정이 필요하다고 인정하는 경우에는 국회에 서면으로 그 의견을 제출할 수 있다(제10조의2).

제 2 장
일반심판절차

I. 서　언

　헌법재판소법은 각종 심판절차에 공통으로 적용되는 일반심판절차와 개별심판절차에 적용되는 특별심판절차를 나누어 규정하고 있다. 헌법재판소의 심판절차에 관하여는 법에 특별한 규정이 있는 경우를 제외하고는 헌법재판의 성질에 반하지 아니하는 한도 내에서 민사소송에 관한 법령의 규정을 준용한다(제40조 제1항 제1문). 이 경우 탄핵심판의 경우에는 형사소송에 관한 법령을, 권한쟁의심판 및 헌법소원의 경우에는 행정소송법을 함께 준용한다(제40조 제1항 제2문). 이때 형사소송에 관한 법령 또는 행정소송법이 민사소송에 관한 법령과 저촉될 때에는 민사소송에 관한 법령은 준용하지 아니한다(제40조 제2항).

　법원의 종국결과는 변론을 거쳐 그 결과를 선고하는 것은 판결, 비록 심문(審問) 절차를 거쳤다고 하더라도 변론을 거치지 않고 그 결과를 선고하지 않는 경우에는 결정의 형태로 나뉜다. 그러나 헌법재판소는 변론을 거쳤다고 하더라도 모든 종국결과는 '결정(決定)'의 형태로 선고된다. 헌법재판소 심판의 대부분을 차지하는 헌법소원과 위헌법률심판이 변론을 하지 않고 서면심사를 원칙으로 한다는 점이 고려되었다. 다만 제2공화국에서는 헌법재판소 '판결'이라고 하였다(당시 헌법 제83조의4, 헌법재판판소법 제22조).

Ⅱ. 재 판 부

법에 특별한 규정이 있는 경우가 아니면 심판은 재판관 전원으로 구성된 재판부에서 관장하고, 헌법재판소장이 재판부의 재판장이 된다(제22조). 헌법재판소는 재판관 9인 전원으로 구성되는 전원재판부에서 재판관 7인 이상의 출석으로 사건을 심리한다(제23조 제1항). 다만 헌법재판소장은 헌법소원심판사건에 있어서 재판관 3인으로 구성되는 지정재판부를 두어 사전심사를 담당하게 할 수 있다(제72조 제1항). 지정재판부는 소속재판관 전원의 일치된 의견으로 헌법소원심판청구를 각하할 수 있다(제72조 제3항).

재판부의 재판관에 대하여는 제척, 기피, 회피 등이 인정된다.

제척이라 함은 재판관이 개별 사건에서 법률이 정하는(제24조 제1항 각호의 사유) 특수한 관계가 있는 경우에 법률상 당연히 그 사건에 관한 직무집행으로부터 제외되는 제도를 말한다. 다만 한 사건에서 3인 이상의 재판관에게 제척사유가 있을 경우에는 재판부의 심판정족수를 충족시키지 못하는 경우도 발생할 수 있으므로 입법으로 해결할 수밖에 없다.

기피라 함은 특정한 재판관에게 제척사유 이외에 심판의 공정을 기대하기 어려운 사정이 있는 경우에 당사자의 신청에 의하여 그 재판관을 직무집행에서 제외시키는 제도이다(제24조 제3항). 다만 당사자는 동일한 사건에 대하여 2인 이상의 재판관을 기피할 수 없다(제24조 제4항). 헌법재판소는 "동일한 사건에서 2명 이상의 재판관을 기피할 수 없더라도 청구인이 실제로 공정한 재판을 받지 못할 우려는 그렇게 크지 않은 반면, 심리정족수 부족으로 인하여 헌법재판 기능이 중단되는 사태를 방지함으로써 달성할 수 있는 공익은 매우 크므로, 과잉금지원칙을 위반하여 청구인의 공정한 헌법재판을 받을 권리를 침해하지 아니한다"고 하였다(헌재 2016. 11. 24. 2015헌마902). 만일 당사자가 변론기일에 출석하여 본안에 관한 진술을 한 때에는 기피신청권을 상실한다(제24조 제3항 단서).

한편 제24조 제6항은 기피신청에 관하여 민사소송법 제44조의 규정을 준용하도록 하고 있고 민사소송법 제44조는 기피신청이 있을 경우 그 재판이 확정될 때까지 재판절차를 정지하도록 규정하고 있다. 이에 따르면 헌법재판소는 기피신청에 대한 결정이 있을 때까지 심판절차를 정지하여야 하므로 그 심판절차가 정지된 기간은 지정재판부의 사전심사기간에도 산입하지 않는다(헌재(제2지정재판부) 1993. 10. 29. 93헌마222).

회피라 함은 재판관이 스스로 제척 또는 기피의 사유가 있다고 인정하여 특정사건의 직무집행을 피하는 제도를 말한다(제24조 제5항). 이 경우 제척이나 기피와 같이 별도의 심판이 필요하지는 않으나, 재판장의 허가를 얻어야 한다.

(판 례) 기피신청을 기각한 사례

　　재판에 대한 헌법소원을 청구하여 그 결정이 있은 후 다시 동일한 사안을 기초로 하여 입법부작위 위헌확인심판청구(본안사건)를 한 경우, 재판에 대한 헌법소원을 민사소송법 제37조 제5호에서 말하는 본안사건의 전심재판이라고 할 수 없을 뿐만 아니라, 어느 재판관이 앞 사건의 주심으로 관여하였다는 사유만으로는 그에게 본안사건의 심판에 있어서 헌법재판소법 제24조 제3항 소정의 재판관에게 심판의 공정을 기대하기 어려운 사정이 있다고 볼 수 없다.

　　　　　　　　　　　헌재 1994. 2. 24. 94헌사10, 판례집 6-1, 194, 195

(판 례) 헌법재판소 직원도 기피신청의 대상이 되는지 여부

　　헌법재판소법 제40조 제1항 전문은 헌법재판소의 심판절차에 관하여 이 법에 특별한 규정이 있는 경우를 제외하고는 민사소송에 관한 법령의 규정을 준용한다고 규정하고 있고, 민사소송법 제50조는 법원사무관등에 대하여 제척·기피 및 회피제도를 인정하고 있으며, 위 법원사무관등이란, 법원서기관, 법원사무관, 법원주사(보), 법원서기(보) 등 직급에 관계없이 독자적으로 재판에 관하여 직무집행을 하는 법관 외의 법원공무원을 의미한다. 따라서 위 각 법조문에 따라 직급에 관계없이 독자적으로 헌법재판에 관하여 직무집행을 하는 재판관 외의 헌법재판소 공무원인 헌법재판소 사무관등은 기피신청의 대상이 된다고 봄이 상당하다.

　　　　　　　　　　　헌재 2003. 12. 2. 2003헌사536(공보미게재)

대법원은 기피 사유에 해당하는 '공정한 재판을 기대하기 어려운 사정'이란 '통상인의 판단으로서 법원사무관 등과 사건과의 관계로 보아 불공정한 재판을 할 것이라는 의혹을 갖는 것이 합리적이라고 인정될 만한 객관적인 사정'을 의미한다고 하였다(대결 2006. 2. 28.자 2006카기23). 그러나 일반 민·형사 사건과 달리 위헌법률심판과 헌법소원심판에서 헌법재판소 사무관이 공정한 재판을 기대하지 못할 정도의 영향력을 미치는 것은 생각할 수 없으므로 기피 규정은 헌법재판의 성질상 준용되지 않는다고 보는 것이 현실에 맞다고 본다. 실제 헌법재판소 사무관 등에 대한 기피신청도 극히 드물고 인용된 경우는 단 한 건도 없

다. 헌법재판소는 위 결정에서 "청구인은 단순한 주관적 불만을 기피사유로 비약시킨 것일 뿐"이라고 하였다.

Ⅲ. 당 사 자

헌법재판에서 자기 이름으로 심판을 청구하는 자를 청구인이라 하고 그 상대방인 당사자를 피청구인이라 한다. 청구인과 피청구인을 당사자라 한다. 공동소송참가인을 당사자로 보는 견해도 있다. 각 헌법재판에서 실제 당사자는 유형별로 다르다.

우선 위헌법률심판의 경우 제청법원을 청구인으로 보는 견해도 있으나 법원의 제청에 의하여 위헌법률심판절차가 개시될 뿐이지 제청법원을 당사자로 보기는 어렵다. 따라서 제24조(제척 등), 제30조(심리의 방식) 등 당사자에게 부여된 권리 내지 지위는 제청법원에 적용되지 않는다. 또한 위헌법률심판에서 당해 본안사건의 당사자는 위헌법률심판제청신청권만 있을 뿐이므로 당사자로 볼 수는 없다. 한편 위헌심판제청의 상대방이 되는 당사자는 이론상 입법부가 되겠지만 실무상으로는 존재하지 않는다고 본다. 법 제68조 제2항의 이른바 위헌소원의 경우도 동일하다고 하겠다.

헌법재판소의 위헌법률심판 결정문의 당사자란에는 제청신청에 의한 경우는 "제청법원, 제청신청인, 당해사건", 직권에 의한 경우에는 "제청법원, 당해사건"을 각 기재한다(헌재 2020. 8. 28. 2017헌가35등; 헌재 2020. 6. 25. 2020헌가7).

탄핵심판의 경우 국회가 청구인이 되고, 국회 법제사법위원회 위원장이 소추위원이 된다(제49조). 실제 노무현 대통령 탄핵심판결정에서 헌법재판소는 그 결정문의 당사자란에 "청구인 국회, 소추위원 국회 법제사법위원회 위원장"으로 표시한 바 있다. 탄핵소추 대상자가 피청구인이 된다.

정당해산심판의 경우 청구인은 정부이며(제55조), 피청구인은 해당 정당이다. 법무부장관은 청구인 정부의 대표자일 따름이다.

권한쟁의심판의 경우 탄핵심판이나 정당해산심판과 마찬가지로 민사소송에서와 같이 뚜렷한 당사자 대립구조를 보이므로 제61조나 제64조 등에서는 청구인과 피청구인이라는 명칭을 명시하여 사용하고 있다. 다만 특정 사안에서 자기에게 권한이 없다고 주장하는 이른바 소극적 권한쟁의를 인정하기도 하는데 이러한 경우 피청구인이 없거나 분명하지 않을 수도 있다.

헌법소원심판의 경우 청구인은 '공권력의 행사 또는 불행사로 인하여 헌법상 보장된 기본권을 침해받았다고 주장하는 자'이다(제68조 제1항). 피청구인은 그러한 처분을 한 기관 또는 공권력을 행사해야 하는 의무가 있다고 주장되는 기관이다(제75조 제4항 참조). 다만 헌법소원심판에서 헌법재판소는 청구인이 주장하는 피청구인에 구애되지 않고 침해의 원인이 되는 공권력을 직권으로 조사하여 피청구인을 확정하여야 하므로(헌재 1993. 5. 13. 91헌마190), 헌법소원심판에서 피청구인은 큰 의미를 가진다고 할 수는 없겠다. 또한 법률(규정)이 직접 자신의 기본권을 침해하였다고 주장하면서 헌법소원심판을 청구하는 경우에도 피청구인은 국회라고 기재하지 않는 것이 실무이다. 대통령령이나 부령이 직접 기본권을 침해한다고 하여 헌법소원심판을 청구하는 경우에도 대통령이나 해당 장관을 피청구인으로 기재하지 않는 것이 보통이다(간혹 기재하는 경우가 있기도 하다).

몇 가지 사례를 살펴본다. 피청구인 없는 경우는 보건복지부 지침(헌재 2018. 1. 25. 2015헌마1047), 국토교통부 장관의 국가항공 안보계획(헌재 2018. 2. 22. 2016헌마780), 보건복지부장관의 각종 사회보장수급권 산정기준(헌재 2018. 2. 22. 2017헌마322) 등이다. 교육부장관의 고시에 대한 헌법소원사건에서는 피청구인을 교육부장관으로 표시한 바 있다(헌재 2018. 3. 29. 2015헌마1060등). 행정(입법)부작위의 경우에는 행정(입법)의무있는 피청구인을 환경부장관 등으로 표시하는 경우도 있으나(헌재 2018. 3. 29. 2016헌마795), 많은 경우 그 표시가 생략된다.

당사자의 위헌법률심판제청신청이 기각 또는 각하되어 제68조의 제2항에 따른 위헌소원사건에서는 당사자란에 청구인이 표시되고, 당해사건도 표시된다. 헌가 사건과 헌바 사건이 병합된 경우에는 제청법원, 제청신청인, 청구인, 당해사건이 모두 표시된다.

당사자는 청구서 또는 답변서를 제출하고 심판결정의 송달을 받을 권리, 기일의 소환(출석요구)을 받을 권리, 기일지정의 신청권, 제척·기피신청권, 변론권, 질문권 등을 갖는다(제24조, 제27조 내지 제30조, 제36조 제4항).

헌법재판에서는 당사자의 동일성을 해치는 임의적 당사자 변경은 허용되지 않는 것이 원칙이다(헌재 1998. 11. 25. 94헌마207). 헌법소원심판절차에서 청구인을 추가하는 것은 임의적 당사자 변경에 해당하여 허용되지 않는다(헌재 2012. 3. 29. 2010헌마97; 헌재 2019. 5. 30. 2018헌마1208등). 그러나 아래 판례에서 살펴보는 바와 같이 헌법재판소가 에둘러 청구인 추가를 인정한 사례가 있음에 비추어 확고한 입장으로 볼 수는 없다고 하겠다.

(판 례) 청구인 추가를 공동심판참가로 선해하여 인정한 예외 사례[1]

　　1. 사건개요

　　청구인 1은 2015. 11. 14. 민중총궐기 집회에 참여하였다가, 종로구청입구 사거리에서 경찰관들이 직사살수한 물줄기에 머리 등 가슴 윗부분을 맞아 넘어지면서 상해를 입고 약 10개월 동안 의식불명 상태로 치료받다가 2016. 9. 25. 사망하였다. 피청구인들은 이 사건 집회 당시 위 경찰관들을 지휘한 서울지방경찰청장 및 서울지방경찰청 기동본부 제4기동단장이다.

　　청구인 1의 배우자와 자녀들인 청구인 2, 3, 4는 2015. 12. 10. '위 직사살수행위는 청구인 1 및 기존 청구인들의 생명권, 신체의 자유, 표현의 자유, 인격권, 행복추구권, 인간으로서의 존엄과 가치, 집회의 자유 등을 침해하여 헌법에 위반되고, '경찰관 직무집행법' 제10조 제4항, 제6항, '위해성 경찰장비의 사용기준 등에 관한 규정' 제13조 제1항, 경찰장비관리규칙 제97조 제2항, '살수차 운용지침' 제2장 중 직사살수에 관한 부분은 헌법에 위반된다.'라고 주장하면서, 위 직사살수행위 및 그 근거법령의 위헌확인을 구하는 이 사건 헌법소원심판을 청구하였다.

　　기존 청구인들은 2015. 12. 18. 청구인 1을 청구인으로 추가해 달라는 취지의 청구인추가신청서를 제출하였다. 청구인들은 2016. 1. 7. 위 청구인추가신청이 민사소송법 제70조를 준용하여 청구인 1을 주위적 청구인으로, 기존 청구인들을 예비적 청구인으로 한 공동심판추가신청임을 밝히면서, '1. 위 직사살수행위는 주위적으로 청구인 1의 생명권 등을 침해하고, 예비적으로 기존 청구인들의 인격권 등을 침해한다. 2. '경찰관 직무집행법' 제10조 제4항, 제6항, '위해성 경찰장비의 사용기준 등에 관한 규정' 제13조 제1항, 경찰장비관리규칙 제97조 제2항, '살수차 운용지침' 제2장 중 직사살수에 관한 부분은 헌법에 위반된다.'로 청구취지를 변경하는 내용의 보정서를 제출하였다. 그 후 청구인 3은 2016. 4. 18. 청구인 1의 성년후견인으로 선임되었고(광주가정법원 순천지원 2016느단10002 심판), 2016. 8. 2. 청구인 1의 소송행위를 추인하는 취지의 준비서면을 제출하였다. (……)

　　4. 나. 청구인추가신청의 적법 여부

　　청구인들은 2016. 1. 7.자 보정서에서 청구인 1의 추가신청이 민사소송법 제70조에 의한 공동심판추가신청이라고 밝혔으나, 청구인 1의 청구가 기존 청구인들의 청구와 법률상 양립할 수 없는 경우에 해당하지 않으므로, 민사소송법 제70조에 의한 공동심판추가신청은 부적법하다.

　　다. 공동심판참가신청으로 선해

　　위와 같이 청구인 1의 청구인추가신청이 허용되지 아니하더라도 앞서 본 법리에 비추어 공동심판참가신청으로 선해할 수 있는지 살펴본다.

먼저 청구인 1의 신청취지 중 이 사건 근거조항들에 대한 헌법소원심판청구 부분에 관하여 보건대, 이는 기존 청구인들의 청구와 동일한 법령에 대한 헌법소원심판으로서 이 사건 근거조항들이 위헌으로 결정될 경우 그 효력이 상실되어(헌법재판소법 제47조 제2항) 그 위헌결정의 효력이 청구인들 모두에게 미치게 되므로 그 목적이 기존 청구인들과 청구인 1에게 합일적으로 확정되어야 할 경우에 해당하고, 청구인 1의 위 신청은 헌법소원심판 청구기간 내에 이루어졌으므로, 청구인 1은 헌법재판소법 제40조 제1항, 민사소송법 제83조 제1항에 따라 별도의 헌법소원심판을 청구하는 대신에 계속 중인 심판에 공동청구인으로서 참가하는 것이 허용된다.

다음으로 청구인 1의 신청취지 중 이 사건 직사살수행위에 대한 헌법소원심판청구 부분에 관하여 보건대, ① 기존 청구인들이 최초 제출한 헌법소원심판청구서에서 이 사건 직사살수행위가 자신들과 청구인 1의 기본권을 침해하여 헌법에 위반된다는 결정을 청구하고 있었던 점, ② 청구인 1은 이 사건 직사살수행위의 직접 상대방으로서 기존 청구인들이 침해를 주장한 기본권의 주체이고, 이 사건 직사살수행위에 대한 헌법소원심판을 청구할 법적 관련성이 인정되는 점, ③ 참가신청의 적법 여부는 참가신청 당시를 기준으로 판단하는 점 등을 종합하면, 이는 기존 청구인들의 청구와 동일한 공권력의 행사로 인하여 동일한 기본권을 침해받아 위헌임의 확인을 구하는 헌법소원심판으로서, 그 위헌확인결정은 모든 국가기관과 지방자치단체를 기속하므로(헌법재판소법 제75조 제1항) 그 목적이 기존 청구인들과 청구인 1에게 합일적으로 확정되어야 할 경우에 해당하고, 앞서 본 바와 같이 청구인 1의 위 신청이 헌법소원심판 청구기간 내에 이루어졌으므로, 청구인 1은 헌법재판소법 제40조 제1항, 민사소송법 제83조 제1항에 따라 별도의 헌법소원심판을 청구하는 대신에 계속 중인 심판에 공동청구인으로서 참가하는 것이 허용된다.

그렇다면 청구인 1은 당초에 기존 청구인들이 그 침해를 주장한 기본권의 주체로서 별도의 헌법소원심판을 청구하는 것에 갈음하여 계속 중인 심판에 공동청구인으로 참가할 것을 신청하였다고 볼 수 있고, 이 사건 직사살수행위 및 이 사건 근거조항들이 청구인 1의 기본권을 침해하는지 여부에 관하여 헌법소원심판청구를 공동으로 할 것이 강제되지는 않지만 그 목적이 기존 청구인들과 합일적으로 확정되어야 할 경우에 해당한다. 그러므로 청구인 1의 신청은 헌법재판소법 제40조 제1항 및 민사소송법 제83조 제1항에 의한 적법한 공동심판참가신청으로 선해한다.

헌재 2020. 4. 23. 2015헌마1149, 공보 283, 624, 627-629

한편 '제3자 소송담당'이 허용되는지 문제된다. 제3자 소송담당은 말 그대로 원고(청구인)가 제3자의 이익을 위하여, 즉 판결의 효력이 제3자에게 미치게 하는 소송을 하는 경우를 말한다. 우리나라 법제상으로는 법정소송담당만 인정된다.[2] 판례상으로는 "조합 업무를 집행할 권한을 수여받은 업무집행조합원은 조합재산에 관하여 조합원으로부터 임의적 소송신탁을 받아 자기 이름으로 소송을 수행하는 것이 허용된다"는 것이 유일하다(대판 1997. 11. 28. 95다35302). 요컨대 제3자 소송담당은 법이 정한 경우에만 인정되므로 헌법재판에서는 인정되거나 준용될 여지가 없다. 정당이 소속국회의원을 위하여 자신의 이름으로 권한쟁의 심판을 청구할 수 없고, 신문기자들의 단체가 자신의 기본권을 주장하지는 않으면서 소속 회원들의 보도의 자유가 침해되었다고 주장하는 것은 제3자 소송담당으로서 인정되지 않는다.

Ⅳ. 대표자·대리인

각종 심판절차에 있어서 정부가 당사자인 때에는 법무부장관이 정부를 대표한다(제25조 제1항). 국가기관 또는 지방자치단체가 당사자인 경우에는 국가기관 또는 지방자치단체는 변호사 또는 변호사의 자격이 있는 소속직원을 대리인으로 선임하여 심판을 수행하게 할 수 있다(제25조 제2항). 사인(私人)이 당사자가 되는 경우에는 자신이 변호사가 아닌 한 변호사를 대리인으로 선임하지 아니하면 심판청구를 하거나 심판수행을 하지 못한다(제25조 제3항). 이를 변호사강제주의라 한다. 헌법재판소는 변호사강제주의를 합헌이라고 한다.

(판 례) 변호사강제주의의 합헌성

법 제25조 제3항 본문은 "각종 심판절차에 있어서 당사자인 사인은 변호사를 대리인으로 선임하지 않으면 심판청구를 하거나 심판수행을 하지 못한다"고 하여 이른바 헌법재판에 있어서 변호사강제주의를 채택하고 있다. 그런데 법 제25조 제3항이 규정하고 있는 변호사강제주의에 대해서는 헌법재판소가 이미 다음 (2)와 같은 요지로 그 합헌성을 인정한 바 있다(헌재 1990. 9. 3. 89헌마120등, 판례집 2, 288-297).

변호사강제주의는 본인이 스스로 심판청구를 하고 심판수행을 하는 본인소송주의에 비하여 다음과 같은 이점이 있다.

첫째, 재판의 본질을 이해하지 못하고, 전문적인 법률지식이 부족하고, 재판자료를 제대로 정리하여 제출할 능력이 없는 당사자를 보호해 주며 사법적 정의의 실현에 기여한다.

둘째, 변호사강제주의는 승소가망성이 없는 사건을 사전에 변호사를 통해 소거시키는 한편, 재판자료를 법률적으로 다듬고 정리하여 재판소에 제출함으로써 보다 효율적으로 국가의 헌법재판제도의 운영을 기할 수 있는 이점이 있다.

셋째, 당사자가 스스로 소송을 수행할 때 법률보다도 감정에 북받쳐 사안을 불투명하게 할 수 있으며 선별없는 무리한 자료의 제출로 재판자료를 산적하게 하여 심리의 부담을 가중시키고 또 경직하게 하는 폐해가 생길 수 있는데, 변호사강제주의는 이와 같은 문제점을 해소시키는데 일조가 된다고 할 것이다.

넷째, 변호사강제주의는 재판관과 기본적으로 공통된 자격을 갖추고 있는 변호사를 심리에 관여시키는 것이므로, 이로써 재판관의 관료적인 편견과 부당한 권위의식 또는 자의로부터 당사자가 보호될 수 있는 것이다.

이와 같이 볼 때 변호사강제주의의 제도적 이익은 본인소송주의를 채택함으로써 변호사 선임비용을 지출하지 않는 이익보다는 이익형량상 크다 할 것이다. 따라서 헌법재판에 있어서 변호사강제주의가 변호사라는 사회적 신분에 의한 재판청구권 행사의 차별이라 하더라도 그 차별에 합리성이 결여된 것이라고는 할 수 없을 것이고, 국민의 헌법재판을 받을 권리의 제한이라 하더라도 이는 공공복리를 위하여 필요한 제한이라고 봄이 상당할 것이다.

한편 헌법재판소법 제70조에서는 헌법소원심판청구에서 변호사를 대리인으로 선임할 자력이 없는 당사자의 신청에 의하여 국고에서 그 보수를 지급하게 되는 국선대리인을 선정해 주도록 국선대리인제도를 두고 있으므로 변호사강제주의에 따른 재판청구권행사의 제한을 두고 재판을 받을 권리의 본질적 내용의 침해라고는 볼 수 없을 것이다. 그러므로 헌법재판소법 제25조 제3항은 헌법 제11조 및 제27조의 규정에 위배된다고 할 수 없다.

헌재 2001. 9. 27. 2001헌마152, 판례집 13-2, 447, 452-453

(판 례) 국선대리인 신청의 소극적 요건

국선대리인 선임신청은 신청인이 무자력일지라도 전제가 되는 본안사건이 승소할 가능성이 없는 경우에는 그 선임신청을 인용할 수 없다고 할 것이다. (……)

신청인이 심판청구의 대상으로 삼고자 하는 2000. 8. 11. 부천지방노동사무소의 '고용유지지원금지급중지 등의 처분'은 행정심판을 거쳐 신청인이 행정소송을 제기하였으나 대법원의 상고기각으로 확정되었으며, 위와 같이 '고용유지지원금지급중지 등의 처분'을 심판의 대상으로 삼았던 대법원의 상고기각판결이 헌법소원심판의 대상이 되는 예외적인 재판에 해당되지 아니함이 명백하여 위 판결이 취소될 수 없으므로 위 '고용유지지원금지급중지 등의 처분' 또한 헌법소원심판의 대상이 될 수 없다 할 것이고, 따라서 그에 대한 취소를 구하는 이 부분 심판청구 역시 부적법하다고 할 것이다.

그렇다면 신청인의 이 사건 국선대리인선임신청은 위 신청의 전제가 되는 헌법소원심판이 청구된다 하더라도 부적법하여 승소가능성이 없다고 보여지므로 신청인의 국선대리인선임신청은 기각함이 상당하다.

헌재 2003. 3. 4. 2003헌사81(공보미게재)

변호사강제주의가 적용되는 사인이 당사자인 소송은 정당해산심판, 탄핵심판 및 헌법소원심판청구이다(헌재 1990. 9. 3. 89헌마120).

제25조 제3항은 "각종 심판절차에 있어서 당사자인 사인은 변호사를 대리인으로 선임하지 아니하면 심판청구를 하거나 심판수행을 하지 못한다"고 규정하고 있다. 정당해산심판사건에서 정당은 피청구인인 당사자이다. 제57조는 "피청구인의 활동을 정지하는 결정을 할 수 있다"고 규정하여 정당이 당사자임을 명시하고 있다. 제30조 제1항이 정당해산의 심판은 구두변론에 의하는 것으로 명시하고 있으므로 정당해산심판에서 당사자인 정당이 구두변론이라는 심판수행을 위하여서는 변호사를 대리인으로 선임하지 않으면 안 된다.

탄핵심판절차가 사인이 당사자인 절차인지 문제된다. 헌법재판소는 노무현 및 박근혜 대통령 탄핵사건에서 적법절차가 적용되지 않는다고 판시하였다(헌재 2004. 5. 14. 2004헌나1, 헌재 2017. 3. 10. 2016헌나1). "국회의 탄핵소추절차는 국회와 대통령이라는 헌법기관 사이의 문제이고, 국회의 탄핵소추의결에 의하여 사인으로서의 대통령의 기본권이 침해되는 것이 아니라, 국가기관으로서의 대통령의 권한행사가 정지되는 것이다. 따라서 국가기관이 국민과의 관계에서 공권력을 행사함에 있어서 준수해야 할 법원칙으로서 형성된 적법절차의 원칙을 국가기관에 대하여 헌법을 수호하고자 하는 탄핵소추절차에는 직접 적용할 수 없다고 할 것이고, 그 외 달리 탄핵소추절차와 관련하여 피소추인에게 의견진술의 기회를 부여할 것을 요청하는 명문의 규정도 없으므로, 국회의 탄핵소추절차가 적법절차원칙에 위배되었다는 주장은 이유 없다"는 것이 그 판시이다.

그러나 이 판시는 탄핵절차는 사인이 당사자인 경우라서 변호사강제주의가 적용된다고 하는 선례와 저촉된다. 탄핵은 소추절차이든 심판절차이든 모두 특정 사인을 특정 국가기관의 직책에서 파면할 것인지의 여부가 소송물이므로 국가기관담당자로서의 공무원인 사인을 당사자로 보아야 한다.[3]

변호사 자격이 없는 사인의 헌법소원심판청구나 주장 등 심판수행은 변호사인 대리인이 추인한 때에 적법한 헌법소원심판청구와 심판수행으로서 효력이 있고 헌법소원심판대상이 된다. 대리인이 국선인 경우에도 마찬가지다(헌재 2016. 10. 27. 2014헌마626). 국선대리인이, 청구인이 한 "헌법소원 이유를 보충개진하는 바입니다."라고 기재한 헌법소원심판청구서를 제출하였다면, 이는 국선대리인이 동 헌법소원심판청구서를 제출하기 전에 청구인이 한 이 사건 헌법소원심판청구와 주장을 추인한 것이라고 봄이 상당하다(헌재 1992. 6. 26. 89헌마132).

변호사인 대리인에 의한 헌법소원심판청구가 있었다면 그 이후 심리과정에서 대리인이 사임하고 다른 대리인을 선임하지 않았더라도 청구인이 그 후 자기에게 유리한 진술을 할 기회를 스스로 포기한 것에 불과하다. 따라서 헌법소원심판청구를 비롯하여 기왕의 대리인에 의하여 수행된 소송행위 자체로서 재판성숙단계에 이르렀다면 기왕의 대리인의 소송행위가 무효로 되는 것은 아니다. 헌법재판소도 "대리인이 사임하기까지의 사이에 수행한 절차진행으로 이미 재판성숙단계에 이르렀다고 인정되므로 대리인이 2회에 걸쳐 작성 제출한 위 헌법소원심판청구이유보충서의 기재범위내에서 본안판단하여야 한다"고 하였다(헌재 1992. 4. 14. 91헌마156). 변호사인 대리인이 제출한 심판청구서에 청구인이 한 심판청구와 주장을 묵시로라도 추인하고 있다고 볼 내용이 없다면, 대리인의 심판청구서에 기재되어 있지 아니한 청구인의 그 전의 심판청구 내용과 대리인의 심판청구 이후에 청구인이 제출한 추가된 별개의 심판청구와 주장은 당해 사건의 심판대상이 되지 않는다. 이때는 대리인이 제출한 헌법소원청구보충서의 내용을 기준으로 심판대상을 확정한다(헌재 2016. 2. 25. 2013헌바260).

V. 헌법재판의 심리

1. 개 관

헌법재판소는 재판관 7인 이상의 출석으로 사건을 심리한다(제23조 제1항). 심리는 탄핵심판·정당해산심판·권한쟁의심판은 구두변론에 의하고, 위헌법률심판과 헌법소원심판은 서면심리에 의하되 재판부가 필요하다고 인정되는 경우에는 변론을 열 수 있다(제30조). 재판부는 사건의 심리를 위하여 필요하다고 인정하는 경우에는 당사자의 신청 또는 직권에 의하여 각종 증거조사를 할 수 있다(제31조 제1항).[4]

심판의 변론과 종국결정의 선고는 심판정에서 행한다. 다만 헌법재판소장이 필요하다고 인정하는 경우에는 심판정 이외의 장소에서 이를 할 수 있다(제33조). 심판의 변론과 결정의 선고는 공개한다. 다만 국가의 안전보장, 안녕질서 또는 선량한 풍속을 해할 염려가 있는 때에는 결정으로 변론을 공개하지 않을 수 있다(제34조, 법원조직법 제57조 제1항 단서).

헌법재판에는 그 성질상 민사소송법상의 변론주의가 적용되지 않는다. 심판대상이나 심사의 관점은 직권주의에 따른다. 따라서 심판대상을 확장 또는 축소하기도 한다. 구법에 대한 헌법소원심판청구에서 그 대상을 신법으로 확장하기도 하고, '경조사(慶弔事)'라는 부분이 심판의 대상이 되었을 때, 청구인이 신랑인 경우에는 '경사(慶事)'로 심판범위를 한정하기도 한다. 또한 소주판매업자나 당구장 영업주가 영업의 자유나 양심의 자유 침해를 이유로 헌법소원심판을 청구하는 경우에 헌법재판소는 소비자의 자기결정권이나 청소년들의 행복추구권을 침해하였는지 여부를 심사의 관점으로 추가하기도 한다는 것이 그것이다. 헌법재판소법 제45조가 "헌법재판소는 **제청된 법률** 또는 법률 조항의 위헌 여부**만을** 결정한다"고 규정한 것은 위헌법률심판에서의 신청주의 혹은 처분권주의의 원칙을 강조한 것이지 불가분의 밀접한 관련이 있는 조항을 심판대상에 포함시키는 것을 막는 취지는 아니다.

(판 례) 헌법소원심판에서의 직권심리주의

　　헌법재판소법 제25조, 제26조, 제30조, 제31조, 제32조, 제37조, 제68조, 제71조 등에 의하면 헌법소원심판제도는 변호사 강제주의, 서면심리주의, 직권심리주의, 국가비용부담 등의 소송구조로 되어 있어서 민사재판과 같이 대립적 당사자간의 변론주의 구조에 의하여 당사자의 청구취지 및 주장과 답변만을 판단하면 되는 것이 아니고, 헌법상 보장된 기본권을 침해받은 자가 변호사의 필요적 조력을 받아 그 침해된 권리의 구제를 청구하는 것이므로 소송비용과 청구양식에 구애되지 않고 청구인의 침해된 권리와 침해의 원인이 되는 공권력의 행사 또는 불행사에 대하여 직권으로 조사 판단하는 것을 원칙으로 하고 있다. (……) 헌법재판소는 청구인의 심판청구서에 기재된 피청구인이나 청구취지에 구애됨이 없이 청구인의 주장요지를 종합적으로 판단하여야 하며 청구인이 주장하는 침해된 기본권과 침해의 원인이 되는 공권력을 직권으로 조사하여 피청구인과 심판대상을 확정하여 판단하여야 하는 것이다.

헌재 2015. 11. 26. 2012헌마858, 판례집 27-2하, 306, 312

헌법재판소가 종국결정을 선고하기 위해서는 평의(評議)와 평결(評決)절차를 거친다. 일반 민·형사재판에서의 합의(合議)에 해당한다. 선고에는 종국심리에 관여한 재판관의 과반수의 찬성으로 결정하되, 위헌결정·탄핵결정·정당해산결정·헌법소원인용결정을 하는 경우 및 종전에 헌법재판소가 판시한 헌법 또는 법률의 해석적용에 관한 의견을 변경하는 경우에는 재판관 6인의 찬성이 있어야 한다(헌법 제112조 제1항, 헌법재판소법 제23조 제1항).

어느 한 의견이 결정정족수를 충족하지 못하고 여러 의견이 대립되는 경우에 주문을 어떻게 결정하는가가 문제된다. 이를 직접 명시하고 있는 규정은 없다. 다만 헌법재판소법 제40조 제1항의 민사소송법 등의 준용규정에 따라 법원조직법 제66조의 '합의에 관한 규정'을 준용할 수 있을 것이다. 이에 의하면 수액이나 형량에 관하여 3설 이상이 나누어지고 어느 견해도 그 자체로서는 과반수에 이르지 못한 경우에는 신청인(원고 또는 검사)에게 가장 유리한 견해를 가진 수에 순차로, 그 다음으로 유리한 견해를 가진 수를 더하여 과반수에 이르게 된 때의 견해를 그 합의체의 견해로 하여야 한다.[5]

① 위헌법률심판에서 관여 재판관의 의견이 위헌 2인, 헌법불합치 2인, 한정합헌 2인, 합헌 3인으로 나뉜 경우, 청구인에게 가장 유리한 견해를 가진 위헌 2인, 그 다음으로 유리한 헌법불합치 2인을 더하고, 다시 그 다음으로 유리한 한정합헌 2인을 더하여 6인에 이르게 된 때의 견해인 한정합헌이 주문결정이 된다.

(판 례) 한정합헌 주문 결정례

　　　이 사건에 있어서 관여재판관의 평의의 결과는 단순합헌의견 3, 한정합헌의견 5, 전부위헌의견 1의 비율로 나타났는데, 한정합헌의견 (5)는 질적인 일부위헌의견이기 때문에 전부위헌의견(1)도 일부위헌의견의 범위내에서는 한정합헌의 의견과 견해를 같이 한 것이라 할 것이므로 이를 합산하면 헌법재판소법 제23조 제2항 제1호 소정의 위헌결정정족수(6)에 도달하였다고 할 것이며 그것이 주문의 의견이 되는 것이다(법원조직법 제66조 제2항 참조).

　　　　　　　　　　　　　　　　헌재 1992. 2. 25. 89헌가104, 판례집 4, 64, 99

② 다만 위 경우에 만일 단순위헌의견이 1인밖에 없다면 5인에 이르게 되는 한정합헌의견이 다수의견이 되기는 하나, 위헌선언정족수인 6인에는 미치지 못하여 합헌으로 선고한다. 다만 초기에는 이러한 경우 위헌불선언결정을 하였으나(헌재 1989. 12. 22. 88헌가13), 1996년부터 판례를 변경하였다.

(판 례) 합헌 주문 결정례

【주문】 **법 제2조는 헌법에 위반되지 아니한다.

이 법률조항은 특별법 시행당시, 공소시효가 아직 완성되지 않았다고 보는 경우
에는 재판관 전원이 헌법에 위반되지 아니한다는 의견이고, 공소시효가 이미 완성
된 것으로 보는 경우에는 재판관 4명이 헌법에 위반되지 아니하는 의견이고, 재판
관 5명이 한정위헌의견이나 이 경우에도 헌법재판소법 제23조 제2항 제1호에 정
한 위헌결정(헌법소원의 경우도 같음)의 정족수에 이르지 못하여 합헌으로 선고할 수
밖에 없으므로 이에 주문과 같이 결정한다.

헌재 1996. 2. 16. 96헌가2등, 판례집 8-1, 51, 96

③ 단순위헌의견이 5인, 헌법불합치의견이 2인, 합헌의견이 2인인 경우에는
단순위헌의견이 다수의견이기는 하지만 위헌선언정족수에 미치지 못하여 헌법불
합치의 결정을 선고한다.

(판 례) 헌법불합치 주문 결정례

위와 같은 이유로 이 사건 법률조항이 헌법에 위반된다는 점에 있어서는 재판관
2인을 제외한 그 나머지 재판관 전원의 의견이 일치되었으나, 재판관 5인은 단순
위헌결정을 선고함이 상당하다는 의견이고 재판관 2인은 헌법불합치결정을 선고함
이 상당하다는 의견으로서, 위 재판관 김용준 등 5명의 의견이 다수의견이기는 하
나 헌법재판소법 제23조 제2항 제1호에 규정된 "법률의 위헌결정"을 함에 필요한
심판정족수에 이르지 못하였으므로 이에 헌법불합치의 결정을 선고하기로 하는바,
위 법률조항은 입법자가 1998. 12. 31.까지 개정하지 아니하면 1999. 1. 1. 그 효
력을 상실하고, 법원 기타 국가기관 및 지방자치단체는 입법자가 개정할 때까지
위 법률조항의 적용을 **중지**하도록 하는 것이 상당하다고 인정되므로 이에 주문과
같이 결정한다.

헌재 1997. 7. 16. 95헌가6등, 판례집 9-2, 1, 21

비록 헌법불합치결정이 주문으로 채택되기는 하였으나, 단순위헌의견이 다수
이므로 적용중지냐 잠정적용이냐는 넓은 의미의 위헌의견을 개진한 재판관 혹은
전체 재판관 사이에서 다시 논의되어야 한다.

(판 례) 권한쟁의심판의 경우

    각하의견이 재판관 4인, 기각의견이 재판관 1인, 인용의견이 재판관 4인으로 어느 의견도 독자적으로는 헌법재판소법 제23조 제2항이 정한 권한쟁의심판의 심판정족수를 충족하지 못한다. 그런데 각하의견은 종전 권한침해확인 결정의 기속력으로 피청구인이 구체적으로 특정한 조치를 취할 의무를 부담한다고는 볼 수 없어 이 사건 심판청구를 받아들일 수 없다는 기각의견의 결론 부분에 한하여는 기각의견과 견해를 같이 하는 것으로 볼 수 있으므로 이 부분 심판청구를 모두 기각함이 상당하다.[6]

헌재 2010. 11. 25, 2009헌라12, 공보 170, 2038, 2050

    평결방식에는 쟁점별 평결방식과 주문별 평결방식이 있다. 전자는 각 재판관들이 쟁점별로 각각 표결하여 결론(주문)을 도출하는 방식을 말한다. 쟁점별로 표결하기 때문에 소송요건에 관한 표결이 먼저 이루어진 이후 본안(가령 법률의 위헌여부)에 대하여 표결하는 방식이다. 이에 반하여 후자는 개개 쟁점별로 표결하지 않고 결론을 표결하여 주문을 결정하는 방식이다. 소송요건과 본안에 대한 결론이 분리되지 않는다는 점이 전자와 가장 큰 차이점이다. 실제로는 재판관(들)이 본안에 관하여서는 위헌이라고 생각하고 있지만, 소송요건이 구비되지 않았다고 판단하는 경우에 현실적으로 큰 차이점이 있다. 현행법에는 평결방식에 관하여 아무런 규정이 없다. 독일의 경우, 주문별 평결방식을 택한 탄핵심판의 경우를 제외하고는 쟁점별 평결방식을 채택하고 있다.

    두 가지 방식 모두 일장일단이 있다고 할 수 있으나, 쟁점별 평결방식이 국민의 기본권 보호에 보다 더 충실한 것이라고 할 수 있다. 법률에 대한 위헌을 선언할 수 있는 가능성이 주문별 평결방식보다는 더 높기 때문이다.

    우리 헌법재판소는 주문별 평결방식에 입각하고 있다. 따라서 소송요건과 본안을 분리하여 평결하지 않고, 전체 평결을 하여 결론을 도출하고 있다. '헌재 2009. 10. 29. 2007헌마1462' 결정의 재판관 의견도 위헌 5인, 합헌 3인, 각하 1인이었다. 주문별 합의가 아닌 쟁점별 합의에 따른다면 본안판단 8인이므로 각하의견을 낸 재판관도 일단 본안판단에 들어가야 한다. 그리고 본안판단에서 위헌 여부의 의견을 개진하는 것이 마땅하다. '헌재 2016. 4. 28. 2013헌바196' 결정에서 각하의견을 개진한 2인 재판관의 보충의견이 있는데 참고할 만하다.

    "우리는 이 사건 심판청구가 재판의 전제성이 없어 각하되어야 한다는 다수

의견에 동의한다. 다만 본안에 나아가 판단한다면 이 사건 법률조항이 헌법에
위반되지 않는다고 생각하므로 다음과 같이 이유를 밝힌다"(헌재 2016. 4. 28.
2013헌바196, 판례집 28-1상, 583). 이렇게 각하의견을 개진한 재판관도 그의 견해
와는 달리 그 사건이 본안판단으로 나아가고, 이때 그의 의견을 밝힌다면 학계
나 실무 모두에 유용하다. 국민들의 신뢰를 쌓는 방법이기도 하다. 특히 기각 3,
각하 1, 위헌 5일 때가 합의방식의 변경 필요성이 가장 크다. 각하 의견을 낸 1
인 재판관이 본안 판단에서 위헌 의견에 가담한다면 그 차이는 두말할 나위 없
다.[7]

　아래에 소개하는 판례는 헌법재판소가 주문별 평결방식 이외에, 최소한 소송
요건과 본안 문제에 관하여는 쟁점별 평결방식을 채택할 수도 있음을 보여주고
있다.

(판 례) 헌법재판소 평결의 방식

　　소수의견은 이 사건 헌법소원에 있어서 재판의 전제성을 인정할 수 없어서 부적
법하다고 각하의견을 제시하고 있을 뿐, 이 사건 심판대상규정의 위헌 여부에 대
한 의견을 개진하지 않고 있다. 그런데 헌법 제113조 제1항은 "헌법재판소에서 법
률의 위헌결정, 탄핵의 결정, 정당해산의 결정 또는 헌법소원에 관한 인용결정을
할 때에는 재판관 6인 이상의 찬성이 있어야 한다"고 규정하고 있으므로 위의 반
대해석으로 여타의 사항은 재판관 과반수의 찬성으로 결정되어야 하는 것이다.

　　헌법이 재판의 정족수에 대하여 위와 같은 특칙을 둔 이유는 재판관이 재판을
함에 있어서 과반수로써 재판하여야 함은 재판의 기본원칙이기 때문에 헌법상 특
칙규정이 없다면 헌법은 재판관의 과반수에 의한 재판이라는 일반원칙을 승인한
것이 되므로 법률로서는 재판의 합의정족수를 달리 규정할 수 없게 되기 때문일
것이다(대법원 1971. 6. 22. 선고, 70다1010 판결 참조).

　　그렇다면, 헌법의 위 규정에 따른 헌법재판소법 제23조 제2항 단서의 규정상 6
인 이상의 찬성을 필요로 하는 경우 이외의 사항에 관한 재판에 있어서는 원래의
재판원칙대로 재판관 과반수의 찬성으로 결정되어야 하는 것이고 그에 대하여서는
이론의 여지가 있을 수 없는 것이다(헌법재판소 제23조 제2항 본문 및 법원조직법 제66
조 제1항 참조). 즉, 본안재판의 전제로서 예컨대, 헌법재판소법 제41조 제1항의 '재
판의 전제성'이라든가 헌법소원의 적법성의 유무에 관한 재판은 재판관 과반수의
찬성으로 족한 것이다.

　　따라서 이 사건에 있어서 재판관 5인이 '재판의 전제성'을 인정하였다면 이 사건
헌법소원은 일응 적법하다고 할 것이고 이 사건 헌법소원이 적법한 이상, 재판의

전제성을 부인하는 재판관 4인도 본안결정에 참여하는 것이 마땅하며 만일 본안에 대해 다수와 견해를 같이하는 경우 그 참여는 큰 의미를 갖는 것이라 할 것이다.

(조규광 등 4인 재판관의 반대의견)

위헌의견은 헌법재판의 합의방법에 관하여 쟁점별 합의를 하여야 한다는 이론을 펴고 있다.

그러나 우리 재판소는 발족 이래 오늘에 이르기까지 예외 없이 주문합의제를 취해 왔다(헌법재판소 1993. 5. 13. 선고, 90헌바22, 91헌바12,13, 92헌바3,4(병합) 결정 및 헌법재판소 1994. 6. 30. 선고, 92헌가18 결정 참조). 우리는 위헌의견이 유독 이 사건에서 주문합의제에서 쟁점별 합의제로 변경하여야 한다는 이유를 이해할 수 없고, 새삼 판례를 변경하여야 할 다른 사정이 생겼다고 판단되지 아니한다.

헌재 1994. 6. 30. 92헌바23, 판례집 6-1, 592, 612-618

법 제34조 제1항은 "헌법재판소 평의는 공개하지 아니한다"고 규정하고 있다. 그러므로 개별 재판관의 의견을 결정문에 표시하기 위해서는 이와 같은 평의의 비밀에 대해 예외를 인정하는 특별규정이 있어야만 가능한데, 탄핵심판에 관해서는 평의의 비밀에 대한 예외를 인정하는 법률규정이 없었다(구법 제36조 제3항은 "법률의 위헌심판, 권한쟁의심판 및 헌법소원심판에 관여한 재판관은 결정서에 의견을 표시하여야 한다"고 규정하고 있었다). 따라서 노무현 대통령 탄핵심판사건에서도 재판관 개개인의 개별 의견 및 그 의견의 수 등을 결정문에 표시할 수 있는지에 대해서는 의견이 갈리었다. 다수의견은 탄핵사건에서의 개별 재판관의 의견을 표시할 수 없다고 하였고, "동법 제36조 제3항은 탄핵심판에 있어 의견을 표시할지 여부를 관여한 재판관의 재량판단에 맡기는 의미로 해석해야 할 것이므로 반대의견도 표시할 수 있다"는 견해도 있었다. 이후 위 조항은 "심판에 관여한 재판관은 결정서에 의견을 표시하여야 한다"는 내용으로 개정되었다.

2. 입증책임

헌법재판소법은 입증책임에 관한 규정을 두고 있지 않다. 헌법재판소 역시 일반론으로서의 입증책임에 관하여는 침묵하고 있다. 미국 연방대법원은 표현의 자유를 제한하는 입법의 위헌심사에는 '엄격한 심사기준(strict scrutiny test)'을 적용한다. 이 기준에 따르면 제한수단이 '필요한지(necessary)'를 정부가 입증하여야 한다. 조금 완화된 '중간심사기준'에도 마찬가지이다. 반면 경제적 기본권의 제한 등에 적용하는 '합리성 심사기준'은 입법목적과 수단 간의 합리적 관련성이 없다는 점을 그것이 위헌임을 주장하는 일반국민이 입증하여야 한다.

우리나라의 경우, 민사·형사·행정소송법에 헌법재판소법이 준용할 수 있는 입증책임에 관한 규정을 두고 있지 않다. 실무와 학계에서는 입증책임의 전환 등(의제나 추정 규정이 그러하다) 특별히 입증책임을 규정하고 있는 법률조항이 있는 경우 외에는 Rosenberg의 '요건사실분배론'에 따른다는 데 거의 이의가 없다. 가령 고의의 입증책임은 검사에게 있고, 법률행위의 무효나 취소는 이를 주장하는 자에게 있다는 것이다.

이러한 논리를 헌법재판에 그대로 가져오면 법률의 위헌성을 주장하거나 기본권 침해를 주장하거나 권한의 침해를 주장하는 심판청구인이 입증책임을 부담하는 것이 원칙이다. 헌법재판소도 "기본권 침해의 반복의 위험성이란 어디까지나 추상적이거나 이론적 가능성이 아니라 구체적인 것이어야 할 것인바, 피청구인측에 의하여 청구인들의 기본권이 반복적으로 침해될 위험성이 존재하고 또한 그 위험성이 다른 국민보다 더 크다 할 구체적 사정이 있다는 점에 대하여 청구인이 이를 입증할 책임이 있다"고 하였다(헌재 1991. 7. 8. 89헌마181). 그러나 좀 더 깊게 들어가면 우리 헌법재판소도 (비록 실제 헌법재판에서 문언 그대로 심리, 판단하는지는 의문이지만) 미국의 이중기준의 원칙과 유사한 '입법사실에 관한 입증책임론'을 전개하면서 청구인이 침해당하였다고 주장하는 기본권의 성격에 따라 입증책임과 헌법재판소가 이를 대체할 수 있는지를 상세히 설시한 바 있다.[8]

(판 례) 입법사실 입증책임(의료보험법상 요양기관 강제지정제)

기본권을 제한하는 법률의 위헌성여부가 미래에 나타날 법률 효과에 달려 있다면, 헌법재판소가 과연 어느 정도로 이에 관한 입법자의 예측판단을 심사할 수 있으며, 입법자의 불확실한 예측판단을 자신의 예측판단으로 대체할 수 있는 것일까?

법률이 제정되면 미래에 있어서 작용하고 효과를 발생시키므로, 입법자는 법률의 형태로써 정치적 결정을 내리는 과정에서 법률과 법현실과의 관계에 관한 일정한 예측으로부터 출발한다. 그러나 이러한 예측판단에는 항상 불확실한 요소가 내재되어 있다. 따라서 헌법재판소의 규범심사과정에서 결정의 전제가 되는 중요한 사실관계가 밝혀지지 않는다든지 특히 법률의 효과가 예측되기 어렵다면, 이러한 불확실성이 공익실현을 위하여 국민의 기본권을 침해하는 입법자와 기본권을 침해당하는 국민 중에서 누구의 부담으로 돌아가야 하는가 하는 문제가 제기된다. 법률이 개인의 핵심적 자유영역(생명권, 신체의 자유, 직업선택의 자유 등)을[9] 침해하는 경우 이러한 자유에 대한 보호는 더욱 강화되어야 하므로, 입법자는 입법의 동기가 된 구체적 위험이나 공익의 존재 및 법률에 의하여 입법목적이 달성될 수 있다는 구체적 인과관계를 헌법재판소가 납득하게끔 소명·입증해야 할 책임을 진다고 할 것이다. 반면에, 개인이 기본권의 행사를 통하여 일반적으로 타인과 사회적 연관관계에 놓여지는 경제적 활동을 규제하는 사회·경제정책적 법률을 제정함에 있어서는 입법자에게 보다 광범위한 형성권이 인정되므로, 이 경우 입법자의 예측판단이나 평가가 명백히 반박될 수 있는가 아니면 현저하게 잘못되었는가 하는 것만을 심사하는 것이 타당하다고 본다. 이러한 한계까지는 입법자가 무엇을 공익으로 보는가, 공익을 어떠한 방법으로 실현하려고 하는가는 입법자의 형성권에 맡겨져야 한다.[10)]

헌재 2002. 10. 31. 99헌바76등, 판례집 14-2, 410, 432-433

아래의 두 결정은 서로 정반대의 입법사실 입증책임론을 전개하고 있다.

(판 례) 성범죄자 신상공개 사건

현행 제도는 얼굴이나 사진 등 공개대상자에 대한 구체적인 정보를 제공하는 것도 아니고 성매수의 상대방인 청소년을 차단하는 효과도 없어 범죄예방의 효과가 없다는 지적이 있으나, 이 제도의 목적 자체가 이른바 메간법의 경우와 같이 출소한 성범죄자로부터 잠재적인 피해자와 지역사회를 보호하기 위해 정보제공을 한다는 구체적이고 특정적인 것이라기보다는 청소년의 성을 매수하는 행위의 해악과 심각한 문제점을 계도함으로써 청소년의 성을 보호, 구제하여 궁극적으로 청소년의 인권을 보장하고 이들이 건전한 사회구성원으로 성장할 수 있도록 한다는 보다 일반적 차원에서의 청소년 성매수 범죄의 방지에 있고,[11)] 신상공개제도가 일반인으로 하여금 청소년 대상 성범죄의 충동을 억제하게 하는 효과가 있다고 할 것이므로 수단의 적합성이 인정되는 것이다.

(마) 피해의 최소성 위배 여부

이 문제를 살펴봄에 있어서는 신상공개제도가 우리 사회에서 심각하게 황폐화되고 있는 청소년의 성을 보호하기 위한 것이라는 앞서 본 바와 같은 극히 중요한 입법목적에 기인한 것인 점을 주목할 필요가 있다.

구체적으로 위와 같은 청소년 성 보호라는 중대한 입법목적을 효과적으로 달성함에 있어 신상공개제도 외에 명백히 덜 제한적인 다른 수단이 있는지 살펴본다.

앞서 보았듯이 형벌이나 보안처분만으로는 그 입법목적을 달성하는데 충분하다고 하기 어렵고, 가령 청소년 대상 성범죄자의 치료나 효율적 감시체계 확립, 청소년에 대한 선도 등의 정책을 생각해 볼 수 있으나, 청소년 대상 성범죄자에 대한 전문적인 교정 인력의 부족 등 물적·인적 시설이 미비하고, 청소년들의 성에 대한 지나친 개방적 사고와 배금주의적 행태, 성을 상품화하는 잘못된 소비풍조, 어른들의 왜곡된 성의식 등 사회문화적 부문에서의 보다 근본적이고 전반적인 개선에는 많은 시간과 노력이 걸리므로, 현재 증가하고 있는 **청소년 대상 성범죄를 예방하기 위해서는 신상공개제도와 같은 입법적 수단이 불필요하다고 단정할 수 없는 것이다**(글쓴이 강조).

또한 행정당국이나 경찰당국에 범죄자의 명단을 등록케 하고, 지역주민 등의 요청에 의해서 정보를 공개하는 경우를 상정해 보면, 이러한 방법의 실효성을 달성하기 위해서는 지역주민들에게 해당 범죄자에 대한 상세한 정보가 알려져야 하고 이를 위해서는 관보나 인터넷 이상으로 쉽게 접근할 수 있는 신문이나 방송과 같은 공개수단이 선택될 필요가 있다고 보여지는데, 이러한 제도가 현행 제도보다 명백히 덜 침해적이라고 보기 어렵다.

헌재 2003. 6. 26. 2002헌가14, 판례집 15-1, 624, 644-645[12]

(판 례) 기초의회 정당배제 사건

위 조항(기초선거에서 정당표방 금지 조항만이 심판대상이고 정당의 후보자 추천 금지 조항은 재판의 전제성이 없다고 하여 각하되었다; 글쓴이)은 우리나라 정당의 지나친 당수뇌부 위주의 운영과 지역분할구도를 **고려하여 만들어진 것으로 보이나, 그럼에도 불구하고 정당의 영향을 배제하는 것이 곧 지방자치의 발전에 보탬이 될 것이라고 단정할 수 없다**(글쓴이 강조).

(……) 정당의 지방선거 참여로 파생되는 부작용들은 **따지고 보면** 정당 내부의 **분권화 및 민주화가 덜 이루어진 데에서 기인하는 바가 더 크다**(글쓴이 강조). 그런데, 정당의 지방선거 참여는 오히려 지방의 유능한 인원을 정당에 충원하고 정당의 지방조직을 활성화함으로써 정당의 분권화·민주화를 촉진하는 면도 있다. 더구나, 최근 지역주의가 상대적으로 약화되고, 혁신정당이 제도권 정치에 진입하고, 1인 2표의 정당명부식 비례대표제가 시행되며, 국민참여경선제 등 상향식 공천제도가 활용되기 시작하는 등 우리의 정치환경이 급속도로 발전적 변화를 이룩하는 추세에 있는 점에 비추어 볼 때, 향후 정당배제를 통해 얻게 될 이익보다 그로 인한 손실에 더 무게가 실릴 것으로 예측된다. 따라서, **단순히 정당배제라는 미봉책을 통해 정당참여로 인한 역기능뿐 아니라 순기능까지 함께 제거하는 것은 지방자치 발전의 차원에서도 바람직하지 않은 것으로 생각된다**(글쓴이 강조).

(……) 법 제84조는 불확실한 입법목적을 실현하기 위하여 그다지 실효성도 없고 불분명한 방법으로 과잉금지원칙에 위배하여 후보자의 정치적 표현의 자유를 과도하게 침해하고 있다고 할 것이다.

헌재 2003. 1. 30. 2001헌가4, 판례집 15-1, 7, 18-20

위 두 결정의 차이는 확연하다. '수단이 불필요하다고 단정할 수 없다'와 '발전에 보탬이 된다고 단정할 수 없다'의 차이이다. 판례 변경 전의 양심적 병역거부 결정 역시 "국가안보라는 법익이 손상이 없으리라 단정할 수 없어"라고 하여 신상공개 결정과 같은 입장이다. 두 사건은 양심의 자유와 인격권이 각 문제된 사건이다. 이들은 개인의 핵심적 자유영역 중에서도 핵심이다. "효과가 없다고 단정할 수 없다"고 하거나 "보호법익에 손상이 없다고 단정할 수 없다"고 하는 것은 주객이 전도된 논리 전개이다. 입법사실에 관한 입증책임 판례를 좀 더 살펴보자.

(판 례) 유사군복 사건

　가. 입법목적의 정당성과 수단의 적합성

　　심판대상조항의 입법목적은 1973. 1. 30. 신설될 당시에는 격변하는 국내외 정세와 당대의 안보위기감, 대북 안보태세 강화노력을 반영한 것이므로 정당하며, 유사군복의 판매목적 소지를 금지하고 이를 위반한 경우 형사처벌하는 것은 유사군복이 유통되지 않도록 함으로써 군 작전을 방해하려는 자, 군인을 사칭하려는 자의 수중에 유사군복이 공급되지 않도록 하는 수단으로서는 적절하다.

　　그러나 금지하는 행위의 사회유해성 내지 법익침해에 대한 입법자의 판단이 현재 시점에서도 유효하게 유지될 수 있는지에 대하여는 의문의 여지가 있다. 즉, 위 조항이 1973년에 국회가 아닌 비상국무회의에서 가결되어 신설된 이후 약 40년의 세월이 흐르는 동안 냉전 종식, 우리나라의 국방력 강화, 재래식 전투에서 정보전·과학전·사이버 공격 등 현대전으로의 전투양상 변화, 군사정권에서 문민정부 정착으로 인한 사회 분위기 변화, 경제력 향상과 그에 따른 의복에 대한 국민의 인식 변화 등 제반 사정이 변경된 점을 고려해야 한다. 지금도 유사군복이 사회에 유해하거나 국가안전보장에 끼치는 해악이 뚜렷하여 이를 금지 및 형사처벌하는 것이 직업의 자유 내지 **일반적 행동자유권에 가하는 제한을 정당화할 수 있는 정도의 공익 달성 효과가 있는지**(글쓴이 강조)는 재검토가 필요하다.

　나. 침해의 최소성

　(1) 사회에 끼치는 해악이 크지 않거나 구체적 법익에 대한 명백한 침해가 없는 경우에는 국가권력이 개입해서는 안 된다는 것이 현대 형법의 추세이다(헌재 2015. 2. 26. 2009헌바17등). 그런데 심판대상조항은 아래와 같이 보호법익과의 관계가 미약한 경우까지도 일률적으로 금지하고 있다.

　　유사군복의 판매목적 소지 행위를 허용한다고 하여 국방력을 약화시키거나 군 작전에 방해되는 결과로 이어질 위험이 있다고 보기는 어렵다(글쓴이 강조). 경험칙상 적군이 우리 군으로 위장하고 국내로 침투하기 위해서 국내에서 판매되고 있는 유사군복을 구입할 가능성은 낮다. 따라서 유사군복이 적군의 수중에 들어가지 않게 국내에서 판매 등을 일절 금지하여야 한다는 주장은 설득력이 낮다.

국방력 약화 내지 군 작전 방해 방지라는 입법목적은 엄밀한 군인신분 확인, 근무 태세 강화, 간첩·테러 위협에 관한 정보기관의 정보수집 업무 충실로도 충분히 달성할 수 있다. 군 작전에 방해되는 행위에 대해서는 이미 간첩죄(제98조), 이적죄(제99조) 등 형법상 처벌조항이 있음에도 굳이 그 단계에 이르지 않은 유사군복 판매목적 소지 행위를 미리 금지·처벌할 필요성이 없다.

헌재 2019. 4. 11. 2018헌가14, 판례집 31-1, 260, 271-272

(판 례) 중개보조원이 중개의뢰인과 직접 거래하는 것을 금지

입법목적 달성이 필요하다고 하더라도 개업공인중개사등의 직접 거래를 일괄적으로 금지시킬 것이 아니라 가격조작, 허위 정보제공 등 개별 불법적인 거래유형만 금지시키면 충분한다는 주장이 제기될 수도 있다.

그러나 개별 불법적인 거래유형만을 금지하는 것은 객관적 가치의 확인이 어려운 부동산거래의 특성, 개별 부동산거래의 비공개성, 거래당사자의 내심 또는 의도를 객관적으로 증명하기가 어려운 점 등으로 인해 그 실제 적용에 있어서 상당한 어려움이 있을 것으로 예상된다. 반면, 불법적인 거래행위로 인한 이득은 상당히 큰 규모일 것으로 예상되므로, 결국 위 개별유형 금지 방식으로는 심판대상조항과 동일한 수준으로 입법목적을 달성할 수 있는지가 불분명하다.

또한 오늘날 부동산가격정보공개 사이트가 활성화되고 있기는 하나, 그 대상이 아파트, 오피스텔과 같은 어느 정도 규격화된 대상물로 한정되어 있는 상황이고, 위 규격화된 대상물 역시 거래수 자체가 많은 것은 아니어서 제한된 수의 거래가격만을 표본으로 하는 문제점이 있는 등 그 가격정보 제공방법만으로는 개업공인중개사등의 **직접 거래로 인한 위험을 심판대상조항과 동일한 수준에서 방지할 수 있다고 단정하기 어렵다**(글쓴이 강조).

헌재 2019. 11. 28. 2016헌마188, 공보 278, 1337, 1340

위 중개보조원 결정은 관련 기본권이 직업수행의 자유이므로 입증책임이 청구인에게 있고, 헌법재판소가 입법자의 추정을 그대로 인정할 수 있다. 즉 청구인이 입법자가 선택한 수단이 입법사실을 방지하는 데 별다른 효과가 없다는 점을 입증하지 못하였다는 것이므로 충분히 수긍할 수 있다. 그러나 관련 기본권이 정신적 자유, 인격권 등일 때는 정반대로 해석하여야 한다. 헌법재판소는 유사군복사건에서는 "제한을 정당화할 수 있는 정도의 공익 달성 효과가 있는지"를 정부가 입증하지 못하였다고 판단하였고, 입법자가 판단한 내용, 즉 "유사군

복의 판매목적 소지를 허용하면 국방력을 약화시킬 우려가 있다"는 것을 자신의 판단으로 대체하지도 않았다. 신상공개결정에서도 그렇게 판단하였어야 한다.

입법사실 입증책임론이 중요한 이유는 다음과 같다. '헌법 가치'나 '법익의 균형성' 판단은 어쩔 수 없이 헌법재판소나 개별 재판관의 성향을 반영할 수밖에 없다. 그러나 입증책임론은 개인의 성향과는 무관하다. 정말 특별한 예외가 아닌 한 정하여진 원칙에 따라야 하는 '입법사실 입증책임'이 헌법재판관의 '자의(恣意)' 혹은 '이데올로기 편향(偏向)'에 따라 바뀐다는 것은 상상할 수 없다. 기본권 보장의 최후의 보루인 헌법재판소가 할 일은 아니다.

마지막으로 헌법재판소 결정 둘을 살펴본다. 첫 결정은, 과연 법정의견과 반대의견 중 어느 의견이 입법사실 입증책임에 관한 헌법재판소 선례와 더 일치하는지 판단해보기 바란다. 교육공무원이라고 하더라도 정치적 표현의 자유가 민주주의 사회에서 가장 핵심인 자유임은 두말할 나위 없다.[13] 둘째 결정은 헌법재판소가 '입법사실 입증책임론'을 자신이 설시 또는 판시한 잣대대로 적용하고 있는지를 적나라하게 보여준다. 결정문 전문(全文)을 읽어보면 좋겠지만 아래의 인용 부분만을 살펴보아도 글쓴이가 말하고자 하는 바를 쉽게 알 수 있다.

(판 례) 공직선거 및 교육감선거에서 교육공무원의 선거운동 금지

교육공무원의 '지위를 이용한 선거운동'이나 '선거에 영향을 미치는 개별적 행위'들을 금지하는 방식으로 교육공무원의 선거운동을 금지하는 것을 상정해 볼 수 있으나, 어느 것이 '지위를 이용한' 선거운동이고 어느 것이 그렇지 않은 선거운동인지의 경계 획정이 매우 곤란하기 때문에 실제 법적용에 있어 선거 관련 기관의 유권해석이나 법원의 판단을 구해야 하는 등 번잡한 절차를 필요로 하게 되어 금지조항으로서의 실효성 또는 규범력이 약화될 우려가 있다. 또한 선거에 영향을 미칠 수 있는 교육공무원의 개별적 행위들을 모두 망라하여 일일이 규정하기란 입법기술상 불가능하고, 감수성과 모방성, 수용성이 왕성한 학생들에게 교육공무원이 미치는 영향이 매우 크며, 교육공무원의 활동은 근무시간 내외를 불문하고 학생들의 인격 및 기본생활습관 형성 등에 중요한 영향을 끼치므로 근무시간 여부에 따라 선거운동 허용 여부를 정하는 것도 곤란하다. 따라서 위와 같은 제한적 입법으로 입법목적을 충분히 달성할 수 있을 것인지는 불분명하므로, 침해의 최소성에 위배되었다고 단정할 수 없다.

(이석태 등 3인 재판관의 반대의견)

미국이나 독일 등에서는 공적인 영역과 사적인 영역을 구분하고 공무원의 일과 후 정치활동에 대해서는 '자유롭고 민주적인 기본질서'를 해치지 않는 범위 내에서 원칙적으로 허용하고 있다는 점에 비추어 볼 때에도, 교육공무원에게 제한적으로 라도 선거운동을 허용할 경우 국가교육이라는 공직수행과 관련하여 중립성을 상실할 것이라는 주장은 실증적으로도 뒷받침되기 어렵다고 할 것이다. 그럼에도 교육공무원 선거운동 금지조항은 교육공무원에 대하여 일체의 선거운동을 전면적으로 금지하고 있는데, 이는 입법목적과 수단 사이의 인과관계가 불충분하여 기본권 제한 시 요청되는 수단의 적합성 요건을 충족하지 못한다.

헌재 2019. 11. 28. 2018헌마222, 공보 278, 1389, 1396-1398

(판 례) 재외동포 강제퇴거명령이 신체의 자유를 침해하는지 여부

　(중국 국적의 외국인인 재외동포가 제기한 강제퇴거명령 등 무효확인소송에서 강제퇴거명령을 받은 사람을 즉시 대한민국 밖으로 송환할 수 없으면 송환할 수 있을 때까지 보호시설에 보호할 수 있도록 규정한 출입국관리법 제63조 제1항이 신체의 자유를 침해하는지 여부가 문제된 사안이다)

　강제퇴거대상자는 대한민국에 체류할 수 없을 뿐 본국 또는 제3국으로 자진출국함으로써 언제든지 보호상태를 벗어날 수 있는 등, 강제퇴거대상자에 대한 신체의 자유 제한은 그의 의사에 좌우될 수 있다는 특수성이 있다. (⋯⋯) 강제퇴거대상자를 출국 요건이 구비될 때까지 보호시설에 보호하는 것은 강제퇴거명령의 신속하고 효율적인 집행과 외국인의 출입국・체류관리를 위한 효과적인 방법이므로 수단의 적정성도 인정된다. (⋯⋯) 강제퇴거명령은 국내에 불법으로 입국하였거나 체류기간을 도과하는 등 체류조건을 위반하여 불법으로 체류하고 있는 외국인, 외국인 등록 의무를 위반하거나 범죄를 저질러 금고 이상의 형을 선고받은 외국인, 대한민국의 이익・공공의 안전을 침해하거나 경제질서・사회질서・선량한 풍속을 해치는 행동을 할 염려가 있다고 인정할 만한 상당한 이유가 있는 외국인 등에 대하여 발령된다(법 제59조 제2항, 제46조 제1항 참조). 이처럼 강제퇴거대상자는 입국자체가 불법이거나, 체류기간을 도과하는 등 체류조건을 위반하거나, 체류기간 동안 범법행위를 하는 등 질서유지를 해칠 우려가 있는 외국인 등이다. 이들에 대해서는 국가의 안전보장, 질서유지 및 공공복리를 위해서 본국으로 송환될 때까지 그 송환을 위해 보호 및 관리가 필요하다. (⋯⋯) 출입국관리법은 강제퇴거대상자가 보호상태에서 벗어날 수 있는 여러 가지 수단들을 마련하고 있다. (⋯⋯) 강제퇴거대상자는 강제퇴거명령이나 심판대상조항에 따른 보호를 다툼으로써 보호에서 해제될 수도 있다. 강제퇴거대상자는 법무부장관에게 강제퇴거명령 또는 심판대상조항에 따른 보호에 대한 이의신청을 할 수 있고, 이의신청이 이유 있다고 결정되면 보호에서 해제된다(법 제60조 제1항, 제4항, 제63조 제6항, 제55조 제1항, 제2항) (⋯⋯) 심판대상조항과 동등하게 입법목적을 달성하면서도 강제퇴거대상자의 기본권을 덜

제한하는 입법대안을 상정하기 어렵다.

이러한 사정을 종합하면, 심판대상조항이 강제퇴거대상자에 대하여 보호기간의 상한을 규정하고 있지 않다고 하더라도 입법목적 달성에 필요한 정도를 벗어난 과도한 제한이라고 할 수 없다. 따라서 심판대상조항은 침해의 최소성 원칙을 충족한다.

(이진성 재판관 등 5인의 위헌의견: 수단의 적정성은 인정하였다)

심판대상조항은 보호기간의 상한을 설정하고 있지 않아 강제퇴거명령을 받은 자를 대한민국 밖으로 송환할 수 있을 때까지 무기한 보호를 가능하게 한다. (……) 대법원은, '출입국관리법 제63조 제1항의 보호명령은 강제퇴거명령의 집행확보 이외의 다른 목적을 위하여 이를 발할 수 없다는 목적상의 한계 및 일단 적법하게 보호명령이 발하여진 경우에도 송환이 가능할 때까지 필요한 최소한의 기간 동안 잠정적으로만 보호할 수 있고 다른 목적을 위하여 보호기간을 연장할 수 없다는 시간적 한계를 가지는 일시적 강제'라고 하였다(대법원 2001. 10. 26. 선고 99다68829 판결 참조). 그러나 위 판시대로 하더라도 장기 내지 무기한 보호의 가능성이 사라지는 것은 아니며, 위 판결은 보호의 성질상 한계를 설시한 것일 뿐 보호기간의 상한을 설정한 것이 아니므로, 보호기간을 제한할 수 있는 적절하고 실질적인 통제 기능을 한다고 보기 어렵다. 가령 피보호자가 강제퇴거명령에 대한 취소소송을 제기하거나 난민인정신청을 하는 등의 경우에는 절차의 진행 상황에 따라 보호기간이 무한정 늘어날 수 있는데 (……) 합헌의견은, 각 나라의 사정이나 절차 진행 상황에 따라 송환에 소요되는 기간이 달라져서 피보호자의 송환이 언제 가능해질 것인지 미리 알 수가 없으므로, **보호기간을 한정하지 않고 '송환할 수 있을 때까지' 보호할 수 있도록 한 것은 심판대상조항의 입법목적 달성을 위하여 불가피하다고 한다. 그러나 강제퇴거대상자에 대한 구금기간의 상한을 정하고 있는 국가들이 상당수 있다는 점을 고려할 때, 합리적인 보호기간의 상한을 정하는 것이 불가능하다고 볼 수 없다**(글쓴이 강조. 아래도 같다).

합헌의견은, 심판대상조항에 보호기간의 상한을 규정하면 송환 가능시점이 지연되어 보호기간의 상한을 초과하게 되었을 때 강제퇴거대상자를 석방하여야 하는데, 이 경우 석방된 강제퇴거대상자들이 잠적하거나 범죄를 저지를 수 있다고 한다. 그러나 이는 **아직 현실화되지 않은 막연하고 잠재적인 가능성에 불과하고, 이를 뒷받침할만한 실증적 근거도 충분하다고 볼 수 없으므로,** 위와 같은 막연한 추정만을 근거로 '기한의 상한이 없는 보호'와 같이 신체의 자유를 중대하게 제한하는 조치가 정당화되기는 어렵다. **대한민국에서 범죄를 범한 외국인이라고 하여 그가 보호해제되면 도주하거나 다시 범죄를 범할 것이라고 단정할 수 없다.** 게다가 강제퇴거대상자 중에는 범죄를 범하여 형을 선고받은 외국인뿐만 아니라 입국이나 체류에 관한 행정법규를 단순히 위반한 외국인도 있을 수 있는데, 이들 모두를 잠재적 도주자 내지는 잠재적 범죄자로 보아 기간의 제한 없이 보호하는 것은 과도한 조치이다.

피보호자가 강제퇴거명령에 대한 취소소송을 제기하거나 난민인정신청을 하는 등의 경우에 대하여는, 법원에서 해당 사건을 우선적·집중적으로 심리하고, 난민인정 심사 및 결정을 신속히 진행하는 등 제도적 개선을 통하여 보호기간의 상한을 초과하는 경우를 최소화할 수 있다. 보호기간의 상한을 초과하여 보호를 해제하더라도, 출국 요건이 구비될 때까지 이들의 주거지를 제한하거나 주거지에 대하여 정기적으로 보고하도록 하는 방법, 신원보증인을 지정하거나 적정한 보증금을 내도록 하는 방법, 감독관 등을 통하여 이들을 지속적으로 관찰 및 감독하는 방법 등을 통하여 도주나 추가적인 범법행위를 상당 부분 방지할 수 있을 것으로 보인다. 따라서 심판대상조항의 입법목적 달성을 위하여 기간의 상한 없는 구금과 같이 피보호자의 신체의 자유를 과도하게 제한하는 방식을 반드시 택하여야 하는지 의문이다.

헌재 2018. 2. 22. 2017헌가29, 판례집 30-1상, 186, 197-208

3. 준용규정

준용(準用)은 어떤 사항을 규율하기 위하여 만들어진 법규를 그것과 유사하거나 성질이 다른 사항에 대하여 그대로 혹은 필요한 약간의 수정을 가하여 적용시키는 입법기술을 말한다. 같은 종류의 규정을 되풀이하는 번잡을 피하기 위한 것이다. 준용은 유추와 비슷하지만 법률상 명문으로 지시되어 있는 점에서 단순한 해석상의 유추적용과 다르다. 유추가 법관이나 기타 법률해석자가 쓰는 해석기술인 데 대하여, 준용은 입법상의 기술이라는 데에 양자의 근본적인 차이가 있다. 가령 상가건물 임대차보호법 제3조 제3항은 대항력과 관련하여 "이 법에 따라 임대차의 목적이 된 건물이 매매 또는 경매의 목적물이 된 경우에는 민법 제575조 제1항·제3항 및 제578조를 준용한다"고 규정하고 있다. 국가공무원법의 정치활동금지규정을 교육공무원법에 준용하고, 이 준용규정을 다시 사립학교법에 재준용하는 경우도 있다.

헌법재판 일반에 민사소송 규정이 준용되나, 권한쟁의심판과 헌법소원심판에는 행정소송법이, 탄핵심판에는 형사소송법이 함께 준용된다. 두 법이 저촉하는 경우에는 민사소송 법령은 준용되지 않는다. 가령 소 취하를 할 때 피고가 본안에 대한 답변 등을 한 후에는 피고의 동의를 얻어야 효력을 가진다는 민사소송법 제266조 제2항은 공소의 취소에 아무런 제한이 없는 형사소송법 제255조와 저촉되므로 준용되지 않는다.

헌법재판소법 제40조는 다른 법률에서는 볼 수 없는 '헌법재판의 성질에 반하지 아니하는 한도에서' 준용하도록 하고 있기 때문에 준용법령을 그대로 준수할 수는 없고 헌법재판의 의미에 맞게 적용하여야 한다. '헌법재판의 성질에 반하지 아니하는 한도'란 개별 사건에서 헌법재판소의 판례 축적을 기다릴 수밖에 없다. 준용되는 소송법 규정은 법의 해석·적용에만 한하는 것이 아니라 사실인정도 민사(형사, 행정)소송법에 따라야 한다는 의미이다(헌재 2000. 2. 24. 99헌라1).

패소한 당사자가 소송비용을 부담한다는 민사소송법 규정은 헌법재판의 성질에 반한다.

(판 례) 심판비용 부담

헌법재판의 정의나 헌법소원심판이 수행하는 객관적인 헌법질서에 관한 수호·유지기능, 그리고 헌법소원심판의 직권주의적 성격과 심판비용의 국가부담 원칙, 변호사강제주의, 국선대리인제도 등에 관한 헌법재판소법의 규정 내용 등을 종합하여 보면, 당사자비용을 제외한 심판비용을 국가가 모두 부담하는 헌법소원심판절차에서 청구인이 승소하였는지 아니면 패소하였는지를 구분하지 않고 승소자의 당사자비용을 그 상대방인 패소자에게 반드시 부담시켜야만 하는 민사소송법과 행정소송법의 소송비용에 관한 규정들을 준용하는 것은 헌법재판의 성질에 반한다.

헌재 2015. 5. 28. 2012헌사496, 판례집 27-1하, 393

헌법재판소는 위 결정에서 "국가가 부담하는 심판비용에는 재판수수료와 헌법재판소가 심판 등을 위하여 지출하는 비용인 재판비용만 포함되고, 변호사강제주의에 따른 변호사보수 등의 당사자비용은 포함되지 않는다"고 판시하였다.

문제는 '가처분'에 관한 규정이 헌법재판소에 특별한 규정이 있는 경우에 해당하여 민사집행법상의 가처분이나 행정소송법상의 집행정지규정이 준용되는가이다. 이는 항목을 바꾸어 살펴보기로 하고, 민사·형사·행정소송법이 각 준용되거나 준용되지 않는 경우를 살펴본다.

민사소송법이 준용되는 경우를 살펴본다.

(판 례) 심판절차에 대한 공동소송참가의 요건

법령에 대한 헌법소원심판에서 그 목적이 청구인과 제3자에게 합일적으로 확정되어야 할 경우, 그 제3자는 공동 청구인으로서 심판에 참가할 수 있다 할 것이다 (헌법재판소법 제40조 제1항, 민사소송법 제83조 제1항). 다만 공동심판참가인은 별도의 헌법소원을 제기하는 대신에 계속중인 심판에 공동 청구인으로서 참가하는 것이므로 그 참가신청은 헌법소원 청구기간 내에 이루어져야 한다.

헌재 2008. 2. 28. 2005헌마872등, 판례집 20-1상, 279, 290

(판 례) 권한쟁의 취하와 심판절차 종료

헌법재판소법이나 행정소송법에 권한쟁의심판청구의 취하와 이에 대한 피청구인의 동의나 그 효력에 관하여 특별한 규정이 없으므로 소의 취하에 관한 민사소송법 제239조는 권한쟁의심판절차에 준용된다고 보아야 하며, 국회의원의 법률안에 대한 심의·표결권의 침해 여부가 다투어진 이 사건 권한쟁의심판의 경우에 법률안에 대한 심의·표결권 자체의 행사 여부가 국회의원 스스로의 판단에 맡겨져 있는 사항일 뿐만 아니라, 그러한 심의·표결권이 침해당한 경우에 권한쟁의심판을 청구할 것인지 여부 또한 국회의원의 판단에 맡겨져 있어서 심판청구의 자유가 인정되고 있는 만큼, 헌법적 가치질서를 수호·유지하기 위한 쟁송으로서 권한쟁의 심판의 공익적 성격이 강하다고는 것만으로 이미 제기한 심판청구를 스스로의 의사에 기하여 자유롭게 철회할 수 있는 심판청구의 취하를 배제하는 것은 타당하지 않다.

헌재 2001. 6. 28. 2000헌라1, 판례집 13-1, 1218, 1225

(판 례) '청구인추가신청'을 적법한 공동심판참가신청 또는 보조참가신청으로 본 사례

헌법재판소법 제40조 제1항에 의해서 준용될 수 있는 민사소송법 제83조 제1항에 의해서 현재 계속중인 헌법소원심판에 공동청구인으로서 참가를 하려면 그 청구기간 내에 참가신청을 하여야 한다. 그런데 헌법소원심판의 당사자적격을 갖춘 자들이 그 청구기간 내에 자신들을 청구인으로 추가하여 줄 것을 요청하는 내용의 '청구인추가신청서'를 제출한 경우, 청구인의 추가는 당사자표시정정의 범위를 넘을 뿐만 아니라 이를 허용할 법률적 근거가 없고, 오히려 헌법재판소법 제40조 제1항에 의하여 준용되는 민사소송법에 의하면 그러한 형태의 임의적 당사자 변경은 허용되지 아니하나, 이들에게도 사실상 위헌결정의 효력이 미친다면 합일확정의 필요가 인정되므로 적법한 공동심판참가신청으로 보아 허용할 수 있다. 한편 청구기간이 경과한 후에 이루어진 공동심판참가신청은 부적법하나, 요건에 흠이 있는

공동심판참가신청이 있더라도 다른 참가신청, 예컨대 보조참가신청의 요건에 해당
된다고 인정할 때에는 그러한 다른 참가신청으로 취급하는 것이 국민의 기본권 보
호를 목적으로 하는 헌법소원제도의 취지에도 부합한다.

헌재 2008. 2. 28. 2005헌마872등, 판례집 20-1상, 279, 290-291[14]

기타 민사소송 규정이 준용되는 경우를 살펴본다.

* 민사소송법 제198조 '재판의 탈루' 규정은 준용되므로, 이에 해당하는 경우 추
가결정을 하여야 한다(헌재 1991. 4. 1. 90헌마230).
* 청구인의 사망과 심판절차의 수계 또는 종료 규정은 준용된다. 따라서 민사소
송법 제211조 제1항에 따라 청구인의 사망 후에 재심을 청구할 수 있는 자는
이 사건 헌법소원심판절차를 수계할 수 있지만, 수계할 당사자가 없거나 수계
의사가 없는 경우에는 청구인의 사망에 의하여 헌법소원심판절차는 원칙적으
로 종료된다고 할 것이고, 다만 수계의사표시가 없는 경우에도 이미 결정을 할
수 있을 정도로 사건이 성숙되어 있고 그 결정에 의하여 유죄판결의 흠이 제
거될 수 있음이 명백한 경우 등 특별히 유죄판결을 받은 자의 이익을 위하여
결정의 필요성이 있다고 판단되는 때에 한하여 종국결정을 할 수 있다(헌재
1994. 12. 29. 90헌바13).
* '당사자표시정정'(가령, 조계사를 조계사로 잘못 기재한 경우 등) 규정은 준용되
지만 '임의적 당사자 변경'(삼성물산을 삼성중공업으로, 혹은 민주당부산시당을[15] 민
주당(중앙당)으로 변경하는 것 등) 규정은 준용되지 않는다(헌재 1998. 11. 26. 94
헌마207).
* 권한쟁의심판청구에 대한 청구취지 변경이 이루어진 경우, 청구기간의 준수 여
부는 헌법재판소법 제40조 제1항이 준용하는 민사소송법 제265조에 의하여 추
가 또는 변경된 청구서가 제출된 시점을 기준으로 판단하여야 한다(헌재 2016.
5. 26. 2015헌라1).
* 헌법재판소법 제68조 제2항에 의한 헌법소원에서 당해 소원의 심판이 있을 때
까지 그 소원의 전제가 된 민사소송절차의 일시정지를 구하는 가처분신청은
이유 없다(헌재 1993. 12. 20. 93헌사81).

형사소송법이 준용되는, 혹은 준용되지 않는 경우를 살펴본다.

(판 례) 불기소처분에 대한 헌법소원청구 시 공소시효의 정지 여부

"형사소송법은 그 제262조의2에 '제260조의 규정에 의한 재정신청이 있을 때에는 전조의 재정결정이 있을 때까지 공소시효의 진행을 정지한다.'라고 규정하여 재정신청으로 공소시효가 정지됨을 명문으로 규정하였다. 이러한 형사소송법 제262조의2의 규정취지는 검사의 불기소처분에 대하여 고소인이 불복하여 그 시정을 구하고자 재정신청을 한 경우 수사의 지연이나 재정절차의 지연으로 인하여 재정결정 전에 공소시효가 완성됨으로써 의당 구제 받을 고소인의 권익이 구제 받지 못한다면 재정신청제도의 취지자체가 몰각될 우려가 있으므로 이를 방지하려는 데 있다. (……) 예외로서 시효가 정지되는 경우는 특별히 법률로서 명문의 규정을 둔 경우에 한하여야 할 것이다. 법률에 명문으로 규정되어 있지 아니한 경우 다른 제도인 재정신청에 관한 위 법조의 규정을 피의자에게 불리하게 유추 적용하여 공소시효의 정지를 인정하는 것은 유추적용이 허용되는 범위를 일탈하여 법률이 보장한 피의자의 법적 지위의 안정을 법률상의 근거 없이 침해하는 것이 되고, 나아가서는 헌법 제12조 제1항, 제13조 제1항이 정하는 적법절차주의, 죄형법정주의에 반하여 기소되고 처벌받는 결과도 생길 수 있을 것이다. 뿐만 아니라 이는 당 재판소가 사실상의 입법행위를 하는 결과가 된다. 그러므로 형사소송법 제262조의2의 규정의 유추적용으로 고소사건에 대한 헌법소원이 심판에 회부된 경우도 공소시효가 정지된다고 인정함은 허용되지 않는다고 보아야 할 것으로 생각된다. (다만 입법론적으로는 헌법소원이 제기된 후 심판 전에 공소시효가 완성됨으로써 고소인의 기본권 보장이 지장을 받을 경우를 구제하기 위하여 형사소송법 제262의2의 재정신청의 경우와 같이 불기소사건에 관한 헌법소원이 헌법재판소의 심판에 회부된 경우는 공소시효가 정지되도록 하는 입법의 필요성은 있다)."

(재판관 한병채, 이시윤, 김양균의 반대의견)

재판청구인에 불리한 기간은 재판계속 중에 진행하지 않고 정지되는 것이 재판의 일반적인 속성인 점, 재정신청절차와의 권형유지의 요청, 그리고 불기소처분에 대한 헌법소원의 형해화방지의 필요성과 내실화의 요청 등과 여기에 현재 재정신청제도에 있어서 그 대상의 한정으로 불기소처분에 대한 제대로의 통제의 몫을 헌법소원제도가 담당할 수밖에 없는 현실적인 상황까지 보태어 고려할 때에 헌법소원청구를 한 경우에 해석상 마땅히 형사소송법 제262조의2 소정의 공소시효의 정지효에 관한 규정이 유추적용되어야 할 것이다. 따라서 검사의 불기소처분에 대한 헌법소원심판청구에서 전원재판부회부결정시로부터 청구인용 결정시까지 공소시효 정지의 효력을 인정해야 할 것이다.

헌재 1993. 9. 27. 92헌마284, 판례집 5-2, 340, 346-348

(판 례) 헌법 제84조에 의하여 대통령 재직 중에는 공소시효의 진행이 당연히 정
　　　지되는지 여부

　　헌법 제84조의 규정취지와 함께 공소시효제도나 공소시효정지제도의 본질에 비
추어 보면, 비록 헌법이나 형사소송법 등의 법률에 대통령의 재직중 공소시효의
진행이 정지된다고 명백히 규정되어 있지는 않다고 하더라도, 위 헌법규정은 바로
공소시효진행의 소극적 사유가 되는 국가의 소추권행사의 법률상 장애사유에 해당
하므로, 대통령의 재직중에는 공소시효의 진행이 당연히 정지되는 것으로 보아야
한다.

　　　　　　　　　　　　　헌재 1995. 1. 20. 94헌마246, 판례집 7-1, 15, 49

행정소송법이 준용되는 경우를 살펴본다.

(판 례) 청구기간의 예외적 사유로 '정당한 사유'의 의미

　　헌법재판소법 제40조 제1항에 의하여 행정소송법 제20조 제2항 단서가 헌법소
원심판에 준용됨에 따라 정당한 사유가 있는 경우에는 제소기간의 도과에도 불구
하고 헌법소원심판청구는 적법하다고 할 것인 바, 여기의 정당한 사유라 함은 청
구기간 도과의 원인 등 여러 가지 사정을 종합하여 지연된 심판청구를 허용하는
것이 사회통념상으로 보아 상당한 경우를 뜻한다.

　　　　　　　　　　　　　　헌재 1993. 7. 29. 89헌마31, 판례집 5-2, 87, 1112

　　위 결정의 취지에 따라 헌법재판소는 청구인은 기소유예처분이 있은 1998.
10. 14.로부터 180일이 경과한 후인, 2000. 4. 1. 심판청구를 하여 청구기간을
도과하였는지가 문제된 사건에서, "피청구인이 청구인에게 형사소송법 제258조
제2항 소정의 통지를 하지 아니하였다 하더라도, 청구인은 스스로 피의자이고
반성문까지 작성 제출하였으므로,[16] 심판청구기간 내에 기소유예처분이 있은 것
을 알았거나 쉽게 알 수 있었다고 할 것이어서 청구기간을 도과한 것에 정당한
사유가 있다고 볼 수 없다"고 하였다(헌재 2000. 11. 30. 2000헌마224).

(판 례) 헌법소원심판절차에 행정소송법 제16조 준용 여부

　　공정거래위원회의 무혐의처분에 대하여 청구된 헌법소원심판이 계속중인 상태에
서 당해 무혐의처분을 받은 자가 행정소송법 제16조의 제3자의 소송참가를 신청한
경우, 헌법소원심판절차의 공법적 분쟁해결절차로서의 성질에 비추어 행정소송법

제16조는 헌법소원심판절차에도 준용되어야 한다.

　　행정소송법 제16조에서 '소송의 결과에 따라 권리 또는 이익의 침해를 받을 제3자'에는 취소판결의 기속을 받는 피고 행정청이나 관계행정청의 새로운 처분에 의하여 권리 또는 이익을 침해받게 되는 자도 포함되고, 이는 행정소송법 제16조가 헌법소원심판절차에 준용되는 경우도 마찬가지인바, 이 사건 헌법소원심판이 인용된다면 피청구인은 그 결정의 취지에 따라 신청인에 대하여 재조사 내지는 새로운 처분을 할 것이고 이로 인하여 신청인이 입게 되는 불이익은 권리 또는 이익의 침해라고 할 것이어서 신청인은 피청구인의 새로운 처분에 의하여 권리 또는 이익을 침해받을 수 있는 제3자에 해당하므로 신청인의 제3자의 심판참가를 허가한다.

헌재 2008. 10. 6. 2005헌마1005에 대한 제3자의 심판참가허가 결정,
판례집 20-2상, 1003, 1005-1006

　　한편 행정소송법 제28조의 '사정판결(事情判決)' 규정이 준용될 수 있는지도 문제된다. 우선 행정소송법 제28조를 살펴본다.

　　"① 원고의 청구가 이유있다고 인정하는 경우에도 처분등을 취소하는 것이 현저히 공공복리에 적합하지 아니하다고 인정하는 때에는 법원은 원고의 청구를 기각할 수 있다. 이 경우 법원은 그 판결의 주문에서 그 처분등이 위법함을 명시하여야 한다. ② 법원이 제1항의 규정에 의한 판결을 함에 있어서는 미리 원고가 그로 인하여 입게 될 손해의 정도와 배상방법 그 밖의 사정을 조사하여야 한다. ③ 원고는 피고인 행정청이 속하는 국가 또는 공공단체를 상대로 손해배상, 제해시설의 설치 그 밖에 적당한 구제방법의 청구를 당해 취소소송등이 계속된 법원에 병합하여 제기할 수 있다."

　　공직선거법 역시 이와 같은 취지로 제224조(선거무효의 판결 등)에서 "소청이나 소장을 접수한 선거관리위원회 또는 대법원이나 고등법원은 선거쟁송에 있어 선거에 관한 규정에 위반된 사실이 있는 때라도 선거의 결과에 영향을 미쳤다고 인정하는 때에 한하여 선거의 전부나 일부의 무효 또는 당선의 무효를 결정하거나 판결한다"고 규정하고 있다.[17]

　　행정소송법 제28조 제3항은 헌법재판의 성질상 준용되지 않는다. 헌법재판소에 이러한 내용의 소를 제기할 수 없기 때문이다. 제2항 역시 손해의 정도와 배상방법을 조사하라는 것이므로 준용되지 않는다. 제1항은 "제68조 제1항에 따른 헌법소원을 인용할 때에는 인용결정서의 주문에 침해된 기본권과 침해의 원인이 된 공권력의 행사 또는 불행사를 특정하여야 한다"라고 규정한 헌법재판소법 제

75조 제2항과 관련하여 준용될 여지가 있다. 기본권을 침해한 공권력의 행사 또는 불행사가 위헌임을 확인하되 인용결정의 기속력 등을 고려하여 인용결정은 하지 않을 수도 있다는 것이다.[18] 아직 이 문제는 수면에 떠오르지는 않았으나 언제든지 발생할 수 있어 앞으로 연구과제이다.

4. 심판기간

제38조는 "헌법재판소는 심판사건을 접수한 날로부터 180일 이내에 종국결정의 선고를 하여야 한다. 다만 재판관의 궐위로 7인의 출석이 불가능한 때에는 그 궐위된 기간은 심판기간에 이를 산입하지 아니한다"라고 규정하고 있다. 그러나 헌법재판소는 심판사건의 난이성, 복잡성 등과, 위 규정 위반시 결정의 효력이나 제재 등에 관한 별도의 규정이 없는 점, 종국판결 선고기간을 규정한 민사소송법 제199조도 이를 훈시규정으로 보고 있는 점 등을 이유로 이를 훈시규정으로 보고 있다(헌재 2009. 7. 30. 2007헌마732). 그러나 헌법재판소나 법원이 법률에 명문으로 규정되어 있는 것을 훈시규정이라 함부로 판단하는 것은 법창조에 해당하므로 이런 해석은 자제하는 것이 바람직하다.

참고로 헌법재판소가 기간 등과 관련한 법률 규정을 훈시규정으로 본 결정례를 몇 가지 소개한다.

* 헌법의 명문규정 또는 헌법해석상 피청구인이 공석인 재판관의 후임자를 선출함에 있어서 준수하여야 할 기간을 구체적으로 도출하기는 어렵다. 헌법재판소법 제6조 제3항 내지 제5항은 공석이 된 재판관의 후임자 선출 기한을 규정하고 있으나, 위 조항들은 훈시규정으로 보는 것이 타당하다(헌재 2014. 4. 24. 2012헌마2).
* 선거법 제24조에서 선거구획정위원회가 선거일로부터 1년 전까지 선거구획정안을 국회의장에게 제출하도록 한 것은 훈시규정일 뿐만 아니라 국회가 이에 구속되는 것도 아니다(헌재 2000. 3. 30. 99헌마594, 공보 44, 350).
* 교원지위법 제3조 제2항(사립학교법 제2조의 규정에 의한 학교법인 및 사립학교 경영자는 그가 설치·경영하는 학교교원의 보수를 공무원인 교원의 보수수준으로 유지하여야 한다)은 사립대학교원의 지위 향상을 위하여 보수에 관한 규정을 마련하면서 이를 단지 훈시규정으로 하였다(헌재 2006. 5. 25. 2004헌바72).
* 국회의 자율권에 관한 자치법규적 성격 내지는 훈시규정적 성격이 강한 국회

본회의 개의 등에 관한 일부 국회법을 위반한 사실이 있다 하더라도 위 법률의 제정 및 개정은 실질적으로 국회의 총의에 의한 것으로서 헌법이 예정한 입법절차에 부합하고 있다고 보아야 할 것이므로 이를 위헌법률이라 할 수는 없다(헌재 1997. 9. 25. 97헌가5).[19)]

공직선거법 제270조(선거범의 재판기간에 관한 강행규정) "선거범과 그 공범에 관한 재판은 다른 재판에 우선하여 신속히 하여야 하며, 그 판결의 선고는 제1심에서는 공소가 제기된 날부터 6월 이내에, 제2심 및 제3심에서는 전심의 판결의 선고가 있은 날부터 각각 3월 이내에 반드시 하여야 한다"와 같이 '강행규정'이라는 명문 규정이 있는 경우에는 훈시규정으로 해석할 수 없음이 당연하다.

5. 가 처 분

가. 서 언

가처분은 본안결정의 실효성을 확보하기 위하여 잠정적으로 임시의 지위를 정하는 가구제(假救濟) 제도이다. 헌법재판소법은 정당해산심판과 권한쟁의심판에 대하여서만 가처분에 관한 규정을 두고 있어 헌법소원심판 등 가처분에 관한 명문규정이 없는 심판절차에서 널리 가처분이 허용되는가에 관하여 견해가 대립하고 있다. 법령소원의 경우 특히 문제된다. 헌법재판소는 법령소원에서 법령의 효력을 정지하는 가처분결정도 한 바 있다.

나. 입법례

독일 연방헌법재판소법은 일반절차규정의 하나로 가처분에 관한 규정을 두고 있다. 또한 특별절차규정으로 탄핵소추심판절차에서 탄핵소추를 받은 연방대통령과 법관의 직무집행정지에 관한 규정, 헌법소원심판절차에서 법률의 전부 또는 일부의 효력정지를 명하는 가처분을 할 수 있도록 한 규정을 두고 있다. 한편 법관에 대한 탄핵소추심판이 개시되면 징계재판소의 절차를 정지하도록 하고 있다. 정당해산심판이나 권한쟁의심판에 관하여 특별한 가처분규정을 두지 않고 있다. 위헌법률심판절차에서 재판을 반드시 정지하도록 하는 규정도 두고 있지 않다.

오스트리아는 가처분에 관한 일반조항을 두지 않고, 권한쟁의심판 등의 경우에만 특별조건으로 가처분을 인정하고 있다.[20] 스페인은 정부가 지방자치단체를 상대로 권한쟁의심판을 청구하면 심판의 대상이 된 지방자치단체의 조례나 결정, 행위의 효력이 중지된다고 규정하고, 다른 권한쟁의심판의 경우에는 신청에 의한 가처분을 인정하고 있다. 이탈리아도 권한쟁의심판의 경우에 가처분을 허용하고 있다.

다. 헌법재판소법 및 관련법의 가처분 규정

헌법재판소법

제40조 (준용규정) ① 헌법재판소의 심판절차에 관하여는 이 법에 특별한 규정이 있는 경우를 제외하고는 헌법재판의 성질에 반하지 아니하는 한도내에서 민사소송에 관한 법령의 규정을 준용한다. 이 경우 탄핵심판의 경우에는 형사소송에 관한 법령을, 권한쟁의심판 및 헌법소원심판의 경우에는 행정소송법을 함께 준용한다.
② 제1항 후단의 경우에 형사소송에 관한 법령 또는 행정소송법이 민사소송에 관한 법령과 저촉될 때에는 민사소송에 관한 법령은 준용하지 아니한다.

제42조 (재판의 정지등) ① 법원이 법률의 위헌여부의 심판을 헌법재판소에 제청한 때에는 당해 소송사건의 재판은 헌법재판소의 위헌여부의 결정이 있을 때까지 정지된다. 다만, 법원이 긴급하다고 인정하는 경우에는 종국재판외의 소송절차를 진행할 수 있다.

제50조 (권한행사의 정지) 탄핵소추의 의결을 받은 자는 헌법재판소의 심판이 있을 때까지 그 권한행사가 정지된다.

제57조 (가처분) 헌법재판소는 정당해산심판의 청구를 받은 때에는 청구인의 신청 또는 직권으로 종국결정의 선고시까지 피청구인의 활동을 정지하는 결정을 할 수 있다.

제65조 (가처분) 헌법재판소는 권한쟁의심판의 청구를 받은 때에는 직권 또는 청구인의 신청으로 종국결정의 선고시까지 심판대상이 된 피청구기관의 처분의 효력을 정지하는 결정을 할 수 있다.

민사집행법

제300조 (가처분의 목적) ② 가처분은 다툼이 있는 권리관계에 대하여 임시의 지위를 정하기 위하여도 할 수 있다. 이 경우 가처분은 특히 계속하는 권리관계에 끼칠 현저한 손해를 피하거나 급박한 위험을 막기 위하여, 또는 그 밖의 필요한 이유가 있을 경우에 하여야 한다.

행정소송법

제23조 (집행정지) ② 취소소송이 제기된 경우에 처분등이나 그 집행 또는 절차의 속행으로 인하여 생길 회복하기 어려운 손해를 예방하기 위하여 긴급한 필요가 있다고 인정할 때에는 본안이 계속되고 있는 법원은 당사자의 신청 또는 **직권에 의하여** 처분등의 효력이나 그 집행 또는 절차의 속행의 전부 또는 일부의 정지(이하 "집행정지"라 한다)를 결정할 수 있다. 다만, 처분의 효력정지는 처분등의 집행 또는 절차의 속행을 정지함으

로써 목적을 달성할 수 있는 경우에는 허용되지 아니한다.

⑤ 제2항의 규정에 의한 집행정지의 결정 또는 기각의 결정에 대하여는 즉시항고할 수 있다. 이 경우 집행정지의 결정에 대한 즉시항고에는 결정의 집행을 정지하는 효력이 없다.

제24조 (집행정지의 취소) ① 집행정지의 결정이 확정된 후 집행정지가 공공복리에 중대한 영향을 미치거나 그 정지사유가 없어진 때에는 당사자의 신청 또는 직권에 의하여 결정으로써 집행정지의 결정을 취소할 수 있다.

② 제1항의 규정에 의한 집행정지결정의 취소결정과 이에 대한 불복의 경우에는 제23조제4항 및 제5항의 규정을 준용한다.

라. 헌법재판 일반에 널리 가처분이 인정되는지 여부

제40조의 헌법재판소의 심판절차에 관하여는 법에 특별한 규정이 있는 경우를 제외하고는 민사소송에 관한 법령의 규정을 준용하고, 특히 권한쟁의심판 및 헌법소원심판의 경우에는 행정소송법을 준용하도록 한 규정의 취지에 따라 가처분규정이 없는 헌법소원심판에 있어서도 가처분의 필요성을 인정할 수 있고, 가처분을 금지하는 특별한 규정도 없으므로 가처분을 널리 인정하자는 견해도 있다. 대부분의 학자들은 긍정설(예시설)을 취한다. 이들 견해는 법령에 대한 헌법소원뿐만 아니라 위헌법률심판이나 제68조 제2항의 위헌소원의 경우에도 가처분이 인정된다고 한다. 그러나 아래에서 살펴보는 바와 같이 부정설(열거설, 한정설)이 옳다고 본다.

(i) 긍정설은 헌법재판소법이 명문으로 정당해산심판과 권한쟁의심판에만 가처분규정을 둔 것을 단순한 예시로 본다. 그러나 이는 너무 자의에 치우친 해석이다. 긍정론의 가장 큰 논거는 헌법소원에서 가처분의 필요성이 있다는 것인데, 이는 입법론의 근거가 될 수 있을 뿐 해석론의 근거가 될 수 없다. 가처분을 금지할 이유가 없다는 것 역시 소극 논거에 불과하고 가처분을 널리 인정할 적극 논거가 될 수 없다.

(ii) 행정소송법 제23조 제2항은 취소소송이 제기된 경우에 법원이 처분 등의 효력이나 그 집행 또는 절차의 속행의 정지('집행정지')를 결정할 수 있다고 규정하고 있는데, 처분 등의 효력정지에 법령의 효력정지가 포함되는 것으로 해석할 수 있는지 의문이다. 행정처분의 취소를 구하는 행정소송에서 처분의 효력정지를 명하는 것과 법령의 위헌확인을 구하는 헌법소원에서 법령의 효력정지를 명하는 것은 그 성질을 달리한다고 보는 견해를 취하면, 행정소송법의 집행정지 규정은 헌법소원의 가처분에 관한 근거규정이 될 수 없다.[21]

(ⅲ) 제40조 제1항에서는 헌법재판소의 '심판절차'에 관하여 민사소송에 관한 법령을 준용하도록 하고 있는데, 여기에서 가처분에 관한 규정이 '심판절차'에 포함되는가 하는 문제가 있다.

민사소송법의 가처분에 관한 규정은 가처분의 근거규정(가처분 실체법)과 가처분의 절차에 관한 규정(가처분 절차법)으로 나눌 수 있는데,[22] 민사소송법을 준용할 수 있는 '심판절차'에 관한 규정은 후자만을 의미하는 것으로 보아야 한다. 즉, 가처분의 근거규정 자체는 헌법재판소법에 마련되어 있어야 하고, 그 절차에 관하여만 민사소송법을 준용할 수 있을 뿐이라고 해석하여야 한다. 이렇게 보면 헌법재판소법에 가처분의 근거규정이 마련되어 있는 정당해산심판과 권한쟁의심판의 경우에만 민사소송법에 규정된 가처분의 절차규정에 따라 가처분을 할 수 있고,[23] 헌법소원심판의 경우에는 가처분의 근거를 찾을 수 없게 된다. 가처분 근거규정도 널리 '심판절차'에 포함된다고 보는 경우에만 헌법소원에서 민사소송법의 가처분규정이 준용될 수 있는데, 이와 같이 넓게 해석할 수 있을지는 의문이다.

결국, 행정소송법이 규정한 처분 등의 효력정지에 법령의 효력정지가 포함되는 것으로 널리 해석하거나, 가처분의 근거규정까지도 널리 심판절차에 포함된다고 해석하는 경우에만, 헌법재판소가 헌법소원 중 법령소원에 관하여 가처분을 할 수 있게 되고, 달리 해석하는 경우에는 가처분이 불가능하다고 볼 수밖에 없다.

(ⅳ) 가처분을 헌법재판 일반에 널리 인정하자는 견해는 법원의 위헌법률심판절차에서도 가처분이 인정된다고 하는데, 이는 모순이다. 재판이 정지된 마당에 법률의 효력을 정지시킬 '긴급한 필요성'은 그 어디에서도 찾을 수 없다. 만일 이를 인정한다면 추상적 규범통제를 인정하는 결과가 된다.

(ⅴ) 제68조 제2항 위헌소원의 경우도 마찬가지다. 우선 재판절차를 정지시키는 가처분을 살펴보자. 헌법재판소법은 법원이 위헌제청을 한 경우에는 재판절차의 정지(제42조)를 규정하면서, 법원의 위헌제청신청 기각결정에 따라 당사자가 직접 헌법재판소에 헌법소원심판을 청구하는 경우에는 재판절차의 정지를 규정하지 아니하였다. 재판절차를 정지시키는 가처분은 법규정에 정면으로 반한다.

법률의 효력정지가처분 역시 인정되지 않는다. 이 문제는 재심 결정과도 연관지어 살펴보아야 한다. 헌법재판소법은 위헌소원의 경우 당해 사건 재판이 그대로 진행하는 것을 허용하면서도 재판이 확정된 후 위헌결정이 있는 경우 재심의 길을 열어놓았다(제75조 제7항). 이 점은 독일과 매우 다르다. 독일에서는 법원이 위헌제청을 한 경우에 재판절차를 정지하도록 하는 규정이 없고, 법원이 당사자의 위헌제청신청을 기각한 경우에 당사자가 직접 헌법소원을 청구할 수 있도록 허용하는 규정도 없다. 따라서 독일 헌법재판에서 널리 가처분이 인정된다고 마냥 우길 수만은 없다. 우리나라에 독특한 이와 같은 제도는 다음과 같이 이해할 수 있다.

우리 헌법재판소법은 법원이 위헌제청을 한 경우에는 법원의 재판을 정지하게 한다. 법원이 위헌제청신청을 기각하고 재판을 진행하여 재판이 확정된 경우에는 재심을 허용한다. 어느 경우에나 법원이 헌법재판소 결정의 기속력에 따를 수 있도록 하고 있으므로, 헌법재판소로서는 따로 대상법률의 효력정지를 명하는 가처분을 발할 필요가 없다. 가처분으로 효력을 정지시킬 정도의 법률이라면 아예 본안판결을 하여 위헌으로 선언하여야 한다. 아직까지 우리나라 헌법재판소에서 위헌법률심판사건이나 위헌심사형 헌법소원에서 가처분을 허용한 사례는 없다.

(ⅵ) 우리 법제는 아직까지 행정소송에서 의무이행소송을 인정하지 않는다. 독일은 이를 인정하고 판결을 선고하기 전이라도 상태를 잠정 규율하는 잠정처분을 할 수 있다. 따라서 의무이행소송에서도 가처분이 가능하다. 그러나 의무이행소송이 인정되지 않는 우리나라에서는 가처분은 불가능하다. 규정이 없기 때문이다. 법령에 대한 헌법소원도 마찬가지로 해석할 수밖에 없다.

(ⅶ) 헌법재판소가 법령소원과 관련된 가처분을 발령한다면 법령의 효력정지나 적용중지를 명하는 것에서 더 나아가 헌법재판소 스스로 잠정 적용될 법령의 내용을 정하거나, 법령의 적용기준을 정하는 것까지도 예상할 수 있다.[24] 이는 헌법재판소로 하여금 입법자로서 활동하도록 허용하는 것이다. 권력분립, 견제와 균형의 원칙에 비추어 받아들일 수 없다. 독일에서는 낙태에 관한 제5차 형법개정법률의 효력과 관련한 결정에서 연방헌법재판소가 잠정 적용되는 법률의 내용을 정하여 발령한 바 있다. 독일에서도 이 부분에 대하여 심각한 비판이 있었다는 점을 참고할 필요가 있다.

(ⅷ) 헌법재판소가 법령소원의 범위를 확대하고 이를 근거로 법령의 효력을 정지시키거나 적용을 중지시키는 가처분을 하게 될 경우에는 법령의 위헌 여부를 다투지 않는 다른 모든 사건에서도 재판이 사실상 정지되게 될 것임은 물론

이고 행정부도 그 법률에 따른 행정처분을 전혀 할 수 없게 된다.

　헌법소원청구인이 위헌 여부를 다투는 개별 사건에서 가처분으로 법률의 효력을 '일반적으로 정지'시킬 수 있도록 하는 것은 법률의 효력상실이라는 위헌결정의 효력을 가처분이라는 별도의 제도로 선취(先取)하는 것으로서 위헌결정이 있는 경우에는 그 날부터 장래를 향하여 효력을 상실하도록 한 헌법재판소법 제47조 제2항과 어울리지 않는다. 또 위헌결정이 있기까지는 법률의 위헌 여부를 다투는 당사자에 한하여 그 권리가 구제되도록 하고, 동일한 법률의 적용이 전제가 되는 여러 사건이 법원에 계속중이라도 위헌심판제청을 한 '당해 소송사건'의 절차만을 중지하도록 함으로써 법적 안정성을 확보하려는 현행 헌법재판제도의 기본입장에도 어긋난다.

　(ⅸ) 법령소원의 경우 행정소송법이 준용되는데, 행정소송법상의 집행정지는 직권으로도 할 수 있으므로 헌법소원에서도 헌법재판소가 당사자의 신청이 없더라도 직권으로 법률의 효력을 정지시킬 수 있다는 결론이 도출되어 부당하다. 또한 집행정지의 취소나 불복방법 등 규정이 헌법소원의 경우에는 적용될 수 없으므로 가처분이나 집행정지 규정이 널리 준용되는 것은 아님을 보여준다.

　(ⅹ) '헌법재판소 심판 규칙' 제50조는 '가처분의 신청과 취하'라는 표제 하에 "① 가처분의 신청 및 가처분신청의 취하는 서면으로 하여야 한다. 다만, 변론기일 또는 심문기일에서는 가처분신청의 취하를 말로 할 수 있다. ② 가처분신청서에는 신청의 취지와 이유를 기재하여야 하며, 주장을 소명하기 위한 증거나 자료를 첨부하여야 한다. ③ 가처분의 신청이 있는 때에는 신청서의 등본을 피신청인에게 바로 송달하여야 한다. 다만, 본안사건이 이 헌법소원심판사건인 경우로서 그 심판청구가 명백히 부적법하거나 권리의 남용이라고 인정되는 경우에는 송달하지 아니할 수 있다"고 규정하고 있다.

　위 조항은 법령소원에서는 기재하지 않는 '피청구인'이라는 단어를 사용하는데, 이는 헌법재판소법의 가처분은 피청구인이 뚜렷한 권한쟁의와 정당해산심판에 한정한 것으로 볼 수밖에 없다. 다시 한 번 강조하건대, 위헌법률심판에서는 본안재판의 정지를, 탄핵심판에서는 직무집행의 정지를 각 규정하였는데, 이는 용어만 다를 뿐 가처분 근거규정이다.

　무엇보다 헌법재판소법 스스로 위헌법률심판의 경우 재판의 정지, 탄핵의 경우에 권한행사 정지를 규정하여 가처분이라는 표제를 달지 않았을 뿐 그 실질은 가처분인 제도를 인정하고 있다. 이는 헌법소원에는 가처분을 인정하지 않는다는 입법자의 결단으로 볼 수밖에 없다.

(ⅹⅰ) 마지막으로 살펴볼 것이 있다. 정작 헌법재판소가 법령의 효력을 정지하였는데 청구인이 가처분신청을 취하한 경우에는 어떻게 되는가? 법령의 효력을 정지한 결정이 효력을 잃으면 그 법령의 효력은 그 때부터 다시 효력을 갖는가 아니면 소급하여 효력을 갖는가? 그것도 아니라면 가처분 신청의 취하는 인정되지 않는다고 할 것인가? 가처분 신청 취하가 인정되지 않는다면 본안에 해당하는 헌법소원심판청구도 취하되지 않는다고 할 것인가?

마. 판 례

우리 헌법재판소는 법령에 대한 헌법소원심판에서 가처분을 인정하고 있다. 2020. 9. 15. 현재 헌법재판소가 가처분신청을 인용한 경우는 7건으로 파악된다. 이 중 헌법소원심판절차에서 인용된 가처분신청은 6건이다. 나머지 1건은 권한쟁의심판에서의 가처분이다. 효력이 정지된 공권력은 법률 규정 2건, 시행령 규정 4건이다.

헌법재판소가 가처분결정을 할 때 본안에서의 승소가능성은 고려 대상이 아니나, 본안심판이 명백히 부적법하거나 명백히 이유없는 경우에는 가처분을 명할 수 없다. 또한 헌법재판소는 가처분의 요건으로 효력정지의 긴급성과 이익형량을 요구하고 있다. 다만 헌법소원심판에서 적법요건만을 심판하는 지정재판부는 가처분 결정을 할 수 없다(헌재(제3지정재판부) 1997. 12. 27. 97헌사189).

헌법재판소는 제68조 제2항 위헌소원 사건에서 당사자의 '소송절차정지 가처분 신청'을 단순히 이유없다고 하여 기각하였다(헌재 1993. 12. 20. 93헌사81).

가처분 신청을 인용하는 결정의 주문의 형태는 다음과 같다.

"초·중등교육법 시행령 제81조 제5항 중 '제91조의3에 따른 자율형 사립고등학교는 제외한다' 부분의 효력은 헌법재판소 2018헌마221 헌법소원심판청구사건의 종국결정 선고 시까지 이를 정지한다"(헌재 2018. 6. 28. 2018헌사213).

"피신청인은 변호인의 2014. 4. 25.자 신청인에 대한 변호인접견신청을 즉시 허가하여야 한다"(헌재 2014. 6. 5. 2014헌사592).

(판 례) 권한쟁의심판에서의 직접처분 효력정지 가처분 사건

　　권한쟁의심판에서의 가처분결정은 피청구기관의 처분 등이나 그 집행 또는 절차의 속행으로 인하여 생길 회복하기 어려운 손해를 예방할 필요가 있거나 기타공공

복리상의 중대한 사유가 있어야 하고 그 처분의 효력을 정지시켜야 할 긴급한 필요가 있는 경우 등이 그 요건이 되고, 본안사건이 부적법하거나 이유없음이 명백하지 않은 한, 가처분을 인용한 뒤 종국결정에서 청구가 기각되었을 때 발생하게 될 불이익과 가처분을 기각한 뒤 청구가 인용되었을 때 발생하게 될 불이익에 대한 비교형량을 하여 행한다.

　이 사건 진입도로에 관한 피신청인의 도시계획입안과 지정・인가처분의 효력을 정지시키는 가처분결정을 하였다가 신청인에게 불리한 종국결정을 하였을 경우, 처분의 상대방에게는 공사지연으로 인한 손해가 발생하고 또 골프연습장을 이용하려는 잠재적 수요자의 불편이 예상된다는 점 외에 다른 불이익은 없는 반면, 가처분신청을 기각하였다가 신청인의 청구를 인용하는 종국결정을 하였을 경우, 피신청인의 직접처분에 따른 처분의 상대방의 공사진행으로 교통불편을 초래하고 공공공지를 훼손함과 동시에 이의 원상회복을 위한 비용이 소요되는 등의 불이익이 생기게 되므로, 종국결정이 기각되었을 경우의 불이익과 가처분신청을 기각한 뒤 결정이 인용되었을 경우의 불이익을 비교형량할 때 이 사건 가처분신청은 허용함이 상당하다.

헌재 1999. 3. 25. 98헌사98, 판례집 11-1, 264, 265

(판 례) 사법시험응시횟수제한 효력정지가처분 사건

　헌법재판소법은 정당해산심판과 권한쟁의심판에 관해서만 가처분에 관한 규정(같은 법 제57조 및 제65조)을 두고 있을 뿐, 다른 헌법재판절차에 있어서도 가처분이 허용되는가에 관하여는 명문의 규정을 두고 있지 않다. 그러나 위 두 심판절차 이외에 같은 법 제68조 제1항 헌법소원심판절차에 있어서도 가처분의 필요성은 있을 수 있고, 달리 가처분을 허용하지 아니할 상당한 이유를 찾아볼 수 없으므로 위 헌법소원심판청구사건에서도 가처분이 허용된다고 할 것이다.

헌재 2000. 12. 8. 2000헌사471, 판례집 12-2, 381, 384-385

　위 사건의 경과를 살펴보자. 2000. 4. 18. 위 조항의 위헌확인을 구하는 헌법소원심판(2000헌마262)을 청구하는 한편, 그들 중 당장 2001년도 사법시험 제1차 시험에서 이 사건 규정에 의한 응시자격의 제한을 받게 되는 이 사건 신청인들은 우선 그 자격제한을 피하고자, 2000. 11. 21. 이 사건 규정의 효력정지를 구하는 가처분신청을 제기하였다.

　한편 본안사건은 헌법소원심판을 청구한 뒤 관계법령의 개정으로 말미암아 기본권의 침해행위가 배제되어 청구인들이 더 이상 기본권을 침해받고 있지 아니한 때에 해당한다는 이유로 2001. 4. 26. 각하결정이 내려졌다(헌재 2001. 4.

26. 2000헌마262).

대법원은 "임시의 지위를 정하기 위한 가처분은 다툼 있는 권리관계에 관하여 그것이 본안소송에 의하여 확정되기까지 가처분권리자가 현재의 현저한 손해를 피하거나 급박한 위험을 막기 위하여, 또는 그 밖의 필요한 이유가 있는 경우에 허용되는 응급적·잠정적인 처분이므로, 이러한 가처분이 필요한지 여부는 당해 가처분신청의 인용 여부에 따른 당사자 쌍방의 이해득실관계, 본안소송의 승패의 예상, 기타 여러 사정을 고려하여 법원의 재량에 따라 합목적적으로 결정하여야 한다"고 판시하였다(대판 2007. 1. 25. 2005다11626). 대법원 판례의 취지와 본안접수일로부터 7개월이 지난 후 가처분신청을 한 위 사법시험령 사건의 접수경과를 살펴볼 때, 급박한 위험을 피할 보전의 필요성이 있었는지 의문이다.[25] 헌법재판소도 가처분신청을 인용할 정도였으면 어느 정도는 사건검토를 마쳤을 터인데, 굳이 본안판단을 하지 않고 본안접수일로부터 8개월 열흘이 지난 후 가처분신청을 인용하는 것은 타당하지 않다고 본다. 또한 가처분 신청에는 청구기간의 제한이 적용되지 않는지도 의문이다.

6. 일사부재리, 중복제소, 소송참가

가. 일사부재리

헌법재판소법 제39조는 (일사부재리)라는 표제 하에 "헌법재판소는 이미 심판을 거친 동일한 사건에 대하여는 다시 심판할 수 없다"고 규정하고 있다. 헌법재판소는 헌법재판에서 일사부재리 규정을 두고 있는 이유를 다음과 같이 설명하고 있다.

"법적 분쟁을 조기에 종결시켜 법적 안정 상태를 조속히 회복하고, 동일 분쟁에 대해 반복적으로 소송이 제기되는 것을 미연에 방지하여 소송경제를 이루기 위함이다. 헌법재판은 일반 법원의 재판과는 달리, 사실 판단이나 그에 대한 법령 적용을 주된 임무로 하는 것이 아니라 헌법의 해석을 주된 임무로 하고 있고, 그 결정의 효력은 당사자만이 아니라 국가기관은 물론, 일반 국민들에 대해서도 미치기 때문에 헌법재판에 있어 반복적인 소제기의 제한은 중요한 의미를 갖게 된다. 따라서 법적 안정성의 조기 확보나 소송경제를 위해 일사부재리제도를 두는 것은 지나친 재판청구권의 제약이라고 할 수 없다. 또한 권리구제형 헌법소원의 경우, 절차상 중대하고 명백한 하자가 있거나 구체적 타당성의 이익이 더 큰 경우 등에는 헌법재판에 대한 재심이 완전히 불가능한 것은 아닐 것이므로 헌법재판소법 제39조 규정이 일사부재리에 관하여 정하고 있다고 하더라도 이것이 지나친 기본권제한 규정이라고 볼 수 없으므로, 청구인의 재판청구권을 침해한다고 볼 수 없다"(헌재 2011. 10. 25. 2011헌마175).

나. 중복제소금지

중복제소를 금지하고 있는 민사소송법 제259조는 헌법소원심판에 준용된다(헌재 1990. 9. 3. 89헌마120등; 헌재 1994. 4. 28. 89헌마221). 따라서 이미 헌법소원심판이 계속중인 사건에 대하여는 당사자는 다시 동일한 헌법소원심판을 청구할 수 없다(헌재 2001. 5. 15. 2001헌마298; 헌재 2003. 9. 23. 2003헌마584; 헌재 2006. 3. 7. 2006헌마213).

헌법재판소는 "청구인들은 이미 2004. 8. 14. 공직선거법 제15조 제2항 제1호를 포함한 공직선거법 조항들의 위헌확인 여부를 다투는 헌법소원심판(2004헌마644)을 청구한 바 있고, 2005. 11. 16. 접수된 청구취지의 추가적 변경을 통하여 다시 같은 조항에 대한 위헌확인을 구하는 청구를 추가하였다. 그렇다면 2005. 11. 16. 접수된 후자의 청구는 헌법재판소법 제40조 제1항과 민사소송법 제259조에 따라 허용되지 아니하는 중복제소에 해당한다"고 판시하였다(헌재 2007. 6. 28. 2004헌마643).

(판 례) 중복제소에 해당하지 않는다고 본 사례

법 제68조 제1항에 의한 헌법소원심판은 주관적 권리구제의 헌법소원으로서, 개별적인 공권력의 행사 또는 불행사로 인하여 헌법상 보장된 기본권을 침해받은 자가 청구할 수 있고 이 경우 법 제75조 제2항 및 제5항에 의한 부수적 위헌심판청구도 할 수 있음에 대하여 법 제68조 제2항에 의한 헌법소원심판은 구체적 규범통제의 헌법소원으로서 법 제41조 제1항의 규정에 의한 법률의 위헌여부심판의 제청신청이 법원에 의하여 기각된 때에는 그 신청을 한 당사자는 헌법재판소에 제청신청이 기각된 법률의 위헌 여부를 가리기 위한 헌법소원심판을 청구할 수 있는바, 그렇다면 법 제68조 제1항과 같은 조 제2항에 규정된 헌법소원심판청구들은 그 심판청구의 요건과 그 대상이 각기 다른 것임이 명백하다.

그런데 위 89헌마86 소원심판사건은 법 제68조 제1항에 의하여 침해된 권리를 신체의 자유(헌법 제12조)로 하고, 침해의 원인이 된 공권력의 행사를 "국가안전기획부 소속 사법경찰관 수사관 김원이 1989. 5. 6. 23:00 청구인 1을 군사기밀보호법위반 등 혐의로 서울중부경찰서에 구금조치한 행위"로 하여 청구인 1이 청구한 것이고, 이 사건 소원심판청구는 법 제68조 제2항에 의하여, 위헌이라고 해석되는 법률의 조항을 "정부조직법 제14조 제1항 등"으로 하여 청구인 1, 2가 공동으로 청구한 것으로서 설사 이미 계속 중인 89헌마86 사건의 "청구원인"과 이 사건의 "위헌이라고 해석되는 이유"의 내용이 기본적으로 동일하다고 하더라도 위와 같은 제소의 요건이 상이하고, 청구인도 동일하지 않을 뿐 아니라, 89헌마86 사건에서는 정부조직법 제14조에 대하여서만 부수적 위헌심판을 구함에 대하여 이 사건에서는 국가안전기획부법 제4조 및 제6조의 위헌 여부도 함께 심판을 구함에 비추어 두 사건의 심판청구 요건이나 그 대상이 반드시 동일하다고 단정할 수 없다 할 것이므로 이 사건 헌법소원은 중복제소로서 부적법하다는 법무부장관의 주장은 이유 없다.

헌재 1994. 4. 28. 89헌마221, 판례집 6-1, 239, 257-258

다. 소송참가

헌법재판소에서 보조참가나 공동소송참가 등에 관하여 특별한 규정을 두고 있지 않는 이상, 이들 참가는 허용된다.[26]

(판 례) 참가신청의 적법요건

헌법재판소법 제40조 제1항에 의해서 준용될 수 있는 민사소송법 제83조 제1항에 의해서 현재 계속 중인 헌법소원심판에 공동청구인으로서 참가를 하려면 그 청구기간 내에 참가 신청을 하여야 하고, 헌법소원심판의 당사자적격을 갖춘 자들이 그 청구기간 내에 자신들을 청구인으로 추가하여 줄 것을 요청하는 내용의 '청구인추가신청서'를 제출한 경우, 이들에게도 사실상 위헌결정의 효력이 미친다면 합일확정의 필요가 인정되므로 적법한 공동심판참가신청으로 보아 허용할 수 있다. 한편 청구기간이 경과한 후에 이루어진 공동심판참가신청은 부적법하나, 국민의 기본권 보호를 목적으로 하는 헌법소원제도의 취지에 비추어 위헌결정의 효력이 미치는 범위에 있는 자들은 이 사건 헌법소원심판의 결과에 법률상 이해관계를 가지므로 보조참가인으로 보기로 한다.

헌재 2008. 2. 28. 2005헌마872 등, 판례집 20-1상, 279, 280

위 판지에 따라 한약업사의 권리침해를 주장하는 헌법소원에서 대한한약협회의 공동소송참가는 부적법하다(헌재 1991. 9. 16. 89헌마163).

그러나 헌법재판소는 위헌법률심판절차에서는 보조참가가 허용되지 않는다고도 하고, 허용된다고 하는 등 모순된 모습을 보이고 있다.

헌법재판소는 결정문 당사자란에 보조참가인 '홍○희'라 명시한 후, 결정이유 중 사건개요 항목에서 "제청신청인은 (……) 위헌법률심판제청신청을 하였다. (……) 보조참가인은 대법원에 상고하는 한편, 상고심 계속 중 위탁선거법 조항에 대하여 위헌법률심판제청신청(대법원 2016초기619)을 하였다. 그런데 5개월이 지나도 대법원이 이에 대한 판단을 내리지 않자 보조참가인은 2016. 12. 21. 이 사건에 보조참가신청을 하였다"라고 명시하였다(헌재 2017. 6. 29. 2016헌가1). 이는 위헌법률심판에서 보조참가를 허용한 경우에나 가능한 결정이다. 이와 달리 보조참가를 불허한 아래 사건에서 헌법재판소는 주문 제2.항에서 "[별지 2] 기재 보조참가인의 보조참가를 모두 허가하지 아니한다"고 명시하였다.

위헌법률심판에서는 보조참가가 허용되지 않는다고 한 결정을 살펴보자.

(판 례) 위헌법률심판에서 보조참가가 허용되지 않는다고 한 사례

규범통제절차인 헌법재판소법 제41조 제1항에 의한 위헌법률심판 사건에서 민사소송과 유사한 대립당사자 개념을 상정하기 어려운 점 등에 비추어보면, 보조참가를 규정하고 있는 민사소송법 제71조는 위헌법률심판의 성질상 준용하기 어렵다. 그렇다면 이 사건 보조참가신청인의 보조참가 신청은 위헌법률심판의 성질에 반하여 준용되지 아니하는 민사소송법 제71조에 근거한 것으로서 허용되지 아니한다.

헌재 2020. 3. 26. 2016헌가17 등, 판례집 32-1상, 128

헌법재판소는 위 결정에서 민사재판에서 보조참가인에게 재판의 효력이 미치도록 한 이른바 참가적 효력이라는 것이 위헌법률심판에서는 의미를 갖지 못하고,[27] 보조참가가 허용되지 않더라도 변론에서 진술할 수 있으며, 의견서 제출할 수 있는 등 절차에 참가할 수 있다는 이유를 들었다. 헌법재판에서 변론은 극히 예외로 허용된다는 점을 고려하면 선뜻 받아들이기는 어렵다. 또한 그 본질이 위헌법률심판이라고 하는 '위헌소원사건'에서 보조참가를 허용한 선례와도 모순된다(헌재 1991. 9. 16. 90헌바20; 헌재 2019. 12. 27. 2015헌바34). 한편 위 결정은 종전 견해를 변경한다고 하지도 않았다.

권한쟁의심판에서 보조참가를 허용한 사례는 신문법 등 날치기 사건에 관한 '헌재 2009. 10. 29. 2009헌라8등'이 있다. 한편 헌법소원사건에서 공동심판참가신청으로는 부적법하지만 선해(善解)하여 보조참가신청으로는 적법하다고 본 사례가 있다(헌재 2010. 10. 28. 2008헌마408).

7. 헌법재판소 결정의 효력

현행법상으로 헌법재판소 결정의 일반 효력규정은 없고 개별 심판에서의 결정의 효력규정이 있다. 헌법재판소 결정 역시 일반재판에서와 같이 확정력이 인정되고, 헌법질서를 수호하는 헌법재판의 기능으로 인한 특수한 효력으로서 모든 국가기관을 기속하는 기속력과 법규적 효력이 인정된다. 또한 헌법재판소 결정의 효력과 관련하여 재심의 허용여부도 문제된다.

가. 확정력

확정력에 관한 명문규정은 없으나 일사부재리의 원칙을 규정한 법 제39조 및 널리 민사소송법을 준용하고 있는 제40조에 비추어 헌법재판소 결정에는 확정력이 인정된다.

확정력에는 ① 동일한 심판에서 자신이 내린 결정을 더 이상 취소하거나 변경할 수 없다는 불가변력, 혹은 자기구속력, ② 헌법재판소의 결정에 대하여 더 이상의 상급심이 존재하지 않기 때문에 불복신청이 허용되지 않는다는 불가쟁력 혹은 형식적 확정력(헌재 1994. 12. 29. 92헌아1), ③ 형식적 확정력이 발생하면 당사자는 확정된 당해 심판은 물론이고 후행 심판에서 동일한 사항에 대하여 다시 심판을 청구하지 못하고, 헌법재판소도 확정재판의 판단내용에 구속된다는 기판력 혹은 실체적 확정력이 있다.

(판 례) 일사부재리의 원칙

헌법재판소법 제68조 제2항은 법률의 위헌여부심판의 제청신청이 기각된 때에는 그 신청을 한 당사자는 헌법재판소에 헌법소원심판을 청구할 수 있으나 다만 이 경우 그 당사자는 당해 사건의 소송절차에서 동일한 사유를 이유로 다시 위헌여부심판의 제청을 신청할 수 없다고 규정하고 있으며, 이 때 당해 사건의 소송절차란 당해 사건의 상소심 소송절차를 포함한다(헌재 2007. 7. 26. 2006헌바40, 판례집 19-2, 86, 88-89).

(……) 한편 청구인은, 당해 사건의 1심 재판과정에서의 제기한 제청신청(의정부지방법원 2005아48)에서는 헌법 제23조 제1항, 제2항의 재산권 침해와 관련된 과잉금지원칙 및 평등원칙 위반 여부를 주장하였으나, 이 사건 심판청구의 당해 사건에서는 헌법 제23조 제3항의 '정당한 보상' 원리에 근거한 기본권 침해를 이유로 제청신청한 것이어서, "동일한 사유"를 이유로 다시 신청한 것이 아니라는 취지로

주장하고 있으나, 청구인이 제기한 전후의 두 제청신청은 기본적으로 동일한 사실
관계를 바탕으로 하여 동일한 법률조항을 대상으로 실질적으로 같은 내용의 위헌
주장을 하고 있으므로, 청구인의 주장은 이유 없다.

헌재 2008. 6. 3. 2008헌바36(공보미게재)

나. 기속력

(1) 머리말

헌법재판소의 결정에는 모든 국가기관이 헌법재판소의 결정에 따라야 하고,
그들이 장래에 어떤 처분을 행할 때 헌법재판소의 결정을 존중하여야 하며, 동
일한 사정하에서 동일한 이유에 근거하여 동일한 내용의 공권력의 행사 또는 불
행사를 금지하는 기속력이 있다. 기속력에 대하여 헌법재판소법은 위헌법률심판
에서의 위헌결정의 기속력을 제47조 제1항에서, 제68조 제1항의 헌법소원심판의
인용결정의 기속력을 제75조 제1항에서, 제68조 제2항의 위헌소원에서의 위헌결
정의 기속력을 제75조 제6항에서, 권한쟁의심판의 결정의 기속력을 제67조 제1
항에서 각 규정하고 있다. 정당해산심판청구의 인용결정과 탄핵심판청구에서의
인용(파면)결정의 기속력은 명문 규정이 없다. 제2공화국 헌법재판소법 제22조
제1항은 위헌결정만이 아니라 법률의 위헌여부와 헌법해석에 관한 헌법재판소
판결은 모두 기속력을 가진다고 규정하였다.

위헌결정이 선고된 법률에 대하여 위헌법률심판제청신청을 하거나 헌법소원
심판청구를 하는 것은 부적법하다(헌재 1994. 8. 31. 91헌가1; 헌재 1994. 4. 28. 92헌
마280). 합헌결정에는 기속력이 인정되지 않으므로 헌법재판소는 이미 합헌으로
선언된 법령조항에 대한 위헌법률심판제청에 대하여 이를 부적법하다고 각하하
지 아니하고 이를 달리 판단하여야 할 사정변경이 있다고 인정되지 아니하여 다
시 합헌결정을 하였다(헌재 1989. 9. 29. 89헌가86). 물론 견해를 변경하여 위헌으
로 선언할 수도 있다.

헌법재판소 결정의 기속력은 법규 효력과는 달리 대세 효력은 없고 단지 공
권력의 주체에 대하여만 효력을 갖는다.

기속력에 대하여는 다음의 세 가지 문제점이 논의된다. (ⅰ) 기속력의 주관
범위, 특히 국회에도 기속력이 미치는가, (ⅱ) 기속력의 객관 범위, 즉 기속력은
주문에만 미치는가, 이유에도 미치는가, (ⅲ) 한정위헌이나 한정합헌결정에도 기
속력이 미치는가가 그것이다.

(2) 기속력의 주관 범위

기속력의 주관 범위의 논점은 국회에도 헌법재판소 결정의 기속력이 미치는가이다. 민주적 정당성이 없는 헌법재판소의 결정에 국민의 대의기관인 국회가 기속되는 것이 정당한가의 문제이다. 긍정설, 부정설, 절충설의 대립이 있다고 하나, 사실상 이들 견해는 모두 같다고 볼 수 있다. 긍정설도 가령 부동산규제법 위헌결정이 있었는데, 부동산 투기가 극심해진 경우와 같은 사정변경이 있는 경우에는 국회가 기속되지 않는다고 하고, 부정설도 사정변경이 없는 경우에는 국회도 기속된다고 하기 때문이다.

법문(法文)에 의하면 헌법재판소가 모든 국가기관을 기속한다고 규정하고 있으므로 국회에도 기속력이 있다고 하는 견해가 우세하다. 그러나 국회는 광범위한 입법형성권을 갖고 있으며 입법은 시대상황과 국민의 법감정을 고려하여야 하므로 헌법재판소 결정의 기속력은 국회에는 미치지 않는다고 보는 견해도 유력하다. 이에 의하면 헌법재판소가 위헌으로 선언한 법률규정을 국회가 다시 제정한 경우, 헌법재판소는 이를 다시 위헌으로 선언할 수 있을 뿐이라고 한다.

생각건대 사정변경 여부를 고려하지 않는 부정설이 옳다. 법문을 다시보자. 제47조 제1항은 "법률의 위헌결정은 법원과 그 밖의 국가기관 및 지방자치단체를 기속한다"고 규정하고 있다. 우리 헌법의 편제상 기본권 다음에 바로 국회가 나오고 정부와 법원이 그 다음에 나온다. 헌법편제상 정부가 먼저 나오는데 법원을 앞에 둔 이유는 위헌법률심판의 제청기관이기 때문이었을 것이다. 국민의 대의기관인 국회가 '그 밖의' 국가기관 중의 하나라는 것은 선뜻 이해할 수 없다. 더군다나 헌법재판소법 역시 법률이니만큼 국회에서 제정하였을 터인데, 자신을 가리키는 단어로 '그 밖의'라는 문구를 사용할 만큼 자존감 없는 국회는 아니었으리라 본다. 위 규정의 국가기관은 뒤에 나오는 지방자치단체와 비교할 때 중앙행정기관을 의미한다고 본다.

한편, 헌법재판소는 자신의 결정에 기속되는지 문제될 수도 있다. 법 제23조 제2항 제2호가 명문으로 '종전에 헌법재판소가 판시한 헌법 또는 법률의 해석 적용에 관한 의견을 변경'하는 것을 인정하고 있음을 근거로 이를 부정하는 견해가 통설이다.

(3) 기속력의 객관 범위

기속력의 객관 범위와 관련한 문제는 헌법재판소의 결정은 주문뿐만 아니라 결정이유에도 기속력이 미치는가이다. 특히 모든 결정이유는 아니라고 하더라도 주문을 이끌어내는 '중요한 결정이유'에는 기속력이 미친다고 인정하여야 하는 것이 아닌가 하는 논의가 그것이다. 민사소송에서의 '쟁점효(爭點效)' 논의와 비슷하다.

결론부터 말하자면 결정이유에는 그것이 비록 '중요한 결정이유'라고 할지라도 기속력이 인정될 수 없다고 본다. 결정이유에도 기속력을 인정하게 되면, 기속력이 무한정 확장되는 위험(법적 불안정)이 있고, '중요한 이유'는 무엇을 근거로 누가 결정하는가 하는 문제도 있기 때문이다. 즉, 기속력의 범위를 함부로 확대하여 권력분립의 원칙에 어긋나는 결과가 될 수 있다. 우선 법원 판결의 기속력부터 살펴보자.

(참고판례) 대법원 판결의 기속력

법원조직법 제8조는 "상급법원의 재판에 있어서의 판단은 당해 사건에 관하여 하급심을 기속한다."고 규정하고, 민사소송법 제436조 제2항 후문도 상고법원이 파기의 이유로 삼은 사실상 및 법률상의 판단은 하급심을 기속한다는 취지를 규정하고 있으며, 형사소송법에서는 이에 상응하는 명문의 규정은 없지만, 법률심을 원칙으로 하는 상고심은 형사소송법 제383조 또는 제384조에 의하여 사실인정에 관한 원심판결의 당부에 관하여 제한적으로 개입할 수 있는 것이므로 조리상 상고심판결의 파기이유가 된 사실상의 판단도 기속력을 가지는 것이며, 따라서 상고심으로부터 사건을 환송받은 법원은 그 사건을 재판함에 있어서 상고법원이 파기이유로 한 사실상 및 법률상의 판단에 대하여 환송 후의 심리과정에서 새로운 증거가 제시되어 기속적 판단의 기초가 된 증거관계에 변동이 생기지 않는 한 이에 기속된다 할 것이다(대법원 1996. 12. 10. 선고 95도830 판결, 대법원 2004. 4. 9. 선고 2004도340 판결 참조).

대판 2009. 4. 9. 2008도10572

(판 례) 시각장애인에게만 안마사 자격을 인정한 의료법 규정이 기속력에 저촉되는지 여부

(2) 이 사건 법률조항의 입법경위

헌법재판소는 2003. 6. 26. 2002헌가16 의료법 제67조 등 위헌제청사건에서 시각장애인에 한해 안마사의 자격을 인정하는 '안마사에 관한 규칙' 제3조 제1항 제1호 및 제2호를 직접 법률에 규정하지 않은 구 의료법 제61조 제1항 및 제4항이 의회유보원칙 및 포괄위임입법금지원칙을 위반한 것인지 대하여 합헌결정을 선고한 바 있다(헌재 2003. 6. 26. 2002헌가16, 판례집 15-1, 663).

그 후 헌법재판소는 2006. 5. 25. 2003헌마715등 안마사에관한규칙 제3조 제1항 제1호 등 위헌확인사건에서, 이와 같이 시각장애인에 한해 안마사의 자격을 인정하는 '안마사에 관한 규칙'(2000. 6. 16. 보건복지부령 제153호로 개정된 것, 이하 '비맹제외기준'이라 한다)이 법률유보원칙 및 과잉금지원칙에 위배하여 비시각장애인의 직업선택의 자유를 침해한다고 재판관 7 : 1의 의견으로 위헌결정을 선고하였다(헌재 2006. 5. 25. 2003헌마715등, 판례집 18-1하, 112). 다만 위헌결정의 이유에 대하여는 위헌의견을 낸 재판관 7인 사이에서도 다음과 같이 견해가 나뉘었는데, 그 의견분포를 보면 ① 기본권 제한에 관한 사항을 법률에 규정하지 않고 하위법규인 '안마사에 관한 규칙'으로 정한 것이 법률유보원칙에 위배되는지 여부에 대하여 재판관 2인이, ② 시각장애인에 대하여만 안마사자격을 인정하는 것이 과잉금지원칙에 위반하여 비시각장애인의 직업선택의 자유를 침해하는 것인지 여부에 대하여 재판관 2인이, ③ 위 ① ② 모두에 대하여 재판관 3인이 각각 위헌의견을 제시하였다.

헌법재판소의 2003헌마715등 사건에 대한 위헌결정 이후 국회에서는 2006. 9. 27. 법률 제8007호로 종래 "안마사가 되고자 하는 자는 시·도지사의 자격인정을 받아야 한다."라는 구 의료법 제61조 제1항을 "안마사는 「장애인복지법」에 따른 시각장애인 중 다음 각 호의 어느 하나에 해당하는 자로서 시·도지사의 자격인정을 받아야 한다."로 개정함으로써 종전의 시각장애인 안마사제도를 그대로 유지하면서 그 자격인정의 범위를 다소 확대하였고, 그 후 2007. 4. 11. 법률 제8366호로 전부 개정되어 같은 내용이 의료법 제82조 제1항에 규정되었다.

위와 같이 국회에서 2003헌마715등 사건에 대한 위헌결정 이후 의료법을 개정한 이유를 보면, "비시각장애인의 직업선택의 자유보다는 신체장애인에 대한 국가의 보호의무를 규정하고 있는 헌법 제34조 제5항의 정신을 좀 더 고려하여 안마사의 자격을 장애인복지법에 따른 시각장애인 중에서 일정한 교육을 마친 자로 하여 이를 법률에 직접 규정하려는 것"에 있다고 한다.

(3) 이 사건 법률조항의 의미

의료법상 '안마행위'라 함은 국민의 건강증진을 목적으로, 손이나 특수한 기구로 몸을 주무르거나, 누르거나, 잡아당기거나, 두드리거나 하는 등의 안마, 마사지 또는 지압 등 각종 수기요법과, 전기기구의 사용, 그 밖의 자극요법에 의하여 인체에 대한 물리적 시술을 하여 혈액의 순환을 촉진시킴으로써 뭉쳐진 근육을 풀어주는 등에 이를 정도의 행위로 해석되고 있다(대법원 2001. 6. 1. 선고 2001도1568 판결).

그리고 안마사의 업무는 "안마, 마사지 또는 지압 등 각종 수기요법에 의하거나 전기기구의 사용 그 밖의 자극요법에 의하여 인체에 대한 물리적 시술행위를 하는 것"(안마사에관한규칙 제2조 참조)인바, 이에 대하여 물리치료사의 업무는 "어떤 질병이나 통증의 해소를 목적으로 마사지 이외에 온열치료를 비롯한 기타 물리요법적 치료업무를 하되 의사의 지도 하에서만 시술이 가능한 것"(의료기사 등에 관한 법률 제2조, 같은 법 시행령 제2조 제3호 참조)으로서 안마사의 업무와 구별되지만 업무내용 중 일부 유사한 측면도 가지고 있다.

현재 우리 사회에서는 스포츠 마사지, 발 마사지란 이름으로 전문적으로 마사지 영업을 하는 업종이 존재하는 것이 사실인바, 이 사건 법률조항에 의하면, 시각장애인의 경우는 안마사의 자격인정을 받아 안마업에 종사할 수 있지만, 시각장애인이 아닌 사람들은 원천적으로 안마사자격인정을 받지 못하며, 만약 안마사자격인정을 받지 않고 영리를 목적으로 유사 안마업에 종사할 경우 의료법 제88조에 따른 처벌까지 받을 수 있다(대법원 2004. 1. 27. 선고 2000도4553 판결 참조).

이 사건 법률조항에 의한 시각장애인 안마사제도는 비시각장애인에 대하여 안마사 직업을 선택할 수 있는 자유를 제한하면서 시각장애인에 비해 안마사자격취득에 있어 차별적 취급을 하는 것이지만, 다른 한편 시각장애인에 대하여는 인간다운 생활을 영위할 수 있도록 하는 우대조치로서 기능한다고 볼 수 있다.

나. 위헌결정의 기속력 저촉 여부

헌법재판소법 제47조 제1항은 "법률의 위헌결정은 법원 기타 국가기관 및 지방자치단체를 기속한다."고 규정하고, 같은 법 제75조 제1항은 "헌법소원의 인용결정은 모든 국가기관과 지방자치단체를 기속한다."고 규정함으로써 헌법재판소가 내린 법률의 위헌결정 및 헌법소원의 인용결정의 효력을 담보하기 위해서 기속력을 부여하고 있는바, 이와 관련하여 입법자인 국회에게 기속력이 미치는지 여부, 나아가 결정주문뿐 아니라 결정이유에까지 기속력을 인정할지 여부 등이 문제될 수 있는데, 이에 대하여는 헌법재판소의 헌법재판권 내지 사법권의 범위와 한계, 국회의 입법권의 범위와 한계 등을 고려하여 신중하게 접근할 필요가 있을 것이다.

이 사건에서 청구인들은, 헌법재판소가 2003헌마715등 사건에서 시각장애인에게만 안마사 자격을 인정하는 이른바 비맹제외기준이 과잉금지원칙에 위반하여 비시각장애인의 직업선택의 자유를 침해한다는 이유로 위헌결정을 하였음에도 불구하고 국회가 다시 비맹제외기준과 본질적으로 동일한 내용의 이 사건 법률조항을 개정한 것은 비맹제외기준이 과잉금지원칙에 위반한다고 한 위헌결정의 기속력에 저촉된다는 취지로 주장하는바, 이는 기본적으로 위 위헌결정의 이유 중 비맹제외기준이 과잉금지원칙에 위반한다는 점에 대하여 기속력을 인정하는 전제에 선 것이라고 할 것이다.

앞서 본 바와 같이 결정이유에까지 기속력을 인정할지 여부 등에 대하여는 신중하게 접근할 필요가 있을 것이나 설령 결정이유에까지 기속력을 인정한다고 하더라도, 이 사건의 경우 위헌결정 이유 중 비맹제외기준이 과잉금지원칙에 위반한다는 점에 대하여 기속력을 인정할 수 있으려면, 결정주문을 뒷받침하는 결정이유에 대하여 적어도 위헌결정의 정족수인 재판관 6인 이상의 찬성이 있어야 할 것이고 (헌법 제113조 제1항 및 헌법재판소법 제23조 제2항 참조), 이에 미달할 경우에는 결정이유에 대하여 기속력을 인정할 여지가 없다고 할 것인바, 앞서 본 바와 같이 2003헌마715등 사건의 경우 재판관 7인의 의견으로 주문에서 비맹제외기준이 헌법에 위반된다는 결정을 선고하였으나, 그 이유를 보면 비맹제외기준이 법률유보원칙에 위반한다는 의견과 과잉금지원칙에 위반한다는 의견으로 나뉘면서 비맹제외기준이 과잉금지원칙에 위반한다는 점과 관련하여서는 재판관 5인만이 찬성하였을 뿐이므로 위 과잉금지원칙 위반의 점에 대하여 기속력이 인정될 여지가 없다고 할 것이다.

그렇다면, 국회에서 2003헌마715등 사건의 위헌결정 이후 비맹제외기준을 거의 그대로 유지하는 이 사건 법률조항을 개정하였다고 하더라도, 위와 같이 비맹제외기준이 과잉금지원칙에 위반한다는 점과 관련하여 기속력을 인정할 여지가 없는 이상 입법자인 국회에게 기속력이 미치는지 여부 및 결정주문뿐 아니라 결정이유에까지 기속력을 인정할지 여부 등에 대하여 나아가 살펴 볼 필요 없이 이 사건 법률조항이 위 위헌결정의 기속력에 저촉된다고 볼 수는 없을 것이다.

헌재 2008. 10. 30. 2006헌마1098등, 판례집 20-2상, 1089, 1101-1104

위 결정에 대해서는 헌법재판소가 위헌으로 결정한 안마시술사 자격요건 조항을 국회가 재입법한 것은 헌법재판소 위헌결정의 기속력에 정면으로 반한다는 주장이 상당하다. 그러나 이에는 찬동할 수 없다. 헌법재판소의 2003년 위헌결정에서 과잉금지의 원칙에 위반하여 직업선택의 자유를 침해하였다고 판단한 재판관은 5인에 불과하다.[28] 결정이유에 기속력을 인정하는 명문규정이 없기 때문에, **인정되는지 여부는 일단 차치하고, 만일 인정된다고 가정한다면 6인 이상의 재판관이 찬성한 결정이유에만 기속력이 미칠 수 있을 것**이라는 헌법재판소의 판단을 반박할 만한 마땅한 근거도 없다. 양보하여 위 비판견해가 옳다면 이들 견해는 아래의 노동조합은 정치자금을 기부할 수 없도록 한 조항 및 야간옥외집회금지 헌법불합치 결정 모두 기속력에 저촉된다고 하여야 한다.

위에서 언급한 비판견해에 따른다면, 2009년 야간옥외집회금지조항에 대한 헌법불합치결정의 이유는 당연히 기속력을 가진다. 이 결정에서도 비맹기준 결정과 마찬가지로 5인 재판관은 헌법이 금지하는 집회허가제에 해당한다고 하였다. 2인 재판관이 과잉금지원칙 위반이라고 하였다. 위 견해는 2014년 같은 조항에 대해 한정위헌결정을 하면서 허가제가 아니라고 한 것을 도저히 설명할 수 없다.

(판 례) 노동조합의 정치자금기부를 금지한 규정의 기속력 저촉 여부

(95헌마154의 심판대상: 정치자금법 제12조 제5호 "노동단체는 정치자금을 기부할 수 없다", 이 사건 심판대상 정치자금법 제12조 제2항 "누구든지 국내·외의 법인 또는 단체와 관련된 자금으로 정치자금을 기부할 수 없다")

청구인들은, 이 사건 기부금지 조항이 1999. 11. 25. 헌법재판소의 95헌마154 결정으로 위헌선언된 구 '정치자금에 관한 법률'(1980. 12. 31. 법률 제3302호로 개정된 것) 제12조 제5호의 반복입법으로서 위 위헌결정의 기속력에 저촉된다고 주장하는바, 이 사건 기부금지 조항이 노동단체를 포함하는 모든 단체의 정치자금 기부금지 규정에 관한 탈법행위 방지 규정이라는 점에 비추어 보면, 내용상으로는 위헌결정된 법률조항의 내용을 일부분 전제하고 있는 것으로 보일 수 있다. 그러나 위헌결정된 법률조항의 반복입법에 해당하는지 여부는 단지 위헌결정된 법률조항의 내용이 일부라도 내포되어 있는지 여부에 의하여 판단할 것이 아니라, 입법목적이나 입법동기, 입법당시의 시대적 배경 및 관련조항들의 체계 등을 종합하여 실질적 동일성이 있는지 여부에 따라 판단하여야 할 것이다.

살피건대, 이 사건 기부금지 조항은 ① 직접적인 규율영역이 단체의 행위가 아닌 자연인의 행위라는 점에서 종전에 위헌결정된 법률조항과 문언적으로 구별되고, ② 그 전제가 되는 법률조항을 살피더라도, 구 정치자금법 제12조 제1항은 노동단체 이외의 단체의 정치자금 기부까지도 포괄하는 것이라는 점에서 종전에 위헌결정된 법률조항과 전적으로 동일한 경우에 해당하지 않으며, ③ 종전에 위헌결정된 법률조항이 연혁적으로 노동단체의 정치활동을 금지하기 위한 여러 법률들의 규제조치의 일환을 이루고 있었던 것으로서, 다른 법률에 의한 노동단체의 정치활동 금지가 해제된 이후에도 여전히 남아서 다른 단체와 차별적으로 노동단체의 정치자금 기부를 금지하는 것이었던 반면, 이 사건 기부금지 조항이 전제하고 있는 단체의 정치자금 기부금지 규정(구 정치자금법 제12조 제1항)에는 노동단체에 대한 차별적 규제의 의도가 전혀 존재하지 않는다는 점에서 종전의 위헌결정된 법률조항과 실질적으로 동일하거나 본질적으로 유사한 것으로 보기 어렵다.

따라서 이 사건 기부금지 조항이 위 95헌마154 결정에 의하여 위헌선언된 법률조항의 반복입법에 해당한다고 볼 수 없고, 반복입법에 해당하지 않는다고 판단하는 이상 입법자인 국회에 대하여도 헌법재판소의 위헌결정의 기속력이 미치는지 여부 및 결정주문 뿐만 아니라 결정이유에까지 기속력을 인정할지 여부 등에 대하여 더 나아가 살펴볼 필요 없이 이 사건 기부금지조항이 위 95헌마154 결정으로 위헌선언된 구 '정치자금에 관한 법률' 제12조 제5호의 반복입법으로서 위 위헌결정의 기속력에 저촉된다는 주장은 이유없다 할 것이다.[29]

헌재 2010. 12. 28. 2008헌바89, 판례집 22-2하, 659, 668-669

(판 례) 헌법불합치 결정의 기속력과 반복입법 여부

제청신청인들과 청구인(이를 합하여 이하 '제청신청인들'이라 한다)은, 헌법재판소가 2008헌가15 사건에서 재직 중 직무와 관련이 없는 범죄로 금고 이상의 형을 받은 경우에도 퇴직급여 등을 감액하도록 하는 것은 퇴직 교원들의 재산권 및 평등권을 침해한다는 이유로 헌법불합치결정을 하였음에도 불구하고, 국회가 직무와 관련이 없는 범죄 중 과실범만을 퇴직급여 등 감액사유에서 제외하는 것으로 이 사건 법률조항을 개정한 것은 위 헌법불합치결정의 기속력에 저촉된다는 취지로 주장하고 있다.

위 2008헌가15 사건의 헌법불합치결정의 이유를 살펴보면, 헌법재판소는 교원의 직무와 관련이 없는 모든 범죄의 경우에 퇴직급여의 감액사유로 삼는 것이 퇴직교원들의 재산권과 평등권을 침해한다는 것이 아니라, 교원의 '신분이나 직무상 의무'와 관련이 없는 범죄의 경우에 퇴직급여의 감액사유로 삼는 것이 퇴직 교원들의 기본권을 침해한다고 판시하였음을 알 수 있다(헌재 2010. 7. 29. 2008헌가15, 판례집 22-2상, 16, 24-26 참조). 사립학교 교원은 그 신분이나 직무상 법령준수의무, 청렴의무, 품위유지의무 등(사립학교법 제55조 제1항, 교육공무원법 제1조, 제53조 제5항, 국가공무원법 제56조 내지 제61조, 제63조)을 부담하고 있다. 교원의 직무와 관련이 없는 범죄라 할지라도 고의범의 경우에는 교원의 법령준수의무, 청렴의무, 품위유지의무 등을 위반하는 것으로 볼 수 있으므로 이를 퇴직급여의 감액사유에서 제외하지 아니하더라도 위 헌법불합치결정의 취지에 반한다고 볼 수 없다. 따라서 이 사건 법률조항은 위 2008헌가15 헌법불합치결정의 기속력에 저촉된다고 할 수 없다.

헌재 2013. 9. 26. 2010헌가89 등, 공보 204, 1274, 1279

대법원은 헌법재판소의 헌법불합치결정은 위헌결정에 해당하고 당연히 기속력을 갖는다고 한다. 다만 기속력의 객관적 범위와는 다른 측면에서 불합치결정의 이유를 살펴, 잠정적용되는 부분과 적용중지되는 부분을 구별하고 있다. 반면, 한정위헌·한정합헌결정의 기속력은 부인하고 있다. 이들 문제는 위헌결정의 효력에서 상세히 다루기로 하고 일반 관점에서의 법원에 대한 기속력만 살펴본다.

(판 례) 헌법재판소가 법률의 위헌 여부를 판단하기 위하여 한 법률해석에 법원이 구속되는지 여부

구체적 분쟁사건의 재판에 즈음하여 법률 또는 법률조항의 의미·내용과 적용 범위가 어떠한 것인지를 정하는 권한, 곧 법령의 해석·적용 권한은 사법권의 본질적 내용을 이루는 것이고, 법률이 헌법규범과 조화되도록 해석하는 것은 법령의 해석·적용상 대원칙이므로, 합헌적 법률해석을 포함하는 법령의 해석·적용 권한은 대법원을 최고법원으로 하는 법원에 전속하는 것이며, 헌법재판소가 법률의 위헌 여부를 판단하기 위하여 불가피하게 법원의 최종적인 법률해석에 앞서 법령을 해석하거나 그 적용 범위를 판단하더라도 헌법재판소의 법률해석에 대법원이나 각급 법원이 구속되는 것은 아니다(대법원 2001. 4. 27. 선고 95재다14 판결, 헌법재판소 2004. 10. 28.자 99헌바91 결정 등 참조).

헌법재판소는 2005. 2. 24. 선고한 2001헌바71 사건에서 주촉법 제36조 제3항에 관하여 "위 조항에 의해 피고가 통상적인 방법인 가공설치는 물론이고 이에 비해 7~10배 가량 비용이 더 소요되는 지중설치의 경우에도 그 설치비용의 전부를 부담할 의무를 진다고 하더라도 그 입법 목적의 정당성과 수단의 적절성을 인정할 수 있으므로 헌법에 위반되지 아니한다."는 취지로 결정한 바 있으나, 이는 헌법재판소가 법률의 위헌 여부를 판단하기 위하여 불가피하게 법원의 최종적인 법률해석에 앞서 법령을 해석하거나 그 적용 범위를 판단한 것에 불과하므로 법원이 이에 구속된다고 볼 수 없다. 이에 대한 상고이유의 주장 역시 이유 없다.

대판 2008. 10. 23. 2006다66272

다. 법규적 효력

헌법재판소의 위헌결정에 대하여는 당사자나 국가기관뿐만 아니라 일반사인에게도 그 효력이 미치는 법규적 효력 또는 일반적 구속력이 있다. 따라서 일반 국민은 헌법재판소가 위헌으로 선언한 법규범에 더 이상 구속을 받지 않는다. 이를 대세적 효력이라고도 한다.

8. 집행규정

헌법재판소법은 헌법재판소 결정의 집행에 관한 일반규정을 두고 있지 않다. 정당해산심판의 경우에만 집행규정을 두고 있다. 헌법재판소법 제60조는 "정당의 해산을 명하는 헌법재판소의 결정은 중앙선거관리위원회가 정당법의 규정에 의하여 이를 집행한다"고 규정하고 있고, 정당법은 제40조 등에서 관련 규정을

두고 있다.

헌법재판소 결정이 실효성이 없다면, 즉 집행을 하지 못한다면 헌법재판제도는 빈 껍데기만 남게 되므로 헌법재판소 결정의 실효성을 확보하기 위해서 일반심판절차로 집행규정을 둘 필요가 있다는 입법론이 제기되고 있다. 이 견해는 특히 한정위헌결정의 효력과 관련하여 법원에서 헌법재판소 결정의 적용을 거부하는 사례가 있어서 집행규정의 신설은 헌법재판소의 존립에도 직결된다고 한다.

기속력 있는 헌법재판소 결정의 효력을 다른 국가기관이 부인하였을 경우에 비로소 헌법재판소 결정의 실효성이나 집행력의 확보방안이 문제가 된다고 할 것인데, 대법원판결은 헌법 및 헌법재판소법상 인정되는 헌법재판소 결정의 기속력을 널리 부인한 것이 아니다. 판결문에 드러낸 것과는 달리 단지 3건의 경우에서만 한정위헌결정의 기속력을 부인하였다. 또한 이 3건의 경우에는 법적 안정성과 구체적 타당성이 대립한 것으로 볼 수 있고, 법원의 판단이 옳다고 하는 견해도 상당하다.

위헌정당해산심판 외의 헌법재판소의 다른 결정은 모두 강제집행의 필요성이 없는 확인결정 또는 형성결정에 해당한다. 즉 위헌법률심판절차에서 내려지는 위헌결정은 위헌으로 결정된 법률 또는 법률조항의 효력상실을 가져오는 형성결정이고, 헌법불합치결정도 그 성질은 확인결정이거나 형성결정이라고 볼 수 있다(제47조 제2항). 탄핵심판절차에서 내려지는 파면결정은 공직상실 및 5년 동안의 공직취임제한을 가져오는 형성결정이다(제53조 제1항, 제54조 제2항). 권한쟁의 심판절차에서 내려지는 결정은 국가기관 또는 지방자치단체의 권한의 존부에 관한 확인결정이다. 경계를 새로 설정하는 경우에는 형성결정이다. 경우에 따라서 국가기관 또는 지방자치단체의 처분 또는 부작위를 취소하거나 그 무효를 확인하는 내용이 부가될 수 있으나 이러한 부가적 내용도 형성결정이거나 확인결정에 해당하는 것이다(제66조). 또한 헌법소원절차에서 내려지는 인용결정은 공권력 행사의 취소 또는 위헌확인, 공권력 불행사의 위헌확인을 내용으로 하는 것으로서 역시 형성결정 또는 확인결정에 해당한다(제75조 제2항, 제3항). 탄핵심판에는 집행규정이 있어야 한다는 반론이 있을 수 있다. 그러나 국가기관 담당자 개인을 파면하는 결정과 사법(私法)상 법인격 없는 사단에 해당하는 정당을 해산하는 결정의 집행을 같은 차원에서 볼 필요는 없다.[30] 그러므로 헌법재판소 결정의 강제집행을 위하여 집행에 관한 일반규정을 둘 필요는 없다.

헌법재판소법은 공권력의 불행사에 대한 헌법소원의 인용결정의 실효성을 확보하기 위하여 헌법재판소가 공권력의 불행사에 대한 헌법소원을 인용하는 결정을 한 때에는 피청구인인 국가기관은 그 결정취지에 따라 새로운 처분을 하도록 규정하고 있다(제75조 제4항). 피청구인인 국가기관이 위와 같은 법률상의 의무이행을 게을리하는 경우를 예상하여 대체집행이나 간접강제 등 강제집행규정을 둘 필요가 있다는 견해도 있다. 그러나 일반절차로 강제집행을 규정하는 것은 적절하지 않다. 헌법재판소법 제4장 '특별심판절차' 중 제5절 '헌법소원심판'에서 그러한 법률상 의무의 강제집행으로서 그 유형과 방법을 명확하게 규정하는 것이 옳다. 우리 헌법재판소는 일정한 요건이 갖추어진 때에는 국회의 입법부작위에 대한 위헌확인도 가능하다는 견해를 취하고 있다. 이와 같이 피청구인이 국회인 경우에는 국민의 대표기관으로서의 국회의 지위 및 입법의 성질에 비추어 볼 때, 입법부작위 위헌확인결정의 취지에 따른 입법의무를 강제집행하는 것은 허용되지 않는다고 보아야 할 것이다.

참고로 행정소송법에 의하면, 행정청의 부작위가 위법하다는 법원의 판결이 확정된 경우에는 당해 행정청은 그 판결의 취지에 따라 처분을 할 의무가 있고, 당해 행정청이 위 처분의무를 이행하지 아니한 때에는 제1심 수소법원은 당사자의 신청에 의하여 결정으로써 상당한 기간을 정하고 당해 행정청이 그 기간 내에 이행하지 아니하는 때에는 그 지연기간에 따라 일정한 배상을 할 것을 명하거나 즉시 손해배상을 할 것을 명할 수 있다(제38조 제2항, 제30조 제2항, 제34조). 이것은 행정청의 부작위위법확인판결의 실효성을 확보하기 위하여 행정청의 처분의무와 그 의무를 이행하지 않을 경우의 간접강제제도를 규정한 것인데, 이와 유사한 간접강제의 규정을 헌법소원심판절차에 신설하는 방안을 고려할 수 있을 것이다. 물론 헌법재판소법 제40조 제1항에 의하여 행정소송법의 위 규정이 헌법소원절차에 준용된다고 본다면 이러한 규정을 특별히 신설할 필요도 없을 것이다.

9. 재　심

헌법재판소법에는 헌법재판소의 결정에 대한 재심의 허용여부에 관하여 별도의 명문규정이 없다. 헌법재판소는 심판절차의 종류에 따라서 개별 판단할 수밖에 없다고 한다(헌재 1995. 1. 20. 93헌아1).

제68조 제2항의 위헌소원에 대하여는 "재심을 허용하지 아니함으로써 얻을 수 있는 법적 안정성의 이익이 재심을 허용함으로써 얻을 수 있는 구체적 타당성의 이익보다 훨씬 높을 것으로 쉽사리 예상할 수 있고, 따라서 헌법재판소의 이러한 결정에는 재심에 의한 불복방법이 그 성질상 허용될 수 없다고 보는 것이 상당하다"고 하면서 이를 부정하고 있다(헌재 1992. 6. 26. 90헌아1).

제68조 제1항의 헌법소원에 대하여는 판례의 변경이 있었다. 헌법재판소는 초기에는 "헌법재판소의 결정에 대한 재심은 재판부의 구성이 위법한 경우 등 절차상 중대하고도 명백한 위법이 있어서 재심을 허용하지 아니하면 현저히 정의에 반하는 경우에 한하여 제한적으로 허용될 수 있을 뿐이고 (······) 판단유탈은 재심사유가 되지 아니한다"고 판시하였다(헌재 1995. 1. 20. 93헌아1). 그러나 이후 판례를 변경하여 판단유탈도 재심사유로 인정하였다.

(판 례) 불기소처분취소(재심) 사건

비록 헌법소원심판절차에서 직권주의가 적용되고 있는 것은 사실이지만, 직권주의가 적용된다는 의미는 당사자가 주장하지 아니한 적법요건 및 기본권침해 여부에 관하여도 직권으로 판단할 수 있다는 것이지 당사자가 주장한 사항에 대하여 판단하지 않아도 된다는 의미는 아닐 뿐만 아니라, 직권주의가 적용된다고 하여 당사자의 주장에 대한 판단유탈이 원천적으로 방지되는 것도 아니므로 헌법소원심판절차에 직권주의가 적용된다고 하더라도 이는 "판단유탈"을 재심사유에서 배제할 만한 합당한 이유가 되지 못한다. 특히 민사소송법 제422조 제1항 제9호 소정의 "판단유탈"의 재심사유는 모든 판단유탈을 그 사유로 함에 있지 아니하고 판결에 영향을 미칠 중요한 사항에 대한 판단유탈만을 그 사유로 하고 있으므로 더욱 그러하다. 만약 이러한 "판단유탈"이 재심사유로 허용되지 않는다고 본다면 중대한 사항에 대한 판단을 유탈함으로써 결정에 영향을 미쳤다고 하더라도 이 잘못은 영원히 시정할 길이 없게 된다. 더욱이 헌법재판소법 제71조 제1항 제4호의 규정에 따르면 같은 법 제68조 제1항의 규정에 의한 헌법소원의 심판청구서에는 반드시 청구이유를 기재하도록 되어 있는데, 그 취지는 청구인의 청구이유에 대하여 유탈함이 없이 판단할 것을 요구함에 있다 할 것이다. 이와 같은 점들을 고려할 때, 공권력의 작용에 대한 권리구제형 헌법소원심판절차에 있어서 '헌법재판소의 결정에 영향을 미칠 중대한 사항에 관하여 판단을 유탈한 때'를 재심사유로 허용하는 것이 헌법재판의 성질에 반한다고 볼 수는 없다.

또한 공권력의 작용을 대상으로 하는 권리구제형 헌법소원의 경우에는 법령에 대한 헌법소원과는 달리 사실의 판단이나 그에 대한 법령의 적용을 바탕으로 하여 헌법해석을 하게 되는 것이고, 사전구제절차를 거친다 하여 헌법재판시의 판단유탈을 예방할 수 있는 것도 아니므로 헌법의 해석을 주된 임무로 하고 있는 헌법재판의 특성이나 사전구제절차를 거친 뒤에야 비로소 헌법소원을 제기할 수 있다고 하는 사정도 "판단유탈"을 재심사유에서 배제할 합당한 이유가 되지 못한다고 하겠다.

결국 민사소송법 제422조 제1항 제9호 소정의 "판단유탈"을 재심사유로 허용하는 것은 공권력의 작용을 대상으로 하는 권리구제형 헌법소원의 성질에 반한다고 할 수 없으므로 민사소송법 제422조 제1항 제9호를 준용하여 "판단유탈"도 재심사유로 허용되어야 한다고 하겠다.

따라서 종전에 이와 견해를 달리하여 헌법재판소법 제68조 제1항에 의한 헌법소원 중 행정작용에 속하는 공권력 작용을 대상으로 한 권리구제형 헌법소원에 있어서 민사소송법 제422조 제1항 제9호 소정의 판단유탈은 재심사유가 되지 아니한다는 취지로 판시한 우리 재판소의 의견(헌재 1995. 1. 20. 93헌아1, 판례집 7-1, 113; 1998. 3. 26. 98헌아2, 판례집 10-1, 320)은 이를 변경하기로 한다.

헌재 2001. 9. 27. 2001헌아3, 판례집 13-2, 457, 460-461

위 판례 변경 결정은 법 제68조 제1항의 헌법소원 중 행정작용을 대상으로 한 결정만 재심대상이 될 수도 있다는 것이므로 주의를 요한다. 헌법재판소는 법령소원의 경우에는 여전히 재심을 부인하고 있다. "헌법재판소법 제68조 제1항에 의한 헌법소원 중 법령에 대한 헌법소원의 경우 헌법재판소의 인용(위헌)결정은 이른바 일반적 기속력과 대세적·법규적 효력을 가지는 것이므로 …… 재심에 의한 불복방법이 그 성질상 허용될 수 없다고 보는 것이 상당하다"는 판시가 그것이다(헌재 2015. 10. 27. 2015헌아109). 위 결정은 법 제68조 제2항의 위헌소원에도 재심이 허용되지 않는다고 하였으므로 위헌법률심판에도 재심은 허용되지 않는다고 보아야 한다.

헌법재판소가 적법한 사전구제절차를 거친 불기소처분취소 청구를 잘못 기재된 사실조회 결과를 근거로 적법한 사전구제절차를 거치지 아니한 것으로 보아 각하한 경우에는 재심사유에 해당한다(헌재 2011. 2. 24. 2008헌아4).

(판 례) 정당해산결정에 재심이 허용되는지 여부

정당해산심판은 원칙적으로 해당 정당에게만 그 효력이 미치며, 정당해산결정은 대체정당이나 유사정당의 설립까지 금지하는 효력을 가지므로 오류가 드러난 결정을 바로잡지 못한다면 장래 세대의 정치적 의사결정에까지 부당한 제약을 초래할

수 있다. 따라서 정당해산심판절차에서는 재심을 허용하지 아니함으로써 얻을 수 있는 법적 안정성의 이익보다 재심을 허용함으로써 얻을 수 있는 구체적 타당성의 이익이 더 크므로 재심을 허용하여야 한다. 한편, 이 재심절차에서는 원칙적으로 민사소송법의 재심에 관한 규정이 준용된다.

헌재 2016. 5. 26. 2015헌아20, 판례집 28-1하, 163

제 3 장
위헌법률심판

Ⅰ. 총 설

위헌법률심판은 국회의 의결을 거친 형식적 의미의 법률이 헌법에 위반되는지의 여부를 헌법재판소가 심리하여 그 법률이 헌법에 위반되는 것으로 인정되는 경우에는 그 효력을 상실하게 하는 제도이다. 현행법상 위헌법률심판제도는 사후교정형 위헌심사이고, 구체적 규범통제의 성격을 갖는다. 다만 위헌으로 결정된 법률 또는 법률조항은 일반적으로 효력을 상실하여 그 법률이 폐지된 것과 동일한 효과가 있다(제47조 제2항).

현행법상 위헌법률심판의 구조는 당사자의 신청 또는 법원의 직권에 의하여 법원이 위헌제청결정을 하고(제41조 제1항), 대법원을 거쳐(제5항) 헌법재판소에 위헌법률심판제청을 하면 헌법재판소가 위헌여부를 판단하는 구조이다. 이 때 법원의 위헌여부에 대한 판단은 합리적인 위헌의 의심이 있는 것으로 족하다(헌재 1993. 12. 23. 93헌가2). 이는 위헌에 대한 단순한 의심과 독일 판례법상의 위헌에 대한 확신의 중간적 입장이라 할 수 있다. 또한 대법원을 경유하는 것은 절차에 불과할 뿐, 대법원에 최종 위헌제청여부의 결정권이 인정되어 있는 것은 아니다. 제3공화국 말기 국가배상법 제2조 제2항 단서를 대법원이 위헌으로 판결하자, 박정희 정권은 유신쿠데타 이후 제4공화국 헌법하에서는 헌법위원회를 만들면서 대법원에 불송부결정권을 부여하였다. 제4공화국 시절에 대법원은 헌법위원회에 단 한 건의 위헌법률심판도 제청하지 않았다. 유신정권의 아류라 할 수 있는 제5공화국 전두환 정권에서도 단 한 건의 위헌법률심판제청이 이루어지지 않았다.

Ⅱ. 위헌법률심판제청

1. 제청권자

위헌법률심판은 직권 또는 당사자의 신청에 의하여 법원만이 제청할 수 있다. 따라서 개인의 제소 또는 심판청구만으로는 위헌법률심판을 할 수 없다(헌재 1994. 6. 30. 94헌아5). 개인이 법원에 한 위헌법률심판제청신청이 기각 또는 각하되는 경우, 당사자는 이에 대하여 항고할 수 없고(제41조 제4항), 다만 제68조 제2항의 위헌소원의 형태로 헌법소원심판을 청구할 수 있을 뿐이다.

법원에 위헌법률심판제청신청을 할 수 있는 당사자에는 검사 등 국가기관도 포함된다고 하여야 한다. 헌재 2008. 4. 24. 2004헌바44 사건의 청구인은 당해 본안사건의 보조참가인인 울진군수이고 당해사건은 온천개발계획불승인처분취소 소송이다. 헌법재판소는 이 결정에서 "헌법재판소법 제68조 제2항에 의한 헌법소원심판은 구체적 규범통제의 헌법소원으로서 기본권의 침해가 있을 것을 그 요건으로 하고 있지 않을 뿐만 아니라 행정처분에 대한 소송절차에서는 그 근거 법률의 헌법적합성까지도 심판대상으로 되는 것이므로, 행정처분의 주체인 행정청도 헌법의 최고규범력에 따른 구체적 규범통제를 위하여 근거법률의 위헌 여부에 대한 심판의 제청을 신청할 수 있고, 헌법재판소법 제68조 제2항의 헌법소원을 제기할 수 있다"고 판시하였다.

헌재 2014. 1. 28. 2012헌바216 사건은 청구인이 경기도의회이고 본안사건은 조례안재의결무효확인 청구이다. 헌재 2014. 8. 28. 2012헌바465 사건의 청구인은 군검찰관이고 당해사건은 보석허가결정에 대한 항고이다. 따라서 검사 등 국가기관도 그 소송의 성격에 따라 위헌법률심판제청신청을 할 수 있다고 보아야 한다.

(판 례) 국가기관에게 항고소송의 당사자적격 인정한 사례

국가기관 등 행정기관(이하 '행정기관 등'이라 한다) 사이에 권한의 존부와 범위에 관하여 다툼이 있는 경우에 이는 통상 내부적 분쟁이라는 성격을 띠고 있어 상급 관청의 결정에 따라 해결되거나 법령이 정하는 바에 따라 '기관소송'이나 '권한쟁의 심판'으로 다루어진다.

그런데 법령이 특정한 행정기관 등으로 하여금 다른 행정기관을 상대로 제재적

조치를 취할 수 있도록 하면서, 그에 따르지 않으면 그 행정기관에 대하여 과태료를 부과하거나 형사처벌을 할 수 있도록 정하는 경우가 있다. 이러한 경우에는 단순히 국가기관이나 행정기관의 내부적 문제라거나 권한 분장에 관한 분쟁으로만 볼 수 없다. 행정기관의 제재적 조치의 내용에 따라 '구체적 사실에 대한 법집행으로서 공권력의 행사'에 해당할 수 있고, 그러한 조치의 상대방인 행정기관이 입게 될 불이익도 명확하다. 그런데도 그러한 제재적 조치를 기관소송이나 권한쟁의심판을 통하여 다툴 수 없다면, 제재적 조치는 그 성격상 단순히 행정기관 등 내부의 권한 행사에 머무는 것이 아니라 상대방에 대한 공권력 행사로서 항고소송을 통한 주관적 구제대상이 될 수 있다고 보아야 한다. 기관소송 법정주의를 취하면서 제한적으로만 이를 인정하고 있는 현행 법령의 체계에 비추어 보면, 이 경우 항고소송을 통한 구제의 길을 열어주는 것이 법치국가 원리에도 부합한다. 따라서 이러한 권리구제나 권리보호의 필요성이 인정된다면 예외적으로 그 제재적 조치의 상대방인 행정기관 등에게 항고소송 원고로서의 당사자능력과 원고적격을 인정할 수 있다.

국민권익위원회가 소방청장에게 인사와 관련하여 부당한 지시를 한 사실이 인정된다며 이를 취소할 것을 요구하기로 의결하고 그 내용을 통지하자 소방청장이 국민권익위원회 조치요구의 취소를 구하는 소송을 제기한 사안에서, 행정기관인 국민권익위원회가 행정기관의 장에게 일정한 의무를 부과하는 내용의 조치요구를 한 것에 대하여 그 조치요구의 상대방인 행정기관의 장이 다투고자 할 경우에 법률에서 행정기관 사이의 기관소송을 허용하는 규정을 두고 있지 않으므로 이러한 조치요구를 이행할 의무를 부담하는 행정기관의 장으로서는 기관소송으로 조치요구를 다툴 수 없고, 위 조치요구에 관하여 정부 조직 내에서 그 처분의 당부에 대한 심사·조정을 할 수 있는 다른 방도도 없으며, 국민권익위원회는 헌법 제111조 제1항 제4호에서 정한 '헌법에 의하여 설치된 국가기관'이라고 할 수 없으므로 그에 관한 권한쟁의심판도 할 수 없고, 별도의 법인격이 인정되는 국가기관이 아닌 소방청장은 질서위반행위규제법에 따른 구제를 받을 수도 없는 점, 부패방지 및 국민권익위원회의 설치와 운영에 관한 법률은 소방청장에게 국민권익위원회의 조치요구에 따라야 할 의무를 부담시키는 외에 별도로 그 의무를 이행하지 않을 경우 과태료나 형사처벌까지 정하고 있으므로 위와 같은 조치요구에 불복하고자 하는 '소속기관 등의 장'에게는 조치요구를 다툴 수 있는 소송상의 지위를 인정할 필요가 있는 점에 비추어, 처분성이 인정되는 국민권익위원회의 조치요구에 불복하고자 하는 소방청장으로서는 조치요구의 취소를 구하는 항고소송을 제기하는 것이 유효·적절한 수단으로 볼 수 있으므로 소방청장은 예외적으로 당사자능력과 원고적격을 가진다.

대판 2018. 8. 1. 2014두35379[1]

위헌법률심판을 제청할 수 있는 법원의 개념은 조직법상의 개념, 즉 사법행정상의 관청으로서의 법원이 아니다. 소송법상의 개념, 즉 개개의 소송사건에 관하여 재판권을 행사하는 재판기관으로서의 법원을 말한다. 따라서 합의부 및 단독판사 모두 위 법원의 개념에 해당한다. 수소(受訴)법원은 물론 집행법원도 위헌법률심판제청권한이 있으며 비송사건 담당법관도 제청권이 있다. 군사법원도 우리 헌법이 인정하고 있는 특별법원에 해당하므로 당연히 제청권이 있는 반면, 민사조정위원회나 가사조정위원회는 법원이라 할 수 없으므로 제청권이 없다. 법관이 아닌 조정위원이 참여하기는 하나 법관이 주도적 역할을 담당하고 있으므로 위헌법률심판제청권이 있는 법원에 해당한다는 견해도 일부 있으나 받아들이기 어렵다. 재판과 조정이 엄격히 분리되어 사건번호마저 따로 부여되는 점 등을 고려하면 받아들일 수 없다. 마찬가지로 각종 행정심판기관 역시 제청권을 갖는 법원으로 볼 수 없다.

그런데 위헌법률심판 이외의 심판절차에서 법률의 위헌여부가 문제된 경우에는 어떻게 할 것인가가 문제된다. 법 제75조 제5항과 같이 헌법소원에서 공권력의 행사 또는 불행사가 위헌인 법률 또는 법률의 조항에 기인한 것이라고 인정될 때 인용결정에서 당해 법률 또는 당해 법률의 조항이 위헌임을 선고할 수 있도록 하는 규정이 있는 경우에는 당연히 헌법재판소도 법률 또는 법률조항의 위헌선고를 할 수 있다(헌재 1992. 1. 28. 91헌마111; 1995. 7. 21. 92헌마144). 그러나 이러한 규정이 없는 경우, 가령 탄핵사건에 있어서 피소추자가 자신의 위법행위를 인정하는 전제가 된 법률(조항)이 위헌이라고 주장하는 경우에, 헌법재판소가 그 법률(조항)의 위헌성을 판단할 수 있는가가 문제된다. 헌법재판소의 판례를 기다리거나 입법에 의하여 해결할 수밖에 없다. 다만 다음과 같은 조심스러운 예측을 할 수 있다. 노무현 대통령 탄핵심판 때 피청구인측에서는 탄핵소추사유의 하나인 공직선거법 제9조(선거에서의 중립의무)가 위헌 또는 한정위(합)헌이라고 주장하였다. 헌법재판소는 위 조항을 합헌으로 선언하였는데, 헌법재판소가 그 권한을 적극 행사하여 문제된 법률 조항의 위헌여부의 판단을 할 수 있다는 해석의 여지를 남겼다.

2. 대   상

위헌심판제청의 대상이 되는 법규범은 국회가 제정한 형식적 의미의 법률 또

는 이와 동등한 효력이 있는 긴급명령과 조약이다. 관습법과 유신헌법 하에서의
긴급조치도 위헌법률심판의 대상이 되는지 논의된다.

가. 국회 제정 법률

위헌법률심판의 대상이 되는 법률은 국회의 의결을 거쳐 제정·공포된 형식
상의 법률만을 말한다(헌재 1996. 6. 13. 94헌바20). 특별한 사정이 없는 한 위헌심
판제청대상법률은 현재 시행중이거나 과거에 시행되었던 것이어야 하고, 제정
당시에 공포는 되었으나 시행되지 않았고 결정 당시에 이미 폐지되어 효력을 상
실한 법률은 심판대상에서 제외된다(헌재 1997. 9. 25. 97헌가4). 즉 심판의 대상이
되는 법률은 현재 유효한 법률이어야 한다. 폐지된 법률에 대한 위헌심판제청은
구법의 위헌여부가 신법이 소급적용될 수 있기 위한 전제일 경우(헌재 1989. 7.
14. 88헌가5등), 폐지된 법률에 의하여 법익침해상태가 계속되는 경우, 즉 법률상
이익이 현존하는 경우(헌재 1989. 12. 28. 89헌마32등) 외에는 부적법하다. 위헌으
로 결정된 법률에 대한 위헌법률심판제청도 부적법하다.

(판 례) 구법의 위헌여부가 신법의 소급적용 요건인 경우

이 사건의 경우와 같이 비록 구법이 개정되었다고 하더라도 법원이 당해 소송사
건을 재판함에 있어서는 행위시에도 처분의 적법한 근거 법률이 있어야 하므로,
구법이 위헌이었느냐의 문제와 신·구법중 어느 법률의 조항이 더 피감호청구인에
게 유리하느냐의 문제가 판단된 뒤에 비로소 결정될 수 있는 것이다. 따라서 이러
한 경우에는 구법에 대한 위헌여부의 문제는 신법이 소급적용될 수 있기 위한 전
제문제이기도 하거니와, 제청법원인 대법원이 신법이 시행된 1989. 3. 25.부터 상
당한 기간이 경과한 지금까지 위 법률의 조항의 위헌제청에 대하여 철회의 의사를
밝히지 아니하고 제청신청을 계속 유지함으로써 아직도 심판을 구하고 있는 것으
로 볼 수밖에 없는 이 사건에서 헌법재판소로서는 위 법률의 조항에 대한 위헌여
부를 심판하지 않을 수 없는 것이다.

헌재 1989. 7. 14. 88헌가5등, 판례집 1, 69, 82

(판 례) 폐지된 법률에 의하여 법익침해상태가 계속되는 경우

위헌법률심판에 있어서 문제된 법률이 재판의 전제가 된다함은 우선 그 법률이
당해 본안사건에 적용될 법률이어야 하고 또 그 법률이 위헌일때는 합헌일 때와
다른 판단을 할 수 밖에 없는 경우 즉 판결주문이 달라질 경우를 뜻한다고 할 것
이고 그 법률이 현재 시행중인가 또는 이미 폐지된 것인가를 의미하는 것은 아니

라 할 것이므로 폐지된 법률이라는 이유로 위헌여부심판의 대상이 될 수 없다는 주장은 허용될 수 없는 것이다. 따라서 이미 폐지된 법률이라 할지라도 헌법소원심판청구인들의 침해된 법익을 보호하기 위하여 그 위헌 여부가 가려져야 할 필요가 있는 경우 즉 법률상 이익이 현존하는 경우에는 심판을 하여야 한다고 할 것이다.

헌재 1989. 12. 18. 89헌마32등, 판례집 1, 343, 348-349

(판 례) 폐지된 법률과 유사한 내용을 신법이 담고 있는 경우

지방의회의원선거에 있어서 정부투자기관 직원의 입후보를 제한하는 지방의회의원선거법 제35조 제1항 제6호의 위헌 여부에 관하여 아직 그 해명이 이루어진 바가 없고, 신법인 공직선거및선거부정방지법 제53조 제1항 제4호에서도 이 사건 규정부분과 유사한 내용을 규정하고 있다. 따라서 이 사건 분쟁의 해결은 위 신규정의 개정을 촉진하여 위헌적인 법률에 의한 기본권침해의 위험을 사전에 제거하는 등 헌법질서의 수호·유지를 위하여 긴요한 사항이어서 헌법적으로 그 해명이 중대한 의미를 지닌다고 할 것이므로, 결국 폐지된 위 법률규정에 대하여도 본안판단의 필요성이 인정된다.

헌재 1995. 5. 25. 91헌마67, 판례집 7-1, 722, 723

(판 례) 이자제한법 사건

청구인은 1997. 3. 청구외 삼성카드주식회사의 신용카드회원으로 가입하여 신용카드를 발급받아 사용한 후 그 이용대금, 수수료 및 연체료 등 합계 금 450여만원을 제때에 납부하지 아니하였다. 이에 위 삼성카드주식회사가 1999. 8. 부산지방법원에 청구인을 상대로 위 금원 및 그 중 이용대금원금(290여만원)에 대한 연 2할 9푼의 약정연체이자율에 의한 지연손해금의 지급을 구하는 지급명령(99차27628)을 신청하였고, 여기에 청구인이 이의신청함으로써 소송(99가소256817)으로 이행되었다.

위 소송사건에서 청구인은 신용카드이용대금에 대한 지연손해금으로 구하여지는 연 2할 9푼의 이율이 지나치게 높다고 다투면서, 이러한 고율의 이자율 중 연 2할을 초과하는 부분은 이자제한법(1962. 1. 15. 법률 제971호)에 따라 무효로 되어야 할 것인데, 정부가 이자제한법중개정법률(1965. 9. 24. 법률 제1710호, 이하 '개정법률'이라 한다)로 최고이자율을 연 4할 범위내에서 대통령이 정하도록 하여 한도를 상향조정하고, 다시 이자제한법폐지법률(1998. 1. 13. 법률 제5507호, 이하 '폐지법률'이라 한다)로써 이자제한법 자체를 폐지하여 최고이자율의 제한을 철폐함으로써 가능하게 된 것인바, 이러한 개정법률과 폐지법률은 금융업자들을 위하여 일반국민을 희생하는 것으로 헌법 제10조의 인간으로서의 존엄과 가치·행복추구권, 제11조의 평등권, 제23조 제1항의 재산권보장규정에 위배된다는 등의 이유를 들어, 위 개정법률 및 폐지법률에 대한 위헌법률심판제청신청(99카기7596)을 하였으나, 1999. 11.

17. 기각되자, 같은 해 11. 26. 이 사건 헌법소원 심판을 청구하기 위한 국선대리인선임을 신청하였고, 이에 따라 선임된 국선대리인이 2000. 1. 14. 이 사건 헌법소원심판을 청구하기에 이르렀다. (……)

이 사건 개정법률과 폐지법률이 위 당해사건에 적용될 법률인지, 또한 이들 법률이 위헌무효가 되면 재판의 주문이 달라지거나 재판의 내용과 효력에 관한 법률적 의미가 달라지게 되는지에 관하여 살핀다.

당해사건에서 원고는 그 소구 당시인 1999년의 약정연체이율인 연 2할 9푼의 비율에 따른 지연손해금을 청구인에게 구하고 있는바, 만약 청구인의 주장이 받아들여져 폐지법률과 개정법률이 무효로 선언된다면 1962년 제정 당시의 이자제한법이 되살아나 당해사건에 적용될 것이므로 개정법률과 폐지법률은 위 제정 당시의 이자제한법이 적용되는 것을 막고 있다는 의미에서 간접적으로나마 당해사건에 적용된다고 볼 수 있고, 또 그리하여 위 약정연체이율 중 연 2할을 초과하는 부분이 무효가 된다면 당해사건의 재판 주문도 달라지게 될 것이므로, 재판의 전제성은 인정된다.

헌재 2001. 1. 18. 2000헌바7, 판례집 13-1, 100, 102-103, 108

주의할 점이 있다. 위헌법률심판의 대상이 되는 법률은 통상 '법률 그 자체'이나 많은 경우 '법원의 해석에 의하여 구체화된 법률'을 의미한다는 점이다.

(판 례) 법률의 해석·적용 혹은 법원의 해석에 의하여 구체화된 법률조항이 위헌법률심판의 대상이 되는 경우

(국세징수법 제30조 "세무공무원은 체납처분을 집행함에 있어서 체납자가 국세의 징수를 면탈하려고 재산권을 목적으로 한 법률행위를 한 경우에는 「민법」 제406조 및 407조의 규정을 준용하여 사해행위의 취소를 법원에 청구할 수 있다"가 심판대상이다)

이 사건의 쟁점은, 심판대상조항에는 조세채권의 성립시기와 사해행위 전후관계에 대한 명문의 규정이 없고, 그럼에도 불구하고 민법상 채권자취소권에 관한 법리에 따라 사해행위 이후에 성립한 조세채권도 심판대상조항이 규정하는 조세사해행위 취소권의 피보전채권이 될 수 있다고 해석, 적용하는 것이 조세법률주의에 반하거나('기본권제한 입법의 명확성 원칙'에 반한다고 하는 청구인의 주장 부분은 결국 조세법률주의의 한 내용인 '과세요건명확주의'에 반한다는 내용이므로 조세법률주의 위반 주장으로 보아 함께 판단하기로 한다), 재산권 보장의 원칙에 반하여 위헌인지 여부이다.

(……) 그런데 심판대상조항 및 심판대상조항이 준용하고 있는 민법 제406조에는 피보전채권의 성립시기에 대한 명시적인 언급은 없으나, 대법원은 일정한 구체적 요건 하에(채권성립의 고도의 개연성 존재, 가까운 장래에 그러한 개연성의 현실화 등) 사해행위 이후에 성립한 채권도 피보전채권이 될 수 있음을 일관되게 인정하여 왔

고, 그러한 해석론이 채권자취소권의 제도적 취지 및 형평의 이념에 보다 부합할 뿐만 아니라, 엄격해석의 원칙에 반하는 것도 아니다. 또한 납세의무자가 이를 예견하기 어렵다거나 과세관청이 이를 기화로 자의적으로 법률을 적용할 가능성을 부여한다고도 보기 어렵다.

헌재 2013. 11. 28. 2012헌바22, 공보 206, 1657, 1659-1660

법원의 법률해석·적용이 위헌법률심판의 대상이 된다는 헌법재판소 판례를 하나 더 살펴본다. 형사소송법상 당연히 증거능력이 인정되는 서류로 규정되어 있는 '기타 특히 신용할 만한 정황에 의하여 작성된 문서'에 '공범이 다른 사건에서 피고인으로서 한 진술을 기재한 공판조서'가 포함된다고 해석하는 것이 피고인의 공정한 재판을 침해하는 것이 아니라고 하였다(헌재 2013. 10. 24. 2011헌바79). 이 사건에서 헌법재판소는 "법원은, 다른 사건에서 공범의 피고인으로서의 진술을 기재한 공판조서(대법원 1964. 4. 28. 선고 64도135 판결)와 이와 유사한 다른 피고인에 대한 형사사건의 공판조서 중 일부인 증인신문조서(대법원 2005. 4. 28. 선고 2004도4428 판결), 구속적부심사절차에서 피의자를 심문하고 그 진술을 기재한 구속적부심문조서(대법원 2004. 1. 16. 선고 2003도5693 판결) 등을 이 사건 법률조항에 해당하는 문서로 해석하고 있다"고 전제하였다.

그러나 '법원의 법률의 해석·적용으로 구체화된 법률(조항)'의 위헌성을 다투는 것과 '법원의 법률의 해석·적용 그 자체'를 다투는 것과의 구별이 쉬운 것은 아니다. 법원은 위와 같은 내용의 신청은 후자로 해석하여 제청신청을 대부분 기각한다.

(판 례) 법원의 법률의 해석·적용 자체가 위헌법률심판제청신청의 대상이 되는지 여부

헌법 제107조 제1항 및 헌법재판소법 제41조 제1항은 법률이 헌법에 위반되는 여부가 재판의 전제가 된 때에는 법원이 결정으로 헌법재판소에 위헌 여부의 심판을 제청한다고 규정하고 있고, 한편 구체적 분쟁사건의 재판에서 합헌적 법률해석을 포함하는 법령의 해석적용 권한은 대법원을 최고법원으로 하는 법원에 전속되어 있는 점에 비추어, 헌법재판소법 제41조 제1항이 정한 법원의 위헌제청의 대상은 오로지 법률조항 자체의 위헌 여부일 뿐이고 법률조항에 대한 해석의 위헌 여부는 그 대상이 될 수 없으므로, 법률조항을 '···하는 것으로 해석하는 한 위헌'이라는 취지의 위헌제청신청은 그 법률조항에 대한 법원의 해석을 다투는 것에 불과하여 적법하지 아니하다고 할 것이다(대법원 2005. 7. 14.자 2003카기110 결정, 대법원

2013. 6. 27.자 2011아83 결정 참조).

이 사건 위헌제청신청의 신청취지는 '민법이 파탄주의를 채택하여 민법 제840조 제6호를 규정하고 있음에도 대법원이 이를 유책주의에 입각하여 유책배우자의 이혼청구권을 원칙적으로 봉쇄하는 내용으로 이를 해석하는 것'은 헌법에 위반된다는 취지의 위헌제청을 구하는 것이어서, 이러한 신청은 위 법리에 비추어 부적법하다.

대결 2015. 11. 27.자 2013즈기5

나. 입법부작위

진정입법부작위는 위헌제청의 대상이 될 수 없고 제68조 제1항의 헌법소원의 대상이 되는 반면, 부진정입법부작위는 위헌법률심판의 제청대상이 된다고 하는 것이 판례이다.

(판 례) 부진정입법부작위에 대한 위헌법률심판 (1)

이 사건 법률조항은 재판상 화해에 대하여 민사소송법 제422조 제1항에 기재한 사유(재심사유)가 있는 때에만 준재심을 청구할 수 있도록 허용하고 그 이외의 경우에는 준재심을 청구할 수 없도록 제한하는 규정이다. 그런데 우리 재판소에서 청구인 주장을 받아들여 이 사건 법률조항이 재심사유를 정하면서 "화해의 합의가 없는 경우"와 같이 중대한 하자를 재심사유에서 제외하여 불완전, 불충분하게 규정함으로써(이른바 부진정 입법부작위) 청구인의 헌법상 보장된 기본권을 침해한 것으로 판단하는 경우에는 당해사건의 재판의 주문이나 이유가 달라질 것이므로 이 사건 법률조항의 위헌 여부는 당해사건에 있어서 그 재판의 전제가 된다고 보아야 할 것이다.

헌재 1996. 3. 28. 93헌바27, 판례집 8-1, 179, 184-185

(판 례) 부진정입법부작위에 대한 위헌법률심판 (2)

(제328조(친족간의 범행과 고소) ① 직계혈족, 배우자, 동거친족, 동거가족 또는 그 배우자간의 제323조의 죄는 그 형을 면제한다. ② 제1항이외의 친족간에 제323조의 죄를 범한 때에는 고소가 있어야 공소를 제기할 수 있다. ③ 전 2항의 신분관계가 없는 공범에 대하여는 전 이항을 적용하지 아니한다)

형법 제328조 제1항의 가까운 친족 간의 절도죄에 대하여 피해재물 소유자의 고소가 없어도 공소를 제기할 수 있다고 해석하는 한 위헌이라는 주장은 형법 제328조 제2항의 먼 친족 간의 절도죄는 고소가 있어야 공소를 제기할 수 있도록 하고 있으므로, 형법 제328조 제1항의 가까운 친족 간의 절도죄에 대하여 피해재물 소유자의 고소가 있어야 형을 면제하는 것으로 규정하지 않은 것이 평등원칙에 위반된다는 이른바 부진정입법부작위를 다투는 것으로 볼 수 있다.

그리고 피해재물의 소유자와 점유자가 다른 경우, 이 사건 법률조항이 적용되기 위하여 범인과 피해재물 소유자뿐만 아니라 점유자에게까지 친족관계가 있어야 한다고 해석하는 한 위헌이라는 주장은 절도죄에 있어서 형법 제328조 제1항이 적용되기 위하여 범인과 피해재물의 소유자 및 점유자 쌍방 간에 모두 친족관계가 있어야 한다는 대법원 판례(대법원 1980. 11. 11. 선고 80도131 판결)에 의해 구체화된 이 사건 법률조항 자체의 위헌성을 다투는 것으로 봄이 상당하다.

헌재 2012. 3. 29. 2010헌바89, 공보 186, 589, 591

(판 례) 부진정입법부작위에 대한 위헌법률심판 (3)

(청구인들은 '구 치과의사 전문의의 수련 및 자격인정 등에 관한 규정'및 그 시행규칙이 시행되기 이전부터 현재까지 교수 등으로 재직하면서 치과 전공 수련의들을 지도하고 치과의사 전문의 자격시험 문제도 출제하고 있는 치과의사들이다. 그런데 이 사건 규정 및 규칙에는, 치과 전문의 자격을 얻기 위하여 치과전공의 과정으로 인턴 1년, 레지던트 3년간 전속 지도 전문의가 있는 수련기관에서 수련하여야 하고 또 수련과정을 마친 후 보건복지가족부장관이 실시하는 치과의사 전문의 자격시험에 합격하여야만 하는 것으로 규정하면서도, 청구인들과 같이 치과 전문 분야에서 일정한 경력과 자격을 갖추고 치과대학병원 등에서 전공의들을 지도하는 교수들에게 전공의를 지도할 수 있는 자격만 부여하고 있을 뿐 해당 치과 전문의의 자격을 주거나 그 전문의 자격취득 과정에서 전공의 수련과정을 면제해 주는 등의 경과 규정 내지 특례 규정 등을 두지 아니하였다. 이에 청구인들은 2009. 6. 29. 피청구인들이 이 사건 규정 및 규칙의 제정 및 개정 과정에서 이 사건 특례규정을 두지 아니한 것은 진정 입법부작위로 인하여 청구인들의 직업선택의 자유 등의 기본권을 침해한 경우에 해당된다며 그 입법부작위의 위헌 확인을 구하는 이 사건 헌법소원심판을 청구하였다)

"부진정 입법부작위"를 대상으로 헌법소원을 제기하려면 그 입법부작위를 헌법소원의 대상으로 삼을 수는 없고, 결함이 있는 당해 입법규정 그 자체를 대상으로 하여 그것이 평등의 원칙에 위배된다는 등 헌법위반을 내세워 적극적인 헌법소원을 제기하여야 하며, 이 경우에는 법령에 의하여 직접 기본권이 침해되는 경우라고 볼 수 있으므로 헌법재판소법 제69조 제1항 소정의 청구기간을 준수하여야 한다(헌재 1996. 10. 31. 94헌마204, 공보 18, 648, 651 ; 헌재 2007. 7. 26. 2006헌마1164, 판례집 19-2, 194, 201 등 참조).

청구인들은, 피청구인들이 이 사건 특례규정과 같은 행정입법을 하지 아니함으로써 청구인들이 치과 전문의가 될 수 있는 기본권이 침해되었고, 이러한 피청구인들의 행위는 진정한 의미의 입법부작위에 해당한다고 주장한다.

그러나 이 사건 규칙 제13조 제2항 단서 및 그 이후 개정된 조항에서 치과대학이나 수련치과병원 등에서 전공의를 지도한 경력이 4년 이상인 경우 등에는 전문의 자격취득을 위한 1차 시험을 면제하는 규정만을 두고 있는 것은 그 반대해석에 의하여 그 이외의 2차 시험 면제나 전문의 자격 부여 등에 관한 특례를 인정하지 아니한다는 내용의 입법을 한 것으로 보아야 할 것이고, 이는 입법자가 어떤 사항에 관하여 입법은 하였으나 문언상 명백히 하지 않고 반대해석으로만 그 규정의 입법취지를 알 수 있도록 함으로써 불완전, 불충분 또는 불공정하게 규율한 경우에 불과하여 이를 "부진정 입법부작위"라고는 할 수 있을지언정 "진정 입법부작위"에 해당한다고는 볼 수 없다(헌재 1993. 3. 11. 89헌마79, 판례집 5-1, 92, 101-102 등 참조).

헌재 2009. 7. 14. 2009헌마349, 공보 154, 1524, 1525

다. 긴급명령, 조약

형식적 의미의 법률과 동일한 효력이 있는 대통령의 긴급명령, 긴급재정경제명령은 위헌제청의 대상이 될 수 있다(헌재 1996. 2. 29. 93헌마186). 형식적 의미의 법률과 동등한 효력을 갖는 조약 역시 위헌법률심판의 대상이 된다(헌재 1995. 12. 28. 95헌바3). 다만 여기서 말하는 조약이란 그 이름이 무엇이든 불구하고 국가에 재정 부담을 지우는 등 입법사항을 포함하고 있는 경우에는 비록 명칭이 협정이라고 하더라도 국회의 동의를 얻어야 하는 조약으로 취급되어야 하고 위헌심판제청의 대상이 된다. 주한미군지위협정(헌재 1999. 4. 29. 97헌가14), 국제통화기금협정(헌재 2001. 9. 27. 2000헌바20) 등이 그 예이다.

라. 긴급조치

현행헌법 제76조 제1, 2항은 "대통령은 (……) 법률의 효력을 가지는 명령을 발할 수 있다"고 규정하고 있다. 반면 유신헌법 제53조 제1, 2항은 "대통령은 (……) 국정전반에 걸쳐 필요한(국민의 자유와 권리를 잠정적으로 정지하는) 긴급조치를 할 수 있다"고 규정한 후, 나아가 제4항에서는 "제1항과 제2항의 긴급조치는 사법적 심사의 대상이 되지 아니한다"고 규정하였다. 이에 유신헌법 당시에는 사법심사의 대상이 되지 아니하였던 긴급조치가 현행 헌법 체제에서는 위헌법률심판 혹은 헌법소원심판의 대상이 되는지가 문제된다.

우선 유신헌법 시대의 판례를 살펴보자.

(판 례) 유신헌법하에서의 긴급조치에 대한 사법심사 가부

대통령긴급조치 제5호에 「해제당시 대통령긴급조치 제1호 또는 제4호에 규정된 죄를 범하여 그 사건이 재판계속중에 있거나 처벌받은 자에게는 영향을 미치지 아

니한다」라고 규정한 제2항의 조항은 또 하나의 새로운 긴급조치이고(당원 1975. 5. 27. 선고 74도3324 판결 참조) 그 조항이 대통령긴급조치 제1호와 동 제4호의 해제에 관한 조치라는 명칭이 붙은 긴급조치속에 들어있다고 하여 이를 해제에 관한 규정이라고 말할 수 없으며, 또 헌법 제53조 제4항에 의하여 사법심사의 대상이 아니된다고 하겠으므로 이 제2항에 대한 사법심사권이 없는 원심이 긴급조치 제5호의 시행당시 군법회의에 재판계속중이던 본건을 긴급조치 제5호의 시행당시 군법회의에 재판계속중이던 본건을 긴급조치 제1, 4호로 다루어 심리하고 판결하였음은 위 제2항의 규정에 따른 것으로서 거기에 관할을 잘못잡은 허물이 있다고 할 수 없으며, 위 제2항의 규정이 유효함을 판단하는 원판결이 그 결론을 이끌어내는 설시속에 논지가 지적한 표현부분이 잘못이라 하더라도 이는 결론에 아무 영향도 줄 수 없어 불문에 붙인다.

대판(전합) 1977. 3. 22. 74도3510

(판 례) 제5공화국 헌법하에서의 긴급조치에 대한 사법심사 가부

구 헌법 제53조의 긴급조치권이나 헌법 제51조의 비상조치권이 모두 소위 국가긴급권에 연유하는 것으로 그 적법성에는 이론의 여지가 없는 것이고 (……) 이와 같은 관점에서 볼 때 구 헌법 제53조의 대통령긴급조치권과 헌법 제51조의 대통령비상조치권은 그 역사적 연혁이나 그 헌법적 성질에 있어서는 다를 바 없으나 (……) 각 그 정하는 바 그 발동요건이나 통제기능에 있어 구 헌법 제53조의 대통령긴급조치권은 헌법 제51조의 대통령비상조치권과는 현저한 차이가 있어 우리 제5공화국의 국가이념이나 그 헌법정신에 위배됨이 명백하여 그 계속효가 부인될 수밖에 없어 헌법 제51조의 규정은 위 대통령긴급조치 제1호, 제2호 및 제4호의 법적근거가 될 수 없으므로 이 점에 있어서도 위 대통령긴급조치 각 호는 1980. 10. 27 제5공화국헌법의 제정공포와 더불어 실효되었다고 함이 마땅할 것이다.

대판(전합) 1985. 1. 29. 74도3501

(판 례) 현행헌법하에서 긴급조치에 대한 사법심사 가부 및 심판기관 (1)

나. 긴급조치 제1호의 위헌 여부에 관하여

(1) 긴급조치에 대한 사법심사의 가부

(가) 입헌적 법치주의국가의 기본원칙은 어떠한 국가행위나 국가작용도 헌법과 법률에 근거하여 그 테두리 안에서 합헌적·합법적으로 행하여질 것을 요구하고, 이러한 합헌성과 합법성의 판단은 본질적으로 사법의 권능에 속하는 것이다. 다만 고도의 정치성을 띤 국가행위에 대하여는 이른바 통치행위라 하여 법원 스스로 사법심사권의 행사를 억제하여 그 심사대상에서 제외하는 영역이 있을 수 있다. 그러나 이와 같이 통치행위의 개념을 인정한다고 하더라도 과도한 사법심사의 자제

가 기본권을 보장하고 법치주의 이념을 구현하여야 할 법원의 책무를 태만히 하거나 포기하는 것이 되지 않도록 그 인정을 지극히 신중하게 하여야 한다(대법원 2004. 3. 26. 선고 2003도7878 판결 등 참조).

이러한 법리를 바탕으로 하여 볼 때, 평상시의 헌법질서에 따른 권력행사방법으로는 대처할 수 없는 중대한 위기상황이 발생한 경우 이를 수습함으로써 국가의 존립을 보장하기 위하여 행사되는 국가긴급권에 관한 대통령의 결단은 가급적 존중되어야 한다. 그러나 앞에서 살펴본 바와 같은 법치주의의 원칙상 통치행위라 하더라도 헌법과 법률에 근거하여야 하고 그에 위배되어서는 아니된다. 더욱이 유신헌법 제53조에 근거한 긴급조치 제1호는 국민의 기본권에 대한 제한과 관련된 조치로서 형벌법규와 국가형벌권의 행사에 관한 규정을 포함하고 있다. 그러므로 기본권 보장의 최후 보루인 법원으로서는 마땅히 긴급조치 제1호에 규정된 형벌법규에 대하여 사법심사권을 행사함으로써, 대통령의 긴급조치권 행사로 인하여 국민의 기본권이 침해되고 나아가 우리나라 헌법의 근본이념인 자유민주적 기본질서가 부정되는 사태가 발생하지 않도록 그 책무를 다하여야 할 것이다.

(나) 그런데 유신헌법 제53조 제4항이 " 제1항과 제2항의 긴급조치는 사법적 심사의 대상이 되지 아니한다."고 규정하고 있어, 대법원은 유신헌법 아래서, 긴급조치는 유신헌법에 근거한 것으로서 사법적 심사의 대상이 되지 아니하므로 그 위헌 여부를 다툴 수 없다는 취지의 판시를 한 바 있다(대법원 1977. 3. 22. 선고 74도3510 전원합의체 판결, 대법원 1977. 5. 13.자 77모19 전원합의체 결정 등 참조).

그러나 재심소송에서 적용될 절차에 관한 법령은 재심판결 당시의 법령이므로, 사법적 심사의 대상이 되는지 여부는 현재 시행 중인 대한민국헌법(이하 '현행 헌법'이라 한다)에 기하여 판단하여야 한다. 현행 헌법 제76조는 대통령의 긴급명령·긴급재정경제명령 등 국가긴급권의 행사에 대하여 사법심사배제 규정을 두고 있지 아니하다. 더욱이 유신헌법 자체에 의하더라도 그 제8조가 "모든 국민은 인간으로서의 존엄과 가치를 가지며, 이를 위하여 국가는 국민의 기본적 인권을 최대한으로 보장할 의무를 진다."고 규정하고 제9조 내지 제32조에서 개별 기본권 보장 규정을 두고 있었으므로, 유신헌법 제53조 제4항이 사법심사를 배제할 것을 규정하고 있다고 하더라도 이는 사법심사권을 절차적으로 제한하는 것일 뿐 이러한 기본권 보장 규정과 충돌되는 긴급조치의 합헌성 내지 정당성까지 담보한다고 할 수 없다. 따라서 이 사건 재심절차를 진행함에 있어, 모든 국민은 유신헌법에 따른 절차적 제한을 받음이 없이 법이 정한 절차에 의해서 긴급조치의 위헌성 유무를 따지는 것이 가능하므로, 이와 달리 유신헌법 제53조 제4항에 근거하여 이루어진 긴급조치에 대한 사법심사가 불가능하다는 취지의 위 대법원 판결 등은 더 이상 유지될 수 없다.

(2) 긴급조치의 위헌심판기관

현행 헌법 제107조 제1항은 "법률이 헌법에 위반되는 여부가 재판의 전제가 된 경우에는 법원은 헌법재판소에 제청하여 그 심판에 의하여 재판한다."고 규정하고, 현행 헌법 제111조 제1항 제1호는 헌법재판소의 관장사무로 법원의 제청에 의한 법률의 위헌여부 심판을 규정하고 있다. 위 각 헌법규정에 의하면, 위헌심사의 대상이 되는 '법률'이라 함은 '국회의 의결을 거친 이른바 형식적 의미의 법률'을 의미하고(대법원 2008. 12. 24. 선고 2006도1427 판결, 헌법재판소 1996. 6. 13. 선고 94헌바20 전원재판부 결정 등 참조), 위헌심사의 대상이 되는 규범이 형식적 의미의 법률이 아닌 때에는 그와 동일한 효력을 갖는 데에 국회의 승인이나 동의를 요하는 등 국회의 입법권 행사라고 평가할 수 있는 실질을 갖춘 것이어야 한다.

유신헌법 제53조 제3항은 대통령이 긴급조치를 한 때에는 지체 없이 국회에 통고하여야 한다고 규정하고 있을 뿐, 사전적으로는 물론이거니와 사후적으로도 긴급조치가 그 효력을 발생 또는 유지하는 데 국회의 동의 내지 승인 등을 얻도록 하는 규정을 두고 있지 아니하고, 실제로 국회에서 긴급조치를 승인하는 등의 조치가 취하여진 바도 없다. 따라서 유신헌법에 근거한 긴급조치는 국회의 입법권 행사라는 실질을 전혀 가지지 못한 것으로서, 헌법재판소의 위헌심판대상이 되는 '법률'에 해당한다고 할 수 없고, 긴급조치의 위헌 여부에 대한 심사권은 최종적으로 대법원에 속한다.

대판(전합) 2010. 12. 16. 2010도5986

위 대법원 판결에 대하여는 유신헌법 시행 당시에는 긴급조치를 사법심사의 대상에서 제외한다는 헌법의 명문규정이 있었기 때문에, 그 당부는 차치하고, 유신헌법하의 긴급조치에 대하여 법원이 사법심사를 하는 것은 헌법 명문규정에 반한다거나, 긴급조치는 최소한 법률보다는 상위의 효력을 가지는 것이기 때문에 헌법재판소에서 위헌심사를 담당해야 한다는 등의 비판이 있다.

(판 례) 현행헌법하에서 긴급조치에 대한 사법심사 가부 및 심판기관(2)

헌법 제107조 제1항, 제2항은 법원의 재판에 적용되는 규범의 위헌 여부를 심사할 때, '법률'의 위헌 여부는 헌법재판소가, 법률의 하위 규범인 '명령·규칙 또는 처분' 등의 위헌 또는 위법 여부는 대법원이 그 심사권한을 갖는 것으로 권한을 분배하고 있다. 이 조항에 규정된 '법률'인지 여부는 그 제정 형식이나 명칭이 아니라 규범의 효력을 기준으로 판단하여야 하고, '법률'에는 국회의 의결을 거친 이른바 형식적 의미의 법률은 물론이고 그 밖에 조약 등 '형식적 의미의 법률과 동일한 효력'을 갖는 규범들도 모두 포함된다. 따라서 최소한 법률과 동일한 효력을 가지는 이 사건 긴급조치들의 위헌 여부 심사권한도 헌법재판소에 전속한다.

유신헌법 일부 조항과 긴급조치 등이 기본권을 지나치게 침해하고 자유민주적 기본질서를 훼손하였다는 반성에 따른 헌법 개정사, 국민의 기본권의 강화·확대라는 헌법의 역사성, 헌법재판소의 헌법해석은 헌법이 내포하고 있는 특정한 가치를 탐색·확인하고 이를 규범적으로 관철하는 작업인 점에 비추어, 헌법재판소가 행하는 구체적 규범통제의 심사기준은 원칙적으로 헌법재판을 할 당시에 규범적 효력을 가지는 현행헌법이다.

국가긴급권의 행사라 하더라도 헌법재판소의 심판대상이 되고, 긴급조치에 대한 사법심사 배제조항을 둔 유신헌법 제53조 제4항은 입헌주의에 대한 중대한 예외일 뿐 아니라, 현행헌법이 반성적 견지에서 사법심사배제조항을 승계하지 아니하였으므로, 현행헌법에 따라 이 사건 긴급조치들의 위헌성을 다툴 수 있다.

당해 사건에서 무죄판결이 선고되거나 재심청구가 기각되어 원칙적으로는 재판의 전제성이 인정되지 아니할 것이나, 긴급조치의 위헌 여부를 심사할 권한은 본래 헌법재판소의 전속적 관할 사항인 점, 법률과 같은 효력이 있는 규범인 긴급조치의 위헌 여부에 대한 헌법적 해명의 필요성이 있는 점, 당해 사건의 대법원판결은 대세적 효력이 없는 데 비하여 형벌조항에 대한 헌법재판소의 위헌결정은 대세적 기속력을 가지고 유죄 확정판결에 대한 재심사유가 되는 점, 유신헌법 당시 긴급조치 위반으로 처벌을 받게 된 사람은 재판절차에서 긴급조치의 위헌성을 다툴 수조차 없는 규범적 장애가 있었던 점 등에 비추어 볼 때, 예외적으로 헌법질서의 수호·유지 및 관련 당사자의 권리구제를 위하여 재판의 전제성을 인정함이 상당하다.

헌재 2013. 3. 21. 2010헌바132등, 판례집 25-1, 180, 181

대법원이 긴급조치의 위헌여부를 자신의 관할이라고 주장하는 주된 근거는 다음과 같다.

"위헌심사의 대상이 되는 '법률'이라 함은 '국회의 의결을 거친 이른바 형식적 의미의 법률'을 의미하고(대판 2008. 12. 24. 2006도1427, 헌재 1996. 6. 13. 94헌바20), 위헌심사의 대상이 되는 규범이 형식적 의미의 법률이 아닌 때에는 국회의 승인이나 동의를 요하는 등 국회의 입법권 행사라고 평가할 수 있는 실질을 갖춘 것이어야 하는데, 유신헌법 제53조 제3항은 "제1항과 제2항의 긴급조치를 한 때에는 대통령은 지체없이 국회에 통고하여야 한다"라고만 규정하여, 긴급조치에 대하여는 입법권 행사라고 평가할 수 없으므로 대법원이 심사권을 행사한 것은 당연하다."

유신헌법 제53조 제6항이 "국회는 재적의원 과반수의 찬성으로 긴급조치의
해제를 대통령에게 건의할 수 있으며, 대통령은 특별한 사유가 없는 한 이에 응
하여야 한다"라고 규정하고 있어, 긴급조치에 대하여 최소한의 국회의 견제 내
지는 관여 장치를 마련하고 있는 이상, 긴급조치에 대한 위헌심사는 헌법재판소
에서 담당하여야 한다는 반론도 새겨들을 만하지만, 헌법재판소가 심판절차를
스스로 지연하던 중 대법원이 판결을 선고하였다는 점, 이제는 이미 결론이 난
점 및 해제건의와 승인·동의를 같은 것으로 볼 수 없는 점 등을 고려하면 이
에 찬성하기 어렵다.

재심청구인 및 유족의 명예회복, 그들의 기본권을 보장하기 위하여 신속히
재판하여야 하는 대법원의 입장을 이해 못 할 바는 아니나, 대법원 판결에 의하
여 긴급조치의 효력이 일반적으로 무효로 되었는지는 아직 논란의 여지가 많으
므로 헌법재판소가 최종적으로 이를 결정할 수밖에 없었다는 견해도 있다. 그러
나 이러한 논의는 역사 속으로 사라졌다. 유신헌법의 긴급조치와 같은 것이 우
리 헌법에서 다시는 등장하지 않을 것이기 때문이다.

마. 헌법규정

헌법규정은 위헌심판제청의 대상이 될 수 없다. 독일 연방헌법재판소는 기본
법 제100조에 규정된 위헌법률심판의 법률에는 헌법도 포함된다고 한다(BVerfGE
3, 225). 뿌리 깊은 독일 관념론에서만 이론구성이 가능할 뿐, 선뜻 이해하기 어
렵다.

(판 례) 헌법 제29조 제2항에 대한 위헌법률심판 가부

헌법 제111조 제1항 제1호 및 헌법재판소법 제41조 제1항은 위헌법률심판의 대
상에 관하여, 헌법 제111조 제1항 제5호 및 헌법재판소법 제68조 제2항, 제41조
제1항은 헌법소원심판의 대상에 관하여 그것이 법률임을 명문으로 규정하고 있고,
여기서 위헌심사의 대상이 되는 법률이 국회의 의결을 거친 이른바 형식적 의미의
법률을 의미하는 것이므로, 헌법의 개별규정 자체는 헌법소원에 의한 위헌심사의
대상이 아니다. 한편, 헌법은 전문과 각 개별조항이 서로 밀접한 관련을 맺으면서
하나의 통일된 가치체계를 이루고 있는 것으로서 이념적·논리적으로는 규범 상호
간의 우열을 인정할 수 있다 하더라도, 그러한 규범 상호간의 우열이 헌법의 어느
특정규정이 다른 규정의 효력을 전면적으로 부인할 수 있을 정도의 개별적 헌법규
정 상호간에 효력상의 차등을 의미하는 것이라고는 볼 수 없으므로, 이 점에서도

헌법의 개별규정에 대한 위헌심사는 허용될 수 없다(헌재 1995. 12. 28. 95헌바3, 판례집 7-2, 841, 845-848).

헌재 2001. 2. 22. 2000헌바38, 판례집 13-1, 289, 294-295

바. 명령, 규칙, 조례, 관습법

명령, 규칙은 위헌제청의 대상이 되지 않고, 이들의 위헌여부는 법원 스스로 판단할 수 있다(헌법 제107조 제2항: 헌재 1996. 10. 4. 96헌가6). 조례나 관습법 역시 위헌제청의 대상이 되지 않는다. 다만 법률과 명령·규칙 등이 결합하여 전체로서 하나의 완결된 법적 효력을 발휘할 경우에는 명령·규칙 등은 법률의 내용을 판단하는 자료가 될 수 있을 뿐이다.

(판 례) 시행령이 법률의 내용을 판단하는 자료가 되는 경우

    구 소득세법 제23조 제4항 단서, 제45조 제1항 제1호 단서는 실지거래가액에 의할 경우를 그 실지거래가액에 의한 세액이 그 본문의 기준시가에 의한 세액을 초과하는 경우까지를 포함하여 대통령령에 위임한 것으로 해석하는 한 헌법에 위반된다.

헌재 1995. 11. 30. 94헌바40등, 판례집 7-2, 616, 622

그러나 헌법재판소는 초기에 실질적으로 시행령을 위헌으로 선언한 바 있다. 즉 정기간행물의등록등에관한법률 제7조 제1항은 "정기간행물을 발행하고자 하는 자는 대통령령이 정하는 바에 따라 다음 각호의 사항을 공보처장관에게 등록하여야 한다"라고 규정하고 있었고, 동법 시행령 제6조는 "법 제7조 제1항 본문 전단의 규정에 의하여 정기간행물의 등록을 하고자하는 자는 정기간행물등록신청서에 다음 각 호의 서류를 첨부하여 공보처장관에게 제출하여야 한다"라고 규정하면서, 제3호에서 "법 제6조 제3항 제1호 및 제2호에 해당하는 경우에는 그 시설이 자기 소유임을 증명하는 서류"를 규정하고 있었다. 헌법재판소는 "정기간행물의등록등에관한법률 제7조 제1항은 제9호 소정의 제6조 제3항 제1호 및 제2호의 규정에 의한 해당시설을 자기소유이어야 하는 것으로 해석하는 한 헌법에 위반된다"라고 하였다(헌재 1992. 6. 26, 90헌가23; 물론 이 사건은 법원이 시행령의 위헌성을 스스로 판단할 수 있었음에도 헌법재판소에 위헌법률심판을 제청한 과오가 있었다는 것이 이인복 대법관의 평가이다).

(판 례) **심판대상을 시행령으로 확장한 사례**

휴대전화 통신계약 체결 시 이행해야 할 본인확인의무 자체는 전기통신사업법 제32조의4 제2항에서 직접 부과하고 있으나 그 구체적인 본인확인방법은 대통령령으로 정하도록 위임하고 있다. 전기통신사업법 시행령 제37조의6은 위 법률조항의 위임에 따라 적용대상이 되는 전기통신사업자의 범위, 본인확인증서로 인정되는 증서의 종류, 부정가입방지시스템에 의한 신분증 진위여부확인 및 그 외의 본인확인방법을 구체적으로 규정하고 있다. 수권조항인 위 법률조항과 하위법령인 위 시행령조항은 서로 불가분의 관계를 이루면서 전체적으로 하나의 '휴대전화 통신계약 체결 시 본인확인 제도'라는 규율 내용을 형성하고 있다. 그렇다면 청구인들에게 적용되는 규정인 전기통신사업법 시행령 제37조의6을 심판대상에 포함시켜 함께 판단하는 것이 타당하다(헌재 2012. 8. 23. 2010헌마328 참조).

헌재 2019. 9. 26. 2017헌마1209, 판례집 31-2상, 340, 345-346

(판 례) **일반법원의 관습법 위헌여부 심사**

관습법이란 사회의 거듭된 관행으로 생성한 사회생활규범이 사회의 법적 확신과 인식에 의하여 법적 규범으로 승인·강행되기에 이른 것을 말하고, 그러한 관습법은 바로 법원(法源)으로서 법령과 같은 효력을 가져 법령에 저촉되지 아니하는 한 법칙으로서의 효력이 있는 것인바(대법원 1983. 6. 14. 선고 80다3231 판결 참조), 사회의 거듭된 관행으로 생성한 어떤 사회생활규범이 법적 규범으로 승인되기에 이르렀다고 하기 위하여는 그 사회생활규범은 헌법을 최상위 규범으로 하는 전체 법질서에 반하지 아니하는 것으로서 정당성과 합리성이 있다고 인정될 수 있는 것이어야 하고, 그렇지 아니한 사회생활규범은 비록 그것이 사회의 거듭된 관행으로 생성된 것이라고 할지라도 이를 법적 규범으로 삼아 관습법으로서의 효력을 인정할 수 없다고 할 것이다.

그런데 제정 민법이 시행되기 전에 존재하던 관습 중 "상속회복청구권은 상속이 개시된 날부터 20년이 경과하면 소멸한다."는 내용의 관습은 이를 적용하게 되면 위 20년의 경과 후에 상속권 침해행위가 있을 때에는 침해행위와 동시에 진정상속인은 권리를 잃고 구제를 받을 수 없는 결과가 되므로 진정상속인은 모든 상속재산에 대하여 20년 내에 등기나 처분을 통하여 권리확보를 위한 조치를 취하여야 할 무거운 부담을 떠안게 되는데, 이는 소유권은 원래 소멸시효의 적용을 받지 않는다는 권리의 속성에 반할 뿐 아니라 진정상속인으로 하여금 참칭상속인에 의한 재산권침해를 사실상 방어할 수 없게 만드는 결과로 되어 불합리하고, 헌법을 최상위 규범으로 하는 법질서 전체의 이념에도 부합하지 아니하여 정당성이 없으므로, 위 관습에 법적 규범인 관습법으로서의 효력을 인정할 수 없다고 할 것이다.

그럼에도 불구하고, 위 관습에 법적 규범인 관습법으로서의 효력을 인정하고 이를 적용하여 원고들의 이 사건 청구가 상속개시일로부터 20년이 경과됨으로써 소멸되었다고 판단한 원심판결에는 관습법에 관한 법리를 오해하여 판결에 영향을 미친 위법이 있다고 할 것이다.

이와 달리, 위 관습을 법적 규범인 관습법으로서의 효력이 있는 것으로 보아 이를 적용할 수 있다고 판시한 대법원 1981. 1. 27. 선고 80다1392 판결, 1991. 4. 26. 선고 91다5792 판결, 1998. 4. 24. 선고 96다8079 판결 등은 이 판결의 견해에 배치되는 범위 내에서 이를 모두 변경하기로 한다.

대판(전합) 2003. 7. 24. 2001다48781

(판 례) 일반법원의 관습법 위헌여부 심사와 위헌결정의 효력

종원의 자격을 성년 남자로만 제한하고 여성에게는 종원의 자격을 부여하지 않는 종래 관습에 대하여 우리 사회 구성원들이 가지고 있던 법적 확신은 상당 부분 흔들리거나 약화되어 있고, 무엇보다도 헌법을 최상위 규범으로 하는 우리의 전체 법질서는 개인의 존엄과 양성의 평등을 기초로 한 가족생활을 보장하고, 가족 내의 실질적인 권리와 의무에 있어서 남녀의 차별을 두지 아니하며, 정치·경제·사회·문화 등 모든 영역에서 여성에 대한 차별을 철폐하고 남녀평등을 실현하는 방향으로 변화되어 왔으며, 앞으로도 이러한 남녀평등의 원칙은 더욱 강화될 것인바, 종중은 공동선조의 분묘수호와 봉제사 및 종원 상호간의 친목을 목적으로 형성되는 종족단체로서 공동선조의 사망과 동시에 그 후손에 의하여 자연발생적으로 성립하는 것임에도, 공동선조의 후손 중 성년 남자만을 종중의 구성원으로 하고 여성은 종중의 구성원이 될 수 없다는 종래의 관습은, 공동선조의 분묘수호와 봉제사 등 종중의 활동에 참여할 기회를 출생에서 비롯되는 성별만에 의하여 생래적으로 부여하거나 원천적으로 박탈하는 것으로서, 위와 같이 변화된 우리의 전체 법질서에 부합하지 아니하여 정당성과 합리성이 있다고 할 수 없으므로, 종중 구성원의 자격을 성년 남자만으로 제한하는 종래의 관습법은 이제 더 이상 법적 효력을 가질 수 없게 되었다. (……)

종중이란 공동선조의 분묘수호와 제사 및 종원 상호간의 친목 등을 목적으로 하여 구성되는 자연발생적인 종족집단이므로, 종중의 이러한 목적과 본질에 비추어 볼 때 공동선조와 성과 본을 같이 하는 후손은 성별의 구별 없이 성년이 되면 당연히 그 구성원이 된다고 보는 것이 조리에 합당하다. (……)

종중 구성원의 자격에 관한 대법원의 견해의 변경은 관습상의 제도로서 대법원 판례에 의하여 법률관계가 규율되어 왔던 종중제도의 근간을 바꾸는 것인바, 대법원이 이 판결에서 종중 구성원의 자격에 관하여 '공동선조와 성과 본을 같이 하는 후손은 성별의 구별 없이 성년이 되면 당연히 그 구성원이 된다.'고 견해를 변경하

는 것은 그동안 종중 구성원에 대한 우리 사회일반의 인식 변화와 아울러 전체 법질서의 변화로 인하여 성년 남자만을 종중의 구성원으로 하는 종래의 관습법이 더 이상 우리 법질서가 지향하는 남녀평등의 이념에 부합하지 않게 됨으로써 그 법적 효력을 부정하게 된 데에 따른 것일 뿐만 아니라, 위와 같이 변경된 견해를 소급하여 적용한다면, 최근에 이르기까지 수십 년 동안 유지되어 왔던 종래 대법원판례를 신뢰하여 형성된 수많은 법률관계의 효력을 일시에 좌우하게 되고, 이는 법적 안정성과 신의성실의 원칙에 기초한 당사자의 신뢰보호를 내용으로 하는 법치주의의 원리에도 반하게 되는 것이므로, 위와 같이 변경된 대법원의 견해는 이 판결 선고 이후의 종중 구성원의 자격과 이와 관련하여 새로이 성립되는 법률관계에 대하여만 적용된다고 함이 상당하다. (……)

대법원이 '공동선조와 성과 본을 같이 하는 후손은 성별의 구별 없이 성년이 되면 당연히 그 구성원이 된다.'고 종중 구성원의 자격에 관한 종래의 견해를 변경하는 것은 결국 종래 관습법의 효력을 배제하여 당해 사건을 재판하도록 하려는 데에 그 취지가 있고, 원고들이 자신들의 권리를 구제받기 위하여 종래 관습법의 효력을 다투면서 자신들이 피고 종회의 회원(종원) 자격이 있음을 주장하고 있는 이 사건에 대하여도 위와 같이 변경된 견해가 적용되지 않는다면, 이는 구체적인 사건에 있어서 당사자의 권리구제를 목적으로 하는 사법작용의 본질에 어긋날 뿐만 아니라 현저히 정의에 반하게 되므로, 원고들이 피고 종회의 회원(종원) 지위의 확인을 구하는 이 사건 청구에 한하여는 위와 같이 변경된 견해가 소급하여 적용되어야 할 것이다.

대판(전합) 2005. 7. 21. 2002다1178

(판 례) 관습법에 대한 헌법재판소의 위헌심사 (1)

법률과 동일한 효력을 갖는 조약 등을 위헌법률심판의 대상으로 삼는 것은 헌법을 최고규범으로 하는 법질서의 통일성과 법적 안정성을 확보할 수 있을 뿐만 아니라, 합헌적인 법률에 의한 재판을 가능하게 하여 궁극적으로는 국민의 기본권 보장에 기여할 수 있다. 그런데 이 사건 관습법은 민법 시행 이전에 상속을 규율하는 법률이 없는 상황에서 재산상속에 관하여 적용된 규범으로서 비록 형식적 의미의 법률은 아니지만 실질적으로는 법률과 같은 효력을 갖는 것이므로 위헌법률심판의 대상이 된다.

당해 사건에서 대법원은, 이 사건 관습법이 여성에게 분재청구권의 존재를 인정하지 아니한다는 사정은 소멸시효의 진행을 막는 법률상의 장애가 아니라는 전제 아래, 청구인들이 분재청구권을 가진다고 하더라도 소 제기 이전에 이미 소멸시효가 완성되었다고 판단하여 청구인들의 상고를 기각하였다. 그렇다면 당해 사건에서 문제되는 소멸시효의 완성 여부에 관하여 더 이상 다툴 수 없게 되었으므로,

이 사건 관습법이 헌법에 위반되는지 여부는 당해 사건에서 재판의 전제가 되지 아니한다.

헌재 2013. 2. 28. 2009헌바129, 판례집 25-1, 15

(판 례) 관습법에 대한 헌법재판소의 위헌심사 (2)

1. 민법 시행 이전의 "여호주(女戶主)가 사망하거나 출가하여 호주상속이 없이 절가된 경우, 유산은 그 절가된 가(家)의 가족이 승계하고 가족이 없을 때는 출가녀(出家女)가 승계한다."는 구 관습법은 민법 시행 이전에 상속 등을 규율하는 법률이 없는 상황에서 절가된 가(家)의 재산분배에 관하여 적용된 규범으로서, 비록 형식적 의미의 법률은 아니지만 실질적으로는 법률과 같은 효력을 갖는다. 그렇다면 법률과 같은 효력을 가지는 이 사건 관습법도 헌법소원심판의 대상이 되고, 단지 형식적 의미의 법률이 아니라는 이유로 그 예외가 될 수는 없다.

(재판관 이진성 등 3인의 각하의견)

관습법은 형식적 의미의 법률과 동일한 효력이 없으므로 헌법재판소의 위헌법률심판이나 헌법재판소법 제68조 제2항에 따른 헌법소원심판의 대상이 될 수 없다. 관습법의 승인, 소멸은 그것에 관한 사실인정이 전제되어야 하고, 법원(法院)이 관습법을 발견하고 법적 규범으로 승인되었는지 여부를 결정할 뿐 아니라 이미 승인된 관습법의 위헌, 위법 여부는 물론 그 소멸 여부에 대하여도 판단하고 있으므로 관습법에 대한 위헌심사는 법원이 담당하는 것이 타당하다. 이 사건에서 적용된 구 관습법은 민법의 시행으로 인하여 이미 폐지된 것으로서 청구인은 구 관습법의 위헌성을 다투는 형식을 취하고 있으나, 실제로는 폐지된 구 관습법에 의하여 이미 정리된 재산분배의 사실관계를 다투는 것에 불과하여 만약 헌법재판소가 이 사건에서 이미 폐지된 구 관습법을 위헌이라고 선언한다면 그것은 실제로는 헌법재판소법 제68조 제1항에 의하여 금지된 재판소원을 인용하는 것과 다를 것이 없다. 따라서 이 사건 관습법은 헌법소원심판의 대상이 되지 않아 이 사건 헌법소원심판 청구를 모두 각하하여야 한다.

헌재 2016. 4. 28. 2013헌바396 등, 판례집 28-1상, 603

생각건대, 관습법에 대한 위헌심사는 법원에서 담당하는 것이 옳다. 관습법의 효력은 3인 재판관의 각하의견과 같이 명령의 효력을 가지는 것으로 볼 수밖에 없기 때문이다. 아래 판례에서 보는 바와 같이 헌법재판소도 권한쟁의심판사건에서 이러한 견해를 명백히 표명하였다. 한편 관습법에 대한 위헌법률심판은 '헌법재판소법 제68조 제2항의 위헌소원사건'의 형태로 나타날 수밖에 없다. 그런데 법원의 재판에 대한 헌법소원이 인정되지 않는 현행 법체제에서 예외 없이 본안재판이 대법원의 확정판결까지 있은 후 선고되는 헌법재판소의 (위헌소원사건에서의) 관습법에 대한 위헌결정은 아무런 의미가 없다. 또한 어떤 사유에서건 헌법재판소의 관습법에 대한 위헌결정이 있은 후 재판이 진행된다고 하더라도 법원이 위헌결정된 해당 관습법은 법규성이 없거나, 당해 사건에 적용되지 않는다고 판단하면 헌법재판소의 위헌결정은 무용지물이 되고 만다. 헌법재판소의 위헌결정은 어떤 관습법이 위헌이라는 것에만 그 기속력이 미칠 뿐, 그 관습법이 국민의 법적 확신을 얻어 규범력을 가지는지, 본안재판에 적용되는지 여부에 대하여는 기속력을 가지지 않기 때문이다.

헌법재판소는 최근에도 관습법상의 분묘기지권을 합헌이라고 판단하였다(헌재 2020. 10. 29. 2017헌바208). 그런데 사건에 '구 관습법 위헌소원'이라는 제목이 붙었다. '구 관습법'이 뭘 뜻하는지 선뜻 와 닿지 않는다. 물론 위의 두 사건명도 '구 관습법'이다. 헌법재판소는 이 결정에서 대판(전합) 2017. 1. 19. 2013다17292를 근거로 아직 우리사회에는 매장문화가 자리 잡고 있고, 사회 구성원들의 법적 확신도 남아있다고 하였다. 대법원 판결을 그대로 인용할 것이면 관행 및 법적 확신의 존재뿐만 아니라 관습법의 위헌 여부도 법원의 판단에 맡기는 것이 바람직하다. 이러한 의미에서 "이 사건 관습법이 오늘날에도 유지되고 있는 점은 대법원에 의하여 인정되어 현행 헌법에 따라 별도의 위헌심사가 필요하지 않다"는 반대의견이 타당하다. 무엇보다 헌법재판소나 대법원 모두 십 수 년 전부터는 매장을 하겠다는, 또 실제로 하는 국민은 전체의 10% 가량밖에 되지 않는다는 통계조사자료를 애써 무시한 것으로 납득하기 어렵다. 사정이 이러한데 법원이나 헌법재판소는 분묘기지권에 대한 법적 확신이 여전히 있다고 확신하는 법적 근거는 무엇인지 궁금할 따름이다.

또한 아래 판례에서 보는 바와 같이 관습법이 대통령령에 의하여 폐지될 수 있으므로 헌법재판소가 합헌으로 판단한 관습법을 대통령령으로 폐지할 수 있다고 한다면 모순이다. 따라서 관습법에 법률과 동등한 효력을 인정하지 않고, 대통령령 등에도 그 규정이 없는 경우에만 보충 효력만을 인정하는 현재의 다수 견해에 따른다면 헌법재판소가 관습법을 위헌법률심판의 대상으로 삼을 수는 없다고 하겠다.

(판 례) 대통령령에 의한 관습법의 폐지

지방자치법 제4조 제1항에 의하여 지방자치단체의 관할구역 경계를 결정함에 있어서 위 조항은 '종전'에 의하도록 하고 있고, 앞서 본 위 조항의 개정 연혁에 비추어 보면 그 '종전'이라는 기준은 최초로 제정된 법률조항까지 순차 거슬러 올라가게 되므로, 1948. 8. 15. 당시 존재하던 관할구역의 경계가 원천적인 기준이 된다고 할 수 있다. 지방자치법 제4조 제1항을 비롯한 관할구역에 관한 규정들은 대한민국 법률이 제정되기 이전부터 존재하였던 지방자치단체의 관할구역 경계에 대하여 법적 효력을 부여하는 것이다. 그리고 이러한 지방자치단체의 관할구역 경계는 각 법령이 관할구역을 정하는 기준으로 삼고 있는 법률 또는 대통령령에 의하여 달리 정하여지지 않은 이상 현재까지 유지되고 있음이 원칙이다. 물론 이와 같은 경계에 관하여 행정관습법 등 불문법적인 근거에 의한 변경이 이루어졌음이 인정된다면, 그 변경된 경계가 지방자치 단체의 관할구역 경계로서 효력을 가질 수 있을 것이다.

헌재 2010. 6. 24. 2005헌라9등, 판례집 22-1하, 374, 403

(판 례) 주권적 행위를 규정한 미군정법령

　　미합중국 소속 미군정청이 이 사건 법령을 제정한 행위는, 제2차 세계대전 직후 일본은행권을 기초로 한 구 화폐질서를 폐지하고 북위 38도선 이남의 한반도 일대에서 새로운 화폐질서를 형성한다는 목적으로 행한 고도의 공권적 행위로서, 국제관습법상 재판권이 면제되는 주권적 행위에 해당한다. 따라서 이 사건 법령이 위헌임을 근거로 한 미합중국에 대한 손해배상 또는 부당이득반환 청구는 그 자체로 부적법하여 이 사건 법령의 위헌 여부를 따져 볼 필요 없이 각하를 면할 수 없으므로, 청구인의 이 사건 심판청구는 재판의 전제성이 없어 부적법하다.

헌재 2017. 5. 25. 2016헌바388, 공보 248, 537

3. 재판의 전제성

가. '재판'의 의미

재판의 전제성 요건에서의 '재판'은 판결, 결정, 명령 등 그 형식이 무엇이든, 본안에 관한 재판인가 소송절차에 관한 재판인가를 불문하고, 종국재판뿐만 아니라 중간재판도 포함한다. 따라서 체포·구속·압수·수색영장, 구속적부심사, 보석허가재판도 재판의 개념에 포함된다. 헌법재판소도 구속영장청구사건(헌재 1996. 2. 16. 96헌가2등), 보석허가결정(헌재 1993. 12, 23, 93헌가2), 증거채부결정(헌재 1996. 12. 26. 94헌바1), 구속기간갱신결정(헌재 2001. 6. 28. 99헌가14) 등은 '재판'에 해당한다고 하였다.

"민사소송법 제368조의 2에 의한 인지첩부 보정명령은 당해 소송사건의 본안에 관한 재판주문에 직접 관련된 것이 아니라고 하여도 재판에 해당하고, 법률이 위헌으로 심판되는 여부가 법원이 앞으로 진행될 소송절차와 관련한 중요한 문제점을 선행결정하여야 하는 여부의 판단에 영향을 주는 경우도 '재판'의 전제성이 있다고 보아야 하므로 (……) 앞으로 진행될 항고심절차에 관련하여 인지보정명령을 내릴 수 있는 여부의 중요한 문제를 선행결정하여야 하는 법원의 판단에 영향을 주는 것이므로 위 법률규정의 위헌 여부는 원심법원이 국가에 대하여 인지첩부를 명하는 보정명령을 내리는 재판 여부에 대하여 전제성이 있다"(헌재 1994. 2. 24. 91헌가3).

한편, 당해 사건이 재심사건인 경우 재판의 전제성이 인정되기 위해서는 심판대상조항이 '재심청구에 대한 심판'에 적용되는 법률이어야 한다. '재심청구 자체의 적법 여부에 대한 재판'에 적용되는 법률조항이 아니라 '본안 사건에 대한 재판'에 적용될 법률조항이라면 '재심청구가 적법하고, 재심의 사유가 인정되는 경우'에 한하여 재판의 전제성이 인정될 수 있다(헌재 2011. 4. 28. 2009헌바169).

(판 례) 재심재판의 전제성 (1)

재심의 청구를 받은 법원은 재심의 심판에 들어가기 전에 먼저 재심의 청구가 이유 있는지 여부를 가려 이를 기각하거나 재심개시의 결정을 하여야 하고, 재심개시의 결정이 확정된 뒤에 비로소 재심대상인 사건에 대하여 다시 심판을 하게 되는 등 형사소송법은 재심의 절차를 '재심의 청구에 대한 심판'과 '본안사건에 대한 심판'이라는 두 단계 절차로 구별하고 있다. 그러므로 당해 재심사건에서 아직 재심개시결정이 확정된 바 없는 이 사건의 경우 심판청구가 적법하기 위해서는 이 사건 법률조항의 위헌 여부가 '본안사건에 대한 심판'에 앞서 '재심의 청구에 대한 심판'의 전제가 되어야 하는데, '재심의 청구에 대한 심판'은 원판결에 형사소송법 제420조 각 호, 헌법재판소법 제47조 제3항 소정의 재심사유가 있는지 여부만을 우선 심리하여 재판할 뿐이어서, 원판결에 적용된 법률조항일 뿐 '재심의 청구에 대한 심판'에 적용되는 법률조항이라고 할 수 없는 이 사건 법률조항에 대해서는 재판의 전제성이 인정되지 않는다.

헌재 2011. 2. 24. 2010헌바98, 판례집 23-1상, 136

(판 례) 재심재판의 전제성 (2)

확정된 유죄판결에서 처벌의 근거가 된 법률조항은 '재심의 청구에 대한 심판',

즉 재심의 개시 여부를 결정하는 재판에서는 재판의 전제성이 인정되지 않고, 재심의 개시결정 이후의 '본안사건에 대한 심판'에 있어서만 재판의 전제성이 인정됨이 원칙이다. 다만 재심대상사건의 재판절차에서 그 처벌조항의 위헌성을 다툴 수 없는 **규범적 장애**(글쓴이 강조)'가 있는 특수한 상황인 경우에는 예외적으로 재판의 전제성이 인정된다.

심판대상조항(집시법상의 불법시위 선동 조항; 글쓴이)은 확정된 유죄판결에서 처벌의 근거가 된 법률조항이고, 당해사건 법원은 재심사유가 존재하지 아니한다는 이유로 재심청구 기각결정에 대한 즉시항고를 기각하였으므로, 원칙적으로 재판의 전제성이 인정되지 아니한다. 또한 제5공화국 헌법에서 위헌법률심판제도를 마련하고 있었고 실제로 대법원이 국가보위입법회의가 제정한 다른 법률에 대해서 제한적으로나마 위헌 심사를 하였던 점, "긴급조치는 사법적 심사의 대상이 되지 아니한다."고 본문에서 규정하였던 유신헌법과 달리 제5공화국 헌법은 부칙에서 "국가보위입법회의가 제정한 법률과 이에 따라 행하여진 재판 및 예산 기타 처분 등은 그 효력을 지속하며, 이 헌법 기타의 이유로 제소하거나 이의를 할 수 없다."고 규정하고 있어 양자 사이에 그 위치 및 문언상의 차이가 명백한 점 등에 비추어 보면, 청구인에게 재심대상사건의 재판절차에서 그 처벌조항의 위헌성을 다툴 수 없는 규범적 장애가 있었다고 볼 수 없으므로, 심판대상조항에 대해서 예외적으로 재판의 전제성을 인정할 수도 없다.

헌재 2018. 3. 29. 2016헌바99, 판례집 30-1상, 381, 382

그러나 군부독재정권 시절 집회시위법 위반 사건에서 법원이 해당 조문을 위헌심판제청을 할 것으로 기대하는 것은 사실상 불가능하였다. 또한 헌법재판소는 대법원이 부분적으로 위헌심사한 점을 각하 결정의 근거로 들었으나, 대법원은 불송부결정권을 행사하지 않고 위헌제청한 사건은 단 한 건도 없었다는 점을 고려하면 이는 규범 장애와 동일한 효과를 갖는 사실 장애로 보아야 할 것이다.

재심 재판의 전제성에 관한 또 다른 헌법재판소 판례로는 다음이 있다. 청구인이 재심사건에서 재심이유로 내세우는 사유는 단지 공판조서의 기재가 잘못되었다는 것이고, 이는 형사소송법 제420조가 정한 재심사유의 그 어느 것에도 해당하지 아니하여 공판조서의 증명력에 관한 형사소송법 제56조는 당해 재심사건에 적용할 법률이 아니므로 재판의 전제성이 없다(헌재 1993. 11. 25. 92헌바39).

한편, 헌법재판소는 불복없이 확정된 재심개시결정의 효력은 이후 이를 다툴 수 없으므로 재심개시결정이 확정된 사실이 인정되는 한 법원으로서는 비록 재심사유가 없었다고 하더라도 그 사건에 대해 다시 심판을 하여야 하며, 이후 위 재심개시결정의 효력은 상소심에서도 이를 다툴 수 없으므로 구 건축법의 무단 용도변경행위에 관한 처벌규정은 재판의 전제성이 있다고 판시하였다(헌재 2000. 1. 27. 98헌가9). 이는 개정 건축법 조항에 대하여 위헌결정이 있은 후, 위 위헌결정의 효력은 구 건축법 조항을 적용하여 확정된 재판에는 미치지 않음에도 불구하고 그러한 재판에 대하여 재심개시결정을 하고 재심법원이 위헌법률심판을 제청한 사건으로서, 구 건축법 조항에 대하여도 위헌결정이 내려진 사건이다.

반면, 제청법원이 재심개시결정 없이 확정된 형사처벌의 근거조항에 대하여 위헌법률심판제청신청을 한 경우, 그 형사처벌의 근거가 된 조항은 재심의 개시 여부를 결정하는 재판에서는 재판의 전제성이 인정되지 않고, 재심의 개시 결정 이후의 본안사건에 대한 심판에 있어서만 재판의 전제성이 인정된다. 따라서 제청법원이 당해사건인 재심사건에서 재심개시결정을 하지 아니한 채 심판대상조항에 대해 위헌제청을 한 경우에는 재판의 전제성이 인정되지 아니하여 부적법하다(헌재 2016. 3. 31. 2015헌가36).

나. 재판의 '전제성'

재판의 '전제성'이라 함은 아래 판례에서 보는 바와 같이 개념지을 수 있다.

(판 례) 재판의 "전제성"의 의미

　　재판의 전제성이라 함은, 첫째 구체적인 사건이 법원에 계속 중이어야 하고, 둘째 위헌여부가 문제되는 법률이 당해 소송사건의 재판과 관련하여 적용되는 것이어야 하며, 셋째 그 법률이 헌법에 위반되는지의 여부에 따라 당해 사건을 담당한 법원이 다른 내용의 재판을 하게 되는 경우를 말한다. 법률의 위헌여부에 따라 법원이 "다른 내용의" 재판을 하게 되는 경우라 함은 원칙적으로 제청법원이 심리 중인 당해 사건의 재판의 결론이나 주문에 어떠한 영향을 주는 것뿐만이 아니라, 문제된 법률의 위헌여부가 비록 재판의 주문 자체에는 아무런 영향을 주지 않는다고 하더라도 재판의 결론을 이끌어내는 이유를 달리 하는데 관련되어 있거나 또는 재판의 내용과 효력에 관한 법률적 의미가 전혀 달라지는 경우에는 재판의 전제성이 있는 것으로 보아야 한다.

　　　　　　　　　　　　　　헌재 1992. 12. 24. 92헌가8, 판례집 4, 853, 864-865

재판의 전제성 요건은 우리나라가 채택하고 있는 위헌법률심판제도의 구체적 규범통제로서의 본질을 명확히 보여주는 것이다.

재판의 전제성 요건을 하나씩 살펴보면 다음과 같다.

(1) 개별 사건이 법원에 계속중이어야 한다

개별 사건은 위헌법률심판제청 결정 당시는 물론이고 헌법재판소의 결정시까지도 법원에 계속중이어야 한다. 위와 같은 재판의 전제성 요건은 위헌법률심판과 그 본질을 같이 하는 제68조 제2항에 의한 위헌소원에 있어서도 필요하다. 다만 위헌소원의 특징상 재판의 전제성 요건은 위헌소원청구 시에만 충족하면 되고, 결정시에는 필요하지 않다. 위헌소원의 경우, 법 제41조 제1항의 위헌법률심판과 달리 재판절차가 정지되지 않기 때문에 당해 소송사건이 확정되는 경우가 많으나, 위헌소원이 인용된 경우에는 당해 사건이 이미 확정된 때라도 당사자는 재심을 청구할 수 있으므로(제75조 제7항), 재판의 전제성이 소멸된다고 볼 수 없기 때문이다.

헌법재판소는 제청신청인이 당해 사건에서 구속적부심 계속 중 위헌심판제청을 하였으나 법원이 구속적부신청을 먼저 기각하여 재판계속이 종료된 후 위헌심판제청신청을 기각한 사안에서 재판의 전제성을 인정하였다(이지문 중위 사건, 헌재 1995. 2. 23. 92헌바18).

당해 사건은 법원에 적법하게 계속되어 있어야 한다. 따라서 당해 사건이 부적법한 것이어서 법률의 위헌 여부를 따져 볼 필요조차 없이 각하를 면할 수 없는 것일 때에는 '재판의 전제성'을 흠결한 것으로 각하한다(헌재 1992. 8. 19. 92헌바36).

한편, 당해 사건의 제1심과 항소심 법원이 '주주' 또는 '이사' 등이 가지는 이해관계를 행정소송법 제12조가 규정하고 있는 '법률상 이익'으로 볼 수 없다고 하여 소를 각하하였으나, 당해 사건에 직접 원용할 만한 대법원 판례가 존재하지 않아 해석에 따라서는 당해 사건에서 청구인들의 원고적격이 인정될 여지도 충분히 있으므로, 일단 청구인들이 당해 소송에서 원고적격을 가질 수 있다는 전제 하에 재판의 전제성 요건을 갖춘 것으로 보고 본안에 대한 판단을 할 수 있다는 것이 헌법재판소 판례이다(헌재 2004. 10. 28. 99헌바91).

반면, 항소심에서 유죄판결을 선고받은 후 상고도 없이 위헌여부심판의 제청신청을 하였다가 유죄판결이 확정된 뒤 그 신청이 각하되자 제기한 헌법소원심판청구는 부적법하다(헌재 2000. 6. 1. 99헌바73). 당해 소송사건이 법원에 일단 적법하게 계속되었더라도 위헌제청 이후 헌법재판소의 심리기간 중에 당해 사건이

소의 취하(취하간주 포함) 등 사후의 사정변경으로 말미암아 종료된 경우에는 재판의 전제성은 인정되지 않는다. 항소심에서 당사자들 간에 임의조정이 성립되어 소송이 종결된 경우 1심 판결에 적용된 법률조항에 대해서는 재판의 전제성이 인정되지 않는다(헌재 2010. 2. 25. 2007헌바34).

(2) 위헌여부가 문제되는 법률이 당해 소송사건의 재판에 적용되는 것일 것

① 적용여부의 결정기준

어떤 법률이 재판의 전제성 요건을 갖추기 위해서는 그것이 당해 사건에 적용되는 것이어야 한다. 따라서 위헌소원심판 청구인이 해운대구에 대한 부당이득반환을 구하는 당해 사건에서 청구원인으로 해운대구청장이 경락기일 전에 경매법원에 취득세의 교부청구를 하지 않았는데도 경매법원이 이를 해운대구청장에게 배당한 것이 위법이라는 주장만을 하고 있는 반면, 위헌소원심판에서 청구인들이 위헌이라고 주장하고 있는 지방세법 제31조 제2항 제3호는 지방세의 근저당권에 대한 우선여부를 규정하고 있는 것에 불과하므로 재판의 전제성이 없다(헌재 1995. 7. 21. 93헌바46). 그러나 당해 소송법원이 청구인들에게 당해 사건의 원고적격이 없다고 하여 본안을 각하하면서 위헌제청신청도 각하하였으나, 상고심에서 원고적격을 인정하고 원심판결을 파기환송하여 사건이 다시 원심법원에 계속중인 경우에는 재판의 전제성이 인정된다(헌재 1999. 7. 22. 97헌바9).

헌법재판소의 헌법불합치결정에 따른 개선입법의 소급적용 여부와 소급적용의 범위는 입법자의 재량에 달려 있지만, 헌법불합치결정 당시에 법률조항의 위헌여부가 쟁점이 되어 법원에 계속중인 사건에 대하여는 헌법불합치결정의 소급효가 미치므로, 헌법불합치결정 후 그 취지에 맞추어 그 법률조항이 개정된 이상 그 법률조항은 청구인들이 제기한 당해 사건의 적용법률로 볼 수 없다(헌재 2006. 6. 29. 2004헌가3; 헌재 2007. 1. 17. 2005헌바41).

형사사건에 있어서 공소가 제기되지 아니한 법률조항의 위헌여부는 당해 사건의 재판의 전제가 될 수 없다(헌재 1989. 9. 29. 89헌마53). 공소장의 적용법조란에 적시된 법률조항이라고 하더라도 실제 형사재판에서 법원이 적용하지 아니한 법률조항 역시 그에 대해 위헌결정이 내려진다 해도 다른 특별한 사정이 없는 한 그로 인해 당해 소송사건의 재판의 주문이 달라지지 않을 뿐만 아니라 재판의 내용과 효력에 관한 법률적 의미가 달라지지 않기 때문에 재판의 전제성이 인정되지 않는다(헌재 1997. 1. 16. 89헌마240). 반면 법원은 공소장의 변경없이 직권으로 공소장 기재와는 다른 법조를 적용할 수 있으므로, 공소장에 적시되지 아니한 법률조항이라고 하더라도 공소장변경 없이 실제 적용한 법률은 재판의 전제성이 있다(헌재 1997. 1. 16. 89헌마240; 항소심에서 위헌법률심판을 제청한 경우이다).

(판 례) 재판의 전제성 인정 (1) (판결선고 전 구금일수 통산)[2]

　　제청법원들은 형사소송법 제482조 제1항 및 제2항은 피고인의 상소제기 후 상소취하시까지의 구금일수는 산입에서 제외한다는 의미를 담고 있다고 볼 수 있으므로 위헌결정시 당해 사건 재판의 주문과 이유에 영향을 미치고, 형사소송법 제482조 제2항에 대한 보완규정이 있다면 피고인의 항소취하의 경우 재판의 결론이 단순한 절차의 종결이 아니라 미결구금일수 산입에 관한 재판으로 계속되는 등 주문이 달라질 수 있다고 판단하여, 재판의 전제성을 인정하고 있다. 제청법원들의 이와 같은 판단이 명백히 유지될 수 없지 아니하므로 재판의 전제성이 인정된다.

　　　　　　　　　헌재 2009. 12. 29. 2008헌가13등, 판례집 21-2하, 710, 718-719

(판 례) 재판의 전제성 인정 (2) (선행결정)

　　제청된 법률이 위헌으로 심판되는 여부가 법원이 앞으로 진행될 소송절차와 관련한 중요한 문제점을 선행결정하여야 하는 여부의 판단에 영향을 주는 경우도 전제성이 있다고 보아야 한다. 그런데 이 사건 법률규정(인지첨부및공탁제공에관한특례법 제2조"국가는 국가를 당사자로 하는 소송 및 행정소송절차에 있어서 민사소송등인지법 규정의 인지를 첨부하지 아니한다."; 글쓴이)이 위헌으로 심판되면 소송당사자인 대한민국은 항소장에 민사소송등인지법 제3조에 정한 인지를 첨부할 의무가 있어서 그 항소장을 심사한 원심법원인 제청법원(단독판사)은 민사소송법 제368조의2 제1항에 의하여 대한민국에 대하여 민사소송등인지법 제3조에 정한 인지를 첨부할 것을 명하는 보정명령을 내리는 재판을 하여야 하고, 만일 대한민국이 이 보정명령에 따른 보정을 하지 않을 경우에는 위 원심법원은 민사소송법 제368조의2 제2항에 의하여 그 항소장을 각하하여야 한다. 만일 이 사건 법률규정이 합헌이라면 위 원심법원은 위 보정명령을 내리는 재판을 할 수 없다. 그러므로 이 사건 법률규정의 위헌 여부는 앞으로 진행될 항고심절차에 관련하여 인지보정명령을 내릴 수 있는 여부의 중요한 문제를 선행결정하여야 하는 법원의 판단에 영향을 주는 것이다. 그러므로 이 사건 법률규정의 위헌 여부는 위 원심법원이 대한민국에 대하여 인지첨부를 명하는 보정명령을 내리는 재판 여부에 대하여 전제성이 있다고 할 것이다.

　　　　　　　　　헌재 1994. 2. 24. 91헌가3, 판례집 6-1, 21, 30-31

　재판에서 선행판단(결정)하여야 하는지를 결정하는 것도 쉬운 일이 아니다. 재개발사업에서 관리처분계획인가고시가 있게 되면 재개발조합에 건물인도청구권이 발생하는데, 명도소송에서 관리처분계획의 무효를 주장하면서 관리처분계획의 내용에 종교시설에 대한 특례가 규정되어 있지 않다는 등의 이유로 도시정비법이나 공익보상법의 위헌을 주장하는 경우 선행판단 필요성을 인정하는 것이 실무이다.[3]

(판 례) 재판의 전제성 부인 (1)

('형의 집행 및 수용자의 처우에 관한 법률' 제41조 (접견) ② 소장은 다음 각 호의 어느 하나에 해당하는 사유가 있으면 교도관으로 하여금 수용자의 접견내용을 청취·기록·녹음 또는 녹화하게 할 수 있다. 1. 범죄의 증거를 인멸하거나 형사 법령에 저촉되는 행위를 할 우려가 있는 때, 3. 시설의 안전과 질서 유지를 위하여 필요한 때, ④ 접견의 횟수·시간·장소·방법 및 접견내용의 청취·기록·녹음·녹화 등에 관하여 필요한 사항은 대통령령으로 정한다; 동 시행령 제62조 (접견내용의 청취·기록·녹음·녹화) ④ 소장은 관계기관으로부터 다음 각 호의 어느 하나에 해당하는 사유로 제3항의 접견기록물의 제출을 요청받은 경우에는 기록물을 제공할 수 있다. 1. 법원의 재판업무 수행을 위하여 필요한 때, 2. 범죄의 수사와 공소의 제기 및 유지에 필요한 때)

이 사건 위임조항이 재판의 전제성이 인정되는지 여부에 관하여 본다. □□구치소장은 형집행법 시행령 제62조 제4항 제2호를 근거로 청구인에 대한 접견녹음파일을 2013. 5. 21. 수원지방검찰청 검사장에게 제공하였다. 그런데 이 사건 위임조항은 '접견내용의 녹음·녹화에 관하여 필요한 사항은 대통령령으로 정한다.'라고 규정하고 있어 이 사건 위임조항이 형집행법 시행령 제62조 제4항 제2호의 수권규정이 될 수 있는지 문제된다. (……)

이 사건 위임조항은 접견내용의 녹음·녹화에 관하여 포괄적인 위임만 하고 있을 뿐 미결수용자와 접견인 사이의 녹음·녹화된 기록물을 수사기관에 제공하는 것에 대하여 구체적으로 위임하고 있지 않다.

이 사건 위임조항이 포함된 형집행법 제41조와 제42조를 보더라도 미결수용자의 자유로운 접견 및 접견내용의 비밀을 보장하는 것을 원칙으로 하면서, 특별한 사유가 있는 경우에만 접견내용을 녹음·녹화할 수 있도록 규정하고 있으나, 미결수용자와 접견인 사이의 녹음·녹화된 기록물을 수사기관에 제공하는 행위에 관하여는 그 근거가 되거나 하위법령에 위임하고 있다고 볼 만한 조항을 찾기 힘들다. 또한, '접견내용의 녹음·녹화에 필요한 사항'이라는 문구만으로는 접견내용의 녹음·녹화 자체와는 구별되는 독자적인 기본권 제한의 내용인 접견기록물 제공행위를 할 수 있다는 것을 예측할 수도 없다. 만약 '접견내용의 녹음·녹화에 관하여 필요한 사항'을 위임할 수 있다고 규정한 이 사건 위임조항이 형집행법 시행령 제62조 제4항 제2호의 근거규정이 될 수 있다면, 미결수용자의 자유로운 접견 및 접견내용의 비밀을 보장하는 것을 원칙으로 하면서, 접견내용의 녹음·녹화의 사유를 한정하고 있는 형집행법을 마련한 입법자의 의도와 다르게 하위규정에서 불이익한 처분을 얼마든지 추가할 위험성도 배제할 수 없다고 할 것이다.

따라서 이 사건 위임조항은 교정시설의 장이 '범죄의 수사와 공소의 제기 및 유지에 필요한 때'에 접견기록물을 관계기관에 제공할 수 있도록 규정한 형집행법 시행령 제62조 제4항 제2호의 수권규정이 될 수 없고, □□구치소장이 녹음파일을 검사장에게 제공한 행위는 이 사건 위임조항에 근거한 것이 아니므로 이 사건 위임조항은 당해사건에 적용되는 법률조항이라고 볼 수 없어 당해사건의 재판의 전제가 되지 아니한다.

(재판관 이진성 등 3인의 반대의견)

□□구치소장은 청구인에 대한 접견녹음파일을 2013. 5. 21. 수원지방검찰청 검사장에게 제공하였는데, 명시적으로 위 녹음파일 제공의 법적근거로 형집행법 시행령 제62조 제4항 제2호만을 들고 있다. 그런데 이 사건 위임조항은 "접견내용의 녹음·녹화에 필요한 사항은 대통령령으로 정한다."라고 규정하고 있어 이 사건 위임조항이 형집행법 시행령 제62조 제4항 제2호의 수권규정이 되는지가 이 사건의 핵심이다.

다수의견은 이 사건 위임조항이 녹음파일 제공행위의 법적근거가 될 수 없고, 하위법령에 이를 위임하고 있지도 않다고 하면서 형집행법 시행령 제62조 제4항 제2호의 근거규정을 모법인 형집행법에서 찾지 아니하고 단순히 이 사건 위임조항이 형집행법 시행령 제62조 제4항 제2호의 수권규정이 되지 못한다는 이유로 재판의 전제성을 부정하고 있다. 이와 같은 논리라면 형집행법 시행령 제62조 제4항 제2호의 근거규정은 도대체 형집행법 이외의 어느 법률에 존재한다는 것인가? 이렇게 이 사건 위임조항의 전제성을 부정해 버리면 청구인과 같이 수권규정도 없는 형집행법 시행령 제62조 제4항 제2호에 따라 수사기관에 녹음파일이 제공된 피고인은 어떤 근거법률을 다툴 수 있다는 말인가? 청구인이 핵심적으로 다투는 형집행법 시행령 제62조 제4항 제2호의 수권규정인 이 사건 위임조항을 제외하고 위헌성이 없는 이 사건 녹음조항만 합헌을 선언하면 당해 사건 재판에서 무슨 의미를 가지는가?

형집행법 시행령은 형집행법에서 위임된 사항과 그 시행에 필요한 사항을 규정함을 목적으로 하고(형집행법 시행령 제1조), 형집행법 시행령 제58조 내지 제61조는 형집행법 제41조에서 규정한 접견에 관하여, 형집행법 시행령 제62조는 형집행법 제41조 제2항에서 규정한 접견내용의 청취·기록·녹음·녹화 등에 관하여 각 규정하고 있다. 따라서 형집행법 시행령 제62조 제4항 제2호는 그 수권규정을 접견내용의 녹음·녹화에 관하여 필요한 사항을 대통령령에 위임한 이 사건 위임조항에서 찾아야 한다. 다수의견이 형집행법 시행령 제62조 제4항 제2호의 수권규정이 이 사건 위임조항인 것을 부정하는 이유는 이 사건 위임조항이 접견내용의 녹음·녹화에 관하여 필요한 사항을 대통령령에 위임하였음에도, 형집행법 시행령 제62조 제4항 제2호가 접견기록물을 관계기관에 제공하는 내용까지 규정하고 있기 때문이다. 그러나 형집행법상 형집행법 시행령 제62조 제4항 제2호의 근거규정이 되는 규정은 이 사건 위임조항 말고 다른 규정은 존재하지 않으므로 이 사건 위임조항이 근거규정이 됨은 당연하다. 즉 이 사건은 다수의견이 시인하는 바와 같이 이 사건 위임조항이 접견내용의 녹음·녹화 등에 관하여 필요한 사항에 접견기록물의 제공까지 위임할 필요성과 접견기록물의 제공까지도 포함하리라고 예측할 수 있는 가능성을 짐작할 수 있는 여지도 없이 하위 법령에 포괄적으로 위임함으로써 포괄위임금지원칙을 위반하였는지, 또는 대화내용 전체가 기록된 녹음파일을 수사기관에 제공하기 위하여는 반드시 법률로써 규정하여야 하는데도 이를 법률로 규정하지 아니하여 법률유보원칙을 위반하였는지 본안에 나아가 밝혀야 할 사건이다. 이 사건 위임조항이 형집행법 시행령 제62조 제4항 제2호의 수권규정임을 부정함으로써 당사자의 구제가능성을 박탈할 문제는 아니다.

따라서 수권규정인 이 사건 위임조항이 위헌으로 선언되면, 형집행법 제62조 제4항 제2호도 위헌·무효가 될 수 있고, 그에 따라 이 사건 녹음파일 제공행위의 법적 근거가 없어지게 됨으로 인하여 당해 사건의 재판에 영향을 줄 수 있으므로 이 사건 위임조항의 재판의 전제성은 인정되며 본안에 나아가 그 위헌성을 판단하여야 한다.

헌재 2016. 11. 24. 2014헌바401, 판례집 28-2하, 165, 172-3, 178-179

(판 례) 재판의 전제성 부인(2)

당해사건 소송에서 청구인들의 손해배상청구권이 소멸시효가 완성되었는지와 상관없이 청구인들의 손해배상청구권 자체가 발생하지 않았다는 이유로 청구인들의 청구가 모두 기각된 이상, 국가배상청구권의 소멸시효를 규정한 심판대상조항이 당해사건에 적용될 여지는 없다 할 것이므로, 심판대상조항은 재판의 전제성이 인정되지 아니한다.

헌재 2016. 2. 25. 2014헌바259, 공보 233, 375

(판 례) 재판의 전제성 부인(3)(소송비용부담조항과 소송비용확정재판)

2018헌바235, 2018헌바391 사건의 당해사건은 소송비용액확정 사건으로, 이는 재판이 확정되거나 소송비용부담의 재판이 집행력을 갖게 된 후에 당사자의 신청을 받아 결정으로 소송비용액을 확정하는 재판이다(민사소송법 제110조 제1항). 법원은 사건을 완결하는 재판에서 직권으로 그 심급의 소송비용 전부에 대하여 재판하여야 하고(민사소송법 제104조 본문), 소송비용 상환의무가 재판에 의하여 확정된 경우에 소송비용액확정 절차에서는 상환할 소송비용의 수액을 정할 수 있을 뿐이며, 그 상환의무 자체의 존부를 심리·판단할 수는 없다(대법원 2001. 8. 13.자 2000마 7028 결정 참조).

소송비용부담 조항은 패소한 당사자가 소송비용 및 참가소송비용을 부담한다는 취지의 규정이므로, 이는 소송비용액확정 사건의 본안 사건인 관리처분계획 인가처분 무효확인 사건 및 건물 인도 사건에서 법원이 소송비용의 부담을 정하는 과정에 적용되는 것이지, 소송비용의 부담이 확정되었음을 전제로 구체적 액수를 산정하는 위 각 당해사건의 재판에는 적용되지 않는다. 나아가 위 조항이 위헌으로 결정된다 하더라도 청구인 김○○에 대한 소송비용 상환의무를 정한 판결이 재심을 통하여 취소될 수는 없으므로, 소송비용의 수액만을 정할 수 있는 당해사건의 결론이나 그 내용과 효력에 관한 법률적 의미가 달라진다고 볼 수도 없다(헌재 2015. 9. 24. 2014헌바168등 참조).

헌재 2019. 11. 28. 2018헌바235 등, 공보 278, 1285, 1290

신상정보등록의 근거규정에 의하면 일정한 성폭력범죄로 유죄판결이 확정된 자는 신상정보등록대상자가 되는데, 유죄판결이 확정되기 전 단계인 당해 형사사건 재판에서 신상정보 등록 근거규정이 적용된다고 볼 수 없으므로 이에 관한 청구는 재판의 전제성이 인정되지 아니한다(헌재 2013. 9. 26. 2012헌바109). 법원이 선택적 청구 중 하나를 받아들인 판결이 확정된 경우, 법원의 심판대상이 안된 나머지 선택적 청구에 적용되는 법률조항들은 재판의 전제성이 없다(헌재 2017. 5. 25. 2016헌바373). 당해 사건 중 부적법하여 각하되는 부분에 적용되는 법률조항도 재판의 전제성이 인정되지 않는다(헌재 2013. 7. 25. 2012헌바63).

(판 례) 일정한 성범죄자의 취업제한 규정이 재판의 전제가 되는지 여부

심판대상조항(성인대상 성범죄로 형을 선고받아 확정된 자는 그 형의 집행을 종료한 날부터 10년 동안 의료기관을 개설하거나 위 기관에 취업할 수 없도록 한 '아동·청소년의 성보호에 관한 법률' 제56조 제1항 제12호 중 '성인대상 성범죄로 형을 선고받아 확정된 자'에 관한 부분; 글쓴이)은 형사소송인 당해사건에서 형벌의 근거조항으로서 직접 적용되는 조항이 아니라, 당해사건의 유죄판결이 확정되고 난 후 그 유죄판결에 기초하여 부과되는 새로운 제재의 근거조항일 뿐이므로, 심판대상조항은 그 위헌 여부로 재판의 주문이 달라지거나 재판의 내용과 효력에 관한 법률적 의미가 달라지는 경우라고 보기 어려워 재판의 전제성이 없다.

헌재 2016. 3. 31. 2015헌가8, 공보 234, 540

(판 례) 당선무효 조항과 재판의 전제성

당선무효조항은 당해 사건의 재판에 적용되는 것도 아니고, 당선무효조항이 헌법에 위반되는지의 여부에 따라 당해 사건을 담당한 법원이 다른 내용의 재판을 하게 되는 경우에 해당하지도 아니한다. 왜냐하면 당선무효조항은 당해 사건의 결론이나 주문에 영향을 미치는 것이 아니라 당해 사건의 결론이나 주문에 의하여 비로소 영향을 받는 것이며, 재판의 내용과 효력을 형성함에 있어 관련된 것이 아니라 별도의 구성요건(당선인이 해당 선거에 있어 기부행위처벌조항에 해당하는 죄 등을 범함으로 인하여 징역형 또는 100만 원 이상의 벌금형 선고를 받은 때)에 의해서 비로소 형성되는 법률적 효과를 규정한 것이기 때문이다. 따라서 이 부분 심판청구는 재판의 전제성 요건을 충족하지 못한다.

청구인은, 당선무효조항이 분리 선고 규정을 두지 않은 입법부작위가 위헌이라는 취지로 주장한다. 헌법재판소법 제68조 제2항에 의한 헌법소원은 '법률'의 위헌성을 적극적으로 다투는 제도이므로 '법률의 부존재', 즉 진정 입법부작위를 다투는 것은 그 자체로 허용되지 아니하고, 다만 법률이 불완전·불충분하게 규정되었음을 근거로 법률 자체의 위헌성을 다투는 취지, 즉 부진정 입법부작위를 다투는 것으로 이해될 경우에는 그 법률이 당해 사건의 재판의 전제가 된다는 것을 요건으로 허용될 수 있다(헌재 2014. 9. 25. 2013헌바208).

청구인의 주장은 당선무효조항이 기부행위처벌조항으로 징역형 또는 100만 원 이상의 벌금형을 선고받은 당선인에 대하여 그 당선을 무효로 한다고 규정하면서도 분리 선고 규정을 두지 않음으로써 불완전, 불충분 또는 불공정한 입법을 하였다는 것, 즉 부진정 입법부작위를 다투는 취지이나, 설령 당선무효조항이 분리 선고 규정을 두지 않은 점의 위헌성이 인정된다고 하더라도 청구인은 기부행위처벌조항, 즉 선거범죄로만 재판을 받고 있을 뿐 기부행위처벌조항에 다른 죄가 병합되어 경합범으로 재판을 받고 있는 경우가 아니므로, 당선무효조항은 당해 사건에 적용되는 것이 아닐 뿐만 아니라 그 위헌 여부에 따라 당해 사건 법원이 다른 내용의 재판을 하게 되는 경우도 아니다. 따라서 이 부분 심판청구는 재판의 전제성 요건을 충족하지 못한다. 따라서 당선무효조항에 관한 이 사건 심판청구는 재판의 전제성 요건을 충족하지 못하여 부적법하다.

헌재 2018. 2. 22. 2016헌바370, 판례집 30-1상, 259, 268-269

(판 례) 재판의 전제성 심사와 제청신청인의 권리의 연관성 여부

(금융기관의 연체대출금에 관한 특별조치법 제7조의3 (회사정리절차에 대한 특례) "제6조 및 제7조의 규정에 의하여 성업공사에 이관되었거나 회수가 위임된 채권의 채무자인 회사의 재산에 대하여는 성업공사의 신청이 있는 때에는 회사정리법의 규정에 불구하고 이 법과 경

매법의 규정에 의한 경매절차를 진행한다", 제6조 (부진기업체에 대한 대출금 채권등의 이관) 한국산업은행총재는 한국산업은행이 융자한 기업체중 계속융자 또는 투자함이 적합하지 아니하다고 인정하는 기업체에 대한 동행의 채권과 채권의 변제를 받기 위하여 인수한 물건은 한국산업은행법 제53조의3의 규정에 불구하고 이를 성업공사에 이관하여 그 대출금을 회수하게 할 수 있다. 제7조 (연체대출금의 회수위임) ① 한국산업은행을 제외한 금융기관이 보유하는 연체대출금중 다음에 게기하는 대출금은 한국산업은행법 제53조의3의 규정에 불구하고 이를 성업공사에 위임하여 회수하게 할 수 있다. 다만, 한국산업은행이 성업공사에 이관한 채무자에 대하여 한국산업은행을 제외한 금융기관이 가지는 연체대출금에 관하여는 다음 각호에 게기하는 기한 또는 금액에 불구하고 성업공사에 위임하여 회수할 수 있다. 1. 원금 또는 할부금의 상환이 1년반이상 연체된 대출금, 2. 원금 또는 할부금의 연체금액이 5백만원이상인 대출금)

헌법재판소에서의 판단을 구하여 제청한 법률조문의 위헌여부가 현재 제청법원이 심리중인 해당사건의 재판결과에 어떠한 영향을 준다면 그것으로써 재판의 전제성이 성립되어 제청결정은 적법한 것으로 취급될 수 있는 것이고, 제청신청인의 권리에 어떠한 영향이 있는가 여부는 이와 무관한 문제라 할 것이다.

특별조치법 제7조의 3의 위헌여부는 제청신청인의 권리와는 무관하므로 위헌주장의 적격이 없어 이 사건 제청결정이 부적법하다는 취지의 본안 전의 주장에 관하여 보건대, 헌법재판소에 판단을 구하여 제청한 법률조문의 위헌여부가 현재 제청법원이 심리중인 당해 사건의 재판결과 즉 재판 결론인 주문에 어떠한 영향을 준다면 그것으로서 재판의 전제성이 성립되어 제청결정은 적법한 것으로 취급될 수 있는 것이고 제청신청인의 권리에 어떠한 영향이 있는가 여부는 헌법소원심판사건이 아닌 위헌법률심판사건에 있어서 그 제청결정의 적법여부를 가리는데 무관한 문제라 할 것이므로 위 본안 전의 주장은 더 나아가 살필 필요없이 그 이유 없다고 하겠다.

헌재 1990. 6. 25. 89헌가98등, 판례집 2, 132, 142

② 정의조항(定義條項)

기본법이라고 하는 민법, 형법, 상법 외의 일반 법률들은 제1조에서 목적, 제2조 등에서 정의조항을 두고 있는 것이 보통이다. 이러한 정의조항은 대개는 국민의 권리·의무와 직접 관련이 없으므로 이에 대한 위헌법률심판청구는 부적법한 것이 원칙이다. 정의조항이 계속중인 소송사건에 직접 적용되지 않는다는 이유이다. 법령소원사건에서는 기본권침해가능성이 없다는 이유로 각하된다. 가령 국어 등의 개념을 정의한 국어기본법 제3조가 그러하다.[4] 한자사용을 주장하는 국민들이 제기한 헌법소원사건이다. 이 정의조항이 한자를 배제한 상태에서 문자생활을 할 것을 정한 것이라고 볼 수 없으므로, 한자 사용에 관한 청구인들의 법적 지위에 어떠한 영향도 미치지 않으므로 기본권 침해가능성이 없다는 이유이다.

그러나 정의조항이 불명확하다거나 그 포섭하는 범위가 너무 넓어 과도한 광범성의 원칙이나 과잉금지원칙 위반을 주장하거나 포괄위임금지원칙이나 법률유보원칙 위반을 주장하는 경우에는 위헌법률심판이나 법령소원심판의 심판대상이 될 수 있다. 가령 '일제강점하 반민족행위 진상규명에 관한 특별법' 제2조 제6호 내지 제9호의 행위를 한 자를 재산이 국가에 귀속되는 대상인 친일반민족행위자로 보는 '친일반민족행위자 재산의 국가귀속에 관한 특별법' 제2조 제1호 가목이 그러하다.

(판 례) 정의조항의 심판대상 인정여부 (1)

청구인들은 정의조항(신문법 제2조 제2호. "인터넷신문"이란 컴퓨터 등 정보처리능력을 가진 장치와 통신망을 이용하여 정치·경제·사회·문화 등에 관한 보도·논평 및 여론·정보 등을 전파하기 위하여 간행하는 전자간행물로서 독자적 기사 생산과 지속적인 발행 등 대통령령으로 정하는 기준을 충족하는 것을 말한다)이 인터넷신문에 관하여 모호하게 규정하여 정확한 의미를 파악하기 어려우므로 명확성원칙에 위배된다고 주장한다. 그러나 '인터넷신문'은 지면이 아닌 인터넷을 통하여 발행·배포되는 신문을 뜻하는 것임이 분명하다. 청구인들 주장은 신문법상 '인터넷신문'의 요건을 정의조항에서 규정하지 않고 시행령에 위임하여 법률 규정만으로는 정확한 요건을 파악하기 어렵다는 취지이므로, 이 부분 주장은 포괄위임금지원칙 위반 여부에서 판단한다.

헌재 2016. 10. 27. 2015헌마1206등, 공보 241, 1727, 1733

(판 례) 정의조항의 심판대상 인정여부 (2)

정의조항은 청탁금지법에서 사용하는 용어의 뜻을 정하면서 사립학교 관계자와 언론인이 공직자등에 포함된다고 정의한 규정이다. 이런 정의규정은 그 자체로는 청구인들의 권리의무에 아무런 영향을 주지 않는다. 청구인들의 주장은 공직자가 아닌 사립학교 관계자와 언론인에게 공직자와 같은 각종 의무를 부과하고 이를 위반하는 경우 제재하는 것이 청구인들의 기본권을 침해한다는 것이다. 따라서 청탁금지법 중 청구인들의 기본권을 제한하는 규정은 정의조항 이외에 청구인들이 열거하고 있는 조항들과 금품등의 수수를 금지하고 있는 제8조 제1항과 제2항이다.

청탁금지법 중 공직자등의 공정하고 청렴한 직무수행을 보장하기 위한 공공기관의 책무 등을 정한 규정(제3조), 공직자등의 공정하고 청렴한 직무수행의무를 명한 규정(제4조), 부정청탁에 따른 직무수행을 금지한 규정(제6조) 등에 대해서는 청구인들이 전혀 다투고 있지 않다. 오히려 청탁금지법이 규정하고 있는 공정하고 청렴한 직무수행의무나 부정청탁에 따른 직무수행 금지의무 등은 사립학교 관계자나 언론인이 당연히 수행하여야 할 책무임을 청구인들도 인정하고 있다. 또 그 밖에 나머지 조항들도 부정청탁 등 방지에 관한 업무 관장 기관과 관련 행정절차 등을 규정한 것 등으로 청구인들의 기본권을 제한하는 규정이 아니다.

청구인들의 정의조항에 대한 위헌 주장은 결국 청탁금지법이 사립학교 관계자와 언론인에게 공직자와 똑같은 청렴의무 등을 부과하고 이를 위반할 경우 제재를 가하는 것이 위헌이라는 취지이다. 한편, 청구인들은 정의조항의 위헌성을 주장하면서 제8조 제1항과 제2항이 사립학교 관계자와 언론인에게 적용되는 것의 문제점을 지적하고 있다. 따라서 청구인들의 정의조항에 대한 위헌 주장은 정의조항 이외에 청구인들이 청구취지에서 열거하고 있는 조항들과 금품등의 수수를 금지하고 있는 제8조 제1항과 제2항의 위헌 여부에 대한 주장으로 선해하여 판단한다.

헌재 2016. 7. 28. 2015헌마236등, 공보 238, 1252, 1262

위 결정은 '부정청탁 및 금품등 수수의 금지에 관한 법률' 제2조 제1호 라, 마목 및 제2호 다, 라목('정의조항')이 학교법인과 각급 학교를 공공기관에, 언론인과 사립학교교직원 등을 공직자등에 각 포함시키고 있다. 청탁금지법의 적용대상이 되는 언론인과 사립학교교직원인 청구인들이 위 정의조항도 헌법소원심판청구 대상에 포함시켰다. 헌법재판소는 위 정의조항은 청구인들의 기본권에 아무런 영향을 미치지 않는다고 하면서 위 정의조항을 심판대상에서 아예 제외하였다. 정의규정(또는 선언규정)의 경우 일반적으로 법령조항 자체에 의해서는 기본권의 침해가 발생하지 아니하므로 직접성 요건이 결여되는 것이 원칙임을 강조하였다(헌재 2004. 9. 23. 2002헌마563).

다수의견에 대하여는 2인 재판관의 반대의견이 있다. 정의규정이라 하더라도 기본권 제한과 밀접하게 연관되어 있거나 형벌조항의 중요한 구성요건을 이루고 있는 경우에는 기본권 침해의 직접성을 인정할 수 있는데, 위 정의조항은 청탁금지법상 처벌조항의 인적 대상범위를 직접 규정함으로써 형벌조항의 중요한 구성요건을 이루고 있으므로 심판대상으로 삼아 본안판단하여야 한다는 것이다. 그러나 부정청탁에 따른 직무수행금지의무를 인정하면서 이 조항에 대하여는 위헌성을 제기하지 않고 있는 이상, 정의조항을 따로 심판대상으로 삼을 필요는 없다. 다수의견이 옳다.

(판 례) 정의조항을 위헌으로 선언한 사례

　　기반시설의 종류로서 체육시설을 규정한 이 사건 정의조항('국토의 계획 및 이용에 관한 법률' 제2조 (정의) 이 법에서 사용하는 용어의 정의는 다음과 같다. 6. "기반시설"이라 함은 다음 각목의 시설로서 대통령령이 정하는 시설을 말한다. 라. 학교·운동장·공공청사·문화시설·체육시설 등 공공·문화체육시설)은 이 사건 수용조항과 결합한 전반적인 규범체계 속에서 도시계획시설사업의 시행을 위해 수용권이 행사될 수 있는 대상의 범위를 확정하는 역할을 하므로 재산권 제한과 밀접하게 관련된 조항이라 할 것이다. 그런데 특히 재산권 수용에 있어 요구되는 공공필요성과 관련하여 살펴본다면 체육시설은 시민들이 손쉽게 이용할 수 있는 시설에서부터 그 시설 이용에 일정한 경제적 제한이 존재하는 시설, 시설이용비용의 다과와는 관계없이 그 자체 공익목적을 위하여 설치된 시설 등에 이르기까지 상당히 넓은 범위에 걸쳐 있다. 따라서 그 자체로 공공필요성이 인정되는 교통시설이나 수도·전기·가스공급설비 등 국토계획법상의 다른 기반시설과는 달리, 기반시설로서의 체육시설의 종류와 범위를 대통령령에 위임하기 위해서는, 체육시설 중 공공필요성이 인정되는 범위로 한정해 두어야 한다. 그러나 이 사건 정의조항은 체육시설의 구체적인 내용을 아무런 제한 없이 대통령령에 위임하고 있으므로, 기반시설로서의 체육시설의 구체적인 범위를 결정하는 일을 전적으로 행정부에게 일임한 결과가 되어 버렸다. 그렇다면, 이 사건 정의조항은 개별 체육시설의 성격과 공익성을 고려하지 않은 채 구체적으로 범위를 한정하지 않고 포괄적으로 대통령령에 입법을 위임하고 있으므로 헌법상 위임입법의 한계를 일탈하여 포괄위임금지원칙에 위배된다.

　　　　　　　　　　　헌재 2011. 6. 30. 2008헌바166 등, 판례집 23-1하, 288, 289

③ 간접 적용되는 법률

　　당해 사건에 간접 적용되는 법률규정이라도 직접 적용되는 규범과의 사이에 내적 관련이 있는 경우에는 재판의 전제성이 인정될 수도 있다. 위에서 언급한 이미 오래전에 폐지되었던 구 이자제한법 사건도 한 예이다.

　　헌법재판소는 "청구인들에 대한 공소장에는 직업안정법 제10조 제1항("유료직업소개사업을 하고자 하는 자는 노동부장관의 허가를 받아야 한다")만 기재되어 있고, 제2항("제1항의 규정에 의한 허가의 종류·요건·대상 기타 허가에 관하여 필요한 사항은 대통령령으로 정한다")은 기재되어 있지 아니하나, 청구인들은 제1항이 헌법에 위반된다는 중요한 이유로서 제2항에서 허가요건을 법률로 규정하지 않고 대통령령에 위임하고 있는 것이 위임입법의 한계를 벗어나 위헌이라고 주장하고 있으므로 이 사건에서 제1항의 위헌여부는 제2항의 위헌여부와 불가분적인 관계에 있다고 할 것이어서 제2항도 재판의 전제가 된다"고 하였다(헌재 1996. 10. 31. 93 헌바14). 이 사례에서 볼 수 있듯이 간접 적용되는 법률인지 여부와 뒤에서 보는 불가분의 밀접한 관련이 있는지 여부는 거의 대부분 중첩된다.

(판 례) 간접 적용되는 법률에 대하여 재판의 전제성을 인정한 경우(1)

(형사소송법 제221조의2 제2항, 제5항 "② 전조의 규정에 의하여 검사 또는 사법경찰관에게 임의의 진술을 한 자가 공판기일에 전의 진술과 다른 진술을 할 염려가 있고 그의 진술이 범죄의 증명에 없어서는 아니될 것으로 인정될 경우에는 검사는 제1회 공판기일 전에 한하여 판사에게 그에 대한 증인신문을 청구할 수 있다. ⑤ 판사는 수사에 지장이 없다고 인정할 때에는 피고인·피의자 또는 변호인을 제1항 또는 제2항의 청구에 의한 증인신문에 참여하게 할 수 있다)

이 사건 제2항 및 제5항은 관련사건에서 법원의 증거채부결정에 직접 적용되는 법률조항은 아니나 증거채부결정의 대상이 된 조서의 증거능력에 영향을 미침으로써, 그 위헌여부에 따라 법원이 그 조서를 증거로 채택할 수 있느냐 없느냐의 증거채부결정의 결과를 좌우하고 있다 할 것이다. 그렇다면 이 사건 법률조항들을 심판대상으로 하는 이 사건 헌법소원심판은 적법하다(이러한 관점에서 볼 때, 추후에 공판기일에서의 증인신문절차에서 반대신문권이 보장되었다는 사실이나 공판기일전 증인신문조서 없이도 피고인을 유죄로 인정하기에 충분하였다는 사후판단적 사실 내지 실제로 위 신춘균에 대한 공판기일전 증인신문절차에서 반대신문이 행해졌다는 사실 등은, 위 법원의 증거채부결정의 결론에 아무런 영향이 없는 사실로서 이 사건 재판의 전제성을 판단하는 데 아무런 영향을 미치지 못한다고 본다).

헌재 1996. 12. 26. 94헌바1, 판례집 8-2, 808, 818-819

(판 례) 간접 적용되는 법률에 대하여 재판의 전제성을 인정한 경우(2)

이 사건의 당해 사건은 개인회생절차 개시신청을 기각한 결정에 대한 재항고 사건이고, 이 사건 법률조항(채무자 회생 및 파산에 관한 법률 제625조 제2항: 면책을 받은 채무자는 변제계획에 따라 변제한 것을 제외하고 개인회생채권자에 대한 채무에 관하여 그 책임이 면제된다. 다만, 다음 각 호의 청구권에 관하여는 책임이 면제되지 아니한다. 4호, 채무자가 고의로 가한 불법행위로 인한 손해배상)은 개인회생절차의 개시결정으로 개시된 절차 중 변제계획에 따른 변제 이후에 법원이 최종적으로 채무자의 면책 여부를 결정하였을 때 그 면책결정의 효력을 제한하는 규정으로, 개인회생절차의 개시 단계에서 직접적으로 그 개시 여부의 결정에 적용되는 조항은 아니다.

당해 사건의 재판에 직접 적용되는 법률조항은 개인회생절차 개시신청의 기각사유로 '개인회생절차에 의함이 채권자 일반의 이익에 적합하지 아니한 때'를 정하고 있는 법 제595조 제6호인데, 당해 사건에서 대법원은 이 사건 법률조항에 해당하여 면책의 대상이 되지 않는 채무가 있는 경우에도 법 제595조 제6호에 해당될수 있는 것으로 해석하여 청구인의 개인회생절차개시신청을 기각한 원심에 대한재항고를 기각하였다.

따라서 이 사건 법률조항은 당해 사건의 재판에 간접적으로 적용되고, 그것이헌법에 위반되는지 여부에 따라 개인회생절차 개시 여부의 결정에 관한 법원의 판단이 달라지는 등 당해 사건 재판의 주문에 영향을 미치거나 그 재판의 내용과 효력에 관한 법률적 의미가 달라지므로, 당해 사건에 직접 적용되는 법률조항인 법제595조 제6호와 내적 관련이 있다고 할 것이고, 따라서 이에 따라 재판의 전제성을 인정할 수 있다.

또한, 당해 사건 법원은 청구인의 위헌제청신청을 각하하지 아니하고 기각하였는데, 이와 같이 이 사건 법률조항이 당해사건에 적용되는 법률이라고 본 법 원의법률적 견해가 명백히 유지될 수 없다고 보기도 어렵다. 그러므로 이 사건 법률조항이 헌법에 위반되는지 여부는 당해 사건 재판의 전제가 된다.

헌재 2011. 10. 25. 2009헌바234, 판례집 23-2상, 774, 782-783

한편, 헌법재판소는 재판에 직접 적용되는 시행령의 위헌여부가 위임규정의위헌여부에 달려 있는 경우에 위임규정을 심판의 대상으로 삼은 경우도 간접 적용되는 법률에 재판의 전제성을 인정한 경우라고 한다(헌재 1992. 6. 26, 90헌가23). 이와 관련하여서는 이미 설명하였다.

④ 재판의 전제성이 부인된 사례

* 민사소송등인지법 제2조는 민사소송법에 의한 소송비용액을 산정함에 있어서민사소송등인지법에 의하여 첨부한 인지액은 그 정액을 소송비용에 산정한다는 내용으로서 소송비용 등 인지액의 산정방법을 규정한 것에 불과하여, 위 관련 사건상의 인지보정명령이나 인지미보정으로 인한 재판장의 소장각하명령의 각 재판에 있어서 적용될 법률이 아닐 뿐만 아니라, 그 위헌여부에 따라 각재판의 결과가 달라지지 않는다(헌재 1996. 8. 29. 93헌바57).

* 당해 사건의 신청인 갑 주식회사가 피신청인 을 노동조합을 상대로 피신청인의 위법한 쟁의행위로 인한 손해배상청구권 등을 피보전권리로 하여 쟁의행위금지가처분신청을 한 사건의 관할법원이 직권으로 '노동조합및노동관계조정법'을 위헌제청한 경우, 노동관계개정법은[5] 당해 사건의 재판에 적용되는 법률이아닐 뿐만 아니라 피신청인의 조합원들이 쟁의행위를 하게 된 계기에 불과한것이므로 개정법의 위헌여부는 다른 내용의 재판을 하게 되는 관계에 있지도

않다(헌재 1997. 9. 25. 97헌가4).

* 공직선거 당선자의 배우자인 청구인이 공직선거및선거부정방지법상의 매수 및
이해유도죄로 기소된 경우 당해 사건 법원은 청구인의 행위가 법 제230조 제1
항 제4호에 해당하는지 여부를 심리하여 청구인의 유·무죄를 판단할 뿐이므
로, 공직선거 당선자의 배우자가 일정한 선거범죄의 유죄판결을 선고받은 경우
당선이 무효가 되도록 규정한 법 제265조 본문 중 '배우자' 부분이 위헌이라고
하여도 당해 사건에서 법원이 청구인에 대하여 다른 판단을 할 수는 없으며
청구인에 대한 관계에서 당해 사건의 재판의 내용과 효력에 관한 법률적 의미
가 달라지는 것도 아니다(헌재 2005. 7. 21. 2005헌바21).

* 특정 정당으로부터 지지·추천받음을 표방하였다는 이유로 공직선거법 위반으
로 공소제기된 사건에서 정당이 후보자를 추천할 수 없도록 한 규정은 당해사
건에 적용될 규정이 아니다(헌재 2003. 1. 30. 2001헌가4).

* 신상공개처분의 취소를 구하는 소송에서 신상공개 자체의 위헌성과 관계없는
신상공개결정시의 고려사항에 관한 규정 역시 당해 사건과는 아무런 관련이
없는 규정이다(헌재 2003. 6. 26. 2002헌가14).

* 위헌제청대상 법률조항이 당해 사건에 적용된 구법 조항이 아니라 동일한 내
용의 신법 조항인 교육기본법 제8조 제1항 단서인 경우 그 신법 조항의 위헌
여부는 당해 사건의 재판과 아무런 관련이 없다(헌재 2001. 4. 26. 2000헌가4; 3
인의 반대의견은 "구 교육법과 이 사건 법률조항은 형식상 별개의 법률조항이기는 하
나 그 실질적 내용에는 아무런 변화없이 동일성이 유지되고 있으므로 형식적인 법률
개정의 유무에 얽매여 구 교육법조항을 제청의 대상으로 삼지 않았다 하여 이 사건
위헌제청을 각하할 것이 아니라, 구 교육법조항과 실질적으로 내용이 동일한 이 사건
법률조항의 위헌여부를 판단함으로써 중학교 의무교육과 관련된 헌법적 문제를 적극
적으로 해명하는 것이 타당하다"고 하였다).[6]

(3) 그 법률이 헌법에 위반되는지 여부에 따라 당해 사건을 담당하는 법원이 다른 내용의 재판을 하게 되는 경우일 것

위헌심판이 제청된 법률(조항)이 헌법에 위반되는지 여부에 따라 당해 사건을
담당하는 법원이 다른 내용의 재판을 하게 되는 경우이어야 한다. 여기서 다른
내용의 재판을 하게 되는 경우는 재판의 주문이 달라지는 경우뿐만 아니라 재
판의 이유를 달리하는 경우, 즉 재판의 내용이나 효력 중에 어느 하나라도 그에
관한 법률적 의미가 달라지는 경우도 포함한다(헌재 1992. 12. 24. 92헌가8).

(판 례) 재판의 주문이나 결론이 달라지는 경우

(본안은 청구인의 이복남매 친족이 청구인을 절도 등으로 고소한 사건이다. 청구인은 형법 제344조에 의하여 형법 제329조 절도죄에 준용되는 형법 제328조 제1항 "직계혈족, 배우자, 동거친족, 동거가족 또는 그 배우자 간의 죄는 형을 면제한다"는 규정은 피해재물 소유자의 고소가 없어도 공소를 제기할 수 있다고 해석하거나 피해재물의 소유자와 점유자가 다른 경우에 형법 제328조 제1항이 적용되기 위하여 범인과 소유자 외에 점유자에게까지 친족관계가 있어야 한다고 해석하는 한 위헌이라고 주장하였다; 글쓴이)

이 사건 청구인의 헌법소원이 인용되어 이 사건 법률조항이 피해재물 소유자의 고소가 있어야 형을 면제하도록 규정하지 않은 것이 헌법에 위반된다는 이유로 헌법불합치결정을 하고 그 결정취지에 따라 개선입법이 이루어질 경우, 당해사건에서 재물 소유자인 박○선의 고소가 없었으므로 청구인은 공소기각 판결을 받게 되고(형사소송법 제327조 제2호), 이 사건 법률조항은 범인과 피해재물 소유자뿐만 아니라 점유자에게까지 친족관계가 있어야 적용된다고 하는 것이 헌법에 위반된다는 결정이 선고될 경우, 당해사건에서 청구인은 피해재물 소유자인 박○선과 형법 제328조 제1항의 친족관계가 있으므로 청구인이 피해재물 점유자와 친족관계에 있는지 여부와 관계없이 형면제 판결을 받을 수 있다.

따라서 이 사건 법률조항의 위헌 여부는 당해사건 재판의 결론이나 주문에 영향을 미치는 것으로서 재판의 전제성이 인정된다.

헌재 2012. 3. 29. 2010헌바89, 공보 186, 589, 591

개정 국가공무원법 부칙 제2호에 의하여 복직발령을 받았으나, 직위해제처분은 여전히 유효하기 때문에 승진소요최저연수의 계산에 있어서 직위해제기간은 산입되지 않으며(공무원임용령 제31조 제2항) 직위해제기간중 봉급의 감액을 감수할 수밖에 없는(공무원보수규정 제29조) 불리한 효과가 그대로 남아 있는 경우에는 직위해제처분의 취소를 구할 소의 이익이 인정된다. 따라서 형사사건으로 기소된 자에게는 직위를 부여하지 않는다는 구 국가공무원법 제73조의 2 제1항 단서는 당해 사건에서 적용되는 규정이고, 이 규정의 위헌 여부에 따라 직위해제처분의 취소 여부, 재판의 결과가 달라지므로 재판의 전제성이 인정된다(헌재 1998. 5. 28. 96헌가12).

반면, 당해 사건에서 청구인에게 유리한 판결이 확정되었다면 문제된 사립학교교원연금법 조항이나 농지법조항의 위헌 여부에 따라 재판의 주문이 달라지는 경우에 해당하지 않는다고 할 것이므로 재판의 전제성이 인정되지 않는다(헌재 2000. 7. 20. 99헌바61).

(판 례) 재판의 전제성 부인(1)

　(청구인은 투표용지교부와 관련한 절차가 위법이라는 이유로 대통령선거무효소송을 제기하였고, 공직선거법 제222조 제1항 "대통령선거 및 국회의원선거에 있어서 선거의 효력에 관하여 이의가 있는 선거인·정당(후보자를 추천한 정당에 한한다) 또는 후보자는 선거일부터 30일 이내에 당해 선거구선거관리위원회위원장을 피고로 하여 대법원에 소를 제기할 수 있다" 규정이 대통령선거에 관한 관할을 대법원의 전속관할로 하여 다른 소송과 달리 단심제로 규정하고 있어 청구인의 재판청구권을 침해한다는 위헌법률심판제청신청, 위헌소원심판청구를 하였다)

　공선법[7] 제222조 제1항은 대통령선거무효 소송을 대법원의 전속관할로 두고 있고, 이에 청구인이 위 조항에 따라 대법원에 대통령선거무효 소송을 제기하였는바, 대법원은 최고법원으로서 당해사건의 재판에 관한 사실인정 및 법률적용에 관한 최종심이므로 위 조항의 위헌 여부, 즉 대법원 이외의 하급심 법원에도 대통령선거무효 소송의 관할을 인정해야 하는지 여부에 따라 대법원에서의 재판의 주문이 달라지거나 재판의 내용과 효력에 관한 법률적 의미가 달라진다고 볼 수 없다.

헌재 2004. 8. 26. 2003헌바20, 공보 96, 829, 831-832

(판 례) 재판의 전제성 부인(2)

　(청구인은 2002. 2. 5. 실시된 제3회 강원도 교육감선거에 출마하여 낙선한 자로서, 2001. 12. 30. 15:00 경 ○○보험 강원도 ○○영업소로 찾아가 위 영업소 소장이자 ○○여자중학교의 운영위원인 청구외 이○건에게 "이번 교육감선거에 나오게 되었으니 잘 부탁합니다"라는 지지부탁과 함께 악수를 하면서 자신의 사진과 약력이 기재된 명함 1매를 배포한 것을 비롯하여, 같은 해 12월 중순경부터 2002. 1. 25.경까지 강원도 내 초·중·고등학교 운영위원 200여 명의 집 등을 방문하여 같은 방법으로 명함 200여 장을 배포하면서 지지를 호소함으로써 선거운동기간 전에 인쇄물을 사용하고 호별방문하여 선거운동을 하였다는 혐의로 지방교육자치에관한법률 제158조 제2항 제1호·제5호 위반죄로 벌금 2백만 원을 선고받고 그 상고심 계속 중 위 법률 제78조, 제140조, 제158조 제2항 제1호에 대하여 위헌제청신청을 하였으나 각하 및 기각(대법원 2003. 9. 5. 2003초기285)되자, 2003. 10. 8. 위 법률조항들의 위헌확인을 구하는 이 사건 헌법소원심판을 청구하였다; 제78조 "누구든지 …… 선거운동기간동안 …… 외의 일체의 선거운동을 하여서는 아니된다", 제79조 "선거운동은 당해 후보자의 등록이 끝난 때부터 선거일 전일까지에 한하여 이를 할 수 있다", 제140조 "제78조의 규정에 위반한 자는 2년 이하의 징역 또는 400만 원 이하의 벌금에 처한다", 제158조 제2항 "선거운동기간전에 다음 각 호의 1에 해당하는 행위를 한 자는 이 법에 다른 규정이 있는 경우를 제외하고는 2년 이하의 징역 또는 400만 원 이하의 벌금에 처한다")

　당해 사건에 적용되는 법률인지의 여부를 판단함에 있어 헌법재판소는 반드시 직접 적용되는 법률일 것만을 요구하고 있지는 않으며 직접 적용되는 법률과 내적 관련성이 있는 경우에는 간접 적용되는 법률규정에 대해서도 재판의 전제성을 인정하고 있다. 하지만 그와 같은 내적 관련성이 인정되기 위해서는 당해 사건에 직접 적용되는 법령조항의 위헌 여부가 간접 적용되는 법령조항의 위헌 여부에 의존하고 있어 그 결과에 따라 당해 사건을 담당하는 법원이 다른 내용의 재판을 하게 될 정도의 밀접한 관련성이 존재하여야 한다(헌재 1996. 10. 31. 93헌바14, 판례집 8-2, 422, 429-430; 2000. 1. 27. 99헌바23, 판례집 12-1, 62, 71 참조).

이 사건으로 돌아와 판단하면, 법 제78조와 법 제158조 제2항은 법문언에 비추어 선거운동기간의 개시시점을 기준으로 그 전후의 시기를 나누어 선거운동행위를 규제하고자 함이 명백하다. 즉, 법 제79조에 의하면 "선거운동기간" 중에만 선거운동이 허용된다. 그런데 법 제78조는 선거운동기간 중이라 할지라도 허용되는 선거운동행위들을 한정적으로 열거하고 있고, 또한 법 제158조는 제2항 및 제3항을 통해 선거운동기간 이전에 행해지는 선거운동행위를 포괄적으로 금지하고 있다. 이와 같이 법 제78조와 제158조 제2항·제3항은 선거운동기간의 개시시점을 기준으로 그 전후의 시기를 별도의 규정을 통해 규율하고자 하는 것임이 입법의도상 명백하다.

따라서 법 제78조가 선거운동기간 동안 일정한 선거운동만을 허용하고 있는 것이 지나치게 선거운동의 자유를 침해하는 것이라고 보아 이를 위헌으로 선언한다 할지라도, 법 제79조가 합헌인 한, 각종 인쇄물을 사용한 "사전선거운동"을 금지하고 있는 법 제158조 제2항 제1호까지 당연히 위헌으로 귀결되는 것으로 볼 수 없다. 즉 법 제78조에 대한 위헌선언이 있다고 하여 법원이 법 제158조 제2항 제1호를 적용법조로 하는 당해 사건에서 다른 내용의 재판을 하게 되는 경우에 해당하는 것으로 볼 수 없다. 그러므로 법 제78조 및 그 처벌규정인 제140조가 재판의 전제성을 갖추었다는 청구인의 주장은 이유 없다.

헌재 2006. 2. 23. 2003헌바84, 공보 113, 300, 303

법원이 재판을 하는 경우 법률의 위헌여부에 따라 그 주문이 달라지는 경우뿐만 아니라 "당해 사건 재판의 내용이나 효력 중에 어느 하나라도 그에 관한 법률적 의미가 달라지는 경우"에도 재판의 전제성이 인정된다(헌재 1992. 12. 24. 92헌가8).

그러나, 헌법재판소가 재판의 전제성을 인정하고 있는 "법률의 위헌여부가 재판의 결론을 이끌어 내는 이유를 달리하는 데 관련되어 있는 경우"가 어떠한 경우인지는 불분명하다.[8]

(판 례) 당해 사건 재판의 내용이나 효력에 관한 법률적 의미가 달라지는 경우에
재판의 전제성 인정

이 법 제331조 본문의 규정은, "무죄, 면소, 형의 면제, 형의 선고유예, 형의 집
행유예, 공소기각 또는 벌금이나 과료를 과하는 판결이 선고된 때에는 구속영장은
효력을 잃는다."라고 하고 있어 문면상으로는 종국재판으로서의 무죄 등 판결의
선고가 있으면 이에 따라 피고인의 구속이 해제되는 부수적 재판의 효력이 있음을
규정하고 있어 실질적으로는 법원이 선고하는 무죄 등의 판결에는 동시에 구속취
소의 결정이 당연히 포함되어 있는 것으로 되어 있으며, 이는 결과적으로 구속의
취소에 관한 법 제93조의 특례규정으로서의 법적 기속력을 가지고 있는 것이다.

그런데 이 법 제331조 단서는 "단 검사로부터 사형, 무기 또는 10년 이상의 징
역이나 금고의 형에 해당한다는 취지의 의견진술이 있는 사건에 대하여는 예외로
한다."라고 본문에 대한 예외규정을 두어 법원의 무죄 등의 판결선고에도 불구하
고 구속영장의 효력이 상실되지 않는 예외를 설정함으로써 구속취소의 법적 효과
를 배제하는 또 다른 이중적 특별규정을 두고 있다. 이러한 경우 법 제331조 단서
규정의 위헌여부에 따라 형사판결의 주문 성립과 내용 자체가 직접 달라지는 것은
아니지만 만약 위 규정이 위헌으로 법적 효력이 상실된다면 이 법 제331조 본문의
규정이 적용되어 제청법원이 무죄 등의 판결을 선고하게 될 경우에 그 판결의 선
고와 동시에 구속영장의 효력을 상실시키는 재판의 효력을 가지게 되며, 이와는
달리 이 단서 규정이 합헌으로 선언되면 검사로부터 피고인들에 대하여 징역 장기
10년의 구형이 있는 위 피고사건에 있어서 당해사건을 담당하는 법원의 판결만으
로는 구속영장의 효력을 상실시키는 효력을 갖지 못하게 되는 결과로 인하여 그
재판의 효력과 관련하여 전혀 다른 효과를 가져오는 재판이 될 것이다. 따라서 법
제331조 단서규정의 위헌여부는 제청법원이 검사로부터 장기 10년의 징역형 등에
해당한다는 취지의 의견진술이 있느냐 없느냐 여하에 따라 관련사건의 그 재판주
문을 결정하고 기판력의 내용을 형성하는 그 자체에 직접 영향을 주는 것은 아니
라 할지라도 그 재판의 밀접 불가결한 실질적 효력이 달라지는 구속영장의 효력에
관계되는 것이어서 재판의 내용이나 효력 중에 어느 하나라도 그에 관한 법률적
의미가 전혀 달라지는 경우에 해당하는 것이므로 재판의 전제성이 있다고 할 것이
다. 따라서 제청법원의 이 사건에 대한 위헌법률심판제청은 적법하다고 아니할 수
없다.

헌재 1992. 12. 24, 92헌가8, 판례집 4, 853, 865-866

(판 례) 당해 사건 재판의 내용이나 효력에 관한 법률적 의미가 달라지는 경우가 아니라서 재판의 전제성 부인

심판대상조항(일정한 성폭력범죄로 유죄판결이 확정되면 신상정보 등록대상이 됨을 규정한 '성폭력범죄의 처벌 등에 관한 특례법' 제42조 제1항 중 강제추행죄에 관한 부분; 글쓴이)은 성폭력 특례법상 일정한 성폭력범죄로 유죄판결이 확정된 자를 신상정보 등록대상자로 정하고 있다. 즉 심판대상조항은 당해 사건 재판의 결론 및 그 확정 여부에 의하여 비로소 적용되는 것일 뿐, 유죄판결이 확정되기 전 단계인 당해 사건 재판에서 적용된다고 볼 수 없다.

성폭력 특례법에 의하면 법원은 신상정보 등록대상자가 된 자에게 등록대상자라는 사실과 신상정보 제출의무가 있음을 알려주어야 하고(성폭력 특례법 제42조 제2항), 성폭력 특례법상 그 방법이 특정되어 있지 아니하여 실무상 고지의 방법으로 당해 사건 판결 이유 가운데 신상정보 제출의무를 기재하는 경우가 있으나, 그 기재는 판결문의 필수적 기재사항도 아니고, 당해 사건 재판의 내용과 효력에 영향을 미치는 법률적 의미가 있는 것도 아니다.

2015. 12. 23. 2015헌가27, 판례집 27-2하, 419, 424-425

당해 사건 재판의 내용이나 효력에 관한 법률적 의미가 달라지는 경우에 해당한다고 하면서 재판의 전제성이 인정된 사례는 다음과 같다.

* 당해사건은 손해배상청구소송이고 법원은 피고의 불법행위를 인정한 후에 원고(청구인) 일부승소의 판결을 선고하였는데, 이러한 사실인정을 함에 있어서 서증 등의 증거조사를 하였고 청구인이 신청한 피고본인신문 등의 증거조사신청은 이를 배척한 것으로 보이는바, 그 배척의 근거가 된 법률조항이 위헌으로 결정되어 당해사건의 재심사건에서 청구인이 신청한 증거를 모두 받아들이게 된다면 손해배상의 인용금액이 인상되는 등 재판의 주문이 달라질 가능성을 배제할 수 없고, 설사 그렇지 않더라도 그 재판의 이유를 달리함으로써 재판의 내용과 효력에 관한 법률적 의미가 달라지는 경우라고 볼 수 있다(헌재 2004. 9. 23. 2002헌바46).

* 새마을금고법 제21조(임원의 결격사유)는 형사재판인 당해 사건에 직접 적용되는 처벌조항은 아니지만, 이 사건 법률조항에 대하여 선거범죄와 다른 죄의 경합범에 대하여 분리 선고 규정을 두지 않은 점의 위헌성이 인정될 경우 이 사건 법률조항에 분리 선고 규정이 새로이 마련되어 그 개정 법률이 소급하여 당해 사건에 적용된다면 그 재판의 주문이 달라지거나 재판의 내용과 효력에

관한 법률적 의미가 달라질 가능성이 있다(헌재 2014. 9. 25. 2013헌바208; 헌법
재판소의 헌법불합치결정에 따라 2015. 7. 20. 제21조의2(벌금형의 분리 선고) "「형
법」 제38조에도 불구하고 제21조제1항제8호에 규정된 죄와 다른 죄의 경합범에 대
하여 벌금형을 선고하는 경우에는 이를 분리하여 선고하여야 한다"는 규정이 신설되
었다).

당해 사건 재판의 내용이나 효력에 관한 법률적 의미가 달라지는 경우에 해
당하지 않는다고 하면서 재판의 전제성을 부인한 사례는 다음과 같다.

* 형사소송법 제56조의2 제1항은 검사, 피고인 또는 변호인이 공판정에서의 심
  리의 전부 또는 일부에 대하여 속기, 녹음 또는 영상녹화를 신청할 수 있도록
  함과 동시에 소송당사자의 신청이 없는 경우라도 법원이 직권으로 이를 명할
  수 있도록 한 것일 뿐, 위 규정의 위헌 여부가 당해 사건의 결론 또는 그 내
  용과 효력에 영향을 미칠 것으로 보이지 않는다(헌재 2012. 5. 31. 2010헌바
  403).
* 교원지위향상을위한특별법 제9조 제1항 중 청구기간 부분에 대한 위헌여부에
  따라 당해 사건의 재판의 주문이나 결론이 달라지지는 아니하고, 다만 각하판
  결의 이유가 달라지게 된다고 하더라도, 각하이유 구성시 전심절차 흠결의 전
  제가 되는 청구기간의 근거조문이 달라지는 경우를 재판의 내용과 효력에 관
  한 법률적 의미가 달라지는 경우라고 보기는 어렵다(헌재 2007. 1. 17. 2005헌바
  86).
* '특수임무수행자 보상에 관한 법률' 제2조 제1항 제2호 중 '대통령령이 정하는
  기간' 부분은 특수임무수행자로 인정되기 위한 요건 중 '활동시기'에 관한 것이
  고, 청구인은 다른 요건인 '군 첩보부대 소속'을 충족하지 못하므로, 청구인이
  '특수임무수행자'에 해당하지 않는다는 결론에는 변함이 없으므로, 법 제2조 제
  1항 제2호 중 '대통령령이 정하는 기간' 부분의 위헌 여부에 따라 당해 사건의
  주문이 달라지거나 재판의 내용과 효력에 관한 법률적 의미가 달라진다고는
  할 수 없다(헌재 2011. 7. 28. 2009헌바158).

(4) 기판력·행정행위의 확정력 및 하자의 승계와 재판의 전제성

행정처분에 대한 쟁송기간이 경과한 후에 그 처분의 근거인 법률의 위헌여부
에 대한 심판청구를 하는 경우에는 당해 사건을 담당하는 법원이 그 법률에 대
한 위헌결정이 있는 경우 다른 내용의 재판을 할 예외적인 사정이 있는지 여부

에 따라 재판의 전제성 유무가 달라진다. 그 법률에 대한 위헌결정이 행정처분의 효력에 영향을 미칠 여지가 없는 경우에는 재판의 전제성을 인정할 수 없게 되고, 행정처분이 무효인지 여부는 당해 사건을 재판하는 법원이 판단할 문제이다(헌재 1998. 4. 30. 95헌마93등).

이는 대법원이 행정처분의 무효여부를 판단함에 있어서 이른바 **'중대명백설'**을 취하고 있기 때문이다. 즉 행정처분의 근거가 된 법률이 헌법재판소에서 위헌으로 선고된다고 하더라도 그 전에 이미 집행이 종료된 행정처분이 당연무효가 되지는 않는다(대판 1995. 7. 11. 94누4615). 따라서 행정처분에 대한 쟁송기간 내에 그 취소를 구하는 소를 제기한 경우는 별론으로 하고 쟁송기간이 경과한 후에는 행정처분의 근거법률이 위헌임을 이유로 무효확인소송 등을 제기하더라도 행정처분의 효력에는 영향이 없다(헌재 1994. 6. 30. 92헌바23).

당해 사건의 주위적 청구는 행정처분에 대한 쟁송기간이 경과한 후에 무효확인소송을 제기한 것인데, 처분의 근거법률이 위헌이라고 섣불리 단정할 수 없을 뿐만 아니라, 설사 위헌이라고 하더라도 국회에서 헌법과 법률이 정한 절차에 의하여 제정·공포된 법률이 헌법에 위반된다는 사정은 헌법재판소의 위헌결정이 있기 전에는 객관적으로 명백한 것이라고 할 수 없으므로 특별한 사정이 없는 한 이러한 하자는 행정처분의 취소사유에 해당할 뿐 당연무효는 아니라 할 것이어서 당해 사건의 적용법률조항들의 위헌 여부에 따라 당해 사건의 주위적 청구와 관련하여 재판의 주문이 달라지거나 재판의 내용과 효력에 관한 법률적 의미가 달라지는 경우로 볼 수 없다(헌재 2007. 10. 4. 2005헌바71).

그러나 처분이 위헌법률에 근거하여 내려진 것이고 그 행정처분의 목적달성을 위해서는 후행 행정처분이 필요한데, 후행 행정처분은 아직 이루어지지 않은 경우와 같이 그 행정처분을 무효로 하더라도 법적 안정성을 크게 해치지 않는 반면에 그 하자가 중대하여 구제가 필요한 경우에 대하여는 그 예외를 인정하여 이를 당연무효사유로 보아서 쟁송기간 경과 후에라도 무효확인을 구할 수 있는 것으로 보아야 하고, 이 경우에는 재판의 전제성이 인정된다(헌재 1994. 6. 30. 92헌바23).

(판 례) 행정행위의 불가쟁력과 재판의 전제성

　　나. 불가쟁력이 발생한 행정처분과 위헌인 법률에 근거한 행정처분의 효력

　　비록 위헌인 법률에 기한 행정처분이라고 하더라도 그 행정처분에 대하여 법령

에 정한 제소기간이 모두 경과하는 등 더 이상 취소소송을 제기하여 다툴 수 없게 된 때에는 그 뒤에 한 위헌결정의 효력이 이에 미치지 않는다고 보아야 한다.

제소기간이 경과함으로써 그 행정처분을 더 이상 다툴 수 없게 된 뒤에도 당사자 또는 이해관계인이 그 처분의 무효확인소송이나 처분의 효력 유무를 선결문제로서 다투는 민사소송 등에서 언제든지 그 처분의 근거 법률이 위헌이라는 이유를 들어 그 처분의 효력을 부인할 수 있도록 한다면, 그 처분으로 불이익을 받은 개인의 권리구제에는 더 없는 장점이 되기는 하겠지만, 이로 말미암아 제소기간의 규정을 두고 있는 현행의 행정쟁송제도가 뿌리째 흔들리게 됨은 물론, 기존의 법질서에 의하여 형성된 법률관계와 이에 기초한 다른 개인의 법적 지위에 심각한 불안정을 초래할 수 있다. 이러한 결과는 헌법재판소법 제47조 제2항이 법률의 위헌결정의 효력을 장래에 미치도록 규정함으로써 법적 안정성을 도모하는 취지에 반하는 것일 뿐만 아니라, 비록 위헌인 법률이라 하더라도 헌법재판소의 위헌결정에 의하여 비로소 형성적으로 그 효력을 잃게 되는 것이므로 헌법재판소의 위헌결정이 있기 전에는 어느 누구도 그 법률의 효력을 부인 할 수는 없다는 이치에도 어긋나는 것이다.

이렇게 본다고 하여 위헌법률심판에 의한 구체적 규범통제의 실효성 확보나 개인의 권리구제에 심각한 지장이 생긴다고 단정할 수 없다. 행정처분의 당사자 또는 법적 이해관계인은 그 처분에 대한 법령상의 제소기간이 경과하기 전에 적법한 소송을 제기하고 그 사건에서 그 처분의 근거가 된 법률이 위헌이라고 주장하여 법원이 이에 대하여 위헌 여부 심판을 제청하는 길과 제청신청이 기각되는 경우 헌법재판소법 제68조 제2항에 따라 헌법소원심판을 청구하여 위헌법률 및 이에 근거한 행정처분의 효력을 당해 사건에서 소급적으로 제거할 수 있는 길이 열려 있기 때문이다. 결국 위헌인 법률에 근거한 행정처분의 당사자 또는 법적 이해관계인에게는 법령상 인정된 제소기간 내에 적법한 소송을 제기하여 그 절차 내에서 그 행정처분의 근거가 된 법률 또는 법률조항의 위헌 여부를 다툴 수 있도록 보장하고, 제소기간의 경과 등 그 처분에 대하여 더 이상 다툴 수 없게 된 때에는 비록 위헌인 법률에 근거한 행정처분이라 하더라도 되도록 그 효력을 유지하도록 함으로써 다 같이 헌법상 지켜져야 할 가치인 법적 안정성과 개인의 권리구제를 조화시킴이 바람직한 길이다(헌재 1994. 6. 30. 92헌가18 반대의견; 헌재 1994. 6. 30. 92헌바23 반대의견 참조).

바로 이러한 이유 때문에 대법원은, 행정청이 어떠한 법률에 근거하여 행정처분을 한 후 헌법재판소가 그 법률을 위헌으로 결정한 경우 그 행정처분은 결과적으로 법률의 근거 없이 행하여진 것과 마찬가지여서 하자 있는 것으로 되지만, 일반적으로 법률이 헌법에 위반된다는 사정은 헌법재판소의 위헌결정이 있기 전에는 객관적으로 명백한 것이라고 할 수는 없으므로, 특별한 사정이 없는 한 그러한 하자는 행정처분의 취소사유일 뿐 당연무효사유는 아니라고 판시해 오고 있는 것이다(대법원 1994. 10. 28. 선고 92누9463 판결; 대법원 2001. 3. 23. 선고 98두5583 판결; 대법원 2009. 5. 14. 선고 2007두16202 판결 등 참조).

다. 위헌인 법률에 근거한 행정처분의 효력과 재판의 전제성

(1) 법률의 위헌 여부가 재판의 전제가 된다는 것은 그 법률이 당해 사건에 적용되고 그 위헌 여부에 따라 재판의 주문이 달라지거나 재판의 내용과 효력에 관한 법률적 의미가 달라지는 것을 의미하는바, 근거 법률에 대한 위헌결정이 행정처분의 효력에 영향을 미칠 여지가 없는 경우에는 그 법률의 위헌 여부에 따라 당해 사건 재판의 주문이 달라지거나 재판의 내용과 효력에 관한 법률적 의미가 달라질 수 없는 것이므로 재판의 전제성을 인정할 수 없게 된다. 물론 위헌인 법률에 기한 행정처분이 무효인지 여부는 당해 사건을 재판하는 법원이 판단할 사항이다.

앞서 살핀 바와 같이 대법원은 행정청이 법률에 근거하여 행정처분을 한 후에 헌법재판소가 그 행정처분의 근거가 된 법률을 위헌으로 결정하였다면 결과적으로 그 처분은 법률의 근거가 없이 행하여진 것과 마찬가지가 되어 하자가 있는 것이 된다고 할 것이나, 특별한 사정이 없는 한 이러한 하자는 단지 행정처분의 취소사유에 해당할 뿐이라는 입장이다.

이에 따라, 헌법재판소는 법률이 헌법에 위반된다는 사정은 헌법재판소의 위헌결정이 있기 전에는 객관적으로 명백한 것이라고 할 수는 없으므로 특별한 사정이 없는 한 그러한 하자는 행정처분의 취소사유에 해당할 뿐 당연무효사유는 아니라고 전제한 다음, 제소기간이 경과한 뒤에는 행정처분의 근거 법률이 위헌임을 이유로 무효확인소송 등을 제기하더라도 행정처분의 효력에는 영향이 없음이 원칙이므로, 이미 제소기간이 경과하여 불가쟁력이 발생한 행정처분의 근거 법률의 위헌 여부에 따라 당해 사건 재판의 주문이 달라지거나 재판의 내용과 효력에 관한 법률적 의미가 달라진다고 볼 수 없어, 이 경우는 재판의 전제성을 인정할 수 없다고 판단하여 왔다(헌재 2001. 9. 27. 2001헌바38; 헌재 2005. 3. 31. 2003헌바113; 헌재 2006. 11. 30. 2005헌바55; 헌재 2007. 10. 4. 2005헌바71; 헌재 2010. 9. 30. 2009헌바101 등 참조).

(2) 헌법재판소법 제68조 제2항에 의한 헌법소원심판에 있어 요구되는 재판의 전제성은 헌법재판소법 제41조에 의한 위헌법률심판절차와 마찬가지로 '구체적' 규범통제절차로서의 본질을 드러내 주는 요건이다. 행정처분에 대한 제소기간이 경과한 후 무효확인소송을 제기한 경우, 앞서 살핀 바와 같이 근거 법률의 위헌 여부가 당해 사건 재판의 주문 등에 영향을 미칠 수 없음에도 불구하고 재판의 전제성을 인정한다면, 구체적 사건의 해결과 관계없이 근거 법률의 위헌 여부를 판단하는 것이 되어 구체적 규범통제제도에 근거한 현행 헌법재판제도와 조화되기 어

렵다. 설령 구체적 규범통제제도로 인한 규범적 공백에서 발생하는 문제가 있다고 하더라도 이를 메우는 것은 헌법재판소에 주어진 역할이 아니다. 또한 본안 판단의 결과 법률의 위헌결정을 통하여 달성할 수 있는 헌법의 최고규범성 확보 역시 구체적 규범통제를 위한 적법요건 판단 단계에서 고려할 사항은 아니라고 할 것이다.

그리고 헌법재판소법 제47조 제2항은 "위헌으로 결정된 법률은 그 결정이 있는 날로부터 효력을 상실한다. 다만 형벌에 관한 법률은 소급하여 그 효력을 상실한다."라고 규정하고 있다. 위 법률규정에도 불구하고, 헌법재판소는 구체적 규범통제의 실효성을 보장하기 위하여 법원의 제청·헌법소원의 청구 등을 통하여 헌법재판소에 법률의 위헌결정을 위한 계기를 부여한 당해 사건 등에 대하여 형벌에 관한 법률이외에도 소급효가 인정된다고 본다(헌재 2000. 8. 31. 2000헌바6 참조). 위와 같은 예외적인 소급효 인정과 관련하여, 재판의 전제성 부인이 재심청구를 통해 확정판결의 효력을 부인할 수 있도록 규정한 헌법재판소법 제75조 제7항 취지에 부합하지 아니한다는 의문이 제기될 수 있다. 그러나 헌법재판소법 제68조 제2항의 헌법소원절차에서는, 행정처분의 근거 법률이 위헌으로 결정된 경우 그 행정처분의 근거 법률이 소급하여 효력을 상실한다는 전제에서, 그 처분의 효력을 판단하여 당해 사건 재판의 주문 등이 달라지는지 여부에 따라 재판의 전제성 인정 여부를 결정한다. 결국 제소기간이 경과한 행정처분의 근거 법률에 대한 재판의 전제성의 부인은 법률의 위헌결정에 대한 소급효 인정과 서로 조화될 수 없는 것이 아니고 헌법재판소법의 체계에 부합하는 것이다.

그렇다면 앞서 살펴본 헌법재판소의 견해는 여전히 타당하고, 이와 달리 판단할 사정의 변경이나 필요성이 있다고 인정되지 않는다. 다만 헌법재판소는 행정처분의 근거가 된 법률에 의해 침해되는 기본권이 중요하며 그 법률에 대한 헌법적 해명이 긴요히 필요한 경우에는 근거 법률에 대한 위헌결정이 행정처분의 효력에 영향을 미칠 여지가 없는 때에도 헌법질서의 수호자로서의 사명을 다하기 위하여 예외적으로 본안판단에 나아갈 수 있다(헌재 1993. 12. 23. 93헌가2; 헌재 2013. 7. 25. 2012헌바63 참조).

라. 이 사건의 경우

청구인들은 이 사건 재결의 취소를 구할 수 있는 제소기간이 경과한 후에 이 사건 재결의 무효확인청구를 하고, 이 사건 재결의 근거가 된 심판대상법률조항의 위헌성을 다투고 있다.

그러나 앞서 살핀 바와 같이 심판대상조항에 대하여 위헌결정이 있다고 하더라도 이 사건 재결이 취소될 수 없다. 또한 이 사건 재결이 이루어질 당시 이미 심판대상조항의 위헌성이 명백하였다고 볼 특별한 사정도 없고, 헌법적 해명이 긴요히 필요한 사정도 엿보이지 않는다.

결국 이 사건 심판청구는 심판대상조항의 위헌 여부에 따라 당해 사건 재판의 주문이 달라지거나 재판의 내용과 효력에 관한 법률적 의미가 달라지는 경우로 볼 수 없어 재판의 전제성을 갖추지 못하였다.

헌재 2014. 1. 28. 2011헌바38, 판례집 26-1상, 19, 23-26

(판 례) 행정행위의 불가쟁력과 재판의 전제성

(김이수 등 3인 재판관의 반대의견)

행정처분의 효력 유무를 선결문제로 하는 민사소송에서 행정처분의 효과를 규율한 법률이 위헌이 될 경우, 그 행정처분의 효력이 상실되거나 변경될 가능성이 상존하므로, 그 처분에 대한 취소소송의 제소기간이 지났는지 여부와는 상관없이 당해 사건 재판의 주문이 달라지거나 그 내용과 효력에 관한 법률적 의미가 달라질 여지가 없음이 명백하다고 볼 수는 없어 행정처분의 효과를 규율한 법률의 위헌 여부는 재판의 전제가 된다고 보아야 한다.

헌재 2016. 11. 24. 2015헌바207, 공보 242, 1876

(판 례) 행정처분의 하자의 승계와 재판의 전제성 (1)

행정처분이 근거 법규의 위헌의 정도가 심각하여 그 하자가 중대하다고 보여지는 경우, 그리고 그 때문에 국민의 기본권 구제의 필요성이 큰 반면에 법적 안정성의 요구는 비교적 적은 경우에까지 그 구제를 외면하게 되는 불합리를 제거할 수 있게 될 것이다. 위헌법률에 근거한 행정처분이라 할지라도 그것이 당연무효는 아니라고 보는 가장 기본적인 논리는 그 하자가 명백한가의 여부를 제쳐놓더라도 이 경우를 무효라고 본다면 법적 안정성을 해칠 우려가 크다는 데 있는 것이므로 그 우려가 적은 경우에까지 확장하는 것은 온당하지 못하다고 할 것이며 그 경우에는 마땅히 그 예외가 인정되어야 할 것이다.

그렇다면 이 사건 심판대상규정과 관련된 규정이 후술하는 바와 같이 이미 헌법재판소에 의하여 위헌선고가 되어 있는 터이고 계쟁사건의 행정처분의 진행정도를 보더라도 마포세무서장의 압류만 있는 상태이고 압류처분의 만족을 위한 환가 및 청산이라는 후행처분은 아직 집행되지 않고 있는 경우이므로 위 예외에 해당되는 사례로 볼 여지가 있다고 할 것이다. 행정처분의 근거법규가 추후 헌법재판소에 의하여 위헌으로 선고된 경우 그 하자를 행정처분의 무효사유라고 볼 것인가 단순 취소사유로 볼 것인가에 관하여서도 아직까지 대법원의 판례가 확립되어 있다고는 보여지지 아니하므로 그러한 상황에서는 대법원에서 이를 무효사유로 볼 가능성이 없지 않다는 점에서 헌법재판소로서는 일응 재판의 전제성을 인정하여 근거법규의 위헌 여부에 대하여 판단하여 주는 것이 바람직한 재판태도라고 할 것이다.

헌재 1994. 6. 30. 92헌바23, 판례집 6-1, 592, 605-606

하자의 승계와 관련한 위와 같은 헌법재판소의 입장은 변함없이 유지되고 있다. 즉 "행정처분의 근거법률이 헌법에 위반된다는 사정은 헌법재판소의 위헌결정이 있기 전에는 객관적으로 명백한 것이라고 할 수는 없으므로, 특별한 사정이 없는 한 그러한 하자는 행정처분의 취소사유에 해당할 뿐 당연무효사유는 아니다. 제소기간이 경과한 뒤에는 행정처분의 근거 법률이 위헌임을 이유로 무효확인소송 등을 제기하더라도 행정처분의 효력에는 영향이 없으며, 그 하자가 당연무효사유가 아닌 한 후행처분에 승계되는 것이 아니다. 따라서 처분의 근거가 된 법률조항의 위헌 여부에 따라 당해 사건 재판의 주문이 달라지거나 재판의 내용과 효력에 관한 법률적 의미가 달라지는 경우로 볼 수 없으므로 재판의 전제성이 인정되지 아니한다"고 판시하고 있는 것이 그것이다(헌재 2014. 3. 27. 2011헌바232).

위 경우와 달리 하자가 승계되지 않는 경우에는 선행 행정행위의 근거법률에 대해서는 재판의 전제성이 인정되지 않는다.

(판 례) 행정처분의 하자의 승계와 재판의 전제성 (2)

이 사건 사업시행자지정고시처분의 취소사유인 하자가 이 사건 인가고시처분에 승계된다면, 재판의 전제성을 인정할 여지가 있으므로, 이에 대하여 살펴본다.

두 개 이상의 행정처분이 연속적으로 행하여지는 경우 선행처분과 후행처분이 서로 결합하여 1개의 법률효과를 완성하는 때에는 선행처분에 하자가 있으면 그 하자는 후행처분에 승계되므로 선행처분에 불가쟁력이 생겨 그 효력을 다툴 수 없게 된 경우에도 선행처분의 하자를 이유로 후행처분의 효력을 다툴 수 있는 반면, 선행처분과 후행처분이 서로 독립하여 별개의 법률효과를 목적으로 하는 때에는 선행처분에 불가쟁력이 생겨 그 효력을 다툴 수 없게 된 경우에는 선행처분의 하자가 중대하고 명백하여 당연무효인 경우를 제외하고는 선행처분의 하자를 이유로 후행처분의 효력을 다툴 수 없는 것이 원칙이다(대법원 2005. 4. 15. 선고 2004두14915 판결; 대법원 2009. 4. 23. 선고 2007두13159 판결 등 참조).

어느 경우에 선행처분과 후행처분이 서로 결합하여 1개의 법률효과를 완성하는 것으로 보아 선행처분의 하자가 후행처분에 승계되는 것으로 볼 것인지 여부는 구체적 사안에 따라 판단하여야 할 것이다. 다만 대법원은 도시계획결정 및 사업시행인가단계와 수용재결 단계(대법원 1990. 1. 23. 선고 87누947 판결), 택지개발예정지구지정과 시행자에 대한 택지개발계획의 승인(대법원 1996. 3. 22. 선고 95누10075 판결), 택지개발예정지구의 지정과 택지개발계획의 승인, 그리고 이에 기한 수용재결(대법원 1996. 12. 6. 선고 95누8409 판결), 사업시행자지정처분과 도로구역결정처분

(대법원 2009. 4. 23. 선고 2007두13159 판결) 등의 사례에서 각각 하자의 승계를 부정하고 있다.

위 대법원 판례들의 취지에 비추어 볼 때 도시관리계획의 결정 및 고시, 사업시행자지정고시, 사업실시계획인가고시, 수용재결 등의 순서로 진행되는 도시계획시설사업의 경우, 위 각각의 처분은 이전의 처분을 전제로 한 것이기는 하나, 단계적으로 별개의 법률효과가 발생되는 독립한 행정처분이어서 선행처분인 이 사건 사업시행자지정고시처분에 불가쟁력이 생겨 그 효력을 다툴 수 없게 되었다면, 그 처분에 하자가 있다고 하더라도 그것이 당연무효의 사유가 아닌 한 후행처분인 이 사건 인가고시처분에 승계되는 것은 아니라고 할 것이다.

그렇다면, 이 사건 법률조항의 위헌 여부에 따라 당해 사건 재판의 주문이 달라지거나 재판의 내용과 효력에 관한 법률적 의미가 달라지는 경우로 볼 수 없으므로, 이 사건 심판청구는 재판의 전제성 요건을 충족하지 아니하였다.

헌재 2010. 12. 28. 2009헌바429, 공보 171, 176, 181

과세처분이 무효임을 이유로 그 후행처분인 압류처분이 무효라고 주장하는 당해 사건(압류처분무효확인의 소)에서 위 과세처분의 무효여부는 선결문제인데, 전소인 과세처분취소소송에서 확정된 원고청구기각판결의 기판력은 후소인 당해 사건에도 미치게 되므로, 구 소득세법 제82조 제2항이 위헌이어서 그에 기초한 위 과세처분이 무효라고 하더라도 확정된 전소의 기판력에 의하여 당해 사건에서 위 과세처분이 무효라고 판단할 수 없어 재판의 전제성이 없다(헌재 1998. 3. 26. 97헌바13).

(판 례) 기판력과 재판의 전제성

당해사건이 부적법한 것이어서 법률의 위헌여부를 따져 볼 필요조차 없이 각하를 면할 수 없는 것일 때에는 헌법재판소법 제68조 제2항에 의한 헌법소원의 적법요건인 재판의 전제성을 흠결한 것으로서 각하될 수밖에 없고(헌재 2008. 10. 30. 2007헌바66 등 참조), 당해사건의 청구가 청구인이 이전에 제기하여 패소 확정된 소송과 당사자 및 소송물이 동일한 경우 당해사건 법원으로서는 위 패소확정판결의 기판력에 따라 확정판결의 내용과 모순되는 판단을 할 수 없으므로, 이러한 심판청구는 법률의 위헌 여부에 따라 당해사건 재판의 주문이 달라지거나 재판의 내용과 효력에 관한 법률적 의미가 달라지는 경우에 해당하지 아니하므로 재판의 전제성 요건을 갖추지 못하여 부적법하다(헌재 2013. 10. 8. 2013헌바316; 헌재 2013. 12. 10. 2013헌바384 등 참조).

당해사건 청구 중 서울특별시 ○○구청장이 청구인에게 한 2008. 3. 10.자 취득

세 및 농어촌특별세 부과처분의 무효확인을 구하는 부분은 위 처분이 이루어진 후
에 증액경정처분이 있었고, 이 경우 당초 처분이 증액경정처분에 흡수되어 당연히
소멸하고 그 증액경정처분만이 항고소송의 대상이 되므로(대법원 2013. 10. 31. 선고
2010두4599 판결 참조), 당초 처분인 위 2008. 3. 10.자 부과처분의 무효확인을 구
하는 당해사건 청구는 부적법한 청구이다.

그리고 당해사건 청구 중 나머지 청구는 청구인이 전에 제기하여 패소 확정된
소송(서울행정법원 2010구합1354)과 당사자 및 소송물이 동일하여 당해사건 법원으
로서는 위 패소확정판결의 기판력에 따라 위 나머지 청구와 관련하여 확정판결의
내용과 모순되는 판단을 할 수가 없게 된다.

결국 이 사건 심판청구는 법률의 위헌 여부에 따라 당해사건 재판의 주문이 달
라지거나 재판의 내용과 효력에 관한 법률적 의미가 달라지지 아니하는 경우에 해
당하여 재판의 전제성을 인정할 수 없다.

헌재 2014. 10. 21. 2014헌바407(공보미게재)

(5) 재판의 전제성과 헌법 해명

당해 소송사건이 종료되어 재판의 전제성이 소멸된 경우나, 혹은 심판대상조
항에 대한 헌법소원이 인용된다 하더라도 당해 소송사건에 영향을 미칠 수 없어
재판의 전제성이 없는 경우에도 헌법 해명이 필요한 경우에는 예외로 재판의 전
제성이 인정된다.

(판 례) 헌법 해명이 필요한 경우 예외로 재판의 전제성 인정 (1)

당해사건 신청인 겸 피고인의 집행형기를 검사의 형집행지휘대로 계산한다 하더
라도, 이미 피고인에 대한 형집행은 종료한 것으로 보인다. 따라서 이 결정시점에
는 이 사건 법률조항에 대한 위헌여부를 판단할 소의 이익은 소멸되었다.

그러나 위헌여부심판이 제청된 법률조항에 의하여 침해되는 기본권이 중요하여
그 법률조항의 위헌여부의 해명이 헌법적으로 중요성이 있는데도 그 해명이 없거
나, 그 법률조항으로 인한 기본권의 침해가 반복될 위험성이 있는데도 좀처럼 그
법률조항에 대한 위헌여부심판의 기회를 갖기 어려운 경우에는 설사 심리기간 중
사태진행으로 "소의 이익"이 소멸되었더라도 헌법재판소로서는 제청당시 전제성이
인정되는 한 예외적으로 객관적인 헌법질서의 수호·유지를 위하여 그 위헌 여부
에 대한 판단을 할 수 있다는 것이 우리 재판소의 확립된 판례이다(헌재 1993. 12.
23. 93헌가2, 판례집 5-2, 578, 590-591).

헌재 2000. 7. 20. 99헌가7, 판례집 12-2, 17, 25

(판 례) 헌법 해명이 필요한 경우 예외로 재판의 전제성 인정 (2)

청구인은 1931. 11. 12.생으로 이 사건이 헌법재판소에 적법 계속중인 1992. 12. 31.로서 공무원 연령정년이 되었으므로 이 사건 헌법소원이 가사 인용된다고 할지라도 공직에 복귀할 수 없어 소원의 전제가 된 법원에서의 쟁송사건과의 관련에서 볼 때 권리보호의 이익이 없다고 할 것이다. 그러나 헌법소원제도는 개인의 주관적인 권리구제에만 그 목적이 있는 것이 아니고 객관적인 헌법질서의 유지·수호에도 있다고 할 것인 바, 이 사건 헌법소원에서 문제되고 있는 5급이상 공무원 특별채용 배제문제는 비단 청구인 한 사람에게만 국한된 것이 아니고 비슷한 처지에 있는 1980년도 해직공무원 1,367명에게 이해관계가 있고 헌법적 해명이 필요한 중요한 의미를 지니고 있는 사안이므로 본안판단의 필요성이 있다고 할 것이다.

헌재 1993. 9. 27. 92헌바21, 판례집 5-2, 267, 273

법원이 예외로 재판의 전제성을 인정한 또 다른 사례를 살펴보면 다음과 같다.

* 법원의 보석허가결정에 대한 검사의 즉시항고를 허용하고 있는 형사소송법 제97조 제3항에 대한 위헌법률심판사건: 이 사건 규정에 대한 위헌여부심판절차를 밟지 않고 원심법원 또는 항고법원의 재판을 받는 기간이, 위헌여부심판절차를 밟아 그 심판결정을 기다린 연후에 위 법원의 재판을 받는 기간보다 짧은 것이 통상이므로 보석허가를 받았으나 검사의 즉시항고로 피고인의 구속상태가 계속 중인 상황에서 법원이나 피고인이 이 사건 규정의 위헌여부심판제청 또는 그 신청을 한다는 것은 좀처럼 기대하기 어려워서, 이 사건 규정에 대한 위헌여부심판의 기회가 다시 있기 어려운 경우이다. 그리고 이 사건 규정은 형사소송법상 피고인의 구속 여부에 관한 소송절차규정으로서 법원은 종국판결 자체에는 영향이 없는 것으로 보아 구체적인 본안판결 자체는 그대로 진행하여 이미 종료되었지만 위헌여부심판제청 당시에 있어서는 이 사건 규정의 위헌 여부가 제청법원에 계속 중이던 당해 안건인 보석허가결정에 대한 즉시항고사건에 관한 원심법원의 재판의 전제성이 있었던 점은 위에서 본 바와 같다. 그러므로 객관적인 헌법질서의 수호·유지를 그 임무의 하나로 하고 있는 헌법재판소로서는 제청받은 이 사건 규정에 대한 법률의 위헌여부심판의 필요성이 있다고 인정하여 이를 심판함은 그 임무를 다하는 것이고 그 심판은 적법성이 있다고 할 것이다(헌재 1993. 12. 23. 93헌가2).

* 청구인들에 대한 보안관찰 기간갱신처분은 이 결정시에는 2년의 처분기간이 만료되었을 것이므로 보안관찰처분취소등을 구하는 행정소송절차에서 집행정지를 할 수 없도록 한 보안관찰법 제24조 단서의 심판대상조항에 대한 헌법소원이 인용된다 하더라도 당해사건에 영향을 미칠 수 없으나, 이 법률조항에 의한 기본권침해 문제는 앞으로도 많은 사람에 관하여, 여러 차례 일어날 수 있는 성질의 것이어서 그 헌법적 해명이 긴요하므로 이에 대하여 위헌여부의 본안판단을 할 필요가 있다(헌재 2001. 4. 26. 98헌바79).

* 구속적부심사 청구인적격을 피의자 등으로 한정하고 있는 구 형사소송법 제214조의2 제1항 (전격기소): 청구인이 구속적부심사청구권을 행사한 다음 검사가 법원의 결정이 있기 전에 기소한 경우 법원은 그 청구를 기각할 수밖에 없고, 검사가 수사단계에서 발부받은 구속영장의 효력이 유지되는 기간은 비교적 단기간으로서 이에 관련된 헌법소원심판 심리 도중에 심판청구인의 권리보호이익이 사후적으로 소멸될 개연성이 높아 만일 이러한 유형의 사건에서 이러한 이유로 헌법소원심판청구의 이익이 없다고 보게 되면, 인신구속에 관한 중요한 사항에 대하여 적용되는 법률의 위헌여부를 헌법재판소로부터 판단받을 기회를 사실상 박탈당하는 결과를 초래하기 때문에 예외적 상황을 인정하여 그 권리보호이익을 인정함이 상당하다(헌재 2004. 3. 25. 2002헌바104).

* 이 사건 제청신청인은 추징금 미납을 이유로 출국금지처분을 받아 출국금지가 되었으나 그 이후 출국금지기간만료로 해제되어 당해 소송에서 출국금지처분의 취소를 구하는 청구는 그 권리보호이익을 상실하여 심판대상 법조항에 대한 위헌여부를 판단할 소의 이익은 소멸되었다. 그러나 이 사건 심판대상 법조항의 위헌여부는 거주이전의 자유 중 출국의 자유와 관계되는 중요한 헌법문제라고 볼 수 있고, 이 문제에 대하여 아직 우리 재판소에서 해명이 이루어진 바도 없다. 이 사건과 관련하여 또는 이 사건과 무관하게 심판대상 법조항에 의거한 출국금지처분이 재차 이루어져 출국의 자유에 대한 기본권침해의 논란이 반복될 것도 명백하므로 이에 대한 위헌여부의 심판이익이 있다(헌재 2004. 10. 28. 2003헌가18).

다. 재판의 전제성 요건의 심사

재판의 전제성이 인정되는지의 여부가 문제된 경우에 제청법원의 견해를 존중하여야 한다는 것이 헌법재판소 판례이다(헌재 1996. 10. 4. 96헌가6).

제청의 기초가 되는 법률의 해석에서 그 이유가 일부 명시되지 않은 점이 있다 하더라도 먼저 나서서 법률해석을 확정하여 제청법원의 판단을 명백히 불합리하여 유지될 수 없는 것이라고 단정하기보다는 제청법원의 제청취지를 존중하여 재판의 전제성을 인정하는 것이 원칙이다(헌재 2007. 4. 26. 2004헌가29).

(판 례) 재판의 전제성 심사에서 제청법원의 견해 존중(1)

　　대법원은 당해사건에서 구 국가보위에관한특별조치법제5조제4항에의한동원대상지역내의토지의수용·사용에관한특별조치령 제39조가 적용되고, 국가보위에관한특별조치법제5조제4항에의한동원대상지역내의토지의수용·사용에관한특별조치령에의하여수용·사용된토지의정리에관한특별조치법 제2조 내지 제4조가 적용되는 것이 아니라는 이유로, 신특조법 제2조 내지 제4조에 대한 위헌제청신청을 재판의 전제성이 없다고 하여 각하하였는데, 당해사건에 적용되는 법률이 특별조치령인지, 신특조법인지의 문제는 법원의 판단에 맡겨져 있는 것이고, 재판의 전제성에 관한 대법원의 법률적 견해에는 명백히 유지되지 않을 사유가 보이지 아니하므로 신특조법 제2조 내지 제4조는 재판의 전제성이 없어 이 부분에 대한 심판청구는 부적법하다.

　　　　　　　　　　　　헌재 1998. 12. 24. 98헌바30, 판례집 10-2, 910, 911

(판 례) 재판의 전제성 심사에서 제청법원의 견해 존중(2)

　　이 사건 조항에 대한 재판의 전제성이 인정되려면 우선 예비적 공소사실의 적용법조인 이 사건 조항이 당해 사건에 적용되어야 하는바, 이에 대하여 제청법원은 주위적 공소사실이 무죄로 선고될 가능성이 높아 예비적 공소사실이 판단의 대상이 될 수 있기 때문에 이 사건 조항은 재판의 전제성이 있다고 본다. (……)

　　제청법원은 해당 광고행위가 허위 또는 과장광고가 아닐 수 있다고 보았는데, 법원의 그러한 사실판단 내지 단순한 법률적용상 견해는 존중되어야 할 것이고, 이 사건에서 그것이 명백히 유지될 수 없는 경우라고 보기 어렵다.

　　그렇다면 이 사건 조항의 위헌 여부에 따라 당해 사건의 결론이 달라질 수 있으므로 재판의 전제성이 인정된다.

　　　　　　　　　　　　헌재 2007. 7. 26. 2006헌가4, 판례집 19-2, 1, 7-8

그러나 재판의 전제성에 관한 제청법원의 법률적 견해가 명백히 유지될 수 없을 때에는 헌법재판소가 이를 직권으로 조사할 수 있다(헌재 1999. 9. 16. 98헌가6). 그 결과 재판의 전제성이 없다고 판단되면 그 제청을 부적법각하할 수 있다(헌재 1997. 9. 25. 97헌가5).

반면 법원이 재판의 전제성이 없다고 하여 위헌심판제청신청을 기각하자 당사자가 위헌소원심판을 청구한 사건에서 재판의 전제성을 인정한 헌법재판소 판례도 있다. 헌법재판소는 만일 장애인고용촉진등에관한법률 제34조 제2항이 평등의 원칙 등에 위배된다면 그에 관하여 헌법불합치결정이 선고될 가능성이 있고, 이에 따라 청구인에게 유리한 내용으로 법률이 개정되어 적용됨으로써 당해 사건의 결론이 달라질 수 있다고 하여 재판의 전제성을 인정하였다(헌재 1999. 12. 23. 98헌바33). 이러한 헌법재판소의 견해에는 찬성할 수 없다. 만일 법원이 헌법재판소의 결정에 따르지 않고, 헌법재판소법 제75조 제7항에 의한 재심사유에 해당하지도 않는다고 판단하면서 다시 재판의 전제성이 없다고 판단한다면 어떻게 할 것인가? 이 판결은 헌법재판소가 위헌으로 선언한 법률을 적용한 재판이 아니다. 따라서 이 재판은 법 제68조 제1항에 의한 재판소원의 예외에 해당하지도 않는다. 법원의 이 재판에 대하여 다툴 수 있는 방법이 없다.

라. 재판의 전제성 판단의 기준시점

재판의 전제성은 위헌제청시뿐만 아니라 위헌법률심판 시점에도 충족하여야 한다(헌재 1993. 12. 23. 93헌가2). 따라서 위헌법률심판의 계속 중 당사자가 소의 취하 등의 형태로 당해 소송을 종료시키거나, 당해 소송 계속 중 위헌심판대상 법률(조항)이 개정되어 당해 소송에서 그것이 더 이상 적용될 수 없는 경우에는 재판의 전제성 요건을 상실하여 위헌법률심판제청은 부적법각하를 면할 수 없다(헌재 2000. 8. 31. 97헌가12). 항소심에서 당사자들 사이에 임의조정이 성립된 경우, 제1심 판결에 적용된 법률조항 역시 재판의 전제성이 인정되지 않는다(헌재 2010. 2. 25. 2007헌바34).

이 경우 당해 법원이 위헌심판제청신청을 철회하지 않거나 당사자가 위헌소원심판청구를 취하하지 않는 경우에는 위 신청이나 심판청구는 부적법한 것으로 각하 처리된다(헌재 1989. 4. 17. 88헌가4).

(판 례) 법률개정으로 인한 재판의 전제성 상실

법원이 이 사건 위헌여부심판을 제청할 당시, 제청대상 법률조항(구법 조항)이 위헌이라면 대한민국 국민을 모로 하여 출생한 제청신청인은 대한민국 국적을 취득할 수 있기 때문에 제청신청인이 외국인임을 전제로 한 강제퇴거명령은 이를 집행할 수 없게 되므로, 구법 조항의 위헌 여부는 당해사건의 재판에 전제성이 있었다. 그러나 신법에서는 부모양계혈통주의로 개정되었고(제2조 제1항 제1호), 당해사건에

서도 1998. 6. 14.부터는 신법을 적용하여야 하므로(부칙 제1조), 구법 조항은 이 심판 계속 중 재판의 전제성을 상실하여 부적법하다.

헌재 2000. 8. 31. 97헌가12, 판례집 12-2, 167, 168

당해소송에서 승소한 당사자인 청구인은 재심을 청구할 수 없고, 당해사건에서 청구인에게 유리한 판결이 확정되면 심판대상 법률조항에 대하여 위헌결정을 한다 하더라도 당해사건 재판의 결론이나 주문에 영향을 미치는 것도 아니므로, 위 법률조항에 대한 위헌소원심판청구는 재판의 전제성이 인정되지 않는다(헌재 2000. 7. 20. 99헌바61; 헌재 2006. 1. 24. 2005헌바106).

한편, 형법 제1조 제2항, 제8조에 의하여 형벌 법규가 개정되어 그 형이 구법보다 경하게 된 때에는 신법이 적용되기 때문에, 법원의 위헌법률심판제청신청이 있은 후, 법정형이 경하게 개정된 경우 구법 조항에 대하여는 재판의 전제성이 인정되지 않는다(헌재 2006. 4. 27. 2005헌가2). 그러나 신·구법 사이의 법정형의 비교, 즉 신법이 구법보다 그 형이 경하게 개정되었는지 여부의 판단은 어느 기관이 하는지, 구체적 규범통제의 성격을 제쳐놓고 모든 법적용대상자를 기준으로 경중을 판단하는지에 대하여는 논란이 있다. 가령 헌법재판소가 수백건의 위헌결정을 한 양벌규정과 관련하여 종업원이나 피용자에 대한 관리감독상의 과실이 있는 고용주, 사용인에게 면책규정의 신설이 유리하게 변경된 것인지, 형벌의 경중에 변함이 없는 것인지 논란이 있다. 헌법재판소는 위 결정에서 면책규정이 신설되었다면 관리감독상의 과실이 있는 사용자에게도 그 형이 가볍게 개정된 것으로 보아야 한다고 하였다.

4. 이미 심판을 거친 법률조항에 대한 위헌심판제청

헌법재판소가 이미 위헌으로 선언한 법률에 대한 위헌심판제청은 부적법하다. 다만 헌법재판소가 각하사유로 내세우는 것은 당해 법률조항이 심판대상이 될 수 없다는 것과 심판의 이익이 없다는 것으로 나뉜다. 또한 위헌소원심판 계속 중 심판대상이 된 법률조항이 다른 사건에서 위헌결정이 된 경우에 '위헌확인' 결정을 한 사례도 있다(헌재 1999. 6. 24. 96헌바67; 이 결정의 제청이 먼저 있었다).

반면, 헌법재판소는 자신의 합헌결정에는 기속력을 인정하지 않는다. 즉, 이미 합헌으로 선언된 법률에 대한 위헌심판제청신청은 적법한 것으로 받아들이고, 사정변경이 없는 경우 원 판례의 주요이유를 인용한 뒤, 사정변경이 없다는 이유로 기각결정을 한다(선거여론조사결과공표금지조항 사건 등). 견해를 변경하여 위헌으로 선언하는 경우도 있다(혼인빙자간음죄, 기초의회의원선거에서 정당공천 배제 조항, 간통죄 등).

헌법재판소는 한정합헌결정이 선고된 법률조항에 대하여 다시 위헌법률심판이 제청(혹은 위헌소원심판이 청구)된 경우, 한정합헌결정은 위헌결정의 일종이라고 하고 있음에도 불구하고, 이를 부적법한 것으로 보지 않고 다시 한정합헌결정을 하기도 하고(헌재 1998. 8. 27. 97헌바85; 헌재 2002. 4. 25. 99헌바27등), 대법원의 해석을 근거로 하여 단순합헌결정을 한 경우도 있다(헌재 1999. 5. 27. 97헌바8등).

그러나 헌법재판소법 제68조 제1항이 헌법재판소가 위헌으로 결정한 법령을 적용함으로써 국민의 기본권을 침해한 법원의 재판에 대한 헌법소원이 허용되지 않는 것으로 해석되는 한도 내에서 헌법에 위반된다는 결정(헌재 1997. 12. 24. 96헌마172등) 이후, 법원의 재판의 취소와 법 제68조 제1항의 위헌확인을 구하는 헌법소원심판청구사건에서, 헌법재판소는 초기에는 부적법각하하기도 하고 기각하기도 하였으나, 근래에는 기각결정하는 것이 주류를 이루고 있다고 한다(헌법재판실무제요, 142쪽; 이는 법 제68조 제1항 후문의 '법원의 재판'을 제외한 부분 중 종전 헌법재판소가 위헌으로 한정하여 결정한 부분은 질적으로 소거되었다는 것을 전제한 것으로 보인다고 한다).

5. 추가 논의

아래에서는 재판의 전제성과 관련하여 중요하다고 생각되는 판례를 복습한 후, 법원 재판 중 사건에 적용되는 법률이 법원 자신의 권한을 침해한다는 이유로 직권으로 위헌법률심판제청을 할 수 있는지에 관한 판례를 살펴본다.

(판 례) 재판의 전제성

1. 사건개요

청구인은 2016. 2. 27. 실시한 대전 ○○ 신용협동조합 이사장 선거에 출마하여 당선된 사람이다. 청구인은 2016. 1. 21. 13:30경 조합원 3명이 모인 대전 ○○ 신용협동조합 건물 2층 하모니카 강습장에서 이사장 선거에 대한 지지를 호소하여 선거운동을 할 수 없는 기간에 신용협동조합법에서 규정하고 있지 아니한 방법으로 선거운동을 하였다는 이유로 2017. 1. 11. 벌금 30만 원을 선고받았다(대전지방법원 2016고단2636).

청구인은 항소하였고(대전지방법원 2017노165, 이하 '당해사건'이라 한다), 당해사건 계속 중에 신용협동조합법 제27조의2 제2항 내지 제4항은 헌법에 위반되고, 형법 제59조 제1항 단서의 '전과'에 '형의 실효 등에 관한 법률' 제7조에 따라 실효된 전과를 포함하여 해석하는 한 헌법에 위반된다고 주장하며 위헌법률심판제청신청을 하였다. 법원은 2018. 6. 21. 당해사건을 기각하고, 형법 제59조 제1항 단서에 대한 위헌법률심판제청신청을 각하하였으며, 신용협동조합법 제27조의2 제2항 내지 제4항에 대한 위헌법률심판제청신청을 기각하였다(대전지방법원 2018초기303). 이에 청구인은 2018. 7. 20. 이 사건 헌법소원심판을 청구하였다.

한편, 청구인은 당해사건을 상고하였으나 대법원은 2018. 11. 29. 상고를 기각하여(2018도10814) 벌금형이 확정되었다. (……)

4. 재판의 전제성에 대한 판단

나. 신용협동조합법 제27조의2 제2항 내지 제4항

당해사건 법원은 청구인에 대한 적용법조로 신용협동조합법 제27조의2 제2항과 제3항만을 기재하고 있다. 그런데 신용협동조합법 제27조의2 제2항은 신용협동조합법상 허용되는 선거운동에 관하여 정하면서 제3항에서는 제2항 선거운동의 기간에 관하여, 제4항에서는 제2항 선거운동의 구체적인 방법 등에 관하여 각 정관에 위임하고 있다. 이와 같은 조문 구조에 의할 때 위 제2항과 제3항이 결합되어 구체적으로 선거운동 기간이 정해지고, 제2항과 제4항이 결합되어 구체적으로 선거운동 방법 등이 정해지게 된다.

그렇다면 위 조항들은 모두 선거운동에 관한 기간과 방법 등에 있어 불가분적으로 결합되어 있다고 볼 수 있으므로, 신용협동조합법 제27조의2 제2항 내지 제4항이 헌법에 위반되는지 여부에 따라 당해사건에서 청구인의 범죄행위 인정 여부 및 판결의 주문이 달라질 가능성이 있다.

또한, 당해사건은 2018. 11. 29.에 확정되었으나, 이 경우에도 당해사건에 적용되는 법률이 위헌으로 결정되면 확정된 판결에 대하여 재심청구가 가능하다(헌법재판소법 제75조 제7항). 따라서 당해사건이 확정되었다고 하더라도 심판대상조항에 대해서는 재판의 전제성이 인정된다.

다. 형법 제59조 제1항 단서

청구인은 1998년 도로교통법위반 등으로 기소되어 1999년 징역 1년 집행유예 2년의 형을 선고받아, '형의 실효 등에 관한 법률'에 따라 그 형이 실효되었다. 그럼에도 불구하고 이러한 전과로 인하여 형법 제59조 제1항 단서에 따라 청구인에게는 선고유예가 가능하지 아니한바, 형법 제59조 제1항 단서가 위헌이라고 결정될 경우 재심을 통해 재판의 내용이 달라질 수 있어 재판의 전제성이 인정된다.

헌재 2020. 6. 25. 2018헌바278, 판례집 32-1하, 427, 429-432

(판 례) 재판 중 법원이 사건에 적용되는 법률이 자신의 권한을 침해한다는 이유
로 직권으로 위헌법률심판제청을 할 수 있는가?

1. 제청법원의 제청이유 요지

(1) 사법권에 대한 침해

파산법은 파산관재인이 파산절차의 주재자로 파산관재업무를 전반적으로 수행하
고 법원이 이를 감독하는 체제로 되어 있다. 파산관재인은 파산자, 파산채권자 등
이해관계인의 이해를 떠난 중립적이고 독자적인 입장에서 그 권한을 행사하는 자
이다. 그러므로 법원은 파산관재인의 적격 유무를 심사함에 있어서는 법률적 소양
을 갖추었는지, 파산사건과 이해관계가 없는 공평 중립적인 인물인지 여부를 심사
하고 있다. 그러나 예보는 그 자신이 파산재단의 최대채권자로서 직접적인 이해관
계가 있으며, 예보와 다른 채권자 사이에 이해관계가 상충되는 경우 중립적으로
관재업무를 처리할 것을 기대하기 어렵다. 이러한 경우에도 반드시 예보를 파산법
원이 감독하는 파산절차의 주재자로 선임하도록 강요한다면 이는 명백한 사법권
침해에 해당한다.

이 사건 조항에는 "공적자금의 효율적인 회수가 필요한 때에" 한하여 예보 또는
그 임직원을 파산관재인으로 선임 또는 추가선임하도록 규정하고 있으나 공적자금
이 투입된 금융기관의 파산사건에서 공적자금의 효율적인 회수가 필요하지 아니한
경우를 상정하기 어려울 뿐만 아니라 이 문구를 가지고 법원이 예보 또는 그 임직
원의 파산관재인 적격 유무를 심사하는 근거로 삼기에도 부적절하다. 또한 이 사
건 조항의 해석상 법원이 예보 또는 그 임직원 외에 추가로 변호사를 공동관재인
으로 선임하는 것은 불가능하다. 그러므로 이 사건 조항은 권력분립을 정한 헌법
정신에 반하여 법원의 재판권 내지 사법권의 본질을 침해하는 것으로 위헌의 소지
가 있다.

헌재 2001. 3. 15. 2001헌가1등, 판례집 13-1, 441, 452-453

헌법재판소는 이 사건에서 합헌결정을 하였다. 즉 법원이 사건에 적용되는
법률이 자신의 권한을 침해한다는 이유로 직권으로 위헌법률심판제청을 할 수
있다고 하였다.

Ⅲ. 심판대상의 확정

1. 서 언

헌법재판소는 제청법원이 위헌제청한 법률(조항)만을 심판의 대상으로 삼을 수 있는 것이 원칙이다. 이는 헌법재판소법 제68조 제2항의 위헌소원의 경우에도 같다.

위헌법률심판의 대상은 헌법재판소의 위헌결정의 효력이 미치는 범위를 정하는 표준이 된다는 점에서 매우 중요하다. 따라서 제청법원은 재판의 전제가 되는 법률조항을 가능한 한 세분하여 위헌심판제청을 하여야 하고, 헌법재판소의 심판범위는 법원의 제청부분에 한정되는 것이 원칙이다. 법률의 위헌여부를 제청하는 기관과 심판하는 기관을 분리한 구체적 규범통제의 본질상 당연한 것으로 받아들여지고 있다. 일반 재판에 적용되는 처분권주의(혹은 신청주의)가 내포하고 있는 권력분립원리의 표현이라고도 설명된다. 반면 위헌법률심판 역시 헌법질서의 수호·유지나 소송경제 등을 고려하여 심판대상을 확장할 필요도 있다.

제68조 제1항의 헌법소원 중 법률을 그 대상으로 하는 경우에도 심판의 대상은 청구인의 청구취지에 한정되는 것이 원칙이나, 헌법재판소는 청구인의 청구취지에 구애됨이 없이 청구인의 주장요지를 종합적으로 판단하여 심판대상을 확정하여야 한다(헌재 1994. 12. 29. 92헌마216).

한편 법률이 여러 번 개정되었다고 하더라도 심판대상이 된 특정 법률조항이 개정된 바 없다면, 심판대상은 당해 조항이 마지막으로 개정된 법률의 조항이다. 헌재 2015. 2. 26. 2009헌바17 등, 간통죄 위헌결정의 심판대상도 '형법(1953. 9. 18. 법률 제293호로 제정된 것) 제241조'이다. 형사피해자를 약식명령의 고지 대상자 및 정식재판 청구권자에서 제외한 규정도 합헌이라는 헌법재판소 결정의 심판대상은 '형사소송법(1954. 9. 23. 법률 제341호) 제452조 및 제453조 제1항'이다(헌재 2019. 9. 26. 2018헌마1015). 심판대상이 된 법률 조항이 여럿 있고, 각 개정된 법률 호수(號數)가 다르다면 이들을 모두 표시하여야 한다.

(판 례) 법률개정과 심판대상(1)

청구인은 범죄행위 시인 2013년경부터 2015년경까지 시행된 구 소득세법 제80조 제3항의 위헌을 주장하나, 소득세법 제80조 제3항은 2009. 12. 31. 법률 제9897호로 개정된 이후 개정되지 않았으므로 심판대상은 현행 소득세법 제80조 제3항으로 확정한다.

헌재 2019. 9. 26. 2018헌바337, 판례집 31-2상, 309, 311-312

(판 례) 법률개정과 심판대상(2)

【주문】구 '집회 및 시위에 관한 법률'(1962. 12. 31. 법률 제1245호로 제정되고, 1989. 3. 29. 법률 제4095호로 전부개정되기 전의 것) 제3조 제1항 제2호 및 구 '집회 및 시위에 관한 법률'(1973. 3. 12. 법률 제2592호로 개정되고, 1980. 12. 18. 법률 제3278호로 개정되기 전의 것) 제14조 제1항 본문 중 제3조 제1항 제2호 부분, 구 '집회 및 시위에 관한 법률'(1962. 12. 31. 법률 제1245호로 제정되고, 1980. 12. 18. 법률 제3278호로 개정되기 전의 것) 제3조 제1항 제3호 및 구 '집회 및 시위에 관한 법률'(1973. 3. 12. 법률 제2592호로 개정되고, 1980. 12. 18. 법률 제3278호로 개정되기 전의 것) 제14조 제1항 본문 중 제3조 제1항 제3호 부분은 모두 헌법에 위반된다.

헌재 2016. 9. 29. 2014헌가3 등, 판례집 28-2상, 258, 263

(판 례) 심판대상의 확정(1)

가정의례에관한법률 제4조 제1항 제7호는 "경조(慶弔)기간"중의 주류 및 음식물 접대에 관한 것인데, 이 사건 청구인들의 법적 지위 및 청구이유를 종합하면 청구인들은 혼례 내지 회갑연에 관련하여 주류 및 음식물 접대 금지의 위헌성을 다투고 있는바, 이는 "경조(慶弔)"중 "경(慶)"에 해당되는 경우로서, 상례(喪禮)와 같은 "조(弔)"의 경우와는 구분되므로 이 사건에서는 심판의 대상을 좀더 한정하는 것이 바람직하다.

한편 청구인들은 이 사건 심판의 대상으로 가정의례에관한법률 제4조 제1항 제7호만을 지적하고 있으나, 청구이유를 보면 그 조항을 위반했을 때의 처벌조항인 동법 제15조 제1항 제1호를 함께 다투는 취지임이 명백하다.

그렇다면 이 사건 심판의 대상은 가정의례에관한법률(1993. 12. 27. 법률 제4637호로 전문개정된 것) 제4조 제1항 제7호 중 경사(慶事)기간에 관련된 부분 및 제15조 제1항 제1호(이하 "이 사건 규정"이라 함)의 위헌 여부라 할 것이다.

헌재 1998. 10. 15. 98헌마168, 판례집 10-2, 586, 589-590

(판 례) 심판대상의 확정 (2)

청구인은 스스로 작성한 헌법소원심판청구서에서 국가유공자등예우및지원에관한법률시행령 제22조와, 국가유공자등예우및지원에관한법률시행규칙 제8조의4를 심판의 대상으로 구하고 있다.

그러나, 청구인의 국선대리인이 정리하여 제출한 대리인의견서에서는 헌법소원심판대상을 국가유공자등예우및지원에관한법률시행령 제22조에 한정하고 있으므로 국가유공자등예우및지원에관한법률시행규칙 제8조의 4는 심판대상에서 제외한다.

다음으로 헌법재판소는 심판청구서에 기재된 피청구인이나 청구취지에 구애됨이 없이 청구인의 주장요지를 종합적으로 판단하여야 하며, 청구인이 주장하는 침해된 기본권과 침해의 원인이 되는 공권력을 직권으로 조사하여 피청구인과 심판대상을 확정하여 판단하여야 한다.

살피건대, 청구인이 실제로 다투고자 하는 것은 기본연금 월지급액의 차이이며, 이는 국가유공자등예우및지원에관한법률시행령 [별표 4] 연금지급구분표 중 1. 기본연금 지급구분표에서 규정한 월 기본연금 지급액이 헌법에 위반되는지의 여부일 뿐이지, 국가유공자등예우및지원에관한법률시행령 제22조가 헌법에 위반되는지의 여부 그 자체가 아니다. 청구인의 국선대리인도 국가유공자등예우및지원에관한법률시행령 [별표 4] 연금지급기준이 청구인의 평등권을 침해한다는 주장을 펼치고 있다.

청구인의 헌법소원심판청구이유, 이해관계기관의 의견 등 여러 가지 사정을 종합하여 직권으로 이 사건 심판의 대상을 국가유공자등예우및지원에관한법률시행령 제22조에서 국가유공자등예우및지원에관한법률시행령 [별표 4] 연금지급구분표 중 1. 기본연금 지급구분표로 변경하기로 한다.

한편, 이 사건 심판청구의 청구인은 상이등급 7급에 해당하는 전상군경이므로 위 기본연금 지급구분 중 기본권침해의 자기관련성이 있는 부분은 "상이등급 7급에 해당하는 전상군경에 대하여 기본연금으로 월 금 180,000원을 지급하도록 한 부분"에 한정된다 할 것이므로 심판의 대상도 이에 한정한다.

그렇다면, 이 사건 심판대상은 국가유공자등예우및지원에관한법률시행령(2001. 12. 31. 대통령령 제17479호로 개정되고, 2002. 3. 30. 대통령령 제17565호로 개정되기 전의 것, 이하 '예우법시행령'이라 한다) [별표 4] 연금지급구분표의 1. 기본연금 지급구분표 중 "상이등급 7급에 해당하는 전상군경에 대하여 기본연금으로 월 금 180,000원을 지급하도록 한 부분"(이하 '이 사건 시행령조항'이라 한다)이 헌법에 위반되는지의 여부이다.

헌재 2003. 5. 15. 2002헌마90, 판례집 15-1, 581, 590-591

형벌 조항의 위헌 여부가 문제된 경우는 좀 더 논의할 필요가 있다. 형법을 제외한 많은 개별 법률에서는 구성요건조항(금지규정 및 의무부과조항)과9) 처벌조항이 분리되어 있다. 헌법재판소 판례는 일정하지 않았다. 구성요건조항만을 심판대상으로 삼은 경우도 있고, 처벌조항 중 구성요건조항만을 심판대상으로 하거나, 양자를 모두 포함하여 심판대상으로 삼은 경우도 있다. 그러나 최근에는 실무관행을 바꾸어 제청법원이나 청구인이 금지규정이 아니라 처벌규정만을 다투는 경우가 명백하면 '처벌규정 중 금지규정' 부분으로 심판대상을 확정하고, 금지규정만을 다투거나 금지규정과 아울러 처벌규정의 위헌성도 함께 다투는 경우에는 금지규정 또는 금지규정 및 '처벌규정 중 금지규정' 부분으로 심판대상을 확정한다고 한다(헌법재판실무제요, 50쪽).

헌법재판소의 위와 같은 실무상의 처리변경이 옳다. '처벌규정 중 금지규정'만을 심판대상으로 삼는 경우, 당해 조항이 위헌으로 선언되더라도 금지(혹은 의무)규정 자체는 여전히 유효하게 존속하고 있으므로 과태료 등의 행정제재 부과가 가능하고, 수범자가 공무원 등인 경우 징계 등의 불이익조치가 가능하다는 점에 차이가 있다.

그러나 헌법재판소의 실무제요(제2개정판, 2015년)가 발간된 이후에도 헌법재판소의 형벌조항 심판대상 획정은 위헌법률심판(혹은 위헌소원심판)과 헌법소원심판을 구별하고 있는 듯하다.

즉 헌법소원사건에서는 "청구인들은 공립 또는 사립 초·중등학교에 교사로 재직 중인 자들로 (……) 공직선거법 제53조 제1항 제1호, 제7호(입후보제한), 제60조 제1항 제4호, 제5호(선거운동제한), '지방교육자치에 관한 법률' 제47조 제1항 등에 의하면 교원이 선거일 전 90일까지 그 직을 그만두지 않을 경우 공직선거와 교육감선거에 입후보할 수 없음은 물론 일반 유권자로서 선거운동도 할 수 없다. 이에 청구인들은 위 조항들과 함께 그 위반 시 형사처벌하는 조항들이 교원의 공무담임권과 정치적 표현의 자유 및 평등권 등을 침해한다고 주장하며 헌법소원심판을 청구하였다. (……) 청구인들은 형사처벌 조항인 공직선거법 제255조 제1항 제2호와 '지방교육자치에 관한 법률' 제49조 제1항 중 공직선거법 제255조 제1항 제2호 준용 부분에 대한 판단도 구하나, 처벌조항에서 정한 법정형이 과하다거나 체계정당성에 어긋난다는 등 그 자체의 고유한 위헌성을 다투지 아니하므로 그 부분은 심판대상에서 제외한다"고 판시하였다(헌재 2019. 11. 28. 2018헌마222).

반면, 위헌법률심판(혹은 위헌소원심판) 사건에서는 "당해사건의 피고인이자 위헌제청신청인 최○권은 판매할 목적으로 (유사군복 등을; 글쓴이) 소지하여 '군복 및 군용장구의 단속에 관한 법률'위반죄로 약식명령을 고지받았다(2018. 5. 24. 부산지방법원 2018고약2278). 부산지방법원은 2018. 7. 25. 그 신청을 받아들여 법 제8조 제2항에 대하여 위헌법률심판을 제청하였다. (……) 제청법원은 법 제8조 제2항만을 위헌제청하였으나, 당해사건은 형사재판이므로 금지조항인 위 제8조 제2항과 함께 재판에 직접 적용되는 형사처벌조항인 법 제13조 제1항 제2호도 심판대상으로 삼기로 한다"고 판시하였다(헌재 2019. 4. 11. 2018헌가14).

이러한 차이는 당해(본안)사건이 있는 위헌법률(위헌소원)심판사건에서는 금지규정 자체는 합헌이라고 하더라도 처벌규정이 체계정당성에 위반되는 등 과도한 처벌이라는 이유로 위헌결정을 할 수 있기 때문이다.

2. 심판대상의 제한

헌법재판소는 당해 법률조항 전부 또는 수 개의 법률조항에 대하여 위헌법률심판이 제청되거나 위헌소원이 제기된 경우 재판의 전제성이 없는 부분은 결정이유에서 심판의 대상을 제한하고 그 제한된 대상에 대하여만 주문에서 판단하는 경우가 보통이다(헌법재판실무제요, 41쪽).

지방공무원법 제2조 제3항 제2호 나목 전부에 대하여 위헌소원심판에서 청구인들은 동장으로 재직 중 동장의 직무에서 배제된 자들이므로, 심판의 대상은 위 나목 중 '동장' 부분만에 한정된다(헌재 1997. 4. 24. 95헌바48).

금융기관의연체대출금에관한특별조치법 제3조는 "법원이 금융기관의 신청에 의하여 진행하는 민사소송법에 의한 경매절차에서 통지 또는 송달은 경매신청당시 당해 부동산등기부상에 기재되어 있는 주소에 발송함으로써 송달된 것으로 보며, 그 부동산등기부에 주소가 기재되어 있지 아니하거나 주소를 법원에 신고하지 아니한 때에는 공시송달의 방법에 의하여야 한다"라고 규정하고 있는 반면, 제청법원 및 청구인이 위헌으로 주장하는 것은 발송송달 부분이고 공시송달 부분에 대하여는 아무런 주장을 하지 않은 경우에 심판대상은 발송송달에 관하여 규정한 제3조 전단 부분에 한정된다(헌재 1989. 9. 30. 98헌가7등)

공직선거법 제49조 제4항 제5호는 "제1항 내지 제3항의 규정에 의하여 후보자등록을 신청하는 자는 다음 각 호의 서류를 제출하여야 하며, 제56조 제1항의 규정에 의한 기탁금을 납부하여야 한다. 5. 금고 이상의 형의 범죄경력(실효된 형을 포함하며 이하 이 조에서 '전과기록'이라 한다)에 관한 증명서류"라고 규정하고 있는데, 청구인들은 실효된 금고 이상의 형의 범죄경력이 있는 자들로서 공직선거에 후보자로 등록하고자 하는 자가 제출하여야 할 금고 이상의 형의 범죄경력에 실효된 형을 포함시키고, 실효된 금고 이상의 형의 범죄경력을 조회 · 열람 · 공개하는 것이 위헌이라는 주장하고 있는 경우, 청구인들의 주장취지에 비추어 볼 때 법 제49조 제4항 제5호 중 '실효된 형을 포함하며' 부분만을 심판대상으로 삼으면 족하다(헌재 2008. 4. 24. 2006헌마402).

한편, 형벌규정은 구성요건을 규정한 부분과 형벌을 규정한 부분으로 이루어져 있으므로, 위헌법률심판제청을 할 때에는 해당 부분에 한정하여야 할 것이다. 가령 살인죄 자체의 위헌성을 문제 삼는 것이 아니고, 살인죄에 대한 형벌로 사형, 무기, 또는 5년 이상의 징역형을 규정한 점을 위헌사유로 주장하는 경우 형법 제250조 전체를 심판대상으로 할 것이 아니라, 심판대상은 위 '사형, 무기, 또는 5년 이상의 징역'에 한정된다. 물론 구성요건 부분이 위헌으로 선언되면 형벌 부분은 독자적인 존재의의를 상실하게 되어 그 부분까지 위헌선언을 하는 것은 별개의 문제이다.

헌법재판소는 영화검열사건에서, 영화법 제12조는 "① 영화는 그 상영 전에 공연법에 의하여 설치된 공연윤리위원회의 심의를 받아야 한다. ② 제1항의 규정에 의한 심의를 필하지 아니한 영화는 이를 상영하지 못한다", 제32조는 "다음 각호의 1에 해당하는 자는 2년 이하의 징역 또는 500만원 이하의 벌금에 처한다. 5. 제12조 제1항 또는 제4항의 규정에 의한 심의를 받지 아니하고 영화를 상영한 자"라고 규정하고 있는데, 구성요건을 규정한 위 법 제12조 제1항만을 심판대상으로 하였다(헌재 1996. 10. 4. 93헌가13등)[10]

반면, 구 특정경제범죄가중처벌등에관한법률 제5조 제1항은 "금융기관의 임 · 직원이 그 직무에 관하여 금품 기타 이익을 수수 · 요구 또는 약속한 때에는 5년 이하의 징역 또는 10년 이하의 자격정지에 처한다", 제4항 제1호는 "제1항 내지 제3항의 경우에 수수 · 요구 또는 약속한 금품 기타 이익의 가액이 1천만 원 이상인 때에는 다음의 구분에 따라 가중처벌한다. 1. 수수액이 5천만 원 이상인 때에는 무기 또는 10년 이상의 징역에 처한다"라고 규정하고 있는데 형벌을 규정한 특경법 제5조 제4항 제1호만을 심판대상으로 하였다(헌재 2005. 6. 30. 2004헌바4).

(판 례) 심판대상의 제한

청구인은 청구취지에서 도로교통법 제63조 중 '고속도로 등'[11) 부분의 위헌확인을 구하고 있다. 그러나 청구이유 및 준비서면에서는 자동차전용도로가 고속도로와 그 성격이 다름을 주장하면서 자동차전용도로에서의 통행금지에 대한 부분만 문제 삼고 있고, 당해사건에서도 자동차전용도로인 내부순환도로 통행만 문제되었다. 또한 당해사건이 형사재판이므로 재판에 직접 적용되는 처벌조항도 금지조항과 함께 심판대상으로 삼는 것이 타당하다.

따라서 심판대상은 금지조항인 도로교통법 제63조 중 긴급자동차를 제외한 이륜자동차 운전자의 자동차전용도로 통행을 금지하는 부분과 처벌조항인 제154조 제6호 중 위 해당부분이다.

[심판대상조항]

도로교통법 제63조 (통행 등의 금지) 자동차(이륜자동차는 긴급자동차만 해당한다) 외의 차마의 운전자 또는 보행자는 고속도로 등을 통행하거나 횡단하여서는 아니된다.

제154조 (벌칙) 다음 각 호의 어느 하나에 해당하는 사람은 30만원 이하의 벌금이나 구류에 처한다. 6. 제63조를 위반하여 고속도로 등을 통행하거나 횡단한 사람

(참조조문, 법 제2조 제2호 ""자동차전용도로"란 자동차만 다닐 수 있도록 설치된 도로를 말한다.", 제3호 ""고속도로"란 자동차의 고속 운행에만 사용하기 위하여 지정된 도로를 말한다.", 제57조(통칙) ""고속도로 또는 자동차전용도로"(이하 "고속도로등"이라 한다)에서의 자동차 또는 보행자의 통행방법 등은 (……)"; 글쓴이)

헌재 2015. 9. 24. 2014헌바291, 공보 228, 1433, 1434

헌법재판소는 최근의 낙태죄 헌법불합치결정에서도 "청구인은 형법 제270조 제1항 전체의 위헌확인을 구하고 있으나, 청구인에게 적용되는 부분은 위 조항 중 '의사'에 관한 부분이므로, 심판대상을 해당 부분으로 한정한다"고 하였다(헌재 2019. 4. 11. 2017헌바127). 그러나 이는 의문이다. 뒤에서 살펴보는 바와 같이 헌법재판소는 동일한 심사척도가 적용되는 경우에는 오히려 심판대상을 확장하고 있다. 청구인이 위헌을 구한 형법 제270조 제1항의 행위주체는 의사, 한의사, 조산사, 약제사, 약종상이다. 또한 형법 제269조 제1항이 행위태양으로 '약물 기타 방법'을 규정하고 있으므로 위 직업군의 행위주체 중 의사로만 한정한 위 결정은 쉽사리 납득하기 어렵다. 위 결정 이후 낙태약물을 판매한 약제사나 한의사, 낙태를 도와준 조산사는 여전히 처벌받게 되는 불합리가 발생한다.

3. 심판대상의 확장

법의 통일성, 소송경제의 관점에서 심판의 대상을 법원이 위헌제청한 법률(조항)에만 한정하지 않고 다른 법률(조항)까지 확장하는 경우도 있다.

가. 동일 심사척도가 적용되는 경우

법률조항 중 당해 사건의 재판에서 적용되지 않는 내용이 들어 있는 경우에도 제청법원이 단일 조문 전체를 위헌제청하고 그 조문 전체가 같은 심사척도가 적용될 위헌심사대상인 때에는 그 조문 전체가 심판대상이 된다.

헌법재판소가 동일 심사척도가 적용된다고 하여 심판대상을 확정한 사례로는 다음의 것들이 있다.

* 관세법 제182조 제2항은 "제179조 내지 제181조 및 제182조의 2의 죄를 범할 목적으로 그 예비를 한 자와 미수범은 각각 해당하는 본죄에 준하여 처벌한다"라고 하여 적용대상을 병렬적으로 규정하고 있으므로 그 내용이 서로 밀접한 관련이 있어 같은 심사척도가 적용될 위헌심사대상인 경우 그 내용을 분리하여 따로 판단하는 것이 적절하지 아니하다(헌재 1996. 11. 28. 96헌가13; 관세포탈죄와 같은 범죄에 있어서는 기수와 미수, 미수와 예비를 엄격히 구별하기 어려울 뿐만 아니라 법익침해가능성이나 위험성에 있어서도 크게 차이가 없다는 점을 그 논거로 하고 있다).
* 새마을금고법 제66조 제1항 제2호는 "금고 또는 연합회의 임·직원이 다음 각호의 1에 해당하는 행위를 한 때에는 5년 이하의 징역 또는 500만원 이하의 벌금에 처한다. 2. 이 법과 이 법에 의한 명령 또는 정관에 위반하는 행위를 함으로써 금고 또는 연합회에 손해를 끼쳤을 때"라고 규정하고 있고, 당해 사건은 정관 위반이 아닌 위 법 위반일 뿐이지만 당해 사건에 적용되지 않은 "정관" 부분도 심판의 대상에 포함된다(헌재 2001. 1. 18. 99헌바112).
* 위헌심판제청된 보안관찰법 제27조 제2항은 "정당한 이유없이 제6조 제1항·제2항 및 제18조 제1항 내지 제4항의 규정에 의한 신고를 하지 아니하거나 허위의 신고를 한 자 또는 그 신고를 함에 있어서 거주예정지나 주거지를 명시하지 아니한 자는 2년이하의 징역 또는 100만원이하의 벌금에 처한다"라고 규정하고 있고, '허위의 신고' 부분은 당해 사건에는 적용되지 않으나, 동일한 심

사척도가 적용되는 경우이기 때문에 그 부분도 심판대상에 포함한다(헌재 2003. 6. 26. 2001헌가17).

* 보건복지부장관이 2001. 12. 1.에 한 '2002년도 최저생계비 고시' 전체를 대상으로 하여 청구된 헌법소원사건에서, 청구인들에게는 위 고시 중 '3인 가구 최저생계비'가 적용되나, 고시 전체에 동일한 심사척도가 적용될 수 있으므로 위 고시 전체로 심판대상으로 확장하는 것이 타당하다(헌재 2004. 10. 28. 2002헌마 328).

동일한 법률의 다른 법률조항에 법률이 개정된 경우에 개정된 신법에 포함되어 있는 동일내용의 법률조항도 심판대상이 되는지도 문제된다. 이에 대하여는 후술한다.

나. 체계적으로 밀접한 경우

(판 례) 체계적으로 밀접한 관련이 있는 부분에 대하여 심판대상을 확장한 사례(1)

(심판대상조문은 다음과 같다. 수표법 제28조 (수표의 일람출급성) ② 기재된 발행일자의 도래전에 지급을 위하여 제시된 수표는 그 제시한 날에 이를 지급하여야 한다. 제29조 (지급제시기간) ① 국내에서 발행하고 지급할 수표는 10일 이내에 지급을 위한 제시를 하여야 한다. ④ 전3항의 기간은 수표에 기재된 발행일자로부터 기산한다)

청구인이 수표법 제28조 제2항, 제29조 제1항에 대하여만 위헌제청신청을 하였고, 법원의 기각결정 역시 위 조항들에 한정되었으나, 청구인이 다투는 취지로 보건대 수표법 제29조 제1항에 같은 조 제4항을 보태어 보아야만 비로소 의미를 가지므로 묵시적으로나마 수표법 제29조 제4항에 대하여도 청구인의 위헌제청신청이 있었고 그에 대한 법원의 기각결정까지 있었다고 보아,[12] 이 사건 심판대상에 포함시켜 함께 판단한다.

헌재 2001. 1. 18. 2000헌바29, 판례집 13-1, 111, 114

(판 례) 체계적으로 밀접한 관련이 있는 부분에 대하여 심판대상을 확장한 사례(2)

(민법 제778조 (호주의 정의) 일가의 계통을 계승한 자, 분가한 자 또는 기타 사유로 인하여 일가를 창립하거나 부흥한 자는 호주가 된다. 제781조 (자의 입적, 성과 본) ① 자는 부의 성과 본을 따르고 부가에 입적한다. 다만, 부가 외국인인 때에는 모의 성과 본을 따를 수 있고 모가에 입적한다. 제826조 (부부간의 의무) ③ 처는 부의 가에 입적한다. 그러나 처가 친가의 호주 또는 호주승계인인 때에는 부가 처의 가에 입적할 수 있다)

헌법재판은 단순히 제청신청인이나 헌법소원 청구인의 주관적 권리구제만을 위한 제도가 아니고, 객관적 헌법질서를 수호·유지하기 위한 제도이기도 하다.

헌법재판소는 피청구인 또는 심판대상을 직권으로 확정하기도 하고(헌재 1993. 5. 13. 91헌마190, 판례집 5-1, 312, 320; 헌재 1998. 3. 26. 93헌바12, 판례집 10-1, 226, 232), 위헌제청되지 않은 법률조항이라 하더라도 체계적으로 밀접불가분의 관계에 있거나 동일한 심사척도가 적용되는 등의 경우에는 그 법률조항도 심판대상에 포함시켜 위헌제청된 법률조항과 함께 그 위헌 여부를 판단하기도 하였다(헌재 1999. 1. 28. 98헌가17, 판례집 11-1, 11, 14; 헌재 2000. 8. 31. 97헌가12, 판례집 12-2, 167, 172). 이는 모두 헌법재판의 객관적 기능을 충실히 구현하고자 하는 취지에서 비롯된 것이다.

민법 제826조 제3항 본문에 대한 심판의 필요성이 있는지 본다.

당해사건의 신청인들 중 무호주로의 호주변경신고를 한 신청인들의 본질적 취지는 부부의 어느 일방도 호주가 됨이 없이 동등한 가족구성원으로 되는 가(家)를 구성하게 해달라는 것이고, 여기에는 처의 무조건적인 부가(夫家)입적을 다투는 취지도 포함되어 있다고 볼 것이므로, 호주 지위의 설정에 관한 민법 제778조와 더불어 처의 부가(夫家)입적에 관한 민법 제826조 제3항 본문 또한 제청신청의 취지와 무관하다고 볼 수 없다.

뿐만 아니라 민법 제826조 제3항 본문은 제778조, 제789조와 밀접한 관계에 있는 조항이다. 전자는 후자와 결합하여, 남녀가 혼인하면 처는 부(夫)의 가(夫가 호주일 수도 있고 아닐 수도 있다)에 강제로 편입된다는 법률결과를 창출하는 것인데, 이는 민법 제778조가 근거조항인 호주제의 핵심적 내용의 하나를 이루고 있는 것이다.

호주제의 위헌여부가 쟁점인 이 위헌제청사건에서 민법 제826조 제3항 본문이 위와 같은 정도로 민법 제778조와 긴밀한 관계에 있다면, 설사 제청법원의 견해와 같이 전자의 조항에 엄밀한 의미의 재판의 전제성이 없다 하더라도, 호주제의 위헌여부라는 중요한 헌법문제의 보다 완전하고 입체적인 해명을 위하여 그 조항에 대하여도 심판의 필요성을 인정하여 그 위헌여부까지도 심판의 대상으로 삼아 한꺼번에 심리·판단하는 것이 위에서 본 헌법재판의 객관적 기능에 비추어 보아 상당하다 할 것이다.

그렇다면 이 사건 심판의 대상은 민법 제778조, 제781조 제1항 본문 후단, 제826조 제3항 본문의 위헌여부이다.

헌재 2005. 2. 3. 2004헌가5등, 판례집 17-1, 1, 8-9

(판 례) 체계적으로 밀접한 관련이 있는 부분에 대하여 심판대상을 확장한 사례(3)

청구인은 위헌제청신청을 하면서 개발제한구역훼손부담금의 법적 근거인 위 특별조치법 제20조 제1항을 제청대상 법률조항으로 적시하였고 법원도 이를 중심으로 그 신청의 이유 유무를 판단하였으나, 이 사건 심판청구에서는 이를 심판대상에서 제외하고 있다. 그런데 청구인은 여전히 개발제한구역훼손부담금 자체의 위헌성을 주장하고 있고, 위 부담금의 감면과 그 산정기준을 정한 제22조 및 제23조 제1항의 위헌성도 결국 위 부담금 자체의 위헌 여부와 밀접한 관련성을 가지므로 직권으로 이를 심판대상에 추가함이 상당하다.

헌재 2007. 5. 31. 2005헌바47, 판례집 19-1, 568, 575

(판 례) 체계적으로 밀접한 관련이 있는 부분에 대하여 심판대상을 확장한 사례(4)

(변호사 등록 등에 관한 규칙 제12조 (등록료의 납부) ① 이 규칙에 따른 등록을 신청한 자는 200만 원 이하의 범위 내에서 규정으로 정하는 등록료를 납부하여야 한다; 구 변호사 등록 등에 관한 규정 제9조 (등록료) 규칙 제12조 제1항에 의한 등록료는 다음 각 호와 같다. 1. 변호사자격등록의 경우 : 1,000,000원)

청구인은 구 '변호사 등록 등에 관한 규정' 제9조 제1호에 대하여만 이 사건 심판청구를 하고 있다. 그런데 위 조항은 등록료 납부의무를 규정하는 조항이자 수권조항인 대한변호사협회의 '변호사 등록 등에 관한 규칙' 제12조 제1항에 따라 변호사 등록료의 액수를 구체적으로 정하고 있는 것으로 양자는 서로 불가분의 관계를 이루면서 전체적으로 하나의 규율 내용을 형성하고 있다고 할 것이므로, 대한변호사협회의 '변호사 등록 등에 관한 규칙' 제12조 제1항도 이 사건 심판대상으로 확장하여 함께 판단하기로 한다.

헌재 2019. 11. 28. 2017헌마759, 판례집 31-2상, 563, 565-566

(판 례) 체계적으로 밀접한 관련이 있는 부분에 대하여 심판대상을 확장한 사례(5)

(구 지방자치법 제91조 (사무직원의 정원과 임명) ② 사무직원은 지방의회의 의장의 추천에 따라 그 지방자치단체의 장이 임명한다. 다만, 지방자치단체의 장은 사무직원 중 별정직·기능직·계약직 공무원에 대한 임용권은 지방의회 사무처장·사무국장·사무과장에게 위임하여야 한다)

청구인은 구 지방자치법 제91조 제2항 본문만을 심판대상으로 하여 헌법소원심판을 청구하였으나, 위 조항의 단서는 본문에서 규정한 지방자치단체의 장의 지방의회 사무직원에 대한 임용권을 전제로 이에 대한 예외를 규정하고 있으므로, 본문과 단서를 하나의 심판대상으로 보아 판단하는 것이 타당하다. 따라서 이 사건의 심판대상은 구 지방자치법 제91조 제2항이 헌법에 위반되는지 여부이다. 심판대상조항 및 관련조항의 내용은 다음과 같다.

헌재 2014. 1. 28. 2012헌바216, 판례집 26-1상, 87, 89-90

다. 심판대상조항의 적용의 전제가 되는 경우

헌법재판소는 심판대상이 된 법률조항이 당해 사건에서 적용되기 위하여 전제가 되는 법률규정도 심판대상에 포함시키고 있다.

(판 례) 심판대상조항의 적용의 전제가 되는 경우

　　(사건의 개요는 다음과 같다. 청구인들은 경기도의회의원선거에서 용인제1 내지 제4 선거
구의 선거인들이다. 2005. 8. 31. 현재, 이 사건 선거구구역표상 용인시 각 선거구의 인구는
199,503명, 126,896명, 170,369명, 195,723명으로서 평균 173,123명이고, 전국 선거구의 평
균인구수 75,934명(2005년 말 추정 총인구 48,294,143명÷총선거구 636개)과 비교하여 약
＋128%의 편차를 보이고 있으며, 경기도 내 최소선거구인 연천군 선거구의 평균인구수
23,885명에 비하여 약 7 : 1(제1선거구의 경우 최대 8 : 1)의 편차를 보이고 있다. 이에 청구
인들은 공직선거법 제26조 제1항에 의하여 이 사건 선거구구역표 중 경기도 용인시 제1선거
구, 제2선거구, 제3선거구 및 제4선거구를 확정하는 것은 자신들의 투표가치를 지나치게 과
소평가하여 평등선거의 원칙에 반할 뿐만 아니라 헌법상 보장된 평등권과 선거권을 침해하
였다고 주장하면서 2005. 10. 7. 이 사건 헌법소원심판을 청구하였다)

　　청구인들은 공직선거법 제26조에 의한 이 사건 선거구구역표 중 각 해당 부분
의 위헌확인을 구하고 있을 뿐 법 제22조 제1항(지역구시·도의원정수는 그 관할구역
안의 자치구·시·군(하나의 자치구·시·군이 2 이상의 국회의원지역선거구로 된 경우에
는 국회의원지역선거구를 말하며, 행정구역의 변경으로 국회의원지역선거구와 행정구역이 합
치되지 아니하게 된 때에는 행정구역을 말한다)마다 2인으로 한다)을 별도의 심판대상으
로 삼고 있지는 않다. 그러나 법 제22조 제1항은 시·도의회 의원정수를 정하고
있는 법률조항으로서 시·도의회의원 지역선거구 획정 및 그 결과물인 이 사건 선
거구구역표의 전제가 되므로 이들은 체계적으로 밀접하게 연관되어 있다. 따라서
이 사건 선거구구역표 중 해당 부분뿐만 아니라 법 제22조 제1항도 함께 심판대상
으로 삼아서 한꺼번에 그 위헌 여부를 판단하는 것이 법질서의 통일성과 소송경제
의 측면에서 바람직하므로 이를 이 사건 심판대상에 포함시키기로 한다.

　　　　　　　　　헌재 2007. 3. 29. 2005헌마985, 판례집 19-1, 287, 292-294

　　다만 심판대상조항의 적용의 전제가 되는 경우와 앞서 설명한 동일한 심사척
도가 적용되는 경우 또는/및 규범 사이에 체계적으로 밀접한 관련이 있는 경우
는 대부분 동시에 나타난다.

(판 례) 심판대상의 확장 사유가 복합적으로 나타나는 경우

　　제청법원들이 제청법률조항으로 삼고 있지는 않지만, 종합토지세의 분리과세대
상토지의 종류와 그 과세표준을 정하고 있는 (지방세)법 제234조의15 제2항 단서
제5호 중 "기타 사치성 재산으로 사용되는 토지로서 대통령령으로 정하는 토지"
부분은 제청법률조항으로 제기된 법 제234조의16(분리과세대상토지의 세율) 제3항

제2호 중 "기타 사치성 재산으로 사용되는 토지"부분의 **전제가 되므로**, 양 법률조항들은 **체계적으로 밀접하게 연관**되어 있다. 따라서 이 법률조항들의 위헌여부를 판단함에 있어서는 **동일한 심사척도와 법리가 적용**된다. 그러므로 법 제234조의15 제2항 단서 제5호 중 "기타 사치성 재산으로 사용되는 토지로서 대통령령으로 정하는 토지"부분도 함께 심판대상으로 삼아서 한꺼번에 그 위헌여부를 판단하는 것이 법질서의 통일성과 소송경제의 측면에서 바람직하므로 이를 이 사건 심판대상에 포함시키기로 한다.

헌재 1999. 3. 25. 98헌가11, 판례집 11-1, 158, 167

라. 개정법률 등 유사법률조항에 대한 확장의 문제

위헌제청은 개정 전 법률조항에 대하여 이루어졌지만 개정법률 또는 다른 유사법률에 제청신청된 법률과 마찬가지의 위헌성이 있는 경우 개정법에까지 심판대상을 확장할 수 있는가가 문제된다. 이에 대하여 헌법재판소는 자신이 적극적 입장을 취한 예는 발견하기 어렵고, 반면 당해 사건에 적용된 구법 조항이 아니라 동일한 내용의 신법 조항에 대하여 위헌여부심판을 제청한 것이 부적법하다고 각하한 예가 있다고 한다(헌재 2001. 4. 26. 2000헌가4). 이 사건에서 3인의 반대의견은 신법이 형식상 별개의 법률조항이기는 하나 그 실질적 내용에는 아무런 변화없이 동일성이 유지되고 있으므로 형식적인 법률개정의 유무에 얽매여 위헌제청신청을 각하할 것이 아니라, 신법 조항을 심판의 대상으로 삼아 판단함이 상당하다고 하였다(헌법재판실무제요, 49-50쪽).

한편 2007년의 2005헌마985 결정은 "다만 이 사건 선거구란들 중 "경기도 용인시 제1선거구란, 용인시 제2선거구란, 용인시 제3선거구란, 용인시 제4선거구란"은 2006. 3. 2. 법률 제7850호에 의하여 개정된 바 있으나, 그 개정 내용은 단지 2005. 10. 31. 경기 용인시의 행정구역 개편에 따라 각 선거구에 속하는 선거구역을 세분화한 것일 뿐이고(아래 [별표 2] 선거구구역표 부분 참조), 그 외에는 법문상으로나 내용상으로나 아무런 변화가 없었다. 따라서 위 선거구란들 부분은 위 2006. 3. 2. 법률 제7850호에 의하여 개정된 이후의 법률과도 실질적으로 그 내용이 동일하다 할 것이므로, 위에서 밝힌 이 사건 심판대상에는 위 2006. 3. 2. 법률 제7850호로 개정된 것까지 포함되어 있다"고 판시한 바 있다.

(판 례) 개정법의 유사법률조항에 대하여 심판대상을 확장한 사례

이 사건 심판대상은 영진법(2002. 1. 26. 법률 제6632호로 개정되고, 2006. 4. 28. 법

률 제7943호로 폐지된 것) 제21조 제3항 제5호 및 제21조 제7항 후문 중 '제3항 제5
호' 부분이 헌법에 위반되는지 여부이다.

　한편, 2006. 4. 28. 국회는 영화와 비디오를 하나로 묶고 종래 영진법에서 정한
내용들을 흡수하여 영비법을 제정하였고, 특히 영진법 제21조 제3항 제5호의 내용
은 영비법 제29조 제2항 제5호에서 규정하고, 영진법 제21 제7항에 해당하는 규정
은 이를 삭제하였다.

　그런데 영비법 제29조 제2항 제5호는 제한상영가 등급의 영화에 대하여 '상영
및 광고·선전에 있어서 일정한 제한이 필요한 영화'라고 하여 이 사건 영진법의
규정과 동일하게 규정하고 있고, 이 영비법 조항에도 동일한 심사기준이 적용되는
결과 그 위헌 여부에 관하여도 영진법 규정들과 동일한 결론에 이르게 되는 것이
명백하므로 영비법 제29조 제2항 제5호도 이 사건 심판대상에 포함시키기로 한다.

　　　　　　　　　　　　헌재 2008. 7. 31. 2007헌가4, 판례집 20-2상, 20, 28

　위 사건과 동일하게 구 문화재보호법(2002. 12. 30. 법률 제6840호) 제81조 제4
항, 제5항의 "지정문화재 등의 은닉행위 이전에 타인에 의하여 행하여진 손상·절
취·은닉 그 밖의 방법으로 그 지정문화재 등의 효용을 해하는 행위가 처벌되지
아니한 경우에도 당해 은닉행위자를 처벌하고, 당해 문화재를 몰수·추징한다"
는 규정과 제82조 제4항, 제7항의 "도굴되거나 현상변경된 문화재의 보유 또는
보관행위 이전에 타인에 의하여 행하여진 도굴·현상변경·양도·양수·취득·운
반·보유 또는 보관행위가 처벌되지 아니한 경우에도 당해 보유 또는 보관행위
자를 처벌하고, 당해 문화재를 몰수한다"는 규정에 대하여 헌법소원이 제기된
사건에서 법률조항들이 그 내용을 그대로 유지한 채 조문의 위치만이 변경되었
고, 개정된 법률조항(2007. 4. 11. 법률 제8346호로 개정된 것)들에도 동일한 심사기
준이 적용되는 결과 그 위헌 여부에 관하여 동일한 결론에 이르게 되는 것이 명
백한 경우이므로 개정된 위 조항들 역시 심판의 대상으로 삼아 판단한다고 하였
다(헌재 2007. 7. 26. 2003헌마377).

　그러나 대한변호사협회 징계위원회에서 징계를 받은 변호사가 불복하고자 할
경우 법무부 변호사징계위원회에서의 이의절차를 밟은 후 곧바로 대법원에 즉시
항고하도록 규정한 변호사법(2000. 1. 28. 법률 제6207호로 개정되기 전의 것) 제81조
제4항 내지 제6항에 대하여 위헌제청된 사건에서 실질적으로 같은 내용을 담고
있는 개정변호사법에 대하여 심판대상을 확장하지 않았다(헌재 2000. 6. 29. 99헌
가9). 헌법재판소는 실무제요에서 위에서 개정법에 대하여 심판대상을 확장한 사

례는 헌법재판소의 결정 선고 당시 개정법이 시행중이었고, 심판대상을 확장하지 않은 변호사법 사건에서는 결정 선고 당시 개정법의 시행일이 도래하지 않았다고 설명하고 있다.

마. 기 타

고소고발장 등 행정기관인 경찰관서에 제출하는 서류의 작성을, 법무사법 제2조 제1항 제2호가 "법원과 검찰청의 업무에 관련된 서류의 작성"에 해당한다고 하여 법무사만 할 수 있고, 청구인과 같이 경찰공무원으로 재직한 일반행정사는 이를 하지 못하게 한 것은 헌법에 위반된다는 이유로 헌법소원심판이 청구된 사건에서, 헌법재판소는 청구인의 기본권이 제한되는 것은 "법무사가 아닌 자는 제2조에 규정된 사무를 업으로 하지 못한다"고 규정한 제3조 제1항에 의한 것이므로 동 조항에 대하여도 심판대상을 확장하였다(헌재 2000. 7. 20. 98헌마52).

또한 청구인들은 연금보험료의 강제징수에 관한 국민연금법 제75조, 제79조만을 심판대상으로 하여 헌법소원을 청구하였으나, 위 조항들은 국민연금의 강제가입에 관한 제6조, 제8조, 제10조 제1항의 각 본문과 표리의 관계에 있고 청구인들 또한 강제가입으로 말미암아 자신들의 노후대책을 스스로 선택할 수 있는 행복추구권을 침해받고 있다는 취지의 주장도 한다고 하면서 심판대상을 강제가입에 관한 위 규정들까지로 확장하였다(헌재 2001. 2. 22. 99헌마365).

4. 심판대상의 변경

헌법재판소는 심판청구이유, 법원에서의 위헌여부심판제청신청사건의 경과, 당해 사건 재판과의 관련성의 정도 등 여러 가지 사정을 종합하여 직권으로 청구인이 구한 심판의 대상을 변경하여 확정하는 경우가 있다.

(판 례) 신법조항에 대한 위헌소원사건에서 구법 조항으로 심판대상을 변경한 사례

청구인은 여객자동차운수사업법(2008. 3. 28. 법률 제9070호로 개정된 것) 제94조 제3항에 대하여 위헌 여부의 심판을 구하고 있으나, 당해 사건에 적용되는 것은 그 조항이 아니라 당해 사건에서 문제된 위반행위의 시점에 시행되었던 동일한 내용의 구 여객자동차운수사업법(1997. 12. 13. 법률 제5448호로 전부 개정되고, 2008. 3. 21. 법률 제8980호로 개정되기 전의 것) 제85조 제3항이다. 이러한 경우 헌법재판소는 청구인의 심판청구 이유, 위헌법률심판 제청신청 사건의 경과, 당해 사건 재판과의

관련성의 정도, 이해관계기관의 의견 등 여러 사정을 종합하여, 당사자가 청구취지 등에서 위헌확인을 구하는 법률조항에 대하여 직권으로 이를 변경하여 심판대상으로 확정할 수 있는바, 이 사건의 경우 당해 사건에서 문제되는 위반행위의 시점 이전에 이미 개정법률이 공포되었으나 그 부칙조항에 의하여 시행되지 않고 있던 상태이었고, 그와 같은 개정으로 조문의 위치만 변경되었을 뿐 그 내용이 전혀 달라진 바 없어 동일성이 그대로 유지되고 있으므로, 당해 사건에 적용된 구법 조항을 심판대상 조항으로 삼기로 한다.[13)]

헌재 2010. 2. 25. 2008헌바159, 판례집 22-1상, 247

(판 례) 심판대상을 변경한 사례 (1)

청구인들은 예산회계법 제96조 제2항을 심판대상으로 주장함에 있어, 국가와 지방자치단체의 차이를 살펴보지 아니하고 막연히 패소·확정된 위 대법원판결이 취소되는 경우 위 법조항이 적용될 가능성이 있다고 보아 이를 심판대상으로 주장한 것으로 보인다. 그런데 청구인들이 제소한 사건에서의 피고 목포시는 지방자치단체이고 이때 적용될 수 있는 것은 예산회계법 규정이 아니라 동일한 내용을 담고 있는 지방재정법 규정으로서 청구인들이 이를 잘못 지정한 것이 명백하므로 직권으로 심판대상을 구 지방재정법 제69조 제2항 부분으로 변경하여 파악함이 상당하다.

헌재 2007. 5. 31. 2005헌마172, 공보 128, 636

(판 례) 심판대상을 변경한 사례 (2)

청구인들은 법 제6조에 대하여 심판청구를 하였으나, 청구취지와 그 원인을 살펴보면, 청구인들은 일정한 요건 아래에서 그 보상을 정하고 있는 법 제6조의 위헌성을 문제삼고 있는 것이 아니라, 청구인들 소유의 위 토지들이 도시계획결정으로써 학교시설용지로 지정되고도 장기간 사업시행이 지연됨에 따라 재산적 손실이 발생하였음에도 법이 이에 대하여 아무런 보상규정을 두고 있지 않다는 것을 문제삼고 있다.

법 제6조는 법 제5조 제1항 및 제3항의 규정에 의한 행위로 말미암아 손실을 받은 자의 보상청구권을 정하는 규정이다. 즉, 위 법률조항은 도시계획사업의 시행자가 토지를 일시적으로 사용하거나 장애물을 변경하는 등 구체적인 도시계획사업의 시행으로 말미암아 발생하는 손실의 보상에 관한 규정이지 도시계획의 결정 그 자체로 인한 손실을 규율하는 규정이 아니다. 뿐만 아니라 법 제6조는 보상규정일 뿐, 그 자체로서 토지재산권을 제한하는 규정도 아니고, 청구인들이 주장하는 바와 같은 보상규정을 두지 않은 것이 위헌이라 하더라도, 입법자가 보상규정을 반드시 법 제6조에 두어야 할 것도 아니다.

청구인들이 다투고자 하는 것은, 도시계획시설결정으로 말미암아 발생하는 토지

재산권의 제한에 대하여 법이 아무런 보상규정을 두고 있지 않다는 것이다. 따라서 청구인들의 재산권을 제한하는 규정이자 청구취지에 부합하는 심판대상은, 도시계획이 시행되는 구역 내의 토지소유자들에게 시장이나 군수의 허가를 받지 아니하고는 원칙적으로 토지의 형질변경이나 건축 등을 금지하면서도 이러한 재산권 행사의 제한에 대하여 아무런 보상규정을 두고 있지 않은 법 제4조의 규정이라고 할 것이다.

한편, 청구인들은 위헌제청신청시 "청구인들과 같이 소유토지가 학교용지로 지정되어 재산권 행사에 제한을 받는 경우 보상규정을 두지 아니하고 일정기간 내에 도시계획을 실시하지 않는 경우에도 학교용지의 지정을 해제하도록 규정하지 아니한 '도시계획법'은 위헌"이라고 주장하여 조문을 특정하지 아니하였고, 이에 대한 법원의 기각결정도 심사대상조문을 특정하지 아니하였으나, 위헌제청신청 이유와 기각결정 이유 역시 그 내용상 모두 법 제4조의 규정에 관한 것이라고 볼 수 있다.

따라서 청구인들의 헌법소원심판청구의 이유, 위헌여부심판제청신청 및 그 기각결정의 이유, 당해사건재판과의 관련성 정도 등 여러 사정을 종합하여 볼 때, 직권으로 이 사건 심판의 대상을 법 제4조로 변경하는 것이 타당하다고 판단된다(헌재 1998. 3. 26. 93헌바12, 판례집 10-1, 232, 233).

헌재 1999. 10. 21. 97헌바26, 판례집 11-2, 383, 395-396

(판 례) 심판대상을 변경한 사례 (3)

청구인은 형집행법 제82조(미결수용자는 수사·재판·국정감사 또는 법률로 정하는 조사에 참석할 때에는 사복을 착용할 수 있다. 다만, 소장은 도주우려가 크거나 특히 부적당한 사유가 있다고 인정하면 교정시설에서 지급하는 의류를 입게 할 수 있다; 글쓴이)의 위헌확인을 구하나, 수형자인 청구인이 형사재판의 피고인과 민사재판의 당사자로 법정에 출석할 때 사복착용이 불허된 것은 형집행법 제88조(형사사건으로 수사 또는 재판을 받고 있는 수형자에 대하여는 제84조 및 제85조를 준용한다; 글쓴이)가 위와 같은 경우에 형집행법 제82조를 준용하지 아니한 것에 기인하므로, 이 사건 심판대상을 형집행법(2008. 12. 11. 법률 제9136호로 개정된 것) 제88조가 청구인의 기본권을 침해하는지 여부로 변경한다.

헌재 2015. 12. 23. 2013헌마712, 판례집 27-2하, 670, 673

(판 례) 심판대상을 변경한 사례 (4)

청구인은 심판대상을 구법 제8조 제1항 제7호로 기재하고 있으나, 당해사건에 적용될 법률조항은 구 법률조항이 아니라 구법에 대한 헌법불합치 결정에 따라 개정된 토지초과이득세법(1994. 12. 22. 법률 제4807호로 개정되어 1998. 12. 28. 법률 제5586호로 폐지되기전의 것, 이하 "토초세법"이라 한다) 제8조 제1항 제7호(이하 "이 사건 법률조항"이라 한다)임이 법리상 명백하고, 대법원도 같은 취지에서 이 사건 법률조항에 대하여 위헌제청신청을 한 것으로 보아 그 제청신청을 기각하였다. 따라서 청구인이 구 법률조항을 심판대상으로 기재한 것은 착오에 기인한 것이므로, 이 사건 심판의 대상은 당해사건에 적용될 이 사건 법률조항의 위헌여부로 보아야 할 것인바, 그 규정내용은 다음과 같다(이 사건 법률조항은 '가목'이 종전의 "사찰림·동유림"에서 "사찰림과 …… 종교시설 주변 임야"로 개정되었고, 종전의 '가목'에 규정되어 있던 "동유림"이 '사목'으로 옮겨 규정된 것에 불과하고, 규정내용은 구 법률조항과 실질적으로 달라지지 아니하였다).

헌재 1999. 7. 22. 97헌바55, 판례집 11-2, 149, 164

Ⅳ. 위헌법률심판의 기준

1. 위헌법률심판에서 3가지 의미의 심사기준

헌법재판소는 심사의 기준이라는 용어를 다음의 세 가지로 설명하고 있다.

첫째, 심사척도로서의 심사기준이다. 선거운동의 자유나 정치적 표현의 자유와 같은 민주주의의 필수불가결한 전제가 되는 기본권 제한입법의 위헌심사에는 일반 기본권 제한입법의 위헌심사에 적용되는 심사기준과 달리 보다 '엄격한 심사기준'이 적용되어야 한다는 의미에서의 심사기준을 의미한다(헌재 1994. 7. 29. 93헌가4 등). 다만 헌법재판소는 이러한 의미로 심사척도라는 용어를 사용하는 경우도 있고(헌재 2003. 12. 18. 2002헌바94등), 같은 결정에서 심사기준과 심사척도라는 용어를 혼용하기도 한다(헌재 2003. 3. 27. 2002헌마573; 헌재 2002. 9. 19. 2000헌바84등).

둘째, 위헌심사의 관점으로서의 심사기준이다. 헌법재판소는 위헌법률심판절차에서 규범의 위헌성을 제청법원이나 제청신청인이 주장하는 법적 관점(혹은 청구인이 주장하는 기본권 침해여부에 관한 심사)에서만이 아니라, 심판대상규범의 모든 법적 효과를 고려하여 모든 헌법 관점에서 심사한다. 법원의 위헌제청을 통하여 제한되는 것은 심판의 대상일 뿐, 위헌심사의 기준이 아니다(헌재 2000. 4. 27. 98헌가16등; 헌재 2011. 11. 24. 2009헌바146). 즉 변론주의에 구속되지 않는다. 가령, 본안 재판의 당사자(제청신청인)나 제청법원이 학문의 자유 위반'만'을 주장하였지만 헌법재판소는 학문의 자유 위반은 아니라고 할지라도 표현의 자유 위반을 이유로 해당 법률(조항)을 위헌으로 선언할 수 있다는 것이다.

헌재 1996. 12. 26. 96헌가18(자도소주구입명령제) 사건의 제청신청인은 소주회사로서 자신의 직업의 자유 침해를 주된 위헌사유로 삼았으나, 헌법재판소는 소비자의 행복추구권을 중심으로 심판하였다. 헌재 1993. 5. 13. 92헌마80 사건의 청구인은 당구장 영업자인데 헌법재판소는 청구인의 직업의 자유 및 평등권뿐만 아니라 출입이 금지된 18세 미만 소년들의 관점에서 행복추구권, 평등권 침해라고 판단하였다. '음란한 물건을 판매한 자'를 처벌하는 형법 조항은 청구인인 성기구판매자의 직업수행의 자유나 일반 소비자의 사생활의 비밀과 자유를 침해하지도 않는다고 하였다(헌재 2013. 8. 29. 2011헌바176).

셋째, 위헌법률심판의 '준거(準據)' 혹은 '법원(法源)'으로서의 의미의 심사기준이다. 이러한 의미에서의 심사기준은 말 그대로 헌법이다. 여기서 말하는 헌법은 형식적 의미의 헌법뿐만 아니라, 개별 헌법규정들을 포괄하는 헌법의 기본원리 내지는 헌법원칙을 포함한다. 헌법재판소도 텔레비전방송수신료 사건에서 "이 법 제36조 제1항은 법률유보원칙(의회유보원칙)에 어긋나는 것이어서, 헌법 제37조 제2항과 법치주의원리 및 민주주의원리에 위반된다"고 하였다(헌재 1999. 5. 27. 98헌바70). 헌법재판소는 제68조 제1항의 헌법소원사건에서도 "선거범죄로 인하여 당선이 무효로 된 때를 비례대표지방의회의원의 의석 승계 제한사유로 규정한 공직선거법 제200조 제2항 단서 중 '비례대표지방의회의원 당선인이 제264조(당선인의 선거범죄로 인한 당선무효)의 규정에 의하여 당선이 무효로 된 때' 부분은 대의제 민주주의 원리에 위배된다"고 판시한 바 있다(헌재 2009. 6. 25. 2007헌마40).

그러나 헌법의 기본원리에서 구체적 기본권을 도출하는 것은 불가능하다.

2. 국 제 법

세계인권선언 등 헌법의 효력을 갖는다고 인정되는 국제조약은 위헌법률심사의 기준이 된다는 견해도 있으나, 현행헌법 체계나 해석상 도저히 받아들일 수 없다. 기타 인권규약들도 국회의 동의를 얻은 것들이라 하더라도 법률의 효력을 갖는 것에 불과하므로 위헌심사의 대상이 될지언정, 삼사기준이 될 수는 없다. 국제인권규약이 법률의 위헌성 심사에 참고가 되는 것은 별개의 문제이다. 좀 더 깊게 살펴보도록 한다.

헌법 제6조 제1항은 "헌법에 의하여 체결·공표된 조약과 일반적으로 승인된 국제법규는 국내법과 같은 효력을 가진다"라고 규정하여 국제법존중주의를 밝히고 있다.

위 조항의 해석과 관련하여 헌법이 '법률'이 아닌 단지 '국내법'과 같은 효력을 가진다고 규정하고 있을 따름이므로 외국의 예를 들면서 헌법 효력을 갖는 국제법이 있다는 견해가 있다. 세계인권선언이나 유엔의 인권규약 혹은 집단살해금지협약 등을 그 예로 든다.

그러나 위와 같은 선언이나 규약은 규범이 아닌 선언으로서의 효력을 갖거나 법률로서의 효력을 갖는 데 그친다. 헌법의 효력을 인정할 수 있는 아무런 근거가 없다. 헌법은 국민투표로 확정됨에 반하여 위 조약들의 가입은 국회 재적의원 과반수 출석 및 출석 과반수의 찬성으로 이루어지므로 이들 조약에 헌법적 효력을 인정할 수는 없다.

헌법재판소는 한때 구치소 수용자에 대한 일간지구독금지처분이나, 집단적 노무제공 거부행위를 업무방해죄로 처벌하는 형법 규정이 자유권규약에 위반되지 않고(전자는 헌재 1998. 10. 29. 98헌마4; 후자는 헌재 1998. 7. 16. 97헌바23), 공무원의 노동3권 제한이 국제인권규약에 위반되지 않는다고 판시한 바 있다(헌재 2005. 10. 27. 2003헌바50등). 그러나 이들 판시에서의 '위반'은 '저촉' 내지는 '충돌'을 의미할 따름이다. 이들 규약이 위헌심사의 기준이 되는 '헌법'에 해당하거나 '헌법과 같은 효력'을 갖는다고 인정한 것은 아니다.

헌법재판소는 최근 "국내법과 동일한 효력을 가지는 국제협약은 위헌심사의 기준이 되지 못한다"고 판시하여 이러한 점을 분명히 하였다(헌재 2016. 3. 31. 2013헌가2). 따라서 특정 법률조항이 헌법상의 국제법존중주의에 반하지 않는다는 판시(가령 헌재 2014. 5. 29. 2010헌마606)가 큰 의미를 가지지는 않는다.

(판 례) 세계인권선언이 헌법의 법원(法源)으로 인정되는지 여부

"세계인권선언"에 관하여 보면, 이는 그 전문에 나타나 있듯이 "인권 및 기본적 자유의 보편적인 존중과 준수의 촉진을 위하여 …… 사회의 각 개인과 사회 각 기관이 국제연합 가맹국 자신의 국민 사이에 또 가맹국 관할하의 지역에 있는 인민들 사이에 기본적인 인권과 자유의 존중을 지도교육함으로써 촉진하고 또한 그러한 보편적, 효과적인 승인과 준수를 국내적·국제적인 점진적 조치에 따라 확보할 것을 노력하도록, 모든 국민과 모든 나라가 달성하여야 할 공통의 기준"으로 선언하는 의미는 있으나 그 선언내용인 각 조항이 바로 보편적인 법적구속력을 가

지거나 국제법적 효력을 갖는 것으로 볼 것은 아니다.

헌재 2005. 10. 27. 2003헌바50등, 판례집 17-2, 238, 257-258

3. 관습헌법

가. 서 언

법원(法源)이란 법의 존재형식 또는 인식근거를 뜻한다. 예컨대 민법의 법원은 민법전, 민사특별법, 관습법이고(민법 제1조), 판례법이 법원으로 인정되느냐가 논의된다. 그런데 헌법의 법원에 관해서는 헌법이 국가의 법 가운데 최고의 효력을 갖는 최고법이라는 점과 관련하여 다른 실정법과는 다른 특별한 의미를 지닌다. 헌법의 법원은 법령의 위헌심사를 하는 경우에 그 기준으로서의 헌법을 의미한다. 오늘날 성문헌법전이 특별한 의미를 갖는 것은 바로 위헌심사의 기준이 되기 때문이다.

위헌심사의 기준이 되는 헌법이란 무엇이냐에 관하여 기본적으로 두 입장이 갈린다. 그 하나는 형식적 의미의 헌법, 즉 '헌법전(憲法典)'만을 헌법의 법원으로 인정하는 견해이다. 다른 하나는 헌법전 이외의 불문헌법도 법원의 법원으로 인정하는 견해이다. 관습헌법 또는 판례헌법이 불문헌법의 법원으로 거론된다. 아래에서는 수도이전에 관한 관습헌법 판례를 중심으로 살펴본다.[14]

나. 헌법재판소 결정

(판 례) 관습헌법의 성립요건과 효력 등

다. 우리나라는 성문헌법을 가진 나라로서 기본적으로 우리 헌법전이 헌법의 법원이 된다. 그러나 성문헌법이라고 하여도 그 속에 모든 헌법사항을 빠짐없이 완전히 규율하는 것은 불가능하고 또한 헌법은 국가의 기본법으로서 간결성과 함축성을 추구하기 때문에 형식적 헌법전에는 기재되지 아니한 사항이라도 이를 불문헌법 내지 관습헌법으로 인정할 소지가 있다. 특히 헌법제정 당시 자명하거나 전제된 사항 및 보편적 헌법원리와 같은 것은 반드시 명문의 규정을 두지 아니하는 경우도 있다. 그렇다고 해서 헌법사항에 관하여 형성되는 관행 내지 관례가 전부 관습헌법이 되는 것은 아니고 강제력이 있는 헌법규범으로서 인정되려면 엄격한 요건들이 충족되어야만 하며, 이러한 요건이 충족된 관습만이 관습헌법으로서 성문의 헌법과 동일한 법적 효력을 가진다.

라. 헌법 제1조 제2항은 '대한민국의 주권은 국민에게 있고, 모든 권력은 국민으

로부터 나온다.'고 규정한다. 이와 같이 국민이 대한민국의 주권자이며, 국민은 최고의 헌법제정권력이기 때문에 성문헌법의 제·개정에 참여할 뿐만 아니라 헌법전에 포함되지 아니한 헌법사항을 필요에 따라 관습의 형태로 직접 형성할 수 있다. 그렇다면 관습헌법도 성문헌법과 마찬가지로 주권자인 국민의 헌법적 결단의 의사의 표현이며 성문헌법과 동등한 효력을 가진다고 보아야 한다. 국민주권주의는 성문이든 관습이든 실정법 전체의 정립에의 국민의 참여를 요구한다고 할 것이며, 국민에 의하여 정립된 관습헌법은 입법권자를 구속하며 헌법으로서의 효력을 가진다.

　마. 관습헌법이 성립하기 위하여서는 관습이 성립하는 사항이 단지 법률로 정할 사항이 아니라 반드시 헌법에 의하여 규율되어 법률에 대하여 효력상 우위를 가져야 할 만큼 헌법적으로 중요한 기본적 사항이 되어야 한다. 일반적으로 실질적인 헌법사항이라고 함은 널리 국가의 조직에 관한 사항이나 국가기관의 권한 구성에 관한 사항 혹은 개인의 국가권력에 대한 지위를 포함하여 말하는 것이지만, 관습헌법은 이와 같은 일반적인 헌법사항에 해당하는 내용 중에서도 특히 국가의 기본적이고 핵심적인 사항으로서 법률에 의하여 규율하는 것이 적합하지 아니한 사항을 대상으로 한다. 일반적인 헌법사항 중 과연 어디까지가 이러한 기본적이고 핵심적인 헌법사항에 해당하는지 여부는 일반추상적인 기준을 설정하여 재단할 수는 없고, 개별적 문제사항에서 헌법적 원칙성과 중요성 및 헌법원리를 통하여 평가하는 구체적 판단에 의하여 확정하여야 한다.

　바. 관습헌법이 성립하기 위하여서는 관습법의 성립에서 요구되는 일반적 성립요건이 충족되어야 한다. 첫째, 기본적 헌법사항에 관하여 어떠한 관행 내지 관례가 존재하고, 둘째, 그 관행은 국민이 그 존재를 인식하고 사라지지 않을 관행이라고 인정할 만큼 충분한 기간 동안 반복 내지 계속되어야 하며(반복·계속성), 셋째, 관행은 지속성을 가져야 하는 것으로서 그 중간에 반대되는 관행이 이루어져서는 아니 되고(항상성), 넷째, 관행은 여러 가지 해석이 가능할 정도로 모호한 것이 아닌 명확한 내용을 가진 것이어야 한다(명료성). 또한 다섯째, 이러한 관행이 헌법관습으로서 국민들의 승인 내지 확신 또는 폭넓은 컨센서스를 얻어 국민이 강제력을 가진다고 믿고 있어야 한다(국민적 합의).

　사. 헌법기관의 소재지, 특히 국가를 대표하는 대통령과 민주주의적 통치원리에 핵심적 역할을 하는 의회의 소재지를 정하는 문제는 국가의 정체성을 표현하는 실질적 헌법사항의 하나이다. 여기서 국가의 정체성이란 국가의 정서적 통일의 원천으로서 그 국민의 역사와 경험, 문화와 정치 및 경제, 그 권력구조나 정신적 상징 등이 종합적으로 표출됨으로써 형성되는 국가적 특성이라 할 수 있다. 수도를 설정하는 것 이외에도 국명(國名)을 정하는 것, 우리말을 국어로 하고 우리글을 한글로 하는 것, 영토를 획정하고 국가주권의 소재를 밝히는 것 등이 국가의 정체성에 관한 기본적 헌법사항이 된다고 할 것이다. 수도를 설정하거나 이전하는 것은 국

회와 대통령 등 최고 헌법기관들의 위치를 설정하여 국가조직의 근간을 장소적으로 배치하는 것으로서, 국가생활에 관한 국민의 근본적 결단임과 동시에 국가를 구성하는 기반이 되는 핵심적 헌법사항에 속한다.

아. 우리 헌법전상으로는 '수도가 서울'이라는 명문의 조항이 존재하지 아니한다. 그러나 현재의 서울 지역이 수도인 것은 그 명칭상으로도 자명한 것으로서, 대한민국의 성립 이전부터 국민들이 이미 역사적, 전통적 사실로 의식적 혹은 무의식적으로 인식하고 있었으며, 대한민국의 건국에 즈음하여서도 국가의 기본구성에 관한 당연한 전제사실 내지 자명한 사실로서 아무런 의문도 제기될 수 없는 것이었다. 따라서 제헌헌법등 우리 헌법제정의 시초부터 '서울에 수도(서울)를 둔다.'는 등의 동어반복적인 당연한 사실을 확인하는 헌법조항을 설치하는 것은 무의미하고 불필요한 것이었다. 서울이 바로 수도인 것은 국가생활의 오랜 전통과 관습에서 확고하게 형성된 자명한 사실 또는 전제된 사실로서 모든 국민이 우리나라의 국가구성에 관한 강제력 있는 법규범으로 인식하고 있는 것이다.

자. 서울이 우리나라의 수도인 것은 조선시대 이래 600여 년 간 우리나라의 국가생활에 관한 당연한 규범적 사실이 되어 왔으므로 우리나라의 국가생활에 있어서 전통적으로 형성되어있는 계속적 관행이라고 평가할 수 있고(계속성), 이러한 관행은 변함없이 오랜 기간 실효적으로 지속되어 중간에 깨어진 일이 없으며(항상성), 서울이 수도라는 사실은 우리나라의 국민이라면 개인적 견해 차이를 보일 수 없는 명확한 내용을 가진 것이며(명료성), 나아가 이러한 관행은 오랜 세월간 굳어져 와서 국민들의 승인과 폭넓은 컨센서스를 이미 얻어(국민적 합의) 국민이 실효성과 강제력을 가진다고 믿고 있는 국가생활의 기본사항이라고 할 것이다. 따라서 서울이 수도라는 점은 우리의 제정헌법이 있기 전부터 전통적으로 존재하여온 헌법적 관습이며 우리 헌법조항에서 명문으로 밝힌 것은 아니지만 자명하고 헌법에 전제된 규범으로서, 관습헌법으로 성립된 불문헌법에 해당한다.

차. 관습헌법의 제 요건을 갖추고 있는 '서울이 수도인 사실'은 단순한 사실명제가 아니고 헌법적 효력을 가지는 불문의 헌법규범으로 승화된 것이며, 사실명제로부터 당위명제를 도출해 낸 것이 아니라 그 규범력에 대한 다툼이 없이 이어져 오면서 그 규범성이 사실명제의 뒤에 잠재되어 왔을 뿐이다.

카. 어느 법규범이 관습헌법으로 인정된다면 그 개정가능성을 가지게 된다. 관습헌법도 헌법의 일부로서 성문헌법의 경우와 동일한 효력을 가지기 때문에 그 법규범은 최소한 헌법 제130조에 의거한 헌법개정의 방법에 의하여만 개정될 수 있다. 따라서 재적의원 3분의 2 이상의 찬성에 의한 국회의 의결을 얻은 다음(헌법 제130조 제1항) 국민투표에 붙여 국회의원 선거권자 과반수의 투표와 투표자 과반수의 찬성을 얻어야 한다(헌법 제130조 제3항). 다만 이 경우 관습헌법규범은 헌법전(憲法典)에 그에 상반하는 법규범을 첨가함에 의하여 폐지하게 되는 점에서, 헌법

전으로부터 관계되는 헌법조항을 삭제함으로써 폐지되는 성문헌법규범과는 구분된다. 한편 이러한 형식적인 헌법개정 외에도, 관습헌법은 그것을 지탱하고 있는 국민적 합의성을 상실함에 의하여 법적 효력을 상실할 수 있다. 관습헌법은 주권자인 국민에 의하여 유효한 헌법규범으로 인정되는 동안에만 존속하는 것이며, 관습법의 존속요건의 하나인 국민적 합의성이 소멸되면 관습헌법으로서의 법적 효력도 상실하게 된다. 관습헌법의 요건들은 그 성립의 요건일 뿐만 아니라 효력 유지의 요건이다.

타. 우리나라와 같은 성문의 경성헌법 체제에서 인정되는 관습헌법사항은 하위 규범형식인 법률에 의하여 개정될 수 없다. 영국과 같이 불문의 연성헌법 체제에서는 법률에 대하여 우위를 가지는 헌법전이라는 규범형식이 존재하지 아니하므로 헌법사항의 개정은 일반적으로 법률개정의 방법에 의할 수밖에 없을 것이다. 그러나 우리 헌법의 경우 헌법 제10장 제128조 내지 제130조는 일반법률의 개정절차와는 다른 엄격한 헌법개정절차를 정하고 있으며, 동 헌법개정절차의 대상을 단지 '헌법'이라고만 하고 있다. 따라서 관습헌법도 헌법에 해당하는 이상 여기서 말하는 헌법개정의 대상인 헌법에 포함된다고 보아야 한다. 이와 같이 헌법의 개정절차와 법률의 개정절차를 준별하고 헌법의 개정절차를 엄격히 한 우리 헌법의 체제 내에서 만약 관습헌법을 법률에 의하여 개정할 수 있다고 한다면 이는 관습헌법을 더 이상 '헌법'으로 인정한 것이 아니고 단지 관습'법률'로 인정하는 것이며, 결국 관습헌법의 존재를 부정하는 것이 된다. 이러한 결과는 성문헌법체제하에서도 관습헌법을 인정하는 대전제와 논리적으로 모순된 것이므로 우리 헌법체제상 수용될 수 없다.

파. 우리나라의 수도가 서울이라는 점에 대한 관습헌법을 폐지하기 위해서는 헌법이 정한 절차에 따른 헌법개정이 이루어져야 한다. 이 경우 성문의 조항과 다른 것은 성문의 수도조항이 존재한다면 이를 삭제하는 내용의 개정이 필요하겠지만 관습헌법은 이에 반하는 내용의 새로운 수도설정조항을 헌법에 넣는 것만으로 그 폐지가 이루어지는 점에 있다. 다만 헌법규범으로 정립된 관습이라고 하더라도 세월의 흐름과 헌법적 상황의 변화에 따라 이에 대한 침범이 발생하고 나아가 그 위반이 일반화되어 그 법적 효력에 대한 국민적 합의가 상실되기에 이른 경우에는 관습헌법은 자연히 사멸하게 된다. 이와 같은 사멸을 인정하기 위하여서는 국민에 대한 종합적 의사의 확인으로서 국민투표등 모두가 신뢰할 수 있는 방법이 고려될 여지도 있을 것이다. 그러나 이 사건의 경우에 이러한 사멸의 사정은 확인되지 않는다. 따라서 우리나라의 수도가 서울인 것은 우리 헌법상 관습헌법으로 정립된 사항이며 여기에는 아무런 사정의 변화도 없다고 할 것이므로 이를 폐지하기 위해서는 반드시 헌법개정의 절차에 의하여야 한다.

하. 서울이 우리나라의 수도인 점은 불문의 관습헌법이므로 헌법개정절차에 의

하여 새로운 수도 설정의 헌법조항을 신설함으로써 실효되지 아니하는 한 헌법으로서의 효력을 가진다. 따라서 헌법개정의 절차를 거치지 아니한 채 수도를 충청권의 일부지역으로 이전하는 것을 내용으로 한 이 사건 법률을 제정하는 것은 헌법개정사항을 헌법보다 하위의 일반 법률에 의하여 개정하는 것이 된다. 한편 헌법 제130조에 의하면 헌법의 개정은 반드시 국민투표를 거쳐야만 하므로 국민은 헌법개정에 관하여 찬반투표를 통하여 그 의견을 표명할 권리를 가진다. 그런데 이 사건 법률은 헌법개정사항인 수도의 이전을 헌법개정의 절차를 밟지 아니하고 단지 단순법률의 형태로 실현시킨 것으로서 결국 헌법 제130조에 따라 헌법개정에 있어서 국민이 가지는 참정권적 기본권인 국민투표권의 행사를 배제한 것이므로 동 권리를 침해하여 헌법에 위반된다.

헌재 2004. 10. 21. 2004헌마554등, 판례집 16-2하, 1, 1-3

헌법재판소의 결정 요지를 정리하면 다음과 같다. "수도를 정하는 것 외에도 국명(國名)을 정하는 것, 우리말을 국어로 하고, 우리글을 한글로 하는 것, 영토를 획정하고 국가주권의 소재를 밝히는 것 등이 국가의 정체성에 관한 기본적 헌법사항"이고, "서울이 수도라는 점은 우리의 제정헌법이 있기 전부터 전통적으로 존재하여온 헌법적 관습이며, 우리 헌법조항에서 명문으로 밝힌 것은 아니지만 자명하고 헌법에 전제된 규범으로서, 관습헌법으로 성립된 불문헌법에 해당한다"는 것이다. 또한 "관습헌법은 성문헌법과 동등한 효력을 가지며, 관습헌법의 폐지에는 성문헌법의 개정절차가 필요하고, 그 밖에 관습헌법의 존속요건인 국민적 합의성이 소멸되면 관습헌법도 폐지된다." 따라서 "신행정수도건설특별법은 헌법개정사항인 수도의 이전을 헌법개정의 절차를 밟지 아니하고 단지 단순법률의 형태로 실현시킨 것으로서 결국 헌법 제130조에 따라 헌법개정에 있어서 국민이 가지는 참정권적 기본권인 국민투표권의 행사를 배제한 것이므로 동 권리를 침해하여 헌법에 위반된다"는 것이다.

다. 비 판

위헌심사 기준으로서의 헌법의 법원은 성문헌법인 헌법전(憲法典)에 한정된다고 보아야 한다. 여기에는 헌법전에 담겨있는 개개의 헌법규정뿐만 아니라 이들 규정의 원천이 되는 헌법원리(constitutional principles)도 포함된다. 관습헌법이라는 개념은 인정할 필요가 없다. 필요가 있다고 하더라도 헌법전 외에 기본 헌법사항으로서 헌법전에 흠결된 것이 명백할 때에 한하여 관습헌법이 헌법의 법원으로 인정될 수 있을 따름이다. 또한 그 효력도 법률의 효력을 지니는 것에 불과하다고 하여야 한다.

아래에서는 관습법에 관한 일반론을 먼저 살펴본 후, 헌법재판소의 위 결정요지를 하나하나씩 살펴보기로 한다.

① 관습법이라 함은 사회에서 스스로 발생하는 관행(관습)이 단순한 도덕적인 규범으로서 지켜질 뿐만 아니라 사회의 법적 확신 내지 법적 인식을 수반하여 많은 사람들이 지킬 정도로 된 것을 말한다. 즉 일종의 사회규범이다. 이 점에서 관습(관행)과 관습법은 구별된다. 관습법의 성립 시기는 법원의 판결에서 관습법의 존재가 인정되는 때에, 그 관습법은 그 관습이 법적 확신을 얻어서 사회에서 행하여지게 된 때에 소급해서 관습법으로서 존재하고 있었던 것이 된다. 다만 소송당사자가 이를 원용하여야 한다. 그러나 변론주의가 적용되지 않는 헌법재판에서는 관습법의 존재를 당사자가 원용할 필요는 없다.

관습법의 효력에 관하여는 변경효력이 아닌 보충효력만을 인정하는 것이 통설이다. 즉 법률에 규정이 없는 경우에만 관습법이 보충하여 적용될 수 있다.

② 헌법, 행정법, 형법, 각 소송법 등 공법 분야에는 민법이나 상법과 같이 관습법을 인정하는 규정이 없다. 이는 공법 분야에는 관습법이 인정되지 않는다는 의미로 해석할 수밖에 없다. 민법 제1조는 '법원(法源)'이라는 표제 하에 "민사에 관하여 법률에 규정이 없으면 관습법에 의하고, 관습법이 없으면 조리에 의한다." 상법 제1조는 '상사적용법규'라는 표제 하에 "상사에 관하여 본법에 규정이 없으면 상관습법에 의하고, 상관습법이 없으면 민법에 의한다"라고 규정하고 있다.

세법 분야 등에서 관습행정법 혹은 행정관습법이 인정되므로 공법 분야에서 관습법이 인정되지 않는다는 것은 올바른 지적이 아니라는 견해도 있다. 국세기본법 제18조 제3항은 "세법의 해석이나 국세행정의 관행이 일반적으로 납세자에게 받아들여진 후에는 그 해석이나 관행에 의한 행위 또는 계산은 정당한 것으로 보며, 새로운 해석이나 관행에 의하여 소급하여 과세되지 아니한다"고 규정하고 있다. 조세 분야에서의 관습법 근거규정으로 받아들일 수도 있다. 마치 민사에서의 법률행위해석기준의 하나인 사실인 관습과 마찬가지로 신뢰보호의 원칙이나 자기구속의 법리를 해석하는 기준이 된다는 점을 명시한 것으로 볼 수도 있다. 관습헌법 부정론도 이와 같이 공법에서 관행 혹은 관습 등을 명문으로 규정하는 경우까지 관습법을 부인하지는 않는다.

또한 지방자치단체의 해수면 경계와 관련하여서도 행정관습법이 인정되고 있다. 지방자치법 제4조 제1항은 "지방자치단체의 명칭과 구역은 '**종전**'과 같이하고 (……)"라고 규정하고 있는데, 이 '종전'이 일제 강점기부터 인정되어 온 관습법을 인정한 것이라는 데는 거의 이견이 없다. 이 역시 공법분야에서 명문으로 관습법을 인정한 둘 중의 하나에 해당한다. 그런데 이러한 관습(법)의 효력과 관련하여 중요한 판결이 있다. 대통령령에 의한 관습법의 폐지를 인정한 헌법재판소 결정과 같은 취지이다(이 책, 118쪽 참조).

> **(판 례) 해상 경계를 정하는 행정관습법의 효력**
>
> 지방자치법 제4조 제1항의 개정 연혁 등에 비추어보면, 현행 지방자치법 제4조 제1항 본문에서 규정한 지방자치단체의 관할구역 결정 기준으로서의 '종전'이라는 기준은 최초로 제정된 법률조항까지 순차 거슬러 올라가게 되므로, 1948. 8. 15. 당시 존재하던 관할구역의 경계가 원천적인 기준이 된다. 즉, 지방자치법 제4조 제1항을 비롯한 관할구역에 관한 규정들은 대한민국 법률이 제정되기 이전부터 존재하였던 지방자치단체의 관할구역 경계에 대하여 법적 효력을 부여하고 있는 것이다. 그리고 이러한 지방자치단체의 관할구역 경계는 각 법령이 관할구역을 정하는 기준으로 삼고 있는 법률 또는 대통령령에 의하여 달리 정하여지거나 행정관습법 등 불문법적인 근거에 의한 변경이 이루어지지 않는 이상 현재까지 유지되고 있음이 원칙이다.
>
> 창원지판 2013. 11. 1. 2013노508

③ 국가의 기본 3요소라고 하는[15] 국가형태에 관하여 헌법 제1조는 "대한민국은 민주공화국이다. 대한민국의 주권은 국민에게 있고, 모든 권력은 국민으로부터 나온다", 제2조는 "대한민국의 국민이 되는 요건은 법률로 정한다", 제3조는 "대한민국의 영토는 한반도와 그 부속도서로 한다"라고 규정하고 있다. 즉 국가의 기본요소는 모두 헌법에 규정이 있다. 그런데 국가구성의 3요소 중 가장 근본이라고 할 수 있는 국민에 관하여는 법률사항으로 규정하고 있다. 따라서 국가의 기본요소도 아닌 수도가 반드시 헌법에 규정되어야 한다는 명제는 성립되지 않는다. 수도의 위치가 국민되는 요건보다 더 기본적인 헌법사항은 아니기 때문이다. 국민되는 요건도 법률로 개정할 수 있는데 수도이전을 법률개정으로 할 수 없다는 것은 모순이다.

군정법률 제106호 '서울특별시의 설치'(1946. 9. 18. 제정, 같은 달 28. 시행) 제2조는 "서울시는 조선의 수도로써 특별시로 함"이라고 규정하고 있었다. 제헌헌법 제100조는 "현행법령은 이 헌법에 저촉되지 아니하는 한 효력을 가진다"고 규정하였다. 따라서 서울특별시가 수도라는 것은 군정'법률'사항일 수밖에 없다. 나아가 현행 헌법하에서는 "서울특별시 행정특례에 관한 법률"(법률 제4371호, 1991. 5. 31. 제정, 1991. 7. 8. 시행)이 따로 제정되었다. 동법 제2조는 '지위'라는 표제 하에 "서울특별시는 정부의 직할하에 두되, 이 법이 정하는 범위안에서 수도로서의 특수한 지위를 가진다"라고 규정하였다.

즉 수도에 관한 사항은 입법연혁으로 보나, 현행법 체계로 보거나 법률사항이다. 수도에 관한 사항을 법률로 규정하고 있는 나라가 헌법에 규정하고 있는 나라보다 더 많은 것이 입법례이기도 하다.

④ 헌법재판소가 말하는 수도 외의 다른 기본 헌법사항들과 관련하여 비판한다. 국명(國名)을 정하는 것은 법명(法名)이 "대한민국헌법"이고, 헌법 제1조 제1항에는 "대한민국은 민주공화국이다"라 명시되어 있으므로 국명은 헌법에 당연히 포함되어 있다. 우리글을 한글로 하는 것은 헌법전(憲法典)이 (비록 한문(漢文)이 혼용되어 있기는 하지만) 한글로 규정되어 있으며, 공포문 역시 한글로 되어 있는 점, 또한 우리말을 국어로 하는 것은 헌법의 공포를 국회의장인 이승만이 우리말로 하였다는 점에서 당연하다. 나아가 우리말과 우리글이 당연히 헌법사항이라고 볼 수도 없다. 가령 영어를 제2국어(공용어)로 사용하는 것은 법률로 가능하다고 하여야 한다.

정부수립 직후 "대한민국의 공용문서는 한글로 쓴다. 다만, 얼마동안 필요한 때에는 한자를 병용할 수 있다"라는 단 두 문장으로 구성된 '구 한글전용에관한법률'(법률 제6호, 1948. 10. 9. 제정 및 시행)이 있었다. 현재는 국어기본법(법률 제7368호, 2005. 1. 27. 제정, 2005. 7. 28 시행)이 있다. 따라서 우리글에 관한 부분도 법률사항으로 볼 수밖에 없다. 한편 헌법재판소에 따르면 '우리말을 국어로 하고 우리글을 한글로 하는 것'은 헌법에 규정되어야 하는 기본사항인데 이를 법률로 규정한 것을 설명할 수가 없다. '남한 점령 태평양 주둔 미군사령관 포고 제1호' 제5조가 "군정 기간에는 영어를 모든 목적에 사용하는 공용어로 한다. 영어 원문과 조선어 또는 일본어 원문 간에 해석 또는 정의가 명확하지 않거나 같지 않을 때에는 영어 원문을 기본으로 한다"고 규정하였던 것을 우리말, 우리글 원칙을 위하여 **법률 개정**하였다고 설명하면 명쾌하다.

태극기를 관습헌법으로 보는 견해도 있다. 그러나 '대한민국국기에관한규정'(대통령령 제11361호, 1984. 2. 21. 제정)과 이후 대한민국국기법(법률 제8272호, 2007. 1. 26. 제정)으로 볼 때, 이 역시 법률사항으로 보아야 한다. 건곤감리의 괘(卦) 순서를 바꾸거나 괘의 색깔을 바꾸는 것은 법률의 개정일 따름이다. 국민투표를 통한 관습헌법의 개정에 의하여야 한다는 것은 도저히 받아들일 수 없다. 우리 헌법이 그 법통을 계승한 임시정부가 사용한 태극기도 지금의 것과는 좀 다른 형태임을 유의할 필요가 있다.

애국가에 대하여도 마찬가지이다. 아래에서는 '이해영, 안익태 케이스, 삼인, 2019'를 참조하여 애국가가 관습헌법이 될 수 없는 이유를 간단히 설명한다.

1945. 12. 19. 오전 11시에 임시정부 귀국 환영회가 개최되었다. 여기서 애국가를 불렀는데 안익태 작곡의 현 애국가가 아니었다. 아일랜드 민요 <올드 랭 사인> 선율에 '노가바'한 애국가를 불렀다.[16] 어찌된 영문인지 자세히는 알 수 없으나 안익태 애국가를 권장하는 기사에 악보까지 실리기도 하였다(중앙신문 1945. 12. 10.자). 반면 동아일보 12. 15.자에는 애국가 모집 현상광고에 당선작에는 사례금을 지급한다는 기사도 있다. 1949. 9. 9. 오전 10시 국회 제61차 회의에는 '국가와 국기 제정에 관한 건의안'이 상정되었는데, 통일될 때까지 보류하는 것으로 결정되었다. 국회의원 윤석중은 4. 19. 이후 국기, 국가, 국화, 연호 등 국가상징의 전면재검토를 요구하였다.

1964년 경향신문을 보면 주로 지식인을 대상으로 한 설문조사이기는 하지만 반수이상(52%)이 애국가는 국가가 아니라고 잘라서 말하였고, 새국가 찬성은 83%였다.

⑤ 법(규범)은 당위(sollen)이고, 법현실은 존재(sein)인데, 헌법재판소는 양자를 혼동하였다. 수도가 서울이었고, 현재도 서울인 점은 존재, 즉 현상(現象)일 뿐이지, 여기서 당연히 "수도가 서울이어야 한다"는 당위가 도출되는 것은 아니다. 마치 도덕철학자들은 종종 추가 논증 없이 '이다(what is)'에 관한 논의에서 '이어야 한다(what ought to be)'의 논의로 나아간다는 사실을 나타내는 '흄의 법칙'이 법학에서도 그대로 적용되는 듯하다.[17]

⑥ 임시정부의 건국강령에 수도를 정하는 사항이 시급한 기본적 업무사항으로 정하여져 있었기 때문에 서울이 수도여야 한다는 당위는 도출되지 않는다. 건국강령은 건국의 이념과 방책을 천명하기 위하여 1941. 11. 28. 국무위원회의 결의로 공포된 문서이다. 임시정부의 관보에도 게재되었다. 건국강령은 '제1장

총강', '제2장 복국(復國)', '제3장 건국'으로 나뉘어 총 23개 조항으로 구성되어 있고, 제3장 건국에 있어서도 건국의 시기를 3기로 나누어, 각 시기마다 달성해야 할 구체적 목표를 이정표 형식으로 제시하고 있다. 그런데 건국 제1기의 주요사항 중의 하나로 "적의 일체 통치기구를 국내에서 완전히 복멸하고 수도를 정하는 것"을 명기하고 있다. 이는 적어도 임시정부가 새로 수립할 독립국가의 수도를 당연히 서울로 생각하지는 않았다는 것을 보여준다(이 단락은 이영록, "수도 및 국기에 관한 관습헌법론 검토", 세계헌법연구 제11권 1호, 2005, 266쪽).

헌법재판소는 결정이유에서 임시정부의 수반인 김 구가 서울로 귀국하였다는 사실도 부수적 근거로 들었다. 그러나 이는 미군정이 임시정부를 인정하지 않아 김 구를 비롯한 임시정부요인들이 개인자격으로 귀국하였음을 망각하거나 무시한 견해이다. 오히려 우리나라의 경우 삼국통일 이후 신라, 고려, 조선 등 왕조가 바뀔 때마다 수도를 옮긴 사실에서 알 수 있듯이, 왕조에서 공화국으로 국가의 기본형태가 바뀐 마당에 수도이전이 오히려 절실하였음을 알 수 있다.

⑦ 가사 수도가 서울이어야 한다는 당위가 인정된다고 하더라도, 헌법재판소 스스로 국민적 합의가 소멸하면 관습헌법도 폐지된다고 하였기 때문에, 수도이전을 공약으로 내세운 노무현 대통령 후보가 당선되고, 총선에서 이를 공약한 집권여당인 열린우리당이 과반 의석의 제1당이 된 것은 수도가 서울이라는 법적 확신이 국민 합의에 의하여 소멸되었다고 보아야 한다.

⑧ 김영일 재판관은 별개의견을 통하여 수도이전특별법은 헌법 제72조의 국민투표권 침해라는 견해를 밝혔다. 그러나 헌법 제72조는 "대통령은 필요하다고 인정할 때에는 외교·국방·통일 기타 국가안위에 관한 중요정책을 국민투표에 붙일 수 있다"고 규정하고 있는데 수도이전문제가 국가안위에 관한 중요정책이 아니고 또한 국민투표회부는 대통령의 임의적 재량사항이다(헌재 2004. 5. 14. 2004헌나1). 따라서 이 별개의견은 아무런 근거 없다.

⑨ 또한 관습헌법이론 자체와 관련하여 다음과 같이 비판할 수 있다.

첫째, 국가의 가장 기본이 되는 사항이 국가마다 다를 수 있는가 하는 문제이다. 수도를 법률사항으로 정한 나라는 국가의 기본도 모르는 나라인지 의문이다.

둘째, 헌법재판소는 주권자인 국민이 관습헌법의 형태로 헌법을 정립할 수 있다고 하는데 아무런 근거 없다. 통설과 판례에 의하면 우리 헌법은 '인민주권'과 대비되는 개념으로서의 '국민주권'을 채택하고 있는데, 국민주권론에서 말하는 '국민(nation)'은 개개의 유권자의 총체로서 실체가 있는 것이 아니고 관념집단에 불과하다고 한다. 그런데 어떻게 관념집단으로서의 국민이 관습헌법이라는 법규를 정립할 수 있다는 말인지 의문이다. 더군다나 조선시대에는 주권자 혹은 헌법제정권력자로서의 국민이라는 것은 존재하지도 않았다. 왕과 사대부의 통치를 받는 '백성'만이 있었을 따름이다. 수도를 한양으로 정한 것도 백성이 아니고 쿠데타(당시 용어로는 역성혁명)를 일으킨 이성계 일파이다.

셋째, 대통령이나 국회에서 정책 또는 법률을 시행할 때 관습헌법에 반하는지 여부를 어느 기관에게 물어보아야 하는지도 의문이다. 현행 헌법은 제2공화국 헌법이 규정하였던 '헌법의 최종해석권'을 헌법재판소의 관장사항으로 규정하고 있지 않다. 따라서 이 문제를 질의할 기관이 없다. 결국은 개개의 정책이나 법률 시행에 앞서 항상 국민투표를 실시하여야 한다는 결론이 도출되는데 이를 받아들일 수는 없다.

넷째, 헌법 제107조 제2항은 명령, 규칙의 위헌·위법심사권은 법원에 부여하고 있는데, 관습헌법을 인정하면 이 심사권의 기준이 되는 '헌법'에 관습헌법도 당연히 포함된다는 결론이 된다. 그런데 헌법재판소와 법원이 인정하는 관습헌법의 내용이 다른 경우에는 어떻게 처리하여야 하는지도 의문이다. 관습헌법의 소멸여부에 관하여도 같은 문제가 발생한다.

다섯째, 모두 양보하여 관습헌법을 인정한다고 하더라도 관습헌법은 법률 효력밖에 없다고 한다면 헌법재판소의 견해는 더 이상 받아들일 수 없다. 행정관습법 판례에서 헌법재판소 자신도 대통통령에 의한 행정관습법의 변경을 인정하고 있음을 유의하여야 한다.

4. 헌법판례

불문헌법의 또 다른 형태로 헌법판례 혹은 판례헌법이 인정되느냐 하는 문제가 있다. 헌법에 관한 헌법재판소나 대법원 판례는 위헌심사 기준으로서의 헌법의 법원은 아니라고 할 것이다. 헌법재판소가 위헌법률심판에서 내린 합헌결정에는 기속력이 인정되지 않는다. 재판관 6인 이상의 찬성으로 헌법해석에 관한 견해를 변경할 수도 있다(제23조 제2항 제2호). 또한 영미법계 국가와는 달리 일반 법원의 판례는 '일반적 구속력'(선례구속의 원칙, stare decisis)을 갖지 않는다(법원조직법 제8조 "상급법원의 재판에 있어서의 판단은 당해사건에 관하여 하급심을 기속한다").

헌법재판소는 탄핵사유로 규정되어 있는 '헌법이나 법률에 위배한 때'의 '헌법'에는 명문의 헌법규정뿐만 아니라 헌법재판소의 결정에 의하여 형성되어 확립된 불문헌법도 포함한다고 판시하였다(헌재 2004. 5. 14. 2004헌나1). 이 판례가 헌법판례의 법원성을 인정한 것으로 해석될 여지도 있다. 그러나 헌법판례가 헌법재판의 법원(法源)이 된다면 여러 차례 합헌으로 판단하였던(가령, 간통죄, 양심적 병역거부, 선거여론조사결과공표금지 등) 결정을 뒤집어 위헌으로 결정하는 것은 헌법재판소의 견해변경이 아니라 이미 개헌이라는 것에 다름이 아니다. 도저히 찬성할 수 없다.

헌법판례의 집적 결과로 형성된 헌법원리(constitutional principle)가 헌법의 법원이라고 해석하는 것이 타당하다는 견해도 있다. 그러나 헌법 판례의 변경이 인정되는 이상, 판례의 집적을 통하여 형성된 헌법원리는 헌법의 법원이 될 수 없다. '판례의 집적을 통하여 형성된 헌법원리'는 이는 민주주의, 법치주의, 권력분립원리 등을 특정 상황에 맞게 구체화한 것, 즉 이들 원리를 해석한 것일 뿐이다. 결코 새롭게 만들어진 헌법원리가 아니다. 만일 헌법재판소가 새롭게 헌법원리를 만들었다면 이는 언제든지 변경가능한 원리일 따름이다. 헌법재판소는 한국방송공사 수신료 거부 사건에서 '법치주의 및 민주주의 원리'를 심판기준으로 삼았고(헌재 1999. 5. 27. 98헌바70), 특별검사사건(헌재 2008. 1. 10. 2007헌마1468)이나 보안관찰법(헌재 2003. 6. 26. 2001헌가17) 등 많은 사건에서 권력분립원칙을 심사기준으로 삼았다.

5. 자연법과 헌법 전문(前文)

자연법 또는 정의의 원칙이 심사기준이 될 수 있는지가 문제된다. 자연법의 존재를 인정하느냐 여부와 관계없이 '자연법의 헌법화'가 이루어진 이상(저항권마저 실정헌법에서 도출해낼 수 있다!) 헌법재판에 자연법을 끌어댈 필요는 없다.

자연법과 달리 헌법 전문은 재판규범으로서의 성격을 지니고 심판기준이 된다. 헌법재판소도 헌법 전문이 헌법이나 법률의 해석기준이 된다고 보고 있다. 그러나 전문 규정('3·1정신')을 근거로 개별적 기본권을 도출할 수 없다고 본 판례가 있다.

(판 례) 3·1 운동 규정과 독립유공자들에 대한 응분의 예우를 할 헌법적 의무

헌법은 전문(前文)에서 "3·1운동으로 건립된 대한민국임시정부의 법통을 계승"한다고 선언하고 있다. 이는 대한민국이 일제에 항거한 독립운동가의 공헌과 희생을 바탕으로 이룩된 것임을 선언한 것이고, 그렇다면 국가는 일제로부터 조국의 자주독립을 위하여 공헌한 독립유공자와 그 유족에 대하여는 응분의 예우를 하여야 할 헌법적 의무를 지닌다고 보아야 할 것이다. 다만 그러한 의무는 국가가 독립유공자의 인정절차를 합리적으로 마련하고 독립유공자에 대한 기본적 예우를 해 주어야 한다는 것을 뜻할 뿐이며, 당사자가 주장하는 특정인을 반드시 독립유공자로 인정하여야 하는 것을 뜻할 수는 없다.

헌재 2006. 6. 30. 2004헌마859, 판례집 17-1, 1016, 1020

(판 례) 3·1운동 규정과 일본군 위안부들을 보호할 헌법적 의무

우리 헌법은 전문에서 "3·1운동으로 건립된 대한민국임시정부의 법통"의 계승을 천명하고 있는바, 비록 우리 헌법이 제정되기 전의 일이라 할지라도 국가가 국민의 안전과 생명을 보호하여야 할 가장 기본적인 의무를 수행하지 못한 일제강점기에 일본군위안부로 강제 동원되어 인간의 존엄과 가치가 말살된 상태에서 장기간 비극적인 삶을 영위하였던 피해자들의 훼손된 인간의 존엄과 가치를 회복시켜야 할 의무는 대한민국임시정부의 법통을 계승한 지금의 정부가 국민에 대하여 부담하는 가장 근본적인 보호의무에 속한다고 할 것이다.

위와 같은 헌법 규정들 및 이 사건 협정 제3조의 문언에 비추어 볼 때, 피청구인이 위 제3조에 따라 분쟁해결의 절차로 나아갈 의무는 일본국에 의해 자행된 조직적이고 지속적인 불법행위에 의하여 인간의 존엄과 가치를 심각하게 훼손당한 자국민들이 배상청구권을 실현할 수 있도록 협력하고 보호하여야 할 헌법적 요청에 의한 것으로서, 그 의무의 이행이 없으면 청구인들의 기본권이 중대하게 침해될 가능성이 있으므로, 피청구인의 작위의무는 헌법에서 유래하는 작위의무로서 그것이 법령에 구체적으로 규정되어 있는 경우라고 할 것이다.

나아가 특히, 우리 정부가 직접 일본군위안부 피해자들의 기본권을 침해하는 행위를 한 것은 아니지만, 위 피해자들의 일본에 대한 배상청구권의 실현 및 인간으로서의 존엄과 가치의 회복을 하는 데 있어서 현재의 장애상태가 초래된 것은 우리 정부가 청구권의 내용을 명확히 하지 않고 '모든 청구권'이라는 포괄적 개념을 사용하여 이 사건 협정을 체결한 것에도 책임이 있다는 점에 주목한다면, 피청구인에게 그 장애상태를 제거하는 행위로 나아가야 할 구체적 작위의무가 있음을 부인하기 어렵다.

헌재 2011. 8. 30. 2006헌마788, 공보 154, 1285, 1294

헌법재판소는 위 판례와 같은 취지에서 국가는 원폭피해자들이 일본국에 대하여 가지는 배상청구권에 관한 분쟁을 해결할 의무가 있다고 하였다(헌재 2011. 8. 30. 2008헌마648). 두 경우 모두 국가가 분쟁해결절차를 이행하였다고 할 수 없으므로 국가(피청구인은 두 경우 모두 외교통상부장관이다)의 부작위는 위헌이라고 하였다.

한편 '태평양전쟁 전후 국외 강제동원희생자 등 지원에 관한 법률' 중 태평양전쟁 전후 강제동원된 자 중 '국외'강제동원생환자에 대하여만 의료비를 지급하도록 한 규정 및 국외강제동원희생자 또는 그 유족에 대하여만 위로금 및 의료지원금을 지급하도록 한 규정에 대하여는 합헌결정을 하였다(헌재 2011. 2. 24. 2009헌마94; 헌재 2011. 12. 29. 2009헌마182등; 헌재 2012. 7. 26. 2011헌바352).

대법원은 일제강점기하에서 일본 군수기업에 강제 징용된 우리 국민의 (일본기업에 대한) 손해배상청구권이 인정된다고 판시하였다. 이 판결은 조약(청구권협정)의 해석에 있어서 헌법전문 규정의 법적 효력을 중시하고 있다.

(판 례) 일본 민간회사에 강제동원된 우리 국민의 손해배상청구권

일본판결의 이유에는 일본의 한반도와 한국인에 대한 식민지배가 합법적이라는 규범적 인식을 전제로 하여, 일제의 국가총동원법과 국민징용령을 한반도와 원고 등에게 적용하는 것이 유효하다고 평가한 부분이 포함되어 있다.

그러나 대한민국 제헌헌법은 그 전문에서 "유구한 역사와 전통에 빛나는 우리들 대한국민은 기미삼일운동으로 대한민국을 건립하여 세상에 선포한 위대한 독립정신을 계승하여 이제 민주독립국가를 재건함에 있어서"라고 하고, 부칙 제100조에서는 "현행법령은 이 헌법에 저촉되지 아니하는 한 효력을 가진다."고 하며, 부칙 제101조는 "이 헌법을 제정한 국회는 단기 4278년 8월 15일 이전의 악질적인 반민족행위를 처벌하는 특별법을 제정할 수 있다."고 규정하였다. 또한 현행헌법도 그 전문에 "유구한 역사와 전통에 빛나는 우리 대한국민은 3·1운동으로 건립된 대한민국임시정부의 법통과 불의에 항거한 4·19 민주이념을 계승하고"라고 규정하고 있다. 이러한 대한민국 헌법의 규정에 비추어 볼 때, 일제강점기 일본의 한반도 지배는 규범적인 관점에서 불법적인 강점에 지나지 않고, 일본의 불법적인 지배로 인한 법률관계 중 대한민국의 헌법정신과 양립할 수 없는 것은 그 효력이 배제된다고 보아야 한다. 그렇다면 일본판결 이유는 일제강점기의 강제동원 자체를 불법이라고 보고 있는 대한민국 헌법의 핵심적 가치와 정면으로 충돌하는 것이므로, 이러한 판결 이유가 담긴 일본판결을 그대로 승인하는 결과는 그 자체로 대한

민국의 선량한 풍속이나 그 밖의 사회질서에 위반되는 것임이 분명하다. 따라서 우리나라에서 일본판결을 승인하여 그 효력을 인정할 수는 없다.

대판 2012. 5. 24. 2009다22549

한편, 자연법이나 조리(條理)와 같은 것으로 분류되는 '사회상규'가 심사기준이 될 수 있는지도 논의되어야 한다. 현행 헌법재판제도로는 검사의 기소유예처분 역시 헌법소원의 대상이 된다. 따라서 어느 행위가 범죄구성요건에는 해당하나 형법상의 위법성조각사유인 사회상규에 위배되지 않는다고 판단될 때, 헌법재판소는 이를 이유로 기소유예처분을 취소하고 있다(헌재 2013. 3. 21. 2012헌마110). 그렇다면 사회상규 역시 '위헌심사의 기준'이 되지는 않겠지만 헌법재판의 기준은 된다고 하여야 한다.

(판 례) 사회상규에 위배되지 않는다는 이유로 기소유예처분을 취소한 사례

이 사건 손괴 행위는 피해자의 부양과 관련된 시댁 가족 간 분쟁을 피해자가 청구인의 남동생에게 알림으로써 갈등이 오히려 악화될 수 있고, 나아가 그의 정신과적 증상을 악화시킬 수도 있다는 판단 아래 이를 방지하기 위하여 하게 된 것으로, 피해자 수첩의 손괴 정도, 청구인 남동생의 정신과 치료 상황, 손괴된 전화번호 부분의 사용가치, 가정 내에서의 지극히 경미한 법익 침해 문제는 법의 한계영역이라는 점 등을 고려할 때, 사회윤리 내지 사회통념에 비추어 용인되는 사회상규에 위배되지 아니하는 행위로서 위법성이 조각된다고 볼 여지가 많음에도, 이에 대하여 판단하지 아니하고 곧바로 손괴 혐의를 인정한 피청구인의 이 사건 기소유예처분은 청구인의 평등권과 행복추구권을 침해한 것이다.

헌재 2014. 3. 27. 2013헌마532, 공보 210, 678

V. 위헌법률심판의 결정과 그 효력

1. 서 언

헌법 제113조 제1항은 위헌법률심판에서 법률의 위헌결정을 할 때에는 재판관 6인 이상의 찬성이 있어야 한다고 규정하고 있다. 따라서 재판관 5인의 다수의견이 위헌을 개진하더라도 위 헌법조항 때문에 위헌결정을 할 수 없다.

헌법재판소법 제47조는 (위헌결정의 효력)이라는 표제 아래 제2항에서 "위헌

으로 결정된 법률 또는 법률의 조항은 그 결정이 있는 날부터 효력을 상실한
다", 제3항에서 "제2항에도 불구하고 형벌에 관한 법률 또는 법률의 조항은 소
급하여 그 효력을 상실한다. 다만, 해당 법률 또는 법률의 조항에 대하여 종전에
합헌으로 결정한 사건이 있는 경우에는 그 결정이 있는 날의 다음 날로 소급하
여 효력을 상실한다"고 규정하고 있다. 제4항에서는 "제3항의 경우에 위헌으로
결정된 법률 또는 법률의 조항에 근거한 유죄의 확정판결에 대하여는 재심을 청
구할 수 있다"고 규정하고 있다. 이 조항은 형사소송법 제420조가 규정한 재심
이유와 별개의 재심사유를 규정한 것으로 평가된다.

헌법소원심판을 규정하고 있는 제75조 역시 (인용결정)이라는 표제 하에 제5
항에서 "제2항의 경우에 헌법재판소는 공권력의 행사 또는 불행사가 위헌인 법
률 또는 법률의 조항에 기인한 것이라고 인정될 때에는 인용결정에서 해당 법률
또는 법률의 조항이 위헌임을 선고할 수 있다", 제6항에서 "제5항의 경우 및 제
68조 제2항에 따른 헌법소원을 인용하는 경우에는 제45조 및 제47조를 준용한
다"고 규정하고 있다. 제7항에서는 "제68조 제2항에 따른 헌법소원이 인용된 경
우에 해당 헌법소원과 관련된 소송사건이 이미 확정된 때에는 당사자는 재심을
청구할 수 있다"고 규정하고 있다.

한편 제45조는 (위헌결정)이라는 표제 아래 "헌법재판소는 제청된 법률 또는
법률 조항의 위헌 여부만을 결정한다. 다만 법률 조항의 위헌결정으로 인하여
해당 법률 전부를 시행할 수 없다고 인정될 때에는 그 전부에 대하여 위헌결정
을 할 수 있다"고 규정하고 있다. 전 중앙정보부장 김형욱만을 대상으로 한 처
분적 법률의 본보기인 '반국가행위자처벌에관한특별조치법' 전부가 위헌으로 선
언되었다(헌재 1996. 1. 25. 95헌가5).

(판 례) 법률 전부를 위헌으로 선언한 사례(이명박 특검 사건)

　　이 사건 법률 중 제2조, 제3조, 제6조 제6항·제7항, 제18조 제2항의 위헌성이
인정되므로(이 사건 법률 제6조 제6항·제7항, 제18조 제2항에 관한 우리의 의견은 위 라.
(1)에서 밝힌 바와 같다), 원칙적으로는 위 조항들에 대하여만 위헌결정을 하여야 할
것이다. 그러나 이 사건 법률 제2조는 특별검사의 수사대상을 정한 것이고 제3조
는 특별검사의 임명 방법에 관한 규정인데, 이들 두 규정은 모두 이 사건 법률에
의한 특별검사제도의 기본요소로서 그 중 한 조항이라도 위헌결정으로 인하여 그
효력을 상실한다면 이 사건 법률 전부를 시행할 수 없게 될 것이다. 그러므로 이
사건 법률 중 나머지 조항들에 대하여 더 따져 볼 것도 없이 이 사건 법률 전부에

대하여 위헌결정을 선고하여야 할 것이다(그래서 우리는 이 사건 법률 제10조의 위헌 여부에 대하여는 따로 판단하지 않는다).

헌재 2008. 1. 10. 2007헌마1468, 판례집 20-1상, 1, 9

위헌불선언결정, 기속력 등은 제1, 2장에서 이미 설명하였다. 여기서는 이를 제외하고 위헌결정의 효력의 시간범위와 변형결정만을 살펴본다. 앞서 일반심판 절차에서 간단히 언급한 바 있는 위헌결정정족수 미달로 인한 합헌 결정문의 배치 문제이다. 비록 소수의견이지만 재판관 4인의 의견이 헌법재판소의 법정의견, 즉 주문(主文)이므로 앞에 나오는 것은 당연하다. 그런데 헌법재판소가 '헌재 2000. 12. 14. 2000헌마659 결정'에서 5인의 위헌의견을 앞에 놓았다.[18]

2. 위헌결정의 효력: 소급효와 장래효

구 헌법재판소법은 "위헌으로 결정된 법률 또는 법률의 조항은 그 결정이 있는 날로부터 효력을 상실한다. 다만, 형벌에 관한 법률 또는 법률의 조항은 소급하여 그 효력을 상실한다"고 규정하였다(제47조 제2항). 즉 위헌결정은 '결정이 있는 날로부터' 장래효(將來效)를 갖는 것이 원칙이고, 형벌조항에 대한 위헌결정에는 소급효(遡及效)의 예외를 둔다는 것이다.

2014년 개정 헌법재판소법은 구법의 제47조 제2항 단서를 삭제하고, 제3항에서 "제2항에도 불구하고 형벌에 관한 법률 또는 법률의 조항은 소급하여 그 효력을 상실한다. 다만, 해당 법률 또는 법률의 조항에 대하여 종전에 합헌으로 결정한 사건이 있는 경우에는 그 결정이 있는 날의 다음 날로 소급하여 효력을 상실한다"고 규정하였다. 이로써 형벌 조항의 위헌결정에는 제한소급효를 인정하게 되었다. 이에 따라 '2015. 2. 26. 2009헌바17등' 사건에서 위헌결정된 형법상의 간통죄 조항은 최종 합헌결정(2007헌가17등)이 있었던 2008. 10. 30. 다음날인 같은 달 31.부터 그 효력을 상실하게 되었다.

헌법재판소법 제47조 제4항에 따라 재심을 청구할 수 있는 '위헌으로 결정된 법률 또는 법률의 조항에 근거한 유죄의 확정판결'이란 헌법재판소의 위헌결정으로 인하여 같은 조 제3항의 규정에 의하여 소급하여 효력을 상실하는 법률 또는 법률의 조항을 적용한 유죄의 확정판결을 의미한다. 따라서 위헌으로 결정된 법률(조항)이 같은 조 제3항 단서에 의하여 종전의 합헌결정이 있는 날의 다음

날로 소급하여 효력을 상실하는 경우 합헌결정이 있는 날의 다음 날 이후에 유
죄판결이 선고되어 확정되었다면, 비록 범죄행위가 그 이전에 행하여졌더라도
그 판결은 위헌결정으로 인하여 소급하여 효력을 상실한 법률(조항)을 적용한 것
으로서 '위헌으로 결정된 법률 또는 법률의 조항에 근거한 유죄의 확정판결'에
해당하므로 이에 대하여 재심을 청구할 수 있다.

(판 례) 형벌규정에 대한 위헌결정의 소급효 제한 규정이 평등원칙에 위반되는지
여부

헌법재판소가 2009. 11. 26. 혼인빙자간음죄 처벌조항에 대하여 과거 합헌결정
을 변경하여 위헌결정을 선고하면서 위헌결정의 효력을 완전히 과거로 소급하는
것에 대한 비판이 제기되었다. 헌법재판소가 합헌결정을 통해 그 정당성을 인정한
사실이 있음에도 불구하고, 그 이후 위헌결정이 선고되었다는 이유로 합헌결정 이
전에 해당 형벌조항으로 처벌받았던 모든 사람을 무죄로 인정하고 국가로부터 보
상금까지 받을 수 있도록 하는 것이 과연 우리 헌법이 추구하는 정의 관념에 부합
하는지에 관한 의문이 본격적으로 제기되기 시작한 것이다. (……)

형벌조항에 대한 위헌결정의 효력과 관련하여 과거의 완전 소급효 입장을 버리
고 종전에 합헌결정이 있었던 시점까지 그 소급효를 제한하는 부분 소급효로 입장
을 변경하였다. 헌법재판소의 합헌결정을 통해 과거의 어느 시점에서는 합헌이었
음이 인정된 형벌조항에 대하여는 위헌결정의 소급효를 제한함으로써 그동안 쌓아
온 규범에 대한 사회적인 신뢰와 법적 안정성을 확보할 수 있도록 한 것이다. 법
률의 합헌성에 관한 최종 판단권이 있는 헌법재판소가 당대의 법 감정과 시대상황
을 고려하여 합헌이라는 유권적 확인을 하였다면, 그러한 사실 자체에 법적 의미
를 부여하고 존중할 필요가 있다. 헌법재판소가 특정 형벌법규에 대하여 과거에
합헌결정을 하였다는 것은, 적어도 그 당시에는 당해 행위를 처벌할 필요성에 대
한 사회구성원의 합의가 유효하다는 것을 확인한 것이므로, 합헌결정이 있었던 시
점 이전까지로 위헌결정의 소급효를 인정할 근거가 사라지기 때문이다.

해당 형벌조항이 성립될 당시에는 합헌적이며 적절한 내용이었다고 하더라도 시
대 상황이 변화하게 되면 더 이상 효력을 유지하기 어렵거나 새로운 내용으로 변
경되지 않으면 안 되는 경우가 발생할 수 있다. 그런데 합헌으로 평가되던 법률이
사후에 시대적 정의의 요청을 담아내지 못하게 되었다고 하여 그동안의 효력을 전
부 부인해 버린다면, 끊임없이 개별 규범의 소멸과 생성이 반복되고 효력이 재검
토되는 상황에서 법집행의 지속성과 안정성이 깨지고 국가형벌권에 대한 신뢰는
무너져 버릴 우려가 있다. 그러므로 현재의 상황에서는 위헌이라 하더라도 과거의
어느 시점에서 합헌결정이 있었던 형벌조항에 대하여는 위헌결정의 소급효를 제한

함으로써 그동안 쌓아 온 규범에 대한 사회적인 신뢰와 법적 안정성을 확보하는 것이 중요하다는 입법자의 결단에 따라, 심판대상조항에서 위헌결정의 소급효를 제한한 것이므로 이러한 소급효 제한이 불합리하다고 보기는 어렵다.

헌재 2016. 4. 28. 2015헌바216, 공보 235, 759, 761-762

헌법재판소의 위헌결정에 장래효만 인정할 것인지, 소급효까지 인정할 것인지, 제한소급효를 인정할 것인지 또는 개별사건별로 그 효력을 헌법재판소가 따로 정하도록 할 것인지는 법적 안정성과 구체적 타당성이라는 법의 두 이념 중 어디에 더 큰 비중을 두는가에 따라 달라질 수 있다. 장래효가 법적 안정성을, 소급효가 구체적 타당성을 중시하는 것임은 말할 나위 없다. 입법자가 법의 두 이념 중 어디에 더 큰 비중을 두는가는 시대상황에 따라 달라질 수밖에 없다. 결국 위헌결정의 효력발생 시기의 문제는 입법정책의 문제라 할 것이다. 따라서 위헌결정에 장래효를 원칙으로 인정하고 있는 헌법재판소법 규정이 헌법위반이라고 할 수는 없다.

(판 례) 위헌결정의 장래효 원칙이 헌법에 위반되는지 여부

헌법재판소에 의하여 위헌으로 선고된 법률 또는 법률의 조항이 제정 당시로 소급하여 효력을 상실하는가 아니면 장래에 향하여 효력을 상실하는가의 문제는 특단의 사정이 없는 한 헌법적합성의 문제라기보다는 입법자가 법적 안정성과 개인의 권리구제 등 제반이익을 비교형량하여 가면서 결정할 입법정책의 문제인 것으로 보인다. (……) 우리의 입법자는 법 제47조 제2항 본문의 규정을 통하여 형벌법규를 제외하고는 법적 안정성을 더 높이 평가하는 방안을 선택하였는바, 이에 의하여 구체적 타당성이나 평등의 원칙이 완벽하게 실현되지 않는다고 하더라도 헌법상 법치주의의 원칙의 파생인 법적안정성 내지는 신뢰보호의 원칙에 의하여 정당화된다 할 것이고, 특단의 사정이 없는 한 이로써 헌법이 침해되는 것은 아니라 할 것이다.

헌재 1993. 5. 13. 92헌가10등, 판례집 5-1, 226, 249-250

한편 위헌결정에 의한 법률의 효력 상실의 성질에 관하여 학설은 대립한다. 첫째는 **당연무효설**이다. 이에 따르면 위헌으로 결정된 법률은 '처음부터 당연히' 무효이고, 위헌결정은 이를 확인할 뿐이라고 한다. 민사재판에서의 확인판결에 해당한다는 것이다. 둘째는 **폐지무효설**이다. 이에 따르면 위헌으로 결정된 법률은 위헌결정에 의하여 비로소 효력을 상실한다고 본다. 민사재판에서의 형성판결에 해당하는 것이다.

장래효인가 소급효인가라는 효력상실 시점의 문제를 당연무효설과 폐지무효설의 대립과 직결시켜 볼 것인가에 관하여 견해의 대립이 있다. 이를 직결시켜서 장래효는 폐지무효설에 입각하고, 소급효는 당연무효설에 입각한다는 견해가 있다. 반면 효력상실의 시점과 성질은 별개 문제이며, 둘을 직결시켜 볼 것은 아니라는 견해가 있다. 뒷 견해는 장래효냐 소급효냐의 문제는 법적 안정성과 구체적 타당성의 선택의 문제이고 이는 정책 판단의 문제라고 본다. 즉 폐지무효설에 의하더라도 소급효를 인정할 수 있고, 당연무효설에 의하더라도 장래효를 인정할 수 있다는 것이다.

생각건대 효력상실 시점의 문제는 정책 선택의 문제이다. 현행법이 장래효를 원칙으로 인정한 것은 법적 안정성을 중시한 때문이다. 예외로 형벌조항에 대해 제한소급효를 인정한 것은 구체적 타당성, 즉 정의를 살릴 필요성과 법적 안정성의 요구를 절충한 것이며, 동시에 헌법재판소의 기존 결정을 존중한 것이다. 독일에서는 소급무효를 원칙으로 하고, 오스트리아에서는 장래무효를 원칙으로 하되 소급무효의 예외를 인정한다.

형벌에 관한 규정이라고 하더라도, 불처벌의 특례를 규정한 경우처럼, 당해 결정에 대한 위헌결정의 소급효를 인정할 경우 오히려 형사처벌을 받지 않았던 자들을 처벌하게 되는 경우에는 소급효가 인정되지 아니한다(헌재 1997. 1. 16. 90헌마110등; 교통사고처리특례법상 자동차종합보험에 가입한 경우 10대 중과실 외의 교통사고에는 공소권없음을 규정한 특례 조항 사건).

또한 형사실체법 규정에 대한 위헌결정에만 소급효가 인정되고 형사소송법 등의 절차규정에 대한 위헌결정에는 소급효가 인정되지 않는다. 헌법재판소는 구속영장의 효력에 관한 형사소송법 제331조 단서에 관한 위헌법률심판에서 형사절차규정에 대한 위헌결정은 소급효를 갖지 않는다고 하였다(헌재 1992. 12. 24. 92헌가8).

일반법규에 대한 위헌결정과 달리 형벌법규의 위헌결정에 한하여 소급효를 인정한다고 하여 이것이 헌법상의 평등원칙 위반이라고는 할 수 없다(헌재 2001. 12. 20. 2001헌바7등; 앞에서 설명한 2015헌바216 결정은 법제정 당시까지 소급효를 인정하지 않음을 다툰 것이다).

한편 헌법재판소는 형벌규정이 아닌 일반 법규정에 대한 위헌결정에도 소급효의 확대를 인정한다.

첫째, 위헌법률심판의 전제가 된 **당해사건**에는 소급효가 인정된다. 이것은 실제 재판을 전제한 구체적 규범통제제도의 성격상 불가피한 것이다. 가령 공직선거 입후보자가 납부한 기탁금이 과다하다는 이유로 국가를 피고로 하여 부당이득반환청구소송 계속 중에 공직선거법상의 기탁금 규정의 위헌법률심판제청신청을 하는 경우를 생각해보면 당해사건에 소급효가 미쳐야 한다는 이론을 쉽게 수긍할 수 있다. 만일 형벌규정이 아니라는 이유로 위헌결정이 있더라도 장래효만 인정된다면 위헌결정을 받더라도 본안사건에서는 승소할 수가 없다. 이는 재판의 전제성이 인정되지 않는 결과를 초래하므로 민사·행정소송이 본안인 모든 사건에서는 재판의 전제성이 인정되지 않는 꼴이 되므로 주객이 전도된다는 결론이다.[19]

둘째, 이른바 '병행(竝行)사건'에도 소급효가 인정된다. **병행사건**이란 위헌결정이 있기 전에 이와 동종의 위헌여부 문제에 관하여 헌법재판소에 심판제청을 했거나(동종사건), 법원에 심판제청의 신청을 한 경우의 당해 사건, 또는 심판제청의 신청을 아직 하지 않았지만 당해 법률조항이 적용되어 법원에 계속 중인 사건(병행사건)을 말한다. 헌법재판소는 개별 사안이 병행사건에 해당하는지 여부는 헌법재판소가 위헌선언을 하면서 직접 그 결정주문에서 밝히지 않았다면, 개별 사건의 실제 사실관계를 기초로 법원이 판단할 사항이라고 판시하였다(헌재 2013.6. 27. 2010헌마535).

셋째, 아직 법원에 제소되지 않은 '일반사건'에까지 널리 소급효를 인정하기도 한다. 소급효를 인정하여도 법적 안정성을 해할 우려가 없고, 소급효를 인정하는 않는 것이 정의와 형평에 심히 배치되는 경우이다.

(판 례) 형벌법규가 아닌 일반규정에 대한 위헌결정의 예외적 소급효

형벌법규 이외의 일반 법규에 관하여 위헌결정에 불소급의 원칙을 채택한 법 제47조 제2항 본문의 규정 자체에 대해 기본적으로 그 합헌성에 의문을 갖지 않지만 위에서 본바 효력이 다양할 수밖에 없는 위헌결정의 특수성 때문에 예외적으로 그 적용을 배제시켜 부분적인 소급효의 인정을 부인해서는 안 될 것이다. 우선 생각할 수 있는 것은, 구체적 규범통제의 실효성의 보장의 견지에서 법원의 제청·헌법소원의 청구 등을 통하여 헌법재판소에 법률의 위헌결정을 위한 계기를 부여한 당해사건, 위헌결정이 있기 전에 이와 동종의 위헌 여부에 관하여 헌법재판소에 위헌제청을 하였거나 법원에 위헌제청신청을 한 경우의 당해 사건, 그리고 따로 위헌제청신청을 아니하였지만 당해 법률 또는 법률의 조항이 재판의 전제가 되어 법원에 계속 중인 사건에 대하여는 소급효를 인정하여야 할 것이다. 또 다른 한가지의 불소급의 원칙의 예외로 볼 것은, 당사자의 권리구제를 위한 구체적 타당성의 요청이 현저한 반면에 소급효를 인정하여도 법적 안정성을 침해할 우려가 없고 나아가 구법에 의하여 형성된 기득권자의 이익이 해쳐질 사안이 아닌 경우로서 소급효의 부인이 오히려 정의와 형평 등 헌법적 이념에 심히 배치되는 때라고 할 것으로, 이때에 소급효의 인정은 법 제47조 제2항 본문의 근본취지에 반하지 않을 것으로 생각한다. 어떤 사안이 후자와 같은 테두리에 들어가는가에 관하여는 다른 나라의 입법례에서 보듯이 본래적으로 규범통제를 담당하는 헌법재판소가 위헌선언을 하면서 직접 그 결정주문에서 밝혀야 할 것이나, 직접 밝힌 바 없으면 그와 같은 경우에 해당하는가의 여부는 일반 법원이 구체적 사건에서 해당 법률의 연혁·성질·보호법익 등을 검토하고 제반이익을 형량에서 합리적·합목적적으로 정하여 대처할 수밖에 없을 것으로 본다.

헌재 1993. 5. 13. 92헌가10등, 판례집 5-1, 226, 250-251

(판 례) 위헌결정의 소급효

구 헌법재판소법 제47조 제2항 본문은 위헌결정의 시간적 효력 범위에 관하여 장래효를 원칙으로 규정하고 있으나, 위헌결정을 위한 계기를 부여한 사건(당해 사건), 위헌결정이 있기 전에 이와 동종의 위헌 여부에 관하여 헌법재판소에 위헌제청을 하였거나 법원에 위헌제청신청을 한 사건(동종사건), 따로 위헌제청신청을 아니하였지만 당해 법률조항이 재판의 전제가 되어 법원에 계속 중인 사건(병행사건)에 대하여 예외적으로 소급효가 인정되고, 위헌결정 이후에 제소된 사건(일반사건)이라도 구체적 타당성의 요청이 현저하고 소급효의 부인이 정의와 형평에 반하는 경우에는 예외적으로 소급효를 인정할 수 있다.

헌재 2013. 6. 27. 2010헌마535, 판례집 25-1, 548

대법원은 헌법재판소 발족 초기부터 당해사건에서는 위헌결정의 소급효를 인정하였다.

(판 례) 위헌결정의 기판력과 소급효

헌법재판소 결정은 주문에 포함된 것에 한하여 기판력이 있으나 주문은 일반적으로 간결하므로 그 기판력이 미치는 범위를 파악하자면 주문의 해석이 필요한바, 이 사건 헌법재판소 88헌마32,33 국가보위입법회의법등의 위헌여부에 관한 헌법소원 사건의 위헌결정은 그 주문을 이유에 대비하여 보면 구 국가보위입법회의법 부칙 제4항 후단이 현행 헌법 제7조 제2항뿐만 아니라 구 헌법 제6조 제2항의 각

공무원신분보장규정 모두에 위헌이라고 설시하고 있는 것이고, 다음 법원의 제청 또는 헌법소원의 청구 등을 통하여 헌법재판소에 법률의 위헌결정을 위한 계기를 부여한 구체적인 사건, 즉 당해사건에 대해서는 헌법재판소의 위헌결정은 장래효 원칙의 예외로서 소급효를 인정해야 함은 헌법재판소법 제75조 제7항 제8항, 헌법 제107조 제1항, 헌법재판소법 제41조, 제47조, 같은법 제75조 제3, 5, 6항 등 각 규정의 해석상 당연한바(당원 1991. 6. 11. 선고 90다5450 판결도 같은 취지이다) 위 88 헌마32, 33 위헌결정은 원고들이 이 사건 면직처분무효확인소송중 헌법재판소법 제68조 제2항에 의하여 제기한 헌법소원에 기한 것이므로, 이 사건 면직처분무효 확인의 소는 위 88헌마32, 33 위헌결정의 당해 사건임이 명백하여, 구 국가보위입 법회의법 부칙 제4항 후단이 헌법에 위반되어 무효라는 위 위헌결정의 효력은 이 사건에 소급하여 미친다.

대판 1991. 6. 28. 90누9346

대법원 역시 헌법재판소와 마찬가지로 위헌결정의 소급효를 확대하였다. "헌법재판소의 위헌결정의 효력은 위헌제청을 한 당해 사건, 위헌결정이 있기 전에 이와 동종의 위헌 여부에 관하여 헌법재판소에 위헌여부심판제청을 하였거나 법원에 위헌여부심판제청을 한 경우의 당해 사건과 따로 위헌제청신청은 아니하였지만 당해 법률 또는 법률의 조항이 재판의 전제가 되어 법원에 계속 중인 사건 뿐만 아니라(당원 1991. 6. 11. 선고 90다5450 판결; 1991. 6. 28. 선고 90누9346 판결; 1991. 12. 24. 선고 90다8176 판결; 1992. 2. 14. 선고 91누1462 판결 각 참조), 위헌결정 이후에 위와 같은 이유로 제소된 일반사건에도 미친다고 봄이 타당하다"고 하면서 위헌결정의 소급효를 전면 인정하기에 이르렀다(대판 1993. 1. 15. 91누 5747).

그러나 대법원은 법적 안정성의 유지나 당사자의 신뢰보호를 위하여 불가피한 경우에는 위헌결정의 소급효를 제한하기도 하고(대판 1994. 10. 25. 93다42740), 확정판결의 기판력이나(대판 1993. 4. 2 7. 92누9777) 행정처분의 확정력(대판 1994. 10. 28. 92누9463) 등 다른 법리에 의하여 소급효를 제한하기도 한다.[20]

정리하자면 헌법재판소와 대법원 모두 당해 · 동종 · 병행 · 일반사건에 확대하여 소급효를 인정하되 일정한 제한을 가하고 있다.

3. 변형결정의 의의와 유형

위헌법률심판에서 단순합헌결정이나 단순위헌결정 이외의 결정 유형을 이론상 변형결정이라고 부른다. 변형결정의 인정여부에 관하여 긍정설과 부정설로 갈린다.

과거의 학설 대립부터 살펴본다. 물론 현재에도 아직 이러한 대립을 바탕으로 이론을 전개하는 견해도 있다. 학설 대립의 바탕에는 헌법재판소법 제45조 본문 규정인 "헌법재판소는 제청된 법률 또는 법률조항의 위헌여부만을 결정한다"의 해석문제가 있다. 부정설은 "위헌여부만"이라는 부분을 위헌인지 합헌인지 양자택일만 할 수 있도록 한 규정이라고 해석한다. 반면 긍정설은 위 조항은 사실관계를 판단하지 말고 "위헌여부"만 판단하도록 한 것이지, 단순한 합헌·위헌결정만을 하라는 의미가 아니므로 '위헌여부'에는 변형결정 여부도 포함된다고 해석한다.

헌법재판소는 판례를 통해 여러 유형의 변형결정을 내려왔다. 이에 따르면 입법형성권에 대한 존중, 법적 공백으로 인한 법적 혼란의 방지 등을 위해 변형결정이 필수적으로 요청되며, 헌법재판소가 이를 재량으로 인정할 수 있다는 것이다.

(판 례) 변형결정의 인정

헌법재판소법 제45조 본문의 "헌법재판소는 제청된 법률 또는 법률조항의 위헌여부만을 결정한다."라는 뜻은 헌법재판소는 법률의 위헌여부만을 심사하는 것이지 결코 위헌제청된 전제사건에 관하여 사실적, 법률적 판단을 내려 그 당부를 심판하는 것은 아니라는 것으로 해석하여야 한다. 전제사건에 관한 재판은 법원의 고유권한에 속하기 때문이다.

그리고 현대의 복잡다양한 사회현상, 헌법상황에 비추어 볼 때 헌법재판은 심사대상 법률의 위헌 또는 합헌이라는 양자택일 판단만을 능사로 할 수 없다. 양자택일 판단만이 가능하다고 본다면 다양한 정치·경제·사회현상을 규율하는 법률에 대한 합헌성을 확보하기 위한 헌법재판소의 유연 신축성있는 적절한 판단을 가로막아 오히려 법적공백, 법적혼란 등 법적안정성을 해치고, 입법자의 건전한 형성자유를 제약하는 등 하여, 나아가 국가사회의 질서와 국민의 기본권마저 침해할 사태를 초래할 수도 있다. 이리하여 헌법재판소가 행하는 위헌여부 판단이란 위헌 아니면 합헌이라는 양자택일에만 그치는 것이 아니라 그 성질상 사안에 따라 위 양자의 사이에 개재하는 중간영역으로서의 여러가지 변형재판이 필수적으로 요청된다. 그 예로는 법률의 한정적 적용을 뜻하는 한정무효, 위헌법률의 효력을 당분간 지속시킬 수 있는 헌법불합치, 조건부 위헌, 위헌의 소지가 있는 법률에 대한 경고 혹은 개정촉구 등을 들 수 있고, 이러한 변형재판은 일찍이 헌법재판제도를 도입하여 정비한 서독 등 국가에서 헌법재판소가 그 지혜로운 운영에서 얻어 낸 판례의 축적에 의한 것이다. 헌법재판소법 제45조의 취지가 위와 같다면 동법 제47조 제2항 본문의 "위헌으로 결정된 법률 또는 법률의 조항은 그 결정이 있는 날로부터 효력을 상실한다."라는 규정취지도 이에 상응하여 변형해석하는 것이 논리의 필연귀결이다. 즉 제45조에 근거하여 한 변형재판에 대응하여 위헌법률의 실효여부 또는 그 시기도 헌법재판소가 재량으로 정할 수 있는 것으로 보아야 하며 이렇게 함으로써 비로소 헌법재판의 본질에 적합한 통일적, 조화적인 해석을 얻을 수 있는 것이다.

헌재 1989. 9. 8. 88헌가6, 판례집 1, 199, 259-260

변형결정의 유형은 한정합헌결정, 한정위헌결정, 헌법불합치결정으로 나누어 볼 수 있다. 헌법재판소는 과거에 위헌불선언결정, 일부위헌결정, 조건부위헌결정 등의 결정형식을 취한 경우가 있으나 지금은 이런 유형의 결정을 하지 않는다. 다만 일부위헌결정은 지금도 나오고 있다는 견해도 있다.

헌법재판소는 한정합헌결정, 한정위헌결정, 헌법불합치결정과 같은 변형결정이 모두 위헌결정에 해당하며, 모두 기속력을 갖는다고 한다(헌재 1997. 12. 24. 96헌마172등).

제45조의 해석과 관련하여 위에서 살펴본 학설이나 판례의 입장이 현재에도 유효한지는 의문이다. 제45조는 '**제청된** 법률 또는 **법률조항의 위헌여부만을**' 결정하라는 것으로 해석할 수 있을 따름이다. 즉 제청되지 않은 법률조항에 대하여는 위헌결정을 하지 말라는 것이며, 이른바 신청주의(혹은 처분권주의)를 표현한 것이라 볼 수 있다. 위 조항은 위헌인지 합헌인지 여부만을 혹은 변형결정을 할 수 있는 근거가 결코 될 수 없다. 동조 단서가 "다만, (위헌심판이 제청된; 글쓴이) 법률 조항의 위헌결정으로 인하여 해당 법률 전부를 시행할 수 있다고 인정될 때에는 그 전부에 대하여 위헌결정을 할 수 있다"라고 규정하고 있는 점과 연결시켜 해석하면(즉 신청주의의 예외!), 애초 과거의 이론 대립은 객쩍은 논의였을 따름이다.

변형결정의 근거로는 민사재판의 주문과 마찬가지로 헌법재판의 주문형식을 규정하고 있는 조항이 없고, '대(大)는 소(小)를 포함한다'는 법언(法諺)에 따라 위헌결정은 한정위(합)헌결정이나 헌법불합치결정을 포함한다는 점을 드는 것이 보통이다. 외국 헌법재판에서도 이러한 변형결정이 인정된다는 점을 들기도 한다. 헌법재판소도 "재판 주문을 어떻게 내느냐의 주문의 방식문제는 민사소송에서 그러하듯 헌법재판에 대하여서도 아무런 명문의 규정이 없으며, 따라서 재판의 본질상 주문을 어떻게 표시할 것인지는 재판관의 재량에 일임된 사항"이라고 하면서 변형결정의 성격을 위헌결정의 일종으로 보고 있다(헌재 1989. 9. 8. 88헌가6).

30년 넘게 변형결정을 하고 있는 우리 헌법재판소가 그 입장을 바꾸는 것을 기대할 수는 없는 것이 현실이다. 그러나 아래에서 보는 바와 같이 헌법재판소는 최대한 변형결정을 자제하여야 한다.

헌법재판(사법심사)이 처음 등장한 미국은 이른바 분산형 헌법재판제도를 채택하여 일반 법원이 본안 사건(가령 어느 공무원의 정치활동이 유죄인지 여부를 가리는 형사사건)의 해결을 위한 전제로 그 금지규정이나 의무규정 (및/또는) 처벌규정의 위헌성을 판단한다. 이에 따라 미국 법원은 법률조항의 위헌여부를 심사할 때 당사자가 법률 조항 자체가 명확하지 않다든지 과도한 광범성 때문에 위헌이라는 이른바 '문언상 위헌이라는 주장(facial challenge)'을 하지 않는 경우에는 '당해 공무원에게 적용하는 한 위헌(as-applied unconstitutionality)'이라는 결정을 하는 것이 원칙이다. 이 때 최고법원인 대법원 외에 별도로 헌법재판소와 같은 기관이 존재하지 않기 때문에 해석상의 충돌이 발생할 여지가 전혀 없다.

또한 독일의 경우에는 기본법이 연방헌법재판소를 사법부 최고기관, 즉 연방대법원의 상급기관으로 규정하고 있고, 나아가 법원의 재판에 대한 헌법소원을 인정하고 있기 때문에 연방헌법재판소가 법원의 법률해석과 다른, 법원의 법률해석을 제약하는 변형결정을 하더라도 아무런 문제가 없다.

그러나 우리 헌법은 '법률이 정하는 헌법소원'만을 인정하고 있고, 헌법재판소법은 헌법소원의 대상으로 '법원의 재판'을 제외하고 있다. 법원과 헌법재판소의 법률해석이 다른 경우 두 기관의 충돌을 피할 수 없다. 현재까지 법원은 헌법재판소의 한정위(합)헌결정 대부분을 따르면서도, 그중 3건만큼에 대해서는 결코 수긍하지 않으면서 "헌법재판소의 법률해석에 관한 견해"로 치부하는 줄다리기 혹은 평행선이 계속되고 있다.

4. 한정합헌결정

한정합헌결정은 법률규정이 여러 가지로 해석이 가능한 경우, 위헌이라는 해석을 배제하고 합헌으로 해석되도록 축소·한정함으로써 법률의 효력을 유지시키는 결정형식이다.

한정합헌결정은 "……해석 하에 헌법에 위반되지 아니한다" 또는 "……해석하는 한 헌법에 위반되지 아니한다"는 주문으로 표시된다(헌재 1990. 4. 2. 89헌가113; 헌재 1994. 8. 31. 91헌가1).

한정합헌결정의 대표적 예로 국가보안법 제7조에 관한 사건을 들 수 있다. 이 사건에서 헌법재판소는 "국가보안법 제7조 제5항은 각 그 소정행위(所定行爲)에 의하면 국가의 존립·안전이나 자유민주적 기본질서에 실질적 해악을 줄 명백한 위험성이 있는 경우에만 처벌되는 것으로 축소해석하는 한 헌법에 위배되지 아니한다"고 판시하였다(헌재 1990. 6. 25. 90헌가1).

한정합헌결정은 '합헌적 법률해석'의 소산이라고 할 수 있다(양 건, 헌법강의 제9판, 2020, 제1편, 제3장, III. '합헌적 법률해석' 참조).[21]

> **(판 례)** 한정합헌(국가보안법 제7조 사건)
>
> 합헌해석 또는 합헌한정해석이라 함은 법률의 규정을 넓게 해석하면 위헌의 의심이 생길 경우에, 이를 좁게 한정하여 해석하는 것이 당해 규정의 입법목적에 부합하여 합리적 해석이 되고 그와 같이 해석하여야 비로소 헌법에 합치하게 될 때 행하는 헌법재판의 한 가지 형태인 바, 이것은 헌법재판소가 위헌심사권을 행사할 때 해석여하에 따라서는 위헌이 될 부분을 포함하고 있는 광범위한 규정의 의미를 한정하여, 위헌이 될 가능성을 제거하는 해석기술이기도 하다. 이와 같은 합헌해석은 헌법을 최고법규로 하는 통일적인 법질서의 형성을 위하여서 필요할 뿐 아니라, 입법부가 제정한 법률을 위헌이라고 하여 전면 폐기하기보다는 그 효력을 되도록 유지하는 것이 권력분립의 정신에 합치하고 민주주의적 입법기능을 최대한 존중하는 것이어서 헌법재판의 당연한 요청이기도 하다. 합헌적 제한해석과 주문례는 비단 독일연방공화국에만 국한된 것이 아니며 헌법재판 제도가 정착된 다른 여러 나라에서 이미 활용되어 오고 있는 것은 구태여 매거할 필요가 없으며, 만일 법률에 일부 위헌요소가 있을 때에 합헌적 해석으로 문제를 수습하는 길이 없다면 일부 위헌요소 때문에 전면위헌을 선언하는 길 밖에 없을 것이며, 그렇게 되면 합헌성이 있는 부분마저 폐기되는 충격일 것으로 이는 헌법재판의 한계를 벗어날뿐더러 법적 안정성의 견지에서 도저히 감내할 수 없는 것이 될 것이다.
>
> 헌재 1990. 6. 25. 90헌가11, 판례집 2, 165, 170-171

한정합헌은 법률의 여러 해석 가운데 위헌으로 해석되는 의미의 내용을 배제하는 것이며, 그런 한에서는 부분위헌결정을 의미한다고 볼 수 있다. 이 점에서 헌법재판소는 한정합헌이 '질적 일부위헌'이며, 그 결정에 재판관 6인 이상의 찬성이 필요하다고 한다(헌재 1992. 2. 25. 89헌가104; 헌재 1994. 4. 28. 92헌가3등). 나아가 헌법재판소는 한정합헌결정이 위헌결정의 일종이기 때문에 기속력을 가진다고 한다(헌재 1997. 12. 24. 96헌마172등).

그러나 한정합헌결정을 하는 경우, 해당 법률조항은 그대로 유지된다. 한정합헌결정의 형식은 입법권존중과 법적 안정성을 위해 필요하지만, 반면 **남용의 우려**가 있음을 유의해야 한다. 합헌적 법률해석에 한계가 있듯이 법 문의(文意)의 한계와 법 목적의 한계를 넘는 한정합헌결정은 피해야 한다.

2020. 10. 4. 현재 헌법재판소 누리집에 한정합헌을 검색조건으로 하면 17건(병합 전 기준은 30건)이 검색된다. 헌법재판소 공보의 심판통계에서는 28건으로 검색되는데 어떤 오류가 있는지는 아직 확인되지 않는다. 한정합헌된 법률조항은 29개라고 한다. 헌법재판소는 1989년 7. 21. 89헌마38, 상속세법 제32조의2 위헌여부에 관한 헌법소원사건에서 처음 한정합헌결정을 하였다. 마지막 한정합헌결정은 2002. 4. 25. 99헌바27등 사건인데 국가보안법 제6조 제1, 2항, 제7조 제1, 3, 5항 및 제8조 제1항에 대한 위헌소원 및 위헌법률심판(병합) 사건이었다. 병합 사건 기준으로 17건 중 8건이 국가보안법 제6, 7조를 대상으로 한 것이다. 이후 거의 20년 동안 한정합헌결정이 나오지 않는 것에 주목할 필요가 있다.

한정위헌결정이 헌법재판소의 견해와 같이 위헌결정의 일종이라면 그 법률조항을 대상으로 한 위헌법률심판청구는 부적법 각하되어야 하는데, 헌법재판소는 합헌결정이 있었던 법률조항에 대한 심판에서와 마찬가지로 한정합헌결정이나 합헌결정을 하고 있다. 위에서 언급한 마지막 한정합헌결정인 '99헌바27등' 사건의 결정요지 제1, 2항 모두 위 심판대상규정들에 대하여 "그 적용범위를 축소제한하면 헌법에 합치된다고 판시한 사실이 있는데, 지금 위 결정을 변경해야 할 아무런 사정변경도 없으므로 이를 그대로 유지하기로 한다"라고 하였을 따름이다.

5. 한정위헌결정

한정위헌결정이란 법률규정이 여러 가지로 해석이 가능한 경우, 위헌으로 해석되는 부분만을 한정하여 그 법률규정의 해석·적용에서 배제하는 결정형식이다.

한정위헌결정은 "~~~로 해석하는 한 헌법에 위반된다", "~~~범위 내에서 헌법에 위반된다", "~~~를 포함시키는 것은 헌법에 위반된다" 또는 "~~~도 포함되는 것으로 해석하는 한 헌법에 위반된다"는 주문으로 표시된다(헌재 1992. 6. 26. 90헌가23; 헌재 1997. 11. 27. 95헌바38; 헌재 1991. 4. 1. 89헌마160; 헌재 2011. 12. 29. 2007헌마1001 등). 또한 "공무원의 지위를 이용하지 아니한 행위에 대하여 적용하는 한 헌법에 위반된다"(헌재 2008. 5. 29. 2006헌마1096)는 형태로 표현되는 '적용위헌(as-applied unconstitutionality)'도 한정위헌결정의 한 종류로 분류된다.

한정위헌결정의 본보기 중 하나로 과거의 '정기간행물의 등록 등에 관한 법률' 제7조의 위헌여부 사건을 들 수 있다. 이 사건에서 헌법재판소는 "본 법률 제7조 제1항 제9호에서의 '해당시설'은 임차 또는 리스 등에 의하여도 갖출 수 있는 것이므로 (……) 해당시설을 자기소유이어야 하는 것으로 해석하는 한 신문발행인의 자유를 제한하는 것으로서 허가제의 수단으로 남용될 우려가 있으므로 (……) 과잉금지의 원칙이나 비례의 원칙에 반한다"라고 판시하였다(헌재 1992. 6. 26. 90헌가23).

한정위헌결정도 한정합헌결정과 마찬가지로 합헌적 법률해석의 소산이다. 헌법재판소는 한정위헌결정도 위헌결정의 일종이며, 그 결정에 재판관 6인 이상의 찬성이 필요하다고 한다. 그러나 한정합헌결정의 경우와 마찬가지로 한정위헌결정이 내려진 경우에도 해당 법률조항의 문언은 그대로 유지된다.

헌법재판소는 최근 법률이 전부 개정되었고, 종전 부칙규정이 개정법에 규정되어 있지 않는 경우에 그 부칙은 소멸되었다고 보아야 하고, 위 부칙이 효력이 있다고 해석하는 한 헌법에 위반된다고 하였다(헌재 2012. 5. 31. 2009헌바123등)[22]

여기서는 부칙의 효력 여부를 판단하는 기관은 법원이라는 대법원 판례만 간단히 살펴보고, 위 헌법재판소 결정에 대한 비판은 추가논의에서 한다.

> **(판 례)** 법률이 전문(全文) 개정된 경우 개정 전 법률 부칙 규정의 효력
>
> 법률의 개정시에 종전 법률 부칙의 경과규정을 개정하거나 삭제하는 명시적인 조치가 없다면 개정 법률에 다시 경과규정을 두지 않았다고 하여도 부칙의 경과규정이 당연히 실효되는 것은 아니지만, 개정 법률이 전문 개정인 경우에는 기존 법률을 폐지하고 새로운 법률을 제정하는 것과 마찬가지여서 종전의 본칙은 물론, 부칙 규정도 모두 소멸하는 것으로 보아야 하므로 종전의 법률 부칙의 경과규정도 실효된다고 보는 것이 원칙이지만, 특별한 사정이 있는 경우에는 그 효력이 상실되지 않는다고 보아야 할 것인바(대법원 2002. 7. 26. 선고 2001두11168 판결 등 참조), 여기에서 말하는 '특별한 사정'이라 함은 전문 개정된 법률에서 종전의 법률 부칙

의 경과규정에 관하여 계속 적용한다는 별도의 규정을 둔 경우뿐만 아니라, 그러한 규정을 두지 않았다고 하더라도 종전의 경과규정이 실효되지 않고 계속 적용된다고 보아야 할 만한 예외적인 특별한 사정이 있는 경우도 포함된다고 할 것이고, 이 경우 예외적인 '특별한 사정'이 있는지 여부를 판단함에 있어서는 종전 경과규정의 입법 경위 및 취지, 전문 개정된 법령의 입법 취지 및 전반적 체계, 종전의 경과규정이 실효된다고 볼 경우 법률상 공백상태가 발생하는지 여부, 기타 제반 사정 등을 종합적으로 고려하여 개별적·구체적으로 판단하여야 한다.

그런데 이 사건 부칙규정은 자산재평가 특례제도 규정인 종전의 제56조의2가 삭제되면서 위 규정에 의하여 이미 자산재평가를 실시한 법인만을 사후적으로 규율하기 위하여 당해 법인의 상장기한 및 미상장시 기존의 자산재평가의 효력(제1항), 법인이 자산재평가를 취소한 경우의 효력(제2항) 등을 정하는 한편, 그 상장기한에 대하여만 대통령령에 구체적으로 위임하였으므로, 전문 개정된 조세감면규제법에서 이 사건 부칙규정을 계속하여 적용한다는 내용의 경과규정 등을 두지 않더라도 이미 폐지된 자산재평가 특례제도와 관련된 사항을 충분히 규율할 수 있다고 보아 전문 개정된 조세감면규제법은 이에 대한 별도의 경과규정을 두지 않은 것으로 보이는 점, 전문 개정된 조세감면규제법의 시행으로 인하여 이 사건 부칙규정의 효력이 1994. 1. 1.자로 상실되는 것으로 본다면 종전의 제56조의2에 따라 자산재평가를 실시한 법인에 대하여는 사후관리가 불가능하게 되는 법률상 공백상태에 이르게 되는 점, 이에 따라 상장기한 내에 상장을 하지 않은 법인에 대하여는 이미 실시한 자산재평가를 자산재평가법에 의한 재평가로 보지 않게 됨에도 불구하고, 그 재평가차액을 당해 재평가일이 속하는 사업연도의 소득금액계산상 익금에 산입하지 못하거나(이 사건 부칙규정 제1항의 실효) 재평가를 취소한 법인에 대하여는 재평가된 자산가액을 기초로 계상한 감가상각비나 양도차익 등을 재계산하지 못한다면(이 사건 부칙규정 제2항의 실효), 이는 종전의 제56조의2에 따른 자산재평가를 실시하지 아니한 채 원가주의에 입각하여 법인세 등을 신고·납부하여 온 법인이나 상장기한 내에 상장을 실시한 법인에 비하여 합리적인 이유 없이 우대하는 결과가 되어 조세공평주의 이념에 반하게 되는 점, 반면에 종전의 제56조의2에 의하여 이미 자산재평가를 한 법인에 대하여 이 사건 부칙규정을 적용하여 과세를 하더라도 이를 두고 그 법인에게 예측하지 못한 부담을 지우는 것으로서 법적 안정성을 해친다고 보기는 어려운 점 등을 종합하여 보면, 이 사건 부칙규정은 전문 개정된 조세감면규제법의 시행에도 불구하고, 실효되지 않았다고 볼 '특별한 사정'이 있다고 보아야 할 것이다.

대판 2008. 11. 27. 2006두19419

한편, 위 헌법재판소 결정 이후에 동일한 부칙조항의 효력이 문제된 사건에서 이전에 위 부칙의 효력에 관한 한정위헌결정이 있었다는 확인결정을 한 바 있다(헌재 2012. 7. 26. 2009헌바35등; 다만 이 결정이 위 2009헌바123 결정보다 먼저 접수된 사정이 있었다). 원칙대로라면 부적법각하하여야 한다는 모순은 이미 설명하였다. 헌법재판소는 한정위헌결정이 있는 법률조항의 위헌성이 다시 문제된 경우, 위헌부분을 제거한 나머지 부분에 대해 합헌결정을 하는 것이 보통이다(가령 재판소원을 금지한 헌법재판소법 제68조 제1항에 대한 헌재 2012. 7. 26. 2011헌마728)[23)]

한정위헌결정과 한정합헌결정의 관계가 문제된다. 헌법재판소는 한정위헌결정을 한정합헌결정과 같은 것으로 이해하고 있다(헌재 1994. 4. 28. 92헌가3; 헌재 1997. 12. 24. 96헌마172). 양자는 주문의 형식에서는 구별되는데, 어느 주문형식을 취할 것인가는 개별 사안에 따라 결정할 문제라고 한다(헌재 1994. 4. 28. 92헌가3).

(판 례) 한정위헌결정과 한정합헌결정의 관계 (1)

법률의 다의적인 해석가능성이나 다기적인 적용범위가 문제될 때 위헌적인 것을 배제하여 합헌적인 의미 혹은 적용범위를 확정하기 위하여 한정적으로 합헌 또는 위헌을 선언할 수 있다. 양자는 다 같이 질적인 부분위헌선언이며 실제적인 면에서 그 효과를 달리하는 것은 아니다. 다만 양자는 법문의미가 미치는 사정거리를 파악하는 관점, 합헌적인 의미 또는 범위를 확정하는 방법 그리고 개개 헌법재판 사건에서의 실무적인 적의성 등에 따라 그 중 한 가지 방법을 선호할 수 있을 따름이다. 헌법재판소가 한정위헌 또는 한정합헌선언을 한 경우에 위헌적인 것으로 배제된 해석가능성 또는 축소된 적용범위의 판단은 단지 법률해석의 지침을 제시하는 데 그치는 것이 아니라 본질적으로 부분적 위헌선언의 효과를 가지는 것이며, 헌법재판소법 제47조에 정한 기속력을 명백히 하기 위하여는 어떠한 부분이 위헌인지 여부가 그 결정의 주문에 포함되어야 하므로, 이러한 내용을 결정의 이유에 설시하는 것만으로는 부족하고 결정의 주문에까지 등장시켜야 한다(헌법재판소 1992. 2. 25. 선고 89헌가104 결정 참조).

헌재 1994. 4. 28. 92헌가3, 판례집 6-1, 203, 221-222

(판 례) 한정위헌결정과 한정합헌결정의 관계 (2)

헌법재판소의 법률에 대한 위헌결정에는 단순위헌결정은 물론, 한정합헌 한정위헌결정과 헌법불합치결정도 포함되고 이들은 모두 당연히 기속력을 가진다.

즉, 헌법재판소는 법률의 위헌여부가 심판의 대상이 되었을 경우, 재판의 전제가 된 사건과의 관계에서 법률의 문언, 의미, 목적 등을 살펴 한편으로 보면 합헌으로 다른 한편으로 보면 위헌으로 판단될 수 있는 등 다의적인 해석가능성이 있

을 때 일반적인 해석작용이 용인되는 범위내에서 종국적으로 어느 쪽이 가장 헌법
에 합치되는가를 가려, 한정축소적 해석을 통하여 합헌적인 일정한 범위내의 의미
내용을 확정하여 이것이 그 법률의 본래적인 의미이며 그 의미 범위내에 있어서는
합헌이라고 결정할 수도 있고, 또 하나의 방법으로는 위와 같은 합헌적인 한정축
소 해석의 타당영역밖에 있는 경우에까지 법률의 적용범위를 넓히는 것은 위헌이
라는 취지로 법률의 문언자체는 그대로 둔 채 위헌의 범위를 정하여 한정위헌의
결정을 선고할 수도 있다.

위 두 가지 방법은 서로 표리관계에 있는 것이어서 실제적으로는 차이가 있는
것이 아니다. 합헌적인 한정축소해석은 위헌적인 해석 가능성과 그에 따른 법적용
을 소극적으로 배제한 것이고, 적용범위의 축소에 의한 한정적 위헌선언은 위헌적
인 법적용 영역과 그에 상응하는 해석 가능성을 적극적으로 배제한다는 뜻에서 차
이가 있을 뿐, 본질적으로는 다 같은 위헌결정이다(헌법재판소 1992. 2. 25. 선고 89
헌가104 결정).

헌재 1997. 12. 24. 96헌마172, 판례집 9-2, 842, 860-861

위와 같은 판례의 입장과 달리 양자를 별개 구조인 것으로 이해하는 학설이
있다. 오히려 더 우세한 것으로 보인다. 한정합헌결정은 합헌으로 해석되는 의미
이외의 나머지 부분은 모두 위헌임을 확정하는 것인데 비하여, 한정위헌결정은
단지 당해 사건에서 위헌으로 확정할 수 있는 부분만 판단하고 나머지 부분에
대해서는 판단을 유보하는 것이라고 한다. 또한 한정위헌결정과 한정합헌결정이
모든 경우에 표리관계에 있다고 할 수는 없고, 양자는 서로 바꿀 수 있는 결정
형식이 아니라고도 한다. 이에 따르면 한정합헌결정이 해당 법률(조항)의 위헌성
이 더 큰 것이 되고, 재판관들의 '주문별 합의'에 있어서 한정합헌결정이 한정위
헌결정보다 청구인에게 유리한 결정이 된다.

또 다른 견해를 살펴본다. 현행 헌법소원제도가 구체적 규범통제인 점을 고
려할 때, 해당 법률조항을 심판의 전제가 된 당해 소송사건에 적용하는 한 위헌
이라면 한정위헌의 형식을 취해야 할 것이고, 당해 소송사건에 적용하는 한 합
헌이라면 한정합헌의 형식을 취해야 한다는 것이다. 예컨대 국가보안법 적용사
건에서 다의적 해석가능성이 있는 경우, 당해 소송사건에 적용하는 한 위헌이라
면 한정위헌결정을 해야 하고, 당해 소송사건에 적용하는 한 합헌이라면 한정합
헌결정을 해야 한다는 것이다.

그러나 두 결정을 서로 다른 것으로 구별하는 견해에는 찬성할 수 없다. 한

정합헌결정과 한정위헌결정은 동전의 앞뒷면과 같은 것으로 어느 한 결정이 나올 때는 다른 결정은 나올 수 없다고 보아야 한다. 만일 이 둘을 다른 것으로 본다면, 한 사건에서 두 결정이 모두 나올 수도 있고, 이 둘을 청구인에게 유리한 순으로 배치할 수 있어야 하는데 법조 실무에서는 불가능하다고 본다. 또한 바로 위에서 설명한 두 번째 구별긍정론은 사실상 구별부정론에 다름이 아니다. 두 번째 견해가 설명하는 것이 바로 동전의 앞뒷면이다. 실제 한 사건의 평의에서 헌법재판관들이 각각 한정위헌과 한정합헌을 끝까지 고집하지 않는 이상 이론상 논의에 그칠 따름이다.

한정위헌결정이 내려지면 해당 법률조항의 위헌인 부분(의미내용)은 효력을 상실한다. 법 규정 자체는 그대로 존속한다는 점은 여러 번 강조하였다. 헌법재판소는 한정위헌결정도 위헌결정에 속하므로 기속력과 일반적 효력을 가진다고 한다(헌재 1997. 12. 24. 96헌마172등).

그러나 대법원은 한정위헌결정의 기속력을 부인하면서, 한정위헌결정은 법원을 기속하지 못한다고 한다.

(판 례) 한정위헌결정의 기속력 부인

특정 법률 또는 법률조항의 전부나 그 일부가 소멸되지 아니하거나 문언이 변경되지 않은 채 존속하고 있는 이상, 구체적 사건에 있어서 당해 법률 또는 법률조항의 의미·내용과 적용범위가 어떠한 것인지를 정하는 권한 곧 법령의 해석·적용 권한은 바로 사법권의 본질적 내용을 이루는 것으로서, 전적으로 대법원을 최고법원으로 하는 법원에 전속하는 것이다. (……)

그러므로 한정위헌 결정에 표현되어 있는 **헌법재판소의 법률해석에 관한 견해**는 법률의 의미·내용과 그 적용범위에 관한 헌법재판소의 견해를 일응 표명한 데 불과하여 이와 같이 법원에 전속되어 있는 법령의 해석·적용 권한에 대하여 어떠한 영향을 미치거나 기속력도 가질 수 없다고 하지 않을 수 없다.

대판 1996. 4. 9. 95누11405

학자들의 견해를 들어보자. "대법원 판례의 입장은 헌법재판소에 위헌법률심사권을 부여한 헌법의 취지를 경시한 것이다. 대법원의 의견처럼 법률의 해석권한은 사법권의 일부이며 이는 헌법이 보장하는 것이다. 그러나 헌법이 헌법재판소를 설치하고 위헌법률심사권을 부여한 이상, 법원의 법률해석권은 헌법재판소의 위헌법률심사권의 범위 안에서 이루어져야 한다. 위헌법률심사는 법률의 해석을 전제하므로 헌법재판소가 법률의 위헌여부를 심사하기 위하여 심사대상인 법률의 의미를 해석하는 것은 불가피한 것이다. 대법원이 한정위헌결정의 기속력을 부인하는 것은 근본적으로 변형결정의 형식을 부인하는 태도에서 나온 것으로 보인다. 변형결정의 형식은 불가피한 것으로 인정되어야 한다"(가령 양 건, 헌법강의, 제9판, 2020, 1522쪽).

그런데 꼭 위와 같이 볼 일은 아니다. 헌법재판소의 한정위(합)헌결정과 관련하여 법원이 다툼을 벌인 것은 위 양도소득세 사건과 제주도 공무원 의제사건 및 부칙의 효력과 관련한 사건 외에는 특별히 없었다. 즉 헌법재판소의 한정위(합)헌결정 대부분을 법원이 수긍하였다. 자신들의 권한을 크게 침해하지 않는다고 생각하기 때문이었으리라. 그러나 이 세 사건의 경우에는 법원은 헌법재판소의 한정위헌결정을 말 그대로 "그건 니 생각이고"라고 무시해 버렸다. 그런데 헌법재판소는 이를 제재하거나 바로 잡을 방법이 없다. 정당해산결정에만 집행력을 규정하고 있고, 다른 헌법재판 결정에는 집행력을 부여하는 규정이 없다. 문제는 여기서 발생한다.

만일 헌법재판소가 한정위헌결정을 널리 사용하는 경우에는 사실상 법률의 해석에 관한 법원의 판결을 위헌심사의 대상으로 삼는 것이 되어 부당하다는 비판을 면할 수 없다. 가령 헌법재판소가 "절도죄의 객체에 특정 재물을 포함하는 것으로 해석하는 한 위헌", "업무방해죄를 위험범으로 해석하는 한 위헌", "기습추행도 강제추행에 해당하는 것으로 해석하는 한 위헌"이라고 결정한다면 법원이 이를 따를 리도 없고 법원에 강제할 방법도 없다. 법원의 재판을 헌법소원의 대상에 포함시키는 것은 정책 문제이다. 그러나 현행법이 이를 허용하고 있지 않다면 헌법재판소 역시 현재로서는 이러한 취지─한정위(합)헌결정을 자제─에 충실한 해석을 하여야 한다.[24)]

오히려 헌법재판소의 한정위헌결정은 법원의 사법심사권을 확대시키는 반작용을 할 수도 있다. 최근의 병역법 사례는 아주 뚜렷한 본보기이다. 여러 사건에서 헌법재판소는 "양심적 병역거부는 병역법 제88조 제1항 제1호의 '정당한 사유'에 해당하지 않는다"고 판시하였다. 합헌결정이므로 기속력이 없다는 점은 차치하고, 헌법재판소의 법률해석에 관한 견해임에는 틀림없다. 가장 최근의 사건에서는 병역법 제88조 제1항은 합헌인데, 대체복무제를 규정하지 않은 제5조 병역종류조항이 위헌이라고 하였다. 헌법재판소의 이 결정은 사법소극주의라는 비판을 받아 마땅하다. 평소와 같이 "위 정당한 사유에 양심적 병역거부가 포함되지 않는 것으로 해석하는 한 헌법에 위반된다"는 한정위헌결정을 할 수 있었기 때문이다. 헌법재판소가 늘 설명하던 바와 같이 한정위헌결정이 필요한, 바로 그 순간이었다. 그런데 헌법재판소는 공을 대법원에 넘겼다.

대법원은 "정당한 사유에 양심적 병역거부가 포함되는 것으로 해석하여야 한다"고 하면서 원심판결들을 파기환송하였다. 정당한 사유에 해당하지 않는다는 여러 번에 걸친 헌법재판소의 법률해석과 정반대의 해석을 하였다. 대법원의 이 사건 판결은 헌법재판소의 한정위(합)헌결정과 다를 바 없다.[25] 위에서 언급하였던 적용위헌사건도 마찬가지이다. 형사재판에서 법원이 "위 공무원의 선거운동 기획금지조항을 본 사안에 적용하는 한 헌법에 위반되므로, 그 적용을 배제한다. 결국 피고인은 무죄"라는 판단을 하면 헌법재판소가 위 조항에 한정위헌(적용위헌)결정을 한 것과 마찬가지이다.

2020. 10. 4. 현재 헌법재판소 누리집에 한정위헌을 검색조건으로 하면 44건(병합 후 기준)이 검색된다. 한정합헌결정이 2002년 이후 나타나지 않는 것과 달리 한정위헌결정은 최근인 2016년에도 있었다.[26] 첫 한정위헌사건은 '1991. 4. 1. 89헌마160'사건이다. 민법 제764조 헌법소원사건(이른바 사죄광고사건)이고, 같은 해 5. 13.에는 국유재산 중 잡종재산을 취득시효 대상에서 제외한 국유재산법 조항을 한정위헌으로 선언한 '89헌가97' 결정이 있었다.

6. 헌법불합치결정

헌법불합치결정이란 심판대상인 법률(조항)이 위헌이라고 판단되더라도 단순위헌결정을 하는 것이 아니라 헌법에 합치하지 아니한다는 선언을 하면서, 해당 법률(조항)의 효력을 일정한 시점까지 존속시키는 결정형식이다.

헌법불합치결정이 단순위헌결정과 가장 다른 점은 해당 법률조항이 헌법위반임에도 불구하고 그 효력을 유지한다는 것이다. 법규로서의 효력은 유지하되 그 적용을 금지하는 경우가 많지만, 일정한 시점까지 그 적용을 허용하는 경우도 있다. 대법원도 헌법불합치결정의 기속력을 인정하고 있어 한정위헌결정보다는 빈도수가 높다.

2020. 10. 20. 현재 헌법재판소 누리집에 헌법불합치를 검색조건으로 하면 136건의 헌법불합치결정이 검색된다. 이 중 헌가 사건이 41건, 헌마 사건이 51건, 헌바 사건이 44건이다.

헌법불합치결정의 근거 또는 필요성은 다양하다. 가장 큰 이유 혹은 근거는 단순위헌결정으로 인한 법의 공백과 법 생활의 혼란을 방지할 필요가 있다는 점이다. 예컨대 보상규정이 없다는 이유로 토지수용규정을 단순위헌결정한다면 토지수용조차 못하게 되는 경우(헌재 1999. 10. 21. 97헌바26), 행위제한을 부과하는 선거법 규정이 위헌이지만 재선거나 보궐선거에 대비하여 효력을 지속시키는 경우(기탁금제도 사건. 헌재 1989. 9. 8. 88헌가6), 또는 세법규정이 위헌이지만 기납세자와 미납세자 간의 형평이나 조세수입 손실에 대비할 필요가 있는 경우(토지초과이득세법 사건. 헌재 1994. 7. 29. 92헌바49) 등이다. 또 다른 중요한 이유는 국가로부터 급부를 받는 수혜 법률의 경우, 수혜 내용이 평등위반으로 위헌이지만 불평등한 혜택이나마 중단되는 결과를 피하기 위해, 즉 기존 수급자에게는 사회복지 등의 시혜를 계속 주어야 한다는 것이다.

그러나 수혜 법률에 대하여 위헌결정을 하더라도 기존의 수혜자들에 대한 수혜의 근거가 소멸되지 않는 경우에는 단순위헌결정을 하는 것이 원칙이라는 결정이 있어 주목을 끈다. 위헌결정의 이유에 기속력이 있는지 여부는 불문하고 헌법재판소가 위헌결정 주문의 적용범위를 스스로 밝힌 이상 그것이 주문이 아닌 결정이유에 담겨 있다고 하더라도 기속력은 인정되어야 한다는 것이다.

(판 례) 수혜 법률에 대해 헌법불합치 대신 단순위헌결정을 한 사례
　　라. 주문의 형태
　　이 사건 결정은 이 사건 고시조항(혈우병 약제 적용 대상환자: 83. 1. 1. 이후 출생자)이 A형 혈우병 환자들에 대한 유전자재조합제제의 요양급여 지급을 나이에 따라 제한함으로써 청구인들과 같이 '1983. 1. 1. 이전에 출생한' 환자에게는 인정하지 않는 것이 청구인들의 평등권을 침해하여 위헌이라는 취지이므로 청구인들의 평등권침해 상태를 바로 회복시킬 수 있도록 이 사건 고시조항에 대하여 위헌을 선언하기로 하는바, 이 사건 고시조항에 대한 위헌의 주문으로 인하여 기존의 수혜자들에 대한 수혜의 근거가 소멸되는 것이 아님을 밝히는 바이다.
　　　　　　　　　　　　　　헌재 2012. 6. 27. 2010헌마716, 판례집 24-1하, 754, 768

위 결정 취지대로라면 최소한 수혜 법률에 대해서는 헌법과 법률에 근거가 없는 헌법불합치보다는 단순위헌결정을 하는 것이 타당하다.

형벌조항에 대하여 헌법불합치결정이 가능한가에 대하여 논의가 있지만, 헌법재판소는 야간옥외집회에 관한 집시법 규정에 관한 결정 등 여러 사건에서 형벌법규에 대하여 헌법불합치결정을 하였다. 형법상 낙태죄 조항도 헌법불합치결정이 내려졌다.

한편에서는, 헌법재판소가 단순히 입법자의 입법형성권 보장 등을 내세워 헌법불합치결정을 남용한다는 비판이 따르고 있다. 독일에서는 1970년 연방헌법재판소법 개정을 통해 헌법불합치결정을 명시하였다.

헌법불합치결정을 할 때에는 해당 법률의 법규로서의 **효력이 지속되는 시한**을 명시하는 것이 일반적이다. 효력종료의 시점을 정하지 않은 예도 있다(토지초과이득세법 사건. 헌재 1994. 7. 29. 92헌바49).

헌법불합치결정은 입법자에게 위헌상태를 제거하도록 입법을 촉구하는 취지를 수반한다. 입법촉구의 취지는 결정의 주문이 아니라 결정이유를 통해 제시된다. 이를 입법촉구결정이라고 부르기도 하는데 이것은 헌법불합치결정과 별개의 결정형식은 아니다. 이와 달리 본래 좁은 의미의 입법촉구결정 또는 입법개선촉구결정은 합헌결정을 하되, 장래 위헌으로 될 가능성이 있는 경우에 행하는 결정형식이다(이른바 '아직은 합헌'). 독일에서는 이런 결정의 예가 있으나, 우리나라에서는 결정주문에서 이런 결정형식을 취한 예를 아직 볼 수 없다.[27)]

위에서 본 것처럼, 헌법불합치결정은 여러 다양한 형태가 있기 때문에 그 주문의 형식도 다양하다. "······헌법에 합치되지 아니한다"(시한을 정하지 않고 결정이유에서 적용중지를 명한 경우. 헌재 1994. 7. 29. 92헌바49등), "······헌법에 합치되지 아니한다. 위 법률조항은 ······까지 효력을 지속한다"(시한부 효력을 지속하는 경우. 헌재 1989. 9. 8. 88헌가6등), "······헌법에 합치하지 아니한다. 위 법률조항은 입법자가 ······까지 개정하지 않으면 0000. 0. 0. 그 효력을 상실한다. 법원 기타 국가기관 및 지방자치단체는 입법자가 개정할 때까지 위 법률조항의 적용을 중지하여야 한다"(시한부로 적용중지하는 경우. 동성동본금혼규정 사건. 헌재 1997. 7. 16. 95헌가6) 등이다.

헌법불합치결정도 위헌결정의 일종이므로 그 결정에는 재판관 6인 이상의 찬성이 필요하다.

헌법불합치결정도 위헌결정이므로 기속력을 가진다. 법원 기타 국가기관 및 지방자치단체는 이에 기속된다.

(판 례) 헌법불합치결정의 기속력

헌법재판소의 또 다른 변형결정의 하나인 헌법불합치결정의 경우에도 개정입법

시까지 심판의 대상인 법률조항은 법률문언의 변화없이 계속 존속하나, 헌법재판
소에 의한 위헌성 확인의 효력은 그 기속력을 가지는 것이다.

헌재 1997. 12. 24. 96헌마172, 판례집 9-2, 842, 861

위헌법률심판사건에서 헌법재판소가 헌법불합치결정을 하면서 적용 중지를
명하는 경우에 당해 법원뿐만 아니라 다른 모든 법원도 재판을 진행할 수 없고,
개정된 새 법률에 따라 재판한다. 기속력 때문이다. 잠정 적용을 명하는 경우에
는 법원은 이에 따라 재판을 진행하여야 한다(헌재 1995. 9. 28. 92헌가11).[28] 이러
한 이유에서 헌법불합치결정의 효력을 논할 때는 항상 법원의 판결을 중심으로
살펴보아야 한다. 단순위헌의 경우와는 달리 해당 법률(조항)이 즉시 폐지된 것
과 같은 효과가 발생하지 않기 때문이다. 대법원은 헌법불합치결정의 이유를 살
펴 계속 적용하는 부분과 적용을 중단하는 부분으로 나누어 그 효력을 판단하고
있다.[29]

(판 례) 헌법불합치결정의 효력

헌법불합치결정(헌재 2010. 6. 24. 2008헌바128)에 나타난 구 군인연금법제23조 제
1항의 위헌성, 구법 조항에 대한 헌법불합치결정 및 잠정적용 이유 등에 의하면,
헌법재판소가 구법 조항의 위헌성을 확인하였음에도 일정 시한까지 구법 조항의
계속 적용을 명한 것은 구법 조항에 근거한 기존 상이연금 지급대상자에 대한 상
이연금 지급을 계속 유지할 필요성 때문이고, 구법 조항이 상이연금 지급대상에서
배제한 '퇴직 후 폐질상태가 확정된 군인'에 대한 상이연금수급권 요건 및 수준,
군인연금법상 관련 규정의 정비 등에 관한 입법형성권 존중이라는 사유는 구법 조
항에 대하여 단순 위헌결정을 하는 대신 입법개선을 촉구하는 취지가 담긴 헌법불
합치결정을 해야 할 필요성에 관한 것으로 보일 뿐, 구법 조항에 의한 불합리한
차별을 개선입법 시행 시까지 계속 유지할 근거로는 보이지 않는다. 따라서 위 헌
법불합치결정에서 구법 조항의 계속 적용을 명한 부분의 효력은 기존 상이연금 지
급대상자에게 상이연금을 계속 지급할 수 있는 근거규정이라는 점에 미치는 데 그
치고, 나아가 '군인이 퇴직 후 공무상 질병 또는 부상으로 인하여 폐질상태로 된
경우'에 대하여 상이연금 지급을 배제하는 근거규정이라는 점까지는 미치지 않는다
고 보는 것이 타당하다. 즉 구법 조항 가운데 해석상 '군인이 퇴직 후 공무상 질병
등으로 인하여 폐질상태로 된 경우'를 상이연금 지급대상에서 제외한 부분은 여전
히 적용중지 상태에 있다고 보아야 한다.

어떤 법률조항에 대하여 헌법재판소가 헌법불합치결정을 하여 입법자에게 그 법
률조항을 합헌적으로 개정 또는 폐지하는 임무를 입법자의 형성 재량에 맡긴 이

상, 개선입법의 소급적용 여부와 소급적용 범위는 원칙적으로 입법자의 재량에 달린 것이기는 하지만, 구 군인연금법 제23조 제1항에 대한 헌법불합치결정의 취지나 위헌심판의 구체적 규범통제 실효성 보장이라는 측면을 고려할 때, 적어도 헌법불합치결정을 하게 된 당해 사건 및 헌법불합치결정 당시에 구법 조항의 위헌 여부가 쟁점이 되어 법원에 계속 중인 사건에 대하여는 헌법불합치결정의 소급효가 미친다고 해야 하므로, 비록 현행 군인연금법 부칙(2011. 5. 19.)에 소급 적용에 관한 경과조치를 두고 있지 않더라도 이들 사건에 대하여는 구법 조항을 그대로 적용할 수는 없고, 위헌성이 제거된 현행 군인연금법 규정이 적용되는 것으로 보아야 한다.

해병대 부사관으로 복무하다가 만기 전역한 후 외상후성 정신장애가 발생한 갑이 관할관청에 상이연금 지급청구를 하였으나 구 군인연금법 제23조 제1항에서 정한 '공무상 질병 또는 부상으로 인하여 폐질상태로 되어 퇴직한 때'에 해당하지 않는다는 이유로 거부되자 법원에 거부처분 취소를 구하는 소송을 제기하는 한편 취소소송 계속 중 위 조항에 대한 위헌확인을 구하는 헌법소원을 제기하여 헌법불합치결정을 받은 사안에서, 이는 '당해 사건'으로서 헌법불합치결정의 소급효가 미치는 경우에 해당하므로, 비록 현행 군인연금법 부칙(2011. 5. 19.)에 그 소급 적용에 관한 경과규정이 없더라도 법 개정을 통해 위헌성이 제거된 현행 군인연금법의 상이연금 관련 규정이 적용되어야 한다.

대판 2011. 9. 29. 2008두18885

최근 헌법재판소는 직계혈족이기만 하면 아무런 제한 없이 가족관계증명서 및 기본증명서의 교부를 청구할 수 있도록 한 '가족관계의 등록 등에 관한 법률' 조항은 개인정보자기결정권을 불완전·불충분하게 보호한 부진정입법부작위로 헌법에 합치하지 않는다고 하면서도 잠정적용을 명하는 결정을 하였다(헌재 2020. 8. 28. 2018헌마927). 가정폭력으로 이혼을 하였고, 형사재판에서 징역형을 받았으며, 각종 접근금지가처분을 받은 가해자가 아이의 아버지라는 이유만으로 가족관계증명서와 기본증명서를 발급받을 수 없도록 해 달라고 한 청구이다. 헌법재판소는 단순위헌결정을 하면 가정폭력 가해자가 아닌 직계혈족이 청구할 수 있는 근거까지 사라진다고 하여 헌법불합치결정을 하였다. 이와 같이 헌법재판소 결정 자체에서 위헌인 부분과 합헌인 부분을 쉽게 구분할 수 있는 경우도 있다.

헌법재판소가 형벌 규정인 야간옥외집회에 관한 집시법규정 사건에서 헌법불합치 결정을 내리면서 잠정적용을 명한 후, 하급심에서 무죄를 선고하기도 하고 유죄를 선고하기도 하는 등 혼선을 빚은 바 있다. 대법원은 이러한 문제를 정리하면서 헌법불합치결정은 위헌결정이므로 법원은 무죄를 선고하여야 한다고 하였다.

(판 례) 형벌법규에 대한 헌법불합치결정의 효력(1)

원심은 피고인 1에 대한 이 사건 공소사실 중 위 피고인이 야간옥외집회를 주최하였다는 취지의 각 공소사실을 집회 및 시위에 관한 법률(2007. 5. 11. 법률 제 8424호로 전부 개정된 것, 이하 '집시법'이라 한다) 제23조 제1호, 제10조 본문을 적용하여 유죄로 인정한 제1심판결을 그대로 유지하였다. 그런데 원심판결 선고 후 헌법재판소는, 주문에서 "집시법 제10조 중 '옥외집회' 부분 및 제23조 제1호 중 '제10조 본문의 옥외집회' 부분은 헌법에 합치되지 아니한다. 위 조항들은 2010. 6. 30.을 시한으로 입법자가 개정할 때까지 계속 적용된다.", 이유 중 결론에서 "만일 위 일자까지 개선입법이 이루어지지 않는 경우 위 법률조항들은 2010. 7. 1.부터 그 효력을 상실하도록 한다."라는 내용의 헌법불합치결정을 선고하였고(헌법재판소 2009. 9. 24. 선고 2008헌가25 전원재판부 결정, 이하 '이 사건 헌법불합치결정'이라 한다), 국회는 2010. 6. 30.까지 집시법의 위 조항들을 개정하지 아니하였다.

헌법재판소의 헌법불합치결정은 헌법과 헌법재판소법이 규정하고 있지 않은 변형된 형태이지만 법률조항에 대한 위헌결정에 해당하고[대법원 2009. 1. 15. 선고 2004도7111 판결, 헌법재판소 2004. 5. 27. 선고 2003헌가1, 2004헌가4(병합) 전원재판부 결정 등 참조], 집시법 제23조 제1호는 집회 주최자가 집시법 제10조 본문을 위반할 것을 구성요건으로 삼고 있어 집시법 제10조 본문은 집시법 제23조 제1호와 결합하여 형벌에 관한 법률조항을 이루게 되므로, 집시법의 위 조항들(이하 '이 사건 법률조항'이라 한다)에 대하여 선고된 이 사건 헌법불합치결정은 형벌에 관한 법률조항에 대한 위헌결정이라 할 것이다. 그리고 헌법재판소법 제47조 제2항 단서는 형벌에 관한 법률조항에 대하여 위헌결정이 선고된 경우 그 조항이 소급하여 효력을 상실한다고 규정하고 있으므로, 형벌에 관한 법률조항이 소급하여 효력을 상실한 경우에 당해 조항을 적용하여 공소가 제기된 피고사건은 범죄로 되지 아니한 때에 해당한다 할 것이고, 법원은 그 피고사건에 대하여 형사소송법 제325조 전단에 따라 무죄를 선고하여야 한다(대법원 1992. 5. 8. 선고 91도2825 판결, 대법원 2010. 12. 16. 선고 2010도5986 전원합의체 판결 등 참조).

또한 헌법 제111조 제1항과 헌법재판소법 제45조 본문에 의하면 헌법재판소는 법률 또는 법률조항의 위헌 여부만을 심판·결정할 수 있으므로, 형벌에 관한 법률조항이 위헌으로 결정된 이상 그 조항은 헌법재판소법 제47조 제2항 단서에 정해진 대로 효력이 상실된다 할 것이다. 그러므로 헌법재판소가 이 사건 헌법불합치결정의 주문에서 이 사건 법률조항이 개정될 때까지 계속 적용되고, 이유 중 결론에서 개정시한까지 개선입법이 이루어지지 않는 경우 그 다음날부터 이 사건 법

률조항이 효력을 상실하도록 하였더라도, 이 사건 헌법불합치결정을 위헌결정으로
보는 이상 이와 달리 해석할 여지가 없다.

　따라서 이 사건 헌법불합치결정에 의하여 헌법에 합치되지 아니한다고 선언되고
그 결정에서 정한 개정시한까지 법률 개정이 이루어지지 않은 이 사건 법률조항은
소급하여 그 효력을 상실한다 할 것이므로 이 사건 법률조항을 적용하여 공소가
제기된 야간옥외집회 주최의 피고사건에 대하여 형사소송법 제325조 전단에 따라
무죄가 선고되어야 할 것이다.

대판(전합) 2011. 6. 23. 2008도7562[30]

　대법원의 위와 같은 판단은 형벌법규에 대한 헌법재판소의 헌법불합치결정
이후 법 개정이 이루어진 경우에도 동일하게 적용된다.

(판례) 형벌법규에 대한 헌법불합치결정의 효력 (2)

　법원이 헌법 제107조 제1항 등에 근거하여 법률의 위헌 여부의 심판제청을 하
는 것은 그 전제가 된 당해 사건에서 위헌으로 결정된 법률조항을 적용하지 않으
려는 데에 그 목적이 있다는 점과 헌법재판소법 제45조, 제47조의 규정 취지에 비
추어 볼 때, 위와 같은 헌법재판소의 헌법불합치결정은 당해 사건인 이 사건에 적
용되는 법률조항에 대한 위헌결정에 해당하는 것이다. 한편, 구법 제19조는 당사자
의 행위가 구법 제6조 제1항의 규정에 위반한 것을 구성요건으로 삼고 있으므로
구법 제6조 제1항 본문 제2호는 구법 제19조와 결합하여 형벌에 관한 법률조항을
이루는 것이라고 볼 수 있는바, 형벌에 관한 법률조항에 대하여 위헌결정이 선고
되는 경우 그 법률조항의 효력이 소급하여 상실되고, 당해 사건뿐만 아니라 위헌
으로 선언된 형벌조항에 근거한 기존의 모든 유죄확정판결에 대해서까지 전면적으
로 재심이 허용된다는 헌법재판소법 제47조 제2항 단서, 제3항의 규정에 비추어
볼 때, 위와 같이 헌법불합치결정의 전면적인 소급효가 미치는 형사사건에서 법원
은 헌법에 합치되지 않는다고 선언된 구법 제6조 제1항 본문 제2호를 더 이상 피
고인에 대한 처벌법규로 적용할 수 없다.

　또한, 구법 제6조 제1항 본문 제2호에 대하여 헌법불합치결정이 선고된 이후에
2005. 3. 24. 법률 제7396호로 개정된 학교보건법 제6조 제1항 본문 제2호의2 등
은 피고인이 공소사실 기재와 같은 행위를 한 다음에 입법화된 것임이 분명하므
로, 이미 헌법에 합치되지 않는다고 선언된 구법을 토대로 하여 개정된 법률조항
을 소급적용하여 피고인을 처벌하는 것은 헌법 제12조 제1항 및 제13조 제1항의
명문규정에 위배되어 허용될 수 없는 것이다(헌법재판소 1989. 7. 14. 선고 88헌가5
등 결정, 헌법재판소 1996. 2. 16. 선고 96헌가2 등 결정 참조).

대판 2009. 1. 15. 2004도7111

(판 례) 형벌조항에 대한 잠정적용 헌법불합치결정 이후 법 개정이 있었으나 개정
법이 소급적용에 관한 규정을 두지 않은 경우

헌법재판소는 주문에서 "정치자금법 제6조, 제45조 제1항 본문의 '이 법에 정하
지 아니한 방법' 중 제6조에 관한 부분은 헌법에 합치되지 아니한다.", "위 각 조
항 부분은 2017. 6. 30.을 시한으로 입법자가 개정할 때까지 계속 적용한다."라는
헌법불합치결정을 선고하였다. 이에 따라 2017. 6. 30. 법률 제14838호로 개정된
정치자금법 제6조 제1호로 '중앙당'이 추가되어 정당도 정치자금을 기부받을 수 있
도록 하면서도 위 조항의 소급적용에 관한 경과규정은 두지 않았다.

헌법재판소의 헌법불합치결정은 헌법과 헌법재판소법이 규정하고 있지 않은 변
형된 형태이지만 법률조항에 대한 위헌결정에 해당한다. 정치자금법 제45조 제1항
은 구 정치자금법 제6조에 정하지 않은 방법으로 정치자금을 기부하는 것을 구성
요건으로 삼고 있어 구 정치자금법 제6조는 정치자금법 제45조 제1항과 결합하여
형벌에 관한 법률조항을 이루게 되므로, 위 조항들에 대하여 선고된 위 헌법불합
치결정은 형벌에 관한 법률조항에 대한 위헌결정이라고 할 것이다. 그리고 헌법재
판소법 제47조 제3항 본문은 형벌에 관한 법률조항에 대하여 위헌결정이 선고된
경우 그 조항이 소급하여 효력을 상실한다고 규정하고 있으므로, 형벌에 관한 법
률조항이 소급하여 효력을 상실한 경우에 당해 조항을 적용하여 공소가 제기된 피
고사건은 범죄로 되지 않은 때에 해당한다. 따라서 법원은 그 피고사건에 대하여
형사소송법 제325조 전단에 따라 무죄를 선고하여야 한다.

대판 2018. 10. 25. 2015도17936

요컨대, 형벌조항에 대한 헌법불합치결정은 적용중지나 잠정적용 그 어느 것
이 부가되는지, 결정에서 정한 시한까지 개선입법이 이루어졌는지를 불문하고
소급하여 효력을 상실한다는 것이 대법원의 입장이다.

(판 례) 형벌법규에 대한 헌법불합치결정의 효력 (3)

법률에 명문의 규정이 있고 그 의미와 내용이 명확한 경우에는 설령 그 규정에
부족함이나 불합리한 점이 있다고 하더라도 국회의 입법을 통해 보완해 나가야 옳
지, 그러한 절차를 거치지 않고 법원이 곧바로 명문의 규정에 어긋나게 해석하거
나 입법자의 의사를 추론하여 새로운 규범을 창설하여서는 안 된다.

그런 까닭에 종래 대법원은, 헌법 제111조 제1항과 헌법재판소법 제45조 본문
에 의하면 헌법재판소는 법률 또는 법률조항의 위헌 여부만을 심판·결정할 수 있
으므로, 헌법재판소가 헌법불합치결정을 선고하면서 개정시한까지 개선입법이 이
루어지지 않는 경우 그 다음날부터 법률조항의 효력을 상실하도록 하였더라도, 위

헌법불합치결정이 형벌에 관한 법률조항에 대한 위헌결정인 이상 구 헌법재판소법 (2014. 5. 20. 법률 제12597호로 개정되기 전의 것) 제47조 제2항 단서에 따라 소급하여 효력을 상실한다고 보아야 할 뿐 이와 달리 해석할 여지가 없다(대법원 2011. 6. 23. 선고 2008도7562 전원합의체 판결 참조)고 판시하여 법률해석은 법률의 문언에 충실하게 해석하여야 함을 선언하였고, 나아가 동일한 형법조항에 대하여 헌법재판소가 합헌결정을 하였다가 그 후 사회상황의 변화에 따른 사정변경을 이유로 위헌결정을 한 경우에는 위헌결정의 전면적인 소급효를 인정하는 것이 오히려 사법적 정의에 현저히 반하는 결과를 초래할 수 있으므로 소급효의 범위를 달리 정할 필요성이 있으나, 죄형법정주의 등 헌법과 형사법하에서 형벌이 가지는 특수성으로 인하여 위헌결정의 소급효와 그에 따른 재심청구권을 명시적으로 규정한 법률의 문언에 반하여 해석으로 소급효 및 피고인의 재심에 관한 권리를 제한하는 것은 어렵고, 그에 따른 현저한 불합리는 결국 입법에 의하여 해결할 수밖에 없다고 판시함으로써(대법원 2011. 4. 14. 선고 2010도5605 판결 참조), 법률의 불비나 흠결 등에 따른 불합리는 국회의 입법을 통하여 해결하여야 함을 밝힌 바 있다.

대판(전합) 2015. 6. 25. 2014도17252

헌법재판소가 헌법불합치결정을 하면서 잠정적용을 명한 사건(헌재 2011. 6. 30. 2008헌바166 등)과 관련하여, 법원은 위헌소원 청구인들의 본안사건(골프장 건설을 위한 수용재결취소)청구를 기각하였다(대판 2012. 8. 30. 2012두11638 등).[31] 헌법재판소는 위 청구인들이 위 대법원 판결을 취소하여 달라는 헌법소원사건에서 법원의 판단은 잠정적용을 명한 헌법불합치결정의 기속력에 반하지 않는다고 판시하였다(헌재 2013. 9. 26. 2012헌마806). 당해 사건의 당사자가 구제받지도 못하는 헌법재판이 과연 필요한지 의문이 제기되는 대목이다.[32]

대법원은 비형벌법규에 대한 헌법불합치결정의 효력을 잠정적용의 경우와 적용중지의 경우로 나누어 설명하고 있다.

(판 례) 비형벌조항에 대한 헌법불합치결정의 효력(개선입법 없이 시한이 도과된 경우)

비형벌조항에 대해 잠정적용 헌법불합치결정이 선고되었으나 위헌성이 제거된 개선입법이 이루어지지 않은 채 개정시한이 지남으로써 그 법률조항의 효력이 상실되었다고 하더라도 그 효과는 장래에 향해서만 미칠 뿐이고, 당해 사건이라고 하여 이와 달리 취급할 이유는 없다(대법원 2012. 10. 11. 선고 2012도7455 판결 참조).

한편 비형벌조항에 대한 적용중지 헌법불합치결정이 선고되었으나 위헌성이 제거된 개선입법이 이루어지지 않은 채 개정시한이 지난 때에는 헌법불합치결정 시점과 법률조항의 효력이 상실되는 시점 사이에 아무런 규율도 존재하지 않는 법적 공백을 방지할 필요가 있으므로, 그 법률조항은 헌법불합치결정이 있었던 때로 소급하여 효력을 상실한다. 비형벌조항에 대해 잠정적용 헌법불합치결정이 선고된 경우라도 해당 법률조항의 잠정적용을 명한 부분의 효력이 미치는 사안이 아니라 적용중지 상태에 있는 부분의 효력이 미치는 사안이라면, 그 법률조항 중 적용중지 상태에 있는 부분은 헌법불합치결정이 있었던 때로 소급하여 효력을 상실한다고 보아야 한다.

이 사건 헌법불합치결정에 나타난 이 사건 법률조항의 위헌성, 이 사건 법률조항에 대한 헌법불합치결정과 잠정적용의 이유 등에 따르면, 헌법재판소가 이 사건 법률조항의 위헌성을 확인하였는데도 2019. 12. 31.까지 이 사건 법률조항의 계속 적용을 명한 것은 일반 세무사의 세무사등록을 계속 허용할 필요성이 있기 때문이다. 세무사 자격 보유 변호사에게 허용할 세무대리의 범위, 대리 권한을 부여하기 위하여 필요한 구체적인 절차와 내용 등에 관한 입법형성권의 존중이라는 사유는, 이 사건 법률조항에 대하여 단순 위헌결정을 하는 대신 입법개선을 촉구하는 취지가 담긴 헌법불합치결정을 할 필요성에 관한 것일 뿐, 이 사건 법률조항으로 인한 기본권 침해 상태를 개선입법 시행 시까지 계속 유지할 근거로 볼 수는 없다.

이 사건 헌법불합치결정에서 이 사건 법률조항의 계속 적용을 명한 부분의 효력은 일반 세무사의 세무사등록을 계속 허용하는 근거 규정이라는 점에 미친다. 이와 달리 이 사건 법률조항 가운데 세무사 자격 보유 변호사의 세무대리를 전면적·일률적으로 금지한 부분은 여전히 그 적용이 중지된다고 보아야 한다.

위에서 본 법리에 비추어 보면, 이 사건 법률조항 가운데 세무사 자격 보유 변호사의 세무대리를 전면적·일률적으로 금지한 부분은 헌법불합치결정이 있었던 때로 소급하여 효력을 상실하였으므로 이 사건 헌법불합치결정을 하게 된 당해 사건인 이 사건에 대해서는 이 사건 법률조항이 그대로 적용될 수 없다. 따라서 이 사건에 이 사건 법률조항이 적용됨을 전제로 원고의 세무대리업무등록 갱신 신청을 반려한 피고의 이 사건 처분은 위법하다.

대판 2020. 1. 30. 2018두49154

다만 위 대법원 판례에 따르면 법원으로서는 본안사건이 잠정적용 불합치결정의 적용중지 부분에 해당한다면, 헌법재판소가 입법개선 시한으로 설정한 기간의 도과를 확인한 후에야 그 결정을 단순위헌결정과 같은 것으로 보고 본안판단을 할 수 있다. 개정시한 도과 전에 국회가 법을 개정하면 그에 따라 재판하여야 함은 물론이다. 대법원은 잠정적용 헌법불합치결정이 있은 후 개정시한이 도과할 때까지 개선입법이 이루어지지 않았는데, 시한 도과 전 법률조항에 따라 이루어진 통신제한조치는(따라서 잠정적용되는 부분이다) 유효하고 그로부터 획득한 증거도 위법수집증거가 아니라고 하였다(대판 2012. 10. 11. 2012도7455). 한편 개선입법 시 소급효를 설정하는 것은 국회의 재량이다.

(판 례) 적용중지 결정에 따른 개선입법 시 소급효 설정의 재량

위헌으로 결정된 법률 또는 법률의 조항은 형벌에 관한 것이 아닌 한 그 결정이 있는 날로부터 효력을 상실하고(헌법재판소법 제47조 제2항), 어떠한 법률조항에 대하여 헌법재판소가 헌법불합치결정을 하여 입법자에게 법률조항을 합헌적으로 개정 또는 폐지하는 임무를 입법자의 형성 재량에 맡긴 이상, 개선입법의 소급적용 여부와 소급적용의 범위는 원칙적으로 입법자의 재량에 달린 것이다. 따라서 어느 법률 또는 법률조항에 대한 적용중지의 효력을 갖는 헌법불합치결정에 따라 개선입법이 이루어진 경우 헌법불합치결정 이후에 제소된 일반사건에 관하여 개선입법이 소급하여 적용될 수 있는지 여부는, 그와 같은 입법형성권 행사의 결과로 만들어진 개정법률의 내용에 따라 결정되어야 하므로, 개정법률에 소급적용에 관한 명시적인 규정이 있는 경우에는 그에 따라야 하고, 개정법률에 그에 관한 경과규정이 없는 경우에는 다른 특별한 사정이 없는 한 헌법불합치결정 전의 구법이 적용되어야 할 사안에 관하여 개정법률을 소급하여 적용할 수 없는 것이 원칙이다.

대판 2015. 5. 29. 2014두35447

적용중지 헌법불합치결정 이후 국회가 개정법률 부칙에서 헌법불합치결정 이후부터 발생한 사실에 대해서만 신법을 적용하도록 하였다고 하더라도, 헌법불합치 결정 이전에 발생한 사실관계의 다툼이 법원에 이미 계속 중인 사건에는 구법을 적용하지 않고 신법을 적용하여야 한다. 결국 헌법불합치결정의 소급효는 정해진 원칙이 있는 것이 아니라 법적 안정성과 구체적 타당성의 형량을 통하여 법원이 개별 사건별로 따로 정한다고 보면 될 것이다.

(판 례) 헌법불합치결정의 소급효

구 실화책임에 관한 법률은 실화의 경우에 중대한 과실이 있을 때에 한하여 민법 제750조의 규정을 적용하도록 함으로써 경과실이 있을 때에는 손해배상책임을 지지 않도록 규정하고 있었다.

그런데 헌법재판소는 2007. 8. 30. 선고 2004헌가25 결정에서, 화재 피해의 특수성을 고려하여 과실 정도가 가벼운 실화자를 가혹한 배상책임으로부터 구제할

필요성은 인정하면서도 구 실화책임법이 채택한 방법은 실화피해자의 손해배상청구권을 필요 이상으로 제한하고 법익균형의 원칙에도 위배되므로 기본권 제한입법의 한계를 일탈하여 헌법에 위반된다고 보아, 구 실화책임법에 대하여 헌법불합치를 선언하여 개선입법을 촉구함과 아울러 법원 기타 국가기관과 지방자치단체는 입법자가 위 법률을 개정할 때까지 그 적용을 중지하도록 하였다.

이에 따라 2009. 5. 8. 법률 제9648호로 전부 개정된 실화책임에 관한 법률은 구 실화책임법과는 달리 실화로 인한 손해배상책임의 성립요건에 관하여 아무런 제한규정을 두지 아니한 채 실화가 중대한 과실에 의한 것이 아닌 경우에는 연소로 인하여 생긴 손해 부분에 대하여 배상의무자가 법원에 손해배상액의 경감을 청구할 수 있도록 하면서 '그 배상으로 인하여 배상자의 생계에 중대한 영향을 미치게 될 경우'라는 요건을 두지 아니하는 등으로 민법 제765조에 대한 특례를 규정하고 있고, 부칙 제2항에서 위 헌법불합치결정이 이루어진 다음날인 2007. 8. 31. 부터 그 시행 전에 에 발생한 실화대하여도 개정 실화책임법을 소급적용하도록 규정하였다.

이와 같이 2007. 8. 30. 이전에 발생한 실화는 원칙적으로 개정 실화책임법의 적용범위에 포함되지 아니하지만, 위 헌법불합치결정의 취지나 위헌심판에서의 규범통제의 실효성 보장 및 개정 실화책임법 부칙의 소급적용 취지를 고려하면, 비록 2007. 8. 30. 이전에 발생한 실화라 하더라도 위 헌법불합치결정 당시에 구 실화책임법의 위헌 여부가 쟁점이 되어 법원에 계속 중인 사건에 대하여는 위 헌법불합치결정의 효력이 미쳐 구 실화책임법이 적용되지 않고 위헌성이 제거된 개정 실화책임법이 유추 적용되는 것으로 보아야 한다(대법원 2002. 4. 2. 선고 99다3358 판결, 대법원 2008. 2. 1. 선고 2007다9009 판결 등 참조).

대판 2010. 6. 24. 2006다61499

헌법불합치결정에서의 입법촉구는 국회에 대해 기속력이 없다. 국회가 입법개선을 하지 않는 경우에는 입법부작위로 인한 기본권침해에 대해 헌법소원을 할 수 있다. 헌법불합치결정도 단순위헌결정과 마찬가지로 일반 국민들에게 일반적 효력을 가진다. 그 내용은 불합치결정에서 적용중지를 명하는가 또는 적용을 명하는가에 따라 정해진다. 불합치결정에서 정한 법률효력의 시한이 지나면 해당 법률은 일반적으로 효력을 상실하게 된다.

'헌재 2011. 9. 29. 2010헌가93' 결정은 주문에서 "위 법률조항은 입법자가 개정할 때까지 계속 적용한다"고 하였다. 즉 헌법재판소가 개정시한을 정하지 않았다. 만일 국회가 법을 개정하지 않으면 위헌결정을 하지 않은 것과 마찬가지 결과가 된다. '헌재 2009. 9. 24. 2008헌가25' 결정은 주문에서 개정 시한을

2010. 6. 30.로 정하였는데 10년이 지난 현재까지도 국회는 법을 개정하지 않고 있다.

마지막으로 언급할 점이 둘 있다.

첫째, 형벌조항에 대한 헌법불합치결정은 그것이 잠정적용이든 적용중지이든 본안을 담당하는 법관에게는 단순위헌결정과 마찬가지라는 점이다. 헌법 제103조가 "법관은 헌법과 법률에 의하여 그 양심에 따라 독립하여 심판한다"고 규정하고 있고, 헌법재판소의 헌법불합치결정은 헌법과 법률이 아닐뿐더러 오히려 위헌성이 확인된 법률조항을 적용하여 피고인을 처벌할 수는 없기 때문이다. 야간옥외집회금지조항이 헌법불합치결정을 받은 이후, 검찰과 법원 실무에서 일부 혼선이 있었다. 위 헌법 규정은 법관 개인의 법률가로서의 양심을 의미하기 때문에 그 양심에 따라 유죄판단을 할 수 있다는 견해도 있었으나, 위헌성이 확인된 형벌조항을 적용하는 것이 법률가의 양심인지는 의문이다.

대판 2020. 6. 4. 2018도17454, 대판 2020. 5. 28. 2017도8610 모두 위 설명과 같이 개정 입법 여부나 잠정적용 여부를 묻지 않고 형벌조항에 헌법불합치결정이 선언된 경우 소급해서 효력을 상실함을 명확히 하였다.[33] 위 판결들이 거론한 헌법재판소 결정은 앞의 것은 '헌재 2018. 5. 31. 2013헌바322등'(국회의사당 인근 집회·시위 금지), 뒤의 것은 '헌재 2018. 6. 28. 2015헌가28등'(국무총리공관 인근 집회·시위 금지)인데, 헌법재판소는 두 결정 모두에서 잠정적용을 명하였다.

둘째, 대법원은 위 사건들에서 "집시법 제23조 제1호는 집시법 제11조를 위반할 것을 구성요건으로 규정하고 있고, 집시법 제24조 제5호는 집시법 제20조 제2항, 제1항과 결합하여 집시법 제11조를 구성요건으로 삼고 있다(헌법재판소 2018. 6. 28. 선고 2015헌가28, 2016헌가5(병합) 전원재판부 결정 참조). 결국 집시법 제11조 제3호는 집시법 제23조 제1호 또는 집시법 제24조 제5호와 결합하여 형벌에 관한 법률조항을 이루게 되므로, 이 사건 헌법불합치결정은 형벌에 관한 법률조항에 대한 위헌결정이라 할 것"이라고 판시하였다.

'제한상영가' 등급의 영화를 '상영 및 광고·선전에 있어서 일정한 제한이 필요한 영화'라고 정의한 영화진흥법 규정이 헌법에 합치하지 아니한다고 선언한 '헌재 2008. 7. 31. 2007헌가4' 결정(판례집 20-2상, 20)은 본안 사건이 행정사건이었다.[34] 그런데 위헌으로 선언된 위 규정 위반 시 처벌조항도 함께 있다(제40조). 그렇다면 대법원의 위 판시에 따르면 법원이 (형사재판이 아니라고 하더라도) 개별 사건에서 위와 같은 조항은 처벌조항과 결합하여 형벌조항에 해당하므로 영화진흥법 조항도 형벌조항으로 소급하여 효력을 상실하였다고 선언할 수 있는 여지를 남겼다고 볼 수 있다. 더욱이 앞에서 본 '대판 201도17936'도 "결합하여 형벌조항에 해당한다"고 판시하였음을 주목하여야 한다.

VI. 추가 논의

위헌법률심판과 관련하여 좀 더 깊게 논의하여야 할 부분이 있다. 이에 몇 가지로 항목을 나누어 살펴본다.

1. 재판의 전제성과 헌법재판소의 위헌법률심판권(헌재 2010. 9. 30. 2009헌가23등 비판)

가. 사실관계[35]

제청신청인 박○순은 '○○의원'을 운영하는 자인바, ① 2004. 3. 24.부터 2006. 6. 15.까지 의사면허가 없는 간호조무사로 하여금 드레싱치료를 하거나, 의사면허가 없는 물리치료사로 하여금 의사처방과 다른 물리치료를 하게 하는 등 무면허의료행위를 하게 하고, ② 2004. 3. 6.부터 2006. 6. 23.까지 약사면허가 없는 간호조무사로 하여금 무면허의약품조제행위를 하게 하고, ③ 2004. 7. 8.부터 2006. 6. 9.까지 의료기사면허가 없는 간호조무사로 하여금 심전도 검사를 하게 하는 등 무면허의료기사업무를 하게 하였다.

위와 같은 공소사실로 위 제청신청인은 의료법 위반 등으로 수원지방법원 성남지원에서 벌금 500만 원을 선고받고, 수원지방법원에 항소(2008노5896)한 후 담당재판부에 구 의료법 제70조, 구 약사법 제78조 및 '의료기사 등에 관한 법률' 제32조에 대하여 위헌심판제청신청을 하였다(2009초기2682).

제청법원은 위 소송 계속중 2009. 11. 5. 구 의료법 제70조 등이 위헌이라고 인정할 상당한 이유가 있다며 이 사건 위헌법률심판을 제청하였다.

나. 관련 법 규정

구 의료법(1973. 2. 16. 법률 제2533호로 개정되고, 2007. 4. 11. 법률 제8366호로 개정되기 전의 것)

> 제70조 법인의 대표자 또는 법인이나 개인의 대리인, 사용인 기타 종업원이 제66조 내지
> 제69조의 위반행위를 한 때에는 행위자를 처벌하는 외에 그 법인 또는 개인에 대하여
> 도 각 본조에 규정된 벌금형을 과한다.

> **의료법** (2007. 4. 11. 법률 제8366호로 전부개정된 것)
> 제91조 ① 법인의 대표자, 대리인, 사용인, 그 밖의 종업원이 제87조부터 제90조까지의
> 규정에 따른 위반행위를 하면 그 행위자를 벌할 뿐만 아니라 그 법인에도 해당 조문의
> 벌금형을 과(科)한다.
> ② 개인의 대리인, 사용인, 그 밖의 종업원이 제87조부터 제90조까지의 규정에 따른 위
> 반행위를 하면 그 행위자를 벌할 뿐만 아니라 그 개인에게도 해당 조문의 벌금형을 과
> 한다.

> **의료법** (2009. 12. 31. 법률 제9906호)
> 제91조 (양벌규정) 법인의 대표자나 법인 또는 개인의 대리인, 사용인, 그 밖의 종업원이
> 그 법인 또는 개인의 업무에 관하여 제87조, 제88조, 제88조의2, 제89조 또는 제90조
> 의 위반행위를 하면 그 행위자를 벌하는 외에 그 법인 또는 개인에게도 해당 조문의
> 벌금형을 과(科)한다. 다만, 법인 또는 개인이 그 위반행위를 방지하기 위하여 해당 업
> 무에 관하여 상당한 주의와 감독을 게을리하지 아니한 경우에는 그러하지 아니하다.

다. 헌법재판소의 판단

형법 제1조 제2항은 '전체적으로 보아 신법이 구법보다 피고인에게 유리하게 변경된 것이라면 신법을 적용하여야 한다'는 취지라고 봄이 상당하다. 그리고 이 경우 법률이 행위자에게 유리하게 변경되었는지 여부는 법률 자체의 내용만을 비교하여 판단하여야 하고, 가사 구법에 대하여 위헌 여부를 판단하는 경우 위헌으로 판단될 것으로 예상되는지 여부까지 고려할 것은 아니다. (……)

양벌규정에 면책조항이 추가되는 형식으로 법률이 개정된 경우, 행위자에 대한 선임감독상의 과실이 없는 영업주나 법인은 처벌의 대상에서 제외되게 되었으므로 이 점에 있어서 신법이 구법상의 구성요건 일부를 폐지한 것으로 볼 수 있고, 과실책임규정인 신법은 무과실책임규정인 구법에 비하여 전체적으로 보아 피고인에게 유리한 법 개정이라 할 것이므로, 구체적으로 각 당해 사건의 피고인에게 과실이 있는지 여부를 불문하고 당해 사건에는 형법 제1조 제2항에 의하여 신법이 적용된다고 보아야 할 것이다.

더욱이, 양벌규정에 대한 기존 헌법재판소 위헌결정(헌재 2009. 7. 30. 2008헌가14)의 취지는 아무런 면책사유도 규정하지 아니한 점이 책임주의원칙에 반한다

는 것이었는바, 그 후 입법자가 위 각 사건의 심판대상 법률조항(이하 '이 사건 구법 조항들'이라 한다)을 개정한 것은 위 헌법재판소 결정의 취지에 맞추어 개정한 것으로 보이고, 나아가 이 사건 구법 조항들을 개정하면서 경과규정을 두지 아니한 것은 영업주의 귀책사유를 불문하고 처벌하였던 종전의 조치가 부당하다는 반성적 고려에서 위와 같이 면책조항이 신설된 신법을 적용하도록 하기 위한 것으로 보아야 할 것이다.

이와 같이 당해 사건에 신법이 적용되는 이상, 당해 사건에 적용되지 않는 구법은 재판의 전제성을 상실하게 되었다 할 것이다. 헌법재판소의 위헌결정 전까지는 법률의 합헌성이 추정되므로, 법원과 헌법재판소는 구법이 합헌임을 전제로 하여 신법이 행위자에게 유리하게 변경된 것인지 여부만을 판단하여 신법을 적용하면 족하고, 구법의 위헌성이 매우 의심스럽다고 하여 구법이 위헌인 경우까지 가정하여 판단할 것은 아니다. 또한, 법률 개정으로 인하여 더 이상 당해 사건에 적용되지 않는 법률임에도 불구하고 헌법재판소가 굳이 본안에 들어가 위헌판단을 하는 것은 법적 안정성을 해하는 결과를 초래할 수도 있다. 따라서 법률이 개정되어 종전 규정보다 유리한 신법이 소급적용되게 되었다면, 당해 사건에 적용되지 않는 구법은 재판의 전제성을 상실하게 되었다고 할 것이다.

라. 비 판

(1) 의료법 개정이 피고인에게 유리한 변경인지의 해석 문제: 헌법재판소의 법률해석권

본 사안에서 문제된 의료법 개정이 피고인에게 유리한 변경에 해당하는지 여부가 헌법재판소가 설시한 바와 같이 헌법재판소에 의하여 유보된 법률해석권의 범위 내인지를 검토하여야 한다.

문제해결의 단초를 제시하고 있는 헌법재판소 판례가 있다.

（ⅰ）"'문신시술행위'의 다의적 의미와 '의료행위'의 포괄적 개념에 비추어 문신시술행위가 이 사건 법률조항들상의 '의료행위'에 해당하는지 여부는 개별적 사건에 있어서의 '문신시술행위'에 관한 사실인정과 그에 터잡은 법률의 해석·적용상의 문제로서 이에 대한 판단은 법원 고유의 권한이므로, "문신시술행위가 '의료행위'에 해당하는 것으로 해석한다면 헌법에 위반된다"는 청구인의 주장은 헌법재판소가 판단할 문제가 아니다"(헌재 2007. 4. 26. 2003헌바71).

（ⅱ）"재판의 전제성이 인정되려면 우선 예비적 공소사실의 적용 법조인 위

조항이 당해 사건에 적용되어야 하는 바, 제청법원은 주위적 공소사실이 무죄로 선고될 가능성이 높아 예비적 공소사실이 판단의 대상이 될 수 있기 때문에 위 조항은 재판의 전제성이 있다고 본다. (……) 법원의 법률적 견해를 존중하여야 한다"(헌재 2007. 7. 26. 2006헌가4).[36]

이 사건에 관하여 살펴보면, 위헌심판제청신청인(피고인)에게 의료법상의 책임(간호사에 대한 관리, 감독상의 주의의무위반)이 있는가 하는 것은 사실문제 혹은 사실인정의 문제이고, 책임있는 피고인에게 신·구법 중 어느 것을 적용하여야 할 것인지의 여부(본안사건에서 피고인에게 의료법 위반의 점에 대하여 유죄가 선고되었다), 즉 신법이 피고인에게 유리한지의 여부는 이러한 사실문제에 터잡은 법률의 해석·적용의 문제임에 틀림없다.

따라서 본안에서의 사실인정의 문제(피고인에게 과실이 있는가 없는가의 문제)를 떠나서 단순히 문제된 의료법 신·구 조문만을 추상적으로 비교하면서, "신법이 과실범을 처벌하는 새로운 구성요건을 설정한 것이 아니라 과실이 없는 자에 대하여는 면책규정을 규정한 것이므로 피고인에게 유리한 변경에 해당한다"고 하는 것은[37] 사안의 성격, 즉 법원이 위헌법률심판제청을 하게 된 경위가 위에서 언급한 사실(인정)문제라는 점을 간과한 것이라는 비판을 면하기 어렵다고 하겠다.[38] 가사, 피고인에게 유리한 변경인지의 여부의 해석이 헌법의 해석을 위한 법률해석이라고 판단되더라도(즉, 헌법재판소의 권한인 법률해석권에 포함된다고 하더라도), 이에 대한 판례 또는 통설적 견해가 없는 이상 법원의 견해를 존중하여 주는 것이 구체적 규범통제라는 기능과 헌법질서의 수호·유지라는 위헌법률심판제도의 본질에 더 부합하는 것이 아닐까 생각한다.[39]

(2) 재판의 전제성과 관련하여

재판의 전제성과 관련한 다수의견(3인의 반대의견이 있다)에 대한 비판은 다음과 같이 정리할 수 있다.

첫째, 앞서 기술한 바와 같이, 사안에 신법이 적용된다는 전제가 틀렸다.

둘째, 가사 다수의견과 같이 신법이 적용된다고 하더라도, 이로써 구법은 재판의 전제성이 없어지는지 의문이다.

（ⅰ） 3인의 반대의견이 적절히 언급한 바와 같이, 형벌규정에 대하여는 소급입법이 금지되므로 비록 구법이 개정되어 신법이 소급적용되도록 규정되었다고 하더라도 실체 규정에 관한 한 오로지 구법이 합헌이어서 유효하였다는 것을 전

제로 하고 다시 신법이 보다 더 유리하게 변경되었을 때에만 신법이 소급적용될 것이므로 폐지된 구법에 대한 위헌여부의 문제는 신법이 소급적용될 수 있기 위한 전제문제로서 판단의 이익이 있어 위헌제청은 적법하다. 구법 조항이 당해 사건에 직접 적용되는 법률조항은 아니라고 하더라도 이자제한법 사건에서 판시한 바와 같이 구법 조항은 당해 사건에 간접적용되는 법률로서 재판의 전제성을 가진다고 하여야 한다.

(ii) 동일한 의료법 조항이 문제된 경우와 비교하여도 사안에서 구 의료법 조항은 재판의 전제성이 인정되어야 한다.[40] 헌법재판소는 이미 "문제된 법률 또는 법률조항이 재판의 전제성 요건을 갖추고 있는지 여부는 되도록 제정법원의 이에 관한 법률적 견해를 존중해야 하고"(헌재 1996. 10. 4. 96헌가6; 헌재 2007. 6. 28. 2006헌가14), "제청의 기초가 되는 법률의 해석에서 (……) 제청법원의 판단을 명백히 불합리하여 유지될 수 없는 것이라고 단정하기보다는 제청법원의 제청취지를 존중하여 재판의 전제성을 긍정함이 상당하며"(헌재 2007. 4. 26. 2004 헌가29), "위헌심판제청된 법률조항에 의하여 침해되는 기본권이 중요하여 동 법률조항의 위헌 여부의 해명이 헌법적으로 중요성이 있는데도 그 해명이 없거나, 동 법률 조항으로 인한 기본권의 침해가 반복될 위험성이 있는데도 좀처럼 그 법률조항에 대한 위헌심판의 기회를 갖기 어려운 경우에는 위헌제청 당시 재판의 전제성이 인정되는 한 당해 소송이 종료되었더라도 예외적으로 객관적인 헌법질서의 수호·유지를 위하여 심판의 필요성을 적극적으로 그 위헌 여부에 대한 판단을 하는 것이 헌법재판소의 존재이유에도 부합하고 그 임무를 다하는 것이 된다"고 하였다(헌재 1993. 12. 23. 93헌가2). 또한 "5급 이상 공무원 특별채용 배제문제는 비단 청구인 한 사람에게만 국한된 것이 아니고 비슷한 처지에 있는 1980년도 해직공무원 1,367명에게 이해관계가 있고 헌법적 해명이 필요한 중요한 의미를 지니고 있는 사안이므로 본안판단의 필요성이 있다"고 하거나(헌재 1993. 9. 27. 92헌바21), "이 사건 법률조항에 의한 기본권침해 문제는 앞으로도 많은 사람에 관하여, 그리고 여러 차례 일어날 수 있는 성질의 것이어서 그 헌법적 해명이 긴요한 사안"이라고 판단하였다(헌재 2001. 4. 26. 98헌바79등). 요컨대, 재판의 전제성이 없는 경우에도 헌법적 해명이 필요한 긴요한 사안인 경우에는 예외적으로 본안판단을 하고 있다.

사안으로 돌아온다. 수원지방법원이 헌법재판소에 이 사건 위헌법률심판제청신청을 한 것은 2009. 11. 5.이었다. 따라서 의료법이 사안과 같이 개정된 2009.

12. 31.보다 역수상 앞선 것은 명백하므로, 위에서 언급한 재판의 전제성과 관련한 여러 헌법재판소 판례에서와 같이 사안의 경우가 헌법 해명이 필요한 것인지, 비슷한 처지에 있는 다른 사람에게도 발생할 수 있는 것인지, 혹은 앞으로도 많은 사람에 관하여 그리고 여러 차례 일어날 수 있는 성질의 것이어서 그 헌법적 해명이 긴요한 사안인지 여부를 판단하는 것이 헌법재판소 본연의 임무에 충실한 것이 됨은 물론이다.

이들 개별 논점들은 따로 논의될 성질이 아니다. 헌법 해명이 필요한지 여부는 항목을 바꾸어 살펴본다.

(3) 위헌법률심판의 대상의 확장

위헌제청은 개정 전 법률조항에 대하여 이루어졌지만 개정법률 또는 다른 유사법률에 제청신청된 법률과 마찬가지의 위헌성이 있는 경우, 이와는 정반대로 개정법률조항에 대한 위헌제청이 이루어졌지만, 특히 구법 조항에 대한 본안판단이 다수 계속중인 사실이 밝혀진 경우에 모두 심판대상을 확장할 수 있을까? 이는 심판대상을 확장한다면 위헌선언의 범위도 이에 따라 확장되기 때문에, 구체적 규범통제라는 위헌법률심판제도의 본질과 관련하여 논의가 있다.

헌법재판소는 과거 대한변호사협회 징계위원회에서 징계를 받은 변호사가 불복하고자 할 경우 법무부 변호사징계위원회에서 이의절차를 밟은 후 곧바로 대법원에 즉시항고하도록 규정한 변호사법 제81조 제4항 내지 제6항이 법관에 의한 재판을 받을 권리를 침해하는 것인지 여부 등이 쟁점으로 된 사건에서 구 변호사법 제81조 제4항 내지 제6항에 대하여 위헌결정을 하면서, 개정 변호사법에는 실질적으로 같은 내용의 규정이 있었는데도 이에 대해서까지 심판대상을 확장하지 않았다.[41]

그러나 헌법재판소는 이후, 공직선거법 제261조 제5항 제1호 위헌제청사건에서 "심판대상은 구법 조항의 위헌 여부이지만, 신법 조항의 경우에도 과태료의 기준 및 액수('제공받은 금액 또는 음식물·물품 가액의 50배에 상당하는 금액') 등 이 사건에서 위헌성이 문제된 부분에 있어서는 구법 조항의 내용과 실질적인 차이가 없는바, 그렇다면 신법 조항 또한 그 위헌 여부에 관하여 구법 조항과 결론을 같이할 것이 명백하다 할 것이므로, 신법 조항으로 심판대상을 확장한다"라고 판시하여(헌재 2009. 3. 26, 2007헌가22), 신·구법이 동일한 내용을 규정하고 있고 구법에 대하여 위헌법률심판제청이 있는 경우 신법으로 심판대상을 확장할 수 있음을 명시적으로 인정하였다.

그렇다면 반대의 경우, 즉 신법 조항에 대하여 위헌법률심판제청신청이 있는 경우, 구법 조항에 대하여도 심판대상을 확장할 수 있는 것일까? 나아가, 심판대상에는 포함되어 있지 않았다고 하더라도 형벌조항과 관련하여서 신법 조항에 대하여 위헌선언이 있는 경우 구법으로 유죄의 확정판결을 받은 사람이 재심을 청구할 수 있는 것일까?

이에 대하여는 항을 바꾸어 살펴보도록 한다.

(4) 위헌결정의 효력과 관련하여

사법심사제가 아닌 규범통제형(그것도 추상적 규범통제가 아닌 구체적 규범통제)을 채택하고 있는 우리 헌법재판제도의 본질상 헌법재판소의 위헌결정의 효력이 미치는 범위는 주문에 나타난 당해 법률조항에 한정된다. 즉 법률 개정으로 인하여 조문의 위치가 변경되거나 개정된 경우에는 그 법률문언이 같다고 하더라도 위헌결정의 효력이 미치지 않는 것이 원칙이다.[42]

이와는 사정을 달리하여 어느 형벌규정이 다른 규정의 대폭 변경에도 불구하고 그 조문의 위치나 내용에 변경 없이 존속되어 왔던 경우는 헌법재판소의 위헌결정으로 인하여 그 효력을 제정 시까지 소급하여 상실하게 된다. 즉 혼인빙자간음죄의 경우, 형법 제정 시부터 현재까지 제304조에 조문의 위치 변경 없이 그대로 규정되어 있고, 다만 법정형 중 벌금형 '2만5천환' 부분이 1995. 12. 29. 법률 제5057호로 '500만원'으로 개정되었을 뿐, 1997. 12. 13. 법률 제5454호, 2001. 12. 29. 법률 제6543호, 2004. 1. 20. 법률 제7077호, 2005. 7. 29. 법률 제7623호로 각 개정된 경우에도 이는 유지되었다.

이러한 경우 혼인빙자간음죄 규정은 헌법재판소로부터 위헌결정을 받은 날로부터 형법 제정 시까지 소급하여 효력을 상실하고(헌재 2009. 11. 26. 2008헌바58 등), 형법 제정 시부터 혼인빙자간음죄로 처벌받은 사람은 모두 법원에 재심을 청구할 수 있다.[43]

반면 사안에서와 같이 동일한 내용을 담고 있더라도 조문의 위치가 변경된 경우에는 비록 형벌규정이라고 하더라도 구법 조항에는 소급효가 미치지 않는다. 사안의 경우도 마찬가지이다.

위에서 살펴본 바와 같이 신·구 의료법 조항은 사실상 내용이 같음에도 불구하고, 신 의료법 조항에 대한 위헌결정은[44] 구 의료법 조항에는 그 효력을 미치지 않는다. 혼인빙자간음죄와 같이 조문의 위치의 변경이 없는 경우는 소급하여 처음부터 무효이고, 입법자가 다른 법률조항을 개정하면서 문제가 된 해당 조문의 위치를 변경하거나, 혹은 개인과 법인을 한 조항에 규정하였던 것을 분리하여 규정한 경우에는 위헌결정의 소급효가 제한된다는 불공평한 결과를 발생시킬 수밖에 없다.

이는 개인의 권리구제뿐만 아니라 나아가 객관적 헌법질서의 수호·유지도 목적으로 한다는 헌법재판제도의 본질에 반한다고 하지 않을 수 없다. 이러한 문제를 해결할 수 없는 것은 아니다. 위에서 언급한 바와 같이 헌법재판소가 심판대상을 확장하거나 위헌결정의 소급효를 확장하기만 하면 되는 것이다. 즉 최소한 헌법재판소가 위헌결정을 선고할 당시까지 헌법재판소나 법원에 계속된 사건의 해당 적용법조로 심판대상을 확장하면 되는 것이다. 이렇게 한다면 헌법재판소의 다수의견과 반대의견이 극심히 대립하는 것처럼 재판의 전제성이나 피고인에게 유리하게 변경된 경우에 대한 해석상의 문제를 노출시킬 필요도 없는 것이다.

다만, 위와 같이 심판대상이나 위헌결정효력범위의 확장없이 재판의 전제성을 인정하고 다시 한 번 위헌결정을 하는 손쉬운 방법도 있다. 헌법재판소도 건축물의 무허가 용도변경행위에 관한 처벌규정인 건축법(1991. 5. 31. 법률 제4381호로 전문개정되기 전의 것) 제54조 제1항 중 제48조 규정에 의한 제5조 제1항 부분의 위헌심판사건에서 "헌재 1997. 5. 29. 94헌바22 건축법 제78조 제1항 등 위헌소원사건에서 신 건축법 제78조 제1항 중 제14조의 규정에 의한 제8조 제1항 부분에 대해 죄형법정주의를 규정한 헌법 제12조 제1항 후문 및 제13조 제1항 전단과 위임입법의 한계를 규정한 헌법 제75조에 위반된다는 결정"은 구 건축법에 효력을 미치지 아니한다는 점을 전제로 하여, 무단용도변경행위의 처벌에 관한 개정 전후의 조문의 내용이 대동소이하고 관련 건축법, 도시계획법, 시행령의 조문을 전체적으로 살펴보아도 무단용도변경행위에 대한 처벌규정인 이 사건 법률조항은 위 헌법재판소의 결정과 같은 이유로 헌법에 위반된다고 판시하였다(헌재 2000. 1. 27. 98헌가8).

사안에서도 헌법재판소가 2009헌가6 사건에서 문제된 신 의료법 조항에 대하여 위헌결정을 선고하였으므로 동일한 내용을 규정하고 있는 구 의료법 조항을 위헌으로 선고하였으면 별다른 문제점을 노출시키지도 않았을 것이다.[45]

(5) 형평성의 문제

논의되어야 할 문제가 남아 있다. 형평성의 문제이다. 헌법재판소는 2007. 11. 29. 보건범죄단속에 관한 특별조치법의 양벌규정에 대하여 위헌결정을 한 이후(2005헌가10), 양벌규정은 사용자측이 개인인지 법인인지를 묻지 않고 책임주의에 반하여 위헌이라는 것이 헌법재판소의 확립된 판례라고 스스로 천명하고 있다(헌재 2009. 10. 29. 2009헌가6). 따라서 본안재판의 판결선고 시에 면책조항을 추가하는 형태로 법개정이 이루어졌는가 하는 우연에 의하여 피고인의 책임이 달라진다는 것은 형평성에 문제가 있다고 하지 않을 수 없다.

이러한 형평성의 문제와 관련하여 이는 사실상의 불이익이라고 하는 견해도 있다. 그러나 위와 같은 경우에 있어서 법개정이 이루어졌는가 하는 우연한 사정에 따라서 처벌여부가 달라지는 것을 사실상 불이익이라 할 수는 없다.

더욱이 위에서 살펴본 바와 같이 동일한 의료법 조항에 대한 위헌여부를 심판한 2009헌가6 사건과 비교하면 그 문제는 더욱 심각하다. 즉 동 사안의 본안사건에서의 공소장에 기재된 범죄일시는 2007. 4. 11.이고 법원의 위헌법률심판제청은 2009. 7. 27. 이루어져 2009. 10. 29. 헌법재판소의 위헌결정이 있었다. 그러나 본 사안의 경우 공소장에 기재된 범죄일시는 2004. 3. 24.부터 2006. 6. 15.까지이고, 피고인은 2009. 9. 24. 위헌법률심판제청신청을 하였으며, 법원의 위헌법률심판제청은 2009. 11. 5. 이루어졌고, 한편 2009. 12. 31. 의료법 양벌규정에 대하여 면책조항추가의 형태로 개정이 이루어진 후, 2010. 9. 30. 헌법재판소의 결정이 있었다. 법원의 위헌법률심판제청이 조금만 빨리 이루어졌으면 양 사건이 병합되어 결정이 선고될 수도 있었음을 감안하면, 이를 단순한 사실상의 불이익으로 볼 수는 없다.

2. 헌법불합치결정 관련 재미있는 반대의견 (헌재 2015. 4. 30. 2013헌마 623)

가. 사건개요

청구인은 2005. 4. 25. 유○술과 혼인하였다가 2011. 12. 19. 이혼에 합의하고 서울가정법원으로부터 협의이혼의사 확인을 받은 다음 2012. 2. 28. 관할 구청에 이혼신고를 하였다. 이후 청구인은 송○민과 동거하면서 2012. 10. 22. 딸

을 출산하였다. 청구인은 2013. 5. 6. 관할 구청을 방문하여 송○윤이라는 이름
으로 딸의 출생신고를 하려고 하였다. 그런데 담당 공무원으로부터 민법 제844
조에 따라 혼인관계종료의 날로부터 300일 내에 출생한 자녀는 전남편의 친생
자로 가족관계등록부에 기재되므로 전남편의 성(姓)에 따라 유○윤으로 기재되
며, 이를 해소하기 위하여는 친생부인의 소를 제기하여야 한다는 말을 듣고 출
생신고를 보류하였다. 한편, 2013. 5. 8. 서울의대 법의학교실의 유전자검사 결
과 송○윤은 송○민의 친생자로 확인되었고, 송○민은 송○윤을 자신의 친생자
로 인지하려고 한다. 이에 청구인은 민법 제844조 및 제845조가 청구인의 기본
권을 침해한다고 주장하면서, 2013. 9. 5. 이 사건 헌법소원심판을 청구하였다.

나. 결정요지

심판대상조항에 따르면, 혼인 종료 후 300일 내에 출생한 자녀가 전남편의
친생자가 아님이 명백하고, 전남편이 친생추정을 원하지도 않으며, 생부가 그 자
를 인지하려는 경우에도, 그 자녀는 전남편의 친생자로 추정되어 가족관계등록
부에 전남편의 친생자로 등록되고, 이는 엄격한 친생부인의 소를 통해서만 번복
될 수 있다. 그 결과 심판대상조항은 이혼한 모와 전남편이 새로운 가정을 꾸리
는 데 부담이 되고, 자녀와 생부가 진실한 혈연관계를 회복하는 데 장애가 되고
있다.

이와 같이 민법 제정 이후의 사회적·법률적·의학적 사정변경을 전혀 반영
하지 아니한 채, 이미 혼인관계가 해소된 이후에 자가 출생하고 생부가 출생한
자를 인지하려는 경우마저도, 아무런 예외 없이 그 자를 전남편의 친생자로 추
정함으로써 친생부인의 소를 거치도록 하는 심판대상조항은 입법형성의 한계를
벗어나 모가 가정생활과 신분관계에서 누려야 할 인격권, 혼인과 가족생활에 관
한 기본권을 침해한다.

심판대상조항을 위헌으로 선언하면 친생추정의 효력이 즉시 상실되어 혼인
종료 후 300일 이내에 출생한 자의 법적 지위에 공백이 발생할 우려가 있고, 심
판대상조항의 위헌상태를 어떤 기준과 요건에 따라 개선할 것인지는 원칙적으로
입법자의 형성재량에 속하므로, 헌법불합치결정을 선고하되 입법자의 개선입법
이 있을 때까지 계속적용을 명한다.

다. 재판관 이진성 등 3인의 반대의견

심판대상조항은 자녀의 출생과 동시에 안정된 법적 지위를 갖추게 함으로써 법적 보호의 공백을 방지하는 기능을 수행한다는 점에서 합리성이 인정되므로, 입법재량의 한계를 준수한 것으로서 모의 기본권을 침해하지 아니한다. 친생추정은 친생부인의 소와 유기적으로 작용하는 것이므로, 다수의견이 지적하는 문제점을 해결하는 길은 친생부인의 소를 규정한 민법 제846조 및 제847조로 심판대상을 확장하여, 그 규정들이 추정을 번복할 보다 합리적인 방법을 규정하지 아니한 부진정입법부작위가 위헌인지 여부를 논하는 것이 타당하다(판례집 27-1하, 108, 결정요지).

한 가지 더 언급할 것은 그동안 입법시한이 정해진 헌법불합치결정에 대하여 상당수가 그 시한이 지나도록 개선입법이 이루어지지 않는 입법관행이 존재하고 있다. 이에 비추어 볼 때 다수의견이 잠정적용, 헌법불합치로 결정하면서 입법시한을 두지 않는 것은 자(子)에 대한 법적 보호의 공백상태를 우려한 고육지책으로 볼 수는 있지만, 이는 보통의 헌법불합치 결정 방식이 아니다. 또한 그 개선입법까지 얼마나 많은 시간이 소요될지 알 수 없어 다수의견이 지적하는 위헌성은 언제 해결될지 전망하기 어렵다. 다수의견은 자식에 대한 권리 구제를 원하는 청구인의 권리는 전혀 구제해주지 못하면서 결과적으로 심판대상조항에 대하여 상당한 기간 동안 잠정 합헌을 선언하는 것과 다름없다(위 판례집 119, 결정이유 중 방론)

3. 국회는 간통죄 조항을 다시 형법에 추가할 수 있는가?: 간통죄 위헌 결정(헌재 2015. 2. 26. 2009헌바17등)의 효력

가. 서언: 결정이유 요약

헌법재판소는 형법 제240조 간통죄 규정을 위헌이라 선언하였다. 5인 재판관은 비례의 원칙을 적용하여 형법에 간통죄를 규정할 수 없다고 하였다. 1인 재판관은 사실상 파탄난 가정의 어느 한 배우자가 간통을 하였을 때도 처벌받기 때문에 위헌, 또 다른 1인 재판관은 벌금형이 규정되지 않은 점과 '유서(宥恕)'라는 개념이 불명확하기 때문에 위헌이라고 하였다. 나머지 2인 재판관은 합헌의 견이다.

나. 기속력의 주관적 범위

국회에도 헌법재판소 결정의 기속력이 미치는가에 대하여 학설은 대립하지만, 긍정설이나 부정설 모두 사정변경이 있는 경우에는 입법자가 다시 새로운 입법을 할 수 있다고 하기 때문에 크게 논의의 실익은 없다.

다. 기속력의 객관적 범위

헌법재판소는 결정이유에 기속력이 미치는지 여부는 판단을 보류하였다. 다만 방론으로 '만일 기속력이 미친다고 한다면'(가정법을 사용하였음을 유념하여야 한다!), 위헌결정의 정족수인 재판관 6인 이상이 찬성한 이유에만 기속력이 미칠 것이라고 하였다.

아래에서는 사례를 통하여 살펴본다.

"청구인들은, 헌법재판소가 2003헌마715등 사건에서 시각장애인에게만 안마사 자격을 인정하는 이른바 (보건복지부령인 '안마사에관한규칙'이 규정하고 있는: 글쓴이) 비맹제외기준이 과잉금지원칙에 위반하여 비시각장애인의 직업선택의 자유를 침해한다는 이유로 위헌결정을 하였음에도 불구하고 국회가 다시 비맹제외기준과 본질적으로 동일한 내용의 이 사건 법률조항을 개정(법률인 의료법에 위 규칙과 동일한 내용을 규정; 글쓴이)한 것은 비맹제외기준이 과잉금지원칙에 위반한다고 한 위헌결정의 기속력에 저촉된다는 취지로 주장하는바, 이는 기본적으로 위 위헌결정의 이유 중 비맹제외기준이 과잉금지원칙에 위반한다는 점에 대하여 기속력을 인정하는 전제에 선 것이라고 할 것이다. 앞서 본 바와 같이 결정이유에까지 기속력을 인정할지 여부 등에 대하여는 신중하게 접근할 필요가 있을 것이나 설령 (!) 결정이유에까지 기속력을 인정한다고 하더라도, 이 사건의 경우 위헌결정 이유 중 비맹제외기준이 과잉금지원칙에 위반한다는 점에 대하여 기속력을 인정할 수 있으려면, 결정주문을 뒷받침하는 결정이유에 대하여 적어도 위헌결정의 정족수인 재판관 6인 이상의 찬성이 있어야 할 것이고(헌법 제113조 제1항 및 헌법재판소법 제23조 제2항 참조), 이에 미달할 경우에는 결정이유에 대하여 기속력을 인정할 여지가 없다고 할 것인바, 앞서 본 바와 같이 2003헌마715등 사건의 경우 재판관 7인의 의견으로 주문에서 비맹제외기준이 헌법에 위반된다는 결정을 선고하였으나, 그 이유를 보면 비맹제외기준이 법률유보원칙에 위반한다는 의견과 과잉금지원칙에 위반한다는 의견으로 나뉘면서 비맹제외기준이 과잉금지원칙에 위

반한다는 점과 관련하여서는 재판관 5인만이 찬성하였을 뿐이므로 위 과잉금지
원칙 위반의 점에 대하여 기속력이 인정될 여지가 없다고 할 것이다. 그렇다면,
국회에서 2003헌마715등 사건의 위헌결정 이후 비맹제외기준을 거의 그대로 유
지하는 이 사건 법률조항을 개정하였다고 하더라도, 위와 같이 비맹제외기준이
과잉금지원칙에 위반한다는 점과 관련하여 기속력을 인정할 여지가 없는 이상 입
법자인 국회에게 기속력이 미치는지 여부 및 결정주문뿐 아니라 결정이유에까지
기속력을 인정할지 여부 등에 대하여 나아가 살펴 볼 필요 없이 이 사건 법률조
항이 위 위헌결정의 기속력에 저촉된다고 볼 수는 없을 것이다"(헌재 2008. 10.
30. 2006헌마1098등, 판례집 20-2상, 1089, 1103-1104).

위 헌법재판소 결정이유는 요컨대, 만일의 경우라도(!) 결정이유에 기속력을
인정하기 위하여는 재판관 6인 이상이 찬성한 이유여야 한다는 것이다. 위의 비
맹제외기준 사건은 결정이유의 기속력에 관하여 명백히 밝히고 있으나, 결정이
유의 기속력에 관한 언급없이 위와 동일한 취지의 판시를 한 아주 중요한 사례
가 있어 소개하지 않을 수 없다.

2009년 야간옥회집회금지 사건(헌재 2009. 9. 24. 2008헌가25, 판례집 21-2상,
427)에서 이강국 등 5인 재판관은 "집시법 제10조 본문은 야간옥외집회를 일반
적으로 금지하고, 그 단서는 행정권인 관할경찰서장이 집회의 성격 등을 포함하
여 야간옥외집회의 허용 여부를 사전에 심사하여 결정한다는 것이므로, 결국 야
간옥외집회에 관한 일반적 금지를 규정한 집시법 제10조 본문과 관할 경찰서장
에 의한 예외적 허용을 규정한 단서는 그 전체로서 야간옥외집회에 대한 허가를
규정한 것이라고 보지 않을 수 없고, 이는 헌법 제21조 제2항에 정면으로 위반
된다. 따라서 집시법 제10조 중 "옥외집회" 부분은 헌법 제21조 제2항에 의하여
금지되는 허가제를 규정한 것으로서 헌법에 위반되고, 이에 위반한 경우에 적용
되는 처벌조항인 집시법 제23조 제1호 중 "제10조 본문의 옥외집회" 부분도 헌
법에 위반된다"고 하였다.

민형기 등 2인 재판관은 "집시법 제10조는 법률에 의하여 옥외집회의 시간적
제한을 규정한 것으로서 그 단서 조항의 존재에 관계없이 헌법 제21조 제2항의
'사전허가금지'에 위반되지 않고, 입법목적의 정당성과 수단의 적합성이 인정되
나, 낮 시간이 짧은 동절기의 평일의 경우에는 직장인이나 학생은 사실상 집회
를 주최하거나 참가할 수 없게 되어, 집회의 자유를 실질적으로 박탈하거나 명

목상의 것으로 만드는 결과를 초래하게 되어 과잉금지 원칙에 위배하여 집회의 자유를 침해하는 것으로 헌법에 위반된다. 다만 이 사건 법률조항들이 가지는 위헌성은 야간옥외집회를 제한하는 것 자체에 있는 것이 아니라, 사회의 안녕질서와 국민의 주거 및 사생활의 평온 등을 보호하는데 필요한 범위를 넘어 '해가 뜨기 전이나 해가 진 후'라는 광범위하고 가변적인 시간대에 일률적으로 옥외집회를 금지하는데 있고, 위와 같은 시간대 동안 옥외집회를 금지하는 것에는 위헌적인 부분과 합헌적인 부분이 공존하고 있으므로 헌법불합치결정을 한다"고 하였다.

그러나 이후 2014년 사건에서는 "헌법 제21조 제2항에 의하여 금지되는 '허가'는 '행정청이 주체가 되어 집회의 허용 여부를 사전에 결정하는 것'으로, 법률적 제한이 실질적으로 행정청의 허가 없는 옥외집회를 불가능하게 하는 것이라면 헌법상 금지되는 사전허가제에 해당하지만, 그에 이르지 아니하는 한 헌법 제21조 제2항에 반하는 것은 아니다. 이 사건 법률조항의 단서 부분은 본문에 의한 제한을 완화시키려는 것이므로 헌법이 금지하고 있는 '옥외집회에 대한 일반적인 사전허가'라고 볼 수 없다. (그러나) 이 사건 법률조항은 사회의 안녕질서를 유지하고 시민들의 주거 및 사생활의 평온을 보호하기 위한 것으로서 정당한 목적 달성을 위한 적합한 수단이 된다. 그러나 '일출시간 전, 일몰시간 후'라는 광범위하고 가변적인 시간대의 옥외집회 또는 시위를 금지하는 것은 오늘날 직장인이나 학생들의 근무·학업 시간, 도시화·산업화가 진행된 현대사회의 생활형태 등을 고려하지 아니하고 목적 달성을 위해 필요한 정도를 넘는 지나친 제한을 가하는 것이어서 최소침해성 및 법익균형성 원칙에 반한다"고 판시하였다 (헌재 2014. 4. 24. 2011헌가29, 판례집 26-1상, 574).[46]

2009년에 헌법불합치결정이 선고된 조항에 대하여 2014년에 다시 심판을 하여 한정위헌을 선언한 배경은 다음과 같다. 첫째, 헌법불합치결정의 효력은 헌법재판소가 주문에 명시한 기일까지는 그 효력을 유지하므로, 헌법불합치결정 이전에 행하여진 범죄나 주문에 명시된 기일 이전에 행하여진 범죄에 대하여는 형식적으로 해당 법조문이 존속하기 때문에 해당 조항을 적용할 수밖에 없다는 형식논리에 의하는 것이다. 둘째, 2009년 헌법불합치 결정 사건은 2008. 5. 9. 19:35경부터 21:47경까지 야간에 옥외에서 미국산 쇠고기 수입반대 촛불집회를 주최하였다는 등의 이유로 '집회 및 시위에 관한 법률(2007. 5. 11. 법률 제8424호로 전부 개정된 것) 위반' 등 혐의로 기소되었다(서울중앙지방법원 2008고단3949).[47]

제청신청인은 1심 계속중 제청신청인에게 적용된 '집회 및 시위에 관한 법률' 제10조, 제23조 제1호가 헌법상 금지되는 집회의 사전 허가제를 규정한 것으로서 헌법에 위반된다고 주장하며 위헌법률심판 제청신청(서울중앙지방법원 2008초기 2418)을 하였고, 서울중앙지방법원은 위 법률조항들이 당해 사건 재판의 전제가 되고, 위헌이라고 인정할 만한 상당한 이유가 있다며 2008. 10. 13. 이 사건 위헌법률심판제청을 하였다.

2014년 한정위헌 사건은, 피고인이 2006. 12. 6. 19:10경부터 같은 날 21:45경 사이에 서울 중구 소재 명동성당 앞에서 개최된 촛불집회 등 명동 일대 집회·시위에 참가하였다는 이유로 구 '집회 및 시위에 관한 법률(1989. 3. 29. 법률 제4095호로 개정되고, 2007. 5. 11. 법률 제8424호로 개정되기 전의 것)' 위반 혐의로 약식기소되어 2007. 9. 13. 벌금 50만 원의 약식명령을 고지받고(서울중앙지판 2007고약37986), 2008. 9. 5. 정식재판을 청구하자(서울중앙지판 2008고정5301), 서울중앙지방법원이 2011. 7. 11. 위 조항에 대하여 직권으로 위헌법률심판을 제청한 것이다.

2014년 한정위헌결정의 심판대상은 2007년 개정 이전의 집시법의 야간옥외집회금지조항이었고, 2009년 헌법불합치결정의 심판대상은 2007년 개정집시법의 동 조항이었다. 즉, 두 사건에서 심판대상이 된 법률은 형식상의 법률 번호가 다를 뿐만 아니라, 앞 결정에서의 야간옥회집회금지조항이 허가제라는 판단은 5인 재판관만이 찬성하였으므로 결정 이유에도 기속력이 미친다고 가정하더라도 여기서는 기속력이 없다는 것이다.

헌법재판소의 간통죄 위헌결정의 기속력과 관련하여, 국회는 사정변경이 생긴 경우, 즉, 국가는 가족제도를 보호하여야 한다는 헌법적 의무를 다하지 못함이 명백하게 인정되는 경우 등에는 간통죄를 다시 부활할 수 있다고 하겠다. 이와 무관하게, '안마사 자격 요건(혹은 비맹제외기준) 사건' 및 '야간옥외집회금지사건'의 결정례에 비추어 볼 때, 파탄난 가정의 예외나 벌금형을 추가하는 경우에는 국회는 다시 간통죄를 입법화할 수 있다.

라. 소급효 제한의 문제

2014년 헌법재판소법 개정으로 헌법재판소가 간통죄를 위헌으로 결정함에 따라 간통죄를 마지막으로 합헌으로 결정하였던 2008. 10. 30. 다음 날인 2008. 10. 31.부터 간통죄는 효력을 상실하게 되었다.

우선, 법원이 직권으로, 혹은 당사자의 신청에 의하여 위헌심판을 제청한 '헌가 사건'은 검사가 공소를 취소하고, 법원은 공소기각판결을 하는 것이 보통이겠지만, 만일 간통죄가 효력을 상실한 2008. 10. 31. 이전에 발생한 범죄의 경우에는 어떻게 처리하여야 하는지 난감한 상태에 빠지게 된다.[48]

대법원은 "위헌으로 결정된 법률 또는 법률의 조항이 같은 조 제3항 단서에 의하여 종전의 합헌결정이 있는 날의 다음 날로 소급하여 효력을 상실하는 경우 합헌결정이 있는 날의 다음 날 이후에 유죄판결이 선고되어 확정되었다면, 비록 범죄행위가 그 이전에 행하여졌더라도 그 판결은 위헌결정으로 인하여 소급하여 효력을 상실한 법률 또는 법률의 조항을 적용한 것으로서 '위헌으로 결정된 법률 또는 법률의 조항에 근거한 유죄의 확정판결'에 해당하므로 이에 대하여 재심을 청구할 수 있다"고 하였다(대결 2016. 11. 10. 자 2015모1475). 나아가 "종전 합헌결정일 이전의 범죄행위에 대하여 재심개시결정이 확정되었는데 그 범죄행위에 적용될 법률 또는 법률의 조항이 위헌결정으로 헌법재판소법 제47조 제3항 단서에 의하여 종전 합헌결정일의 다음 날로 소급하여 효력을 상실하였다면 범죄행위 당시 유효한 법률 또는 법률의 조항이 그 이후 폐지된 경우와 마찬가지이므로 법원은 형사소송법 제326조 제4호에 해당하는 것으로 보아 면소판결을 선고하여야 한다"고 하였다(대판 2019. 12. 24. 2019도15167).

헌법재판소의 합헌결정 이전의 범죄행위에 대한 피고사건이 아직 진행 중인 경우에도 법원은 위 판지에 따라 면소를 선언하여야 한다.

마. 벌금형이 추가되어 간통죄가 부활한 경우의 특수문제

상관을 살해한 경우 사형만을 유일한 법정형으로 규정하고 있는 군형법 조항에 대한 위헌법률심판사건에서의 헌법재판소 결정의 주문(主文)은 "군형법 제53조 제1항은 헌법에 위반된다"는 것이다(헌재 2007. 11. 29. 2006헌가13). 그 이유는 사형이 유일한 법정형이라서 체계정당성에 어긋나 비례의 원칙 위반이라는 것이다. 위 조항은 2009년 법정형에 무기징역을 추가하는 것으로 개정되었다.

위 사례를 살펴보면 형벌 조항 중 구성요건 부분 자체는 합헌이지만, 형벌이 과중하여 비례의 원칙이나 체계정당성 위반으로 그 부분만 위헌으로 판단되는 경우라도 헌법재판소 결정의 주문은 "00법 제0조 제0항은 헌법에 위반된다"는 형식임을 알 수 있다. 또한 헌법재판소가 형벌조항을 위헌으로 선언하였더라도, 입법자는 헌법재판소의 위헌결정의 취지에 따라 사형보다는 가벼운 법정형을 추가하는 방식으로 법률조항을 개정할 수 있다. 다만 법원으로서는 피고인에게 유리하게 변경된 신법을 적용할 수는 없다. 왜냐하면 '신법이 구법보다 피고인에게 유리한 경우'는 구법의 유효함을 전제로 하는 것인데, 헌법재판소의 위헌결정에 따라 형벌조항은 소급하여 효력을 상실하기 때문에 형의 경중의 비교대상이 되는 구법이 존재하지 않기 때문이다. 이 사건의 경우에는 일반살인죄로 처벌받을 수밖에 없다.[49]

간통죄의 경우도 마찬가지이다. 법정형으로 벌금형이 추가되어 간통죄가 부활되었다고 하더라도 구법이 위헌으로 무효가 된 이상, 더 이상 비교대상이 되지 않기 때문에 신법이 적용될 여지가 없다. 문제는 위에서 살펴본 바와 같이 범죄 발생일이 간통죄 최종 합헌결정일 다음날 이전인 경우이다. 재심개시결정이 이루어진 경우에도 마찬가지이다. 재심재판에서 적용되는 법규는 재심재판 시의 법이기 때문이다. 이 경우는 위헌결정의 효력이 미치지 않기 때문에 구법이 엄연히 유효한 법률로 존속하고, 따라서 신법이 구법보다 경하게 변경된 경우에는 행위시법의 예외로 하는 형법 제1조 제2항에 따라 신법이 적용될 수 있다.

바. 소급효와 관련한 여론(餘論)

간통죄의 소급효와 관련한 또 다른 문제는 변호사나 공인회계사 등 전문직종사자의 등록취소와 관련한 문제이다.[50] 변호사·공인회계사·변리사·법무사·세무사 등의 전문직종사자는 의사·약사·관세사 등의 전문직종사자들이 업무관련 범죄로 실형(집행유예 포함)을 선고받으면 그 자격등록이 취소되는 것과 달리 모든 범죄로 실형을 선고받으면 그 자격등록이 취소된다(가령 공인회계사법 제9조).

이 경우 위 공인회계사의 등록을 취소한 금융위원회의 처분 역시 그 근거가 된 법률에 따라 위헌으로 되어, 그 공인회계사의 자격이 회복될 수 있는지, 회복된다고 한다면 국가에 손해배상(국가배상)책임을 물을 수 있는지가 문제된다. 대법원은 행정행위에 하자가 있는 경우, 그 하자가 취소사유에 해당하는지 무효에 해당하는지를 구별하는 기준으로 이른바 '중대명백설'을 취하고 있다. 또한 대법원은 법률이 헌법재판소에 의하여 위헌으로 결정되기 이전에는 그 법률은 합헌성 추정을 받고, 합헌으로 추정받는 법률에 따른 행정행위는 후에 그 법률이 위헌으로 선언된다고 하더라도 행정행위 당시에 그 하자가 중대하다고는 할 수 있어도 명백하다고는 할 수 없으므로 무효사유는 아니라고 하였다. 이러한 경우 위 행정행위는 공정력(公定力)으로 인하여 유효하다고 확정된다. 그렇다면 간통죄가 위헌으로 결정되었다고 하더라도, 금융위원회의 공인회계사등록취소 결정에 대한 취소소송의 제소기간이 이미 도과하였기 때문에 이에 대한 구제는 불가능하다는 결론밖에 도출되지 않는다.

특히 간통 범행일은 위헌결정효력 소급효 발생일 이전이고, 금융위원회의 공인회계사 등록취소일은 위헌결정 효력이 발생한 이후인 경우에는 논리구성을 달리 하여야 하는지도 문제된다.

형벌조항이 위헌결정되는 경우, 그에 따른 부수적 제재가 있는 경우(전문직 자격자의 등록취소 이외에도 다른 사유도 상정할 수 있다), 부수적 제재에 대한 구제가 가능한지, 가능하다면 그 논리구성을 어떻게 하여야 하는지가 간통죄 결정이 우리에게 남긴 숙제이다.

4. 법률 부칙 조항의 실효 여부도 위헌법률심판의 대상이 되는가? (헌법재판소는 법원 재판의 당부를 심사할 수 있는가? – 헌재 2012. 5. 31. 2009헌바123등 –)

가. 사건 개요

청구인 회사는 1990. 10. 1. 구 조세감면규제법(1990. 12. 31. 법률 제4285호로 개정되기 전의 것, 이하 '구 조세감면규제법'이라 한다) 제56조의2에 근거하여 한국증권거래소에 주식을 상장하는 것을 전제로 자산재평가를 실시하고 한국증권거래소에 주식 상장을 준비하였으나, 2003. 12. 31.까지 한국증권거래소에 주식을 상장하는 것이 어렵게 되자, 2003. 12. 30. 스스로 위 자산재평가를 취소하였다.

역삼세무서장은 2004. 4. 16. 청구인이 구 조세감면규제법 부칙 제23조 제2항에 따라 1990 사업연도 이후 각 사업연도소득에 대한 법인세를 재계산하여 재평가를 취소한 날이 속하는 사업연도 법인세 과세표준과 함께 신고·납부하지 않았다는 이유로, 1990~1999 사업연도에 걸쳐 과다계상된 감가상각비 00원을 손금불산입하고, 과소계상된 감가상각비 00원을 손금산입하며, 과소계상된 자산양도차익 00원을 익금산입하여, 청구인에게 법인세, 방위세, 농어촌특별세를 부과하고, 종전의 자산재평가가 자산재평가법에 의한 자산재평가에 해당하지 않게 되었다는 이유로 청구인이 기존에 신고·납부한 자산재평가세에 대하여는 환급결정을 함과 동시에 1999. 4. 1.자 제5차 자산재평가에 대하여 자산재평가법 제13조 제1항 제2호에 따라 재평가세율 100분의 3을 적용하여 산정한 1999년 귀속 자산재평가세를 부과하는 등 합계 156,843,073,190원(가산세 86,075,237,128원

포함)을 각 부과·고지하였다.

청구인은 2004. 7. 9. 위 부과처분에 불복하여 국세심판원에 심판청구를 제기하였고, 국세심판원은 2005. 5. 10. 위 부과처분 중 가산세(과소신고가산세 및 미납부가산세) 부분은 부과하지 않는 것으로 세액을 경정하라는 결정을 하였으며, 이에 따라 역삼세무서장은 2005. 5. 25. 위 부과처분 중 가산세 부분에 대한 부과처분을 취소하였다(이하 2004. 4. 16.자 부과처분에서 가산세 부분을 제외한 법인세, 방위세, 농어촌특별세 및 자산재평가세의 본세 70,767,836,129원 부분을 '이 사건 부과처분'이라 한다).

이에 청구인은 서울행정법원에 이 사건 부과처분의 취소를 구하는 행정소송을 제기하였으나 2005. 12. 20. 기각되었고(2005구합19764), 그 후 서울고등법원에 항소를 제기하여 2006. 10. 12. 청구인용 판결(2006누4297)을 받았으나, 대법원은 2008. 12. 11. 원심판결을 파기하여 서울고등법원에 위 사건을 환송하였다(대법원 2006두17550). 위 사건이 파기환송심(서울고등법원 2008누37574)에 계속중 청구인은 구 조세감면규제법(1990. 12. 31. 법률 제4285호) 부칙 제23조에 대하여 위헌법률심판제청신청을 하였고(서울고등법원 2009아105), 2009. 5. 13. 위 신청이 기각되어(같은 날 항소도 기각되어 6. 4. 판결이 확정되었다) 2009. 5. 25. 그 기각결정이 위 청구인에게 송달되자, 2009. 6. 22. 헌법재판소법 제68조 제2항에 의한 이 사건 헌법소원심판을 청구하였다.[51]

나. 헌법재판소 결정

(1) 심판대상

구 조세감면규제법(1990. 12. 31. 법률 제4285호) **부칙**
제23조 (기업공개시의 재평가특례에 관한 경과조치 등) ① 이 법 시행 전에 종전의 제56조의2 제1항 본문의 규정에 의하여 재평가를 한 법인에 대하여는 종전의 동조 동항 단서의 규정에 불구하고 재평가일부터 대통령령이 정하는 기간 이내에 한국증권거래소에 주식을 상장하지 아니하는 경우에 한하여 이미 행한 재평가를 자산재평가법에 의한 재평가로 보지 아니한다.
② 제1항의 규정에 의한 재평가를 한 법인이 당해 자산재평가적립금의 일부 또는 전부를 자본에 전입하지 아니한 경우에는 재평가일부터 제1항의 규정에 의한 기간 이내에 그 재평가를 취소할 수 있으며, 이 경우 당해 법인은 각 사업연도소득에 대한 법인세(가산세와 당해 법인세에 부가하여 과세되는 방위세를 포함한다)를 재계산하여 재평가를 취소한 날이 속하는 사업연도분 법인세과세표준신고와 함께 신고·납부하여야 한다.

(2) 관련법령

구 조세감면규제법(1987. 11. 28. 법률 제3939호)

제56조의2 (기업공개시의 재평가특례) ① 증권거래법 제88조 제1항의 규정에 의하여 한국증권거래소에 처음으로 주식을 상장하고자 하는 법인은 자산재평가법 제4조 및 제38조의 규정에 불구하고 매월 1일을 재평가일로 하여 자산재평가법에 의한 재평가를 할 수 있다. 다만, 재평가를 한 법인이 재평가일로부터 2년 이내에 한국증권거래소에 주식을 상장하지 아니하는 경우에는 이미 행한 재평가는 자산재평가법에 의한 재평가로 보지 아니한다.

구 조세감면규제법(1990. 12. 31. 법률 제4285호)

제56조의2 삭제

구 조세감면규제법(1993. 12. 31. 법률 제4666호)

전문 개정되면서 종전 법률의 부칙 제23조에 해당하는 규정을 두지 아니함

부칙

제1조 (시행일) 이 법은 1994년 1월 1일부터 시행한다.

제2조 (일반적 적용례) 이 법 중 소득세 및 법인세에 관한 개정규정은이 법 시행 후 최초로 개시하는 과세연도 분부터 적용한다.

구 조세감면규제법 시행령(1990. 12. 31. 대통령령 제13202호)

제66조 (기업공개시 자산재평가에 관한 특례) 법률 제4285호 조세감면규제법 중 개정법률 부칙 제23조[52] 제1항에서 "대통령령이 정하는 기간"이라 함은 5년을 말한다.

구 조세감면규제법 시행령(1993. 12. 31. 대통령령 제14084호)

제109조 (기업공개시 자산재평가에 관한 특례) 법률 제4285호 … 8년을 말한다.

구 조세감면규제법 시행령(1996. 12. 31. 대통령령 제15197호)

제109조 (기업공개시 자산재평가에 관한 특례) 법률 제4285호 … 10년을 말한다.

구 조세특례제한법 시행령(1998. 12. 31. 대통령령 제15976호로 법령명이 조세특례제한법 시행령으로 변경되어 전문 개정된 것)

제138조 (기업공개시 자산재평가에 관한 특례) 법률 제4285호 … 11년을 말한다.

구 조세특례제한법 시행령(2000. 1. 10. 대통령령 제16693호)

제138조 (기업공개시 자산재평가에 관한 특례) 법률 제4285호 … 13년을 말한다.

조세특례제한법 시행령(2001. 12. 31. 대통령령 제17458호)

제138조 (기업공개시 자산재평가에 관한 특례) 법률 제4285호 … 2003년 12월 31일까지의 기간을 말한다.

(3) 주문(主文)

"구 조세감면규제법(1993. 12. 31. 법률 제4666호로 전부 개정된 것)의 시행에도 불구하고 구 조세감면규제법(1990. 12. 31. 법률 제4285호) 부칙 제23조가 실효되지 않은 것으로 해석하는 것은 헌법에 위반된다."

(4) 결정 요지

가. 이 사건 헌법소원심판에서 청구인들이 다투는 취지는, 이 사건 각 부과처분에 있어서 '법원이 한 부과처분의 근거법률에 대한 해석·적용'에 관한 것이 아니라, 이 사건 전부개정법의 시행으로 말미암아 이 사건 부칙조항은 '실효된' 것으로 보아야 함에도 당해 사건 법원이 이를 '유효한' 법률조항이라고 잘못 판단한 후 당해 사건에 적용한 것을 문제삼고 있는 것이므로, 이 사건 심판청구는 '이 사건 부칙조항 그 자체의 위헌성'을 다투고 있다고 봄이 상당하다.

나. (1) 형벌조항이나 조세법의 해석에 있어서는 헌법상의 죄형법정주의, 조세법률주의의 원칙상 엄격하게 법문을 해석하여야 하고 합리적인 이유 없이 확장해석하거나 유추해석할 수는 없는바, '유효한' 법률조항의 불명확한 의미를 논리적·체계적 해석을 통해 합리적으로 보충하는 데에서 더 나아가, 해석을 통하여 전혀 새로운 법률상의 근거를 만들어 내거나, 기존에는 존재하였으나 실효되어 더 이상 존재한다고 볼 수 없는 법률조항을 여전히 '유효한' 것으로 해석한다면, 이는 법률해석의 한계를 벗어나 '법률의 부존재'로 말미암아 형벌의 부과나 과세의 근거가 될 수 없는 것을 법률해석을 통하여 창설해 내는 일종의 '입법행위'로서 헌법상의 권력분립원칙, 죄형법정주의, 조세법률주의의 원칙에 반한다.

(2) 이 사건 부칙조항은 과세근거조항이자 주식상장기한을 대통령령에 위임하는 근거조항이므로 이 사건 전문개정법의 시행에도 불구하고 존속하려면 반드시 위 전문개정법에 그 적용이나 시행의 유예에 관한 명문의 근거가 있었어야 할 것이나, 입법자의 실수 기타의 이유로 이 사건 부칙조항이 이 사건 전문개정법에 반영되지 못한 이상, 위 전문개정법 시행 이후에는 전문개정법률의 일반적 효력에 의하여 더 이상 유효하지 않게 된 것으로 보아야 한다. 비록 이 사건 전문개정법이 시행된 1994. 1. 1. 이후 제정된 조세감면규제법(조세특례제한법) 시행령들에서 이 사건 부칙조항을 위임근거로 명시한 후 주식상장기한을 연장해 왔고, 조세특례제한법 중 개정법률(2002. 12. 11. 법률 제6762호로 개정된 것)에서 이

사건 부칙조항의 문구를 변경하는 입법을 한 사실이 있으나, 이는 이미 실효된 이 사건 부칙조항을 위임의 근거 또는 변경대상으로 한 것으로서 아무런 의미가 없을 뿐만 아니라, 이 사건 부칙조항과 같은 내용의 과세근거조항을 재입법한 것으로 볼 수도 없다.

(3) 다만, 이 사건 부칙조항이 실효되지 않고 여전히 존재한다는 전제 하에 과세하더라도, 청구인들을 비롯하여 주식상장을 전제로 자산재평가를 실시한 후 정해진 주식상장기한 내에 상장하지 못하였거나 자산재평가를 취소한 법인들로 서는 부당하게 이익을 침해당한 것으로 볼 수 없는 데다가, 이 사건 부칙조항이 실효되었다고 해석하면, 이미 상장을 전제로 자산재평가를 실시한 법인에 대한 사후관리가 불가능하게 되는 법률의 공백상태가 발생하고, 종래 자산재평가를 실시하지 아니한 채 원가주의에 입각하여 성실하게 법인세 등을 신고·납부한 법인이나 상장기간을 준수한 법인들과 비교하여 볼 때 청구인들을 비롯한 위 해당 법인들이 부당한 이익을 얻게 되어 과세형평에 어긋나는 결과에 이를 수도 있다.

그러나, 과세요건법정주의 및 과세요건명확주의를 포함하는 조세법률주의가 지배하는 조세법의 영역에서는 경과규정의 미비라는 명백한 입법의 공백을 방지하고 형평성의 왜곡을 시정하는 것은 원칙적으로 입법자의 권한이고 책임이지 법문의 한계 안에서 법률을 해석·적용하는 법원이나 과세관청의 몫은 아니다. 뿐만 아니라 구체적 타당성을 이유로 법률에 대한 유추해석 내지 보충적 해석을 하는 것도 어디까지나 '유효한' 법률조항을 대상으로 할 수 있는 것이지 이미 '실효된' 법률조항은 그러한 해석의 대상이 될 수 없다.

따라서 관련 당사자가 공평에 반하는 이익을 얻을 가능성이 있다 하여 이미 실효된 법률조항을 유효한 것으로 해석하여 과세의 근거로 삼는 것은 과세근거의 창설을 국회가 제정하는 법률에 맡기고 있는 헌법상 권력분립원칙과 조세법률주의의 원칙에 반한다.

(4) 따라서, 이 사건 전부개정법의 시행에도 불구하고 이 사건 부칙조항이 실효되지 않은 것으로 해석하는 것은 헌법상의 권력분립원칙과 조세법률주의의 원칙에 위배되어 헌법에 위반된다.

다. 비 판

(1) 법률이 전부 개정된 경우, 종전 부칙의 효력과 관련한 문제

① 우선 법령개정과 부칙의 효력에 관한 일반론을 살펴본다.

법령의 개정 형식에는 일부개정과 전부개정이 있다. 법령개정에 따른 종전 부칙규정의 효력도 이러한 개정 형식의 차이에 따라 다르다.[53]

일부개정의 경우에는 우리나라가 흡수개정방식을 취하고 있고,[54] 부칙은 본칙과 함께 법령을 구성하고 있으며, 일부 개정할 때의 개정형식(제○조 제○항 중 '…'을 '…'으로 개정한다) 등을 종합하여 보면, 법령의 개정 시 종전 법령 부칙에 규정되어 있던 개별 내용(경과규정 등)을 개정·삭제한다거나 나중에 모순·저촉되는 규정이 생겨 사실상 실효되거나 종전 규정을 갈음할 부칙 규정이 새로이 생기는 등의 특별한 사정이 없는 한 원칙적으로 부칙은 법령의 일부 개정으로 인하여 실효되지 않는다.[55]

반면, 전부개정의 경우에는 새로 개정된 법령의 본칙과 부칙만이 규정되어 있고 종전의 본칙과 부칙은 모두 사라진다. 전부개정 역시 '개정'일 뿐 '폐지'가 아니므로 종전 부칙의 효력이 유지된다는 견해와, 전부개정은 사실상 폐지와 다를 바 없고, 일부개정의 경우 종전부칙에 더하여 새로운 부칙이 추가되나 전부개정의 경우는 새로운 부칙만이 남게 된다는 점을 근거로 종전의 부칙은 실효된다고 보는 견해가 대립한다.

입법실무에서는 전부개정의 경우 종전의 부칙을 점검해서 계속 효력을 가진다고 판단되는 사항은 전부 개정된 법령의 부칙에 다시 규정하도록 함으로써 혼란방지를 기하고 있으나, 세법이나 주택공급에 관한 규칙 등 그 내용이 어렵고 개정이 잦은 법령의 경우 부칙의 양이 많고 내용이 너무 복잡해서 기존의 부칙 중 계속 효력을 지속시켜야 하는 규정을 판단하는 것 자체가 불가능하여 종전의 부칙에 대한 별도의 조치를 취하지 못하였다고 한다.[56]

이 사건과 같이 법률 개정 시 종전 부칙규정에 대한 명시의 언급이 없다고 하더라도, 그것이 종전 부칙규정의 효력을 배제하고자 하는 입법자의 의도였는지, 혹은 입법과정에서의 실수였는지, 아니면 그 효력을 당연히 유지한다고 전제하였는지에 대하여 어떤 기준 하에 답할 수는 없다고 하겠다.[57] 그렇다면 이러한 문제는 단순한 법률규정의 해석 문제로 볼 수는 없고, 법률규정의 효력 혹은 입법자의 의도의 해석문제로 보아야 할 것이다.

② 법률이 전부 개정되면서 종전 부칙의 효력에 대하여 명시의 언급이 없는 경우, 종전 부칙의 효력 문제는 단순한 법률규정의 해석 문제로 볼 수는 없고, 법률규정의 효력 혹은 입법자의 의도의 해석문제로 본다면, 그 효력 여부를 해석하거나 결정하는 기관은 어디인가.

먼저 대법원의 입장부터 살펴보기로 한다. 대법원은 이에 관한 최초의 판례에서 "법률의 개정시에 종전 법률 부칙의 경과규정을 개정하거나 삭제하도록 명시한 조치가 없다면 개정 법률에 다시 경과규정을 두지 않았다고 하여도 부칙의 경과규정이 당연히 실효되는 것은 아니지만, 개정 법률이 전문 개정인 경우에는 기존 법률을 폐지하고 새로운 법률을 제정하는 것과 마찬가지여서 종전의 본칙은 물론, 부칙 규정도 모두 소멸하는 것으로 보아야 하므로 종전의 법률 부칙의 경과규정도 실효된다고 보는 것이 원칙이지만, 특별한 사정이 있는 경우에는 그 효력이 상실되지 않는다고 보아야 할 것"이라고 판시하였다(대판 2002. 7. 26. 2001두11168).

대법원은 이후 "'특별한 사정'이라 함은 전문 개정된 법률에서 종전의 법률 부칙의 경과규정에 관하여 계속 적용한다는 별도의 규정을 둔 경우뿐만 아니라, 그러한 규정을 두지 않았다고 하더라도 종전의 경과규정이 실효되지 않고 계속 적용된다고 보아야 할 만한 예외적인 특별한 사정이 있는 경우도 포함된다고 할 것이고, 이 경우 예외적인 '특별한 사정'이 있는지 여부를 판단함에 있어서는 종전 경과규정의 입법 경위 및 취지, 전문 개정된 법령의 입법 취지 및 전반적 체계, 종전의 경과규정이 실효된다고 볼 경우 법률상 공백상태가 발생하는지 여부, 기타 제반 사정 등을 종합적으로 고려하여 개별적·구체적으로 판단하여야 한다"고 하였다(대판 2008. 11. 27. 2006두19419; 대판 2012. 3. 29. 2011두27919).

반면, 헌법재판소는 대법원이나 법제처와는 다른 견해를 밝히고 있다. 즉, 헌법재판소는 "입법자의 실수 기타의 이유로 이 사건 부칙조항이 이 사건 전문개정법에 반영되지 못한 이상, 위 전문개정법 시행 이후에는 **전문개정법률의 일반적 효력**에 의하여 더 이상 유효하지 않게 된 것으로 **보아야 한다**"라고 판시함으로써, 그 사유 여하를 막론하고 전부개정법률에 종전 부칙규정의 효력에 관한 규정이 없는 이상, 그 부칙규정은 실효되었다고 보고 있다.[58]

그러나 헌법재판소는, 비록 본 사안과 다소 다르기는 하지만, 입법기술적 흠결에 관하여 대법원이 논리적 해석을 할 수 있다고 판시한 적이 있다. 헌법재판소는 "입법자는 개정민법 제1026조 제2호 소정의 추가적인 고려기간에 관하여 '제1019조 제1항, 제3항의 기간 내에' 또는 '제1019조의 기간 내에'로 규정하지 아니하고 구 민법과 동일하게 '제1019조 제1항의 기간 내에'로 규정하였는데, 이는 입법기술적인 흠결로 볼 수 있다. 그러나 대법원에서 위 입법기술적 흠결에 관련하여 논리적 해석을 통하여 이 사건 법률조항 소정의 추가적 고려기간 내에 신고된 '특별한정승인'의 효력을 인정함으로써(대결 2002. 11. 8.자 2002스70; 대결 2002. 1. 17.자 2001스16 참조) 제1026조 제2호에 의한 단순승인의제의 법률효과를 무조건적으로 인정하지는 않고 있으므로, 이러한 입법기술적 흠결로 인하여 입법형성의무의 내용이 제대로 이행되지 아니하였다고 보기는 어렵다"고 판시하였던 것이다(헌재 2003. 12. 18. 2002헌바91등, 판례집 15-2하, 530, 539).

즉, 헌법재판소는 대상판례에서는 구법의 부칙규정이 전부개정법률에 규정되지 않은 경우에 법원의 견해와 무관하게 당연히 효력을 상실한다고 하였다. 반면, 위 본칙 상의 상속승인기간에 관한 입법의 불비는 법원이 논리적 해석을 할 수 있다고 하였다. 두 결정에서의 헌법재판소의 견해는 완벽하게 모순된다.

한편, "전문개정법률의 일반적 효력"이 무엇인지에 대하여는 위에서 살펴본 바와 같이 아직까지 명확하게 정하여진 바 없고, 대법원의 판례와 법제처의 유권해석이 있었을 뿐이다. 헌법재판소가 문제된 부칙 규정이 실효되었다고 하는 것도 "보아야 한다"라는 문언에서 알 수 있듯이, 자신의 해석(견해)에 불과하다.

무엇보다도 "전문개정법률의 일반적 효력"에 관한 문제가 헌법해석의 문제인지 법률해석의 문제인지도 명확하지 않다.[59] 위 부칙규정의 효력문제가 헌법해석 문제라면 헌법재판소의 권한 범위 내임은 의문의 여지가 없다. 그러나 이러한 문제가 법률해석의 문제라면 "헌법재판소가 **법률의 위헌여부를 판단하기 위하여** 우선 심판대상인 **법률의 의미내용을 밝히는 작업인 법률해석**은 불가피하다"라는 헌법재판소의 판시에서 알 수 있는 바와 같이 예외인 경우에만 헌법재판소의 권한에 속한다고 할 것이다.

대상판례의 주문은 "(……) 부칙 제23가 실효되지 않았다고 해석하는 것은"이라고 하고 있을 뿐이다. 결정이유에서 "이 사건의 쟁점은 (……) 위헌적인 법률해석인지 여부이다", "법률해석의 결과 새로운 과세근거를 창설하는 결과에 이르는 것은 허용되지 아니한다"라고 판시하고 있는 점에 비추어, 헌법재판소는 "전문개정법률의 일반적 효력"을 법률해석의 문제로 보고 있다.

본 사안은 이미 살펴본 바와 같이 "법률의 의미내용을 밝히는 작업인 법률해석"이 아니고,[60] 법률조항이 효력이 있는지 여부를 밝히는 것이기 때문에 헌법재판소가 예외로 권한을 갖는 일반 법률해석으로 볼 수는 없다.[61]

결국 법률이 전부 개정되면서 종전 부칙의 효력에 대하여 명시적 언급이 없는 경우, 종전 부칙의 효력은 개별 사건에서 법률을 적용하는 법원의 전속 관할에 속한다고 볼 수밖에 없고, 헌법재판소의 부칙 실효에 관한 해석 역시 자신의 견해를 표명한 것으로 보아야 할 것이다.

(2) 한정위헌청구의 적법성[62]

본 사건에서 청구인은 이 사건 부칙 조항의 위헌성에 대하여는 아무런 주장을 하지 않고, 단지 이 사건 부칙 조항이 실효되지 않았다고 해석하는 것은 위헌이라고 주장하였다. 즉, 이 사건 위헌소원심판청구의 적법성부터 문제되었다.

이에 대하여 헌법재판소는 "헌법재판소법 제68조 제2항이 '법률의 위헌여부심판의 제청신청이 기각된 때에는'이라고 규정하여 심판의 대상을 '법률'에 한정하고 있으므로, 일반적으로 법률조항 자체의 위헌판단을 구하는 것이 아니라 법률조항을 '……하는 것으로 해석하는 한 위헌'이라는 판단을 구하는 청구라고 하더라도, 청구인의 주장이 단순히 법률조항의 해석을 다투는 것만이 아니라, 이에서 더 나아가 법률조항 자체의 위헌성을 다투는 것으로 이해되는 경우에는 헌법재판소법 제68조 제2항의 적법한 청구로 받아들일 수 있다"고 하여 이른바 '선해의 적법성' 이론으로 이 사건 심판청구의 적법성을 인정하였다.

그러나 이 사건 경우 청구인의 한정위헌청구가 적법한 것으로 선해될 수 있는지에 대하여는 의문이다. 즉 헌법재판소가 한정위헌청구의 적법성을 인정하면서 예로 든 판례를 살펴보면, "1세대 1주택"(헌재 1997. 2. 20. 95헌바27), "그 대가" 및 "장려금"의 불명확성 내지는 광범성을 다투는 것(헌재 2011. 2. 24. 2009헌바33), 즉 법률조항의 해석을 다투는 것이었다. 반면 이 사건에서 청구인의 주장은 심판대상조항의 규범 해석을 다투는 것이 아니었다.

또한 헌법재판소법 제43조 제3호, 제4호에 의하여 위헌법률심판제청신청을 할 때에는 위헌이라고 해석되는 법률조항 및 위헌이라고 해석되는 이유를 기재하여야 하는데,[63] 한정위헌청구의 적법성을 인정한 사례에서 법률조항의 규범 의미의 위헌성을 다툴 수 있는 것과 달리, 본 사건의 경우 이 사건 부칙 조항의 위헌성을 어디에서도 찾을 수 없다. 반면, 헌법재판소의 견해대로라면 법원의 입장에서는 이러한 경우 동 부칙조항은 무조건 실효된 것으로 보아 원고의 청구를 인용할 수밖에 없고, 동 부칙조항이 실효된 것으로 해석하는 한 위헌이라는 국가(세무관청)의 주장은 반대로 무조건 기각할 수밖에 없게 되는 모순에 빠지게 된다.[64]

(3) 심판대상조항이 실효되었는지 여부

위에서는 법률이 전부개정되면서 종전 부칙규정이 신법에 편입되지 않은 경우, 그 효력에 관한 문제는 법원의 법령적용의 문제에 해당함을 살펴보았다. 여기에서는 대법원 판시에 따라 이러한 부칙조항이 예외로 효력을 유지하게 되는 '특별한 사정'이 있는지 여부를 어떻게 판단하여야 하는지 살펴보아야 할 것이다.

우선, 전문 개정되면서 종전 법률의 부칙 제23조에 해당하는 규정을 두지 아니한 구 조세감면규제법(1993. 12. 31. 법률 제4666호)의 개정이유, 즉 입법자의 의도 내지는 객관적 의사를 공식적인 문건을 통하여 살펴볼 필요가 있다. 위 법률 개정이유는 "조세의 공평성과 중립성을 높이기 위하여 양도소득에 대한 감면을 비롯한 각종 조세감면을 적정수준으로 축소조정하는 한편 중소기업과 기술개발 등 경제의 성장잠재력확충을 위하여 필요한 분야에 대한 조세지원제도를 개선하려는 것"이라고 한다.[65]

법률의 공식 개정문 이외에도 심판대상조항이 그 효력을 유지한다는 논거는 다음과 같다.[66]

① 이 사건 부칙 규정은 이미 자산재평가를 실시한 법인에 대해서만 적용되는 것으로서 폐지된 자산재평가 특례제도의 한시적인 기한유예규정인데, 그 구체적인 유예기한에 대하여는 이미 시행령에 별도로 위임하고 있었기 때문에 전문 개정된 조세감면규제법에서는 이에 관한 **경과조치를 규정할 필요성이 사실상 없었다.** 오히려 이 사건 부칙 규정의 효력을 상실시키고자 하였다면 그러한 내용의 조항을 명시하였을 것이라고 생각하는 것이 사리에 맞다.

② 전문 개정된 조세감면규제법의 시행으로 인하여 이 사건 부칙 규정의 효력이 상실되는 것으로 본다면 그 위임을 받은 이 사건 시행령 조항도 모두 효력을 상실하고, 구 조세감면규제법 제56조의2에 따라 자산재평가를 실시한 법인에 대하여는 사후관리가 불가능하게 되는 법률의 공백상태에 빠지게 되어 **법적 안정성을 크게 해할 뿐만 아니라** 조세공평의 원칙에도 반한다.

③ 구 조세감면규제법 제56조의2 규정에 따라 이미 재평가특례를 받고도 상장조건을 지키지 못한 법인에 대하여, 이 사건 부칙 규정이 실효되었고 이에 따

라 이 사건 부칙 규정의 위임에 의하여 상장기한을 규정한 이 사건 시행령 조항도 실효되었다는 이유로 과세를 하지 못하게 된다면, 종래 자산재평가를 실시하지 아니한 채 원가주의(재산재평가를 실시한 법인은 증가된 자산가액에 의하여 감가상각비를 계산하고, 양도시 양도차익이 감소되는 등 실질적으로 상당한 조세감면의 혜택을 누린다)에 입각하여 성실하게 법인세 등을 신고·납부한 법인이나 상장기한을 준수한 법인들과 비교하여 형평에 어긋나는 결과에 이르게 되는바, 이는 **조세공평주의에 반하는 결과에 이르게 되어 부당하다.**

이에 반하여 상장을 전제로 자산재평가를 실시하여 실질적인 조세감면혜택을 부여받았던 법인이 상장을 하지 아니함으로써 자산재평가법에 의한 자산재평가를 실시하지 않은 상태로 돌아간다고 하여 이를 두고 그 법인의 이익을 부당하게 침해하는 것이라고 볼 수 없다.

④ 구 조세감면규제법 제56조의2는 법인이 상장을 전제로 자산재평가를 실시한 경우 이를 자산재평가법에 의한 재평가로 보아 법인세율보다 저율의 자산재평가세만을 부담하게 함으로써 법인의 조세부담을 경감시켜 주는 특례규정인데 1990. 12. 31. 조세감면규제법의 개정으로 폐지되는 바람에 이미 위 규정에 의하여 자산재평가를 실시한 법인을 사후관리하기 위하여 이 사건 부칙 규정을 두면서 그 상장기한에 대하여는 시행령에 위임하였던 점, 1993. 12. 31. 전문 개정된 조세감면규제법에 위 제56조의2 내지 이 사건 부칙 규정에 대하여 아무런 경과조치 규정을 두지 않았으나, **같은 날 전문 개정된**[67] **조세감면규제법 시행령 제109조는** "법률 제4285호 조세감면규제법 중 개정법률 부칙 제23조 제1항에서 '대통령령으로 정하는 기간'이라 함은 8년을 말한다"고 규정한 점, 조세감면규제법이 조세특례제한법으로 그 법명이 변경되는 과정에서도 조세감면규제법 시행령이나 조세특례제한법 시행령에서는 여전히 이 사건 부칙 규정에서 위임받은 상장기한에 대하여 규정하고 있는 점 등에 비추어 보면, 입법자의 의사는 이 사건 부칙 규정을 상실시키지 않으려고 하였던 것이 분명해 보인다.

(4) 평석대상결정이 야기하는 또 다른 문제점

위 헌법재판소 결정을 따르게 되는 경우 야기되는 또 다른 사례를 지적하여 헌법재판소 결정을 비판하고자 한다.

사건의 경과는 다음과 같다.

1986. 12. 31. 이전에는 공유수면을 매립하여 준공인가를 받으면 "매립지 전

체"에 대한 소유권을 취득하였는데, 정부는 1986. 12. 31. 법률 제3901호로 공
유수면매립법을 개정하여 매립면허를 받은 자가 취득할 수 있는 매립지의 범위
를 "매립에 소요되는 사업비에 상당하는 매립지"로 축소하였다. 그러면서 동 법
률 부칙 제3항(이하 '종전 부칙'이라 함)에 "이 법 시행 전에 이미 매립의 면허를
받은 자에 대해서는 종전의 규정에 의한다"라는 경과규정을 두어 이미 매립면허
를 받은 자의 기득권을 보호하였다.

공유수면매립법은 1999. 2. 8. 법률 제5911호로 전부개정되었는데, 이 때에
소유권 취득의 대상이 되는 매립지의 범위에 관한 사항은 개정내용에 포함되지
않았으며, '종전 부칙'에 관한 언급도 없었다.

그런데 1976년 공유수면 매립면허를 받은 자가 매립공사를 진행하여 현재 준
공단계에 이르게 됨에 따라, 향후 준공인가를 받으면 '종전 공유수면매립법'에
따라 "매립지 전체"의 소유권을 취득하게 되는지, 아니면 '개정 공유수면매립법'
에 따라 '매립에 소요되는 사업비에 상당하는 매립지'의 소유권을 취득하게 되는
지에 관하여 논란이 야기되었는데, '종전 부칙'의 실효 여부가 관건이 되었다.

이에 위 매립면허를 받은 자가 위 문제에 대하여 법제처에 유권해석을 의뢰
하였는 바, 법제처는 종전 부칙규정의 실효여부에 관하여 앞의 대법원 판례와
같은 견해를 취하면서 다음과 같이 유권해석하였다.[68]

> '종전 부칙'에서는 이미 매립면허를 받은 자에 대하여는 종전의 규정에 따르도록
> 하고 있는데, 이는 소유 취득의 대상이 되는 매립지의 범위가 축소되었음에도 불
> 구하고 종전에 매립면허를 받은 자의 기득권 및 신뢰를 법적으로 보호하려는 취
> 지라 할 것이다.
> '개정 공유수면매립법'의 개정이유는 "갯벌 등 공유수면의 매립에 의한 환경파괴
> 현상이 심각해짐에 따라 공유수면매립기본계획의 수립 시 공유수면매립이 환경에
> 미치는 영향을 엄격하게 심사하도록 하고 공유수면의 매립면허를 받은 자에 대한
> 매립공사의 절차를 간소화하는 등 관련규제를 완화 또는 폐지하는 한편, 현행 제
> 도의 운영상 나타난 일부 미비점을 개선·보완하려는 것"으로 되어 있는바, 소유
> 권 취득의 대상이 되는 매립지의 범위와 관련하여 정책적인 판단에 변화가 있었
> 던 것으로는 보이지 않고, 따라서 '종전 부칙'의 승계 여부 또한 개정대상은 아니
> 었던 것으로 판단된다.
> 또한, 「공유수면매립법」의 소관 중앙행정기관에서는 '종전 공유수면매립법'에 따
> 라 매립면허를 받은 자로서 '개정 공유수면매립법'이 시행된 후에 준공인가를 받

으면 소유권 취득의 대상인 매립지의 범위에 관하여는 '종전 공유수면매립법'이 적용된다는 취지로 민원회신을 한 바가 있고, 이러한 취지에 따라 '종전 공유수면매립법'을 적용하여 매립지의 소유권 취득을 인정해 왔다는 점이 자료(2005. 12. 29. 해양수산부 연안계획과-4349 등)에 의해 확인되는바, 이러한 사실관계에 비추어 보면 '종전 공유수면매립법'에 따라 매립면허를 받은 경우에는 매립지 전체를 소유권 취득의 대상으로 하는 기존 정책의 변경이 없었고, 이에 대한 국민의 신뢰가 형성되었다고 볼 수 있다.

'종전 공유수면매립법'에 따라 매립면허를 받은 자는 동 법률에 따라 매립지 전체의 소유권을 취득하는 것을 전제로 하여 매립사업을 시행하여 왔고, 이러한 기득권과 신뢰는 '종전 부칙'에 의하여 확인되었다고 할 수 있을 것인바, '개정 공유수면매립법'에 따라 소유권 취득의 대상이 되는 매립지의 범위를 축소하는 경우 이는 소급입법에 의한 권리침해라는 문제를 야기하게 될 것이다.

이러한 내용을 종합적으로 고려하면, '종전 부칙'은 '개정 공유수면관리법'의 시행에도 불구하고 실효되지 않았다고 볼 만한 "특별한 사정"이 있다고 판단되므로, 이 사안의 경우 '종전 공유수면매립법'이 적용된다 할 것이다.

위 대상판례와 유권해석의 차이는 종전 부칙이 실효되었다고 해석되는 경우, 전자는 청구인에게 유리하고, 후자의 경우는 청구인(질의자)에게 불리하게 된다. 헌법재판소의 견해대로라면 국민에게 유리하든, 불리하든 전부개정된 법률에 종전 부칙이 규정되지 않는 경우에는 그 부칙은 무조건 효력을 상실하게 된다. 이는 법적 안정성 내지는 조세법률주의를 지나치게 강조한 나머지, 구체적 타당성과 조세형평주의를 도외시하였다는 비판을 받아 마땅하다.

5. 법원의 위헌법률판단권

가. 서 언

법원이 헌법재판소에 위헌법률심판을 제청하지 않고 재판에 적용되는 당해 법률(조항)은 위헌이라 판단하고, 그 판단에 따라 재판할 수 있다면 이를 법원의 '위헌법률판단권'이라 감히 이름붙일 수 있을 것이다. 헌법이 위헌법률심판권을 헌법재판소에 부여하고 있으니, 같은 용어를 사용할 수 없기 때문이기도 하다. 또한 이 두 종류의 권한은 그 성질이 뚜렷하게 다르기 때문이기도 하다.

법원이 개별 사건에서 위헌법률판단권을 행사한다면 헌법 규정에 정면으로 반한다는 견해도 있을 수 있다. 그런데 법원이 개별 재판에서 스스로 법률 또는 법률조항을 위헌으로 선언할 수 있는 경우가 이론상 가능하고, 실제 사례도 있다. 그렇다면 '법원의 위헌법률판단권'이라 이름붙이고, 그 근거와 실제 사례를 탐구하여야 한다.

나. 근거: 헌법재판소법 제47조의 해석

(1) 법원의 위헌법률판단권 긍정론

헌법 제107조 제1항에 따라 법률을 위헌으로 선언할 수 있는 권한은 헌법재판소에 전속된 고유한 권한이라는 점을 강조하면 법원은 스스로 해당 법률 조항을 위헌이라고 판단하여 재판할 수 없고, 헌법재판소에 그 위헌여부의 심판을 제청하여야 한다.

그러나 위헌법률의 효력을 규정한 헌법재판소법 제47조 역시 법률이고, 법률의 해석·적용은 법원의 고유한 권한이므로 위헌으로 결정된 법률의 범위를 결정하는 것 역시 사법작용, 즉 법률을 해석·적용하는 것이라고 본다면 법원은 위헌으로 선언된 해당 '법률 조항'을 확정하고, 이에 따라 재판할 수 있다.

아래에서 살펴볼 자구(字句)만 변경된 경우의 법원의 위헌법률판단권 사건에서 대법원은 그 근거를 명시적으로 밝히지 않았다. 그러나 대법원 관계자는 "개정 전·후 법률이 형식적인 자구 변경에 불과하고 실질적인 동일성이 그대로 유지되는 경우까지 다시 위헌법률심판제청이나 헌법소원심판을 제기하도록 하는 것은 지나치게 형식논리적인 것으로서 국민의 기본권 보장이라는 관점에서 바람직하지 않다. 이번 판결은 위헌 결정의 효력범위를 실질적인 관점에서 파악한 것이고, 다만 이러한 위헌 결정의 효력 확장은 개정 전·후 법률 내용의 동일성이 명백히 인정되는 예외적인 경우에 한정되는 것"이라고 설명하였다.[69]

대법원 관계자의 위 발언은 대법원이 개정 법률의 위헌성을 확인할 필요성이 있고, 이는 국민의 기본권 보장 및 소송경제라는 이념에 기초하고 있다는 것을 설명하고 있을 뿐, 위 판결의 논거를 제시하고 있는 것은 아니다. 오히려 양창수 대법관의 퇴임사에서 위 판결의 논거를 찾을 수 있을 것으로 보인다.

"헌법재판소법도 법률인지라 종국에는 그 내용, 예를 들면 위헌결정에 대한 47조의 의미 여하도 대법원의 해석에 달려 있는 것입니다"[70]

양창수 전 대법관의 발언에 비추어 보면 긍정론의 논거를 다음과 같이 정리할 수 있다. 헌법재판소법 제47조도 결국 법률이고, 법률의 해석은 사법작용의 본질이므로 헌법 제101조 제1항에 의하여 법원의 권한에 속하므로 제47조의 해석 역시 법원의 권한에 속한다. 헌법재판소법 제47조의 해석은 이미 대법원이 오래전부터 해왔고, 헌법재판소는 한정위헌결정과 관련된 문제 이외에는 대법원의 위와 같은 법률해석권을 존중하여 아무런 문제를 제기하지 않았다.

헌법재판소법 제47조의 해석에 관한 문제를 나누어 보면 다음과 같다. 첫째, "'**위헌**'으로 결정된 법률" 중 '위헌'의 의미, 단순위헌만을 의미하는가, 아니면 헌법불합치나 한정위(합)헌까지 포함하는가, 둘째, "위헌으로 결정된 '**법률**'"의 의미, 헌법재판소가 위헌으로 선언한 결정문의 주문(主文)에 명시된 법률(조항)에 한하는가, 아니면 밀접불가분의 관계에 있다거나 동일한 심사척도가 적용되는 다른 법률(혹은 다른 조항)에도 미치는가의 문제이다.

한편 대법원은 "이미 위헌결정이 선고된 법률조항 부분에 대한 위헌법률심판제청법률의 위헌결정은 법원 기타 국가기관 및 지방자치단체를 기속하는 기속력이 있어 헌법재판소에서 이미 위헌결정이 선고된 법률조항 부분에 대한 위헌법률심판제청은 부적법하다"는 헌법재판소의 판례에 따라,[71] 만일 재판에서 적용하여야 하는 법조문이 이미 위헌으로 선언되었다고 한다면, 혹은 선언된 것과 마찬가지라고 해석된다면, 법원의 위헌법률심판제청은 부적법각하를 면하지 못하리라는 다소 과장된 엄살도 있었으리라 생각된다. 따라서 법원으로서는 위 2014도5433 사건의 경우와 같이 신법도 위헌으로 선언된 구법과 운명을 같이하는 법률인지, 아니면 여전히 효력을 갖고 있는 것인지 판단하지 않을 수 없고, 이는 곧 헌법재판소법 제47조의 해석문제라고 하지 않을 수 없다.

한편, 대법원은 이미 위헌결정의 효력에 대하여 장래효를 규정한 헌법재판소법 규정의 문언(文言)에 얽매이지 않는다. 대법원은 많은 사건에서 "헌법재판소의 위헌결정의 효력은 위헌제청을 한 '당해사건', 위헌결정이 있기 전에 이와 동종의 위헌 여부에 관하여 헌법재판소에 위헌여부심판제청을 하였거나 법원에 위헌여부심판제청신청을 한 '동종사건'과 따로 위헌제청신청은 아니하였지만 당해 법률 또는 법률 조항이 재판의 전제가 되어 법원에 계속 중인 '병행사건'뿐만 아니라, 위헌결정 이후 같은 이유로 제소된 '일반사건'에도 미친다"고 하고 있다.[72] 또한 소위 미래효를 주문(主文)에서 명시한 헌법재판소의 헌법불합치결정에 대하여도 "어떤 법률조항에 대하여 헌법재판소가 헌법불합치결정을 하여 입법자에게 그 법률조항을 합헌적으로 개정 또는 폐지하는 임무를 입법자의 형성 재량에 맡긴 이상, 개선입법의 소급적용 여부와 소급적용 범위는 원칙적으로 입법자의 재량에 달린 것이기는 하지만, 구 군인연금법 제23조 제1항에 대한 헌법불합치결정(헌재 2010. 6. 24. 2008헌바128)의 취지나 위헌심판의 구체적 규범통제 실효성 보장이라는 측면을 고려할 때, 적어도 헌법불합치결정을 하게 된 당해 사건 및 헌법불합치결정 당시에 구법 조항의 위헌 여부가 쟁점이 되어 법원에 계속 중인 사건에 대하여는 헌법불합치결정의 소급효가 미친다고 해야 하므로, 비록 현행 군인연금법 부칙(2011. 5. 19.)에 소급 적용에 관한 경과조치를 두고 있지 않더라도 이들 사건에 대하여는 구법 조항을 그대로 적용할 수는 없고, 위헌성이 제거된 현행 군인연금법 규정이 적용되는 것으로 보아야 한다"고 판시하였다(대판 2011. 9. 29. 2008두18885).

헌법재판소의 위헌 또는 헌법불합치 결정의 효력을 소급하여 인정하는 법원의 입장은 무엇보다도 헌법재판소 결정의 효력 범위를 구체적 재판에서 정하는 것 역시 법원의 권한에 속한다는 전제에 서 있다고 볼 수밖에 없다.[73)]

(2) 법원의 위헌법률판단권 부정론

긍정론과 마찬가지로 법원의 위헌법률판단권을 대놓고 부정하는 견해도 찾기는 어렵다. 아래에서 살펴볼 견해가 거의 유일하다고 할 수 있다. 그러나 헌법이나 헌법소송법 교과서 및 논문들은 예외 없이 법원은 법률(조항)을 합헌으로 인정하는 경우에만 그에 따라 재판할 수 있고, 위헌으로 의심되는 경우에는 헌법재판소에 위헌법률심판제청을 하여 그 결과에 따라 재판하여야 한다고 서술하고 있으므로 이들을 모두 부정론이라고 불러도 괜찮을 듯싶다. 부정론의 논거를 살펴보자.

"위헌법률심판에 있어 심판대상인 법률조항의 시적인 범위를 획정할 권한은 제청된 당해 사건에서 적용될 사건규범 등을 고려하면서 판단해야 할 헌법재판소에게 부여된 전속적인 권한이다. 심판대상에서 제외시킨 사항에 대해서는 헌법재판소 결정이 효력을 미치지 아니한 (……) 반복적으로 심판이 청구되어 거듭 위헌결정이 있었다 하더라도 그것은 기술적인 문제에 지나지 않을 따름이다. (……) 헌법 재판소가 심판대상에 포함시키지 아니한 부분에 헌법재판소 결정의 주문은 아무런 영향을 미치지 않는다. (……) 궁극적으로 어떤 규범이 위헌으로 선언된 규범과 동일한 것인지 여부에 대한 판단은 헌법재판소의 권한에 속한다."[74)]

부정론은 위와 같이 논지를 펼치면서 "대법원의 이러한 행태를 방지하려고 헌법재판소는 나중에 심판대상이 될 법률조항이 위헌결정의 대상이 된 법률조항과 실질적 동일성이 존재하는 여부를 일일이 직권으로 판단해야 하는데, 이것이 과연 적절한 것이며 또 바람직한 것인가 하는 점이다. 이 사건 대법원 판결은 신법 조항이 구법 조항과 아무런 차이가 없음을 주장하지만, 이 사건에서 문제된 두 조항 사이에서 실제로 그렇다 하더라도 마찬가지로 유사하게 문제될 모든 사안을 파악해서 그리 처리하도록 사실상 헌법재판소로 하여금 강요하는 것은 아닌가도 생각해보아야 한다"고 한다.

(3) 검 토

긍정론과 부정론은 각각 법원과 헌법재판소의 입장을 대변한다고도 할 수 있다. 우선 법원의 입장은 소송경제의 이념과 형사사건에 있어서는 피고인의 권리구제에 매우 도움이 된다는 점은 부인할 수 없다. 자구(字句)만 변경된 경우이든, 신·구법 조항의 어느 하나에 위헌결정이 있었는데 법원이 다른 나머지 하나를 위헌이라 판단하는 경우 혹은 위헌으로 결정된 법률조항의 적용범위를 확대하는 경우, 굳이 헌법재판소에 위헌법률심판제청을 하지 않더라도 법원이 스스로 법률(조항)을 위헌이라 판단하고 그 적용을 거부한다면, 특히 형사사건에서 피고인의 이익에 부합하는 것이라 하지 않을 수 없다.

이에 반하여 부정론은 우리 헌법이 법률의 위헌심판권은 헌법재판소에 독점적으로 부여한 이상, 법원으로서는 소송경제의 이념이나 신속한 피고인의 권리구제라는 이념에 설사 반한다고 하더라도 헌법재판소에 위헌여부를 제청할 수밖에 없고, 그 결과에 따라 재판하여야 한다고 한다. 법의 양대 이념인 법적 안정성과 구체적 타당성 중, 긍정론은 후자를, 부정론은 전자를 더 중시한다고 볼 수 있다.

헌법재판소 역시 현실의 필요성에 의하여, 명문 규정이 없는 헌법불합치, 한정합헌, 한정위헌결정을 하고 있다. 헌법재판소법이 형벌법규 이외의 조항에 대한 위헌결정에는 장래효를 규정하고 있음에도 불구하고 일정 부분 소급효를 인정하는 것은 법원과 마찬가지이다. 헌법재판소 역시 명문의 규정이 없거나 명문 규정에 반하는 결정을 할 수밖에 없었던 이유가 있다. 한정위헌이나 한정합헌결정에서 합헌적 법률해석은 헌법의 최고법규성에 기인한 것이라든가, 헌법불합치결정을 하면서 평등원칙이나 급부행정영역에서 기존의 혜택만큼은 보장해 주어야 한다는 필요성 등이 그것이다. 그렇다면 법원에도 이와 똑같은 이유가 있지 않을까? 앞서 여러 번 언급한 피고인의 권리구제 및 소송경제의 이념을 앞세울 수 있다. 아래에서 각 경우를 살펴보겠지만, 집회주최자와 단순참가자를 비교하면 쉽사리 알 수 있을 것이다. 24시 이전의 야간시위를 금지하는 것은 위헌이라는 헌법재판소의 판단이 있었는데 그 심판대상은 주최자에 대한 부분이었다. 그런데 이에 대한 위헌결정 이후에 24시 이전의 야간시위의 단순참가자가 기소된 사건에서 법원이 이를 다시 헌법재판소에 위헌법률심판을 제청하여야 할 것으로 생각되지는 않는다.

다. 개별 사례

(1) 신·구법이 동일한 내용을 규정하고 있는데 구법 조항에 대하여만 위헌선언된 경우

헌법재판소는 신·구법이 동일한 내용을 규정하고 있는데 구법 조항에 대하여만 위헌법률심판이 제청되거나 헌법소원이 청구된 경우, 많은 사건에서 신법 조항도 심판대상에 포함하여 이를 위헌으로 선언한 바 있다. 양법에 대하여 동일한 심사척도가 적용되기 때문이다. 사례를 살펴보면 다음과 같다.

① "영화진흥법 제21조 제3항 제5호가 전환된 영화 및 비디오물 진흥에 관한 법률 제29조 제2항 제5호도 제한상영가 등급의 영화를 종전과 똑 같이 규정하고 있는바, 이 역시 명확성원칙에 위반된다"(헌재 2008. 7. 31. 2007헌가4).[75]

② "이 사건 심판의 대상은 구 문화재보호법(2002. 12. 30. 법률 제6840호로 개정되고, 2007. 4. 11. 법률 제8346호로 개정되기 전의 것, 이하 '구 법'이라 한다) 제81조 제4항 및 제5항 중 제4항 부분, 제82조 제4항 및 제7항 중 제4항 부분의 위헌 여부와 문화재보호법(2007. 4. 11. 법률 제8346호로 전부 개정된 것, 이하 '법'이라 한다) 제103조 제4항 및 제5항 중 제4항 부분, 제104조 제4항 및 제7항 중 제4항 부분의 위헌 여부이다. 청구인들은 법 제103조 제4항 및 제5항 중 제4항 부분, 제104조 제4항 및 제7항 중 제4항 부분의 위헌확인은 구하고 있지 아니하나, 청구인들의 이 사건 헌법소원심판청구 이후 문화재보호법이 개정됨에 따라 청구인들이 위헌확인을 구하고 있는 법률조항들이 그 내용을 그대로 유지한 채 조문의 위치만이 변경되었고, 개정된 법률조항들에도 동일한 심사기준이 적용되는 결과 그 위헌 여부에 관하여 동일한 결론에 이르게 되는 것이 명백한 경우이므로 개

정된 위 조항들 역시 심판의 대상으로 삼아 판단한다"(헌재 2007. 7. 26. 2003헌마 377).

③ "국회는 2009. 12. 31. 위 소득세법을 법률 제9897호로 일부 개정하였는 바, 위 구 소득세법 제104조 제1항 제2호의3은 일부 문언의 변경에도 불구하고 그 실질적 내용에는 변함이 없이 개정 소득세법 제104조 제1항 제4호로 조문의 위치가 변경되어 현재에 이르고 있다. 따라서 현행 소득세법 제104조 제1항 제4호는 그 위헌 여부에 관하여 위 구 소득세법 제104조 제1항 제2호의3과 결론을 같이할 것이 명백하다 할 것이므로 현행 소득세법 제104조 제1항 제4호도 이 사건 심판대상에 포함시키기로 한다"(헌재 2011. 11. 24. 2009헌바146).

④ "한국방송광고공사와 이로부터 출자를 받은 회사가 아니면 지상파방송사업자에 대해 방송광고 판매대행을 할 수 없도록 규정하고 있는 구 방송법 제73조 제5항과 구 방송법시행령 제59조 제3항에 대해 위헌을 선언하기로 하면서 (같은 내용을 담고 있는: 글쓴이) 개정된 방송법과 방송법시행령 규정의 효력을 그대로 유지시킨다면 이는 위헌적인 상태를 여전히 방치하는 결과가 될 것이다. 따라서 위헌결정의 실효성을 담보하고, 법질서의 정합성과 소송경제를 위하여 개정된 방송법과 방송법시행령 규정에 대해서도 이 사건 규정과 함께 위헌을 선고할 필요가 있다고 할 것이므로 방송법 제73조 제5항, 방송법 시행령 제59조 제5항에 대해서도 위헌을 선언하기로 한다"(헌재 2008. 11. 27. 2006헌마352).

⑤ 그 외에도 공직선거법상의 음식접대 받은 경우 50배의 과태료에 처한 규정에 대한 개정 전, 후법 모두에 대하여 헌법불합치결정을 내린 사례 등이 있다 (헌재 2009. 3. 26. 2007헌가22).

위 경우와 달리 헌법재판소가 일부러 혹은 실수로, 동일한 내용을 담고 있는 개정된 법률의 조항을 심판대상에 포함시키지 않은 경우에는 법원은 위헌법률판단권을 행사할 수 있다고 하여야 한다. 물론 당연히 이러한 신법 조항은 구법 조항에 대한 헌법재판소의 위헌결정이 있기 전에 개정된 경우에 한한다.[76]

반대의 경우도 상정할 수 있다. 즉 신법 조항에 대하여만 위헌결정이 있었는데 후에 구법 조항이 개별 사건에서 적용법조로 등장하는 경우이다. 재판이 늦게 진행되거나, 구법 위반 범죄에 대한 기소 자체가 법 개정 이후에 이루어진 경우 등에 일어날 수 있다. 이론만으로 볼 때는 법원이 헌법재판소에 위헌법률심판제청을 하면 헌법재판소가 구법은 이미 실효되었다고 선언할 수도 있겠고,[77] 법조항이 개정되었으므로 다시 위헌판단을 하여 '위헌확인 선언'이 아닌 '위헌 선언'을 할 수도 있겠다. 실제 사건에서는 헌법재판소는 위헌확인 선언이 아닌 위헌 선언을 하였다. 아래에서 그 내용을 상세히 살펴보자.

우선 '헌재 2014. 3. 27. 2010헌가2 등' 사건을 살펴보자. 이 사건의 형사본안사건은 2008. 6. 25. 야간시위(2010헌가2) 및 2008. 5. 26. 야간시위(2012헌가13)에 따른 각 '집회 및 시위에 관한 법률 위반' 사건이다. 이 사건에서의 헌법재판소 결정의 주문은 "집회 및 시위에 관한 법률(2007. 5. 11. **법률 제8424호로 개정된 것**) 제10조 본문 중 '시위'에 관한 부분 및 제23조 제3호 중 '제10조 본문' 가운데 '시위'에 관한 부분은 각 '해가 진후부터 같은 날 24시까지의 시위'에 적용하는 한 헌법에 위반된다"이다.

다음 헌재 2014. 4. 24. 2011헌가29 사건의 형사본안사건은 2006. 12. 26. 야간시위에 따른 '집회 및 시위에 관한 법률 위반' 사건이다. 이 사건에서의 헌법재판소 결정의 주문은 "구 '집회 및 시위에 관한 법률'(1989. 3. 29. **법률 제4095호로 개정되고, 2007. 5. 11. 법률 제8424호로 개정되기 전의 것**) 제10조 및 구 '집회 및 시위에 관한 법률'(2004. 1. 29. 법률 제7123호로 개정되고, 2007. 5. 11. 법률 제8424호로 개정되기 전의 것) 제20조 제3호 중 '제10조 본문'에 관한 부분은 각 '일몰시간 후부터 같은 날 24시까지의 옥외집회 또는 시위'에 적용하는 한 헌법에 위반된다"이다.[78]

즉, 2008년의 야간시위에 적용되는 2007년 개정 집시법의 야간시위금지조항에 대하여 위헌결정이 있은 이후에, 행위시법주의에 따라 2006년의 야간시위에 적용될 1989년 개정 집시법의 위헌성이 문제된 후행 사건에서 헌법재판소는 선행 결정에서의 판단과 동일한 설시, 판시를 하면서 (한정)위헌결정을 하였다.[79] 그런데 이 때 법원이 1989년 집시법 조항에 대하여 위헌법률심판제청을 하지 않고, 위 선행결정은 2007년 개정 집시법의 야간시위금지 조항을 위헌이라 선언한 것이기 때문에 당연히 1989년 집시법의 야간시위금지조항도 실효되었다고 판단하여 피고인에게 무죄를 선고할 수도 있다.[80] 피고인의 신속한 재판을 받을 권리 혹은 신속한 구제라는 이념이 절차 측면에서의 법적 안정성보다는 우월한 이익으로 보아야 한다. 위에서 예를 든 ①, ②, ③, ④, ⑤의 경우를 뒤집어서 생각해보면, 즉 개정법 조항이 문제된 사건에서 개정 전 법률조항에 대하여 심판대상을 확장하는 것도 헌법재판소의 당연한 권한이라고 한다면 소송경제의 측면에서 헌법재판소가 구법 조항에 대하여도 위헌선언을 할 수 있다. 그렇다면 헌법재판소가 일부러 혹은 간과한 개정 전 법률조항이나 개정 후 법률조항에 대하여는 법원이 헌법재판소의 위헌결정이 이에 대하여도 효력을 미친다고 하여 위헌이라 판단한 후 본안판단을 할 수 있다고 하여야 한다.

최근 신법에 대한 위헌결정이 구법에 효력을 미칠 수 있는가를 정면으로 다룬 대법원 판결이 나왔다. 형벌규정에 대한 것이지만 글쓴이의 견해와는 달리 이 경우 위헌결정의 효력을 구법에도 적용되는 것으로 해석할 수 없다고 하였다.

(판 례) 신법에 대한 위헌결정이 구법에도 미치는지 여부

개정 법률조항'에 대한 위헌결정이 있는 경우에는, 비록 그 법률조항의 개정이 자구만 형식적으로 변경한 것에 불과하여 개정 전후 법률조항들 사이에 실질적 동일성이 인정된다 하더라도, '개정 법률조항'에 대한 위헌결정의 효력이 '개정 전 법률조항'에까지 그대로 미친다고 할 수는 없다. 그 이유는 다음과 같다.

가. 동일한 내용의 형벌법규라 하더라도 그 법률조항이 규율하는 시간적 범위가 상당한 기간에 걸쳐 있는 경우에는 시대적·사회적 상황의 변화와 사회 일반의 법의식의 변천에 따라 그 위헌성에 대한 평가가 달라질 수 있다. 따라서 헌법재판소가 특정 시점에 위헌으로 선언한 형벌조항이라 하더라도 그것이 원래부터 위헌적이었다고 단언할 수 없으며, 헌법재판소가 과거 어느 시점에 당대의 법 감정과 시대상황을 고려하여 합헌결정을 한 사실이 있는 법률조항이라면 더욱 그러하다.

그럼에도 개정 전후 법률조항들의 내용이 실질적으로 동일하다고 하여 '개정 법률조항'에 대한 위헌결정의 효력이 '개정 전 법률조항'에까지 그대로 미친다고 본다면, 오랜 기간 그 법률조항에 의하여 형성된 합헌적 법집행을 모두 뒤집게 되어 사회구성원들의 신뢰와 법적 안정성에 반하는 결과를 초래할 수 있다.

나. 형벌에 관한 법률조항에 대한 위헌결정의 소급효를 일률적으로 부정하여 과거에 형성된 위헌적 법률관계를 구제의 범위 밖에 두게 되면 구체적 정의와 형평에 반할 수 있는 반면, 위헌결정의 소급효를 제한 없이 인정하면 과거에 형성된 법률관계가 전복되는 결과를 가져와 법적 안정성에 중대한 영향을 미치게 된다. 헌법재판소법 제47조 제3항은 본문에서 '형벌에 관한 법률조항은 위헌결정으로 소급하여 그 효력을 상실한다'고 규정하면서도, 단서에서 '해당 법률조항에 대하여 종전에 합헌으로 결정한 사건이 있는 경우에는 그 결정이 있는 날의 다음 날로 소급하여 효력을 상실한다'고 규정하고 있다. 이는 형벌조항에 대한 합헌결정이 있는 경우 그 합헌결정에 대하여 위헌결정의 소급효를 제한하는 효력을 인정함으로써 합헌결정이 있는 날까지 쌓아온 규범에 대한 사회적 신뢰와 법적 안정성을 보호하도록 한 것이다. 또한 헌법재판소는 위헌결정의 소급효를 둘러싼 위와 같은 대립되는 법률적 이념에 대한 고려와 형량의 결과로 심판대상을 확장 또는 제한하게

된다.

형벌에 관한 법률조항에 대한 합헌결정이 갖는 규범적 의미, 위헌결정의 소급적 확장 여부에 관한 헌법재판소의 심판대상 확정의 의의 및 법원과 헌법재판소 사이의 헌법상 권한분장의 취지를 고려할 때, 헌법재판소가 합헌결정을 한 바 있는 '개정 전 법률조항'에 대하여 법원이 이와 다른 판단을 할 수는 없으며, 이는 헌법재판소가 '개정 법률조항'에 대한 위헌결정의 이유에서 '개정 전 법률조항'에 대하여 한 종전 합헌결정의 견해를 변경한다는 취지를 밝히는 경우에도 마찬가지이다.

대결 2020. 2. 21.자 2015모2204

(2) 자구(字句)만 변경된 법률 개정이 있는 경우

대법원 2014. 8. 28. 선고 2014도5433 판결을 따라가 본다.

"원심은 이 사건 공소사실 중 향정신성의약품 수입의 점에 대하여 특정범죄가중처벌 등에 관한 법률(2010. 3. 31. 법률 제10210호로 개정된 것) 제11조 제1항(이하 '개정 특가법조항'이라 한다)과 마약류관리에 관한 법률 제58조 제1항 제6호를 적용하여 「특정범죄 가중처벌 등에 관한 법률」 위반(향정)죄의 유죄를 인정하였다. 그런데 그 후 헌법재판소는 2011헌바2 사건에서 2014. 4. 24. "구 특정범죄가중처벌 등에 관한 법률(2004. 10. 16. 법률 제7226호로 개정되고, 2010. 3. 31. 법률 제10210호로 개정되기 전의 것) 제11조 제1항(이하 '구 특가법조항'이라 한다) 중 마약류관리에 관한 법률 제58조 제1항 제6호 가운데 '수입'에 관한 부분은 헌법에 위반된다"는 결정을 선고하였다.

그런데 개정 특가법조항은 "마약류관리에 관한 법률 제58조 **제1항 제1호부터 제4호까지 및 제6호·제7호에 규정된 죄(매매, 수수 및 교부에 관한 죄와 매매목적, 매매 알선목적 또는 수수목적의 소지·소유에 관한 죄는 제외한다)** 또는 그 미수죄를 범한 사람은 무기 또는 10년 이상의 징역에 처한다"는 규정으로서 구 특가법조항, 즉 "마약류관리에 관한 법률 제58조 **제1항 제1호 내지 제4호·제6호 및 제7호에 규정된 죄(매매·수수 및 교부에 관한 죄와 매매목적·매매알선목적 또는 수수목적의 소지·소유에 관한 죄를 제외한다)** 또는 그 미수죄를 범한 자는 무기 또는 10년 이상의 징역에 처한다"는 규정이 개정된 것이다. 이와 같은 개정은 법적 간결성·함축성과 조화를 이루는 범위에서 어려운 용어를 쉬운 우리말로 풀어쓰고 복잡한 문장은 체계를 정리하여 간결하게 다듬음으로써 법률 규정을 쉽게 읽고 이해하며 국민의 언어생활에도 부합하도록 할 목적으로 법률 규정의 한글화, 어려운 법률 용어의 순화, 한글맞춤법 등 어문 규범의 준수 및 정확하고 자연스러운 법 문장의 구성 등의 방식으로 이루어진 것이었다."

이러한 인정 하에 대법원은 "그 자구만이 형식적으로 변경된 데 불과하여 그 개정 전후 법률조항들 자체의 의미내용에 아무런 변동이 없고, 개정 특가법조항이 해당 법률의 다른 조항이나 관련 다른 법률과의 체계적 해석에서도 구 특가법조항과 다른 의미로 해석될 여지가 없어 양자의 동일성이 그대로 유지되고 있다고 보인다. 따라서 이 사건 위헌결정의 주문에 개정 특가법조항이 표시되어 있지 아니하더라도 그 위헌결정의 효력은 개정 특가법조항의 해당 부분에 대하여도 미친다고 보아야 할 것이다. 그렇다면 이 사건 조항도 이 사건 위헌결정으로 구 헌법재판소법 제47조 제2항 단서에 따라 소급하여 그 효력을 상실하였다"고 판시하였다.

이 경우도 위에서 살펴본 신·구법이 동일한 내용을 규정하고 있는 경우와 동일한 논거가 원용된다. 즉 소송경제와 소송당사자(특히 형사사건의 경우에는 피고인)의 기본권의 충실한 보호라는 이념이다. 법원이 스스로 단순히 자구만 변경된 것인지 아니면 나아가 내용이 변경된 것인지를 판단하여 단순한 자구변경의 경우에는 헌법재판소의 개정 전 법률(조항)에 대한 위헌결정의 효력이 개정 후의 법률(조항)에도 미친다고 판단하여 본안판단을 할 수 있다고 하여야 한다. 법원의 위헌법률판단권이다.

이에 대하여 "대법원의 이러한 행태를 방지하려고 헌법재판소는 나중에 심판대상이 될 법률조항이 위헌결정의 대상이 된 법률조항과 실질적 동일성이 존재하는 여부를 일일이 직권으로 판단해야 하는데 (……) 유사하게 문제될 모든 사안을 파악해서 그리 처리하도록 사실상 헌법재판소로 하여금 강요하는 것은 아닌가 생각해보아야 한다"고 하면서 대법원 판결을 비판하는 견해도 있다.[81] 이 견해는 헌법재판소가 이를 바로잡기 위하여 재판소원을 인정하여야 한다고 주장하면서 나아가 "이 사건 대법원 판결은 헌법 제107조 제1항과 제111조 제1항 제1호에 규정된 위헌법률심판의 제청의무에 위반해서 제청을 하지 아니하고 헌법재판소에 의한 위헌심판의 대상이 되지 아니한 법률조항이 위헌결정된 법률조항과 실질적으로 동일함을 이유로 직권으로 위헌결정의 효력을 확장하였는 바, 이는 헌법 제113조 제1항에 위반된 것이다. (……) 주심대법관에 대하여는 탄핵소추의 대상이 된다"고 한다.

재판소원을 인정하자는 것은 입법론 내지는 헌법정책 문제이기 때문에 여기서 논할 바는 아니다. 그러나 "헌법재판소에서 법률의 위헌결정, 탄핵의 결정,

정당해산의 결정 또는 헌법소원에 관한 인용결정을 할 때에는 재판관 6인 이상의 찬성이 있어야 한다"는 헌법 제113조 제1항이 이 대법원 판결에 대한 찬반 논쟁과 어떠한 관련이 있는지 의문이다. 무엇보다도 위헌결정의 효력에 관련된 헌법재판소법이라는 법률을 법원 나름대로 해석한 것을 헌법위반으로 볼 수는 없다. 위 견해에 따른다면 최근의 양심적 병역거부을 인정한 '헌재 2018. 6. 28. 2011헌바379등' 결정이 나오기 전까지, 정당한 사유 없이 입영을 거부한 사람을 처벌하는 병역법 조항을 합헌이라고 '헌재 2011. 8. 30. 2008헌가22등' 결정에 반하여, 동일한 사안에서 위 조항의 정당한 사유에 '양심적 병역거부가 포함된다'는 이유로 무죄를 선고한(광주지방법원 2016. 10. 18. 선고 2015노1181 판결 등 다수; 하급심의 첫 판결은 2004년에 서울남부지법의 이정렬 판사가 하였다) 법관 역시 탄핵의 대상이 되어야 한다는 모순에 빠진다. 만일 위 병역법 조항이 위헌으로 판단된다면 헌법재판소에 위헌법률심판을 제청할 수 있을 뿐인데 스스로 법률해석을 하여 본안판단을 한 위헌, 위법이 있기 때문이다.

신법 개정이 자구만 변경된 것에 불과하다고 하여 심판대상을 신법 규정에까지 확장한 사례는 제법 있다. 그중 몇 가지를 살펴보면 다음과 같다.

① 헌재 2018. 1. 25. 2017헌가7등: 1988년 구 소년법 제67조 (자격에 관한 법령의 적용) 소년으로 범한 죄에 의하여 형의 선고를 받은 자가 그 집행을 종료하거나 집행의 면제를 받은 때에는 자격에 관한 법령의 적용에 있어서는 장래에 향하여 형의 선고를 받지 아니한 것으로 본다.

2007년 소년법 제67조 (자격에 관한 법령의 적용) 소년이었을 때 범한 죄에 의하여 형을 선고받은 자가 그 집행을 종료하거나 면제받은 경우 자격에 관한 법령을 적용할 때에는 장래에 향하여 형의 선고를 받지 아니한 것으로 본다.

② 헌재 2015. 9. 24. 2014헌바154등 결정: 구 폭력행위등 처벌에 관한 법률의 흉기 기타 위험한 물건을 흉기 그 밖의 위험한 물건으로, 죄를 범한 자를 죄를 범한 사람으로 각 개정한 신법 조항으로 심판대상을 확장한 경우이다.

(3) 동일한 심사척도가 적용되는 경우

이에 관하여서도 실제 사례를 통하여 살펴보기로 한다.

헌법재판소는 '2014. 3. 27. 2010헌가2등' 사건에서 야간시위의 단순 참가자를 처벌하는 집회 및 시위에 관한 법률 제23조 제3호에 대하여 "집시법 제10조 본문 중 '시위'에 관한 부분 및 제23조 제3호 중 '제10조 본문' 가운데 '시위'에 관한 부분은 각 '해가 진 후부터 같은 날 24시까지의 시위'에 적용하는 한 헌법에 위반된다"는 결정을 선고하였다.

이후 야간시위의 주최자를 처벌하는 위 집시법 제23조 제1호가 문제된 사건에서 대법원은 "위 헌법재판소 결정은 그 주문의 표현 형식에도 불구하고 집시법의 위 각 조항의 '시위'에 관한 부분 중 '해가 진 후부터 같은 날 24시까지' 부분이 헌법에 위반된다는 일부 위헌의 취지라고 보아야 하므로, 헌법재판소법 제47조에서 정한 위헌결정으로서의 효력을 갖는다. 그리고 집시법 제23조는 집시법 제10조 본문의 야간 시위 부분을 공통의 처벌근거로 삼고 있고 다만 야간 시위를 주최한 자(제1호)인지 단순참가자(제3호)인지에 따라 법정형을 달리하고 있는바, 위 헌법재판소 결정은 비록 집시법 제23조 중 제3호에 규정된 참가자에 대한 것이기는 하지만 집시법 제10조 본문의 야간 시위 중 위 시간대의 부분에 대하여 위헌결정을 한 것이므로, 야간 시위 금지 위반으로 기소된 주최자에 대하여도 위 위헌결정의 효력이 미친다"고 판시하였다(대판 2014. 7. 10. 2011도 1602).

즉, 특정 시간대의 시위 금지 조항이 위헌인 이상, 그 위헌결정이 비록 단순참가자에 대한 것이라고 하더라도, 법원은 헌법재판소 결정의 효력은 주최자에게도 미치는 것으로 확장하여 해석할 수 있다는 것이다.

위 사례와 같이 동일한 심사척도가 적용된다고 볼 수 있는 경우로는 예비군 대대장과 중대장의 선거운동 금지조항[82] 및 통·리·반의 장 및 읍·면·동주민자치센터 위원의 선거운동 금지조항[83] 등을 예로 들 수 있다. 가령 통장의 선거운동을 제한하는 것이 위헌이라는 헌법재판소의 결정이 있은 후, 법원이 반장의 선거운동 금지 사건에서 헌법재판소에 해당 조항의 위헌법률심판을 제청하지 않고, 직권으로 '반장'이라는 위 규정(혹은 문구)에도 헌법재판소의 위헌결정의 효력이 미친다고 해석하여 무죄를 선고할 수 있다고 하겠다.

헌법재판소는 "공무원연금법 제32조 제1항은 2016. 12. 27. 법률 제14476호로 개정되었으나 실질적으로 종전과 같은 내용을 규정하여 청구인의 압류를 제한하고 있으므로 심판대상을 현행법까지 확장한다"고 하였다(헌재 2018. 7. 26. 2016헌마260). 심판대상조항은 '구 공무원연금법(2015. 6. 22. 법률 제13387호로 개정되고 2016. 12. 27. 법률 제14476호로 개정되기 전의 것)' 제32조 제1항이다. 동조항은 "급여를 받을 권리는 양도, 압류하거나 담보로 제공할 수 없다. 다만, 연금인 급여를 받을 권리는 대통령령으로 정하는 금융기관에 담보로 제공할 수 있고, 「국세징수법」, 「**지방세기본법**」, 그 밖의 법률에 따른 체납처분의 대상으로 할 수 있다"고 규정하였다. 심판대상에 포함된 개정 '공무원연금법(2016. 12. 27. 법률 제14476호로 개정된 것)'은 위 지방세기본법이라는 문구가 「**지방세징수법**」으로 바뀌었을 뿐이다.[84] 위에서 논하였던 것과 마찬가지로 헌법재판소가 문구 내용이 지방세징수법으로 바뀐 개정 공무원연금법을 위헌선언하지 않았다고 하더라도 법원이 위 위헌결정의 효력은 개정법에도 미친다고 결정할 수 있다는 것이다.

(4) 형벌조항에 대한 잠정적용 헌법불합치 결정에도 불구하고 법원이 적용을 거부하는 경우[85]

"형법(1995. 12. 29. 법률 제5057호로 개정된 것) 제269조 제1항, 제270조 제1항 중 '의사'에 관한 부분은 모두 헌법에 합치되지 아니한다. 위 조항들은 2020. 12. 31.을 시한으로 입법자가 개정할 때까지 계속 적용된다."

최근 있었던 낙태죄 결정(헌재 2019. 4. 11. 2017헌바127)의 주문이다. 위 주문은 말 그대로 입법자에게 부여된 법 개정시한까지는 낙태죄 규정을 적용하여 처벌하라는 것이다. 그런데 법원은 이에 따르지 않았다. 굳이 출처나 근거를 밝히지 않더라도 위 결정 이후 낙태시술을 한 의사에게 무죄를 선고하는 판결이 잇따르고 있다는 기사는 어디서나 볼 수 있다. 물론 이런 논쟁이 낙태죄 결정에서 처음 등장한 것은 아니다. 야간옥외집회 헌법불합치결정 역시 잠정적용 헌법불합치 결정이었는데, 하급심에서는 판사의 개별 성향 혹은 견해에 따라 유죄와 무죄가 결정되는 등 혼란이 있었다. 대법원은 '2011. 6. 23. 2008도7562' 판결에서 일응 정리를 하였으나, 헌법재판소가 부여한 개정시한을 도과한 후에 내려진 판결이라 여전히 불씨가 남아 있었던 것이었다.

아직까지 학자들이나 실무가 역시 헌법재판소의 헌법불합치 결정의 효력이라는 면에서만 연구를 하고 있는 것으로 보인다. 그러나 이 역시 법원의 위헌법률판단권의 한 내용으로 충분히 다루어져야 한다. 다만 다른 항목과 달리 법원이 헌법재판소와 다른 해석을 하거나 효력 범위를 확장하는 것이 아니기 때문에 여기서는 논의를 이만 줄인다.[86]

(5) 법원이 합헌적 법률해석을 하여 헌법재판소의 합헌결정을 변경하는 경우[87]

헌법재판소는 병역의 종류를 규정한 병역법 제5조를 양심적 병역거부자에 대한 대체복무제를 규정하고 있지 않다는 이유로 2018. 6. 28. 위헌결정을 하였다

(2011헌바379등). 그러나 헌법재판소 스스로 이 사건의 편의상 제목으로 정한 '병역법 제88조 제1항 등 위헌소원'에서도 보이는 처벌조항(제88조 제1항)은 합헌으로 결정하였다. 결정요지는 다음과 같다.

"처벌조항은 '정당한 사유 없이' 입영하지 아니하거나 소집에 응하지 아니하는 경우를 처벌하도록 하고 있을 뿐, 양심적 병역거부를 처벌하는 내용을 규정하고 있지 않다. 그럼에도 불구하고 양심적 병역거부자가 처벌되는 것은, 병역종류조항이 대체복무제를 규정하지 않음에 따라 양심적 병역거부자들이 입영을 거부하거나 소집에 불응하고 있고, 이에 대하여 법원이 그와 같은 양심적 병역거부는 처벌조항의 '정당한 사유'에 해당하지 않는다고 판단하고 있기 때문이다(대법원 2004. 7. 15. 선고 2004도2965 전원합의체 판결). 그런데 앞서 본 바와 같이 병역종류조항에 대체복무제가 규정되지 아니한 상황에서 현재의 대법원 판례에 따라 양심적 병역거부자를 처벌한다면, 이는 과잉금지원칙을 위반하여 양심적 병역거부자의 양심의 자유를 침해하는 것이다. 따라서 지금처럼 병역종류조항에 대체복무제가 규정되지 아니한 상황에서는 양심상의 결정을 이유로 입영을 거부하거나 소집에 불응하더라도 이를 처벌하는 것은 헌법에 위반되므로, 처벌조항의 '정당한 사유'에 해당한다고 보아야 한다. 결국 양심적 병역거부자에 대한 처벌은 대체복무제를 규정하지 아니한 병역종류조항의 입법상 불비와 양심적 병역거부는 처벌조항의 '정당한 사유'에 해당하지 않는다는 법원의 해석이 결합되어 발생한 문제일 뿐, 처벌조항 자체에서 비롯된 문제가 아니다."[88]

그런데 위 결정이 있은 날부터 불과 4개월 후 대법원은 헌법재판소가 합헌이라고 결정한 위 처벌조항을 사실상 헌법에 위반된다고 판단하였다. 헌법재판소가 일관되게 합헌이라고 결정한 법률조항에 대한 해석을 법원이 뒤집고 이러한 해석은 위헌이라고 한 것이다. 위헌법률심판의 대상은 추상성을 띤 규범이 아니라 법원의 해석에 의하여 구체화된 법률 조항이라는 것이 헌법재판소의 일관된 견해이기 때문이다.[89] 그렇다면 이 경우 역시 법원이 헌법재판소와는 전혀 별개의 독자의 위헌법률판단권을 행사한 것으로 볼 수밖에 없다.

제 **4** 장
헌법소원심판

Ⅰ. 서 설

1. 의 의

헌법소원은 공권력의 행사 또는 불행사로 인하여 헌법상 보장된 기본권을 현재, 직접 침해당한 자가 자신의 기본권을 구제받기 위하여 헌법재판소에 그 침해의 구제를 청구하는 제도이다. 침해의 구제는 공권력을 취소하거나 위헌임을 확인받는 것이다.

헌법 제111조 제1항 제5호는 헌법재판소의 관장사항의 하나로 "법률이 정하는 헌법소원에 관한 심판"을 규정하고, 헌법재판소법은 제68조 제1항에서 "공권력의 행사 또는 불행사로 인하여 헌법상 보장된 기본권을 침해받은 자는 법원의 재판을 제외하고는 헌법재판소에 헌법소원심판을 청구할 수 있다"고 규정하고 있다.

헌법소원제도는 개인이 직접 헌법재판기관에 제소하여 헌법상 기본권 침해를 구제받을 수 있는 제도라는 점에서 의의가 크다. 헌법재판소 개원 초기부터 2007년 형사소송법상의 재정신청제도를 개정하기 전까지 검사의 불기소처분에 대한 헌법소원이 헌법재판의 대부분을 차지하기도 하였다. 법 개정 이후에도 헌법재판에서 차지하는 비중은 헌법소원이 가장 높다. 세세한 내용은 조금씩 다르지만 독일, 오스트리아, 스페인 등 유럽 각국에서 헌법소원제도를 시행하고 있다. 우리나라에서는 현행 헌법에서 처음 채택되었고, 독일 제도를 모델로 하였다는 견해가 많으나, 오히려 오스트리아나 스페인 제도와 가까운 것으로 평가하는 것이 옳다.

2. 헌법소원의 기능

헌법소원제도의 기능은 두 가지로 설명할 수 있다. 첫째, 개인의 기본권 보장이다. 개인이 직접 헌법재판기관에 제소하여 구제받을 수 있는 주관적 권리구제제도라는 점에서 이 제도의 특별한 존재의의가 있다. 둘째, 헌법보장이다. 헌법소원제도는 공권력이 기본권에 기속되게 함으로써 헌법보장, 즉 객관적 헌법질서의 수호·유지 기능을 수행한다. 기본권보장기능이 개인의 주관적 측면에서 본 것이라면 헌법보장기능은 객관적 측면에서 본 것이다. 이런 뜻에서 이중 기능을 행한다고 할 수 있다(헌재 1995. 7. 21. 92헌마144). 다만 헌법소원심판제도의 이러한 이중 기능은 헌법이 보장하고 있는 다섯 가지 헌법재판의 유형 모두에 공통으로 인정된다고 하는 것이 타당하다.

3. 헌법소원제도의 법률유보

헌법 제111조 제1항은 헌법재판소의 관장사항의 하나로 '법률이 정하는 헌법소원에 관한 심판'을 규정할 뿐, 헌법소원심판제도를 어떻게 운용할지에 관하여는 법률에 위임하고 있다. 이것은 헌법소원제도의 내용을 완전히 법률에 위임한다는 의미는 아니며, 세밀한 입법형성을 입법자에게 위임하되 헌법소원제도의 핵심 내용을 배제할 수 없음을 뜻한다고 설명된다. 다만 헌법소원제도의 핵심 내용이 무엇인지에 대하여는 논의가 거의 없다.

이와 관련하여 헌법재판소법 제68조 제1항이 헌법소원심판대상에서 '법원의 재판'을 제외한 것이 국민의 재판청구권을 과도하게 제한하고 있는 것이 아닌가 하는 점이 문제된다. 헌법재판소는 합헌이라고 하였다.

(판 례) 헌법소원제도의 법률유보

헌법 제111조 제1항 제5호가 '법률이 정하는 헌법소원에 관한 심판'이라고 규정한 뜻은 결국 헌법이 입법자에게 공권력작용으로 인하여 헌법상의 권리를 침해받은 자가 그 권리를 구제받기 위한 주관적 권리구제절차를 우리의 사법체계, 헌법재판의 역사, 법률문화와 정치적·사회적 현황 등을 고려하여 헌법의 이념과 현실에 맞게 구체적인 입법을 통하여 구현하게끔 위임한 것으로 보아야 할 것이므로,

헌법소원은 언제나 '법원의 재판에 대한 소원'을 그 심판의 대상에 포함하여야만 비로소 헌법소원제도의 본질에 부합한다고 단정할 수 없다.

헌재 1997. 12. 24. 96헌마172등, 판례집 9-2, 842, 855

Ⅱ. 헌법소원의 종류

1. 개 관

헌법재판소법은 두 종류의 헌법소원을 규정하고 있다. 그 하나는 흔히 말하는 의미에서의 헌법소원, 즉 제68조 제1항에 의한 헌법소원이이다. 다른 하나는 재판당사자가 법원에 위헌법률심판제청신청을 하였으나 기각 또는 각하된 경우에 제기하는 동조 제2항에 의한 헌법소원이다. 앞의 것을 '**권리구제형** 헌법소원', 뒤의 것을 '**위헌심사형**(또는 규범통제형) 헌법소원' 혹은 단순히 '**위헌소원**'이라고도 한다. 위헌심사형 헌법소원은 우리나라에 독특한 제도이다.

헌법재판소는 초기에 위헌심사형 헌법소원을 헌법소원의 일종으로 보는 입장을 취하기도 했으나(헌재 1989. 12. 18. 89헌마32등; 이 때는 '헌마'라는 사건번호를 부여), 지금은 위헌법률심사제도의 하나로 보고 있다(1995년경부터는 '헌바'라는 사건을 부여). 헌법재판소법 제68조 제2항에 의한 심판절차에는 제41조의 위헌법률심판에 관한 규정들이 대부분 그대로 적용된다.

위헌심사형 헌법소원은 헌법소원심판의 대상에서 재판을 제외한 데 따른 문제점을 보완하기 위한 것이다. 개별 소송사건에서 적용할 법률이 위헌으로 판단되는데도 불구하고 법원이 위헌법률심판의 제청을 하지 않는 경우, 그 당사자는 상급심을 모두 거친 후에 위헌인 법률을 적용한 재판에 대하여 헌법소원을 제기할 수 있어야 한다. 그러나 헌법재판소법은 재판에 대한 헌법소원을 인정하지 않으므로 이 경우에 구제받을 방법이 없게 된다. 이러한 문제점을 보완하기 위해 위헌법률심판제청의 신청을 기각(또는 각하)당한 당사자가 직접 헌법재판소에 위헌법률심사를 청구할 수 있는 제도를 마련한 것이다.

2. 헌법소원종류의 직권 변경

제68조 제1항의 헌법소원심판청구를 헌법재판소가 직권으로 제2항의 위헌소

원심판청구로 변경한 사례가 있다. 헌법재판소는 "청구인의 대리인은 헌법재판소법 제68조 제1항의 헌법소원으로 청구하였지만, 청구인이 대법원에 위헌법률심판제청신청을 하였다가 기각되자 국선대리인 선임신청을 한 점에 비추어 보면 청구인의 원래 의도는 헌법재판소법 제68조 제2항의 헌법소원을 제기하려는 것이었다고 보이므로, 이 사건 헌법소원은 청구인의 원래 의도에 따라 헌법재판소법 제68조 제2항의 헌법소원으로 보고 판단한다"고 하였다(헌재 2008. 10. 30. 2006헌마447).

아래에서는 우선 제68조 제1항의 권리구제형 헌법소원을 중심으로 기술한 후, 제68조 제2항의 위헌심사형 헌법소원에 관한 사항은 따로 묶어서 설명한다.

Ⅲ. 헌법소원심판의 청구권자

헌법소원심판의 청구권자는 "공권력의 행사 또는 불행사로 인하여 헌법상 보장된 기본권을 침해받은 자"이다(제68조 제1항). 엄밀히 말하면 침해받았다고 주장하는 자이다.

헌법상 기본권을 침해받은 자가 청구할 수 있으므로 기본권 주체가 될 수 있는 자만이 청구인적격이 인정된다. "누가 헌법소원을 청구할 수 있느냐의 문제는 개별 사안에서 관련된 기본권들의 인적 적용범위(보호영역)에 의해 좌우된다"라고 설명하는 것이 보통이다. 헌법재판소도 실무제요에서 그렇게 설명하고 있다. 그러나 이는 헌법소원의 적법요건 중 '자기관련성'에 관한 설명이지, 획일화된 표준을 요하는 청구인능력을 설명하면서 인용할 문장은 아니다. 민사소송에서의 당사자능력에 대응하는 청구인능력과, 당사자적격에 해당하는 청구인적격을 헌법소송에서는 엄격히 구별하지 않는 것이 보통이다. 그러나 자기관련성이 없는 경우에는 당사자적격이 없는 것이지, 당사자능력이 없는 것은 아니다. 다만 이 책에서도 특별히 양자의 구별이 필요한 경우가 아니라면 통례와 같이 당사자능력과 당사자적격을 엄밀히 구별하지 않고 혼용한다.

1. 자 연 인

대한민국 국적을 가진 모든 자연인은 기본권 주체이고, 헌법소원심판을 청구할 수 있다. 반면 외국인, 즉 외국국적을 가진 자 또는 무국적자인 자연인은 외국인에게도 인정되는 기본권에 관련해서만 청구인이 될 수 있다(양 건, 제3편, 제2장, I '기본권의 주체' 참조).

심판 도중에 청구인이 사망한 경우 심판이 종료되는 것이 원칙이다(헌재 1992. 11. 12. 90헌마33). 그러나 재산권처럼 일신전속(一身專屬) 성격이 약한 기본권의 경우에는 상속인에 의한 헌법소원심판절차의 수계(受繼)가 가능한 예외도 있다(헌재 1993. 7. 29. 92헌마234; 사안은 피해자인 고소인이 고소 후 사망한 경우 피보호법익인 재산권의 상속인이 피해자가 제기한 당해 고소사건에 관하여 항고·재항고·헌법소원심판을 청구할 수 있다고 한 사례이다).

수계할 당사자가 없거나 수계의사가 없는 경우에는 청구인의 사망에 의하여 헌법소원심판절차는 종료된다. 다만 수계의사표시가 없는 경우에도 이미 결정을 할 수 있을 정도로 사건이 성숙되어 있고, 그 결정에 의하여 유죄판결의 흠이 제거될 수 있음이 명백한 경우 등 특별히 유죄판결을 받은 자의 이익을 위하여 결정의 필요성이 있다고 판단되는 때에 한하여 종국결정을 할 수 있다(헌재 1994. 12. 29. 90헌바13).

2. 사법상의 법인 또는 단체

사법(私法)상의 법인이나 기타 법인이 아닌 단체도 기본권의 주체가 될 수 있는 범위에서 심판청구권자가 될 수 있다(헌재 1991. 6. 3. 90헌마56).

법인이나 단체는 그 자신의 기본권을 직접 침해당한 경우에만 헌법소원심판을 청구할 수 있으며, 그 구성원을 위하여 또는 구성원을 대신하여 심판을 청구할 수는 없다(헌재 1991. 6. 3. 90헌마56; 헌재 1995. 7. 21. 92헌마177; 제3자 소송담당 부인). 법인이나 단체의 내부기관은 심판을 청구할 수 없다고 한다(한국영화인협회 감독위원회 사건. 헌재 1991. 6. 3. 90헌마56). 그러나 단체의 내부기관이라고 하더라도 대외적으로 독립하여 활동하고, 별도 조직으로 인정받으며 대표자와 내부 규약이 별도로 있는 경우에는 심판을 청구할 수 있다. '헌재 1995. 7. 21. 92헌마177' 사건의 청구인 '한국신문편집인협회'는 심판청구를 각하당하였다. 그러나 이 협회는 위 요건을 갖추었는데도 자신의 기본권 침해를 주장하지 않았고, 헌법재판소도 '선해의 적법성' 이론을 이 사건에서 채택하지 않았을 따름이다. 헌법재판소도 결정이유에서 위 단체는 권리능력없는 사단으로서 헌법소원심판청구인능

력이 있다고 판단하였다.[1]

정당은 권리능력없는 사단의 일종으로서 헌법소원을 청구할 수 있다(헌재 1991. 3. 11. 91헌마21). 노동조합도 청구할 수 있다(헌재 1991. 11. 25. 95헌마154; 현행 노동조합법 제6조는 노동조합은 그 규약으로 법인으로 할 수 있다고 규정하고 있다).

중·고등학교는 교육을 위한 시설에 불과하여 민법상 권리능력이나 민사소송법상 당사자능력이 없으므로 헌법소원 심판청구능력이 없고, 학교법인이 헌법소원심판을 청구할 수 있을 뿐이다(헌재 1993. 7. 29. 89헌마123). 영유아 보육시설에 불과한 민간어린이집은 헌법소원심판을 제기할 당사자능력이 있는 법인에 해당하지 않는다(헌재 2013. 8. 29. 2013헌마165). 그러나 주의할 점이 있다. 이 사건 처분검사는 이 사건 어린이집이 법인임을 전제로 양벌규정에 따라 어린이집에 대하여 기소유예처분을 하였는데, 헌법재판소는 이 사건 어린이집은 개인이 운영하는 것에 불과하여 어린이집에 대한 기소유예처분이 무효라고 본 것이다. 영유아보육법 제10조 제3호는 사회복지법인을 제외한 비영리법인이 어린이집을 운영할 수 있다고 규정하고 있다. 이 경우 어린이집을 운영하는 법인은 헌법소원 심판청구능력이 있다.

3. 국가기관과 공법인

국가나 국가기관은 국민의 기본권을 보호할 책임과 의무를 질 뿐, 즉 헌법의 수범자이지 기본권 주체가 아니므로 헌법소원을 청구할 수 없다(헌재 1994. 12. 29. 93헌마120). 헌법재판소는 국회노동위원회(헌재 1994. 12. 29. 93헌마120), 국회의원(헌재 1995. 2. 23. 90헌마125), 지방자치단체(헌재 1997. 12. 24. 96헌마365; 다만 이 사건에서의 청구인은 지방자치단체장인 제주도지사였다), 농지개량조합(헌재 2000. 11. 30. 99헌마190) 등은 헌법소원심판을 청구할 수 없다.[2] 그러나 헌법재판소는 축협중앙회에 대하여는 공법인과 사법인의 성격을 겸유하고 있으므로 헌법소원 심판을 청구할 수 있다고 하였다(헌재 2000. 6. 1. 99헌마553).[3]

의결기관인 서울특별시 의회 역시 헌법소원청구능력이 인정되지 않는다(헌재 1998. 3. 26. 96헌마345). 교육위원은 기본권의 주체가 아니라 공법인인 지방자치단체의 합의체기관인 교육위원회의 구성원으로서 공법상의 권한을 행사하는 공권력행사의 주체일 뿐이므로 청구인능력이 부인된다(헌재 1995. 9. 28. 92헌마23 등).

국가기관도 예외로 항고소송의 당사자가 될 수 있다는 대법원 판례가 있으나 (대판 2013. 7. 25. 2011두1214; 이 사건은 경기도 선거관리위원회 위원장이 원고가 되어 국민권익위원회가 원고에게 한 신분보장조치요구처분의 취소를 구하는 소를 제기한 사안이다. 위 처분에 대한 불복방법이 없었다는 특별한 사정이 고려되었다), 제68조 제1항의 헌법소원 청구인적격은 인정되지 않는다. 국가기관에는 침해되는 기본권이 인정될 수 없기 때문이다. 행정소송법 제12조가 원고적격을 '처분등의 취소를 구할 법률상 이익이 있는 자'로 규정하고 있는 반면, 헌법재판소법 제68조 제1항은 청구인적격을 '헌법상 보장된 기본권을 침해받은 자'로 한정하고 있음을 유의하여야 한다.

국가기관 담당자가 **국가기관으로서의 지위와 별개로 개인의 지위에서 헌법소원을 청구할 수 있느냐**가 문제된다. 대통령의 정치발언이 공무원의 선거중립의무를 규정한 공직선거법 제9조에 위반되었다고 판단한 중앙선거관리위원회 위원장이 대통령에게 선거중립의무 준수 요청을 하였고, 대통령은 위 요청은 개인의 정치적 표현의 자유를 침해한다고 하면서 헌법소원을 청구하였다. 헌법재판소는 "원칙적으로 국가기관은 기본권의 수범자로서 국민의 기본권을 보호할 의무를 지고 있으므로 헌법소원을 제기할 수 없으나, 언제나 그러한 것은 아니고, 심판대상 조항이나 공권력작용이 공적 과제를 수행하는 주체의 권한 내지 직무영역을 제약하는 성격이 강한 경우에는 기본권주체성이 부인되나, 일반 국민으로서 국가에 대하여 가지는 헌법상의 기본권을 제약하는 성격이 강한 경우에는 기본권주체성을 인정할 수 있다"며 대통령 개인 자격으로서의 청구인적격을 인정하였다(헌재 2008. 1. 17. 2007헌마700).

생각건대 국가기관 담당자가 국가기관의 지위를 떠나 개인의 지위에서 헌법소원을 청구할 수는 있다. 그러나 위 사건의 경우, 대통령의 발언이 그의 직무와 무관한 것이라고 보기 어렵기 때문에 국가기관 담당자로서 헌법소원을 제기한 것으로 보고 본안판단을 하였어야 한다. 참고로 헌법재판소는 공직선거법 제9조의 적용대상에서 국회의원과 지방의회의원만 제외되는 것으로 보고 있는데, 이들 의원이 개인 자격으로 선거운동 혹은 선거에 영향을 미치는 활동을 할 수 있다고 본 것이 아님은 명확하다. 마찬가지로 정치활동의 정점에 서 있는 대통령도 국가기관 담당자로서 공직선거법 제9조의 적용범위에서 제외되는 것으로 보아야 한다.

국가나 국가기관 외에 공법인도 기본권 주체성이 인정되지 않으므로 헌법소원을 청구할 수 없는 것이 원칙이다. 그러나 공법인이라고 하더라도 청구인적격을 인정할 수 있는 예외가 있다. 예컨대 국·공립대학이나 국·공영방송국 등처럼 공법인이 국가로부터 일정한 자율권을 갖는 경우에 그 자율권 행사자의 지위에서 기본권주체성이 인정될 수 있고 그 범위 내에서 헌법소원 청구인능력을 인정할 수 있다. 헌법재판소는 국립 서울대학교가 대학자율 영역에서 기본권주체성을 갖는다고 판시한 예가 있다(일본어를 시험과목에서 제외한 서울대학교입시요강 사건. 헌재 1992. 10. 1. 92헌마68등).

그러나 위 사건에서 청구인과 피청구인(서울대학교: 다만 판례집에는 피청구인이 '서울대학교 총장'으로 기재되어 있다)의 관계는 기본권주체와 공권력담당자와의 관계일 뿐 기본권주체 상호간의 관계로 볼 수는 없다. 그럼에도 불구하고 공법인이 국가의 침해에 대하여 자신의 기본권을 주장하는 경우와 같은 이론구성을 한 위 판례는 문제가 있다. 헌법재판소의 판지(判旨)에 따른다면 공영방송국이나 예술의 전당 역시 그들의 방송의 자유나 예술의 자유를 주장하여 특정 장르나 개인에 대한 공연을 차별·금지하는 하는 것 역시 용인되는 결과를 낳을 수 있기 때문이다. 국가가 특정 성향을 띤 단체에게만 공연을 허락하도록 예술의 전당(혹은 세종문화회관)에 강요하거나, 특정 방향의 학문연구를 할 것을 국립대학교에 강요하는 등의 경우에 한하여 이들 공법인이 국가에게 자신의 기본권을 주장할 수 있을 따름이다.[4]

Ⅳ. 헌법소원심판 청구절차와 청구기간

1. 서면주의, 변호사강제주의, 공탁금 납부 등

헌법소원심판청구는 서면으로 해야 하고, 청구서에 일정한 사항을 기재하여야 한다(제26조, 제71조). 우편접수의 경우에는 우체국의 소인이 찍힌 날짜가 아닌 실제로 헌법재판소에 청구서가 접수된 날짜를 기준으로 하여 청구기간을 계산하고 있으므로 주의를 요한다.

2009. 12. 29. 개정 헌법재판소법은 "제5장 전자정보처리조직을 통한 심판절차의 수행" 규정을 신설하여, 전자문서의 접수도 서면접수와 동일한 효력이 있고, 당사자에 대한 소송서류의 송달 역시 전자송달에 의한 것도 가능하도록 하

였다. 이 경우 전자정보처리조직을 이용하여 제출된 전자문서는 전자정보처리조직에 전자적으로 기록된 때에 접수된 것으로 본다(제76조, 제78조).

사인(私人)인 청구인은 변호사를 대리인으로 선임하여야 하여야 한다. 이른바 '변호사강제주의'를 채택하고 있다. 다만 청구인이 변호사 자격을 가지고 있는 경우에는 그러하지 아니하다(제25조 제3항). 변호사를 선임할 자력이 없는 경우에는 국선대리인 선임을 신청할 수 있다. 또한 헌법재판소가 공익상 필요하다고 인정할 때에는 직권으로 국선대리인을 선임할 수 있다. 그러나 심판청구가 명백히 부적법하거나 이유없는 경우 또는 권리의 남용이라고 인정되는 경우에는 국선대리인을 선정하지 아니할 수 있다(제70조 제1항부터 제3항).

변호사 자격이 없는 청구인이 한 심판청구나 주장은 변호사인 대리인이 추인한 경우에 한하여 효력이 있고, 위와 같은 추인이 없는 한 대리인의 심판청구서에 기재되어 있지 아니한 청구인의 그 전의 심판청구 내용은 심판대상이 되지 않는 것이 원칙이다(헌재 2012. 10. 25. 2011헌마307).

2. 피청구인

헌법소원심판의 피청구인은 공권력을 행사한 기관 또는 공권력행사의 의무가 있다고 청구인이 주장하는 기관을 말한다.

청구인이 피청구인을 잘못 지정하더라도 헌법소원의 적법요건 흠결로 인하여 곧바로 각하되지는 않는다. 헌법재판소가 직권으로 피청구인을 지정하여 정정할 수도 있다(헌재 1999. 11. 25. 98헌마456의 경우는 청구인이 건설교통부장관을 피청구인으로 기재한 것을 한국토지공사로, 헌재 2004. 4. 29. 2003헌마814에서는 국가안전보장회의를 대통령으로 헌법재판소가 각 직권정정하였다). 앞서 서울대 입시요강사건의 피청구인은 서울대학교 총장임을 설명하였다. 헌재 2018. 8. 30. 2014헌마368 사건은 국민보험공단 이사장, 헌재 2020. 10. 29. 2016헌마86 사건은 도로교통공단 이사장이 각 피청구인이다.

청구인이 심판청구서에 피청구인을 기재하지 아니하더라도 무방하다. 따라서 헌법재판소는 청구인의 심판청구서에 기재된 피청구인이나 청구취지에 구애받지 않고 청구인의 청구이유를 종합적으로 판단하여야 하고, 청구인이 주장하는 침해된 기본권과 침해의 원인이 되는 공권력을 직권으로 조사하여 피청구인과 심판대상을 확정하여 판단하여야 한다.

(판 례) 피청구인과 심판대상을 직권으로 변경한 사례

청구인의 심판청구서의 청구취지에서 "대통령이 청구인을 세무대학 조교수로 재임용하지 아니한 행위"를 위헌이라고 기재하고 있으나 이 사건은 대통령의 재임용권행사 또는 불행사 이전의 임용절차에 관한 법정요건인 추천단계에서 청구인의 기본권침해가 이루어진 것이므로 그 심판대상은 첫째, 세무대학장이 청구인의 조교수 재임용추천을 하지 아니한 공권력 불행사의 위헌여부이며 둘째, 청구인을 1991. 9. 1. 세무대학 조교수로 재임용하지 아니한 근거법령인 대통령령(세무대학의 조직과운영에관한규정) 제16조 제1항 "교육법에 의한 교수·부교수 및 조교수는 학장이 인사위원회의 동의를 얻어 재무부장관에게 추천하고 재무부장관의 제청으로 대통령이 임명한다. 이 경우 재무부장관이 제청하고자 하는 때에는 교육부장관과 협의하여야 한다."는 규정의 위헌여부이다.

헌재 1993. 5. 13. 91헌마190, 판례집 5-1, 312, 317-318

청구인이 적법한 피청구인 및 부적법한 피청구인을 함께 공동피청구인으로 기재한 경우에는 잘못 지정된 피청구인에 대한 헌법소원심판청구는 부적법한 것으로 각하된다(헌재 1992. 12. 24. 92헌마204; 공무원파견근무명령에 대하여 피청구인을 소속장관 및 대통령으로 기재하였는데 대통령에 대한 부분을 각하). 법령에 대한 헌법소원의 경우에는 피청구인을 기재하지 않더라도 무방하다(헌법재판소심판규칙 제68조 제1항 제2호 단서).

헌법재판소는 청구인에게 헌법재판소규칙으로 정하는 공탁금의 납부를 명할 수 있고, 심판청구를 각하할 경우, 또는 심판청구를 기각할 경우에 그 심판청구가 권리남용이라고 인정되는 경우에는 공탁금의 전부 또는 일부의 국고귀속을 명할 수 있다(제37조 제2항, 제3항). 이것은 헌법소원 청구의 남용을 막기 위한 것이다. 형사소송법상 재정신청의 경우와 달리, 불기소처분에 대한 헌법소원심판이 청구되더라도 심판대상인 피의사실에 대한 공소시효는 정지되지 않는다(헌재 1993. 9. 27. 92헌마284).

3. 청구기간

제68조 제1항 권리구제형 헌법소원의 심판은 그 사유가 있음을 안 날로부터 90일 이내에, 그 사유가 있는 날부터 1년 이내에 청구하여야 한다. 다만 다른 법률에 의한 구제절차를 거친 헌법소원의 심판은 그 최종결정을 통지받은 날로

부터 30일 이내에 청구하여야 한다(제69조 제1항). 제68조 제2항 위헌심사형 헌법소원은 위헌심판제청신청 기각 또는 각하 결정을 통지받은 날부터 30일 이내에 청구하여야 한다(제69조 제2항). 또한 헌법재판소 결정에 대하여 판단누락을 이유로 하는 재심청구의 제기기간은 결정서의 정본을 송달받은 날로부터 30일 이내이다(헌재 2012. 4. 24. 2012헌아208).

사유가 '있은 날'과 사유가 있음을 '안 날'의 규정 가운데 어느 하나의 기간을 경과하면 청구할 수 없다. 사유가 '있은 날'이란 공권력 행사에 의해 기본권침해가 발생한 날을 말한다. 공권력의 불행사로 인한 기본권침해의 경우에는 불행사가 지속되는 한 기간의 제약을 받지 않고 청구할 수 있다(헌재 1994. 12. 29. 89헌마2). 사유가 있음을 '안 날'이란 공권력행사에 의한 기본권침해의 사실관계를 안 날을 말하며, 그 위헌성으로 인해 헌법소원 대상이 됨을 안 날을 말하는 것은 아니다(헌재 1995. 3. 23. 92헌마90). 다른 사전구제절차를 거쳐 청구하는 경우 그것이 부적법한 구제절차인 때에는 부적법한 구제절차의 결과를 안 날이 아니라, 본래 기본권침해를 안 날을 말한다(헌재 1993. 7. 29. 92헌마6).

(판 례) 사유가 있음을 '안 날'의 의미

자사고의 입학전형은 소관 교육감의 승인을 얻은 후에야 실시할 수 있다. 충남삼성고는 이 사건 입학전형요강에 대한 승인을 받아 이를 홈페이지에 공고하였고, 위 청구인들은 그 내용을 확인한 후 충남삼성고에 지원하지 않았다고 주장하므로, 늦어도 원서접수 마감일인 2013. 10. 24.경까지는 이 사건 승인처분이 있었던 사실을 알았다고 볼 것이다. 따라서 위 청구인들의 심판청구는 청구기간을 준수하지 못하여 부적법하다.

헌재 2914. 11. 26. 2014헌마145, 판례집 27-2하, 365, 372

특히 문제되는 것은 **법령에 대한 헌법소원의 청구기간**이다. 법령으로 인해 직접 기본권침해가 발생하는 경우 법령을 대상으로 헌법소원을 청구할 수 있는데, 이러한 법령소원의 청구기간 기산점이 문제된다. 헌법재판소는 경우를 나누어 판단하고 있다.

첫째, 법령의 시행과 동시에 기본권침해가 있는 경우, 법령이 시행된 사실을 안 날부터 90일 이내에, 법령이 시행된 날부터 1년 이내에 청구하여야 한다(헌재 2012. 2. 14. 2012헌마13). 법령의 시행된 날은 법률이 공포되거나 이와 유사한 방법으로 일반에게 알려진 것으로 간주된 때, 통상 관보에 게재된 날을 말한다(헌재 2006. 5. 25. 2005헌라4; 이 사건은 권한쟁의심판사건이나 헌법소원사건에서도 원용할 수 있다. 이후 헌재 2009. 4. 30. 2007헌마106 사건에서 '고시'에 대한 헌법소원심판청구의 기산일을 관보게재일부터라고 명시하였다).

행정소송사항에 해당되지 아니한다는 이유로 대법원에서 소 각하 판결이 확정된 경우에도 헌법소원심판의 청구기간은 대법원 판결일로부터 진행되는 것이 아니고 심판의 대상이 될 당해 공권력의 행사일부터 기산하여야 한다(헌재 1990. 7. 9. 90헌마95; 거부처분에 대한 소송절차종료 후 재심제기기간의 도과로 각하판결을 받은 경우에도 마찬가지이다. 헌재 1993. 7. 29. 91헌마47).

법령조항이 그 자구만 수정되었을 뿐 이전의 조항과 비교하여 실질적인 내용에 변화가 없어 청구인이 기본권을 침해당하고 있다고 주장하는 내용에 전혀 영향을 주지 않는다면, 청구기간의 기산은 이전의 법령을 기준으로 한다(헌재 2017. 12. 28. 2015헌마997).

둘째, 법령의 시행 후 그 법령에 해당하는 사유가 발생함으로써 기본권침해가 있는 경우, 그 사유가 발생하였음을 안 날부터 90일 이내에(헌재 1996. 8. 29. 94헌마113), 그 사유가 발생한 날부터 1년 이내에(헌재 1998. 7. 16. 95헌바19) 청구하여야 한다.

이 경우의 기산점에 관하여는 헌법재판소 판례의 변경이 있었다. 초기 판례는 현실적으로 기본권침해가 발생하지 않았더라도 "침해가 확실히 예상되는 등 실체적 요건이 성숙하여 헌법재판에 적합하게 된 때"를 기산점으로 잡았다(헌재 1990. 6. 25. 89헌마220). 헌법소원심판청구를 청구할 수 있었던 때를 기산점으로 삼아야 한다는 것이다. 그러나 그 후 판례를 변경하여, '침해가 확실히 예상되는 때'가 아니라 현실적으로 '침해받은 때'를 기산점으로 하였다(헌재 1996. 3. 28. 93헌마198).

변호사시험 응시는 법학전문대학원 석사학위 취득 후 '5년 내 5회'로 제한한 변호사시험법 규정에 대하여는, 5회를 다 채운 경우에는 최종 응시할 수 있었던 시험의 합격자발표일부터 1년 이내에, 마지막으로 응시할 수 있었던 시험에 응시하지 않은 경우에는 시험 접수일 마지막 날 또는 시험 시행일 첫날에는 기본권 침해 사실을 알았다고 보아야 한다(헌재 2020. 9. 24. 2018헌마739등).

헌법재판소는 "청구기간 산정의 기산점이 되는 '법령에 해당하는 사유가 발생한 날'이란 법령의 규율을 구체적이고 현실적으로 적용 받게 된 최초의 날을 의미하는 것으로 보는 것이 상당하다고 한다. 즉, 일단 '법령에 해당하는 사유가 발생'하면 그 때로부터 당해 법령에 대한 헌법소원의 청구기간의 진행이 개시되며, 그 이후에 새로이 '법령에 해당하는 사유가 발생'한다고 하여서 일단 개시된 청구기간의 진행이 정지되고 새로운 청구기간의 진행이 개시된다고 볼 수는 없다"고 한다. 그러나 이러한 판단은 아래에서 보는 바와 같이 문제가 있다. 우선 판례를 상세히 살펴본 후 비판한다.

(판 례) 기본권 침해 사유가 여러 번 있었던 경우의 청구기간

청구인은 금치 처분을 처음 받은 2001. 3. 16.경 행형법시행령 제145조 제2항의 적용으로 자비부담물품인 담요의 사용이 금지되었으므로 이 때 '법령에 해당하는 사유'가 발생한 것으로 보아야 한다.

그렇다면 2001. 3. 16.경을 기준으로 헌법소원이 청구기간이 기산되고, 그 이후에 청구인이 새로이 금치 처분을 받았다고 하여 새로이 청구기간이 기산되는 것은 아니므로, 2001. 3. 16.로부터 1년이 훨씬 지난 2004. 3. 8. 청구된 이 사건 헌법소원은 청구기간을 도과하여 부적법하다.

헌재 2004. 11. 25. 2004헌마178, 판례집 16-2하, 438, 439

(판 례) 휴직할 때 발생한 의무를 복직할 때 이행하여야 하는 경우

청구인은 2004. 3.부터 육아휴직을 시작함으로써 이 사건 법률조항에 해당하는 사유가 발생하여, 육아휴직기간 중 구 국민건강보험법상 직장가입자의 자격이 유지되고 휴직 이전의 표준보수월액을 기준으로 산정된 건강보험료를 부담할 의무가 생겼다. 이에 따라 건강보험료 중 100분의 50의 실질적인 부담자인 청구인은 육아휴직기간 중에도 매월 이 사건 법률조항에 의한 건강보험료 부담액이 누적되었으므로, 2006. 3. 복직 후 건강보험료 징수가 이루어질 때 비로소 기본권침해가 발생하는 것이 아니라, 휴직과 동시에 청구인의 기본권이 구체적·현실적으로 침해되었다 할 것이다. 따라서 이 사건 법률조항으로 인한 기본권침해 발생일인 2004. 3.부터 1년이 훨씬 지나 2006. 6. 2. 청구된 이 사건 심판청구는 청구기간이 도과되었다.

헌재 2007. 10. 4. 2006헌마648, 판례집 19-2, 423, 424

(판 례) 법령소원에서의 청구기간 기산점에 관한 견해 대립

변호사법 제64조 제1항은 지방법원 관할 구역마다 1개의 지방변호사회를 두되, 다만 서울특별시에는 1개의 지방변호사회만을 두도록 하고 있다. 이에 따라 이미 서울특별시에 1개의 지방변호사회가 설립되어 있었던 상황에서 같은 지역에 법률사무소를 개업하여 변호사등록을 하는 사람은 그 등록 당시부터 다른 지방변호사

회를 설립할 수 없었다. 청구인은 2009. 4. 3. 변호사등록을 하고 서울지방변호사회에 가입하였으므로, 청구인은 그 때부터 서울특별시에 다른 지방변호사회를 설립할 수 없게 되었다. 따라서 청구인에게 심판대상조항에 의한 기본권침해의 사유가 발생한 것은 위 변호사등록일인 2009. 4. 3.이라고 할 것이고, 이 사건 심판청구는 그때부터 1년이 경과하여 제기되었으므로, 청구기간을 경과하였다.

(재판관 유남석 등 3인의 반대의견)

헌법재판소는 법령에 의한 기본권 제한의 일반성·추상성이 해소되는 시점인 '법령의 규율을 구체적이고 현실적으로 적용받게 된 날'을 청구기간의 기산점으로 삼음으로써 국민의 기본권을 실질적으로 보장해 왔다. 심판대상조항에 의한 기본권 제한의 일반성·추상성은 청구인이 변호사 등록을 마치고 최초로 서울지방변호사회에 가입한 때에 곧바로 해소된 것으로 볼 수 없고, 청구인이 별개의 지방변호사회의 결성에 착수하거나 이를 준비할 때에 비로소 해소되는 것으로 보는 것이 합리적이다. 이와 같이 보더라도 헌법소원심판에서 청구기간을 둔 취지가 퇴색된다거나 법적안정성이 저해된다고 보기는 어렵고, 오히려 다수의견과 같이 보게 될 경우 자칫 심판대상조항의 위헌 여부를 다툴 수 있는 기회를 사실상 차단할 위험이 있다.

헌재 2019. 12. 27. 2019헌마7, 판례집 31-2하, 332, 333

위 결정들과 관련하여서는 다음의 점이 논의되어야 한다.

첫째, 위 변호사회 사건에서 청구인 외에 다른 변호사 5명이 보조참가하였는데 모두 1991.부터 2013. 사이에 변호사등록을 한 사람이다. 헌법소원심판청구일인 2019. 1. 3.부터, 역으로 1년 내인 2018. 1. 3. 이후 등록변호사자, 90일 내 등록자 및 이제 막 새롭게 등록하려고 하는 자를 헌법소원심판청구인에 추가하였으면 아무런 문제가 없었다. 둘째, 위 첫째와 같은 경우가 있으므로 헌법재판소로서는 청구기간 문제는 완화하여 해석하는 것이 옳다. 가령 선거여론조사결과공표금지조항에 대한 헌법소원심판청구도 기자가 된 지 90일 혹은 1년이 넘은 사람이 하는 경우에는 청구기간 도과로 각하인데, 신참 기자가 헌법소원을 제기하면 가능하다. 청구기간이 도과하지 않은 변호사가 공동소송참가신청을 하면 특별한 사정이 없는 한 허가되고 본안판단을 하게 된다. 그럴 바에야 청구기간 요건을 완화해서 해석하여 헌법질서의 수호·유지에 만전을 기하는 것이 타당하다. 셋째, 변호사가 서울지방변호사회에 등록하였다가, 청구기간 도과 후, 인천지방변호사회로 적을 옮긴 후 다시 서울 혹은 다른 지방변호사회로 적을 옮기는 경우 이 때 청구기간은 새로 기산되는지 문제가 있다.

위 건강보험 사건도 기본권 침해가 계속 있는 경우 그 침해 사유가 종료된 때부터 청구기간을 기산하여야 한다든지(위 결정의 반대의견), 아래에서 기술하는 '유예기간이 있는 경우'의 이론을 원용할 수 있다는 비판이 가능하다.5)

한편 기본권을 침해하는 법률의 부칙에서 일정한 유예기간을 둔 경우에도 해당 법률의 시행일에 기본권 침해가 이미 구체적이고 현실적으로 발생하였다는 것이 헌법재판소의 과거 판례였다(헌재 2011. 3. 31. 2010헌마45). 그러나 헌법재판소는 최근 견해를 변경하여, 시행유예기간 동안에는 기본권 행사에 있어서 어떠한 구체적, 현실적 제약을 받지 않으므로 유예기간 경과일이 기산점이라고 하였다.

(판 례) 시행 유예기간을 두고 있는 법령에 대한 헌법소원심판청구기간의 기산점

시행유예기간을 둔 법령에 대한 헌법소원심판의 청구기간에 관한 헌법재판소의 선례에 따르면, 도로교통법 제53조 제3항의 개정규정의 시행일인 2015. 1. 29.에 이미 시행유예기간이 지나면 청구인들의 기본권이 침해될 것임이 분명하게 되었으므로, 법령의 시행과 동시에 기본권 침해가 발생한 것으로 인정하여 시행일을 청구기간의 기산점으로 보게 되어 이 사건 보호자동승조항에 대한 청구기간이 도과하였다는 결론에 이른다. 그러나 시행유예기간 동안에는 청구인들은 기본권 행사에 있어 어떠한 구체적, 현실적 제약도 받지 않으므로 위와 같은 해석은 지나치게 관념적일 뿐 아니라, 시행유예기간을 두지 않은 법령의 경우 기본권 행사에 구체적이고 현실적인 제약을 받는 시점이 청구기간의 기산점이 되는 것과 차별이 생긴다. 나아가 시행유예기간이 아니라 시행일을 청구기간의 기산점으로 본다면 시행유예기간이 경과하여 정작 기본권 침해가 실제로 발생한 때에는 이미 청구기간이 지나버려 위헌성을 다툴 기회가 부여되지 않는 불합리한 결과가 초래될 위험이 있는 점, 일반국민에 대해 법규정의 개폐에 적시에 대처할 것을 기대하기가 사실상 어렵고, 헌법소원의 본질은 국민의 기본권을 충실히 보장하는 데에 있으므로 법적 안정성을 해하지 않는 범위 내에서 청구기간에 관한 규정을 기본권보장이 강화되는 방향으로 해석하는 것이 바람직한 점을 종합해 보면, 시행유예기간의 적용 대상인 청구인들에 대해서도 청구기간의 기산점은 시행일인 것으로 해석하는 것은 헌법소원심판청구권을 보장하는 취지에 어긋난다.

뿐만 아니라, 시행유예기간 경과일을 청구기간의 기산점으로 보더라도 청구기간이 무한히 확장되는 것이 아니라 시행유예기간 경과일로부터 1년이 지나면 헌법소원심판을 청구할 수 없으므로 법적안정성을 확보할 수 있는 점, 시행유예기간 동

안에도 현재성 요건의 예외에 따라 적법하게 헌법소원심판을 청구할 수 있고, 이와 같이 시행유예기간 동안에 헌법소원심판청구를 허용하더라도 아직까지 법령의 효력이 발생하기 전인 이상 그로 인하여 헌법소원심판청구의 대상이 된 법령의 법적안정성이 곧바로 저해되지는 않는 점을 아울러 고려하면, 시행유예기간 경과일을 청구기간의 기산점으로 해석함으로써 헌법소원심판청구권 보장과 법적안정성 확보 사이의 균형을 달성할 수 있다.

종래 이와 견해를 달리하여, 법령의 시행일 이후 법령에 규정된 일정한 기간이 경과한 후에 비로소 법령의 적용을 받는 청구인들에 대한 헌법재판소법 제68조 제1항의 규정에 의한 법령에 대한 헌법소원심판 청구기간의 기산점을 법령의 시행일이라고 판시한 우리 재판소 결정들은(헌재 96. 3. 28. 93헌마198; 헌재 99. 7. 22. 98헌마480 등; 헌재 2003. 1. 30. 2002헌마516; 헌재 2011. 3. 31. 2010헌마45; 헌재 2011. 5. 26. 2009헌마285; 헌재 2013. 11. 28. 2011헌마372), 이 결정의 취지와 저촉되는 범위 안에서 변경한다.

헌재 2020. 4. 23. 2017헌마479, 공보 283, 661, 665-666

헌법소원심판청구에 대한 청구취지변경이 이루어진 경우 청구기간의 준수 여부는 그 청구취지를 변경하는 청구서가 제출된 시점을 기준으로 판단하여야 한다(헌재 2008. 5. 29. 2005헌마1173). 대리인이 청구취지를 변경하거나 추가한 경우에도 마찬가지이다(헌재 2018. 5. 31. 2017헌마167). 한편, 헌법재판소는 헌법소원심판을 청구할 수 있는 기간을 제한하고 있는 제69조 제1항의 위헌확인을 구하는 사건에서도 바로 그 조항에 근거하여 청구기간이 지났음을 이유로 각하결정을 할 수 있다고 한다(헌재 2013. 2 .28. 2011헌마666).

청구기간과 관련하여 마지막으로 살펴볼 내용은 선거와 관련한 것이다. 대개의 설명은 이러하다. 선거는 주기적으로 돌아오는 것이므로 새로운 선거가 실시될 즈음이면 청구기간 기산점은 문제되지 않는다. 그러나 이는 헌법재판소 결정을 잘못 읽은 것이다. 헌법재판소는 재외국민의 선거권과 피선거권 및 국민투표권과 관련하여서만 그렇다고 인정한 것에 불과하다.[6]

(판 례) 주기적으로 반복되는 선거의 속성을 고려한 청구기간의 예외

주기적으로 반복되는 선거의 경우 매번 새로운 후보자들이 입후보하고 매번 새로운 범위의 선거권자들에 의해 투표가 행해질 뿐만 아니라, 선거의 효과도 차기 선거에 의한 효과가 발생할 때까지로 한정되므로 매선거는 새로운 선거에 해당한다. 그리고, 청구인들이 이 사건 헌법소원을 제기한 진정한 취지는, 이미 종료한

과거 선거에서의 기본권침해를 문제 삼는 것이라기보다는, 장래 실시될 선거에서 발생할 수 있는 기본권침해를 문제 삼고 있는 것으로 볼 수 있다.

결국 이 같은 선거의 속성과 청구인들의 주장 취지를 종합적으로 고려하면, 이 사건 심판청구는 향후 실시될 각종 선거에서 청구인들이 선거에 참여하지 못함으로써 입게 되는 기본권침해, 즉 장래 그 도래가 확실히 예측되는 기본권침해를 미리 앞당겨 다투는 것으로 볼 수 있다. 그렇다면 기본권침해의 사유가 이미 발생한 사실을 전제로 한 청구기간 도과의 문제는 발생할 여지가 없다(헌재 1999. 12. 23. 98헌마363, 판례집 11-2, 770; 헌재 2001. 2. 22. 2000헌마25, 판례집 13-1, 386 등 참조) (……).

이와는 달리 종전에 헌법재판소가 이 결정과 견해를 달리해, 구 '공직선거 및 선거부정방지법' **제16조 제3항**이 헌법에 위반되지 않는다고 판시한 헌재 1996. 6. 26. 선고 **96헌마200** 결정, **제37조 제1항**이 헌법에 위반되지 않는다고 판시한 헌재 1999. 1. 28. 선고 **97헌마253등** 결정, 구 '공직선거 및 선거부정방지법' **제38조 제1항**이 헌법에 위반되지 않는다고 판시한 헌재 1999. 3. 25. 선고 **97헌마99** 결정은 **이 결정과 저촉되는 범위 내에서 이를 각 변경**하기로 한다.

헌재 2007. 6. 28. 2004헌마644 등, 판례집 19-1, 859, 872, 887

위 결정의 주문은 "공직선거법 제15조 제2항 제1호 중 '당해 지방자치단체의 관할 구역 안에 주민등록이 되어 있는 자'에 관한 부분, 제16조 제3항 중 '당해 지방자치단체의 관할 구역 안에 주민등록이 되어 있는 주민'에 관한 부분, 제37조 제1항 중 '그 관할 구역 안에 주민등록이 되어 있는 선거권자'에 관한 부분, 제38조 제1항 중 '선거인명부에 오를 자격이 있는 국내거주자'에 관한 부분과 국민투표법 제14조 제1항 중 '그 관할 구역 안에 주민등록이 된 투표권자'에 관한 부분은 각 헌법에 합치되지 아니한다"이다. 그리고 위 결정이 변경한다고 한 96헌마200, 97헌마253등, 97헌마99 결정과 "이 결정과 저촉되는 범위"를 비교하여 보면, 선거관련 모든 헌법소원심판에서 '주기적으로 돌아오는 선거의 속성'으로 청구기간의 예외가 인정되는 것은 아니라는 점을 쉽게 알 수 있다. 아래 결정들은 이를 명확히 하고 있다.

(판 례) 선거관련 헌법소원에서 청구기간 도과 (1)

일부 청구인들의 형이 확정된 이후 최초 선거일은 제19대 국회의원선거가 실시되었던 2012. 4. 11.이므로 심판대상조항으로 인한 기본권침해의 구체적인 사유는 2012. 4. 11. 발생하였고 위 청구인들이 이를 알게 된 것도 그 무렵이라 할 것이

다. 그런데 위 청구인들은 이때로부터 90일이 지난 2013. 2. 18. 이 사건 헌법소원
심판을 청구하였으므로, 위 청구인들의 심판청구는 청구기간이 지난 후 제기되어
부적법하다.

헌재 2014. 1. 28. 2013헌마105, 판례집 26-1상, 189

(판 례) 선거관련 헌법소원에서 청구기간 도과(2)

이 사건 법률조항은 '금고 이상의 형을 선고받고 선거일 현재 그 집행이 종료되
지 아니한 자'에 해당할 때 당해 선거에서의 선거권을 제한하는 규정이므로, 이 사
건 법률조항으로 인한 선거권 등 기본권의 침해는 그 시행 후 청구인이 이에 해당
되는 사유가 발생하였을 때 비로소 이루어지는 경우라 할 것이고, 구체적인 사유
발생일은 선거일이라 할 것이다(다만 이강국 헌법재판소장은 징역형확정일이 사유가 발
생한 날이라고 하였다).

헌재 2009. 10. 29. 2007헌마1462, 판례집 21-2하, 327, 338

(판 례) 선거관련 헌법소원에서 청구기간 도과(3)

선거일 전 6일부터 선거일의 투표마감시까지 여론조사 결과의 공표를 금지한 공
직선거법 제108조 제1항은 2005. 8. 4. 법률 제7681호로 개정·공포되어 같은 날
짜로 시행되었고, 심판대상조항은 그 자구만 수정되었을 뿐 이전의 조항과 비교하
여 실질적인 내용에 변화가 없다고 봄이 상당하다. 그런데 1978년생인 청구인은
당시 선거권자로서 위 법률의 시행에 따라 2006. 6.경 실시된 지방의회의원선거
및 지방자치단체의 장 선거 당시에 선거권자였으므로 적어도 위 선거당시에 여론
조사결과를 일정기간 공표하지 못하게 한 사실을 알았다고 볼 것이다. 따라서 이
사건 심판청구는 이미 그 청구기간이 도과된 것이 분명한 2017. 5. 11.에 제기되
었으므로 부적법하다.

헌재 2017. 5. 23. 2017헌마521(공보미게재)

(판 례) 선거관련 헌법소원에서 청구기간 도과(4)

청구인들은 국민의 한 사람으로서 선거운동을 하고자 하나 이 부분 심판대상조
항들로 인해 헌법상 기본권을 침해받게 된다고 주장한다. (……) 그런데 이 부분
심판대상조항들은 2014. 5. 14. 이전부터 시행되고 있고, 2016. 4. 13. 제20대 국
회의원선거가 실시된 바 있으므로, 청구인들은 2016. 4. 13. 이전에 법령에 해당되
는 사유가 발생하여 기본권의 침해를 받게 되었다고 할 것이다. 따라서 그로부터
1년이 경과된 후에 제기된 이 부분 심판대상조항들에 대한 이 사건 심판청구는 청
구기간이 도과되어 부적법하다.

헌재 2017. 9. 12. 2017헌마973(공보미게재)

V. 헌법소원의 대상

1. 개 관

헌법소원심판의 대상은 기본권을 침해하는 '공권력의 행사 또는 불행사'이다. '공권력의 행사 또는 불행사'란 입법권·행정권·사법권 등을 행사하는 모든 국가기관과 공공단체(지방자치단체·공공법인·영조물법인 등)의 권력적 작용을 말하며, 작위(作爲)와 부작위(不作爲)를 포함한다.

헌법재판소는 한국대학교육협의회는 고등교육법에 설립근거가 있고, 한국대학교육협의법에서 법인으로 하고 있으며, 국가예산보조 조항도 있고, 고등교육법은 매년 한국대학교육협의회가 대학입학전형에 관한 기본사항을 발표하도록 하고, 대학입학전형 지원자들은 따르지 않을 수 없고, 각 대학의 장이 이를 준수하여야 하므로 공권력 행사에 해당한다고 하였다(헌재 2020. 3. 6. 2019헌마212).

(판 례) 법학전문대학원협의회의 공권력주체성

헌법재판소법 제68조 제1항에 의한 헌법소원의 대상이 되는 행위는 국가기관의 공권력 작용에 속하여야 한다. 여기서 국가기관은 입법·행정·사법 등의 모든 기관을 포함하며, 간접적인 국가행정, 예를 들어 공법상의 사단, 재단 등의 공법인, 국립대학교와 같은 영조물 등의 작용도 헌법소원의 대상이 된다.

법학전문대학원협의회는 법학전문대학원법 시행령 제16조 제1항 제1호에 해당하는 법인으로 민법 제32조 및 '공익법인의 설립·운영에 관한 법률' 제4조에 따라 설립된 공익법인인바, 법학전문대학원 제도 및 운영에 관한 학술연구, 법학적성시험의 주관·시행 및 제도·운영에 관한 연구, 변호사자격시험제도에 관한 학술연구 지원 사업, 국내·외 법학전문대학원 정보교환 및 상호 협력증진 등의 사업을 수행하고 있다(협의회 정관 제4조 제1호 내지 제4호). 특히 법학적성시험의 주관 및 시행업무는 법학전문대학원법 제24조 제1항, 같은 법 시행령 제16조 제1항에 의하여 교육과학기술부장관으로부터 위임받은 업무로, 협의회는 매년 1회 이상의 적성시험을 실시하고 그 실시계획을 공고하여야 하며(법학전문대학원법 시행령 제16조 제3항) 교육과학기술부장관이 정하는 적성시험의 응시수수료의 납부방법을 정할 수 있는 등(법학전문대학원법 제24조 제2항, 제5항, 법학전문대학원법 시행령 제16조 제4항) 적성시험의 실시에 관하여 일정한 권한을 가짐과 동시에, 교육과학기술부장관으로부터 적성시험의 시행과 관련된 보고 또는 자료의 제출을 요구받기도 하는(동법 제24조 제3항) 등 적성시험의 시행과 관련하여 국가의 관리·감독을 받고 있다.

이와 같은 점을 고려할 때 협의회는 최소한 적성시험의 주관 및 시행에 관해서는 교육과학기술부장관의 지정 및 권한의 위탁에 의해 관련 업무를 수행하는 공권력 행사의 주체라고 할 것이다.

헌재 2010. 4. 29. 2009헌마399, 판례집 22-1하, 147, 154-155

심판대상이 되는 공권력에는 직접 법적 효과를 발생시키는 법적 행위만이 아니라 **권력적 사실행위**도 포함한다(국제그룹해체 사건. 헌재 1993. 7. 29. 89헌마31). 국가·공공단체의 사법(私法)상 행위는 포함되지 않는다(한국증권거래소의 주권상장폐지결정 사건. 헌재 2005. 2. 24. 2004헌마442). 외국 또는 국제기관의 공권력 작용 역시 헌법소원심판의 대상이 아니다(인도네시아 정부의 대한민국 국민의 여권압수 등 위헌확인 사건. 헌재 1997. 9. 25. 96헌마159).

위헌법률심판에서와 마찬가지로 헌법소원심판에서도 법령소원이거나 일반 공권력에 대한 헌법소원인지를 불문하고 헌법재판소가 직권으로 심판대상을 변경하거나 확장 또는 제한한다.

(판 례) 법령소원사건에서 심판대상을 직권으로 변경 및 확장한 사례

헌법재판소는 심판청구서에 기재된 청구취지에 구애됨이 없이 청구인의 주장요지를 종합적으로 판단하여야 하므로, 청구인이 주장하는 침해된 기본권과 침해의 원인이 되는 공권력을 직권으로 조사하여 심판대상을 확정하여야 한다(헌재 1998. 3. 26. 93헌바12; 헌재 2013. 9. 26. 2011헌마782등 참조).

살피건대, 이 사건 심판청구서의 청구취지에는 ○○구치소장이 2012. 10. 16. 변호사 박○욱이 변호인 접견실에 한 접견 신청을 불허한 행위의 취소를 구한다고 기재되어 있으나, 청구인의 주장을 종합하여 보면 청구인은 ○○구치소장이 소송대리인인 변호사에게 시간과 횟수의 제한이 없는 변호인 접견 신청을 불허한 행위의 위헌 여부를 다투고 있는 것이 아니라, 소송대리인인 변호사와의 접견을 일반 접견과 동일하게 시간은 30분 이내, 횟수는 다른 일반 접견과 합하여 월 4회로 제한하고 있는 제도의 위헌 여부에 대하여 다투고 있다. 따라서 심판대상을 소송대리인인 변호사와의 접견을 일반 접견에 포함시켜 시간은 30분 이내로, 횟수는 월 4회로 규정하고 있는 구 '형의 집행 및 수용자의 처우에 관한 법률 시행령' 제58조 제2항 및 제3항으로 직권변경한다.

한편 이 사건 헌법소원심판청구 이후 개정되어 현재 시행 중인 '형의 집행 및 수용자의 처우에 관한 법률 시행령' 제58조 제2항은 위 구 '형의 집행 및 수용자의 처우에 관한 법률 시행령' 제58조 제2항과 그 실질적 내용이 동일하여, 위 현행 시행령 조항의 위헌 여부는 위 구 시행령 조항과 결론을 같이 할 것이 명백하므로, 법질서의 정합성과 소송경제를 위하여 위 현행 시행령 조항도 이 사건 심판의 대상에 포함시키기로 한다.

다만 위 각 시행령 제58조 제2항 중 청구인과 관련된 것은 '수형자'에 관한 부분이므로 심판대상을 이 부분으로 한정한다.

헌재 2015. 11. 26. 2012헌마858, 판례집 27-2하, 306, 312-313

(판 례) 통치행위에 대한 헌법소원사건에서 심판대상 변경

2003헌마255 사건 청구인들은 피청구인 대통령의 2003. 3. 21.자 국군부대의 이라크전쟁 파견결정과 피청구인 국회의 2003. 4. 2.자 국군부대의 이라크전쟁 파견동의를 각각 문제삼고 있고, 2003헌마256 사건 청구인들은 그 중 국회의 파견동의만을 심판대상으로 표시하였다.

헌법 제60조 제2항에 의한 국회의 동의가 있기 전의 대통령의 파견결정은 국가기관 내부의 의사결정에 불과하고 그 자체로는 국민에 대하여 직접적인 법률효과를 발생시키는 공권력의 행사라고 볼 수 없고, 국군의 외국에의 파견에 관한 국회의 동의권은 대통령의 국군통수권 행사를 통제하기 위한 수단으로서, 국회의 파견동의는 그 대상인 대통령의 행위에 법적 효력을 부여하는 것이고 그 자체만으로는 대국민 관계에서 법적인 효과를 발생시킬 수 있는 공권력의 행사라고 하기 어렵다. 그러나 대통령의 국군 파견결정은 국회의 동의에 의해 법적으로 유효한 행위로 완성되는바, 청구인들의 청구취지를 전체적으로 살펴보면 국회의 파견동의를 받은 대통령의 파견결정에 대한 헌법소원 심판청구로 받아들일 수 있으므로 이 사건 심판의 대상을 국회의 파견동의를 받은 대통령의 파견결정으로 보기로 한다.

헌재 2003. 12. 18. 2003헌마255등, 판례집 15-2하, 655, 657-658[7]

공권력의 행사 자체가 존재하지 않거나(헌재 2001. 12. 20. 2000헌마722), 공권력 불행사의 경우 공권력의 주체에게 헌법상의 작위의무가 존재하지 않을 때에는 이에 대한 헌법소원심판청구는 부적법하다.

(판 례) 공권력의 불행사와 작위의무

헌법재판소법 제68조 제1항에 의하면, 공권력의 행사 또는 불행사로 인하여 헌법상 보장된 기본권을 침해받은 자는 법원의 재판을 제외하고는 헌법재판소에 헌법소원심판을 청구할 수 있다. 그러나 공권력의 불행사에 대한 헌법소원은 공권력의 주체에게 헌법에서 직접 도출되는 작위의무나 법률상의 작위의무가 특별히 구체적으로 존재하여 이에 의거하여 기본권의 주체가 그 공권력의 행사를 청구할 수

있음에도 불구하고 공권력의 주체가 그 의무를 해태하는 경우에 한하여 허용된다. 이러한 작위의무가 없는 공권력의 불행사에 대한 헌법소원은 부적법하다(헌재 1991. 9. 16. 89헌마163, 판례집 3, 505, 513; 1996. 11. 28. 92헌마237, 판례집 8-2, 600, 606 참조).

헌재 1999. 9. 16. 98헌마75, 판례집 11-2, 364, 369

2. 입법작용

가. 법 률

법률(조항)은 구체적인 집행행위를 기다려 기본권 침해를 가져오는 것이 보통이다. 법률의 개별 집행행위는 대부분 행정소송의 대상이 되는 행정행위에 해당하고, 따라서 재판의 전제성이 인정되어 위헌법률심판절차에서 그 위헌성이 다루어진다. 그러나 법률(조항)이 별도의 집행행위를 기다리지 않고 직접 그리고 현재 기본권을 침해하는 경우에는 법률 그 자체에 대한 헌법소원심판청구가 가능하다(헌재 1989. 7. 21. 89헌마12). 법률 자체에 의한 기본권 침해가 문제될 때에는 그 법률 자체의 효력을 다투는 것을 소송물로 하여 일반법원에 제소하는 길이 없어 다른 구제절차가 있는 경우에 해당하지 아니하므로 보충성 원칙의 예외로서 인정되는 것이다(헌재 1990. 6. 25. 89헌마220). 이를 '**법률소원**'이라고 부르며, 명령 등에 대한 헌법소원을 포함하여 '**법령소원**'이라고 부르기도 한다.

위헌법률심판과 마찬가지로 헌법소원심판청구의 경우에도 현재 시행중인 유효한 법률을 대상으로 하여야 하는 것이 원칙이다. 그러나 법률이 일반적 효력을 발생하기 전이라도 이미 공포되어 있고, 청구인이 불이익을 입게 될 수 있음을 충분히 예측할 수 있는 경우에는 그 법률에 대하여 헌법소원을 제기할 수 있는 예외가 있다(헌재 1994. 12. 29. 94헌마201). 이 사건에서 헌법재판소는 "'경기도남양주시등33개도농복합형태의시설치등에관한법률'은 1994. 8. 3. 법률 제4774호로 공포되었고 1995. 1. 1.부터 시행되는데. 이 법률이 시행되면 즉시 중원군은 폐지되고 충주시에 흡수되므로, 이 법률이 효력발생하기 이전에 이미 청구인들의 권리관계가 침해될 수도 있다고 보이고, 현재 시점에서 청구인들이 불이익을 입게 될 수도 있다는 것을 충분히 예측할 수 있으므로 기본권침해의 현재성이 인정된다"고 하였다.

법률안이 대통령의 거부권 행사로 최종 폐기되었다면 모르되, 그렇지 아니하고 공포되었다면 법률안은 그 동일성을 유지하여 법률로 확정되는 것이라고 보아야 하므로 헌법소원심판청구 후에 공포된 법률에 대하여도 청구가 가능하다 (헌재 2001. 11. 29. 99헌마494). 위헌결정이 선고된 법률에 대한 헌법소원심판청구 는 비록 위헌결정이 선고되기 이전에 청구된 것이라도 부적법하다(헌재 1994. 4. 28. 92헌마280).[8] 다만 예외로 결정 선고 당시 이미 폐지된 법률에 대하여도, 당 해 법률조항의 위헌여부에 관하여 아직 그 해명이 이루어진 바 없고, 또한 그 법률조항이 청구인의 기본권을 침해하는 것으로 판단된다면, 신법 조항이 그 법 률조항과 유사한 내용을 규정하고 있어서 그 신법 조항에 의하여 기본권이 침해 될 것이 확실히 예상되므로, 당해 분쟁의 해결은 그 신법 조항의 개정을 촉진하 여 위헌적인 법률에 의한 기본권침해의 위험을 사전에 제거하는 등 헌법질서의 수호, 유지를 위하여 긴요한 사항이어서 그 해명이 헌법적으로 중대한 의미를 가지는 경우에는 예외적으로 헌법소원의 대상이 된다고 인정한 경우도 있다(헌재 1995. 5. 25. 91헌마67; 정부투자기관 직원의 입후보를 제한하는 지방의회의원선거법 제35 조 제1항 제6호 규정이 신법인 공직선거및선거부정방지법 제53조 제1항 제4호에 동일하게 규정된 경우이다).

헌법소원의 대상이 되는 법률에는 형식적 의미의 법률뿐만 아니라 법률과 동 등한 효력을 갖는 대통령의 긴급재정경제명령이나(헌재 1996. 2. 29. 93헌마186), 조약(대한민국과 일본국 간의 어업에 관한 협정 사건, 헌재 2001. 3. 21. 99헌마139등)에 대하여도 헌법소원이 가능하다.

그러나 법률 자체를 다투는 것이 아니라 법률의 개폐를 요구하는 것은 입법 기관의 소관사항에 관한 것이므로 헌법소원의 대상이 될 수 없다(헌재 1992. 6. 26. 89헌마132). 같은 이유로 입법절차의 하자(소위 날치기 통과)도 이를 국회의원 이 권한쟁의로 다툴 수 있을지언정 헌법소원의 대상이 되는 법률이라고 할 수는 없다(헌재 2000. 12. 14. 99헌마112등).

관습법도 헌법소원의 대상이 되지 않는다고 하여야 한다. '대판 2003. 7. 24. 2001다48781' 및 '대판 2005. 7. 21. 2002다1178'에 의하면 관습법에 대한 위헌 심사는 대법원의 관할이기 때문이다. 헌법재판소가 관습법은 제68조 제2항 위헌 소원사건의 대상이 된다고 판시한 결정이 2건 있다. 제68조 제1항 헌법소원사건 의 대상이 된다고 인정한 예는 찾아볼 수 없다. 제68조 제1항의 헌법소원심판이 청구되면 보충성 요건 흠결로 각하될 수밖에 없다.[9] 관습법 자체가 국민의 기본 권을 직접 침해하는 경우는 없기 때문이다. 2건의 내용은 다음과 같다. ① 여호 주(女戶主)가 사망하거나 출가하여 호주상속이 없이 절가된 경우, 유산은 그 절가

된 가(家)의 가족이 승계하고 가족이 없을 때는 출가녀(出家女)가 승계한다'는 구 관습법(헌재 2016. 4. 28. 2013헌바396등). ② 호주가 사망한 경우 딸에게 분재청구권을 인정하지 아니한 구 관습법(헌재 2013. 2. 28. 2009헌바129). ③ 분묘기지권을 시효로 취득할 수 있고, 이를 등기없이 제3자에게 대항할 수 있다는 구 관습법(헌재 2020. 10. 29. 2017헌바208).

헌법의 개별조항 역시 위헌심사의 대상이 될 수 없으므로 이 역시 헌법소원의 대상이 될 수 없다(헌재 1998. 6. 25. 96헌마47).

나. 입법부작위

입법부작위에는 입법자가 헌법상 입법의무가 있는 어떤 사항에 관하여 전혀 입법을 하지 아니하는 진정입법부작위와 입법자가 어떠한 사항에 관하여 입법은 하였으나 그 입법의 내용, 범위, 절차 등이 불완전 또는 불충분하게 규율됨으로써 입법행위에 결함이 있는 부진정입법부작위가 있다(헌재 1998. 7. 16. 96헌마246).

헌법재판소는 "어떠한 사항을 법규로 규율할 것인가는 특단의 사정이 없는 한 입법자의 정치적, 경제적, 사회적 그리고 세계관적 고려하에서 정해지는 사항이며, 따라서 일반국민이 입법을 해달라는 취지의 청원권을 향유하고 있음은 별론으로 하고, 입법행위의 소구청구권은 원칙적으로 인정될 수 없다"고 한다. 헌법재판소의 위헌판단을 받아 입법당국으로 하여금 입법을 강제하게 하는 것이 일반적으로 허용된다면 결과적으로 헌법재판소가 입법자의 지위에 갈음하게 되어 헌법재판의 한계를 벗어나게 된다고 하면서, 진정입법부작위에 대하여만 한정하여 헌법소원을 인정하고 있다.

(판 례) 진정입법부작위에 대한 헌법소원의 요건

헌법재판소법 제68조 제1항에서 공권력의 불행사에 대한 헌법소원심판의 청구를 허용하고 있으며 위 규정의 공권력 중에는 입법권도 당연히 포함되므로 입법부작위에 대한 헌법소원이 허용되나, 헌법에서 기본권보장을 위해 법령에 명시적으로 입법위임을 하였음에도 불구하고 입법자가 이를 이행하지 않고 있는 경우 또는 헌법 해석상 **특정인의 기본권을 보호하기 위한**(즉, 특정인에게 구체적인 기본권이 생겨 이를 보장하기 위한; 글쓴이) 국가의 입법의무가 발생하였음이 명백함에도 불구하고 입법자가 전혀 아무런 입법조치를 취하지 않고 있는 경우에 한하여 그 입법부작위가 헌법소원의 대상이 된다 함이 우리 헌법재판소의 판례(헌법재판소 1989. 3. 17. 선고, 88헌마1 결정; 1989. 9. 29. 선고, 89헌마13 결정; 1991. 9. 16. 선고, 89헌마163 결정

등 참조)이므로, 이 사건의 입법부작위는 본안에 대한 판단에서 보는 바와 같이 대상적격이 있다고 해석된다.

우리 헌법은 제헌 이래 현재까지 일관하여 재산의 수용, 사용 또는 제한에 대한 보상금을 지급하도록 규정하면서 이를 법률이 정하도록 위임함으로써 국가에게 명시적으로 수용 등의 경우 그 보상에 관한 입법의무를 부과하여 왔는바, 해방 후 사설철도회사의 전 재산을 수용하면서 그 보상절차를 규정한 군정법령 제75호에 따른 보상절차가 이루어지지 않은 단계에서 조선철도의통일폐지법률에 의하여 위 군정법령이 폐지됨으로써 대한민국의 법령에 의한 수용은 있었으나 그에 대한 보상을 실시할 수 있는 절차를 규정하는 법률이 없는 상태가 현재까지 계속되고 있으므로, 대한민국은 위 군정법령에 근거한 수용에 대하여 보상에 관한 법률을 제정하여야 하는 입법자의 헌법상 명시된 입법의무가 발생하였으며, 위 폐지법률이 시행된 지 30년이 지나도록 입법자가 전혀 아무런 입법조치를 취하지 않고 있는 것은 입법재량의 한계를 넘는 입법의무불이행으로서 보상청구권이 확정된 자의 헌법상 보장된 재산권을 침해하는 것이므로 위헌이다.

헌재 1994. 12. 29. 89헌마2, 판례집 6-2, 395, 396, 405

(판 례) 일본군 위안부 피해자들의 배상청구권을 실현하도록 할 의무

헌법 전문, 제2조 제2항, 제10조와 이 사건 협정 제3조의 문언에 비추어 볼 때, 피청구인이 이 사건 협정 제3조에 따라 분쟁해결의 절차로 나아갈 의무는 일본국에 의해 자행된 조직적이고 지속적인 불법행위에 의하여 인간의 존엄과 가치를 심각하게 훼손당한 자국민들이 배상청구권을 실현하도록 협력하고 보호하여야 할 헌법적 요청에 의한 것으로서, 그 의무의 이행이 없으면 청구인들의 기본권이 중대하게 침해될 가능성이 있으므로, 피청구인의 작위의무는 헌법에서 유래하는 작위의무로서 그것이 법령에 구체적으로 규정되어 있는 경우라고 할 것이다.

특히, 우리 정부가 직접 일본군위안부 피해자들의 기본권을 침해하는 행위를 한 것은 아니지만, 일본에 대한 배상청구권의 실현 및 인간으로서의 존엄과 가치의 회복에 대한 장애상태가 초래된 것은 우리 정부가 청구권의 내용을 명확히 하지 않고 '모든 청구권'이라는 포괄적인 개념을 사용하여 이 사건 협정을 체결한 것에도 책임이 있다는 점에 주목한다면, 그 장애상태를 제거하는 행위로 나아가야 할 구체적 의무가 있음을 부인하기 어렵다. (……)

'대한민국과 일본국 간의 재산 및 청구권에 관한 문제의 해결과 경제협력에 관한 협정 제3조에 의한 분쟁해결절차로 나아가는 것만이 국가기관의 기본권 기속성에 합당한 재량권 행사라 할 것이고, 피청구인의 부작위로 인하여 청구인들에게 중대한 기본권의 침해를 초래하였다 할 것이므로, 이는 헌법에 위반된다.

헌재 2011. 8. 30. 2006헌마788, 판례집 23-2상, 366, 367

헌법재판소는 선거일 당일 투표소에 수화통역인을 배치하도록 하는 내용의 법률을 제정할 헌법상 작위의무는 인정되지 않는다고 하였다(헌재 2013. 8. 29. 2012헌마840). 또한 "입법자가 기소유예처분에 대하여 피의자가 불복하여 법원의 재판을 받을 수 있는 절차를 전혀 마련하지 아니한 것은 진정입법부작위에 해당하는데, 헌법은 공소제기의 주체, 방법, 절차나 사후통제 등에 관하여 직접적인 규정을 두고 있지 아니하며, 검사의 자의적인 불기소처분에 대한 통제방법에 관하여도 헌법에 아무런 규정을 두고 있지 않기 때문에 헌법이 명시적인 입법의무를 부여하였다고 볼 수 없다"고 하였다(헌재 2013. 9. 26. 2012헌마562).

진정입법부작위와 관련한 의무가 인정되지 않은 사례로 아래의 것들이 있다.

* 외국에서 침구사 자격을 얻은 사람들을 위하여 국내에서도 그들의 침구사 자격을 인정하는 법률을 제정하여야 하는 의무(헌재 1991. 11. 25. 90헌마19).
* 침구사 아닌 자의 침구시술행위에 대한 규제를 입법하여야 하는 의무(헌재 1993. 11. 25. 90헌마209).
* 외국의 대사관저에는 강제집행을 할 수 없어 손실을 입은 경우 국가가 손실을 보상하는 법률을 제정하여야 하는 의무(헌재 1998. 5. 28. 96헌마44).
* 한국토지공사가 포락토지에 대하여 공공사업을 시행한 경우 옛 토지 소유자들에게 보상조치를 취하거나 보상입법을 하여야 하는 의무(헌재 1999. 11. 25. 98헌마456).
* 지방자치법 제13조의2가 주민투표의 법률적 근거를 마련하면서, 주민투표에 관련된 구체적 절차와 사항에 관하여는 따로 법률로 정하도록 하였다고 하더라도 주민투표에 관련된 구체적인 절차와 사항에 대하여 입법하여야 할 헌법상 의무(헌재 2001. 6. 28. 2000헌마735).
* 교육공무원의 임용시에 여성과 남성의 평등한 임용기회를 보장하기 위하여 여성 또는 남성이 선발예정인원의 일정비율 이상이 될 수 있도록 하는 양성평등 채용목표제를 실시하는 법률을 제정할 의무(헌재 2006. 5. 25. 2005헌마362).

'부진정(不眞正)입법부작위'는 입법자가 어떤 사항에 관해 입법을 했지만 입법에 결함이 있는 경우이다. 예컨대, 새마을금고법상 '선거범죄를 범하여' 징역형 또는 100만 원 이상의 벌금형을 선고받은 사람에 대하여 임원의 자격을 제한하도록 규정하면서도, 선거범죄와 다른 죄의 경합범인 경우에 분리 선고하도록 하는 규정을 두지 않는 것이 그 예이다(헌재 2014. 9. 25. 2013헌바208). 이 경우 결함이 있는 입법 자체가 위헌이라는 헌법소원을 제기하여야 한다(헌재 1996. 10. 31. 94헌마108).

부진정입법부작위에 대한 헌법소원으로 부적법하다고 본 사례는 다음과 같다.

* 형사소송법 제420조가 규정하는 재심사유 외에 "유죄의 확정판결을 받은 후 동 판결에서 인정한 사실과 법률적 가치판단이 상치되어 양립할 수 없는 사실의 인정에 관한 확정판결이 있는 때"를 별도의 재심사유로 규정하지 아니한 것(헌재 1997. 3. 27. 94헌마235; 형사사건에서는 그룹 회장인 청구인에게 위 한국상업은행의 예금 1,066억여원에 대한 업무상횡령죄를 인정하였음에도, 민사판결에서는 그 돈이 업무상횡령죄의 객체인 예금이 아니라고 하고, 행정사건에서는 그 돈을 사채로 인정하는 등 서로 양립할 수 없는 판결을 선고한 명성그룹 사건이다).

* 도시계획법 제21조에 의하여 개발제한구역이 지정됨으로 인하여 재산권이 제한된 자에 대하여 정당한 보상을 지급하는 법률을 제정하지 아니한 것(헌재 1999. 1. 28. 97헌마9; 보상규정이 없는 위 제21조를 직접 헌법소원의 대상으로 하여야 하고, 또한 이미 동 조항에 대하여는 1998. 12. 24. 89헌마214등에서 헌법불합치 결정되었다).

* 심장장애를 1~3등급으로 나누어 규정하면서 청구인과 같은 선천성 심장질환자가 합병증의 위험 때문에 정상적인 사회생활을 할 수 없는 경우까지를 위 심장장애 등급에 포함시켜 입법하지 않은 것(헌재 2000. 4. 11. 2000헌마206).

* 국회가 1980년 국가보위비상대책위원회의 정화계획에 의하여 강제해직된 정부 산하기관 임직원이었던 청구인에 대하여 이를 구제하기 위한 아무런 입법을 하지 아니함으로써 청구인의 보상청구권, 평등권, 재산권을 침해하였다고 하는 헌법소원심판청구는 청구인을 정부산하기관의 직원인 청구인을 1980년 해직공무원의보상등에관한특별조치법의 수혜범위에 포함시켰어야 한다는 주장에 지나지 아니하므로 이러한 입법부작위는 헌법적 입법의무에 근거한 것이 아니라 단지 혜택부여규정의 인적 범위의 제한에 따른 결과에 지나지 아니하여 부진정입법부작위에 해당한다. (……) 입법자가 혜택부여과정에서 일정 인적 집단을 배제한 경우, 그 규정의 인적 대상범위의 확대를 구하는 헌법소원은 비록 외형적으로는 진정입법부작위에 대한 헌법소원과 유사하나 실질은 그러하지 아니하다. 이러한 부작위는 입법자가 혜택부여규정의 제정을 통하여 내린 적극적 결정의 반사적 효과일 뿐이다(헌재 1996. 11. 28. 93헌마258).

헌법재판소는 부진정입법부작위 대한 헌법소원을 '선해의 적법성' 이론을 원용하여 문제된 조항 자체에 대한 적극 헌법소원으로 인정하지 않는 경우가 많다. 그 이유는 위와 같이 헌법소원요건을 완화할 경우 헌법소원심판청구가 남발될 우려가 있고, 청구기간을 설정한 법규정이 무의미해지기 때문이다.

(판 례) 부진정부작위입법에 대한 헌법소원과 청구기간 준수

군사시설법 제4조가 군사시설보호구역을 설정할 수 있도록 하여 토지 소유자의 재산권행사를 제한하면서도 이에 대한 정당한 보상을 지급하는 규정을 두지 않은 것이 위헌이라는 주장은, 입법자가 어떤 사항에 관하여 입법은 하였으나 그 입법의 내용·범위·절차 등의 사항을 불완전·불충분 또는 불공정하게 규율함으로써 입법행위에 결함이 있다는 것으로서, 이른바 부진정입법부작위를 주장하는 것이라고 할 것으로 이러한 부진정입법부작위를 다투는 청구인의 청구 역시 청구기간을 준수하지 못하여 부적법하다.

헌재 2007. 7. 26. 2006헌마1164, 판례집 19-2, 194, 195

다. 기 타

국회의장이 국회의원을 상임위원회 위원으로 선임하는 행위는 입법부 내부의 행위에 불과할 뿐 국민의 권리의무에 직접 효과를 발생시키지 않은 것이므로 헌법소원의 대상이 될 수 없다(헌재 1999. 6. 24. 98헌마472등).

한편 국회는 청원에 대하여 심사할 의무를 지고 청구인에게는 심사를 요구할 수 있는 권리가 있으므로(헌법 제26조), 국회의장의 청원심사부작위는 헌법소원의 대상이 될 수 있다(헌재 2001. 6. 1. 2000헌마18). 반면 청원인에 대하여 청원처리결과에 대한 통지가 있으면 이에 대한 헌법소원은 불가능하다.[10] 청원사항의 처리결과에 심판서나 재결서에 준하여 이유를 명시할 것을 요구하는 것은 청원권의 보호범위에 포함되지 않기 때문이다(헌재 1994. 2. 24. 93헌마213등).

3. 행정작용

행정작용은 공권력 작용 가운데 기본권 침해의 소지가 가장 많다. 그러나 대부분의 행정작용은 헌법소원의 대상에서 배제된다. 통상의 행정작용은 행정소송법상의 '처분등'에 해당한다. 작위는 취소소송 또는 무효소송의 대상이 된다. 부작위는 위법확인소송의 대상이 된다. 따라서 통상의 행정작용은 헌법소원에 있어서의 보충성의 원칙 및 재판소원금지규정으로 인하여 헌법소원의 대상으로 삼

을 수 없다. 권력적 사실행위, 국민의 기본권을 직접 침해하는 행정입법, 행정입법부작위 및 일정한 범위의 검사의 불기소처분 등 행정소송의 대상인 '처분등'에 포함되지 않아 행정소송에 의한 권리구제를 받을 수 없거나 행정소송을 거친다고 하더라도 구제의 기대가능성이 없어 보충성 원칙의 예외가 인정되는 한정된 범위의 행정작용만이 헌법소원의 대상이 된다.

행정소송의 원인이 된 '**원**(原)**행정처분**'을 대상으로 하는 헌법소원이 인정되느냐가 문제된다. 헌법재판소는 원행정처분에 대한 헌법소원을 인정하지 않고 있다(헌재 1998. 5. 28. 91헌마98). 다만 예외로 행정처분에 대한 법원의 재판이 헌법소원 대상이 되어 그 재판 자체가 취소되는 경우에 한하여 원행정처분을 대상으로 헌법소원을 제기할 수 있다고 한다(헌재 1997. 12. 24. 96헌마172등).

> **(판 례) 행정처분에 대한 헌법소원**
>
> 원행정처분에 대한 헌법소원심판청구를 받아들여 이를 취소하는 것은, 원행정처분을 심판의 대상으로 삼았던 법원의 재판이 예외적으로 헌법소원심판의 대상이 되어 그 재판 자체까지 취소되는 경우에 한하여, 국민의 기본권을 신속하고 효율적으로 구제하기 위하여 가능한 것이고, 이와는 달리 법원의 재판이 취소되지 아니하는 경우에는 확정판결의 기판력으로 인하여 원행정처분은 헌법소원심판의 대상이 되지 아니한다고 할 것이다. 원행정처분에 대하여 법원에 행정소송을 제기하여 패소판결을 받고 그 판결이 확정된 경우에는 당사자는 그 판결의 기판력에 의한 기속을 받게 되므로, 별도의 절차에 의하여 위 판결의 기판력이 제거되지 아니하는 한, 행정처분의 위법성을 주장하는 것은 확정판결의 기판력에 어긋나기 때문이다. 따라서 법원의 재판이 위 96헌마172등 사건과 같은 예외적인 경우에 해당하여 그 역시 동시에 취소되는 것을 전제로 하지 아니하는 한, 원행정처분의 취소 등을 구하는 헌법소원심판청구는 허용되지 아니한다고 할 것이다. 뿐만 아니라 원행정처분에 대한 헌법소원심판청구를 허용하는 것은, "명령·규칙 또는 처분이 헌법이나 법률에 위반되는 여부가 재판의 전제가 된 경우에는 대법원은 이를 최종적으로 심사할 권한을 가진다"고 규정한 헌법 제107조 제2항이나, 원칙적으로 헌법소원심판의 대상에서 법원의 재판을 제외하고 있는 헌법재판소법 제68조 제1항의 취지에도 어긋나는 것이다.
>
> 헌재 1998. 5. 28. 91헌마98, 판례집 10-1, 660, 671-672

통치행위라고 하더라도 기본권침해와 관련되는 경우에는 헌법소원의 대상이 됨은 이미 살펴보았다(헌재 1996. 2. 29. 93헌마186).

명령·규칙 등 **행정입법**의 위헌여부는 헌법 제107조 제2항에 따라 재판의 전제가 된 경우에는 대법원이 최종 심사한다. 대법원 판례에 의하면 "구체적 사건의 심판을 위한 선결문제로서 행정입법의 위법성을 주장하여 법원에 대하여 당해 사건에 대한 적용 여부의 판단을 구할 수 있을 뿐 행정입법자체의 합법성의 심사를 목적으로 하는 독립한 신청을 제기할 수는 없다"(대결 1994. 4. 26.자 93부32).

그러나 헌법재판소는 별도의 집행행위를 기다리지 않고 행정입법으로 인해 직접 기본권을 침해당한 경우에는 행정입법을 대상으로 헌법소원을 제기할 수 있다고 하였다.

(판 례) 명령·규칙에 대한 헌법소원(법무사법시행규칙 사건)

헌법 제107조 제2항이 규정한 명령·규칙에 대한 대법원의 최종심사권이란 구체적인 소송사건에서 명령·규칙의 위헌여부가 재판의 전제가 되었을 경우 법률의 경우와는 달리 헌법재판소에 제청할 것 없이 대법원의 최종적으로 심사할 수 있다는 의미이며, 헌법 제111조 제1항 제1호에서 법률의 위헌여부심사권을 헌법재판소에 부여한 이상 통일적인 헌법해석과 규범통제를 위하여 공권력에 의한 기본권침해를 이유로 하는 헌법소원심판청구사건에 있어서 법률의 하위법규인 명령·규칙의 위헌여부심사권이 헌법재판소의 관할에 속함은 당연한 것으로서 헌법 제107조 제2항의 규정이 이를 배제한 것이라고는 볼 수 없다. 그러므로 법률의 경우와 마찬가지로 명령·규칙 그 자체에 의하여 직접 기본권이 침해되었음을 이유로 하여 헌법소원심판을 청구하는 것은 위 헌법 규정과는 아무런 상관이 없는 문제이다. 그리고 헌법재판소법 제68조 제1항이 규정하고 있는 헌법소원심판의 대상으로서의 "공권력"이란 입법·사법·행정 등 모든 공권력을 말하는 것이므로 입법부에서 제정한 법률, 행정부에서 제정한 시행령이나 시행규칙 및 사법부에서 제정한 규칙 등은 그것들이 별도의 집행행위를 기다리지 않고 직접 기본권을 침해하는 것일 때에는 모두 헌법소원심판의 대상이 될 수 있는 것이다.

헌재 1990. 10. 15. 89헌마178, 판례집 2, 365, 369-370

행정입법부작위도 직접 기본권침해가 발생하면 헌법소원의 대상이 될 수 있다(전문의자격시험불실시 사건. 헌재 1998. 7. 16. 96헌마246). 이 사건은 의료법이 "전문의 자격인정을 받은 자가 아니면 전문과목을 표시하지 못한다. 전문의 자격인정 및 전문과목에 관하여 필요한 사항은 대통령령으로 정한다"고 명시하였는데도 행정입법을 하지 않은 경우이다. 헌법재판소는 한 걸음 더 나아가 '국군포로의 송환 및 대우 등에 관한 법률'이 "귀환하기 전에 사망한 국군포로에게 억류 기간 중의 행적이나 공헌의 정도에 상응하는 예우를 할 수 있다"라고 규정한 경우에도 대통령에게 시행령 제정의무가 있다고 하였다(헌재 2018. 5. 31. 2016헌마626). 북한에서 사망한 국군포로의 자녀로서 북한이탈주민인 청구인의 명예권을 침해하였다는 것이다. 그러나 재판관 3인의 반대의견과 같이 행정입법 제정이 법률의 집행에 필수적인데도 이를 이행하지 않은 경우가 아닌, 법률의 시행 여부나 시행 시기까지 행정권에게 위임하여 재량권을 부여한 경우에도 행정입법 작위의무가 있다고 할 수는 없다.

행정행위의 부작위도 작위의무가 존재하는 경우에는 헌법소원의 대상이 됨에는 의문의 여지없다.

(판 례) 행정권력의 부작위(교도소장의 도서대여 부작위)

　　행정권력의 부작위에 대한 헌법소원은 공권력의 주체에게 헌법에서 유래하는 작위의무가 특별히 구체적으로 규정되어 이에 의거하여 기본권의 주체가 행정행위 내지 공권력의 행사를 청구할 수 있음에도 공권력의 주체가 그 의무를 해태하는 경우에 한하여 허용되며(헌재 1991. 9. 16. 89헌마163, 판례집 3, 505, 513 참조), 여기서 '헌법에서 유래하는 작위의무가 특별히 구체적으로 규정'되어 있다 함은 헌법상 명문으로 공권력 주체의 작위의무가 규정되어 있는 경우, 헌법의 해석상 공권력 주체의 작위의무가 도출되는 경우, 공권력 주체의 작위의무가 법령에 구체적으로 규정되어 있는 경우 등을 포괄한다(헌재 2004. 10. 28. 2003헌마898, 판례집 16-2하, 212, 219; 헌재 2011. 8. 30. 2008헌마648, 판례집 23-2상, 417, 433-435 등 참조).[11]

　　　　　　　　　　　　　헌재 2013. 8. 29. 2012헌마886, 공보 203, 1213, 1215

고시·훈령·예규 등 **행정규칙**은 행정조직 내부에서만 효력을 가질 뿐 대외적 구속력이 없다. 따라서 헌법소원의 대상이 되지 않는 것이 원칙이다(재기수사명령이 있는 사건에 관하여 지방검찰청 검사가 다시 불기소처분을 하고자 하는 경우에 미리 그 명령청장의 승인을 얻도록 한 검찰사건사무규칙 사건. 헌재 1991. 7. 8. 91헌마42; 지방공무원 공로연수 운영지침 사건. 헌재 2006. 12. 26. 2006헌마1373). 그러나 행정규칙이라고 하더라도 법령의 규정에 의하여 행정관청에 법령의 구체적 내용을 보충할 권한을 부여한 경우나, 재량권 행사의 준칙인 그 정한 바에 따라 되풀이 시행되어 행정관행이 성립되면 평등원칙이나 신뢰보호의 원칙에 따라 행정기관은 그 상대방에 대한 관계에서 그 규칙에 따라야 할 자기구속을 당하게 되는 경우에는 외부에 대한 구속력을 가지게 되고 이러한 경우에는 헌법소원의 대상이 될 수도 있다(교육위원회인사관리원칙 사건. 헌재 1990. 9. 3. 90헌마13; 식품접객업소영업행위제한기준 사건. 헌재 2000. 7. 20. 99헌마455).

그런데 대법원은 "고시(告示)가 일반적·추상적 성격을 가질 때에는 법규명령 또는 행정규칙에 해당할 것이지만, 다른 집행행위의 매개 없이 그 자체로서 직접 국민의 구체적인 권리의무나 법률관계를 규율하는 성격을 가질 때에는 항고소송의 대상이 되는 행정처분에 해당한다"고 판시하고 있다(대결 2003. 10. 9.자 2003무23; 대판 2006. 9. 22. 2005두2506 등 다수). 이와 같은 대법원 판례에 따른다면 집행행위의 매개 없이 그 자체로서 직접 국민의 구체적인 권리의무나 법률관계를 규율하는 고시에 대해서는 보충성의 원칙에 의해 헌법소원 대상이 되지 않는다고 볼 수밖에 없다.

그러나 헌법재판소는 여전히 비록 행정규칙이라고 하더라도 자기구속의 법리에 따라 대외적 구속력을 갖게 되는 경우 또는 상위법령과 결합하여 대외적 구속력을 갖는 경우에는 헌법소원의 대상이 되는 공권력의 행사에 해당한다고 한다.

(판 례) 행정규칙에 대한 헌법소원(1)

(파산면책자인 청구인들이 국민주택기금 수탁자인 농협, 우리은행에 각 전세자금 대출신청을 하였으나, 농협과 우리은행이 국토해양부장관의 '저소득가구 전세자금 지원기준' 및 '국민주택기금 운용 및 관리규정'에 따라 대출자격부적격자확인을 받자, 위 기준 및 규정에 대하여 헌법소원을 청구한 사안이다)

이 사건 전세자금 지원기준은 국토해양부장관이 국민주택기금 중 저소득세입자의 주거안정을 위한 저소득가구 전세자금 대출제도의 운용을 위하여 그 대출대상 및 대출 절차 등을 정하고 있는 행정규칙이므로 원칙적으로 헌법소원의 대상이 되는 '공권력의 행사'에 해당하지 않는다. 다만 행정규칙이 재량권행사의 준칙으로서 그 정한 바에 따라 되풀이 시행되어 행정관행을 이루게 되어 평등의 원칙이나 신뢰보호의 원칙에 따라 행정기관이 그 상대방에 대한 관계에서 그 규칙에 따라야 할 자기구속을 당하게 되는 경우에는 대외적인 구속력을 갖게 되어 헌법소원의 대상이 된다(헌재 2005. 5. 26. 2004헌마49, 판례집 17-1, 754, 761 참조).

이 사건 전세자금 지원기준 역시 그 직접적인 상대방은 기금수탁자인 농협중앙회와 우리은행이지, 기금의 운용에 따라 지원을 받는 국민은 아니다. 그러나 국민주택기금의 기금수탁자인 농협중앙회와 우리은행은 실질적으로 이러한 지원기준에 따라 전세자금 지원에 관한 사무를 처리할 수밖에 없고, 이 사건에서도 농협중앙회와 우리은행이 청구인들에게 각 대출자격이 없다고 결정한 것은 이들이 파산면 책자로서 이 사건 심판대상조항에서 정한 신용관리대상자와 여신취급 제한대상자 에 해당하기 때문이다.

그렇다면, 이 사건 심판대상조항은 대외적 구속력이 있는 공권력의 행사로서 헌 법소원의 대상이 되는 공권력의 행사라고 보아야 할 것이다.

헌재 2011. 10. 25. 2009헌마588, 공보 181, 1637, 1639

(판 례) 행정규칙에 대한 헌법소원 (2)

'품질경영 및 공산품안전관리법' 및 법 시행령 조항에 근거하여 PVC관 안전기준 의 적용범위를 정한 이 사건 고시조항은 그 제정형식이 국가기술표준원장의 고시 라는 행정규칙에 불과하지만, 상위법령이 위임한 내용을 구체적으로 보충하거나 세부적인 사항을 규율함으로써 상위법령인 공산품안전법령과 결합하여 대외적인 구속력을 갖는 법규명령의 성격을 가지므로, 헌법소원의 대상이 되는 공권력 행사 에 해당한다.

헌재 2015. 3. 26. 2014헌마372, 판례집 27-1상, 383

그러나 최근 3인 재판관의 반대의견은 고시(告示)가 구체적인 규율의 성격을 갖는다면 행정처분에 해당하므로 보충성 원칙에 반한다고 하였다.

(판 례) 행정처분에 해당하는 고시가 헌법소원의 대상이 되는지 여부

(이은애 재판관 등 3인의 반대의견)

공권력의 행사 또는 불행사로 인하여 헌법상 보장된 기본권을 침해받은 자는 다 른 법률에 구체절차가 있는 경우에는 그 절차를 모두 거친 후가 아니면 헌법소원 심판을 청구할 수 없다(헌법재판소법 제68조 제1항 단서). 한편 고시의 법적 성질은 일률적으로 판단될 것이 아니라 고시에 담겨진 내용에 따라 구체적인 경우마다 달 리 결정된다. 즉, 고시가 일반적·추상적 성격을 가질 때에는 법규명령 또는 행정 규칙에 해당하지만, 고시가 구체적인 규율의 성격을 갖는다면 행정처분에 해당한 다(헌재 1998. 4. 30. 97헌마141).

최저임금법을 비롯한 관련 규정을 살펴보아도 각 최저임금 고시 부분에 따라 근 로자를 고용한 사업장의 사용자를 개별적·구체적으로 규율하기 위하여 매개가 예 정된 집행행위를 찾기 어렵다. 한편 최저임금법은 제6조 제1항에서 사용자는 최저 임금법의 적용을 받는 근로자에게 최저임금액 이상의 임금을 지급하여야 한다고 규정하면서, 제3항에서 최저임금의 적용을 받는 근로자와 사용자 사이의 근로계약 중 최저임금액에 미치지 못하는 금액을 임금으로 정한 부분은 무효로 하며, 이 경우 무효로 된 부분은 이 법으로 정한 최저임금액과 동일한 임금을 지급하기로 한 것으로 본다고 규정하고 있다. 제28조 제1항에서는 제6조 제1항 또는 제2항을 위반하여 최저임금액보다 적은 임금을 지급하거나 최저임금을 이유로 종전의 임금을 낮춘 자는 3년 이하의 징역 또는 2천만 원 이하의 벌금에 처한다고 규정하고 있다. 위와 같은 각 최저임금 고시 부분의 내용 및 최저임금법에 따른 효력, 그 위반 시 따르는 형사처벌 등을 고려할 때, 각 최저임금 고시 부분은 다른 집행행위의 매개 없이 그 자체로서 직접 사용자와 근로자 사이의 임금지급에 관한 구체적인 권리·의무나 법률관계를 규율한다고 봄이 상당하다.

헌법재판소는 신도시 주변지역에 대하여 개발행위허가를 제한하는 건설교통부 고시가 특정 개인의 구체적인 권리·의무나 법률관계를 직접적으로 규율하는 성격을 갖는 행정처분에 해당한다고 보았고(헌재 2008. 12. 26. 2007헌마862), 노동조합 및 노동관계조정법에 따른 근로시간 면제 한도를 정한 고용노동부 고시에 관한 헌법소원심판청구에 대하여 위 고시가 별도의 집행행위를 요하지 아니하고 곧바로 근로시간 면제 한도에 관하여 근로자 등에 구체적이고 직접적으로 적용되는 것으로 그 처분성이 인정되므로 헌법소원의 보충성 요건을 충족하지 못하여 부적법하다고 결정한 바 있다(헌재 2014. 5. 29. 2010헌마606). 또한 대법원도 항정신병 치료제의 요양급여에 관한 보건복지부 고시(대법원 2003. 10. 9.자 2003무23 결정), 보건복지부 고시인 '약제급여·비급여 목록 및 상한금액표'(대법원 2006. 9. 22. 선고 2005두2506 판결, 대법원 2006. 12. 21. 선고 2005두16161 판결), 인터넷 웹사이트인 'http://(상세 생략).com'을 청소년 유해매체물로 정한 정보통신윤리위원회 고시(대법원 2007. 6. 14. 선고 2004두619 판결)에 대하여 다른 집행행위의 매개 없이 그 자체로서 해당 법률관계를 직접 규율하는 성격을 가진다는 이유로 항고소송의 대상이 되는 행정처분에 해당한다는 취지로 판시한 바 있다.

앞서 살펴 본 바와 같은 이 사건 각 최저임금 고시 부분의 내용 및 최저임금법에 따른 효력, 그 위반 시 따르는 형사처벌 등을 고려할 때, 이 사건 각 최저임금 고시 부분은 헌법재판소와 대법원이 종전에 처분성을 인정한 고시보다 다른 집행행위의 매개 없이 그 자체로서 직접 사용자와 근로자 사이의 구체적인 권리·의무나 법률관계를 규율함이 더욱 명확하다.

따라서 최저임금법 제5조 제1항, 제9조 제1항, 제10조 제1항이 규정한 대로 최저임금위원회가 심의·의결한 최저임금안에 따라 고용노동부장관이 결정·고시한 각 최저임금 고시 부분은 다른 집행행위의 매개 없이 그 자체로서 사용자가 근로자에게 지급하여야 할 최저임금액에 관하여 구체적이고 직접적으로 적용되므로 그 처분성이 인정된다. 청구인들은 이 사건 각 최저임금 고시 부분에 대하여 법원에 무효확인 등의 소송을 제기하여 구제절차를 밟을 수 있음에도 이를 거치지 않고 이 사건 심판청구를 하였으므로, 이 사건 각 최저임금 고시 부분에 대한 심판청구는 헌법소원의 보충성 요건을 충족하지 못하여 부적법하다.

헌재 2019. 12. 27. 2017헌마1366등, 판례집 31-2하, 270, 290-291

행정규칙 중 공권력 행사라기보다는 국가나 지방자치단체가 사경제주체로서의 활동 지침을 규정한 예규가 예외로 헌법소원의 심판대상이 되는지는 견해의 대립이 있다.

헌법재판소는 방위사업청이 입찰을 통해 조달하는 물품의 제조·구매계약 낙찰자 결정에 적용되는 계약이행능력의 심사기준인 방위사업청 지침에 대한 헌법소원사건에는 이를 부정하였다. 위 지침은 국가가 사인과의 사이의 계약관계를 공정하고 합리적·효율적으로 처리할 수 있도록 관계 공무원이 지켜야 할 계약사무처리에 관한 필요한 사항을 규정한 것으로서 국가의 내부규정에 불과하고, 대외적 구속력이 인정되지 않으며, 청구인 회사들의 권리·의무에 직접 영향을 미치는 것이 아니므로 헌법소원심판의 대상이 되는 공권력의 행사에 해당하지 않는다는 이유를 들었다(헌재 2013. 11. 29. 2012헌마763).

그러나 방위사업청의 위 심사기준 지침 역시 탈락자에게는 그 권리에 영향을 미치는 것은 틀림없으므로 헌법소원의 대상이 되는 공권력의 행사에 해당한다고 하여야 한다. 담당공무원의 행위는 되풀이되어 행정관행을 이루게 될 것이고, 행정기관은 위 지침에 따를 수밖에 없는 자기구속의 법리가 적용된다. 그렇다면 위 지침은 헌법소원의 대상이 된다고 할 수밖에 없다. 헌법재판소는 아래 사건에서는 위와 정반대로 헌법소원 대상성을 인정하였다.

(판 례) 행정자치부의 부정당업자 제재 예규에 대한 헌법소원

이 사건 예규조항(계약의 체결·이행 등과 관련한 금품 제공 등으로 부정당업자 제재 처분을 받은 자를 일정 기간 위와 같은 수의계약의 계약상대자에서 배제하도록 규정한 행정자치부예규인 '지방자치단체 입찰 및 계약 집행기준'; 글쓴이)은 상위법령의 위임에 따라 '지방자치단체를 당사자로 하는 계약에 관한 법률'상 수의계약의 계약상대자 선정 기준을 구체화한 것이고, 국가가 일방적으로 정한 기준에 따라 지방자치단체와 수의계약을 체결할 자격을 박탈하는 것은 상대방의 법적 지위에 영향을 미치므로, 이 사건 예규조항은 헌법소원의 대상이 되는 공권력의 행사에 해당한다.

(김창종 재판관 등 4인의 반대의견)

이 사건 시행령조항(지방자치단체가 체결하는 수의계약과 관련, 계약이행능력 등 행정자치부장관이 정하는 기준에 따라 계약상대자를 결정하도록 규정한 구 '지방자치단체를 당사

자로 하는 계약에 관한 법률 시행령' 제30조 제5항; 글쓴이) 및 이 사건 예규조항은 지방자치단체가 사인과의 사법상 계약관계를 공정하고 합리적·효율적으로 처리할 수 있도록 관계 공무원이 지켜야 할 계약사무 처리에 관한 필요한 사항을 정한 지방자치단체의 내부규정에 불과하고, 계약의 상대방이나 상대방이 되고자 하는 사인의 권리·의무를 규율하는 것이 아니다. 그러므로 이 사건 시행령조항에 대한 심판청구는 기본권침해 가능성이 없다는 이유로 각하하여야 하고, 대외적 구속력을 가지는 행정규칙에 해당하지 않는 이 사건 예규조항에 대한 심판청구는 헌법소원 대상성이 없어 부적법하므로 각하하여야 한다.

헌재 2018. 5. 31. 2015헌마853, 공보 260, 896, 897

행정청의 장래의 활동기준을 정한 **행정계획**은 대외적 구속력이 없는 사실상의 준비행위에 불과하지만, 직접 기본권침해가 발생했다고 인정되는 경우에는 예외로 헌법소원의 대상이 될 수 있다(서울대입시요강 사건. 헌재 1992. 10. 1. 92헌마68등). 그 명칭이 '계획'이라고 하더라도 법규명령의 효력을 갖는 행정규칙(예규)인 계획도 있다. 항공보안법에 따라 국토교통부장관이 수립·시행하는 '국가항공보안계획'이 그 예이다. 이러한 행정계획 중 승객의 인격권을 제한하는 검색조항에 대해서는 헌법소원을 제기할 수 있다(헌재 2018. 2. 22. 2016헌마780).

행정청의 기타 행위 가운데 헌법소원 대상 여부가 문제되는 경우들이 있다. **권력적 사실행위**에 대해 헌법소원을 인정한 예는 이미 설명한 바 있다(국제그룹 해체 사건. 헌재 1993. 7. 29. 89헌마31). 그 밖에 **행정청의 부작위**(헌재 1995. 7. 21. 94헌마136), **행정청의 거부행위**(헌재 1999. 6. 24. 97헌마315), **민원서류**인 옥외집회 신고서 **반려행위**(헌재 2008. 5. 29. 2007헌마712) 등에 대해 헌법소원을 인정한 사례가 있다. 교도소나 구치소 수용자가 교정시설 외부로 나갈 때 도주 방지를 위하여 수용자의 발목에 전자발찌를 부착하도록 규정한 교정본부의 운영방안은 공권력의 행사가 아니고, 개별 교도소장이나 구치소장의 전자발찌 부착행위가 권력적 사실행위로서 헌법소원심판의 대상이 되는 공권력행사이다(헌재 2018. 5. 31. 2016헌마191등). 헌법재판소는 경찰이 시위현장에서 참가자에게 직사살수하여 사망케 한 사건에서 해당 직사살수행위는 생명권과 집회시위의 자유를 침해한 위헌인 권력적 사실행위라고 하였다(헌재 2020. 4. 23. 2015헌마1149).

행정청의 내부행위 역시 공권력 행사에 해당하지 않는다. 가령 교육공무원이 금품수수 등 4대 비위로 징계를 받은 경우에는 징계기록 말소기간을 불문하고 교장임용 제청 대상에서 배제하기로 한 교육부장관의 '교장임용 제청 기준 강화

방안'은 교육공무원법에 따른 자신의 임용제청권을 어떻게 행사할 것인지를 정한 내부행위에 불과하고 국민에게 직접 효력을 갖는다고 볼 수 없다(헌재 2018. 6. 28. 2015헌마1072). 이외에도 이에 해당하는 것들로는 다음의 것들이 있다. 수사기관의 형사입건(헌재 2016. 3. 22. 2016헌마166), 내사 및 진정 종결처리(헌재 2018. 7. 17. 2018헌마564; 헌재 2010. 9. 14. 2010헌마557), 사법시험 채점행위(헌재 2004. 3. 16. 2004헌마148), 대통령의 법률안제출행위(헌재 2006. 3. 14. 2006헌마204), 국립대학·총장의 교수재임용추천거부행위(헌재 1993. 5. 13. 91헌마190), 국회 동의 전 대통령의 국군 해외파견 결정이나 국무회의의 심의·의결(헌재 2003. 12. 18. 2003헌마255등; 헌재 2003. 12. 18. 2003헌마225). 대통령기록물 소관 기록관이 대통령기록물을 중앙기록물관리기관으로 이관하는 행위 및 대통령권한대행이 대통령지정기록물의 보호기간을 지정하는 행위(헌재 2019. 12. 27. 2017헌마359등).

국가(산업인력공단 포함)에서 실시하는 각종 시험의 공고는 특정의 사실을 불특정 다수에게 알리는 행위로서 그것이 공권력의 행사에 해당하는지 여부에 대해서는 정해진 기준이 없고, 개별 공고의 내용과 관련 법령의 규정에 따라 개별 사안에 따라 판단하여야 한다. 응시자격, 시험일자, 시험장소 등이 그 공고를 통하여 비로소 확정되는 경우에는 그 공고 행위를 헌법소원의 대상이 되는 공권력의 행사로 볼 수 있다(헌재 2001. 9. 27. 2000헌마159; 헌재 2019. 5. 30. 2018헌마1208등). 이와 달리 이러한 사항들이 이미 법령에 구체적으로 정해져 있어 개별 시험공고가 단지 그와 실질적으로 동일한 내용을 확인하는 의미에 불과한 경우에는 이로 인하여 새로운 권리제한이 발생하지 아니하므로 헌법소원의 대상이 되는 공권력의 행사라 볼 수 없다(헌재 1997. 12. 19. 97헌마317; 헌재 2008. 7. 31. 2007헌마601).

헌법재판소는 과거 **검사의 불기소처분**에 대하여 헌법소원을 인정해왔다(헌재 1989. 4. 17. 88헌마3 등 다수). 이것은 과거 형사소송법상 재정신청이 매우 좁게 인정되어 고소인의 권리보호를 위한 견제수단이 필요했기 때문이었다. 실제로 헌법소원사건 가운데 가장 많은 사건은 불기소처분에 대한 것이었다.

독직(瀆職) 사건에서만 인정되었던 재정신청제도가 2007년 형사소송법 개정에 따라 전면 확대되어, 모든 고소사건에서 고소권자로서 고소를 한 자가 불기소처분통지를 받은 때에는 당해 지방검찰청 소재지의 관할 고등법원에 재정신청을 할 수 있게 되었다(제260조. 시행 2008. 1. 1.). 그런데 검사의 불기소처분에 대해 법원의 재정신청절차를 거친 경우에는 원처분인 불기소처분에 대해 헌법소원이 인정되지 않는다(헌재 1998. 8. 27. 97헌마79). 법원의 재판에 대해서는 헌법소원이 인정되지 않기 때문이다. 이에 따라 불기소처분에 대해서는 헌법소원을 청구할 수 없게 되었다.

그러나 불기소처분이 재정신청의 대상이 되지 아니하는 등 적절한 권리구제수단이 없는 경우에는 여전히 헌법소원심판을 청구할 수 있다(헌재 2008. 11. 27. 2008헌마399등). 고소를 한 바 없는 범죄피해자는 고소인이 아니므로 검사의 불기소처분에 대하여 검찰청법상의 항고, 재항고 또는 형사소송법상의 재정신청 절차에 의한 구제를 받을 방법이 없으므로 곧바로 헌법소원심판을 청구할 수 있다(헌재 2008. 12. 26. 2008헌마387). 이 때 침해되는 기본권은 평등권과 재판절차진술권이다. 또한 검사로부터 기소유예처분을 받은 피의자도 항고, 재항고 등의 절차에 의한 구제를 받을 방법이 없으므로 곧바로 헌법소원심판을 청구할 수 있다(2013. 9. 26. 2012헌마562). 이 때 침해되는 기본권은 평등권과 행복추구권이다. 기소유예처분을 취소하면서 헌법재판소법 제75조 제5항에 따라 동 처분의 근거가 된 법률에 대하여도 위헌선언을 할 수 있다(헌재 2015. 3. 26. 2014헌마1089; 정신보건법상의 양벌규정을 위헌으로 선언한 사례).

한편 검사직무대리나 군검찰관도 피청구인이 되는 검사에 포함된다(헌재 2019. 6. 28. 2017헌마882; 헌재 2019. 7. 25. 2018헌마698).

과거 헌법재판소는 '혐의없음처분'(헌재 1989. 7. 14. 89헌마10), '죄가 안 됨처분'(헌재 2001. 10. 25. 2001헌마515), 기소중지처분(헌재 1991. 4. 1. 90헌마115), 기소유예처분(헌재 1999. 3. 25. 98헌마303), 공소권없음처분(헌재 1998. 10. 29. 98헌마292)에 대한 헌법소원을 인정하였다. 반면 기소처분은 독립하여 헌법소원의 대상이 되지 않는다(헌재 1992. 12. 24. 90헌마158).

4. 사법작용

헌법재판소법 제68조 제1항은 헌법소원 대상에서 **법원의 재판을 제외**하고 있다. 독일은 법원의 재판도 헌법소원 대상으로 삼고 있다. 헌법소원 대상에서 제외되는 '법원의 재판'은 넓게 해석되고 있다. 재판 자체뿐만 아니라 재판 심리와 절차에 관한 법원의 공권적 판단도 포함된다(헌재 2015. 3. 24. 2015헌마184; 헌재 1992. 12. 24. 90헌마158). 종국판결 외에 중간판결뿐만 아니라 소송절차상의 여러 부수 결정도 포함된다(헌재 1992. 12. 24. 90헌마158). 인터넷회선을 통하여 송·수

신하는 전기통신의 감청을 대상으로 하는 법원의 통신제한조치에 대한 허가(헌재 2018. 8. 30. 2016헌마263), 판사의 디엔에이감식시료채취영장 발부(헌재 2018. 8. 30. 2016헌마344)도 '재판'에 해당한다.

제68조 제1항에서 재판을 헌법소원 대상에서 제외한 것이 위헌이 아니냐는 견해가 있다. 헌법재판소는 "법원의 재판을 헌법소원심판의 대상에 포함시켜야 한다는 견해는 기본권보호의 측면에서는 보다 이상적이지만, 이는 헌법재판소의 위헌결정을 통하여 이루어질 문제라기보다 입법자가 해결해야 할 과제이다"라고 하여 위헌이 아니라고 판시하였다(헌재 1997. 12. 24. 96헌마172등).

헌법재판소에 의하면 법원의 재판도 **헌법소원의 대상이 되는 예외**가 있다. 헌법재판소가 위헌으로 결정한 법률을 법원이 적용하는 경우에도 이 재판에 대한 헌법소원이 인정되지 않는다고 해석하는 한도에서 위헌이라고 하여 한정위헌결정을 내렸다(헌재 1997. 12. 24. 96헌마172등).

사건의 개요는 이러하다. 소득세법에 따른 과세처분에 대해 청구인은 그 취소를 구하는 행정소송을 제기하였다. 청구가 기각되자 청구인은 항소 및 상고하였고, 상고심 계속 중 헌법재판소는 해당 소득세법 조항에 대해 한정위헌결정을 내렸다(헌재 1995. 11. 30. 94헌바40등). 그런데 대법원은 이 한정위헌결정에도 불구하고 해당 법률조항이 유효하다고 보면서, 위 과세처분이 적법하다고 본 원심이 정당하다고 판단하여 상고를 기각하였다(대판 1996. 4. 9. 95누11405). 이에 청구인은 이 과세처분 및 법원 판결이 위헌결정으로 효력을 상실한 법률조항에 근거한 것이며, 이로 인해 기본권을 침해받았다는 이유로 위 과세처분의 취소를 구하는 헌법소원심판을 청구함과 아울러, 헌법소원의 대상에서 법원의 재판을 제외하고 있는 헌법재판소법 제68조 제1항 및 위 대법원판결의 위헌선언을 구하는 헌법소원심판을 청구하였다.

헌법재판소는 "헌법재판소법 제68조 제1항 본문의 '법원의 재판'에 헌법재판소가 위헌으로 결정한 법령을 적용함으로써 국민의 기본권을 침해한 재판도 포함되는 것으로 해석하는 한도 내에서, 헌법재판소법 제68조 제1항은 헌법에 위반된다"고 판시하면서, 아울러 위 대법원판결 및 원 과세처분을 취소하는 결정을 내렸다.

(판 례) 재판에 대한 헌법소원
　　가. 헌법재판소법 제68조 제1항의 위헌여부

(······) 헌법 제111조 제1항 제5호가 '법률이 정하는 헌법소원에 관한 심판'이라고 규정한 뜻은 결국 헌법이 입법자에게 공권력작용으로 인하여 헌법상의 권리를 침해받은 자가 그 권리를 구제받기 위한 주관적 권리구제절차를 우리의 사법체계, 헌법재판의 역사, 법률문화와 정치적·사회적 현황 등을 고려하여 헌법의 이념과 현실에 맞게 구체적인 입법을 통하여 구현하게끔 위임한 것으로 보아야 할 것이므로, 헌법소원은 언제나 '법원의 재판에 대한 소원'을 그 심판의 대상에 포함하여야만 비로소 헌법소원제도의 본질에 부합한다고 단정할 수 없다 할 것이다. (······)

나. 한정위헌결정

헌법재판소법 제68조 제1항이 위와 같이 원칙적으로 헌법에 위반되지 아니한다고 하더라도, 법원이 헌법재판소가 위헌으로 결정하여 그 효력을 전부 또는 일부 상실하거나 위헌으로 확인된 법률(이하 단순히 '그 효력을 상실한 법률'이라 한다)을 적용함으로써 국민의 기본권을 침해한 경우에도 법원의 재판에 대한 헌법소원이 허용되지 않는 것으로 해석한다면, 위 법률조항은 그러한 한도내에서 헌법에 위반된다고 보지 아니할 수 없다.

모든 국가기관은 헌법의 구속을 받고 헌법에의 기속은 헌법재판을 통하여 사법절차적으로 관철되므로, 헌법재판소가 헌법에서 부여받은 위헌심사권을 행사한 결과인 법률에 대한 위헌결정은 법원을 포함한 모든 국가기관과 지방자치단체를 기속한다. 따라서 헌법재판소가 위헌으로 결정하여 그 효력을 상실한 법률을 적용하여 한 법원의 재판은 헌법재판소 결정의 기속력에 반하는 것일 뿐 아니라, 법률에 대한 위헌심사권을 헌법재판소에 부여한 헌법의 결단(헌법 제107조 및 제111조)에 정면으로 위배된다. 결국, 그러한 판결은 헌법의 최고규범성을 수호하기 위하여 설립된 헌법재판소의 존재의의, 헌법재판제도의 본질과 기능, 헌법의 가치를 구현함을 목적으로 하는 법치주의의 원리와 권력분립의 원칙 등을 송두리째 부인하는 것이라 하지 않을 수 없는 것이다. (······)

헌법재판소의 법률에 대한 위헌결정에는 단순위헌결정은 물론, 한정합헌 한정위헌결정과 헌법불합치결정도 포함되고 이들은 모두 당연히 기속력을 가진다.

헌재 1997. 12. 24. 96헌마172등, 판례집 9-2, 842, 854-860

헌법재판소가 예외로 재판소원을 인정하고 취소한 대법원 판결은 아래와 같다. 대법원 판결은 구체적 타당성(정의)을, 헌법재판소 결정은 법적 안정성을 보다 더 중시한 것으로 볼 수도 있다. 두 기관의 판단 중 어느 것이 옳은 것인지의 판단은 독자들의 몫이다.

(판 례) 한정위헌결정의 기속력 부인(증여세등부과처분취소)

대법원은 지금까지 실지거래가액에 의하여 양도차익을 산정할 것을 규정한 위 구 소득세법시행령 제170조 제4항 제2호 및 그 위임근거규정인 구 소득세법 제23 조 제4항 단서와 제45조 제1항 제1호 단서가 헌법에 위반되지 아니한다는 전제하에 이를 각 사건에 적용하여 왔다(대법원 1995. 6. 13. 선고 95누580 판결 참조). 이러한 해석은, 위 구 소득세법 제23조 제4항 단서 및 제45조 제1항 제1호 단서에서 그 각 본문에 규정된 기준시가 과세원칙에 대한 예외로서 실지거래가액에 의하여 양도가액 및 취득가액(양도가액에서 공제할 필요경비 중 하나)을 산정할 수 있도록 하면서 그 구체적 경우를 대통령령으로 정하도록 위임하고 있는 입법목적 내지 입법이유가, 만약 일률적으로 기준시가 과세원칙을 관철할 경우에는, 사안에 따라 실지거래가액이 객관적으로 쉽게 확인되는데도 이에 의한 양도차익보다 고액의 기준시가에 따라 의제된 양도차익에 의할 수밖에 없게 되어 실질과세의 원칙에 위배될 우려가 있음은 물론, 투기거래나 위법거래로 인하여 시가가 단기에 급등한 지역에 있어서는 오히려 기준시가가 현실의 시가를 제대로 반영하지 못하게 되어 투기거래자나 위법거래자의 막대한 양도차익에 대하여 실질에 부합하는 과세를 할 수 없게 됨에 따라 과세의 형평을 해칠 수 있는 등의 부작용이 있으므로, 이러한 두 가지의 우려와 부작용에 함께 대처하기 위하여, 기준시가 과세원칙에 대한 예외를 마련하고자 한 데 있다는 해석을 근거로 하고 있는 것이다. 이와 같이 해석할 경우에, 비록 위 구 소득세법 제23조 제4항 단서 및 제45조 제1항 제1호 단서가 대통령령에 위임하는 사항의 범위를 명시적으로 특정하지는 아니하였다 하더라도 위 조항에 있어서의 내재적인 위임의 범위나 한계는 충분히 인정될 수 있다고 할 것이고, 구 소득세법상 종전의 실지거래가액 과세원칙으로부터 기준시가 과세원칙으로 개정된 입법동기와 연혁, 그리고 다시 기준시가 과세원칙에 대한 예외로서 실지거래가액에 따라 과세할 수 있는 경우를 규정하게 된 입법목적을 두루 고려하여 보더라도, 위 각 조항 단서가 기준시가에 의한 과세보다 실지거래가액에 의한 과세가 납세자에게 유리한 경우만을 한정하여 대통령령에 위임한 것이라는 해석에는 도저히 이를 수 없다고 할 것이다. 더욱이 이 사건의 사안을 보면, 실지거래가액에 의하여 과세하는 경우 모두 10억원을 초과하는 양도차익이 발생한 것이 되어 원고 1이 납부하여야 할 양도소득세액이 6억여 원에 이르게 되는 반면, 기준시가에 의하여 과세하는 경우에는 오히려 양도차손이 발생한 것이 되어 양도소득세를 전혀 부과할 수 없게 되는바, 원심이 인정한 사실관계에 나타난 바와 같이 실제로 불과 2년 미만의 기간에 4억여원, 그리고 불과 2월 남짓 되는 기간에 6억원의 각 양도차익을 얻은 위 원고가 위 한정위헌 결정과 같은 해석으로 말미암아 양도소득세 부과에서 제외된다는 것은 심히 부당한 결과라고 하지 않을 수 없다.

따라서 이 사건 과세처분에 적용된 구 소득세법 제23조 제4항 단서 및 제45조 제1항 제1호 단서와 구 소득세법시행령 제170조 제4항 제2호가 헌법상의 조세법률주의와 포괄위임금지원칙에 위배되지 아니하는 유효한 규정이라고 해석하여 온 지금까지의 견해를 변경할 필요가 없다고 본다.

대판 1996. 4. 9. 95누11405

헌법재판소의 위헌결정에 따르지 않는 법원의 재판에 대한 헌법소원은 위헌결정이 내려진 이후의 재판에 대해서만 인정된다(헌재 1998. 4. 30. 92헌마239).

(판 례) 골프장 건설을 위한 토지수용 헌법불합치 결정의 후속사건

법률에 대한 헌법재판소의 위헌결정에는 단순위헌결정은 물론, 헌법불합치결정도 포함되고, 이들은 모두 당연히 기속력을 가진다. 다만 헌법재판소는 위헌결정을 통하여 위헌법률을 법질서에서 제거하는 것이 오히려 법적 공백이나 혼란을 초래할 우려가 있는 경우, 헌법불합치결정을 하면서 위헌 법률을 일정 기간 동안 계속 적용을 명하는 경우가 있는데, 모든 국가기관은 이에 기속되고, 법원은 이러한 예외적인 경우에 위헌법률을 계속 적용하여 재판할 수 있다.

헌법재판소는 도시계획시설사업의 대상이 되는 기반시설의 한 종류를 정한 구 국토의 계획 및 이용에 관한 법률 제2조 제6호 라목 중 체육시설 부분에 대하여 헌법불합치결정을 하면서, "2012. 12. 31.을 시한으로 입법자가 개정할 때까지 계속 적용한다"고 결정하였는바(헌재 2011. 6. 30. 선고 2008헌바166등 참조), 청구인들이 취소를 구하는 이 사건 심판대상판결들이 위 헌법불합치결정 당시 이 사건 체육시설조항의 위헌 여부가 재판의 전제가 되어 법원에 그 위헌여부심판의 제청신청이 되어 있었던 사건에 대한 판결들이라 하더라도, 모두 헌법재판소가 정한 개정 시한 이전에 선고되었고 위 헌법불합치결정의 취지에 따라 재판한 것이므로 헌법재판소 결정의 기속력에 반하는 재판이라 할 수 없고, 따라서 예외적으로 헌법소원심판의 대상이 되는 법원의 재판에 해당하지 않는다.

헌재 2013. 9. 26. 2012헌마806, 판례집 25-2하, 111

위헌으로 선언된 긴급조치 위반으로 체포·구금되었음을 이유로 하는 국가배상청구소송에서 국가책임을 인정하지 않은 법원의 판결은 헌법소원의 대상이 되는 판결이 아니다. 다만 반대의견은 도저히 묵과할 수 없는 부정의한 결과가 되는 법원의 판결은 예외로 재판소원의 대상이 된다고 한다.

(판 례) 긴급조치위반으로 불법체포·감금·폭행당한 것에 대하여 국가가 배상책임을 인정하지 않은 대법원 판결에 대한 헌법소원

긴급조치 제1호 및 제9호는 2010헌바132등 결정에서 위헌으로 선언되었으나, 이 사건 대법원 판결이 헌법재판소의 위헌결정에 반하여 위 긴급조치들이 합헌이라고 하였거나, 합헌임을 전제로 위 긴급조치를 그대로 적용한 바가 없다. 이 사건 대법원 판결에서 긴급조치 발령행위에 대한 국가배상책임이 인정되지 않은 것은 긴급조치가 합헌이기 때문이 아니라 긴급조치가 위헌임에도 국가배상책임이 성립하지 않는다는 대법원의 해석론에 따른 것이다. 따라서 이 사건 대법원 판결은 예외적으로 헌법소원심판의 대상이 되는 경우에 해당하지 않으므로 그에 대한 심판청구는 부적법하다.

(이석태 등 2인 재판관의 반대의견)

국가가 권력을 남용해 국민의 자유와 권리를 '의도적이고 적극적으로' 침해하는 총체적 불법행위를 자행한 사안에 대해서도 법원이 국가의 불법행위 책임을 부인함으로써 도저히 묵과할 수 없는 부정의한 결과가 발생한 경우, 이 같은 판결은 국가와 헌법이 상정해 둔 사법의 본질에 비추어 볼 때 재판소원 금지 원칙의 예외로서 국민의 기본권 보장 이념에 따라 그 당부가 다시금 검토되어야 할 재판에 해당한다. 이 사건 법률조항이 기본적으로 헌법의 가치에 어긋남이 없다 하더라도, 그 내용 중 법원이 헌법재판소가 위헌으로 결정한 법령을 적용함으로써 국민의 기본권을 침해한 재판에 관한 부분과 더불어, 국가권력이 국민의 자유와 권리를 '의도적이고 적극적으로' 침해하는 총체적 불법행위를 자행한 경우에 대해서까지 국가의 불법행위 책임을 부인하는 재판에 관한 부분은 헌법에 위반된다.

이 사건 대법원 판결 중 긴급조치 제1호와 제9호의 발령행위에 관한 부분은 2010헌바132등 결정의 기속력에 반하여 청구인들의 기본권을 침해한다. 긴급조치 제4호는 비록 아직 헌법재판소에 의해 위헌으로 결정된 적이 없지만 대법원의 위헌판결(대법원 2013. 5. 16. 선고 2011도2631 판결)에서 보듯이 밀도 있는 심사 없이도 문언 그 자체로 국민의 기본권을 침해함이 명백하다. 또한 긴급조치 제1호, 제4호 제9호에 기초한 수사행위와 그 과정에서 청구인들에게 가해졌던 자백강요 등의 불법행위는 위와 같이 애초부터 국민의 자유와 권리를 침해하기 위한 분명한 의도로 발령된 규범들을 강제적이고 억압적으로 관철하기 위한 수단들로서, 국민들로부터 위탁받은 국가권력을 그 본질에 반하여 국민의 자유와 권리를 의도적이고 적극적으로 억압하고 침해하기 위해 활용된 대표적인 사례이다.

따라서 이 사건 대법원 판결은 2010헌바132등 결정에 반하거나 국가가 권력을 남용해 국민의 자유와 권리를 '의도적이고 적극적으로' 침해하는 '총체적' 불법행위를 자행한 경우에도 국가의 불법행위 책임을 부인함으로써 예외적으로 헌법소원심

판의 대상이 되는 판결에 해당하며 헌법재판소의 위헌결정의 기속력에 반하거나 도저히 그 부정의함을 묵과할 수 없는 수준으로 헌법상 보장된 기본권인 국가배상청구권을 침해하므로 취소되어야 한다.

헌재 2019. 2. 28. 2016헌마56, 공보 269, 299, 300

소송지휘 또는 **재판진행**에 관한 사항은 그 자체가 재판장의 결정이나 명령으로서 법원의 재판에 해당한다. 비록 재판의 형식이 아닌 사실행위로 행하여졌다고 하더라도 종국판결이 선고된 이후에는 종국판결에 흡수·포함되어 그 판결에 대한 상소에 의하여만 불복이 가능하므로 헌법소원의 대상이 될 수 없다(헌재 2012. 7. 26. 2011헌바268). 공판기일에서의 재판장의 진술 제지 및 공판조서 기재 누락을 기본권 침해의 원인으로 삼은 것도 법원의 재판절차 또는 재판장의 소송지휘에 관한 것으로 헌법소송의 대상이 되지 않는다(헌재 2015. 3. 24. 2015헌마184). **재판의 지연 역시** 헌법소원의 대상이 될 수 없다. 재판지연은 법원의 재판절차에 관한 것으로 볼 수 있기 때문이다(헌재 1998. 5. 28. 96헌마46).

법원 담당공무원이 본인이 아닌 대리인이 제출한 협의이혼의사확인신청서를 반려한 행위는 가족관계등록규칙에 따른 단순한 사무집행으로서 법원행정상 사실행위에 불과할 뿐, 헌법소원의 대상이 되는 공권력의 행사가 아니다(헌재 2016. 6. 30. 2015헌마894; 이 사건 반려행위는 비송사건 신청의 접수거절행위로서 소극적 처분에 해당하고 이에 대하여는 민사소송법 제223조에 따라 수리를 거부한 법원사무관의 소속 법원에 이의를 신청할 수 있으므로 이 부분 심판청구는 보충성 요건을 충족하지 못하여 부적법하다는 3인 재판관의 별개의견이 있다). 또한 이 사건에서 헌법재판소는 대리인에 의한 협의이혼의사확인신청서 제출을 금지하고 있는 가족관계등록실무편람은 대외적 구속력 없는 법원공무원의 사무처리 지침에 불과하고, 그 자체로 국민에 대해 어떤 권리를 설정하거나 의무를 부담한다고 볼 수 없다고 하였다.

대법원규칙 제정이나 그 부작위와 같은 **사법입법**에 대해서도 헌법소원이 인정된다(법무사법시행규칙 사건. 헌재 1990. 10. 15. 89헌마178). 헌법재판소는 재심소장을 법원행정처 송무국장이 '민원에 대한 회신' 형식으로 반려했을 경우 이를 공권력행사로 인정하였다(헌재 2007. 2. 22. 2005헌마645).

(판 례) 사법부의 작위의무 부인 사례

헌법재판소법 제25조 제3항이 정하는 변호사강제주의 아래에서는 심판수행을 담당하는 변호사인 대리인에게 심판수행의 일환으로 결정서 정본을 송달하여 수령하도록 하는 것이 그 취지에 부합하고, 국선대리인이라고 하여 결정문 정본의 송달에 있어서 사선대리인과 달리 취급할 이유가 없으며, 헌법소원사건에서도 민사소송과 마찬가지로 변호사인 대리인이 선임되어 있는 경우에는 대리인에게 결정서 정본을 송달함으로써 그 송달의 효과가 당사자에게 미치게 되므로 당사자에게 따로 송달을 하여야 할 작위의무가 있다고 할 수 없으므로, 이 사건 심판청구는 공권력 불행사가 존재하지 않는 경우에 해당하여 부적법하다.

헌재 2012. 11. 29. 2011헌마693, 공보 194, 1876

헌법재판소 결정은 헌법소원 대상이 되지 않는다. 헌법재판소가 이미 한 결정에 대해서는 자기기속력 때문에 이를 취소·변경할 수 없기 때문이다(헌재 1989. 7. 24. 89헌마141).

5. 조례 기타 공권력 작용

자치입법인 **조례가** 기본권을 직접 침해하는 경우 조례에 대한 헌법소원이 인정된다(헌재 1995. 4. 20. 92헌마264등). 그러나 대법원 판례에 의하면 조례가 집행행위 없이 직접 국민의 권리의무에 영향을 미치는 경우에 그 조례는 항고소송의 대상이 되는 행정처분에 해당한다(대판 1996. 9. 20. 95누8003). 위 대법원판례 이후 헌법재판소는 조례에 대한 헌법소원심판에서 청구기간을 도과하였다는 등의 이유로 한동안 각하결정만 하고(헌재 1998. 10. 15. 96헌바77), 본안판단을 하지 않았으나, 서울시와 부산시의 사설학원의 심야교습을 금지하는 내용의 조례에 대한 헌법소원심판청구사건 등에서는 본안판단을 하여 기각하였다(헌재 2009. 10. 29. 2008헌마635). 현재에도 지방의회의원선거구역표 등 여러 사건에서 조례에 대한 헌법소원심판청구를 적법한 것으로 보고 위헌결정까지 선고하고 있다.

(판 례) 조례에 대한 헌법소원

'옥외광고물 등 관리법' 제4조 제2항, 법 시행령 제25조 제3항, '신행정수도 후속대책을 위한 연기·공주지역 행정중심복합도시 건설을 위한 특별법' 제60조의2 제1항, 제3항에 비추어 보면, 이 사건 고시(특정구역 안에서 업소별로 표시할 수 있는 광고물의 총 수량을 1개로 제한한 행정중심복합도시건설청 고시; 글쓴이)는 고시라는 명칭에도 불구하고 조례의 효력을 가지므로 심판대상조항들은 헌법소원의 대상이 되는 공권력 행사에 해당하며, 처분적 조례(상대방이나 적용사건이 특정되는 조례; 글쓴이)에 해당한다고 보기 어려울 뿐만 아니라 항고소송의 대상이 되는 행정처분에 해당하는지 여부 또한 불확실하므로 보충성의 예외에 해당한다.

헌재 2016. 3. 31. 2014헌마794, 공보 234, 651, 652

그러나 조례의 처분성을 처음으로 인정하였던 대법원의 두밀분교 사건에서의 조례와 위 행복청 고시(조례)가 그 처분성이 어떻게 다르다고 평가할 수 있는지 의문이다.

(판 례) 두밀분교 폐지 조례의 처분성 인정

조례가 집행행위의 개입 없이도 그 자체로서 직접 국민의 구체적인 권리의무나 법적 이익에 영향을 미치는 등의 법률상 효과를 발생하는 경우 그 조례는 항고소송의 대상이 되는 행정처분에 해당하고 (……) 교육에 관한 조례의 무효확인 소송을 제기함에 있어서는 그 집행기관인 시·도 교육감을 피고로 하여야 할 것이다.

(……) 가평읍 상색국민학교 두밀분교를 폐지하는 내용의 이 사건 조례는 위 두밀분교의 취학아동과의 관계에서 영조물인 특정의 국민학교를 구체적으로 이용할 이익을 직접적으로 상실하게 하는 것이므로 항고소송의 대상이 되는 행정처분에 해당한다.

대판 1996. 9. 20. 95누8003

지방자치단체가 조례제정을 지체한 진정입법부작위에 대해 헌법소원을 인용한 헌법재판소 결정이 있다.

(판 례) '사실상 노무에 종사하는 공무원'의 범위를 조례로 정하지 않은 입법부작위 위헌확인

'공무원의 노동조합 설립 및 운영 등에 관한 법률'에 의하면, 지방공무원 중 기능직공무원과 고용직공무원은 모두 공무원노동조합에 가입할 수 있고, 단결권과 단체교섭권을 가진다. (……)

지방공무원법 제58조 제2항은 '사실상 노무에 종사하는 공무원'의 구체적인 범위를 조례로 정하도록 하고 있기 때문에 그 범위를 정하는 조례가 제정되어야 비로소 지방공무원 중에서 단결권·단체교섭권 및 단체행동권을 보장받게 되는 공무원이 구체적으로 확정된다. 그러므로 지방자치단체는 소속 공무원 중에서 지방공무원법 제58조 제1항의 '사실상 노무에 종사하는 공무원'에 해당하는 지방공무원이 단결권·단체교섭권 및 단체행동권을 원만하게 행사할 수 있도록 보장하기 위하여 그 구체적인 범위를 조례로 제정할 헌법상 의무를 부담하며, 지방공무원법 제58조가 '사실상 노무에 종사하는 공무원'에 대하여 단체행동권을 포함한 근로3권을 인정하더라도 업무 수행에 큰 지장이 없고 국민에 대한 영향이 크지 아니하다는 입법자의 판단에 기초하여 제정된 이상, 해당 조례의 제정을 미루어야 할 정당한 사유가 존재한다고 볼 수도 없다.

헌법 제33조 제2항과 지방공무원법 제58조 제1항 단서 및 제2항에 의하면 조례에 의하여 '사실상 노무에 종사하는 공무원'으로 규정되는 지방공무원만이 단체행동권을 보장받게 되므로 조례가 아예 제정되지 아니하면 지방공무원 중 누구도 단체행동권을 보장받을 수 없게 된다. 따라서 이 사건 부작위는 청구인들이 단체행동권을 향유할 가능성조차 봉쇄하여 버리는 것으로 청구인들의 기본권을 침해한다.

헌재 2009. 7. 30. 2006헌마358, 판례집 21-2상, 292, 293

헌법재판소는 영조물법인의 훈령인 '국립대학교 총장임용후보자 선정에 관한 규정'이 행정규칙인지 자치규범인지 명확하게 판단하지는 않았으나 헌법소원의 대상이 되는 공권력의 행사라고 하였다(헌재 2018. 4. 26. 2014헌마274). 대한변호사협회는 변호사 등록에 관한 한 국가의 공행정사무를 수행하는 공법인으로서의 공권력행사의 주체라는 것이 판례이다(헌재 2019. 11. 28. 2017헌마759). 국가인권위원회의 진정기각결정(헌재 2008. 11. 27. 2006헌마440), 공정거래위원회의 심의절차종료결정 및 심사불개시결정(헌재 2011. 12. 29. 2011헌마100)은 모두 공권력의 행사로서 헌법소원심판의 대상이 된다. 다만, 공정거래위원회가 '표시 · 광고의 공정화에 관한 법률' 위반을 이유로 한 '경고'는 국민의 권리의무에 직접 영향을 미치는 처분에 해당하므로 행정소송의 대상이 되고, 따라서 헌법소원의 대상이 되지 않는다(헌재 2012. 6. 27. 2010헌마508). 피청구인 공정거래위원회 명의의 민원회신은 민원에 대한 단순한 질의회신의 형식을 띠고 있지만, 그 내용과 담당부서 그리고 공정거래법 제49조의 신고의 법적 의미 등을 고려할 때, 그 실질은 청구인들의 공정거래법 위반행위 신고에 대한 심사불개시결정의 성격을 가지므로 공권력 행사에 해당한다(헌재 2012. 12. 27. 2011헌마280).

그러나 어린이헌장의 제정 · 선포행위는 공권력의 행사로 볼 수 없기 때문에 헌법소원 대상이 되지 않는다(헌재 1989. 9. 2. 89헌마170). 표준어를 교양있는 사람들이 두루 쓰는 현대 서울말로 정함을 원칙으로 하고 있는 표준어 규정(문교부고시) 역시 공권력의 행사에 해당하지 않는다(헌재 2009. 5. 28. 2006헌마618).

공권력 행사에 해당하는지 문제가 된 사례를 몇 가지 살펴본다.

* 피청구인 경찰서장이 청구인으로부터 고소장을 제출받고도 부적법하게 진정사

건으로 접수하여 내사종결처분을 하였으므로 내사종결처분은 수사기관의 내부적 사건처리방식에 지나지 않는다고 할 수 없고, 헌법소원의 대상인 공권력의 행사에 해당한다(헌재 2014. 9. 25. 2012헌마175).[12]

* 법무부장관의 "2014년 제3회 변호사시험 합격자는 원칙적으로 입학정원 대비 75% 이상 합격시키는 것으로 한다"는 공표는 앞으로 실시될 변호사시험의 합격자 결정에 대하여 최소한의 합격자수 기준이라는 행정관청 내부의 지침을 대외적으로 공표하는 것에 불과하고, 그 자체로 인하여 청구인들의 법적 지위에 영향을 미친다고 보기 어려우므로 헌법소원심판의 대상이 되는 공권력의 행사에 해당하지 않는다(헌재 2014. 3. 27. 2013헌마523).

* 강북구청장이 한 "4·19혁명 국민문화제 2015 전국 대학생 토론대회" 공모는 민법상 우수현상광고 또는 이와 유사한 성격의 법률행위라고 봄이 상당하고, 이 사건 공고가 법률상 근거에 따른 법집행작용의 일환이라고 보기도 어려우며, 국민에게 어떠한 권리나 의무를 부여하는 것으로 볼 수 없는 점 등을 종합하면, 이 사건 공고는 사법상 법률행위에 불과하고 공권력 행사의 주체라는 우월적 지위에서 한 것으로서 헌법재판소법 제68조 제1항에 따른 헌법소원심판의 대상인 '공권력의 행사'라고 볼 수 없다(헌재 2015. 10. 21. 2015헌마214).

* 선거에서 투표지분류기 등을 이용하는 행위는 선거일의 지정, 선거인명부의 작성, 후보자 등록, 투·개표 관리, 당선인 결정 등 여러 행위를 포괄하는 집합적 행위인 선거관리라는 일련의 과정에서 하나의 행위에 불과하고, 그 자체로는 국민의 권리의무에 영향을 미치지 아니하는 공권력 작용의 준비행위 또는 부수적 행위이므로 선거에서의 개표 행위는 투표 결과를 집계하기 위한 단순한 사실행위에 불과하여 그 자체로 헌법소원심판의 대상이 되는 공권력행사에 해당한다고 볼 수 없다(헌재 2016. 3. 31. 2015헌마1056등).

* '2010년도 교원자격검정 실무편람'은 교원자격검정 관련 법령과 고시의 내용을 종합하여 체계적으로 정리하고 민원문의가 많은 사항에 대한 답변을 제시할 목적으로 만들어진 교육과학기술부의 내부 업무처리지침 내지 사무처리준칙에 불과하고, "교육대학이나 대학의 초등교육과에서 초등교육을 전공하지 않는 한 교육대학원등에서의 초등교육 석사학위과정만으로는 초등학교 정교사(2급)의 자격취득이 불가능하다"고 기재한 부분는 사실을 설명 내지 안내해 주고 있는 것에 불과하므로 위 실무편람 부분이 그 자체로 국민에 대해 어떤 권리를 설정하거나 의무를 부과하고 있다고 볼 수 없다(헌재 2013. 2. 28. 2010헌마438).

* 공공기관 지방이전에 따른 혁신도시 건설 및 지원에 관한 특별법에 따르면, 지

방이전계획을 수립하는 주체는 이전공공기관의 장이고, 그 제출받은 계획을 검토·조정하여 국토해양부장관에게 제출하는 주체는 소관 행정기관의 장이며, 그에 따라 지역발전위원회의 심의를 거친 후 승인하는 주체가 국토해양부장관일 뿐이므로, '피청구인(국토교통부장관)'이 2011. 5. 13. 발표한 한국토지주택공사 이전방안'은 한국토지주택공사와 각 광역시·도, 관련 행정부처 사이의 의견 조율 과정에서 행정청으로서의 내부 의사를 밝힌 행정계획안 정도에 불과하고, 한국토지주택공사의 지방이전계획은 지역발전위원회의 심의를 거쳐 피청구인의 최종 승인에 의하여 확정되는 것이며, 그 이전 단계에서 발표된 이 사건 이전방안이 국민의 권리의무 또는 법적지위에 어떠한 변동을 가져온다고 할 수 없다(헌재 2014. 3. 27. 2011헌마291).

VI. 헌법소원의 적법요건

헌법소원심판을 청구하기 위해서는 기본권 침해, 법적 관련성, 보충성, 권리보호이익 및 심판이익 등 적법요건을 갖추어야 한다.

1. 기본권 침해

헌법소원은 "헌법상 보장된 기본권을 침해받은" 경우에 할 수 있다(제68조 제1항). 여기에서 '헌법상 보장된 기본권'이 무엇을 의미하는지 문제된다.

(판 례) '헌법상 보장된 기본권'의 의미

헌법소원심판을 청구할 수 있기 위하여는 청구인의 "헌법상 보장된 기본권"이 침해되어야 한다. 여기서 헌법상 보장된 기본권이 구체적으로 무엇을 의미하는지는 반드시 명확하지는 않다. 우리 헌법 제2장 국민의 권리와 의무(제10조 내지 제39조) 가운데에서 의무를 제외한 부분이 원칙적으로 기본권에 해당함은 인정할 수 있으나, 그에 한정할 것인지 또는 헌법상의 위 규정들 이외에서도 기본권성을 인정할 수 있는지, 나아가서 헌법의 명문의 규정이 없다하더라도 인정되는 기본권이 존재하는지, 존재한다면 구체적으로 어떠한 것인지에 대하여는 반드시 명확하다고만은 할 수 없다. 따라서 이 문제는 결국 개별적·구체적인 헌법해석에 의하여 해결하는 수밖에 없으나, 그것에 내재하는 의미를 "헌법에 의하여 직접 보장된 개인의 주관적 공권"이라고 파악할 수 있다.

헌재 2001. 3. 21. 99헌마139등, 판례집 13-1, 676, 692-693

헌법재판소는 위 기준에 따라, 헌법전문에 기재된 '3·1정신'으로부터 개별적 기본권을 도출해낼 수는 없다고 보았다. 지방자치법에서 규정한 주민투표권은 법률상의 권리이며 헌법이 보장하는 기본권이라고 할 수는 없다(헌재 2001. 6. 28. 2000헌마735). 다만 주민투표권이 헌법상 기본권이 아닌 법률상의 권리에 해당한다 하더라도 비교집단 상호간에 차별이 존재할 경우에 헌법상의 평등권 심사까지 배제되는 것은 아니다(헌재 2007. 6. 28. 2004헌마643). 또한 유권자가 설정한 국회의석분포에 국회의원들을 기속시키고자 하는 내용의 '국회구성권'이라는 기본권은 인정할 수 없다(헌재 1998. 10. 29. 96헌마186). 단순한 독점적 영업이익의 상실도 기본권 침해로 볼 수 없다(헌재 2000. 1. 27. 99헌마660). 납세자의 권리는 헌법상 보장된 권리로 볼 수 없으므로 납세자의 권리침해는 헌법소원심판의 이유가 될 수 없다(헌재 2009. 10. 29. 2007헌바63; 헌재 2008. 11. 27. 2008헌마517).

반면 지방자치단체의 폐치분합에 관해서는 인간다운 생활을 할 권리, 환경권 등 기본권과 관련이 있다고 보아 헌법소원 대상이 된다(헌재 1994. 12. 29. 94헌마201). 수도이전과 관련하여 관습헌법 개정을 위한 국민투표권을 인정한 사례는 앞서 설명하였다. 헌법이 지방자치단체장의 선임방법에 관한 사항은 법률로 정하도록 규정하였음에도(헌법 제118조 제2항), 지방자치단체장 선거권이 헌법해석상 또는 관습헌법상의 기본권에 해당한다는 헌법재판소 결정이 있다(헌재 2016. 10. 27. 2014헌마797).

헌법상 보장된 기본권 '침해' 또는 '침해가능성'이 있어야 헌법소원을 제기할 수 있다. 공권력 작용이 개인의 권리나 의무에 영향을 미치지 않는 경우에는 침해가 있다고 볼 수 없다. 예컨대 민원인에 대한 단순한 회신은 법적 구속력이 없기 때문에 기본권 침해 가능성이 없다(헌재 1989. 7. 28. 89헌마1). 국가기관 사이의 내부적 행위 예컨대 대통령의 법률안제출 행위도 그 자체로는 기본권의 침해와 무관하므로 헌법소원 대상으로 인정되지 않는다(헌재 1994. 8. 31. 92헌마174). 대통령이 헌법재판소장 후보로 지명하는 행위 역시 국회의 동의와 대통령의 임명절차를 거쳐야 하므로 이 지명행위는 국가기관 사이의 내부행위에 불과하다(헌재 2017. 6. 27. 2017헌마671).

입법절차의 하자를 이유로 헌법소원심판을 청구할 수 있느냐가 문제된다. 헌법재판소에 의하면 이른바 날치기 법률안통과의 경우, 단순히 입법절차가 헌법이나 국회법에 위반했다는 사유만으로 헌법소원이 인정되지 않는다. 국회의원이 국회의장을 상대로 권한쟁의심판을 청구할 수 있을 따름이다(헌재 1998. 8. 27. 97

헌마8).

헌법재판소는 기본권 침해의 유무에 관하여 헌법소원심판의 청구인의 주장에만 한정하지 않고, 가능한 모든 범위에서 직권으로 이를 심사한다(헌재 1989. 9. 4. 88헌마22등).

기본권 침해가능성과 관련한 판례로는 다음의 것들이 있다.

* 한국게임산업개발원은 일정한 지정요건을 구비하였는지 여부만을 심사하여 경품용 상품권으로 지정할 뿐, 경품용 상품권으로 지정할 수 있는 상품권의 종류나 수를 제한하지 않고 지정신청을 할 수 있는 상품권발행회사를 특정한 회사로 한정하고 있지 않다. 그러므로 상품권발행회사는 위 공고에도 불구하고 한국게임산업개발원에 대하여 발행한 상품권을 게임제공업소의 경품용 상품권으로 지정하여 줄 것을 신청할 수 있어, 위 공고는 상품권발행회사인 청구인의 기본권을 침해할 가능성이 없다(헌재 2009. 2. 26. 2005헌마837등).
* 활동보조인은 거동이 불편한 중증장애인 후보자의 물리적인 활동의 보조에 그 역할이 국한되므로, 활동보조인과 선거사무원은 그 역할과 기능이 본질적으로 달라 공직선거법 제62조 제2항 제4호 및 제7호의 선거사무원에 활동보조인이 포함될 수 없음이 명백하고, 따라서 위 조항이 중증장애인 후보자의 경우에도 비장애인 후보자들과 동일하게 선거사무원의 수를 제한한다고 하여 중증장애인 후보자의 평등권 등 기본권을 침해할 가능성이 없다(헌재 2009. 2. 26. 2006헌마626).
* 인터넷컴퓨터게임시설제공업을 등록신청하면 관할행정기관의 장이 학교환경위생정화위원회의 심의 여부를 확인하여 미비한 사항이 있는 경우에 신청인에게 그 내용을 통지하도록 규정한 '게임산업진흥에 관한 법률 시행규칙' 조항의 확인·통지는 인터넷컴퓨터게임시설제공업을 영위하려는 자를 보호하기 위하여 그에게 학교보건법에 저촉되는 사항이 있음을 알려주어 이를 시정할 기회를 부여하려는 데에 그 목적이 있을 뿐, 인터넷컴퓨터게임시설제공업을 영위하려는 자의 직업의 자유 등 기본권의 제한을 의도하는 것은 아니므로, 관할행정기관의 장이 학교보건법의 규정에 의하여 정화위원회의 '정화구역 내 금지행위 및 시설 해제결정'이 없으면 그 행위 및 시설이 금지되는 인터넷컴퓨터게임시설제공업의 등록신청서를 접수하면서 정화위원회의 심의 여부(즉, 정화구역 내 금지행위 및 시설 해제결정의 유무)를 확인하는 것만으로 청구인의 어떠한 기본권을 제한한다고 할 수 없다(헌재 2009. 9. 24. 2008헌마433).

* 교도소장은 교정시설의 장으로서 일정한 수형자가 가석방 적격심사 대상자로 인정될 수 있는지 여부를 판단하여 가석방심사위원회에 가석방 적격심사를 신청할 의무를 지고 있을 뿐이므로 수형자인 청구인과의 차별 여부가 문제되는 비교대상이 될 수 없고, 수형자에게 가석방 적격심사를 신청할 주관적 권리가 있다고 볼 수도 없으므로 형법 제72조 제1항에서 정한 기간이 지난 수형자에 대한 가석방 적격심사 신청주체를 소장으로 규정하고 있는 형의 집행 및 수용자의 처우에 관한 법률 조항으로 인하여 청구인의 헌법상 평등권 등 기본권이 침해될 가능성은 없다(헌재 2010. 12. 28. 2009헌마70).

* 의료급여 수급권자에게 급여비용의 본인부담금이 면제되는 경우를 규정한 의료급여법 시행규칙 제19조의4 제1항 제3호에 의하여 의료급여 수급권자인 청구인들의 기본권이 침해된다거나 그 법적 지위에 불리한 영향을 받는다고 할 수 없다(헌재 2009. 11. 26. 2007헌마734).

* 청구인들의 집회의 자유는 어떠한 장소가 경호안전구역으로 지정되었다는 이유만으로 제한되는 것이 아니라, 집회제한조항에 따라 피청구인(G20 정상회의 경호안전통제단장)이 관할 경찰관서의 장에게 경호안전구역에서 개최될 일정한 집회 및 시위를 제한해 달라고 요청하고, 관할 경찰관서의 장이 이에 따라 집회 및 시위를 제한하는 조치를 함에 따라 비로소 제한된다(헌재 2012. 2. 23. 2010헌마660등).

* 외국인이 대한민국 국적을 취득한 경우 일정 기간 내에 그 외국 국적을 포기하도록 한 국적법 제10조 제1항은 기본권 침해가능성이 없다(헌재 2014. 6. 26. 2011헌마502).

* 청구인이 군인사법 제48조 제4항 본문 중 제3항 제2호 부분에 의하여 휴직기간 중 봉급을 지급받지 못하게 되는 것은 단순한 사실상 또는 반사적 불이익이 아니라 청구인의 법적 지위에 영향이 있는 것이고, 혜택의 부여 여부에 관한 입법이라 하더라도 평등권 침해 여부의 문제는 생길 수 있으므로, 기본권 침해가능성을 인정할 수 있다(헌재 2009. 4. 30. 2007헌마290).

* 방송통신심의위원회의 시정요구는 서비스제공자 등에게 조치결과 통지의무를 부과하고 있고, 서비스제공자 등이 이에 따르지 않는 경우 방송통신위원회의 해당 정보의 취급거부·정지 또는 제한명령이라는 법적 조치가 내려질 수 있으며, 행정기관인 방송통신심의위원회가 표현의 자유를 제한하게 되므로, 이는 단순한 행정지도로서의 한계를 넘어 규제적·구속적 성격을 상당히 강하게 갖는 것으로서 기본권침해 가능성이 있다(헌재 2012. 2. 23. 2008헌마500).

2. 법적 관련성: 자기관련성

헌법소원심판 청구인은 기본권 침해와 법적 관련성이 있어야 한다. 법적 관련성은 자기의 기본권이, 현재, 그리고 직접 침해받은 경우에만 인정된다. 즉 기본권 침해의 자기관련성, 현재성, 직접성이 인정되어야 헌법소원을 제기할 수 있다. 여기서는 좁은 의미의 법적 관련성, 즉 자기관련성만 살펴보고 현재성과 직접성은 항목을 바꾸어 살펴본다.

자기관련성(自己關聯性)이란 공권력작용에 의해 자기의 기본권을 침해받은 자만이 헌법소원을 제기할 수 있음을 말한다. 제3자는 특별한 사정이 없는 한 기본권침해에 직접 관련되었다고 볼 수 없다(헌재 1997. 3. 27. 94헌마277). 간접으로나, 사실상 또는 경제상의 이해관계로만 관련이 있는 제3자는 헌법소원을 제기할 수 없는 것이 원칙이다(헌재 1993. 3. 11. 91헌마233).

수혜 법령의 경우에는 수혜범위에서 제외된 자가 자신이 평등원칙에 반하여 수혜대상에서 제외되었다는 주장을 하거나, 비교집단에게 혜택을 부여하는 법령이 위헌이라고 선고되어 그러한 혜택이 제거된다면 비교집단과의 관계에서 청구인의 법적 지위가 상대적으로 향상된다고 볼 여지가 있는 때에 청구인이 그 법령의 직접 적용을 받는 자가 아니라고 할지라도 자기관련성을 인정할 수 있다(헌재 2013. 12. 26. 2010헌마789).

소득세법은 종교인의 경우 일반 국민에 비하여 비과세될 수 있는 기타소득의 범위를 넓게 설정하고, 소득의 종류로 근로소득과 기타소득을 선택할 수 있도록 하거나 그 밖에 세무조사 과정에서 세무공무원의 질문·조사권의 범위를 제한하는 등의 혜택을 주고 있는데, 이들 혜택이 제거되더라도 일반 국민인 청구인들의 납세의무나 세무조사 과정에서 공무원의 질문·조사를 받을 의무의 내용에 영향을 미침으로써 위 청구인들의 법적 지위가 향상될 여지가 있다고 보기 어려워, 일반 국민인 청구인들은 위 소득세법상 종교인 혜택 조항에 관한 자기관련성이 인정되지 않는다(헌재 2020. 7. 16. 2018헌마319). 국내뿐만 아니라 세계에서 인기를 끌고 있는 유명연예인이나 체육인에게 병역의무면제 혜택을 주는 규정도 당해 규정이 위헌·무효 된다고 하더라도 일반 국민의 병역의무에는 아무런 영향이 없으므로 일반 국민에게는 자기관련성이 인정되지 않는 것도 마찬가지이다.

그러나 공권력 작용이 제3자의 기본권을 직접, 법적으로 침해하고 있는 경우에는 예외로 제3자의 자기관련성을 인정할 수 있다. 헌법재판소는 "어떠한 경우에 제3자의 자기관련성을 인정할 수 있는가의 문제는 무엇보다도 법의 목적 및 실질적인 규율대상, 법규정에서의 제한이나 금지가 제3자에게 미치는 효과나 진지성의 정도, 규범의 직접적인 수규자에 의한 헌법소원제기의 기대가능성 등을 종합적으로 고려하여 판단해야 한다"고 설시하였다(헌재 1997. 9. 25. 96헌마133).[13]

자기관련성을 인정한 사례로, 광고방송물사전심의제도를 규정한 법령에 관한 사건에서 광고제작에 참여하는 광고인들(헌재 1998. 11. 26. 94헌마207), 주식회사 임원의 업무상횡령사건에서 회사가 아닌 주주(헌재 1991. 4. 1. 90헌마65) 및 쇠고기수입업자들을 수범자로 하는 미국산쇠고기수입위생조건에 대하여 소비자인 일반 국민(헌재 2008. 12. 26. 2008헌마419등) 등이 있다. 방송통신위원회가 지원금 상한액에 대한 기준 및 한도를 정하여 고시하도록 하고, 이동통신사업자는 방송통신위원회가 고시한 상한액을 초과한 지원금을 지급할 수 없도록 하며, 대리점 및 판매점은 이동통신사업자가 위 상한액의 범위 내에서 정하여 공시한 지원금의 100분의 15의 범위 내에서만 이용자에게 지원금을 추가로 지급할 수 있도록 한 '이동통신단말장치 유통구조 개선에 관한 법률' 조항은 이용자들이 이동통신단말장치를 구입하는 가격에 직접 영향을 미치므로 이동통신단말장치를 구입하려고 하는 자들은 위 조항에 대하여 자기관련성이 있다(헌재 2017. 5. 25. 2014헌마844).

(판 례) 자기관련성의 넓은 인정

헌법재판소의 심판에 있어서는 반드시 그 청구서에 표시된 권리에 구애되는 것이 아니라 청구인(부동산중개법인; 글쓴이)이 주장하는 침해된 기본권과 침해의 원인이 되는 공권력의 행사를 직권으로 조사하여 판단할 수 있는 것인데(헌재 1997. 1. 16. 90헌마110등), 심판대상조항이 중개보조원과 중개의뢰인 사이의 직접 거래를 금지함에 따라 청구인은 자신의 중개의뢰인과 중개보조원 사이의 거래를 중개할 수 없게 되었으므로, 적어도 법인인 청구인의 직업수행의 자유(영업의 자유) 등을 제한하고 있다고 판단되고, 이러한 측면에서 직권으로 청구인에게 자기관련성을 인정할 수 있다.

헌재 2019. 11. 28. 2016헌마188, 판례집 31-2 상, 517, 520-521

위 결정에서 헌법재판소는 청구인의 주장과는 다른 이유를 직권으로 판단하여 자기관련성을 인정하였다. 그러나 헌법재판소는 위 사례와 거의 비슷한 아래 사건에서 자기관련성을 부인한 바 있다. 다만 아래 결정은 1997년, 위 결정은 2019년에 나온 것이므로 헌법재판소가 과거보다 후하게 자기관련성을 인정하는 것으로 평가할 수 있겠다.

(판 례) 공직선거 후보자의 선거운동원 관련 조항에 대한 자기관련성

(청구인은 1996. 4. 11. 실시된 제15대 국회의원선거의 성동구 을선거구에 무소속으로 등록한 후보자인바, 1996. 4. 2. 선거운동의 효율성을 높이기 위하여 기존 선거운동원을 서울특별시 지하철공사직원인 청구외 갑, 을로 교체하여 관할 선거관리위원회에 신고하였다. 그러나 성동을 선거관리위원회 위원장은 공직선거및선거부정방지법 제60조 제1항 제5호에 의해 위 교체선거운동원이 선거운동을 할 수 없는 지방공사의 직원이라는 이유로 이미 발급한 신분증의 반환을 요청하는 한편 선거운동원으로서의 활동을 금지시켰다. 이에 청구인은 1996. 4. 4. 헌법재판소법 제68조 제1항에 따라 위 법 제60조 제1항 제5호에 대한 헌법소원을 제기하였다)

청구인은 지방공사의 직원의 선거운동을 제한하는 것을 내용으로 하는 이 사건 법률조항이 공기업 직원들의 표현의 자유와 평등권을 침해함으로써 결국 청구인의 공무담임권을 침해한다고 주장하나, 이 사건 법률조항에 의하여 청구인의 기본권이 직접 침해될 여지는 거의 없다고 보여진다. 왜냐하면 지방공사 임·직원의 선거운동금지를 내용으로 하는 이 사건 법률조항은 지방공사의 임·직원을 수규자로 하는 금지규범으로서 입후보자가 선거운동원으로 활용할 수 있는 인적 범위를 간접적으로 제한함으로써 비록 입후보자의 선거운동을 제한하는 결과에 이르기는 하나 입후보자의 선거운동에 미치는 효과는 단순한 반사적 불이익을 넘어서지 않기 때문이다. (……)

선거운동금지조항을 통하여 달성하려는 이 사건 법률조항의 목적과 의도는 자신의 지위와 권한을 선거운동에 남용할 위험이 있는 자를 선거운동원으로서 배제하여 선거의 공정성과 형평성을 확보하고 업무전념성을 보장하고자 하는데 있지, 청구인과 같은 입후보자의 선거운동을 제한하고자 하는 것이 아니며, 그 규범의 수규자 외에 제3자인 입후보자를 함께 규율하려고 의도하는 것으로도 볼 수 없다. 또한 이 사건 법률조항은 그 수규자인 지방공사직원에게는 선거운동의 금지를 뜻함으로써 다른 인적 집단(예컨대 사기업체의 근로자)과의 관계에서 기본권의 차별적인 제한의 문제와 과도한 제한의 문제가 발생하나, 후보자의 경우에는 선거운동의 제한 규정이 모든 입후보자에게 동일하게 적용되므로 다른 입후보자에 비하여 특별히 받는 차별이 있다고 할 수 없고, 후보자의 선거권이나 피선거권의 제한을 그 규율대상으로 하고 있지도 않으므로 이 사건 법률조항에 의하여 청구인의 참정권이 침해될 수도 없다. 다만, 이 사건 법률조항이 입후보자에 미치는 영향은 후보자가 원하는 임의의 사람을 선거운동원으로 활용할 수 있는 자유에 대한 경미한 제한이므로 이 사건 법률조항이 규범의 직접적인 수규자인 지방공단직원에게 미치는 효과와 제3자인 후보자에게 미치는 효과를 같은 측면에서 판단할 수 없다.

결국 이 사건 법률조항은 제3자인 청구인을 함께 규율하려고 의도하지도 않을 뿐 아니라 청구인에게 미치는 효과의 정도가 미약하고, 따라서 청구인이 입는 이러한 불이익은 청구인의 법적 지위에 대한 직접적 침해가 아니라 청구인이 단순히 일정 생활관계에 필연적으로 관련됨으로써 파생하는 간접적, 사실적 연관성에 불과하므로 청구인에게는 이 사건 법률조항에 대한 위헌여부를 다툴 기본권침해의 자기관련성이 결여되어 있다고 할 것이다.

(김용준 재판관 등 3인의 반대의견)

법 제58조 제2항은 누구든지 선거운동을 자유롭게 할 수 있다고 규정하는 한편 법 제61조 제1항은 후보자는 선거운동 기타 선거에 관한 사무를 처리하기 위하여 선거사무소와 선거연락소를 설치할 수 있도록 규정하고 법 제62조 제1항은 후보자는 선거운동을 할 수 있는 자 중에서 선거사무소, 선거연락소에 선거사무장, 선거연락소장을 두도록 규정하고, 같은 조 제2항은 선거사무장 또는 선거연락소장은 선거운동을 할 수 있는 자 중에서 선거사무원을 둘 수 있도록 규정하여 공직선거에 입후보한 후보자의 선거운동은 그 자신의 활동을 통한 선거운동 뿐 아니라 선거운동기구를 설치하여 그 구성원의 활동을 통하여 선거운동을 하는 것을 허용하고 있다.

이와 같이 선거운동기구를 통한 선거운동을 허용하고 있는 이상 후보자가 자신의 선거운동기구의 구성원으로 선임할 선거운동원의 범위를 제한 하는 것은 다수의견과 같이 단순히 후보자인 청구인의 간접적, 사실적인 불이익에 불과한 것이 아니라 직접적으로 청구인의 선거운동의 자유를 제한하는 것으로 보아야 할 것이다.

그리고 선거운동이란 특정후보를 당선되거나 당선되지 못하게 하기 위한 행위(법 제58조 제1항)로서 그 궁극적 목적은 후보자의 당선에 있는 것이므로 후보자가 선임할 수 있는 선거운동원의 범위를 제한하는 것은 다수의견이 주장하는 바와 같이 후보자에 미치는 효과가 결코 미약한 것이라고 볼 수 없을 뿐만 아니라 설사 미약하다고 하더라도 그 제한이 간접적, 사실적인 불이익에 불과한 것이라고 볼 수도 없다.

헌재 1997. 9. 25. 96헌마133, 판례집 9-2, 410, 416-420

자기관련성을 부인한 사례로는 다음의 것들이 있다.

* 학교법인에 대한 과세처분과 재학생(헌재 1993. 7. 29. 89헌마123).

* 세무대학교폐지법률과 이 대학에 입학을 목표로 공부하는 고등학생(헌재 2001. 2. 22. 99헌마613).
* 백화점셔틀버스 운행금지 법률과 소비자(헌재 2001. 6. 28. 2001헌마132).[14]
* 간행물 판매업자에게 간행물 가격의 10퍼센트까지 소비자에게 경제상 이익을 제공할 수 있도록 한 규정과 출판업자(헌재 2011. 4. 28. 2010헌마602).
* 생명윤리법 잔여배아 폐기 규정과 배아연구에 관련된 직업의 종사자(헌재 2010. 5. 27. 2005헌마346).
* 보육교사 2급 자격을 취득하기 위해 이수해야 하는 보육 관련 교과목 중 일부를 대면 교과목으로 지정한 영유아보육법 시행규칙 조항과 학점은행제 원격교육훈련기관 운영자(헌재 2016. 11. 24. 2016헌마299).
* 한국대학교육협의회의 대학입학전형기본사항 중 재외국민 특별전형 지원자격 가운데 학생의 부모의 해외체류요건과 학부모(헌재 2020. 3. 26. 2019헌마212; 학부모의 부담은 간접의, 사실상의 불이익에 불과하다).
* 각급학교 학생에게 예비군 교육훈련의 일부를 보류하는 내용의 국방부장관의 지침과 학생이 아닌 청구인(헌재 2013. 12. 26. 2012헌마789; 자신도 동일한 혜택을 받아야 한다고 주장한 경우 혹은 헌법재판소가 직권으로 선해의 적법성 이론을 원용한 경우에는 자기관련성이 인정될 수도 있다).
* 세무사 자격 보유 변호사로 하여금 세무조정업무를 할 수 없도록 규정한 법인세법 규정과 그 변호사가 구성원으로 있는 법무법인(헌재 2018. 4. 26. 2016헌마116; 제3자 소송담당이 인정되지 않는다는 것이다).

3. 현 재 성

현재성이란 공권력 작용으로 인한 기본권 침해가 현재 발생하고 있어야 한다는 요건을 말한다. 장래 침해가 예견되는 경우는 헌법소원이 인정되지 않는다는 것이 원칙이다. 다만 기본권침해가 장래에 발생하더라도 침해 발생이 확실히 예측되는 경우에는 예외로 현재성이 인정된다(서울대학교입시요강 사건. 헌재 1992. 10. 1. 92헌마68등). 법률의 경우에는 그 효력 발생 전이라도 공포되어 있고, 그로 인하여 사실상의 위험성이 이미 발생한 경우에는 예외로 침해의 현재성을 인정하여, 이에 대하여 곧 헌법소원을 제기할 수 있다(헌재 2000. 6. 1. 99헌마553; 헌재 2015. 3. 26. 2014헌마372). 이른바 상황성숙이론을 채택하였다. 공포된 시행규칙, 고시된 국가기술표준원장의 기준이 시행되기 전에도 현재성이 인정되는 경우가 있다(헌재 2015. 3. 26. 2014헌마372).

그러나 세부 내용을 시행령에 위임하였는데 시행령이 제정되지 않은 경우에는 법률에 의한 기본권 침해의 현재성이 인정되지 않는다.

(판 례) 시행령 제정 전, 법률에 의한 기본권침해의 현재성 부인

연금지급정지제도의 전제가 되는 소득심사제도는 공무원연금법 제47조 제2항만으로는 그 구체적인 내용, 범위 및 한계를 확정할 수 없고, 그 법률조항 후문에서 소득의 범위 및 지급정지금액 등에 관하여 필요한 사항은 대통령령으로 정한다고 규정하고 있어, 소득심사대상에서 제외되는 소득의 범위, 얼마 이상의 소득을 얻는 자를 지급정지대상으로 할 것인지, 소득수준에 따라 어떠한 비율을 적용하여 지급을 정지할 것인지 등에 관한 대통령령의 규정이 마련되어야 비로소 확정할 수 있고 적용될 수 있는데, 그러한 내용을 규정한 대통령령이 아직 제정되지 아니함으로써 공무원연금법 부칙 제1조(사학연금법 부칙 제1조)에 의하여 아직 시행되지 않고 있다.

그렇다면, 공무원연금법 제47조 제2항, 부칙 제11조, 사립학교교직원연금법 제42조 제1항 중 공무원연금법 제47조 제2항을 준용하고 있는 부분 및 동법 부칙 제9조에 대한 헌법소원심판은 청구인들의 기본권침해에 대한 직접·현재 관련성이 없어 부적법하다.

헌재 2003. 9. 25. 2001헌마93등, 판례집 15-2상, 319, 351

현재성이 인정된 사례로 다음의 것들이 있다.

* 가정의례에 관한 법률의 규정에 대하여 결혼을 앞둔 자(헌재 1998. 10. 15. 98헌마168).

* 입후보 제한을 규정한 선거법조항에 대하여 입후보예정자(헌재 1999. 5. 27. 98헌마214).

* 가산점 제도를 인정하고 있는 법규정에 대하여 국가공무원 채용시험에 응시하기 위하여 준비하고 있는 수험생(헌재 1999. 12. 23. 98헌마363; 헌재 2001. 2. 22. 2000헌마25).

* 증권거래법위반죄에 대한 형사소송 중 같은 법에 의한 벌금 이상의 실형을 증권회사 임원의 결격사유로 정한 규정에 대하여 다투는 경우(헌재 2001. 3. 21. 99헌마150).

* 선거운동을 할 수 없는 자를 규정한 조항에 대해 선거운동이 시작되는 시점인

후보자등록신청개시일보다 약 8개월 전에 청구된 경우(헌재 2004. 3. 25. 2001
헌마710; '95헌마108' 결정은 후보자등록신청개시일부터 약 2개월 전에 청구된 기탁
금 규정 헌법소원사건의 현재성을 인정하였다).

* 피상속인이 생존하고 있는 동안 상속에 관한 법률을 다투는 경우(헌재 2009.
11. 26. 2007헌마1424; 피상속인이 사망하는 것은 확실하기 때문이라고 하였다).
* 형사 항소심에서 실형이 선고되었고, 사건의 쟁점이 뇌물을 받았는지 아닌지에
관한 사실인정 문제였던 점 등을 볼 때 법률심인 상고심에서 원심판결이 번복
될 가능성은 객관적으로 많지 않았다고 할 것이므로 청구인이 상고심 판결이
원심대로 확정될 것을 전제로 보궐선거의 실시를 예측하고 사전선거운동금지
조항에 대하여 헌법소원심판을 청구한 경우(헌재 1995. 11. 30. 94헌마97).

현재성이 부인된 사례로 다음의 것들이 있다.

* 형사소송법상 재정신청제도를 제한한 규정에 관하여 아직 고소 또는 고발을
한 사실이 없는 청구인(헌재 1989. 7. 21. 89헌마12).
* 검찰총장 퇴직 후 일정기간 동안 정당의 발기인이나 당원이 될 수 없도록 하
는 검찰청법 규정과 고등검사장(헌재 1997. 7. 16. 97헌마26; 장차 검찰총장이 될
수 있다는 가능성만으로는 침해의 현재성이 인정되지 않는다고 하였다).[15]
* 개인택시면허의 양도 및 상속 금지 규정에 대하여 장래 개인택시면허를 취득
하려는 자(헌재 2012. 3. 29. 2010헌마443등).
* 심판청구이래 현재까지 국가정보원직원법 시행령 제4조 제3항 [별표 3] 등이
정하는 공무원으로 특별채용되기 위하여 어떠한 준비나 지원을 한 사실이 없
는 자(헌재 2007. 5. 31. 2003헌마422).
* 청구인은 보상금 지급신청 이후 조사대기 중에 있는데, 장래 청구인이 특수임
무수행자보상심의위원회의 보상금 지급결정에 동의할 경우에는 재판상 화해가
성립된 것으로 본다는 '특수임무수행자보상에 관한 법률' 제17조의2가 적용되
어 재판청구권이 제한되지만, 이는 위원회의 보상금 지급결정여부와 이에 대한
청구인의 동의여부에 따라 장래에 발생할 가능성이 있는 것에 불과하여, 현재
위 조항으로 인하여 기본권 침해가 확실히 예측된다고 보기 어려우므로, 기본
권 침해의 현재성을 인정할 수 없다(헌재 2009. 4. 30. 2006헌마1322).
* 변호사시험 응시는 법학전문대학원 석사학위 취득 후 '5년 내 5회'로 제한한
변호사시험법 규정에 대하여 아직 응시할 기회가 남아있는 경우에는 침해의
현재성이 인정되지 않는다(헌재 2020. 9. 24. 2018헌마739등).

4. 직 접 성

직접성이란 공권력작용이 청구인의 기본권을 직접 침해하여야 한다는 것을 말한다. 직접성이 특히 문제되는 것은 법령에 대한 헌법소원의 경우이다. 법령소원이 인정되려면 법률조항의 개별 집행행위를 기다리지 않고 법률조항 자체만으로 기본권을 직접 침해하여야 한다. 직접성 요건은 훈시규정에도 그대로 적용된다(헌재 2009. 7. 30. 2007헌마372; 헌법재판을 청구일로부터 180일 내에 처리하여야 한다는 규정에 대한 것이다). 부진정입법부작위를 다투는 형태의 헌법소원의 경우에도 직접성 요건은 동일하게 요구된다(헌재 2010. 7. 29. 2009헌마51).

(판 례) 헌법소원심판청구의 직접성 요건

　　법령에 근거한 구체적인 집행행위가 재량행위인 경우에는 법령은 집행기관에게 기본권침해의 가능성만을 부여할 뿐 법령 스스로가 기본권의 침해행위를 규정하고 행정청이 이에 따르도록 구속하는 것이 아니며, 기본권의 침해는 집행기관의 의사에 따른 집행행위, 즉 재량권의 행사에 의하여 비로소 이루어지고 현실화되므로, 이러한 경우에는 법령에 의한 기본권침해의 직접성이 인정될 여지가 없다. (……)

　　이 사건 법률조항(특정 범죄자에 대한 위치추적 전자장치 부착 등에 관한 법률 제23조; 글쓴이)에 관하여, 청구인이 주장하는 기본권침해의 법률효과는 치료감호심의위원회가 가출소되는 피보호감호자에 대하여 사회보호법에 따른 준수사항의 이행 여부 확인 등을 위하여 전자장치 부착을 결정함에 따라 비로소 발생하는 것이지, 치료감호심의위원회의 가출소자에 대한 전자장치 부착결정의 근거가 된 이 사건 법률조항 자체에 의한 것은 아니다.

헌재 2011. 5. 26. 2010헌마365, 공보 176, 846, 849

(판 례) 국회의원선거구 획정 시 시 · 군 · 구 분할금지조항이 직접성 요건을 충족하는지 여부

　　이 사건 분할금지조항(공직선거법 제25조 제1항 "국회의원지역선거구는 시 · 도의 관할 구역 안에서 인구 · 행정구역 · 지세 · 교통 기타 조건을 고려하여 이를 획정하되, 자치구 · 시 · 군의 일부를 분할하여 다른 국회의원지역구에 속하게 하지 못한다"; 글쓴이)은 국회가 국회의원지역선거구를 획정할 때 행정구역 단위 중 자치구를 분할하여 다른 선거구로 편입하는 것만을 명시적으로 금지함으로써, 행정구의 분구 및 통합 가능성을 열어놓고 있는 것으로, 법률 조항 자체만으로는 어떠한 행정구가 분할되어 다른 선거구로 편입될 것인지를 전혀 예측할 수 없고, 국회가 이 사건 분할금지조항에 근거하여 선거구구역표를 편성한 이후에야 비로소 특정 행정구가 분할되어 다른 선거구와 통합될 것인지 여부가 결정된다.

　이처럼 청구인들이 주장하는 기본권 침해가(청구인들은 법규정이 자치구만 분할금지 하였으므로 수원시 일반구의 법정동은 언제든지 분할가능하다고 주장하였다; 글쓴이) 이 사건 분할금지조항이 아니라 구체적인 선거구구역표의 획정에 의하여 비로소 발생하는 이상, 이 사건 분할금지조항에 대하여 기본권침해의 직접성을 인정할 수 없다.

　　　　헌재 2014. 10. 30. 2012헌마192등, 판례집 26-2상, 668, 669

　법률조항의 개별 집행행위가 존재하는 경우라도 그 집행행위에 대한 구제절차가 없거나 구제절차가 있더라도 구제의 기대가능성이 없는 경우에는 직접 법령을 대상으로 헌법소원을 청구할 수 있다(헌재 1997. 8. 21. 96헌마48).[16)]

　법령에서 제재수단으로 형벌이나 행정벌 등 벌칙을 규정한 경우, 형벌이나 행정벌의 부과를 집행행위라고 볼 수 없으며, 제재의 근거인 법률조항을 대상으로 헌법소원을 제기하여야 한다(헌재 1998. 3. 26. 97헌마194). 다만 벌칙조항에 대하여는 그 법정형이 체계정당성에 어긋난다거나 과다하다는 등 그 자체가 위헌임을 주장하는 경우에는 직접성을 인정할 수 있다(헌재 2009. 4. 30. 2007헌마103). 따라서 처벌조항의 고유한 위헌성을 주장하지 않는 경우 처벌조항에 대한 기본권 침해의 직접성이 인정되지 않는다(헌재 2014. 4. 24. 2011헌마659등).

　법률조항의 구체화를 위하여 하위규범의 시행을 예정하고 있는 경우, 당해 법률조항의 직접성은 인정되지 않는다(헌재 1996. 2. 29. 94헌마213). 그러나 법규범의 내용이 달리 해석되지 않고 명백한 것이어서 집행행위 이전에 이미 국민의 권리관계를 변동시키거나 법적 지위가 그 집행행위의 유무나 내용에 의하여 좌우될 수 없을 정도로 확정된 상태인 경우에는 당해 법령의 기본권 침해의 직접성을 인정할 수 있다(헌재 2011. 10. 25. 2010헌마661). 가령, 국가유공자로 인정받기 위한 상이등급 기준 중 이명에 관하여 정한 '국가유공자 등 예우 및 지원에 관한 법률' 시행규칙 조항은 국가보훈처장의 상이등급 판정이라는 별도의 구체적인 집행행위를 예정하고 있으나, 상이등급 판정은 재량의 여지없이 심판대상조항을 단순 적용한 결과에 지나지 않으므로 청구인의 지위는 위 심판규칙 조항에 의하여 이미 확정되었다고 보아야 하고, 심판대상조항은 청구인의 기본권을 직접 제한한다(헌재 2015. 6. 25. 2013헌마128).

(판 례) 법률이 구체적 집행행위를 예정하고 있는 경우에도 직접성을 인정한 예외

이 사건 고시 조항(2010. 8. 4. 고용노동부 고시 제2010-7호 '고용허가제 대행기관 운영에 관한 규정' 제4조 및 별표1 대행기관 지정요건; 글쓴이)은 사업수행을 위한 행정능력과 경험이 있고, 사용자 및 외국인 근로자 지원사업의 실적이 있으며, 업무수행시 공공성을 확보할 수 있는 기관 중에서 전국적인 조직과 인력, 통역, 시설, 재무건전성 등의 엄격하고도 구체적 요건을 갖춘 경우에 한하여 대행기관으로 지정하도록 규정하고 있다. 따라서 외국인 근로자의 고용에 관한 업무를 대행하려고 하는 자는 이러한 요건을 갖추어 고용노동부장관에게 대행기관 지정신청을 하여야 하고, 고용노동부장관은 평가위원회의 평가를 통하여 대행기관 지정 여부를 결정하게 된다(이 사건 고시 제5조). 그렇다면 이 사건 고시 조항은 고용노동부장관에 의한 대행기관 지정이라는 별도의 구체적인 집행행위를 예정하고 있다고 할 것이나, 한편 이러한 대행기관 지정이라는 집행행위에 있어서 고용노동부장관은 이 사건 고시 조항 소정의 엄격하고도 구체적인 요건(특히, 전국적인 조직, 비영리성)을 갖추었을 경우에 한해 평가를 거쳐 지정 여부를 결정할 뿐이고, 지정신청을 한 자가 이러한 요건을 갖추지 못한 경우에는 곧바로 지정 신청에 대하여 거부를 할 수밖에 없으므로, 이 사건 고시 조항의 내용은 고용노동부장관의 집행행위 이전에 이미 대행기관 지정을 신청하려는 국민의 법적 지위를 결정적으로 정하는 것이라고 할 것이다. 결국 이 사건 고시 조항에서 정하는 엄격하고도 구체적인 요건을 갖추지 못한 자는 고용노동부장관에 의한 대행기관 지정이라는 집행행위의 유무 또는 내용에 관계없이 외국인 근로자의 고용에 관한 업무를 대행할 수 없으므로, 대행기관 지정을 원하는 청구인 1 내지 6에게 있어서 위 고시 조항으로 인한 기본권 침해의 직접성이 인정된다.

헌재 2011. 10. 25. 2010헌마661, 판례집 23-2하, 101, 118-119

반면 행정청이 법령이 정한 요건의 충족 여부를 심사할 여지가 있는 경우에는 그 법령의 직접성은 인정되지 않는다.

(판 례) 법령 요건의 충족 여부 심사와 직접성

과세관청의 부과처분에 의하여 조세채무가 확정되는 부과과세방식이나 납세의무자 스스로 조세채무 성립요건의 충족을 확인하여 세액을 신고함으로써 조세채무가 확정되는 신고납세방식의 조세에 있어서 조세법령으로 인한 기본권 침해는 과세처분 또는 경정거부처분 등의 구체적인 집행행위를 통하여 비로소 현실화된다. 이러한 법리는 해당 조세법령이 조세의 면제나 부가가치세 영세율 적용 등의 조세혜택을 배제하는 내용을 담고 있는 경우에도 마찬가지로 적용되고, 이 경우 문제될 수 있는 납세의무 부담의 평등원칙 위반 여부 또한 납세의무자의 구체적인 재산권 제한 문제와 분리하여 파악할 수 있는 것이 아니다.

법령에 대한 헌법소원에서 법규범이 집행행위를 예정하고 있더라도 그 법령이 일의적이고 명백한 것이어서 집행기관이 심사와 재량의 여지없이 그 법령에 따라 일정한 집행행위를 하여야 하는 경우에는 당해 법령의 직접성을 인정할 수 있다. 그런데 이와 같은 법리를 적용함에 있어서, 집행행위가 법령이 정한 요건이 충족될 경우 집행기관의 '재량'없이 이루어지는 기속행위라는 것과 집행기관이 법령이 정한 요건의 충족 여부를 '심사'할 여지도 없이 일의적이라는 것은 구분되어야 한다. 즉 집행행위가 조세의 부과처분 등과 같이 집행기관의 재량이 없는 기속행위라 하더라도 집행기관에게 적극적·소극적 과세요건의 충족 여부에 대한 심사가 예정되어 있는 경우에는 위 법리를 적용하더라도 당해 법령의 직접성을 인정할 수 없다.

결국 심판대상조항(부가가치세 면제대상에 관한 소급 적용례를 정하고 있는 조세특례제한법 시행령 부칙 제23조 제1항; 글쓴이)으로 인한 기본권 침해는 개개의 적극적·소극적 과세요건의 충족 여부를 심사한 결과에 따르는 해당 과세기간에 대한 과세처분 또는 경정거부처분 등의 구체적인 집행행위를 통하여 비로소 현실화되는 것이므로, 이 사건 심판청구는 기본권 침해의 직접성 요건을 갖추었다고 볼 수 없어 부적법하다.

헌재 2020. 9. 24. 2017헌마498, 공보 288, 1285, 1286

수권(授權)규정으로서의 법률조항과 그 하위법령인 시행령이 불가분하게 결합된 것으로 인정되는 경우에는 둘 모두에 직접성이 인정된다. 그러나 형벌규정의 구성요건을 규정하는 시행령 조항은 직접성이 없다는 것이 판례의 입장이다.

(판 례) 법률과 시행령 모두에 직접성을 인정한 사례

공무원연금법 제23조 제3항은 보충역소집에 의한 군 복무기간에 대하여 대통령령으로 정하는 기간을 공무원 재직기간에 산입할 수 있다고 규정하고 있을 뿐이고, 위 규정의 위임에 따라 제정된 공무원연금법 시행령 제16조의2에 의하여 비로소 산업기능요원의 복무기간이 공무원 재직기간에 산입되지 않게 되는바, 그런 점에서 공무원연금법 제23조 제3항에 대한 청구는 직접성 요건이 흠결되어 부적법한 것이 아닌지 문제가 된다.

그런데 청구인은 공무원연금법 제23조 제3항이 보충역소집에 의한 복무기간을 공무원 재직기간에 산입할 수 있도록 하는 혜택을 부여하였음에도 공무원연금법 시행령 제16조의2가 산업근무요원으로 근무한 자신에게는 그 혜택을 부여하지 않는 것이 평등권을 침해하여 헌법에 위반된다고 다투고 있는바, 이는 앞서 본 바와 같이 수권조항인 공무원연금법 제23조 제3항이 하위법령인 공무원연금법 시행령 제16조의2와 서로 불가분의 관계를 이루면서 전체적으로 하나의 규율 내용을 형성하고 있는 경우라고 할 수 있어, 수권조항과 시행령조항 모두에 대해 기본권 침해의 직접성을 인정할 수 있다 할 것이므로, 공무원연금법 제23조 제3항에 대한 이 사건 심판청구는 직접성 요건을 충족한다 할 것이다.

헌재 2012. 8. 23. 2010헌마328, 공보 191, 1646, 1649

(판 례) **형벌규정의 구성요건을 규정하는 시행령 조항**

(특정범죄 가중처벌 등에 관한 법률 제4조 제1항 "다음 각 호의 어느 하나에 해당하는 기관 또는 단체로서 대통령령으로 정하는 기관 또는 단체의 간부직원은 「형법」 제129조부터 제132조까지의 규정을 적용할 때에는 공무원으로 본다", 동 시행령 제3조 제1호 "법 제4조 제2항에 따른 정부관리기업체의 간부직원의 범위는 다음과 같다. 1. 제2조 제1호부터 제44호까지, 제53호 및 제54호의 정부관리기업체와 농업협동조합중앙회, 수산업협동조합중앙회 및 산림조합중앙회의 임원과 과장대리급 이상의 직원")

이 사건 시행령조항은 형벌조항의 구성요건 일부를 규정하고 있는 조항으로서, 검사의 기소와 법원의 재판을 통한 형벌의 부과라는 구체적 집행행위가 예정되어 있으므로, 원칙적으로 기본권 침해의 직접성을 인정할 수 없다.

나아가 집행기관인 검사나 법원이 이 사건 시행령만을 적용하여 기소나 재판을 할 수 없고 형벌조항인 '특정범죄 가중처벌 등에 관한 법률' 제4조, 형법 제129조 등을 함께 적용하여 기소 또는 재판을 하여야 할 것이므로, '법령이 일의적이고 명백한 것이어서 집행기관의 심사와 재량의 여지없이 법령에 따라 집행행위를 하여야 하는 경우'에 해당하지 아니하고, 청구인이 이 사건 시행령조항을 위반하여 기소된 이상 재판과정에서 곧바로 법원에 이 사건 시행령조항의 위헌 여부에 관한 판단을 구할 수 있었을 것이므로, '구제절차가 없거나 있다고 하더라도 권리구제의 기대가능성이 없는 경우'라고 볼 수도 없어, 이 사건 시행령조항은 기본권 침해의 직접성을 인정할 수 있는 예외적인 경우에 해당하지 않는다.

(재판관 박한철 등 4인의 반대의견)

헌법재판소는 다수의 결정에서, 국민에게 일정한 행위의무나 행위금지의무를 부과하는 법규정을 정한 후 이를 위반할 경우 제재수단으로서 형벌을 부과하도록 한 경우에 그 형벌의 부과를 직접성에서 말하는 집행행위라고 할 수 없다는 이유로 행위의무나 행위금지의무를 내용으로 하는 형벌조항에 대하여 기본권 침해의 직접성을 인정하였는바, 형벌의 부과를 예정하고 있다는 이유로 직접성을 부정하고 있는 다수의견의 논리는 헌법재판소의 종래 입장에 배치된다.

또한 청구인이 기소된 이상, 재판 과정에서 곧바로 법원에 이 사건 시행령조항에 대한 위헌심사를 구할 수 있었다고 하더라도, 그러한 절차가 존재한다는 사정만으로 이 사건 시행령조항이 그 자체로 직접 기본권 제한 효과를 발생시킨다는 점이 달라지지는 않는다. 헌법재판소는 일찍이 명령·규칙에 대한 헌법소원을 인정해 오고 있고, 특히 심판대상이 형벌조항인 경우에는 그 위헌성이 확인될 경우 당해사건에서만 무죄를 선고하는 데 그칠 것이 아니라 일반 국민의 기본권 침해상태를 제거해 줄 필요성이 크다고 할 것이므로, 법원에 의한 위헌심사가 가능하다는 이유만으로 이 사건 시행령조항에 대하여 직접성을 인정할 필요가 없다는 다수의견에는 찬성할 수 없다.

헌재 2016. 11. 24. 2013헌마403, 판례집 28-2하, 297, 298

위 결정의 반대의견은 오로지 이론상의 문제만 제기하였다는 비판을 면할 수 없다. 위 사건은 뇌물죄 적용에는 공무원으로 의제되는 자가 1,400여만원의 향응을 제공받은 피의사실로 기소된 이후 재판의 전제가 된 시행령 조항에 대하여 헌법소원을 제기한 사건이다. 시행령이 재판의 전제가 된 때에는 법원이 그 위헌성을 최종 심사할 권한을 가진다. 헌법재판소에서는 보충성 원칙에 위반되어 어차피 부적법 각하를 면할 수 없다.[17] 그런데도 굳이 직접성이 인정된다는 판단을 할 필요가 있었는지 의문이다.

법규범이 정하고 있는 법률효과가 실제 발생하기 위해서는 법무사의 해고행위와 같이 공권력이 아닌 사인의 행위를 요건으로 하고 있다고 할지라도 법규범의 직접성을 부인할 수 없다.

(판 례) 법규범이 정한 법률효과 발생에 사인의 행위가 필요한 경우

이 사건 심판대상 조항(법무사 사무원 수를 5인을 넘지 못하도록 제한하고 있는 법무사법 시행규칙 제35조 제4항; 글쓴이) 자체에 의하여 청구인들이 직접 해고되지 아니하는 것은 사실이나 법무사는 이 사건 심판대상 조항에 의하여 사무원 중 5인을 초과하는 사무원을 해고하여야 하는 법률상 의무를 직접 부담하므로 이 사건 심판대상 조항은 직접 기본권을 침해하는 법 조항이라 할 것이고, 위 해고의 대상 중에 포함되어 있어 해고의 위험을 부담하는 것이 분명한(해고의 가능성이 100%가 아니라는 것뿐이다) 청구인들 또한 이 사건 심판대상 조항에 의하여 직접적이고 법적인 침해를 받게 되는 것이다. 그리고 법규범이 구체적인 집행행위를 기다리지 아니하고 직접 기본권을 침해한다고 할 때의 집행행위란 공권력행사로서의 집행행위를 의미하는 것이므로 법규범이 정하고 있는 법률효과가 구체적으로 발생함에 있

어 이 사건에서 법무사의 해고행위와 같이 공권력이 아닌 사인의 행위를 요건으로
하고 있다고 할지라도 법규범의 직접성을 부인할 수 없는 것이다.

헌재 1996. 4. 25. 95헌마331, 판례집 8-1, 465, 470-471

헌법재판소가 직접성을 인정한 사례로는 다음의 것들이 있다.

* 생활보호법의 위임에 따라 보건복지부장관이 고시한 생계보호기준(헌재 1997.
  5. 29. 94헌마33; 이 경우 이 기준에 따른 지급행위는 단순한 사실적 집행행위에 불
  과하다).
* (장래에 중학교 국어교과서를 저작·발행하고자 구체적 계획을 세우고 있는 현직 교
  사에 대한) 중학교 교과서의 편찬은 교육부가 직접 또는 위임하여 편찬하도록
  하여 일반 사인은 물론 국어교사라 할지라도 이를 저작·발행·공급할 수 없
  도록 한 교육법, 교과용도서에관한규정(헌재 1992. 11. 12. 89헌마88).
* 지방자치법 제65조는 지방의회에 청원할 때에는 반드시 지방의회의원의 소개
  를 얻도록 규정하고 있어 의원의 소개가 없는 청원은 지방의회에 의한 청원서
  의 수리거부 또는 반려행위 등의 집행행위를 기다릴 것도 없이 확정적으로 청
  원을 하지 못하는 결과가 생기므로 위 법률조항은 직접성이 인정된다(헌재
  1996. 2. 29. 94헌마213).
* 형법상의 법률조항은 엄밀한 의미에서 법률 그 자체에 의하여 국민의 신체의
  자유를 제한하는 것이 아니라 넓은 의미의 재량행위의 하나인 형법조항의 적
  용행위라는 구체적인 집행행위를 통하여 비로소 국민의 기본권이 제한되는 것
  이지만, 국민에게 그 합헌성이 의심되는 형법조항에 대하여 위반행위를 우선
  범하고 그 적용·집행행위인 법원의 판결을 기다려 헌법소원심판을 청구할 것
  을 요구할 수는 없다. 따라서 이러한 경우에는 예외적으로 집행행위가 재량행
  위임에도 불구하고 법령에 의한 기본권침해의 직접성을 인정할 수 있다(헌재
  1996. 2. 29. 94헌마213).

헌법재판소가 직접성을 부인한 사례는 다음과 같다.

* 도시계획법상 개발제한구역에 관한 규정은 건설부장관의 지정·고시라는 집행
  행위를 필요로 한다(헌재 1991. 6. 3. 89헌마46).
* 사법시험의 선발예정인원과 합격자결정방식 등에 관한 사법시험법시행령 조항
  은 구체적 집행행위가 필요하다(헌재 2002. 2. 28. 99헌마693).
* 사립학교법 제31조의2 제1항은 교육부장관은 필요한 경우 감사증명서 등을 감

리할 수 있도록 규정하고 있어, 청구인들에 대한 기본권침해는 위 규정에 의해 직접 초래되는 것이 아니라 교육부장관의 감리행위라는 집행행위가 있을 경우에 비로소 기본권침해가 현실화된다(헌재 2016. 2. 25. 2013헌마692).

* 지방자치단체는 조례로 관할 구역 안의 일정한 장소를 금연구역으로 지정할 수 있다고 규정한 국민건강증진법 규정은 직접성이 없고, 기본권 침해의 효과는 지방자치단체가 조례를 통하여 금연구역을 지정할 때 비로소 발생한다(헌재 2014. 9. 25. 2013헌마411).

* 의료인이 실태와 취업상황 등에 대한 신고의무를 이행하지 않은 경우 임의로 면허를 정지할 수 있도록 규정한 의료법은 직접성이 없고, 보건복지부장관의 면허정지처분이라는 구체적 집행행위를 통하여 불이익이 발생한다(헌재 2014. 6. 26. 2012헌마660).

* 금고 이상의 실형을 선고받고 그 집행이 종료된 날로부터 3년이 지나지 아니한 경우 전자충격기의 소지허가를 필요적으로 취소하도록 규정한 '총포·도검·화약류 등 단속법' 규정은 경찰서장의 소지허가취소라는 구체적 집행행위가 있을 때 기본권 침해가 현실로 발생한다. 심판대상조항에도 불구하고 소지허가가 실제로 취소되기 전까지는 전자충격기를 소지하고 있던 청구인의 권리관계나 법적 지위에는 아무런 변동이 없으므로 위 법규정은 직접성 요건을 갖추지 못하였다(헌재 2014. 2. 27. 2012헌마904).

* 법무법인이 등기신청업무를 대리하는 경우 대법원규칙으로 정하는 사무원을 등기소에 출석하게 하여 그 서류를 제출할 수 있다고 규정한 부동산등기법 조항은 사무원의 요건을 하위 규범인 대법원규칙으로 정하도록 위임하였고, 그 규칙조항에서 비로소 등기신청서를 제출할 수 있는 사무원의 허가에 관한 사항 및 그 인원의 제한에 관하여 규정하고 있으므로 직접성 요건이 인정되지 않는다(헌재 2015. 9. 24. 2013헌마93).

* '교원의 노동조합 설립 및 운영 등에 관한 법률 시행령' 제9조 제1항 중 '노동조합 및 노동관계조정법 시행령' 제9조 제2항에 관한 부분('법외노조통보 조항')은 시정요구 및 법외노조통보라는 별도의 집행행위를 예정하고 있으므로, 법외노조통보 조항에 대한 헌법소원은 기본권 침해의 직접성이 인정되지 아니한다(헌재 2015. 5. 28. 2013헌마671).

* 교도소장으로 하여금 수용자가 주고받는 서신에 금지물품이 들어 있는지를 확인할 수 있도록 규정하고 있는 '형의 집행 및 수용자의 처우에 관한 법률' 조항은 수용자의 서신에 금지물품이 들어 있는지 여부에 대한 확인을 교도소장

의 재량에 맡기고 있으므로 교도소장의 금지물품 확인이라는 구체적인 집행행위를 매개로 하여 수용자인 청구인의 권리에 영향을 미치게 되는바, 위 법률조항이 청구인의 기본권을 직접 침해한다고 할 수 없다(헌재 2012. 2. 23. 2009헌마333).

* 헌법재판소법 제72조 제3항 제2호는 청구기간이 경과한 후 헌법소원심판이 청구된 경우에 '지정재판부 재판관 전원의 일치된 의견에 의한 결정'으로 헌법소원의 심판청구를 각하한다고 규정하고 있는바, 헌법재판소 지정재판부의 각하결정이라는 별도의 행위에 의하여 비로소 기본권침해 여부의 문제가 발생할 수 있다(헌재 2011. 10. 25. 2011헌마175).

* 파산채권자에 대한 기본권 침해는 법원이 면책허가결정을 하는 때에 비로소 발생하게 되는 것이지 권리면책조항 자체에 의하여 직접 발생하는 것은 아니므로 권리면책조항은 기본권 침해의 직접성이 인정되지 아니한다(헌재 2013. 3. 21. 2012헌마569).

* 보호관찰기간의 범위에서 기간을 정하여 전자장치를 부착하게 할 수 있다는 전자장치부착법 조항은 치료감호심의위원회의 전자장치부착 결정이라는 집행행위를 예정하고 있고, 또한 전자장치 부착 여부를 치료감호심의위원회의 재량사항으로 규정하고 있으므로, 청구인이 주장하는 기본권 침해는 치료감호심의위원회의 전자장치부착 결정에 의하여 비로소 발생한다(헌재 2016. 4. 28. 2015헌마98).

* 형집행법 제110조 제2항은 교정시설의 장은 징벌대상자를 분리 수용할 경우 접견·서신수수·전화통화·실외운동 등 다른 사람과의 접촉이 가능한 처우의 전부 또는 일부를 제한할 수 있다고 규정하고 있으므로, 소장의 처우제한이라는 구체적인 집행행위를 통하여 기본권 침해가 비로소 현실화된다(헌재 2016. 5. 26. 2014헌마45).

* 소송기록접수통지를 받은 후 20일 내에 항소이유서를 제출하도록 한 형사소송법 규정은 직접성이 인정되나, 제출하지 아니한 경우 항소기각결정을 하도록 한 규정은 직접성이 인정되지 않는다. 결정조항은 구체적인 소송사건에서 법원에 의해 해석·적용되는 재판규범으로서 법원의 구체적인 집행행위의 매개를 거쳐 비로소 특정인의 기본권에 영향을 미치게 되는 법규범이고, 집행기관이 심사와 재량의 여지없이 그 법률에 따라 일정한 집행행위를 하여야 하는 경우에도 해당하지 않으며 즉시항고라는 구제절차도 존재하기 때문이다(헌재 2016. 9. 29. 2015헌마165).

* 청구인들이 남한산성 역사문화환경 보존지역에서 건축물의 지붕을 한옥형 건축양식 외의 양식으로 하는 건설공사를 행하는 경우라 하더라도, 심판대상조항 (문화재청고시인 '남한산성 등 3개소 국가지정문화재 역사문화환경 보존지역 내 건축행위 등에 관한 허용기준 변경' 별첨자료 1. 중 "건축물의 지붕은 한옥형 건축양식으로 함" 부분)에 의하여 곧바로 그러한 건설공사가 금지되는 것이 아니라 인허가행정기관이 해당 건설공사에 관한 건축허가신청 등을 불허하거나 문화재청장이 문화재 현상변경 등 허가신청을 불허하는 때에 비로소 청구인들의 구체적인 권리의무에 영향을 미치게 된다(헌재 2020. 8. 28. 2018헌마587).

헌법재판소는 집행행위가 예정되어 있는 법률규정에 대한 법령소원의 경우에 직접성 요건은 그 집행행위가 기속행위인지 재량행위인지를 나누어 판단하고 있음을 살펴보았다. 그러나 최근에는 집행행위가 기속행위에 해당하는 경우에도 법령의 직접성을 부인하는 경우가 많으므로 주의를 요한다. 개별 집행행위가 존재하는 경우 그 집행행위를 대상으로 한 구제절차에서 문제된 해당 법률의 적용과 관련하여 전제된 사안의 사실·법률 관계를 심사하면서 해당 법률의 위헌여부심판의 필요성 등을 법원에서 판단할 필요가 있으므로 집행행위의 근거가 되는 법률을 직접 헌법소원심판의 대상으로 삼아서는 안 된다는 것이다.

(판 례) 예정된 집행행위가 기속행위인 경우에도 법령에 대하여 직접성을 부인한 사례 (1)

국회의원총선거에 참여하여 의석을 얻지 못하고 유효투표총수의 100분의 2 이상을 득표하지 못한 때에 정당의 등록을 취소하도록 한 구 정당법상의 등록취소규정에 의하여 청구외 사회당이 소멸하여 그 결과 청구인 주장의 기본권이 침해되는 것이 아니라 위 규정 소정의 등록취소사유에 해당되는지 여부에 대한 중앙선거관리위원회의 심사 및 그에 이은 등록취소라는 집행행위에 의하여 비로소 정당이 소멸하게 된다. 그리고 중앙선거관리위원회의 이 사건 사회당에 대한 등록취소처분이 행정소송의 대상이 됨은 명백하다고 할 것이고 그 정당 등록취소처분의 취소소송절차에서의 위 규정에 의한 등록취소사유(예컨대 소정의 득표율에 미달되었는지 여부)에 대한 사실관계 확정과 더불어 얼마든지 위 규정에 대한 위헌 여부의 제청을 구할 수 있는 것이며 그 외 달리 그러한 절차경유가 곤란하거나 부당하다고 볼 사정 또는 그러한 절차의 경유가 실효성이 없다고 볼 사정은 찾아보기 어렵다. 따라서 이 사건 등록취소규정은 기본권 침해의 직접성이 없다.

헌재 2006. 4. 27. 2004헌마562, 판례집 18-1상, 574

(판 례) 예정된 집행행위가 기속행위인 경우에도 법령에 대하여 직접성을 부인한 사례 (2)

　　임대사업자가 임대의무기간 경과 후 1년 이상 분양전환승인을 신청하지 않는 경우 임차인이 임차인 총수 3분의 2 이상의 동의를 받아 직접 분양전환승인을 신청할 수 있도록 한 구 임대주택법상의 분양전환신청조항은 임대사업자인 청구인에게 그 자체에 의하여 구체적인 집행행위를 기다리지 않고 곧바로 발생하는 것이 아니라, 임차인의 분양전환신청에 대한 시장·군수·구청장의 분양전환승인이라는 별도의 집행행위에 의하여 비로소 현실적으로 발생한다.

　　　　　　　　　　헌재 2010. 7. 29. 2008헌마581등, 판례집 22-2상, 404[18)]

법원의 입장은 구체적 규범통제를 채택하고 있는 현행 헌법재판제도에 비추어 법률에 대한 헌법소원에서 직접성 요건을 완화하는 것은 피해야 한다는 것이다. 법원의 입장이라고도 볼 수 있는 견해를 살펴본다.

"법률에 대한 헌법소원에서 가장 문제가 되는 요건인 기본권 침해의 직접성이라는 것은 그 범위가 불명확하여 재판을 하는 헌법재판소 스스로가 기본권침해의 직접성 여부를 판단하여 결정할 수밖에 없고, 이는 헌법재판소 스스로가 자신의 관장사항을 정한다는 것을 의미한다. 그런데 만약 헌법재판소가 직접성을 폭넓게 인정하여 법률에 대한 헌법소원의 범위를 계속하여 확대할 경우에는 법률에 대한 헌법소원이 법원에 의한 구체적 규범통제절차와 중복될 가능성이 있으며 그로 인하여 법률에 대한 헌법소원의 운용여하에 따라서는 구체적 규범통제절차가 무력화되고 법률의 위헌 여부에 대한 법원의 1차적인 판단권이 침해될 위험성마저 있다."[19)]

헌법재판소는 의료인 면허의 필요적 취소를 규정하고 있는 의료법 조항에 대하여 면허취소라는 구체적인 집행행위가 있을 때 기본권 침해가 발생하는 것이므로 위 의료법 조항은 기본권 침해의 직접성이 없다고 판시하였다(헌재 2013. 7. 25. 2012헌마934). 그러나 위 의료법 조항과 동일한 내용을 규정하고 있는 변호사법 조항에 대하여는 직접성을 인정한 바 있다(헌재 2006. 4. 27. 2005헌마997). 아래에서는 의사와 변호사 면허의 필요적 취소사유조항의 직접성이 어떻게 다르다는 것인지 판례를 직접 살펴보면서 알아보자. 글쓴이는 아무리 살펴보아도 이 둘의 차이를 찾아낼 수 없다.

(판 례) 의사 면허의 필요적 취소 조항과 직접성

(의료법 제65조(면허 취소와 재교부) ① 보건복지부장관은 의료인이 다음 각 호의 어느 하나에 해당할 경우에는 그 면허를 취소할 수 있다. 다만, 제1호의 경우에는 면허를 취소하여야 한다. 1. 제8조 각 호의 어느 하나에 해당하게 된 경우, 제8조(결격사유 등) 다음 각 호의 어느 하나에 해당하는 자는 의료인이 될 수 없다. 4. 이 법 또는 형법제233조, 제234조, 제269조, 제270조, 제317조 제1항 및 제347조(허위로 진료비를 청구하여 환자나 진료비를 지급하는 기관이나 단체를 속인 경우만을 말한다), (……) 모자보건법 그 밖에 대통령령으로 정하는 의료 관련 법령을 위반하여 금고 이상의 형을 선고받고 그 형의 집행이 종료되지 아니하였거나 집행을 받지 아니하기로 확정되지 아니한 자)

청구인이 주장하는 기본권 침해는 심판대상조항(의료법 제65조)에 의하여 직접 발생하는 것이 아니라 심판대상조항에 따른 면허취소 또는 면허재교부 거부라는 구체적인 집행행위가 있을 때 비로소 현실적으로 나타난다. 청구인이 면허취소처분이나 면허재교부거부처분을 받은 경우 행정심판이나 행정소송 등을 통하여 권리구제를 받을 수 있으며, 그 절차에서 집행행위의 근거가 된 심판대상조항의 위헌여부에 대한 심판제청을 신청할 수 있고, 그러한 절차를 밟도록 하는 것이 청구인에게 불필요한 우회절차를 강요하는 것이라고 볼 수도 없다. 따라서 심판대상조항을 직접 대상으로 하는 이 사건 헌법소원심판은 직접성 요건을 갖추지 못하여 부적법하다.

헌재 2013. 7. 25. 2012헌마934, 공보 202, 1035, 1036

(판 례) 변호사 면허의 필요적 취소 조항과 직접성[20]

청구인은 이 사건 법률조항으로 인하여 현재 기본권 침해를 받고 있다고 하기는 어려우나, 장차 청구인이 형의 집행을 종료한 뒤 변호사 등록 신청을 할 경우 이 사건 법률조항이 적용될 것임은 심판청구 당시에 이미 확실히 예측되는 것이었으므로, 기본권침해의 현재성도 갖춘 것으로 본다.

한편 변호사법 제7조는 '자격등록'이라는 제하에 "변호사로서 개업을 하고자 하는 때에는 대한변호사협회에 등록을 하여야 한다."(제1항), "제1항의 등록을 하고자 하는 자는 입회하고자 하는 지방변호사회를 거쳐 등록신청을 하여야 한다."(제2항)고 규정하고, 제8조는 '등록거부'라는 제하에 "대한변호사협회는 제7조 제2항의 규정에 의하여 등록을 신청한 자가 다음 각 호의 1에 해당하는 때에는 제9조의 규정에 의한 등록심사위원회의 의결을 거쳐 등록을 거부할 수 있다."(제1항)고 하고 제2호에 "제5조의 규정에 의한 결격사유에 해당하는 자"를 규정하고 있다.

따라서 변호사의 결격사유를 규정하고 있을 뿐인 이 사건 법률조항은 변호사가 되려고 하는 자의 등록신청에 대한 대한변호사협회의 등록거부라고 하는 구체적인

집행행위를 매개로 하여 기본권을 침해하는 것으로 볼 여지가 있다. 그러나 규정 문언이 '…… 수 있다'라고 하더라도 당해 행위가 속하는 행정분야의 주된 목적과 특성, 당해 행위 자체의 개별적 성질과 유형 등을 모두 고려하여 판단하여 행정청 에 재량의 여지가 없다고 한다면 이는 기속행위라고 보는 것이 행정법계의 일반적 견해이며, 대한변호사협회도 이 사건 법률조항에 대하여 재량권이 없는 기속행위 로 보고 금고 이상의 형을 선고받은 모든 변호사에 대하여 일정 기간 변호사 자격 등록을 취소하고 있다. 따라서 청구인으로 하여금 등록신청을 한 후 등록거부를 기다려 이를 일반 쟁송의 방법으로 다투라고 하는 것은 불필요한 우회절차를 강요 하는 셈이 되는데, 이와 같이 구체적 집행행위가 존재하는 경우라도 권리구제의 기대가능성이 없고 다만 기본권침해를 당한 청구인에게 불필요한 우회절차를 강요 하는 것밖에 되지 않는 경우는 당해 법률을 직접 헌법소원의 대상으로 삼을 수 있 으므로(헌재 1997. 8. 21. 96헌마48, 판례집 9-2, 295, 303), 이러한 점에서도 기본권침 해의 직접성을 인정할 수 있다고 할 것이다.

헌재 2006. 4. 27. 2005헌마997, 판례집 18-1상, 586, 592-593

5. 보충성

헌법소원심판은 "다른 법률에 구제절차가 있는 경우에는 그 절차를 모두 거 친 후가 아니면 청구할 수 없다"(제68조 제1항 단서). 이를 보충성의 요건이라 한 다. 보충성의 요건은 헌법소원제도가 최종 구제수단인 점을 나타낸다.

먼저 거쳐야 할 구제절차는 직접 구제받는 절차를 말하며, 간접 혹은 보충의 구제절차는 해당하지 않는다. 헌법재판소는 손해배상청구나 손실보상청구는 직 접 구제받는 절차가 아니며(헌재 1989. 4. 17. 88헌마3), 행형법상의 청원제도 역시 이에 해당하지 않는다고 하였다(헌재 1989. 10. 29. 98헌마4).

'다른 구제절차를 거친 후'란 절차를 적법하게 거친 경우를 말한다. 따라서 행정심판을 거치지 않아 행정소송이 각하된 경우(헌재 1994. 6. 30. 90헌마107; 과 거 행정소송에서 행정심판 필요적 전치주의를 규정하였던 때의 판례이나, 법 개정 후에도 필요적 전치주의를 규정한 일부 절차에는 여전히 적용된다), 또는 행정소송을 제기하였 다가 소송을 취하하거나 취하간주된 경우(헌재 1999. 9. 16. 98헌마265)는 구제절차 를 거쳤다고 볼 수 없다.

다른 구제절차는 사전에 거쳐야 하지만, 헌법소원을 먼저 제기한 후 종국결 정 전에 다른 구제절차를 거친 경우에는 사전 구제절차를 거치지 않은 하자가 치유가 된다(헌재 1996. 3. 28. 95헌마211).

법령에 대한 헌법소원이 인정되는 것은 보충성이라는 제약을 받지 않기 때문이다. 법령에 의해 직접 기본권침해가 발생하는 경우 일반법원에 소를 제기하여 그 법령 자체의 효력을 다툴 수 있는 제도가 없다(대결 1994. 4. 26.자 93부32). 따라서 이런 경우에는 다른 구제절차가 없으므로 바로 헌법소원을 제기할 수 있다(헌재 1996. 10. 4. 94헌마68).

보충성의 요건 및 재판소원 금지 원칙으로 인해 대부분의 **행정작용에 대한 헌법소원**은 인정되지 않는다. 행정작용으로 인한 기본권침해의 경우, 보충성의 요건에 따라 다른 구제절차를 거쳐야 하는데 대부분의 행정작용에 대해 행정소송이 인정되고 재판에 대해서는 헌법소원이 인정되지 않기 때문이다. 따라서 행정소송의 대상이 되지 않는 행정작용에 대해서만 헌법소원이 인정된다.

보충성의 예외가 인정되는 경우가 있다.

① 사전에 다른 구제절차를 거칠 것을 기대하기 어려운 경우이다. 헌법재판소는 청구인의 불이익으로 돌릴 수 없는 정당한 이유있는 착오로 전심 구제절차를 거치지 않은 경우, 전심절차를 거쳐도 권리구제의 가능성이 거의 없는 경우, 또는 권리구제절차의 허용여부가 객관적으로 불확실하여 전심절차 이행의 기대가능성이 없는 경우에는 보충성의 예외를 인정하여 바로 헌법소원을 제기할 수 있다고 하였다(헌재 1995. 12. 28. 91헌마80).

교도소장이 미결수용자에 대해 행한 서신검열, 서신지연발송 및 지연교부행위는 권력적 사실행위로서 행정심판이나 행정소송의 대상이 된다고 단정하기도 어려울 뿐 아니라 설사 그 대상이 된다고 하더라도 이미 종료된 행위로서 소의 이익이 부정될 가능성이 많아 헌법소원심판을 청구하는 외에 달리 효과적인 구제방법이 있다고 보기 어려우므로 보충성의 원칙에 대한 예외에 해당한다(헌재 1995. 7. 21. 92헌마144). 그러나 교도소장의 서신발송 불허행위에 대하여는 행정심판 및 행정소송이 가능하므로 이 절차를 거치지 아니한 채 제기된 헌법소원심판청구는 부적법하다(헌재 1998. 8. 27. 96헌마398; 헌재 2012. 10. 9. 2012헌마790).

청구인의 청구를 인용한 원심판결을 대법원이 파기환송하여 원심에 계속 중인 경우에 원심판결을 파기환송했다는 점만으로는 지방공무원채용시험 불합격처분의 취소를 구하는 헌법소원심판청구가 법원에서의 권리구제의 가능성이 거의 없어 보충성의 예외에 해당한다고 볼 수 없다(헌재 1999. 12. 23. 97헌마136).[21]

촛불시위 사건의 현행범으로 체포되어 경찰서 유치장에 구금되었던 자가 자신에 대한 구금이 불필요하게 장기간 계속된 것으로서 기본권을 침해하였다며 제기한 헌법소원에서, 헌법재판소는 체포적부심사절차를 거치지 않았기 때문에 보충성의 원칙에 반하여 부적법하다고 각하결정하였다. 체포적부심사절차를 몰랐다는 점은 보충성의 예외로 인정할 수 없다고 판시하였다(헌재 2010. 9. 30. 2008헌마628; 그러나 정부비판시위 확산을 막을 목적으로 별다른 조사도 하지 않고 체포시한인 48시간 직전에야 석방하는 것은 위헌이라는 2인의 반대의견이 옳다).[22]

② 법률상 구제절차가 없는 경우이다. 예컨대 일정한 행정작용에 대해 행정소송의 대상이 되지 않는다는 일관된 대법원판례가 있는 경우가 이에 해당한다(헌재 1993. 5. 13. 91헌마190).

종전의 헌법재판소 판례에 따르면, 국가인권위원회의 진정 기각결정에 대하여 국가인권위원회법이 불복수단으로 어떠한 구제절차를 마련해 놓고 있지 않고, 법원의 확립된 판례에 의하여 위 결정에 대하여 행정처분성이 인정되고 있는 것도 아니므로 보충성의 예외가 인정되었다(헌재 2009. 2. 26. 2008헌마275). 그러나 대법원이 판례를 변경하여 국가인권위원회의 진정 기각 또는 각하결정을 항고소송의 대상이 되는 처분이 된다고 판단한 것에 맞추어(대판 2009. 4. 9. 2008두16070; 대판 2015. 1. 29. 2014두42711), 헌법재판소도 견해를 변경하여 국가인권위원회의 진정 기각결정에 대한 헌법소원은 보충성을 갖추지 못하였다고 하였다(헌재 2015. 3. 26. 2013헌마214등).[23]

사법경찰관의 보도자료 배포행위는 수사기관이 공소제기 이전에 피의사실을 대외적으로 알리는 것으로서, 이것이 형법 제126조의 피의사실공표죄에 해당하는 범죄행위라면 청구인은 이를 수사기관에 고소하고 그 처리결과에 따라 검찰청법에 따른 항고를 거쳐 재정신청을 할 수 있으므로, 위와 같은 권리구제절차를 거치지 아니한 채 제기한 보도자료 배포행위에 대한 심판청구는 보충성 요건을 갖추지 못하여 부적법하다(헌재 2014. 3. 27. 2012헌마652).

6. 권리보호이익 및 심판이익

헌법소원심판을 청구하려면 권리보호의 이익, 즉 권리보호의 필요성이 있어야 한다.

(판 례) 헌법소원에서의 권리보호이익

권리보호이익 내지 소의 이익은, 국가적·공익적 입장에서는 무익한 소송제도의 이용을 통제하는 원리이고, 당사자의 입장에서는 소송제도를 이용할 정당한 이익 또는 필요성을 말하는 것으로, '이익 없으면 소 없다'라는 법언이 지적하듯이 소송 제도에 필연적으로 내재하는 요청이다. 따라서 권리보호이익이라는 헌법소원심판 의 적법요건은 헌법재판소법 제40조 제1항에 의하여 준용되는 민사소송법 내지 행정소송법 규정들에 대한 해석상 인정되는 일반적인 소송원리이지 헌법재판소법 제68조 제1항 소정의 '기본권의 침해를 받은'이라는 부분의 해석에서 직접 도출되는 것은 아니다. (……)

권리보호이익의 유무를 판단함에 있어서는 다른 구제수단의 유무 등을 기준으로 신중히 판단하여야 한다.

헌재 2001. 9. 27. 2001헌마152, 판례집 13-2, 447-448

권리보호이익은 헌법소원심판 청구 시점만이 아니라 결정 시에도 있어야 한다. 심판계속 중에 사실관계 또는 법률관계의 변동으로 기본권 침해가 종료한 경우에는 권리보호이익이 없어지는 것이 원칙이다(헌재 1997. 3. 27. 93헌마251). 청구인이 심판절차 계속 중에 사망하였다고 하더라도 권리보호이익이 인정되는 경우가 있다. 예컨대 헌법재판소가 헌법소원을 인용한다면 형사소송법상 그 배우자나 직계친족 등은 확정된 유죄판결에 대하여 재심을 청구할 수 있으므로 권리보호의 이익이 있다(헌재 1997. 1. 16. 89헌마240).

헌법재판소가 헌법불합치결정을 하면서 입법자의 법률 개정 시한을 정하고 그때까지는 잠정적용을 명한 경우, 별건의 헌법소원심판청구에서 동일한 법률조항의 위헌확인을 구하는 것은 권리보호이익이 없다는 것이 판례이다(헌재 2016. 3. 31. 2014헌마785). 이 사건은 성폭력처벌법이 성범죄자들의 신상정보를 20년 동안 보존·관리하도록 하는 조항에 관한 것이었다. 그러나 헌법재판소의 이러한 판단에는 다음과 같은 문제점이 있다.

첫째, 헌법재판소가 주문에서 법률 개정 시한을 정하지 않은 경우에는(가령 헌재 2012. 8. 23. 2010헌바28) 권리보호이익이 있다는 것인지 불분명하다. 둘째, 위헌결정의 이유에 기속력이 있는지에 대하여는 다툼이 있으므로, 별건의 심판청구의 이유가 앞선 헌법불합치결정의 이유와 다른 때에는 어떻게 되는지 불분명하다. 가령 앞선 헌법불합치결정이 영장주의나 죄형법정주의 위반을 이유로 하였는데, 후행 청구의 이유가 과잉금지원칙 위반인 경우이다.

헌법소원은 주관적 권리구제만이 아니라 객관적 헌법질서 보장의 기능도 겸한다. 따라서 청구인의 권리구제에는 도움이 되지 않더라도 심판이익이 있다고 인정되면 심판하여야 한다. 권리보호이익이 없음에도 예외로 심판이익이 인정되는 경우란, 같은 유형의 기본권침해가 반복될 위험이 있고, 헌법질서의 수호·유지를 위해 헌법적 해명이 긴요한 경우이다(헌재 1991. 7. 8. 89헌마181; 헌재 1997. 11. 27. 94헌마60).

헌법재판소 초기 판례에 의하면 기본권침해의 반복 위험성은 단순히 추상적이거나 이론적 가능성이 아니라 구체적인 것이어야 한다(헌재 1994. 7. 29. 91헌마137; 헌재 1996. 11. 28. 92헌마108). 반복 위험성의 입증책임은 청구인에게 있다(헌재 1991. 7. 8. 89헌마181). 그러나 근래의 판례 중에는 추상적 반복위험성만으로도 권리보호이익을 인정할 수 있는 것처럼 해석할 여지가 있는 결정도 볼 수 있다. 즉 헌법재판소는 단순히 "불법체류 외국인에 대한 보호 및 강제퇴거는 앞으로도 반복될 것이 예상되어 이에 대한 헌법적 해명이 필요하므로, 권리보호이익이 인정된다"고만 판시한 적이 있다(헌재 2012. 8. 23. 2008헌마430). 반면, 경찰서장이 밀양송전탑 사건에서 철거대집행이 실시되는 동안 청구인들을 철거대상시설인 움막들 밖으로 강제 이동시킨 행위는 특정한 상황에서의 개별적 특성이 강한 공권력행사로서 앞으로도 구체적으로 반복될 위험성이 있다고 보기 어려워 심판의 이익이 인정되지 않는다고 하였다(헌재 2018. 8. 30. 2014헌마681; 심판의 이익을 인정한 4인의 반대의견이 있다). 따라서 "헌법재판소는 기본권 침해의 반복위험성을 추상적인 것으로 족하다고 한다"고 일반화할 수는 없다.

(판 례) 심판의 이익

'헌법적 해명이 중대한 의미를 가지는 경우'는 당해 사건을 떠나 일반적이고 중요한 의미를 지니고 있어 헌법질서의 유지·수호를 위하여 그 해명이 긴요한 경우를 의미하는바, 행정청이 적용 법률의 해석에 있어서 법 규정에 미치는 기본권의 효력을 간과하거나 오해함으로써 법 규정을 위헌적으로 해석·적용한 경우에는 헌법적 해명의 필요성이 인정되나, 단순히 법률의 해석과 적용의 문제 즉 '행정청의 행위가 법률이 정한 바에 부합하는가'라는 위법성을 문제 삼고 있는 경우에는 헌법적 해명의 필요성이 인정되지 아니하며, 이와 같이 공권력 행사의 위헌성이 아니라 단지 위법성이 문제되는 경우에는 설사 유사한 침해행위가 앞으로도 반복될 위험이 있다고 하더라도, 공권력 행사의 위헌 여부를 확인할 실익이 없어 심판청구의 이익이 부인된다(헌재 2003. 2. 27. 2002헌마106; 헌재 2005. 10. 27. 2005헌마126 참조).

이 사건 폐기행위는 청구인이 자비로 구매한 흰색의 러닝셔츠를 허가 없이 다른 색으로 물들여 소지하고 있던 것을 피청구인이 형집행법 제92조 제2호에서 정한

'그 밖에 시설의 안전 또는 질서를 해칠 우려가 있는 물품'에 해당한다고 보아 형집행법 제93조 제5항에 근거하여 이를 폐기한 것인데, 청구인이 이 사건 심판청구를 통하여 다투고자 하는 바는, 청구인이 임의로 흰색에서 다른 색으로 물들여 소지하고 있던 러닝셔츠가 형집행법 제92조 제2호에서 정한 '그 밖에 시설의 안전 또는 질서를 해칠 우려가 있는 물품'에 해당하는지, 해당한다면 피청구인이 형집행법 제93조 제5항 본문을 적용하여 이를 폐기한 행위가 피청구인의 권한을 남용한 것인지에 관한 문제라고 할 수 있다. (……)

피청구인의 공권력 행사에 대한 위헌성 판단의 문제가 아니라, 법률에 의하여 부여받은 피청구인 권한의 범위와 한계를 정하는 것으로서 단순히 법률의 해석과 적용의 문제, 즉 위법성의 문제에 불과하므로, 설사 이 사건 폐기행위와 같은 기본권 침해가 앞으로 반복될 가능성이 있다고 하더라도, 그 위헌 여부를 확인할 실익이 없어 심판청구의 이익이 인정되지 않는다.

헌재 2016. 10. 27. 2014헌마626, 공보 241, 1689, 1692-1694

침해행위가 이미 종료되었으나 예외로 심판이익이 인정된 사례로는 다음의 것들이 있다. 변호인접견방해(헌재 1992. 1. 28. 91헌마111), 수사기록열람거부(헌재 1997. 11. 27. 94헌마60), 미결수용자에게 재소자용 수의를 입게 한 것(헌재 1999. 5. 27. 97헌마137등), 수형자서신검열(헌재 1998. 8. 27. 96헌마398), 선거 종료 후의 기탁금제도나 선거연령제한에 대한 판단(헌재 1995. 5. 25. 92헌마269등; 헌재 1997. 6. 26. 96헌마89), 경찰관들이 집회 현장에서 참가자들을 촬영한 행위(헌재 2018. 8. 30. 2014헌마843).

(판 례) 이미 심판받았던 조항에 또다시 심판의 이익을 인정한 사례

이 사건 법률조항의 위헌 여부에 관하여는 헌법재판소가 2004. 3. 25. 2002헌마411 결정에서 이미 해명한 바 있으나, 후술하는 바와 같이 위 결정 이후 그 판단의 기초가 된 '수형자의 교정시설 내에서의 지위에 관한 법적 규율'에 변화가 생겼을 뿐만 아니라 이에 따라 수형자에 대한 선거권 제한의 위헌성에 관한 의문이 지속적으로 제기되고 있다. 따라서 이 사건 법률조항의 위헌 여부에 대한 판단은 헌법질서의 수호·유지를 위하여 긴요한 사항으로서 헌법적으로 재차 이를 해명할 필요성이 있다 할 것이므로, 예외적으로 이 사건 심판청구의 이익을 인정함이 상당하다.

헌재 2009. 10. 29. 2007헌마1462, 판례집 21-2하, 327, 339

국회의원선거구획정과 관련하여, 헌법재판소의 헌법불합치 결정에서 정한 입법개선시한이 경과하였음에도 국회가 아무런 법개정을 하지 않자 예비후보자들이 입법부작위위헌확인을 청구한 사안에서, 심판청구 이후 국회가 국회의원 선거구를 획정함으로써 청구인들의 주관적 목적이 달성되어 권리보호이익이 소멸하였다는 것이 판례이다(헌재 2016. 4. 28. 2015헌마1177등). 그러나 이는 사법소극주의의 전형이다. 헌법재판소는 이러한 결론을 내리기 위하여 국회의 입법을 기다렸다고 볼 수밖에 없다. 국회의원선거에 출마하고자 하는 사람, 특히 예비후보자로 등록한 사람은 자신이 출마하고자 하는 지역이 어느 선거구에 속하게 될지를 전혀 확정할 수 없어 선거운동을 할 지역 범위 또한 확정할 수 없게 되었고, 선거운동을 위한 선거사무소의 위치조차 확정하기 어려운 상황에 처하게 되었음을 고려하여, 본안판단 후 적극적으로 위헌선언을 하였어야 했다.[24]

Ⅶ. 사전심사와 심리

헌법재판소장은 재판관 3인으로 구성되는 지정재판부로 하여금 헌법소원의 사전심사를 담당하게 할 수 있다(제72조 제1항). 권리구제형 헌법소원과 위헌심사형 헌법소원 둘 모두에 적용된다.

지정재판부는 다음의 하나에 해당하는 경우에 지정재판부 재판관 전원일치의 견으로 청구를 각하한다. 다른 사전구제절차를 모두 거치지 않았거나 법원의 재판에 대하여 심판이 청구된 경우, 청구기간이 경과한 경우, 변호사를 대리인으로 선임하지 않은 경우, 기타 심판청구가 부적법하고 그 흠결을 보정할 수 없는 경우(제72조 제3항). 다만 변호사를 대리인으로 선임하지 않은 경우 청구를 곧바로 각하하지 않고 국선대리인선임 안내 등을 한다.

지정재판부는 전원일치의견으로 각하결정을 하지 않은 경우에는 결정으로 헌법소원을 재판부에 회부하여야 한다. 심판청구 후 30일이 경과할 때까지 각하결정이 없는 때에는 심판회부결정이 있는 것으로 본다(제72조 제4항).

헌법소원은 서면심리에 의한다. 다만 재판부는 필요하다고 인정하는 경우에는 변론을 열어 당사자, 이해관계인 기타 참고인의 진술을 들을 수 있다(제30조 제2항).

헌법소원심판에는 헌법재판의 성질에 반하지 아니하는 한도 내에서 민사소송에 관한 법령의 규정 및 행정소송법을 함께 준용한다(제40조 제1항). 양자가 저촉할 때에는 행정소송법이 우선한다(제2항).

헌법소원심판의 심리에는 직권주의가 적용된다. 헌법재판소는 당사자의 주장에만 한정하지 않고 가능한 모든 범위에서 기본권침해의 유무를 직권으로 심사하여야 한다(헌재 1989. 9. 4. 88헌마22).

그 밖에 헌법재판소법은 심리절차에 관하여 심판청구서의 송달(제27조 제1항), 심판청구의 보정(제28조), 피청구인의 답변서 제출(제29조), 자료제출요구(제32조), 이해관계기관 등의 의견제출(제74조 제1항) 등에 관하여 규정하고 있다.

Ⅷ. 종국결정

1. 종국결정의 종류와 정족수

심리를 마치면 종국결정을 한다. 종국결정에는 각하·기각·인용결정이 있다. 특수한 결정유형으로 심판절차종료선언이 있다.

각하결정은 심판청구가 부적법한 경우에 내리는 결정이다. 각하결정은 지정재판부와 전원재판부에서 하는 경우가 있다. 기각결정은 심판청구가 이유없는 때에 내리는 결정이다. 기각결정에는 기속력이 발생하지 않는다. 인용결정은 심판청구가 이유있는 때에 내리는 결정이다. 심판절차종결선언은 각하결정처럼 본안판단에 들어가지 않는 결정이다. 청구인의 사망 또는 심판청구의 취하 등의 경우에 심판절차 종료를 명확히 확인하는 의미를 지닌다. 주문은 "청구인 전○○에 대한 심판절차는 2018. 3. 31. 위 청구인의 사망으로 종료되었다"로 기재한다.

종국결정은 종국심리에 관여한 재판관 과반수 찬성으로 성립하되, 인용결정을 하는 경우 및 종전에 판시한 헌법 또는 법률의 해석적용에 관한 의견을 변경하는 경우에는 재판관 6인 이상의 찬성이 있어야 한다(제23조 제2항).

2. 인용결정

① 본안심리 결과 청구가 이유있는 경우에 인용결정을 한다. 인용결정을 할 때에는 인용결정서 주문에서 침해된 기본권과 침해의 원인이 된 공권력의 행사 또는 불행사를 특정하여야 한다(제75조 제2항). **법령소원의 경우에도** 그 주문에서

침해된 기본권 및 침해원인인 법률(조항)을 특정하여야 한다. 변형결정의 경우에
도 마찬가지이다.

헌법재판소는 기본권침해의 원인이 된 공권력의 행사를 취소하거나 그 불행
사가 위헌임을 확인할 수 있다(제75조 제3항). 헌법재판소가 공권력의 불행사에
대한 인용결정을 한 때에는 피청구인은 결정취지에 따라 새로운 처분을 하여야
한다(제75조 제4항).

② **인용결정의 종류**에는 취소결정, 위헌확인결정이 있고, 법령에 대한 헌법소
원심판의 경우에는 단순위헌결정과 변형결정(헌법불합치·한정합헌·한정위헌결
정)이 있다.

취소결정은 위헌적인 기본권침해의 원인이 된 공권력행사를 취소하는 결정이
다. 행정작용에 대한 헌법소원심판청구를 인용하는 경우에 취소결정을 한다. 예
컨대 '헌재 1991 .5. 13. 90헌마133' 결정의 주문은 "피청구인이 1990. 8. 13.
청구인의 청구인에 대한 무고 피고사건의 확정된 형사소송기록의 일부인 서울지
방검찰청 의정부지청 89형제5571.11958호 수사기록에 대한 복사신청에 대하여
이를 거부한 행위는 청구인의 알 권리'를 침해한 것이므로 이를 취소한다"이다.

위헌확인결정은 공권력의 불행사가 위헌인 경우나 기본권 침해행위가 종료하
였으나 심판이익이 인정되어 심판하는 경우에 그 종료된 행위가 위헌인 때 한다
(헌재 1992. 1. 28. 91헌마111). '정보비공개결정'과 같은 유형은 공권력의 불행사로
보아 위헌확인 결정을 한다. '헌재 2003. 3. 27. 2000헌마474' 결정의 주문은
"피청구인이 2000. 5. 30. 인천서부경찰서 수사6111 0－1163호로 청구인에 대
하여 한 고소장 및 피의자신문조서에 대한 정보비공개결정은 청구인의 변호권과
알 권리를 침해한 것으로서 위헌임을 확인한다"이다.

취소결정이나 위헌확인결정의 경우, 공권력의 행사 또는 불행사가 위헌인 법
률 또는 법률조항에 기인하는 것이라고 인정될 때에는 당해 법률 또는 법률조항
이 위헌임을 선고할 수 있다(제75조 제5항). 이것은 취소결정이나 위헌확인결정에
부수하여 내려지는 것이므로 '부수적 규범통제'라고도 한다. 기소유예처분의 취
소를 구하는 헌법소원에서도 부수적 규범통제가 인정된다(헌재 2013. 2. 28. 2012
헌마427).[25] 이러한 부수적 위헌결정이 행하여지는 때에는 위헌법률심판에서의
위헌결정의 형식과 효력에 관한 제45조, 제47조가 준용된다(제75조 제6항). 부수
적 위헌결정 역시 단순위헌결정(헌재 1992. 1. 28. 91헌마111) 또는 변형결정(헌재
1995. 7. 21. 92헌마144)의 형태를 취한다.

'부수적 규범통제'와 유사한 용어이지만 이와 구별되는 것으로 '부수적 위헌선언'이 있다. 이것은 심판대상인 법률조항을 위헌으로 선고하는 경우, 이 조항과 밀접한 관련이 있거나 그 조항 없이 혼자서는 존재의의가 없게 되는 부수적 조항을 함께 위헌으로 선언하는 것이다. 비례대표국회의원선거의 근간이 되는 공직선거법 제189조 제1항이 위헌이라면 그에 부수하여 의석수 배분에 있어서의 득표수(율) 산정에 관한 규정인 동조 제2항 내지 제7항에도 위헌선언을 하는 것이 그 예이다(헌재 2001. 6. 28. 2000헌마91).

③ **인용결정의 효력**에 관하여 헌법재판소법은 "헌법소원의 인용결정은 모든 국가기관과 지방자치단체를 기속한다"고 규정하고 있다(제75조 제1항). 즉 인용결정은 기속력을 가진다. 법령소원의 위헌결정은 일반적 효력(법규적 효력)을 가진다. 그 밖에 인용결정은 종국결정이 갖는 일반적 효력인 확정력(불가변력, 불가쟁력, 기판력)을 가진다.

법령소원 및 부수적 규범통제의 경우, 위헌으로 결정된 법령에 근거한 유죄의 확정판결에 대하여 재심을 청구할 수 있다(제75조 제6항, 제47조 제3항).

IX. 위헌심사형 헌법소원심판

1. 당 사 자

법 제68조 제2항은 기본권의 침해가 있을 것을 그 요건으로 하고 있지 않을 뿐만 아니라 청구인적격에 관하여도 '법률의 위헌여부심판의 제청신청이 법원에 의하여 기각된 때에는 그 신청을 한 당사자'라고만 규정하고 있다. 따라서 '당사자'는 행정소송을 포함한 모든 재판의 당사자를 의미하는 것으로 새겨야 한다. 행정소송의 피고인 행정청을 위 '당사자'에서 제외하여야 할 타당한 이유도 없다.

행정청이 행정처분 단계에서 당해 처분의 근거가 되는 법률이 위헌이라고 판단하여 그 적용을 거부하는 것은 권력분립의 원칙상 허용될 수 없다. 그러나 행정처분에 대한 소송절차에서는 행정처분의 적법성·정당성뿐만 아니라 그 근거법률의 헌법적합성까지도 심판대상이 된다. 따라서 행정처분에 불복하는 당사자뿐만 아니라 행정처분의 주체인 행정청도 헌법의 최고규범력에 따른 구체적 규범통제를 위하여 근거 법률의 위헌 여부에 대한 심판의 제청을 신청할 수 있고,

제68조 제2항의 헌법소원을 제기할 수 있다고 봄이 상당하다.

기관소송에서는 원, 피고가 되는 행정기관도 위헌소원의 당사자가 될 수 있다. '헌재 2014. 1. 28. 2012헌바216' 사건의 청구인은 '경기도의회'인데, 당해 본안사건인 대법원 2011추49 조례안재의결무효확인청구의 피고이다.

당해사건의 보조참가인은 당사자는 아니지만, 헌법재판소법 제40조에 의하여 준용되는 행정소송법 제17조 및 민사소송법 제76조에 따라 피참가인의 소송행위와 저촉되지 아니하는 한 일체의 소송행위를 할 수 있으므로 위헌법률심판제청신청을 할 수 있고, 위헌심사형 헌법소원심판청구를 할 수 있는 '당사자'에 해당된다(헌재 2003. 5. 15. 2001헌바98; 특히 헌재 2008. 4. 24. 2004헌바44 사건의 청구인은 행정사건에서의 피고 경상북도지사를 위하여 보조참가한 울진군수이다).

2. 심판대상

위헌심사형 헌법소원의 심판대상 혹은 소송물은 위헌법률심판 제청신청에 대한 기각결정이 아니라, 재판의 전제가 된 법률의 위헌여부이다. 법률의 의미는 위헌법률심판에서와 동일하다. 대통령령은 위헌소원의 대상이 되지 않는다(헌재 1997. 10. 30. 95헌바7; 헌재 2007. 4. 26. 2005헌바51).

위헌심사형 헌법소원은 법률의 위헌성을 적극적으로 다투는 제도이므로 '법률의 부존재', 즉 입법부작위를 다투는 것은 그 자체로 허용되지 않는다. 다만 법률이 불완전·불충분하게 규정되었음을 근거로 법률 자체의 위헌성을 다투는 취지로 이해될 경우에는 그 법률이 당해 사건의 재판의 전제가 된다는 것을 요건으로 허용될 수 있다(헌재 2011. 5. 26. 2010헌바202).

헌법재판소는 법률조항 자체가 아니라 법률조항에 대한 법원의 해석을 다투는 것은 부적법하며 위헌소원의 대상이 되지 않는다고 한다(헌재 2007. 4. 26. 2004헌바19). 문제는 법률조항 자체가 아니라 법률조항의 특정한 해석을 다투는 소위 '한정위헌청구'가 인정되는가 하는 점이다. 헌법재판소는 원칙상 부인된다고 하면서도 사안별로 달리 판단하였는데, 이른바 '선해(善解)의 적법성' 이론을 원용하여 한정위헌청구를 적법한 것으로 받아들이는 경우를 상세히 설명하였다. 그러나 최근 헌법재판소는 견해를 변경하여 한정위헌청구는 적법한 것이 원칙이고 예외로 인정되지 않는 경우가 있다고 하면서, 법원의 해석 역시 헌법재판소의 규범통제의 대상임을 명백히 하였다.

(판 례) 한정위헌청구의 적법성 (1)

청구인들이 이 사건 법률조항들 (구 예산회계법 제96조 제2항 등; 글쓴이)을 국가가 국가공권력을 악용하여 국민을 고문하고 이를 통하여 사유재산권을 박탈하는 등 반인도적 범죄행위를 함으로써 직접적으로 피해를 입은 국민의 국가에 대한 손해배상청구권에도 적용하는 것으로 해석하는 한 헌법 제10조 등에 위반한다고 주장하므로 한정위헌청구의 적법 여부가 문제되는데, 이에 대하여는 다음과 같은 의견이 있다.

즉, 우선 적법하다는 의견을 보면, 재판관 이강국, 재판관 이동흡은 청구인들의 주장은 이 사건 법률조항들에 '국가의 반인도적 범죄행위로 직접적으로 피해를 입은 국민의 국가에 대한 손해배상청구권'에 대한 적용 예외 조항을 두지 않은 것의 위헌성을 주장하고 있는 것으로 선해할 수 있어 이 사건 법률조항들 자체의 위헌성을 다투는 것으로 이해하여야 한다는 의견이고, 재판관 김희옥, 재판관 민형기, 재판관 송두환은 법률의 적용대상이 유형적·추상적으로 한정되어 다른 것들과 구별되는 경우 그 한정되는 적용영역에 대한 위헌심판청구는 결국 법률조항에 대한 심판청구로 볼 수 있는데 이 사건 법률조항들이 '전시·사변·쿠데타 또는 이에 준하는 국가비상시기에 공무원이 공권력을 이용하여 조직적·계획적으로 행한 직무상 불법행위로 국민의 기본권을 침해한 경우'의 손해배상청구권에도 적용하는 것은 위헌이라는, 다른 적용영역으로부터 유형적·추상적으로 구별되는 영역에 대한 한정위헌결정을 구하는 취지로 이해할 수 있으므로 적법하다는 의견이며, 재판관 조대현은 헌법재판소의 심판대상은 법률 해석을 통하여 내용이 특정되고 구체적인 규범력을 가지게 된 "법률 또는 법률조항의 내용"이고, 법률에 대한 특정의 해석내용을 한정하여 그 위헌 여부의 심판을 청구하는 것 (한정위헌심판청구)도 그러한 해석 내용이 규범력을 가지고 있는 이상 허용된다고 보아야 하므로 이 사건 심판청구는 적법하다는 것이다.

다음 부적법하다는 의견을 보면, 재판관 이공현은 이 사건 심판청구는 법률조항 자체를 다투는 것으로 인정하기 어렵고, 법원의 사실관계 인정과 평가 및 법률의 해석·적용에 관한 문제를 다투는 것으로서 부적법하다는 의견이고, 재판관 김종대, 재판관 목영준은 한정위헌청구가 적법하기 위하여는 청구된 심판대상이 구체적 사실관계와 관계없이 법률의 의미와 적용범위에 있어서 객관적·개념적·추상적으로 분리될 수 있어야 하는 것인데 이 사건 심판청구 대상인 공무원에 의한 '반인권적 범죄'에 관한 한정위헌청구는 위와 같이 분리될 수 없어 법률 또는 법률조항의 질적 일부가 될 수 없으므로 부적법하다는 의견이다.

헌재 2008. 11. 27. 2004헌바54, 판례집 20-2하, 186, 187

(판 례) 한정위헌청구의 적법성(판례변경)

(3) 구체적 규범통제절차에서 법률조항에 대한 해석·적용과 헌법재판소의 권한

일반적으로 민사·형사·행정재판 등 구체적 법적 분쟁사건을 재판함에 있어 재판의 전제가 되는 법률 또는 법률조항에 대한 해석과 적용권한은 사법권의 본질적 내용으로서 대법원을 최고법원으로 하는 법원의 권한에 속하는 것이다.

그러나 다른 한편 헌법과 헌법재판소법은 구체적 규범통제로서의 위헌법률심판권과 '법' 제68조 제2항의 헌법소원심판권을 헌법재판소에 전속적으로 부여하고 있다. 그리고 헌법재판소가 이러한 전속적 권한인 위헌법률심판권 등을 행사하기 위해서는 당해사건에서 재판의 전제가 되는 법률조항이 헌법에 위반되는지의 여부를 심판하여야 하는 것이고, 이때에는 필수적으로 통제규범인 헌법에 대한 해석·적용과 아울러 심사대상인 법률조항에 대한 해석·적용을 심사하지 않을 수 없는 것이다. 그러므로 일반적인 재판절차에서와는 달리, 구체적 규범통제절차에서의 법률조항에 대한 해석과 적용권한은 (대)법원이 아니라 헌법재판소의 고유권한인 것이다.

그럼에도 불구하고 구체적 규범통제 절차에서도 헌법재판소의 법률에 대한 해석·적용권한을 부정하고 오로지 법원만이 법률의 해석·적용권한을 가지고 있다는 주장은 일반 재판절차에 있어서의 법률의 해석·적용권한과 규범통제절차에 있어서의 법률의 해석·적용권한을 혼동한 것이다. (……)

(5) 한정위헌청구

(가) 그렇기 때문에 구체적 규범통제절차에서 제청법원이나 헌법소원청구인이 심판대상 법률조항의 특정한 해석이나 적용부분의 위헌성을 주장하는 한정위헌청구 역시 원칙적으로 적법한 것으로 보아야 할 것이다. 그 이유는 다음과 같다.

첫째, 앞서 본 바와 같이 규범통제절차에 있어서 한정위헌결정은 법리상 당연하면서도 불가피한 것이고, 따라서 그러한 취지에서 헌법재판소는 한정위헌결정을 계속해 오면서도 제청법원이나 헌법소원청구인은 원칙적으로 한정위헌청구를 할 수 없고, 위에서 본 바와 같은 예외적인 경우에만 한정위헌청구를 할 수 있다고 하는 종래의 선례들은 사리상으로도 합당하지 않은 것이다.

둘째, 제청법원이나 헌법소원청구인이 당해사건 재판의 근거가 되는 법률조항 그 자체나 그 전체의 위헌성을 주장하지 않고 당해 법률조항의 특정한 해석 가능성이나 적용 가능성에 대하여만 제한적·한정적으로 위헌을 주장한다면 헌법재판소로서는 제청법원 등이 주장하는 범위 내에서 위헌여부를 심판하는 것이 원칙이며, 그 이외의 부분까지 위헌여부를 심판하게 된다면 그것은 헌법재판에서 요구되는 직권주의를 감안하더라도, 헌법재판소법상의 신청주의나 적법요건으로서의 재판의 전제성에 위반될 수 있는 것이다. 그러므로 제청법원 등이 하는 한정위헌청구는 자칫 헌법재판소가 소홀히 할 수 있는 당해 법률조항에 대한 한정위헌결정

여부를 헌법재판소로 하여금 주의깊게 심사하도록 촉구하여 위헌의 범위와 그에 따른 기속력의 범위를 제한적으로 정확하게 한정할 수 있게 할 것이고, 그 결과 규범통제절차에 있어서 위헌여부심판권의 심사지평을 넓힐 수 있게 될 것이어서, 금지되어서는 안될 뿐만 아니라 오히려 장려되어야 할 것이다.

셋째, 한정위헌청구는 입법권에 대한 자제와 존중의 표현이다. 즉, 헌법재판소를 포함한 모든 국가기관과 국민은 헌법상의 권력분립원리에서 파생된 입법권에 의한 입법을 존중하여야 하는 것인바, 한정위헌청구에 따른 한정위헌결정은 당해 법률 조항 중 위헌적인 해석이나 적용부분만을 제거하고 그 이외의 (합헌인) 부분은 최대한 존속시킬 수 있는 것이어서 입법권에 대한 자제와 존중의 결과가 되는 것이고 따라서 헌법질서에도 더욱 부합하게 되는 것이다.

(나) 결국, 한정위헌청구는 원칙적으로 적법한 것으로 보아야 할 것이다. 따라서 앞서 본 바와 같이 종래 헌법재판소 선례들이 한정위헌청구는 원칙적으로 부적법 하지만 예외적으로는 적법하다고 보는 입장은 합당하지 못한 것이다.

(6) 한정위헌청구가 부적법한 경우

다만, 구체적 규범통제절차에서 법률조항에 대한 특정적 해석이나 적용부분의 위헌성을 다투는 한정위헌청구가 원칙적으로 적법하다고 하더라도, 재판소원을 금지하고 있는 '법' 제68조 제1항의 취지에 비추어 한정위헌청구의 형식을 취하고 있으면서도 실제로는 당해사건 재판의 기초가 되는 사실관계의 인정이나 평가 또는 개별적·구체적 사건에서의 법률조항의 단순한 포섭·적용에 관한 문제를 다투거나 의미있는 헌법문제를 주장하지 않으면서 법원의 법률해석이나 재판결과를 다투는 경우 등은 모두 현행의 규범통제제도에 어긋나는 것으로서 허용될 수 없는 것이다.

(7) 소결

그렇다면 종래 이와 견해를 달리하여 한정위헌청구를 원칙적으로 부적법하다고 판시한 우리 재판소 결정들(헌재 2000. 7. 20. 98헌바74; 헌재 2001. 9. 27. 2000헌바20; 헌재 2003. 11. 27. 2002헌바102; 헌재 2005. 7. 21. 2001헌바67; 헌재 2007. 4. 26. 2004헌바19등)은 위의 판시취지와 저촉되는 한도 내에서 변경하기로 한다.

헌재 2012. 12. 27. 2011헌바117, 공보 195, 104, 108-109

그러나 위헌소원사건에서 한정위헌청구를 원칙상 적법하고, 예외로 부적법한 것으로 인정할 경우, 헌법재판소가 사실상 법원의 재판의 당부를 심사하는 것이므로, 적절한 범위 내에서 이를 제한할 필요가 있다. 앞서 든 예와 같이 업무방해죄의 피고인이 업무방해가 현실로 발생하지 않았는데도 위 죄를 위험범으로 보고 유죄를 선고한 판결에 대하여, '업무방해죄를 위험범으로 해석하는 한 헌법에 위반된다'는 한정위헌청구를 무한정 받아들인다면 이는 재판소원을 인정하는 셈이 된다.

(판 례) 한정위헌청구가 부적법하다고 각하된 사례

청구인은 행정청이 거부처분취소판결에 따른 이행을 하지 아니하여 이 사건 법률조항에 근거하여 법원으로부터 간접강제결정을 받은 경우에도, 간접강제결정의 성격을 심리적인 강제수단에 불과하다고 보는 것이 위헌이라는 취지로 주장하고 있다.

구체적 규범통제절차에서 제청법원이나 헌법소원청구인이 심판대상 법률조항의 특정한 해석이나 적용 부분의 위헌성을 주장하는 한정위헌청구 역시 원칙적으로 적법한 것으로 보아야 할 것이다. 다만, 재판소원을 금지하고 있는 헌법재판소법 제68조 제1항의 취지에 비추어, 한정위헌청구의 형식을 취하고 있으면서도 실제로는 당해 사건 재판의 기초가 되는 사실관계의 인정이나 평가 또는 개별적·구체적 사건에서의 법률조항의 단순한 포섭·적용에 관한 문제를 다투거나, 의미 있는 헌법문제를 주장하지 않으면서 법원의 법률해석이나 재판결과를 다투는 경우 등은 모두 현행의 규범통제제도에 어긋나는 것으로서 허용될 수 없다(헌재 2012. 12. 27. 2011헌바117 참조).

이 사건 법률조항(행정소송법 제34조 제1항 "행정청이 제30조 제2항의 규정에 의한 처분을 하지 아니하는 때에는 제1심 수소법원은 당사자의 신청에 의하여 결정으로써 상당한 기간을 정하고 행정청이 그 기간 내에 이행하지 아니하는 때에는 그 지연기간에 따라 일정한 배상을 할 것을 명하거나 즉시 손해배상을 할 것을 명할 수 있다."; 글쓴이)은 간접강제결정의 근거조항으로 법원이 행정청에 대하여 판결 취지에 따른 재처분을 하도록 당사자의 신청에 따라 간접강제결정을 할 권한을 부여한 규정일 뿐이지, 간접강제결정에 따른 배상금의 법적 성격이나 이미 발생한 배상금의 추심 여부에 대해서는 규율하고 있지 않다. 다시 말해 이 사건 법률조항은 간접강제결정의 근거조항일 뿐이지 배상금의 법적 성격이나 이미 발생한 배상금의 추심 여부는 간접강제결정의 집행력 문제로서 이 사건 법률조항이 규율하고자 하는 대상에 포함되지 않는 것이다.

대법원은, 행정소송법 제34조 소정의 간접강제결정에 기한 배상금은 거부처분취소판결이 확정된 경우 그 처분을 행한 행정청으로 하여금 확정판결의 취지에 따른 재처분의무의 이행을 확실히 담보하기 위한 것으로서, 재처분의 지연에 대한 제재나 손해배상이 아니고 재처분의 이행에 관한 심리적 강제수단에 불과한 것으로 보고 있고(대법원 2002. 1. 15. 선고 2002두2444 판결 등), 당해사건의 항소심 법원도 위와 같은 법리에 근거하여 국토해양부장관 등이 이 사건 확정판결의 취지에 따른 재처분의무를 이행하였다는 사유로 이 사건 간접강제결정에 기한 강제집행을 불허하였다.

이와 같이 간접강제 배상금의 법적 성격을 심리적 강제수단에 불과하다고 보는 것은 이 사건 법률조항이나 이 사건 법률조항에 대한 해석의 결과로 도출된 것이 아니라 간접강제결정의 집행력에 대한 법원의 판단에 의한 것이므로 청구인의 주장 취지는 이 사건 법률조항 또는 이 사건 법률조항의 해석 부분의 위헌성을 다투는 것으로 볼 수 없다. 결국 이 사건 심판청구는 간접강제결정의 집행단계에서 간접강제결정 이후 발생한 배상금의 법적 성격에 대한 법원의 해석이나 재판결과를 다투는 것에 불과하므로, 헌법재판소법 제68조 제2항의 헌법소원으로는 부적법하다.

헌재 2015. 12. 23. 2013헌바194, 공보 231, 120, 121-122

3. 심판청구와 적법요건

법원이 위헌법률심판제청신청에 대해 기각결정이 아니라 각하결정을 한 때에도 위헌소원심판청구가 허용된다(헌재 1989. 12. 18. 89헌마32등). 법원으로부터 위헌제청신청기각을 받음이 없이 제기한 위헌심사형 헌법소원심판청구는 부적법하다(헌재 2009. 6. 9. 2009헌마264; 다만 앞서 본 바와 같이 하자가 치유되는 경우는 있을 수 있다).

제68조 제2항 제2문은 위헌소원형 헌법소원심판을 청구하는 경우에 그 당사자는 당해 사건의 소송절차에서 동일한 사유를 이유로 다시 위헌여부심판의 제청을 신청할 수 없다고 규정하고 있다. '당해 사건의 소송절차'는 당해 사건의 상소심 소송절차(헌재 2007. 7. 26. 2006헌바400) 및 파기환송되기 전후의 절차(헌재 2013. 6. 27. 2011헌바247)를 포함한다.

위헌소원심판청구를 하더라도 재판은 정지되지 않는다. 심판청구가 인용된 경우에 당해 헌법소원과 관련된 소송사건이 이미 확정된 때에는 당사자는 재심을 청구할 수 있다(제75조 제7항). 재심에서 형사사건에는 형사소송법을, 그 외의 사건에서는 민사소송법을 각 준용한다(제8항). 국가배상사건인 당해사건 확정판결에 대하여 헌법재판소 위헌결정을 이유로 한 재심의 소를 제기할 경우, 재심제기기간은 헌법재판소법 제75조 제8항, 민사소송법 제456조 제1항에 따라 재심사유를 안 날로부터 30일 이내가 된다. 헌법재판소는 이 규정이 재판청구권이나 평등권을 침해하지는 않는다고 하였다(헌재 2020. 9. 24. 2019헌바130; 민사사건에서의 일반 사유로 인한 재심청구권자와 위헌결정을 받고 형사사건 재심을 청구하는 자와의 차별이 문제된다).

심판청구의 요건으로 재판의 전제성이 요구된다(헌재 2007. 12. 27. 2006헌바34). 제68조 제1항의 권리구제형 헌법소원에서와 같은 적법요건(법적 관련성, 보충성, 권리보호이익 등)은 요구되지 않는다.

제1심인 당해사건에서 법 제68조 제2항의 헌법소원을 제기한 자들이 당해사건의 항소심에서 항소를 취하하여 원고 패소의 원심판결이 확정되었다고 하더라도, 당해사건에 적용되는 법률이 위헌으로 결정되면 확정된 원심판결에 대하여 재심청구가 가능하므로(제75조 제7항) 원심판결의 주문이 달라질 수 있다. 따라서 이 경우 재판의 전제성이 인정된다. 같은 이유로 약식절차로 과태료 부과처분을 받고, 이 결정에 대한 이의신청을 하면서 위헌법률심판제청신청을 하였는데, 법원이 다시 과태료 부과결정을 하면서 제청신청을 기각하자, 위헌소원심판만을 청구하고 과태료 결정에는 항고하지 않아 확정된 경우에도 재판의 전제성은 인정된다(헌재 2018. 11. 29. 2017헌바465).

헌법재판소는 일제에 의하여 군무원으로 강제동원되어 그 노무 제공의 대가를 지급받지 못한 미수금피해자가 제기한 위헌소원심판청구에 대해 당해사건에 적용되는 법률조항이라고 보기 어려우므로 재판의 전제성이 없다는 이유로 각하결정을 내렸다(헌재 2015. 12. 23. 2009헌바317). 심판대상은 대일 민간 청구권을 제한한 '대한민국과 일본국 간의 재산 및 청구권에 관한 문제의 해결과 경제협력에 관한 협정'(1965. 12. 18. 조약 제172호) 제2조 제1항, 제3항이었다.

헌법재판소는 위헌소원에서도 권리구제형 헌법소원에서처럼 지정재판부에 의한 사전심사제를 적용하고 있다. 다만 언급한 바와 같이 재판의 전제성 요건만 심사한다.

위헌심사형 헌법소원의 청구기간은 위헌심판의 제청신청을 기각하는 결정을 통지받은 날로부터 30일이다. 그런데 이 제청신청 기각이 반드시 본안판단과 별개의 결정으로 통지되는 것은 아님을 유의하여야 한다.

(판 례) 형사판결로 위헌심판 제청신청 기각을 선고한 경우의 위헌소원 청구기간 기산점

결정의 형식으로 하여야 할 재판을 '판결'로 선고하였다고 하여 위법하다고 할 수 없고, 형사소송법 제42조 전문은 "재판의 선고 또는 고지는 공판정에서는 재판서에 의하여야" 한다고 규정하고 있다. 따라서 공판정에서 위헌법률심판제청신청에 대한 기각 결정을 형사사건에 대한 판결과 동시에 선고하는 경우 이를 별도의 재판서에 의하지 아니하고 하나의 판결문에 의하여 하는 것도 가능하고, 이 경우 그

통지는 형사소송법 제43조에 따라 위헌법률심판제청신청에 대한 기각 취지의 주문을 낭독하는 방법으로 하여야 한다.

공판정에서 청구인이 출석한 가운데 재판서에 의하여 위헌법률심판제청신청을 기각하는 취지의 주문을 낭독하는 방법으로 재판의 선고를 한 경우, 청구인은 이를 통하여 위헌법률심판제청신청에 대한 기각 결정을 통지받았다고 보아야 하므로 그로부터 30일이 경과한 후 제기된 헌법소원 심판청구는 청구기간을 경과한 것으로서 부적법하다.

헌재 2018. 8. 30. 2016헌바316, 공보 263, 1424

4. 가 처 분

위헌법률심판에서 법률의 적용을 정지시키는 가처분이 인정되느냐 여부에 관해 견해의 대립이 있다. 이를 허용해야 한다는 해석에 따른다면 마찬가지로 위헌심사형 헌법소원에서도 이를 인정해야 할 것이다(앞의 제2장 일반심판절차, Ⅴ. 6. 가처분 참조).

그러나 위헌심사형 헌법소원심판을 청구하더라도 소원의 전제가 된 재판이 정지되지 않는데, 가처분으로 재판을 정지시킬 수 있다고 한다면 논리모순이라고 할 수밖에 없다. 같은 이유로 위헌소원에서는 법률의 효력이나 적용을 중지시키는 가처분은 인정되지 않는다고 보아야 한다.

제75조 제7항에 의해 재심청구가 인정되고 있는 것과는 별개로, 재판정지의 불가피한 필요성이 인정되는 경우에는 이를 허용해야 한다는 견해가 있다. 그러나 필요성이 인정된다는 이유로 이를 불허하고 있는 실정법 규정을 달리 해석할 수는 없다. 헌법재판소 판례 중에는 이 같은 가처분신청을 기각한 예가 있다(헌재 1993. 12. 20. 93헌사81).

5. 결 정

위헌소원심판에서도 위헌법률심판에서와 마찬가지로 각하, 합헌, 위헌의 결정을 한다. 위헌결정의 경우, 단순위헌만이 아니라 헌법불합치·한정합헌·한정위헌 등 다양한 형태가 있다.

심판청구가 인용된 경우에 당해 헌법소원과 관련된 소송사건이 이미 확정된 때에는 당사자는 재심을 청구할 수 있다는 것은 이미 살펴보았다. 그런데 여기서의 인용결정에 헌법재판소의 한정위헌결정은 위헌결정이 아니므로 재심청구를 할 수 없다는 것이 대법원의 일관된 입장이다(대판 2013. 3. 28. 2012재두299; 대판 2001. 4. 27. 95재다14).

(판 례) 한정위헌결정이 재심사유가 되는지 여부

헌법재판소가 법률 조항 자체는 그대로 둔 채 그 법률 조항에 관한 특정한 내용의 해석·적용만을 위헌으로 선언하는 이른바 한정위헌결정에 관하여는 헌법재판소법 제47조가 규정하는 위헌결정의 효력을 부여할 수 없으며, 그 결과 한정위헌결정은 법원을 기속할 수 없고 재심사유가 될 수 없다. 이와 같은 대법원의 판단은 다음과 같은 이유에서 비롯된 것이다.

법원과 헌법재판소 간의 권력분립 구조와 사법권 독립의 원칙에 관한 헌법 제101조 제1항, 제2항, 제103조, 제111조 제1항 규정의 내용과 취지에 비추어 보면, 구체적인 사건에서 어떠한 법률해석이 헌법에 합치되는 해석인가를 포함하는 법령의 해석·적용에 관한 권한은 대법원을 최고 법원으로 하는 법원에 전속한다. 헌법재판소는 헌법 제111조 제1항 제1호에 의하여 국회가 제정한 '법률'이 위헌인지를 심판할 제한적인 권한을 부여받았을 뿐, 이를 넘어서 헌법의 규범력을 확보한다는 명목으로 법원의 법률해석이나 판결 등에 관여하여 다른 해석 기준을 제시할 수 없다. 이와 달리 보는 것은 헌법재판소의 관장사항으로 열거한 사항에 해당하지 않는 한 사법권은 포괄적으로 법원에 속하도록 결단하여 규정한 헌법에 위반된다.

민사소송법 제423조, 제442조, 제449조, 제451조 제1항, 제461조, 행정소송법 제8조 제2항, 형사소송법 제383조 제1호, 제415조, 제420조의 내용과 취지에 따르면, 당사자가 제1심법원이나 항소법원의 법률해석이 헌법에 위반된다고 주장하는 경우에는 상소를 통하여 다투어야 하고, 어떠한 법률해석이 헌법에 합치되는 해석인가는 최종적으로 최고법원인 대법원의 심판에 의하여 가려지며, 대법원의 심판이 이루어지면 그 사건의 판결 등은 확정되고 기판력이 발생하게 된다. 이로써 그 법적 분쟁은 종결되어 더는 같은 분쟁을 되풀이하여 다툴 수 없게 되고 이에 따라 법적 안정성이 확보되며 사회 전체는 그 확정판결에서 제시된 법리를 행위규범으로 삼아 새로운 법률관계를 형성하게 되는 것이다.

헌법재판소법 제41조 제1항, 제45조 본문은 헌법재판소는 국회가 제정한 '법률'이 헌법에 위반되는지를 당해 사건을 담당하는 법원으로부터 제청받아 '법률의 위헌 여부'만을 결정할 뿐 특정한 '법률해석이 위헌인지 여부'에 관하여 제청받아 이를 심판하는 것이 아님을 분명히 밝히고 있다. 헌법재판소법 제41조 제1항에서 규정하는 '법률의 위헌 여부'에 대한 심판에 '법률해석의 위헌 여부'에 대한 심판이 포함되어 있다고 해석한다면, 헌법재판소법 제42조 제1항에 의하여 법원은 어떠한 법률해석이 헌법에 합치되는지 여부의 심판을 헌법재판소에 제청한 후 헌법재판소의 결정이 있을 때까지 재판을 정지하여야 하는 수긍할 수 없는 결과가 발생한다.

헌법재판소법 제47조 제1항, 제2항, 제3항의 규정을 헌법재판소가 '법률의 위헌 여부'만을 결정할 수 있도록 한 헌법재판소법 제45조 본문과 함께 살펴보면, 헌법재판소법 제47조 제1항에서 규정한 '법률의 위헌결정'은 국회가 제정한 '법률'이 헌법에 위반된다는 이유로 그 효력을 상실시키는 결정만을 가리키고, 단순히 특정한 '법률해석'이 헌법에 위반된다는 의견을 표명한 결정은 '법률'의 위헌 여부에 관한 결정이 아닐 뿐만 아니라 그 결정에 의하여 법률의 효력을 상실시키지도 못하므로 이에 해당하지 아니함이 명백하다. 따라서 헌법재판소가 '법률'이 헌법에 위반된다고 선언하여 그 효력을 상실시키지 아니한 채 단지 특정한 '법률해석'이 헌법에 위반된다고 표명한 의견은 그 권한 범위를 뚜렷이 넘어선 것으로서 그 방식이나 형태가 무엇이든지 간에 법원과 그 밖의 국가기관 등을 기속할 수 없다. 또한 그 의견이 확정판결에서 제시된 법률해석에 대한 것이라 하더라도 법률이 위헌으로 결정된 경우에 해당하지 아니하여 법률의 효력을 상실시키지 못하는 이상 헌법재판소법 제47조 제3항에서 규정한 재심사유가 존재한다고 할 수 없다. 헌법재판소가 법률의 해석기준을 제시함으로써 구체적 사건의 재판에 관여하는 것은 독일 등 일부 외국의 입법례에서처럼 헌법재판소가 헌법상 규정된 사법권의 일부로서 그 권한을 행사함으로써 사실상 사법부의 일원이 되어 있는 헌법구조에서는 가능할 수 있다. 그러나 우리 헌법은 사법권은 대법원을 최고법원으로 한 법원에 속한다고 명백하게 선언하고 있고, 헌법재판소는 사법권을 행사하는 법원의 일부가 아님이 분명한 이상, 법률의 합헌적 해석기준을 들어 재판에 관여하는 것은 헌법 및 그에 기초한 법률체계와 맞지 않는 것이고 그런 의견이 제시되었더라도 이는 법원을 구속할 수 없다.

헌법재판소법 제41조 제1항에 의한 법률의 위헌 여부 심판의 제청은 법원이 국회가 제정한 '법률'이 위헌인지 여부의 심판을 헌법재판소에 제청하는 것이지 그 법률의 의미를 풀이한 '법률해석'이 위헌인지 여부의 심판을 제청하는 것이 아니므로, 당사자가 위헌제청신청이 기각된 경우 헌법재판소에 헌법소원심판을 청구할 수 있는 대상도 '법률'의 위헌 여부이지 '법률해석'의 위헌 여부가 될 수 없음은 분명하다. 따라서 헌법재판소가 '법률해석'에 대한 헌법소원을 받아들여 특정한 법률해석이 위헌이라고 결정하더라도, 이는 헌법이나 헌법재판소법상 근거가 없는 결정일 뿐만 아니라 법률의 효력을 상실시키지도 못하므로, 이를 헌법재판소법 제75조 제1항에서 규정하는 '헌법소원의 인용결정'이라거나, 헌법재판소법 제75조 제7항에서 규정하는 '헌법소원이 인용된 경우'에 해당된다고 볼 수 없고, 이러한 결정은 법원이나 그 밖의 국가기관 등을 기속하지 못하며 확정판결 등에 대한 재심사유가 될 수도 없다. 법원의 판결 등에서 제시된 법률해석을 헌법소원의 대상으로 받아들이는 것은 국회의 입법작용을 통제하기 위하여 헌법재판소에 부여된 '법률'의 위헌 여부에 대한 심판권을 법원의 사법작용을 통제하는 수단으로 변질시킴으로써 헌법이 결단한 권력분립 구조에 어긋나고 사법권 독립의 원칙을 해치며 재판소원을 금지한 헌법재판소법 제68조 제1항의 취지를 위반하는 결과를 가져온다. 또한 위와 같은 헌법소원을 허용하게 되면, 재판의 당사자는 제1심법원부터 대법원에 이르기까지 법원이 자신에게 불리하게 적용하거나 적용할 것으로 예상되는 하나 또는 여러 법률해석에 대하여 수시로 위헌제청신청을 하고 그 신청이 기각당하면 헌법소원심판을 청구할 수 있게 된다. 이렇게 되면 법원의 재판과 이에 대한 상소를 통하여 최종적으로 대법원에서 가려야 할 법률해석에 대한 다툼이 법원을 떠나 헌법재판소로 옮겨가고 재판의 반대당사자는 이 때문에 사실상 이중으로 응소하여야 하는 고통을 겪게 되며, 승소 확정판결을 받은 당사자는 확정판결 등에 의하여 보장받아야 할 법적 안정성을 침해받게 된다. 이는 사실상 재판절차에서 또하나의 심급을 인정하는 결과로서 현행 헌법과 법률 아래에서 가능한 일이 아니다.

대판 2013. 3. 28. 2012재두299

헌법재판소와 법원의 갈등 혹은 충돌이 부동산양도소득세, 공무원의제조항, 부칙의 효력과 관련한 한정합헌결정의 3건 이외에는 거의 일어나지 않는다고 앞서 설명하였다. 법원도 이와 같이 재심사유가 되지 않는 한정위헌결정 역시 위 경우로 좁히면서, 특별한 경우가 아니면 헌법재판소의 한정위헌결정을 존중하고 있다.

(판 례) 한정위헌결정을 법원이 헌법불합치결정으로 인정한 사례

헌법재판소는 2014. 4. 24. 2011헌가29 사건에서 "구 집시법 제10조 및 제20조 제3호 중 '제10조 본문'에 관한 부분은 각 '일몰시간 후부터 같은 날 24시까지의 옥외집회 또는 시위'에 적용하는 한 헌법에 위반된다."는 결정을 선고하였다.

위 헌법재판소 결정은 비록 그 주문이 외형상 한정위헌결정의 형식을 띠고 있기는 하나, 그 실질은 위 구 집시법 제10조의 규정 중 '일몰시간 후부터 같은 날 24시까지' 옥외집회 또는 시위를 하여서는 아니된다는 부분과 그에 대한 벌칙 규정인 같은 법 제20조의 '제10조 본문' 중 위 부분이 헌법에 위반된다는 취지라고 보아야 하므로, 위 범위 내에서 헌법재판소법 제47조에서 정한 위헌결정으로서의 효력을 갖는다.

대판 2014. 7. 24. 2009도8586

재미있는 사례도 있다. 헌법재판소는 주문이나 결정이유를 아무리 보아도 한정위헌으로 볼 수밖에 없는 경우를 단순위헌으로 분류한 사건이 있다. 대법원도

이 결정에 기초하여 재심을 청구한 사건에서 헌법재판소의 위 결정은 일부위헌결정에 해당한다고 하면서, 기속력을 인정하고 재심개시사유에 해당한다고 하였다.

(판 례) 한정위헌결정을 단순위헌으로 분류한 사례

주문 : '민주화운동 관련자 명예회복 및 보상 등에 관한 법률' 제18조 제2항의 **'민주화운동과 관련하여 입은 피해' 중 불법행위로 인한 정신적 손해에 관한 부분**은 헌법에 위반된다.

심판대상 : 위 제18조 제2항 "이 법에 의한 보상금 등의 지급결정은 신청인이 동의한 때에는 <u>민주화운동과 관련하여 입은 피해에 대하여</u> 민사소송법의 규정에 의한 재판상 화해가 성립된 것으로 본다."

결정이유 : 헌법은 제23조 제1항에서 일반적 재산권을 규정하고 있으나, 제29조 제1항에서 국가배상청구권을 별도로 규정함으로써, 공무원의 직무상 불법행위로 손해를 받은 경우 국민이 국가에 대해 적극적·소극적·정신적 손해에 대한 정당한 배상을 청구할 수 있는 권리를 특별히 보장하고 있다. 민주화보상법은 1999. 12. 28. 여·야의 합의에 따라 만장일치의 의견으로 국회 본회의에서 심의·의결되었는바, 이는 자신의 생명·신체에 대한 위험 등을 감수하고 헌법에 보장된 국민의 기본권을 침해한 권위주의적 통치에 항거함으로써 민주헌정질서의 확립에 기여하고 현재 우리가 보장받고 있는 자유와 권리를 회복·신장시킨 사람과 유족에 대한 국가의 보상의무를 회피하는 것이 부당하다는 사회적 공감대에 근거하여 제정된 것이다. 이러한 맥락에서 심판대상조항은 민주화운동을 위해 희생을 감수한 관련자와 유족에 대한 적절한 명예회복 및 보상이 사회정의를 실현하는 첫 걸음이란 전제에서, 관련자와 유족이 위원회의 지급결정에 동의하여 적절한 보상을 받은 경우 지급절차를 신속하게 이행·종결시킴으로써 이들을 신속히 구제하고 보상금 등 지급결정에 안정성을 부여하기 위해 도입되었다. 심판대상조항의 "민주화운동과 관련하여 입은 피해"에는 적법한 행위로 발생한 '손실'과 위법한 행위로 발생한 '손해'가 모두 포함되므로, 민주화보상법상 보상금 등에는 '손실보상'의 성격뿐만 아니라 '손해배상'의 성격도 포함되어 있다. 그리고 민주화보상법 및 같은 법 시행령에 규정되어 있는 보상금 등의 지급대상과 그 유형별 지급액 산정기준 등에 의하면, 민주화보상법상 보상금, 의료지원금, 생활지원금은 적극적·소극적 손해 내지 손실에 대한 배·보상 및 사회보장적 목적으로 지급되는 금원에 해당된다.

이를 전제로 먼저 심판대상조항 중 적극적·소극적 손해에 관한 부분이 국가배상청구권을 침해하는지 여부를 본다. 앞서 본 바와 같이 민주화보상법상 보상금 등에는 적극적·소극적 손해에 대한 배상의 성격이 포함되어 있는바, 관련자와 유족이 위원회의 보상금 등 지급결정이 일응 적절한 배상에 해당된다고 판단하여 이에 동의하고 보상금 등을 수령한 경우 보상금 등의 성격과 중첩되는 적극적·소극

적 손해에 대한 국가배상청구권의 추가적 행사를 제한하는 것은, 동일한 사실관계와 손해를 바탕으로 이미 적절한 배상을 받았음에도 불구하고 다시 동일한 내용의 손해배상청구를 금지하는 것이므로, 이를 지나치게 과도한 제한으로 볼 수 없다. 다음 심판대상조항 중 정신적 손해에 관한 부분이 국가배상청구권을 침해하는지 여부를 본다. 앞서 본 바와 같이 민주화보상법상 보상금 등에는 정신적 손해에 대한 배상이 포함되어 있지 않은바, 이처럼 정신적 손해에 대해 적절한 배상이 이루어지지 않은 상태에서 적극적·소극적 손해에 상응하는 배상이 이루어졌다는 사정만으로 정신적 손해에 대한 국가배상청구마저 금지하는 것은, 해당 손해에 대한 적절한 배상이 이루어졌음을 전제로 하여 국가배상청구권 행사를 제한하려 한 민주화보상법의 입법목적에도 부합하지 않으며, 국가의 기본권 보호의무를 규정한 헌법 제10조 제2문의 취지에도 반하는 것으로서, 국가배상청구권에 대한 지나치게 과도한 제한에 해당한다. 따라서 심판대상조항 중 정신적 손해에 관한 부분은 민주화운동 관련자와 유족의 국가배상청구권을 침해한다.

헌재 2018. 8. 30. 2014헌바180 등, 판례집 30-2, 259, 260-263

(판 례) 한정위헌결정을 일부위헌결정으로 보아 재심사유가 된다고 한 사례

헌법재판소는 구 민주화보상법 제18조 제2항에 관한 위헌법률심판제청 사건과 헌법소원 사건을 병합·심리하여, 2018. 8. 30. 구 민주화보상법 제18조 제2항의 '민주화운동과 관련하여 입은 피해' 중 불법행위로 인한 정신적 손해에 관한 부분은 헌법에 위반된다는 결정(헌법재판소 2018. 8. 30. 선고 2014헌바180 등 결정, 이하 **'이 사건 일부 위헌결정'**이라 한다)을 선고하였다.

이 사건 일부 위헌결정은 위와 같이 '민주화운동과 관련하여 입은 피해' 중 일부인 '불법행위로 인한 정신적 손해' 부분을 위헌으로 선언함으로써 그 효력을 상실시켜 구 민주화보상법 제18조 제2항의 일부가 폐지되는 것과 같은 결과를 가져오는 결정으로서 법원에 대한 기속력이 있다.

이 사건 일부 위헌결정 선고 전에 헌법소원의 전제가 된 해당 소송사건에서 이미 확정된 판결에 대해서 이 사건 일부 위헌결정이 선고된 사정은 헌법재판소법 제75조 제7항에서 정한 재심사유가 된다.

대판 2020. 10. 29. 2019다249589

위 내용을 정리하면 다음과 같다. 손해배상청구소송에서의 소송물(訴訟物)을 나누고 있는 법령은 없다. 다만 법원이 판례가 적극 손해(치료비, 계호비 등), 소극 손해(일실수입) 및 정신 손해(위자료)로 나누고 있다. 이른바 손해3분설(損害三分說)을 채택하고 있다. 헌법재판소 결정은 민주화운동보상법상의 화해의제조항

이 규정하고 있는 손해를 위자료에 적용하는 한도에서 위헌이라고 본 것이다. 이를 대법원이 일부위헌결정, 즉 단순위헌결정과 같은 것으로 보고 그 기속력을 인정하고 재심사유로 받아들였다.

X. 추가 논의

1. 지방자치단체장 선거권은 기본권인가? - 헌재 2016. 10. 27. 2014헌마797-

가. 사건의 개요

청구인은 대구광역시 남구에 거주하는 주민이다. 2014. 6. 4. 실시된 제6회 전국동시지방선거 중 대구 남구청장 선거에서 후보자등록 마감시간까지 후보자 1인만이 등록함에 따라 투표를 실시하지 않고 선거일에 그 후보자가 당선인으로 결정되었다. 청구인은 지방자치단체의 장 선거에서 무투표 당선을 규정한 공직선거법 제191조 제3항, 제188조 제2항, 제3항 및 제190조 제2항이 선거권, 알권리, 평등권 및 행복추구권 등을 침해한다고 주장하며 2014. 9. 18. 헌법소원심판을 청구하였다.

나. 결정요지

(지방자치단체의 장 선거권이 헌법상 보장되는 기본권인지 여부)

헌법상의 선거제도는 국민주권원리에 기초한 대의제 민주주의의 형성과정으로서 국민대표기관의 구성방법을 의미한다. 헌법은 제24조에서 "모든 국민은 법률이 정하는 바에 따라 선거권을 가진다"고 규정하여 선거권을 헌법상 보장된 권리로 명시하고 있으나 그 구체적 내용의 형성에 관해서는 법률에 위임하고 있다.

국민대표기관의 선출을 위한 대통령, 국회의원 선거와 지방의회의원 및 지방자치단체의 장 선출을 위한 지방선거는 대의제 민주주의의 구현방법이라는 점에서는 동일한 의미의 선거라고 할 수 있으나, 헌법은 이러한 선거제도를 규정하는 방식에 차이를 두고 있다. 즉, 국회의원(제41조 제1항)과 대통령(제67조 제1항) 선출에 관하여는 헌법이 직접적으로 보통·평등·직접·비밀선거의 원칙을 명문화하였고, 지방의회의원에 대해서는 헌법 제118조 제2항에서 "지방의회의

······ 의원 '선거' ······에 관한 사항은 법률로 정한다"라고 하여 지방의회의원의
선출은 선거를 통해야 함을 천명하고 그 구체적인 방법이나 내용은 법률에 유보
하여, 이러한 선거권이 헌법 제24조가 보장하는 기본권임을 분명히 하고 있다.
반면에 지방자치단체의 장에 대해서는 헌법 제118조 제2항에서 " ······ 지방자
치단체의 장의 '선임방법' ······에 관한 사항은 법률로 정한다"라고만 규정하여
지방의회의원의 '선거'와는 문언상 구별하고 있으므로, 지방자치단체의 장 선거
권이 헌법상 보장되는 기본권인지 여부가 문제된다.

헌법에서 지방자치제를 제도적으로 보장하고 있고, 지방자치는 지방자치단체
가 독자적인 자치기구를 설치해서 그 자치단체의 고유사무를 국가기관의 간섭
없이 스스로의 책임 아래 처리하는 것을 의미한다는 점에서 지방자치단체의 대
표인 단체장은 지방의회의원과 마찬가지로 주민의 자발적 지지에 기초를 둔 선
거를 통해 선출되어야 한다는 것은 지방자치제도의 본질에서 당연히 도출되는
원리이다(헌재 1994. 8. 31. 92헌마126; 헌재 1994. 8. 31. 92헌마174 참조). 이에 따라
공직선거 관련법상 지방자치단체의 장 선임방법은 '선거'로 규정되어 왔고, 지방
자치단체의 장을 선거로 선출하여온 우리 지방자치제의 역사에 비추어 볼 때 지
방자치단체의 장에 대한 주민직선제 이외의 다른 선출방법을 허용할 수 없다는
관행과 이에 대한 국민적 인식이 광범위하게 존재한다고 볼 수 있다. 주민자치
제를 본질로 하는 민주적 지방자치제도가 안정적으로 뿌리내린 현 시점에서 지
방자치단체의 장 선거권을 지방의회의원 선거권, 더 나아가 국회의원 선거권 및
대통령 선거권과 구별하여 하나는 법률상의 권리로, 나머지는 헌법상의 권리로
이원화하는 것은 허용될 수 없다. 그러므로 지방자치단체의 장 선거권 역시 다
른 선거권과 마찬가지로 헌법 제24조에 의해 보호되는 헌법상의 권리로 인정하
여야 할 것이다.[26]

다. 비 판

(1) 문제의 제기

위 결정에서 헌법재판소는 지방자치단체장 선거권이 법률상의 권리가 아닌
헌법상 인정(혹은 도출)되는 기본권이라고 한다. 그 논거로 다음의 세 가지 점을
들고 있다.

① 헌법 제24조의 선거권을 대통령, 국회의원, 지방의회의원, 지방자치단체

장에 대한 것으로 구별하여, 앞의 3 선거권은 헌법상의 기본권으로, 다른 하나 는 법률상의 권리로 이원화하는 것은 허용할 수 없다. 즉 모두 헌법상의 기본권 이다.

② 지방자치단체의 대표인 단체장은 주민의 자발적 지지에 기초를 둔 선거 를 통해 선출되어야 한다는 것은 지방자치제도의 본질에서 당연히 도출되는 원 리이다.

③ 지방자치단체의 장에 대한 주민직선제 이외의 다른 선출방법을 허용할 수 없다는 관행과 이에 대한 국민적 인식이 광범위하게 존재한다고 볼 수 있기 때 문에 지방자치단체장 선거권은 관습헌법상 인정된다.[27]

그러나 실제로는 지방자치단체장 선거권은 관습헌법상 인정된다는 것이 헌법 재판소의 주된 논리라고 보아야 할 것이다. 왜냐하면 뒤에서 보는 바와 같이 위 ①과 ②는 헌법재판소의 기존의 입장과 반대되고, 제23조 제2항 제2호의 의견 (견해) 변경에 해당함에도, 이러한 의견 변경 취지를 결정문에 명시하지 않았기 때문에 결국은 지방자치제도의 본질론이나 선거권 개념의 해석이 지방자치단체 장 선거권을 관습헌법상의 기본권으로 인정하는 데 일정 부분 역할을 하는 데 그친 것으로 보았기 때문일 것이다. 그 반대로 이제는 지방자치단체장 선거권이 관습헌법화하였기 때문에 헌법 제24조의 선거권의 해석이나 지방자치의 본질적 내용을 해석함에 있어서 (의견 변경이 아닌) 국민 의식 변경에 따른 새로운 해석 (의견)으로 보았기 때문일 수도 있다. 그 어느 입장을 취하든 지방자치단체장 선 거권은 관습헌법상의 기본권이라는 결정이유가 이 사건의 핵심이라는 것이 필자 의 견해이다.

그러나 문언형식에 의하면 **"주민자치의 민주적 제도가 안착한 현 시점**에서는 **선거권을 이원화할 수 없다"**는 것이기 때문에 위 ①, ②, ③이 마치 삼위일체(三 位一體)가 되어 지방자치단체장 선거권은 헌법상의 기본권이기 때문에 위 논리 모두를 검토하지 않을 수 없다.[28]

(2) 헌법 제24조의 해석

① 기존의 판례

헌법재판소는 노태우 정부 시절의 지방자치단체장 선거일 불공고에 대한 헌 법소원사건에서, 권리보호이익이 없다는 이유로 각하하였다(헌재 1994. 8. 31. 92 헌마174). 다만 이 결정에서 지방자치단체장 선거권은 법률상의 권리에 불과하다는 재판관 2인의 보충의견과, 헌법상의 기본권이라는 재판관 2인의 반대의견이 있었다.

이후 헌법재판소도 "헌법이 명문으로 규정하고 있는 선거권은 대통령선거권(헌법 제67조 제1항), 국회의원선거권(헌법 제41조 제1항), 지방의회의원선거권(헌법 제118조 제2항)에 한하지만, **지방자치단체의 장 선거권도 공직선거및선거부정방지법에 의하여 인정되고 있고**(제15조 제2항), 이 밖에도 법률에 의하여 특정공무원에 대한 선거권을 부여할 수 있음은 물론이다. 지방교육자치에관한법률은 제51조 이하에서 교육위원 및 교육감 선거에 관하여 규정하면서, 이 사건 법률조항에서 선거인단의 구성에 관하여 규정하고 있는바, 이로써 교육위원 및 교육감 선거권도 법률에 의하여 인정되고 있다고 할 수 있다"라고 하여(헌재 2002. 3. 28. 2000헌마283등), 지방자치단체장 선거권을 법률상의 권리로 보았다.

재외국민의 선거권 제한 사건에서는 헌법재판소가 이 문제를 정면으로 다룬 바 있다. 헌법재판소는 "**헌법이 지방자치단체의 장에 대해서는 '선임방법'이라고 표현함으로써 지방의원의 '선거'와는 구별하고 있으므로 지방자치단체의 장의 선거권을 헌법상 기본권이라 단정하기는 어렵다. 하지만 지방자치단체의 장의 선거권을 법률상의 권리로 본다고 할지라도** (……) 평등권 심사까지 배제하는 것은 아니므로"라고 판시하여(헌재 2007. 6. 28. 2004헌마644) 지방자치단체장 선거권은 법률상의 권리임을 명확히 하였다. 국정선거권(대통령과 국회의원 선거권)과 지방의회의원 선거권은 헌법상의 기본권임에 반하여, 지방자치단체장 선거권은 법률상의 권리에 불과하기 때문에 국내거주 외국인의 지방선거권과의 차별취급에 따른 평등권 심사를 할 수밖에 없었던 것이다.

요컨대, 이 사건 결정 이전의 헌법재판소 판례는 지방자치단체장 선거권을 법률상의 권리로 보았다.[29]

② **실정법의 태도: 헌법 제24조의 선거권은 분리되지 않는가?**

공직선거법 제1조는 "이 법은 「대한민국헌법」과 「지방자치법」에 의한 선거가 (……)"라고 규정하여 헌법상의(즉 기본권으로 인정되는) 선거권과 법률상의 권리인 선거권을 명확하게 구별하고 있다.

또한 제49조 제4항 제7호는 "대통령선거·국회의원선거·지방의회의원 및 지방자치단체의 장의 선거와 교육의원선거 및 교육감선거에 후보자로 등록한 경력[선거가 실시된 연도, 선거명, 선거구명, 소속 정당명(정당의 후보자추천이 허용된

선거에 한정한다), 당선 또는 낙선 여부를 말한다]에 관한 신고서 (……)"라고 규정하고 있어 지방자치단체장 선거는 헌법상 기본권으로 인정되는 3개의 선거와는 구별되는 것임을 명확히 하고 있다. 방점에 관한 문법적 해석(헌법해석방법론으로는 문리적 해석)을 한 헌법재판소 결정에 의할 때 방점(傍點)으로 연결되는 것은 같은 종류의 것을 의미하지만 '및'으로 연결되는 것은 서로 다른 종류의 것을 의미한다.

"종전 결정에서 헌법재판소는 헌법 제32조 제6항의 "국가유공자・상이군경 및 전몰군경의 유가족은 법률이 정하는 바에 의하여 우선적으로 근로의 기회를 부여받는다"는 규정을 넓게 해석하여, 이 조항이 국가유공자 본인뿐만 아니라 가족들에 대한 취업보호제도(가산점)의 근거가 될 수 있다고 보았다. 그러나 오늘날 가산점의 대상이 되는 국가유공자와 그 가족의 수가 과거에 비하여 비약적으로 증가하고 있는 현실과, 취업보호대상자에서 가족이 차지하는 비율, 공무원시험의 경쟁이 갈수록 치열해지는 상황을 고려할 때, 위 조항의 폭넓은 해석은 필연적으로 일반 응시자의 공무담임의 기회를 제약하게 되는 결과가 될 수 있다. 그렇다면 위 조항은 엄격하게 해석할 필요가 있다. 이러한 관점에서 위 조항의 대상자는 조문의 문리해석대로 "국가유공자", "상이군경", 그리고 "전몰군경의 유가족"이라고 봄이 상당하다"는 헌법재판소의 결정이 그것이다(헌재 2006. 2. 23. 2004헌마675등).

이러한 헌법재판소 결정에 따를 때, 방점으로 연결되는 대통령선거, 국회의원선거, 지방의회의원선거는 헌법상의 선거로서 이들 선거에서의 선거권은 당연히 기본권으로 보호되는 것인 반면, 지방자치단체장 선거는 공직선거법과 지방자치법에 의한 선거로서 단체장 선거에서의 선거권은 법률상의 권리로 볼 수밖에 없다. 요컨대, 헌법 제24조에 따라 선거권의 내용을 구체화하고 있는 공직선거법의 제(諸) 규정을 보더라도 지방자치단체장 선거권은 법률상의 권리에 불과하다.30)

③ 헌법과 지방자치법 연혁에 비추어 본 검토

논의의 시각을 달리하여 우리 역대 헌법의 선거권 규정 중 지방자치단체장 선거권을 헌법상의 기본권으로 규정하였거나 해석상 헌법상의 기본권으로 인정할 수 있는지에 관하여 살펴보도록 하겠다.

구체적인 법조문을 살펴보기 전에 본 항목에서의 결론에 해당하는 부분을 먼저 기술한다. "우리의 역대헌법 및 현행헌법은 …… 지방자치단체장의 선임방법까지도 헌법에서 직접 결단을 내리지 않고 오로지 입법권자의 광범위한 형성권에 유보시켜 놓았다."[31]

우선 제헌헌법 제97조는 "지방자치단체의 조직과 운영에 관한 사항은 법률로써 정한다. 지방자치단체에는 각각 의회를 둔다. 지방의회의 조직, 권한과 의원의 선거는 법률로써 정한다"라고 규정하였다. 한편 1949년의 첫 지방자치법 제98조는 "도지사와 서울특별시장은 대통령이 임명한다. 시, 읍, 면장은 각기 지방의회에서 무기명투표로써 선거한다. 전항의 선거는 재적의원 3분지 2이상의 출석과 출석의원 3분지 2이상의 득표자를 당선인으로 한다. 2차 투표에도 3분지 2이상의 득표자가 없을 때에는 3차투표에는 다점자 순위로 당선인을 결정한다"라고 규정하고 있었다. 이후 1956년 개정 지방자치법 제98조는 "① 도지사와 서울특별시장은 대통령이 임명한다. ⑤ 시, 읍, 면장은 당해 시, 읍, 면의 선거권자가 선거한다"고 규정하였다. 이후 1958년 지방자치법은 "도지사와 서울특별시장은 대통령이 임명한다. 시장은 도지사의 추천으로 내무부장관을 경유하여 대통령이, 읍, 면장은 군수의 추천으로 도지사가 임명한다. 시, 읍, 면장의 임용자격은 대통령령으로 정한다"라고 규정하였다.[32]

요컨대 현행 헌법과 거의 유사한 내용의 제헌헌법에서 지방자치단체장 선거권은 법률상의 권리에 불과한 것이었기 때문에 지방자치법의 개정으로 주민들의 단체장 선거권이 인정되기도, 부인되기도 하였다.

다음으로 제2공화국 헌법 제97조는 다음과 같이 규정하였다. "① 지방자치단체의 조직과 운영에 관한 사항은 법률로써 정한다. ② 지방자치단체의 장의 **선임방법은 법률로써 정하되 적어도 시, 읍, 면의 장은 그 주민이 직접 이를 선거**한다. ③ 지방자치단체에는 각각 의회를 둔다. ④ 지방의회의 조직, 권한과 의원의 선거는 법률로써 정한다."[33]

다만 1960년 지방자치법은 제98조에서 "도지사, 서울특별시장, 시, 읍, 면장은 당해 지방자치단체의 선거권자가 선거한다"고 규정하여 선임방법 중 주민직선제를 채택하였다.

제3공화국 헌법 제110조는 현행 헌법 제118조와 동일하다.[34] 그런데 부칙 제7조 제3항은 "이 헌법에 의한 최초의 지방의회의 구성시기에 관하여는 법률로 정한다"고 규정하고 있었는데,[35] 지방자치는 실시되지 않았다. 한편 지방자치법은 새로운 헌법의 실시에도 불구하고 개정되지 않았다. 제4, 5공화국 헌법도 제

3공화국 헌법의 제110조와 동일한 조항을 두고 있었는데 지방자치는 실시하지 않았다.[36] 다만 유신 시절인 1973년 지방자치법 제98조는 "도지사, 서울특별시장, 시, 면장은 당해 지방자치단체의 선거권자가 선거한다"고 규정하고 있었다.

본 항과 같이 헌법 연혁으로 살펴보더라도 (역대 헌법 모두 선거권 조항을 두고 있었음은 항상 염두에 두자!) 지방자치단체장 선거권이 대통령·국회의원이나 지방의회의원 선거와 분리될 수 없는 것은 아님을 알 수 있다. 오히려 분리되는 것이 더욱 자연스러운 것으로 보아야 한다.[37]

④ 이 사건 결정은 헌법 제24조의 해석에 관한 의견의 변경인가?

그렇다면 헌법재판소가 과거의 결정례와 달리 대상 결정에서 지방자치단체장 선거권을 헌법상의 기본권으로 본 것은 헌법재판소의 의견의 변경에 해당하는가? 종전에 헌법재판소가 판시한 헌법 또는 법률의 해석·적용에 관한 의견을 변경하는 경우 재판관 6인 이상의 찬성이 있어야 한다. 물론 이 결정은 만장일치에 의한 것이므로 정족수 문제는 발생하지 않는다. 그러나 이전의 결정들이 종전의 의견(견해)을 변경하여 위헌으로 결정하는 경우[38]뿐만 아니라 소송요건에 관한 것이거나,[39] 혹은 헌법이론에 관한 의견이거나를[40] 불문하고 헌법재판소의 판시사항에 해당하는 내용의 변경은 결정문에서 모두 그 취지를 명확히 하였다.

그런데 대상 결정에서 헌법 해석에 관한 의견이 변경되었다는 내용이 들어가 있지 않은 것은 헌법재판소 스스로 헌법 제24조의 해석론 자체만으로는 지방자치단체장 선거권을 헌법상의 권리로 볼 수 없고, 필자가 서두에서 언급한 바와 같이 (조금이나마 지방자치 본질론과 합세하여) 관습헌법상의 기본권으로 인정되는 단체장 선거권을 인정하였기 때문일 것이라 추측된다.[41]

(3) 지방자치의 본질과 관련하여

헌법 제41조 제3항은 "국회의원 선거구와 비례대표제 기타 선거에 관한 사항은 법률로 정한다"라고 규정하고 있다 이는 선거제도 법률주의를 규정한 것이라는 점에는 이의가 없는 듯하다. 그러나 위 조항의 해석에는 논의가 있다. 비례대표제 채택을 전제로 하여 그 구체적 내용을 법률로 정한다는 의미로 보는 견해와 비례대표제 채택 여부 자체부터 법률로 정한다는 의미로 이해하는 견해로 갈리는 것이 그것이다.

헌법재판소 판례 중에 "헌법 제41조 제3항은 (……) 비례대표제를 **실시할 경우** 구체적으로 어떤 형태로 구현할지는 일차적으로 입법자의 형성에 맡겨져 있다"고 판시한 것이 있다(헌재 2001. 7. 19. 2000헌마91, 판례집 13-2, 77, 93). 이 판시 부분을 헌법재판소가 비례대표제 채택 여부 자체를 법률에 맡겨져 있는 것으로 보았다고 평가하는 것으로 보고, 이에 찬성하는 견해도 있다. 문리적 해석상 당연한 것으로 보아야 한다.

헌법해석은 헌법이 내포하고 있는 특정한 가치를 탐색·확인하고 이를 규범적으로 관철하는 작업이므로, 법규범의 의미내용은 그 문언뿐만 아니라 입법목적이나 입법취지, 입법연혁, 그리고 법규범의 체계적 구조 등을 종합적으로 고려하는 해석방법에 의하여 구체화된다.

그러나 법해석의 목표는 어디까지나 법적 안정성을 저해하지 않는 범위 내에서 구체적 타당성을 찾는 데 두어야 한다. 그러기 위해서는 가능한 한 법률에 사용된 문언의 통상적인 의미에 충실하게 해석하는 것을 우선으로 하여야 하고, 다만 그 문언의 통상적 의미를 벗어나지 아니하는 범위 내에서는 법률의 입법취지와 목적 그 제정·개정 연혁, 법질서 전체와의 조화, 다른 법령과의 관계 등을 고려하는 체계적·논리적 해석방법을 추가적으로 활용할 수 있다.

따라서 헌법해석에 있어서도 그 문의(文意)의 한계를 벗어나는 것은 허용되지 않는다.[42] 헌법 제118조 제2항이 지방자치단체장의 **'선임방법'**을 **법률로 정한다**는 것을 주민직선제 이외의 선임방법(가령, 간선제 혹은 의원내각제형이나 중앙정부에 의한 임명)은 허용되지 않는 것으로 해석하는 것은 그 문의적 한계를 벗어나는 것이 된다.

(4) 관습헌법상의 기본권?

2004년 수도이전에 관한 헌법재판소의 결정 이전에는 관습헌법에 관한 우리 헌법 학계에서의 논의는 전무하였다고 보아도 된다. 극히 일부 견해가 관습헌법을 언급하기도 하였지만, 과연 무엇이 관습헌법에 해당하는지에 관하여는 침묵하였다.[43]

관습헌법이란 도대체 무엇인가? 그 인정근거는 무엇이고 어떠한 것들이 관습헌법이며, 그 효력은 어떠한가 등에 관하여 위 헌법재판소 결정을 중심으로 살펴보자.

"헌법은 국가의 기본법으로서 간결성과 함축성을 추구하기 때문에 형식적 헌법전에는 기재되지 아니한 사항이라도 이를 불문헌법(不文憲法) 내지 관습헌법으로 인정할 소지가 있다. (……) 최고의 헌법제정권력인 국민은 성문헌법의 제·개정에 참여할 뿐만 아니라 헌법전에 포함되지 아니한 헌법사항을 필요에 따라 관습의 형태로 직접 형성할 수 있다. (……) 관습헌법은 이와 같은 일반적인 헌법사항에 해당하는 내용 중에서도 특히 국가의 기본적이고 핵심적인 사항으로서 법률에 의하여 규율하는 것이 적합하지 아니한 사항을 대상으로 한다. (……) 관습법의 성립에서 요구되는 일반적 성립요건이 충족되어야 한다. 즉 기본적 헌법사항에 관하여 어떠한 관행 내지 관례가 존재하고, 그 관행은 국민이 그 존재를 인식하고 사라지지 않을 관행이라고 인정할 만큼 충분한 기간 동안 반복 내지 계속되어야 하며(반복·계속성), 관행은 지속성을 가져야 하는 것으로서 그 중간에 반대되는 관행이 이루어져서는 아니 되고(항상성), 관행은 모호한 것이 아닌 명확한 내용을 가진 것이어야 한다(명료성). 마지막으로 관행이 헌법관습으로서 국민의 승인 내지 확신 또는 폭넓은 컨센서스를 얻어 국민이 강제력을 가진다고 믿고 있어야 한다(국민적 합의)."

  헌법재판소의 논지를 이 글과 관련 있는 부분에 관하여서만 비판하고자 한다.
  첫째, 필자는 관습헌법 자체를 부정한다. 근대 헌법의 기본 특색인 성문헌법주의에 반할 뿐만 아니라,[44] 민법이나 상법 등과 같이 관습헌법을 법원(法源)으로 인정하는 명문 규정이 없으므로 관습헌법의 법원성을 인정할 수 없다.
  둘째, 우리 헌법뿐만 아니라 민주주의를 채택하고 있는 각국의 모든 헌법이 국민주권주의에 바탕을 두고 있는데, 여기서 말하는 국민은 인민주권에서의 인민이 실체성을 지닌 개개인과는 반대되는, 관념적 집합체라는 데에 이론(異論)이 없는 듯하다. 그렇다면 실체가 없는 관념적 집단이 어떻게 실정헌법과 같은 효력을 지니는 관습헌법을 만들 수 있을까?[45] 성문헌법은 관념적 집합체인 국민이 개개의 유권자로서, 즉 인민으로서 직접 투표에 참여하기 때문에 실정헌법이 최고법규로 인정받는 것이다. 그러나 관습헌법에는 이러한 절차가 없다. 관념적 집합체인 국민의 의사는 확인할 수 있는 성질의 것이 아니고, 확인할 방법도 없다. 주권자 혹은 헌법제정권력자가 헌법전(憲法典)에 규정하지 않은 기본, 핵심 헌법사항이 있다면 그것은 주권자가 후손들에게 자신들의 대표(입법자)를 통하여 보충하도록 남겨둔 것이라고 해석하여야 한다.[46]
  이제 대상 결정의 관습헌법론을 살펴보도록 하자.
  우선, 지방자치단체장의 주민직선제가 헌법상 기본적이고 필수적인 사항인가? 헌법재판소는 '국가의 정체성'을 나타내는 국기, 국가, 수도 등도 헌법상 기본적이고도 필수적인 사항이라고 하였다.[47] 그러나 지방자치단체장 직선제가 국가의 정체성을 나타내는 것은 아닐지라도 헌법상 기본적이고 필수적인 사항이어야만 관습헌법의 대상이 된다. 그렇다면 지방자치단체장을 중앙정부가 임명하거나 지방의회에서 선출하는 간선제는 헌법의 기본적이고도 필수적인 사항과 반대되는 (헌법) 내용인데, 외국의 입법례와 우리나라 역대 헌법은 어떻게 설명할 수 있는가?

둘째, 수도이전 사건에서 헌법재판소는 관습헌법의 성립요건으로 관행의 존재, 관행의 반복·계속성, 항상성, 명료성, 국민적 합의라는 5개항을 나열하였다. 그러나 평석 대상 결정에서는 단지 "공직선거 관련법상 지방자치단체의 장 선임방법은 '선거'로 규정되어 왔고, 지방자치단체의 장을 선거로 선출하여온 우리 지방자치제의 역사에 비추어 볼 때 지방자치단체의 장에 대한 주민직선제 이외의 다른 선출방법을 허용할 수 없다는 관행과 이에 대한 국민적 인식이 광범위하게 존재한다고 볼 수 있다"고 하였을 따름이다. 좀 더 세부적으로 들어가보자.

(ⅰ) 위와 같은 관행과 국민적 인식은 언제 생겼는가?

앞서 살펴본 바와 같이 헌법재판소는 헌재 2007. 6. 28. 2004헌마644 결정에서 지방자치단체장 선거권은 법률상 권리라고 명백히 밝혔다. 지방자치단체의 장의 피선거권 행사연령을 25세 이상으로 결정한 것은 청구인들의 공무담임권을 침해하였다고 볼 수 없다고 판시한 결정(헌재 2014. 4. 24. 2012헌마287)에 따를 때에도 단체장 선거권은 법률상 권리이다. 선거권과 피선거권을 분리하여 판단할 수는 없고, 단체장 선거권은 헌법상 기본권인데 단체장 피선거권은 법률상 권리라는 것은 양립불가능하다. 그런데 헌법재판소가 피선거권 행사연령을 25세 이상으로 결정한 것에 대한 헌법위반문제를 다룰 때에는 피선거권 침해 여부를 검토하여야 하는데 왜 공무담임권 침해 여부를 심사하였을까? 이는 지방자치단체장 피선거권은 법률상 권리이지만 이러한 법률상 권리의 제한이 결과적으로 공무담임권의 제한이 될 수 있기 때문에 이를 헌법상의 문제로 놓고 심사하였던 것이다.[48] 요컨대 2014. 4. 24. 좀 더 양보하면 2007. 6. 28. 이전에는 지방자치단체장 주민직선이라는 관행이 성립하지도 않았고, 이에 대한 광범위한 국민적 합의는 존재하지 않았다. 그렇다면 2007. 6. 이후 2016. 10. 사이에 위와 같은 관행과 국민적 합의가 성립하였다는 말인데, 과연 이렇게 짧은 시간에 그러한 관행과 합의가 성립할 수 있는가? 이런 정도라면 약 5년 정도 후면 교육감 선거권도 관습헌법상의 기본권이 될 것이고, 지방선거에서의 외국인의 선거권도 관습헌법상의 기본권으로 인정될 것으로 보이고, 만일 헌법재판소가 이를 부인하면 이는 자기모순이다. 특히 비례대표제 조항과 비교하면 그 모순이 더욱 드러난다.

(ⅱ) **위 관행과 국민적 합의가 존재한다는 것은** 헌법재판소가 인정한 바인데, 이는 **어떤 방법으로 조사되었는지** 의문이다. 관습헌법도 (헌법재판소의 견해에 따르면) 실정헌법과 동등한 효력을 갖는 규범이므로 변론주의에 따라 당사자가 주장·입증할 필요가 없고, 헌법재판소의 직권조사사항이 된다. 그런데 결정문에는 어떤 절차를 거쳐 관습헌법으로 인정되었는지에 대한 아무런 설명이 없다.

(ⅲ) **2004년의 수도이전 관습헌법 결정과 2016년의 지방자치단체장 선거권 결정은 소위 '헌법외적 관습헌법'과 '헌법내적 관습헌법'의 차이인가?** 헌법내적 관습헌법은 헌법해석에 의하여 특정 기본권이나 헌법사항을 도출해 낼 수 있는 경우이고, 그렇지 않은 경우가 헌법외적 관습이라고 한다. 이 둘을 모두 관습헌법으로 인정할지, 후자만 관습헌법으로 인정할지에 대하여는 견해가 갈린다.[49] (관습헌법이라는 개념과 후술하는 것들이 관습헌법이라고 할 때에) 태극기·애국가·수도 등은 이를 도출해거나 해석의 근거가 되는 조항이 전혀 없기 때문에[50] 헌법외적 관습헌법이라 부를 수 있다. 그렇지만 지방자치단체장 선거권은 대상 결정과 같이 헌법 제24조의 선거권, 헌법 제118조 제2항의 지방자치단체장 선임방법 조항으로부터 그 기본권을 이끌어낼 수 있기 때문에 헌법내적 관습헌법이 될 것이다. 그렇다면 이러한 헌법내적 관습헌법을 인정하는 데는 수도이전 결정에서와 같이 인정요건으로서의 5항목이 엄격히 요구되는 것이 아니라는 것인가?

셋째, 법률에 대한 위헌심판권은 헌법재판소가 갖지만 명령·규칙의 위헌·위법심판권은 (물론 재판의 전제가 된 경우에) 대법원이 최종적으로 갖는다. 또한 헌법 제101조 제1항에 의하여 사법권은 법원에 속하고, 헌법 제103조에 따라 법관은 헌법과 법률에 의하여 재판을 하여야 한다. 그렇다면 법원 역시 재판을 할 때에 '관습헌법'을 고려하지 않을 수 없고, 명령이나 규칙이 관습헌법에 위반되는지 여부를 항상 판단하여야 하고, 법률이 관습헌법에 위반되는지 여부도 심사하여 위반된다고 하면 헌법재판소에 위헌법률심판제청신청을 하여야 한다.

더욱이 앞서 살펴본 바와 같이 헌법재판소의 확립된 판례로 성립된 것도 불문헌법에 해당하기 때문에 이러한 불문헌법인 판례를 변경하는 것은 헌법재판소법상의 종전의 의견 변경이 아닌 개헌이 된다. 따라서 판례를 변경할 수 없다는 것이 된다.[51] 이런 넌센스가 어디 있는가? 간통죄가 합헌이라는 것은 확립된 판례 아니었나? 그렇다면 개헌을 하여야 하지 않았을까? 양심적 병역거부 역시 마찬가지이다. 2017년 양심적 병역거부를 무죄로 선고한 1심 판결이 45건이라고 하는데,[52] 이들 법관은 '불문헌법에 의한 재판'을 하지 않았으므로 탄핵되어야 하지 않을까?

관습헌법과 관련한 대상 결정의 비판 요지를 정리하자면 다음과 같다. 관습헌법이론을 전개한 수도이전 결정에 대한 학계와 실무에서의 비판을 피하고자 하였는지 알 수는 없으나 명시적으로 헌법적 관행과 국민의 법적 확신이라는 용어를 피하였다. 이 사건에서는 수도이전 사건의 결정과 달리 주민직선에 의한 선출이라는 관행과[53] 국민적 합의가 광범위하게 존재하면 관습헌법으로 인정될 수 있다고 하였다. 그렇다면 수도이전 결정에서의 "헌법관습으로서 국민들의 승인 내지 확신 또는 폭넓은 컨센서스를 얻어 국민이 강제력을 가진다고 믿고 있어야 한다(국민적 합의)"는 요건보다 훨씬 완화된 요건만을 갖추면 관습헌법으로 인정된다는 것인데 이는 경성헌법성이라는 근현대 헌법의 기본 속성에도 반한다. 무엇보다도 실정법(공직선거법)에서 **"헌법에 의한 선거와 지방자치법(률)에 의한 선거"**라고 하여 양자를 명확히 구분하고 있음에도 불구하고 이와 정반대의 내용으로 관습헌법이 성립할 수 있다는 논리인데 이는 대의민주주의에 정면으로 반하는 것이 된다. 민주적 정당성이 없는 헌법재판소가 국민의 대표기관인 국회가 만든 법률을 위헌법률심판이라는 절차를 거치지 않고, 다른 사건에서의 해석을 통하여 이를 무효화하는 것은 도저히 받아들일 수 없다.

지방자치단체장을 주민직선으로 뽑지 않고 중앙정부에서 임명하는 것은 국민의 저항을 받을 것이고, 이는 정치로 해결할 문제이다. 헌법재판소가 개입하지 않아도 될 정치 부문에 괜히 개입한 것에 지나지 않는다. 기각 결정을 할 것을 굳이 관습헌법이론을 다시 끌어들일 필요가 있었을까? 헌법재판소의 이러한 태도는 '조잡한 사법적극주의'의 망령을 또다시 살리는 것에 다름 아니라는 것을 명심하여야 한다. 만일 의원내각제형의 선출방식이 국민들로부터 공감을 받는다면, 아니 더 단도직입적으로 이를 공약으로 내세우는 정당이 국회의원선거에서 과반의 제1당이 되고, 이에 따른 법개정이 이루어진다면 이는 당연히 주권자인 국민의 뜻에 따라 의원내각제형 지방자치로 이행하여야 하는 것이 마땅하다고 생각한다.[54] 헌법재판소의 견해대로라면 이 정당은 위헌정당으로 해산되어야 한다.

마지막으로 한마디 덧붙인다. 관습헌법 긍정론자들이나 헌법재판소도 관습헌법은 헌법에 규정이 없는 사항에 관해서만 보충하여 성립 또는 적용될 수 있을 뿐이라는 데는 이의하지 않는다. 그런데 지방자치단체장 선거권은 헌법에 '지방자치단체장의 선임방법'이라고 하여 명문 규정이 있는 경우에 해당한다. 또 서울시행정특례법도 실질적 의미의 '헌법'인데 헌법 규정이 없는 것일까?

2. 한정위헌청구의 적법성 -헌재 2012. 12. 27. 2011헌바117-

가. 사건 개요

청구인은 ○○대학교 교수로서 '2003. 2. 1.경부터 제주도 통합(환경·교통·재해)영향평가위원회 재해분과심의위원으로 위촉되어 골프장 등의 재해영향평가 심의를 하는 과정에서 재해영향평가 심의위원의 직무와 관련하여, 2006. 12.경 현금 35,000,000원, 2007. 5.경 현금 46,500,000원을 수수하는 등 용역비 명목으로 억대의 금품을 수수하였다'는 구 '특정범죄 가중처벌 등에 관한 법률'위반죄의 범죄사실로 2010. 11. 25. 1심(제주지방법원 2009고합5)에서 징역 4년에 추징금 1억 5,265만 원을 선고받았으나, 항소하여 2011. 5. 4. 항소심[광주고등법원(제주) 2010노107]에서 □□골프장 관련 금품 수수 등 일부 범죄사실에 대하여 무죄를 선고받았으며, 수뢰액에 관하여는 '용역비 상당액'이 아닌 '용역계약을 체결할 기회 또는 이에 참여하여 그 대금의 일부를 지급받을 수 있는 기회의 제공'으로 보아야 한다고 하여 구 '특정범죄 가중처벌 등에 관한 법률' 위반(뇌물)죄에 대하여 무죄가 선고됨으로써 결국 형법 제129조 제1항만이 적용되어 징역 2년을 선고받았다.

청구인은 항소심 계속 중인 2011. 1. 26. 형법 제129조 제1항과 구 '특정범죄 가중처벌 등에 관한 법률' 제2조 제1항의 '공무원'에 일반공무원이 아닌 지방자치단체 산하 위원회의 심의위원이 포함된다고 해석하는 한도에서 헌법에 위반된다는 취지 등의 위헌법률심판 제청신청[광주고등법원 (제주)2011초기1]을 하였으나, 같은 법원은 2011. 5. 4. 이를 기각하는 결정을 하였다.

이에 청구인은 2011. 6. 3. 위 법률조항들에 대하여 헌법재판소법 제68조 제2항에 의한 이 사건 헌법소원심판을 청구하였으며, 한편 대법원(2011도6347)은 2011. 9. 29. 청구인의 상고를 기각하여 형이 확정되었다.

나. 헌법재판소의 판단[55]

(1) 심판의 대상

"형법 제129조 제1항('이 사건 법률조항')의 '공무원'에 구 '제주특별자치도 설치 및 국제자유도시 조성을 위한 특별법' 제299조 제2항의 제주특별자치도통합영향평가심의위원회 심의위원 중 위촉위원이 포함되는 것으로 해석·적용하는 것이 위헌인지 여부"이다.[56]

(2) 주문(主文)

"형법 제129조 제1항의 '공무원'에 구 '제주특별자치도 설치 및 국제자유도시 조성을 위한 특별법' 제299조 제2항의 제주특별자치도통합영향평가심의위원회 심의위원 중 위촉위원이 포함되는 것으로 해석하는 한 헌법에 위반된다."

(3) 결정요지

법률의 의미는 결국 개별·구체화된 법률해석에 의해 확인되는 것이므로 법률과 법률의 해석을 구분할 수는 없고, 재판의 전제가 된 법률에 대한 규범통제는 해석에 의해 구체화된 법률의 의미와 내용에 대한 헌법적 통제로서 헌법재판소의 고유권한이며, 헌법합치적 법률해석의 원칙상 법률조항 중 위헌성이 있는 부분에 한정하여 위헌결정을 하는 것은 입법권에 대한 자제와 존중으로서 당연하고 불가피한 결론이므로, 이러한 한정위헌결정을 구하는 한정위헌청구는 원칙적으로 적법하다고 보아야 한다. 다만, 재판소원을 금지하는 헌법재판소법 제68조 제1항의 취지에 비추어, 개별·구체적 사건에서 단순히 법률조항의 포섭이나 적용의 문제를 다투거나, 의미있는 헌법문제에 대한 주장없이 단지 재판결과를 다투는 헌법소원 심판청구는 여전히 허용되지 않는다.

형벌법규는 헌법상 규정된 죄형법정주의원칙상 입법목적이나 입법자의 의도를 감안한 유추해석이 일체 금지되고, 법률조항의 문언의 의미를 엄격하게 해석하여야 하는바, 유추해석을 통하여 형벌법규의 적용범위를 확대하는 것은 '법관에 의한 범죄구성요건의 창설'에 해당하여 죄형법정주의원칙에 위배된다.

형벌법규에 있어 독자적인 공무원 개념을 사용하기 위해서는 법률에 명시하는 것이 일반적 입법례인데, 우리의 경우에는 구 형법의 공무원 개념규정을 형법 제정 당시 두지 않았고, 국가공무원법·지방공무원법에 의한 공무원이 아니라고 하더라도 국가나 지방자치단체의 사무에 관여하거나 공공성이 높은 직무를 담당하여 청렴성과 직무의 불가매수성이 요구되는 경우에, 개별 법률에 '공무원 의제' 조항을 두어 공무원과 마찬가지로 뇌물죄로 처벌하거나, 특별규정을 두어 처벌하고 있다. 그런데 국가공무원법·지방공무원법에 따른 공무원이 아님에도 법령에 기하여 공무에 종사한다는 이유로 공무원 의제규정이 없는 사인(私人)을 이 사건 법률조항의 '공무원'에 포함된다고 해석하는 것은 처벌의 필요성만을 지나치게 강조하여 범죄와 형벌에 대한 규정이 없음에도 구성요건을 확대한 것으로서 죄형법정주의와 조화될 수 없다.

따라서 이 사건 법률조항의 '공무원'에 국가공무원법·지방공무원법에 따른 공무원이 아니고 공무원으로 간주되는 사람도 아닌 제주자치도 위촉위원이 포함된다고 해석하는 것은 법률해석의 한계를 넘은 것으로서 죄형법정주의에 위배된다.[57]

다. 평 석

(1) 쟁점의 정리

첫째, 한정위헌청구는 적법한가의 문제이다.

둘째, 한정위헌청구심판대상의 획정과 관련하여 심판대상을 (ⅰ) 본안사건에서 문제된 제주도의 특별위원회 위촉위원이 뇌물죄의 주체의 '공무원'에 해당하는지 여부로 좁게 볼 것인가, (ⅱ) 위 '공무원'의 개념에 공무원의제규정이 없는 민간위촉위원을 포함시키는 것이 위헌인지의 여부로 볼 것인가, 혹은 (ⅲ) 위 '공무원' 개념이 불명확하다거나 광범위하여 위헌인지 여부로 볼 것인가가 문제된다.[58]

셋째, 한정위헌결정이 가능한지의 여부 및 가능하다는 것을 전제로 할 때, 위헌법률심판이나 위헌소원심판 및 헌법소원심판 등 모든 헌법재판사건에서 한정위헌결정이 가능한지 나아가 이러한 경우 확립된 대법원 판례와 배치되는 합헌적 법률해석이 가능한지가 문제된다.

넷째, 이 사건 결정에서 심사기준으로 채택된 명확성의 원칙과 유추해석금지의 원칙을 어떻게 해석할 것인가의 문제이다. 본 사안과 관련하여서는 형벌 조항의 공무원의 개념을 그 형식으로 볼 것인가 혹은 그 실질로 볼 것인가의 문제로 귀결된다.[59]

다섯째, 형벌규정에 대한 법률의 해석·적용이 위헌이라고 한 한정위헌결정의 효력과 관련된 문제이다.

(2) 한정위헌청구의 적법성 여부[60]

① 판례의 입장(판례변경): 앞 부분 참조

② 비 판

(ⅰ) 한정위헌결정의 허부

대법원의 공식 견해는 한정위헌결정의 기속력을 인정하지 않는다. 헌법재판소의 법률해석에 관한 견해에 불과하다고 한다. 그러나 법원의 입장을 옹호하는 입장에서도 한정위헌결정이 절대 인정되지 않는다고 하지는 않는다.[61]

글쓴이의 견해는 다음과 같이 두 가지 범주로 분류하여 검토할 필요가 있다는 것이다.

첫째, 입법기술상의 문제, 즉 내용상으로는 법률 등의 양적 일부위헌결정이면서 심판대상법률 등의 규정형식 때문에 일부위헌결정으로 처리할 수가 없어서 한정위헌결정을 하는 경우이다. 이 때의 한정위헌결정은 그 실질이 일부위헌결정과 동일한 것이기 때문에 기속력을 인정할 수밖에 없을 것이다. 물론 이 경우에는 헌법불합치결정이 훨씬 어울릴 것으로 생각된다.

이에 해당하는 대표 사례는 (ⅰ) 국유재산법 제5조 제2항은 국유재산은 민법 제245조의 규정에도 불구하고 시효취득의 대상이 되지 않는다고 규정하면서, 제4조 제1항에서 국유재산을 그 용도에 따라 행정재산, 보존재산과 잡종재산으로 구분하고 있었는데, 잡종재산을 취득시효의 대상에서 배제하는 것이 위헌이라고 보면서 그 법률조항의 문언을 분리할 수 없어 어쩔 수 없이 "국유재산법 제5조 제2항을 국유재산 중 잡종재산에 대하여 적용하는 것은 헌법에 위반된다"라고 하는 경우, (ⅱ) "민법 제764조의 '명예회복에 적당한 처분'에 사죄광고를 포함시키는 것은 헌법에 위반된다"라고 하는 경우 등 그 실질이 일부위헌결정에 해당하는 경우를 들 수 있다.[62]

반면, 뒤에서 상세히 논의하는 바와 같이 법률의 포섭에 해당한다고 볼 수 있거나 해석인지 포섭인지가 불분명한 경우에는 한정위헌결정을 할 수 없다고 하여야 할 것이다. 재판실무상 위험범(危險犯)으로[63] 분류되는 범죄에 대하여 헌법재판소가 결과발생을 요하지 않는다고 해석하는 경우 또는 문신시술행위가 의료행위에 포섭되는지 여부를 그 예로 들 수 있다.

둘째, 헌법재판소법 제41조의 위헌법률심판이나 제68조 제1항의 헌법소원의 경우에는 법원이 헌법재판소에 법률의 해석을 요청하였거나 법원의 관여가 없는 경우이므로 헌법재판소가 한정위헌결정을 하더라도 법률의 해석·적용을 법원의 권한으로 한 헌법체계와 모순되지 않으나, 제68조 제2항의 위헌소원의 경우에 헌법재판소가 한정위헌결정을 하는 것은 헌법재판소가 법원의 재판의 당부를 심사하는 결과가 되므로 부당하다고 보아야 하지 않을까 한다. 다만 법원의 재판역시 항상 정당하거나 헌법에 합치한다고 볼 수는 없으므로 위 첫째의 경우와 같이 심판대상이나 결정의 효력을 가분적 영역으로 한정할 수 있는 경우에는 한정위헌결정을 인정할 수 있는 예외도 있을 것이다.

본 사건과 관련하여서는 공무원의 범위를 나눌 수 있는가가 문제된 것이 아니라 공무원의제조항이 없는 민간위촉위원도 공무원으로 의제(해석)할 수 있는가가 문제된 것이므로 한정위헌결정을 할 수 없다는 견해도 있을 수 있다. 또한이를 포섭의 문제로 보게 되면 한정위헌결정(나아가 헌법재판소가 판단 자체를)을 할 수 없다고 해야 할 것이다.

그러나 뇌물죄 주체의 공무원을 "본래적 의미의 공무원, 법률에 의하여 공무원으로 의제되는 공무원, 기타 법원의 해석에 의하여 공무원으로 인정되는 자"로 나눌 수 있기 때문에 한정위헌결정을 할 수 있는 예외에 해당한다고 볼 수 있다. 다만 뒤에서 살펴보는 바와 같이 "~~로 해석하는 한 위헌이다"라기보다는 '나눌 수 있는 규범영역(혹은 규범의 나눌 수 있는 부분)'에 대한 심사임을 명백히 하기 위하여 "~~을 포함하는 한 위헌이다"라고 함이 타당하다고 생각된다.

(ii) 한정위헌청구의 적법 여부

법정의견은 헌법재판소가 한정위헌결정을 할 수 있는 이상, 청구인에게도 한정위헌청구를 인정하여야 하는 것이 논리에 맞다고 한다. 그러나 양자 사이에 필연 관계가 있는 것은 아니다. 심판대상을 청구인의 한정위헌청구로 한정하는 경우, 심리결과 법률조항 자체에 위헌성이 있는 경우에도 청구취지에 따라 한정위헌결정을 할 수밖에 없다는 모순된 결론에 도달하게 된다. 따라서 한정위헌청구가 법률의 위헌 문제를 다투는 것으로 선해(善解)될 수 있는 예외인 경우에만이를 적법한 것으로 받아들여야 할 것이다.

법정의견은 신청주의 혹은 재판의 전제성 관점에서 보더라도 한정위헌청구는 인정되어야 한다고 한다. 그러나 재판의 전제성은 우리 법제가 추상적 규범통제를 인정하지 않고 구체적 규범통제를 취하고 있다는 점에 기인하는 소송요건일 따름이므로 한정위헌청구를 인정하여야 하는 근거가 될 수 없다. 신청주의와 관련하여서도 헌법재판제도 특히 위헌법률심판 및 이와 같은 성격의 위헌소원의 본질이 개인의 권리구제를 포함하기는 하지만 어디까지나 객관적 헌법질서의 수호 · 유지에 있는 이상, 헌법재판소는 당사자의 청구취지에 얽매이지 않는다는 것이 판례이므로 이 역시 한정위헌청구를 인정하는 직접 근거가 될 수는 없다고 하겠다.

한정위헌청구가 입법권의 존중과 자제의 표현이라는 것도 논리로나 현실로 타당할 수 없다. 이는 한정위헌결정의 적법성을 옹호하는 논리로는 가능하겠지만, 헌법소송을 제기하는 국민이 입법권을 존중하고 자제하기 때문에 그러한 표현인 한정위헌청구가 적법하다고는 하는 논리는 성립하지 않는다. 반대의 경우 입법권을 존중하지 않고 자제하지 않는 단순위헌청구는 부적법하다는 논리의 비약도 가능해지기 때문이다.

(ⅲ) 한정위헌청구가 부적법한 경우: 해석과 포섭은 구별이 가능한가?

법정의견은 한정위헌청구는 원칙상 적법하지만 실제 개별 사건에서 법률조항의 단순한 포섭 · 적용에 관한 문제를 다루는 것은 허용되지 않는다고 한다. 이는 법률의 해석과 포섭이 명백히 구별된다는 것을 전제로 한다.

그러나 해석과 포섭이 명백히 구별되는 것이라고 볼 수는 없다. 아직까지는 "포섭"이 법률용어로서 정의되어 있지는 않는 것으로 보인다. 국립국어원은 '포섭'을 "어떤 개념이 보다 일반적인 개념에 포괄되는 종속 관계. 포유류와 척추동물의 관계 따위"라고 풀이하고 있다. 국립국어원의 정의에 따르더라도 해석과 포섭이 명백히 구별된다고 보기 어렵다. 본 사건에 있어서도 법정의견은 대법원 판결은 '공무원'이라는 구성요건을 확대해석한 것이라고 판단한 반면(공보 195, 113), 반대의견은 이를 제주자치도 위촉위원이 '공무원'에 포섭 · 적용되는지 여부의 문제로 보아 재판소원금지원칙에 위반된다고 하였다.

글쓴이는 나름대로 대법원 판례를 통하여 해석과 포섭을 구별하여 보았다. "'독서실'이라 함은 학습장소로 제공되는 학원인 시설을 말한다고 규정하고 있으므로, 이 사건 고시원은 그 구조가 독서실과는 확연히 구분되어 장기간 일상적인 주거용도로 사용되기에 충분하나 그 형태상 일반 주택과는 달리 독립된 주거로 사용되기에는 부족할 뿐만 아니라 그 면적 역시 330㎡보다 훨씬 작아 건축법상 단독주택의 일종인 다중주택의 하나로 봄이 상당하고"라는 판결을 보자. 독서실 정의규정은 법률 스스로 해석·정의한 것이고 고시원이 독서실에 해당하는지 여부는 해석이 아닌 포섭의 문제로 볼 수 있다.

이러한 취지에서 대법원은 "탑승 목적으로 교통승용구에 승차·승선하거나 탑승하였던 사람이 하차·하선하는 것은 탑승의 전후에 걸쳐 탑승과 불가분의 관계로 이어지는 일련의 과정으로서 보험약관상 '탑승'의 개념에 포섭된다"고 보고 있고(대판 2005. 4. 15. 2004다65138등), 이를 해석의 문제로 보아 "~~하선하는 것도 탑승으로 해석하는 한 헌법에 위반된다"고 할 수는 없겠다.

헌법재판소가 포섭 문제를 해석 문제로 보아 한정위헌결정한 것으로는 다음을 들 수 있다.

"상호신용금고법 규정은 상호신용금고의 부실경영에 책임없는 임원이나 과점주주에 대하여도 연대하여 변제할 책임을 부담케 하는 범위 내에서 헌법에 위반된다"(헌재 2002. 8. 29. 2000헌가5등), "공무원연금법 제64조 제3항은 퇴직 후의 사유를 적용하여 공무원연금법상의 급여를 제한하는 범위내에서 헌법에 위반된다"(헌재 2002. 7. 18. 2000헌바57).

그러나 위 사건에서 과점주주 등에게 책임을 물을 수 있는가, 퇴직 후에 그 사유가 발생한 자에게 연금급여를 제한할 수 있는가는 포섭·적용의 문제일 따름이지 해석 문제가 아니다.

(3) 심판대상의 획정

이 사건에서 반대의견은 심판대상을 "이 사건 법률조항 중 '공무원' 부분의 위헌여부로 한정하거나 적어도 공무를 담당하는 사인이 이 사건 법률조항의 '공무원'에 포함되는 것으로 해석·적용하는 것이 헌법에 위반되는지 여부"라고 하였다.

그 논거로는 법률조항에 대한 특정한 해석을 심판대상으로 하는 한정위헌청구라고 하더라도 여전히 심판대상은 규범, 즉 구체적 법률조항으로 보거나, 적어도 그 법률조항에 대하여 상당기간에 걸쳐 형성·집적된 일정한 해석으로서 법률조항의 가분된 의미영역이고, 따라서 이 사건에 있어서 심판대상은 이 사건 법률조항의 '공무원' 부분이라고 하거나, 적어도 국가공무원법·지방공무원법에 따른 공무원이나 다른 법률에 따라 이 사건 법률조항의 공무원으로 간주되는 사람 이외의 사람이 포함되는 것으로 해석·적용하는 것이 헌법에 위반되는지 여

부라고 보아야 한다는 점을 들고 있다.[64]

그러나 법정의견은 청구인의 제2차 예비적 청구취지에 따라 위에서 본 바와 같이 "형법 제129조 제1항의 공무원에 이 사건 특별법의 제주자치도 위촉위원이 포함되는 것으로 해석·적용하는 것이 헌법에 위반되는지 여부"를 심판대상으로 확정하였다. 그 논거로는 헌법재판소법 제41조의 위헌법률심판절차와 제68조 제2항의 헌법소원 등 구체적 규범통제절차에서는, 특히 형벌조항에 대하여 위헌결정이 선고되는 경우에는 그 소급효와 법원 등 국가기관에 대한 기속력 때문에 심판대상과 심판범위를 가능한 한 최소한으로 제한하여 명백히 하는 것이 원칙이며, 당해 사건에서 청구인에게 적용된 부분도, 이 사건 법률조항의 '공무원'에 이 사건 특별법상의 제주자치도 위촉위원이 포함되는 것으로 해석·적용된 부분이라는 점을 들고 있다.

이 사건 심판대상의 법정의견에 찬성하는 견해도 있다. 청구취지에 내포된 청구의 대상에 조응해서 심판대상을 가능한 한 세부적으로 확정함이 바람직한데, 이는 심판대상 중 판단되지 아니한 부분이 존재하고 그러한 부분에 대해 결정주문의 효력이 발생해서는 안 되기 때문이라는 점을 근거로 한다. 이 견해는 나아가 위 반대의견과 같이 심판대상을 이 사건 법률조항 중 '공무원' 부분의 위헌여부로 심판대상을 한정하는 것은 심판대상과 핵심쟁점의 부조화현상을 초래하게 된다고 한다.[65]

겉으로만 보면 이러한 견해가 수긍되지 않는 것도 아니다. 그러나 법정의견 및 이에 찬성하는 견해는 다음과 같은 문제를 안고 있다.

첫째, 청구인이 한정위헌청구를 하면서 해당 법률조항에 대한 명확성의 원칙 위반 주장을 함께 하는 경우에는 일단 법률조항 자체에 대한 심사를 선행할 수밖에 없는데,[66] 위와 같이 해당 법률조항의 위헌성에 대한 심사를 선행하였음에도 결론에 이르러서는 당사자가 한정한 심판대상에 기속되어 그 당부만 판단하는 것은 비효율적일 수밖에 없다. 또한, 심리결과 당사자가 한정한 법률조항에 대한 특정한 해석보다는 그 해석과 관련된 법률조항 자체가 위헌성을 지니고 있는 경우에는 어떻게 할 것인지도 문제이다. 그 경우에 당사자가 청구한 범위에 기속되어 단순 위헌결정을 할 수 없다고 한다면, 이는 헌법재판소의 위헌법률심판 권한을 부당하게 제약하는 결과에 이르게 된다. 반대로 당사자가 청구한 범위에 기속되지 않고 단순 위헌결정을 할 수 있다고 한다면, 심판대상을 한정하는 것과는 모순된다.

둘째, 위의 경우와는 반대로 청구인의 한정위헌청구에 대하여 심리 결과 합헌으로 판단되는 경우, 특히 "심판대상조항"이 명확성의 원칙이나 과도한 광범성의 원칙에도 반하지도 않고, 나아가 법원의 해석을 심판대상으로 하는 경우에도 그 해석이 유추해석금지의 원칙에도 반하지도 않는다고 판단되는 경우에도, 법정의견에 따르는 경우 신청주의 원칙상 그 주문은 "~~라고 해석하는 것은 헌법에 위반되지 않는다"라고 나올 수밖에 없다는 결론이 되는 모순에 빠지게 되고, 수많은 후행소송을 야기하게 될 것이다.[67]

셋째, 심판대상의 확장과 관련한 선례와의 모순을 초래한다는 점이다. 즉 헌법재판소는 헌법재판은 단순히 제청신청인이나 헌법소원 청구인의 주관적 권리구제만을 위한 제도가 아니고, 객관적 헌법질서를 수호·유지하기 위한 제도이기도 하기 때문에 동일 심사척도가 적용되는 경우, 체계적으로 밀접한 경우, 심판대상조항의 적용의 전제가 되는 경우 등에는 심판대상을 확장하고 있다.[68] 그러나 형벌조항에 대하여는 일체의 유추해석이 금지되고 엄격히 해석하여야 하며, 범죄의 주체가 되는 공무원의 개념을 대법원처럼 실질적으로 해석하여서는 안 된다는 대상판례의 견해에 따른다면, 심판대상조항의 '공무원'은 근거법률이나 위원회의 명칭을 막론하고 공무원의제조항이 없는 민간위촉위원에 대하여는 동일하게 해석할 수밖에 없고 결국 동일한 심사척도가 적용되는 경우에 해당한다. 그럼에도 불구하고, 법정의견은 한정위헌청구의 적법성을 정당화하기 위하여 막연히 신청주의나 재판의 전제성 이론을 가져와 심판대상을 부당하게 한정하였다는 비판을 면할 수 없다고 본다.[69]

넷째, 현실에서 실제 발생하는 문제이다. 가령 민사조정법상의 조정위원, 행정심판법상의 위원의 경우 모두 공무원의제조항이 있는 반면, 건축기본법상의 국가건축정책위원회의 위촉위원, 경제자유구역의 지정 및 운영에 관한 특별법상의 경제자유구역위원회의 위촉위원, 계엄법상의 민간위촉위원, 공익사업을 위한 토지 등의 취득 및 보상에 관한 법률상의 (중앙, 지방)토지수용위원회의 위촉위원 등은 이 사건 특별법상의 위촉위원과 마찬가지로 공무원의제조항이 없다. 이들은 공무원의제조항 없이 사적 영역에 상당한 권한을 행사한다고 하는 경우이다.

이들 위원회의 민간위촉위원의 직무범죄가 문제된 경우에 (i) 뇌물죄의 주체가 되는 공무원의 범위를 그 실질에 따라 해석하는 경우에는 후술하는 바와 같이 대상판례의 입장과 정면으로 배치되고,[70] (ii) 공무원의제조항이 없는 모든 위원회의 민간위촉위원을 개별 심사하여 위헌으로 한다면 이는 소송경제에 반하는 것으로 불필요한 업무과중을 자초하는 것이 된다. 즉 대상판례의 반대의 견과 같이, 위헌소원사건에서 한정위헌청구 및 한정위헌결정이 인정된다는 전제 하에, 심판대상을 "공무원의제조항 없는 민간위촉위원도 뇌물죄의 주체가 되는 공무원으로 해석하는 것이 위헌"으로 해석하거나 "뇌물죄의 주체인 공무원이 공무원의제조항 없는 민간위촉위원도 포함하는 한" 후행 소송이 제기되지는 않을 것으로 일응 판단되기 때문이다.

(4) 형벌법규에 대한 한정위헌결정의 효력

헌법재판소는 합헌적 법률해석의 결과 법률에 대한 한정위헌결정도 가능하다고 한다. 반면 대법원은 사법권(법률의 해석·적용 권한)은 법원에 전속하는 것이며, 헌법재판소의 한정위헌결정은 법률해석에 관한 헌법재판소의 견해를 밝힌 것에 불과하여 법원에 대하여 아무런 기속력을 갖지 못한다고 하고 있다.

이러한 법원의 논리는 형벌규정에 대하여도 여전히 유효하다. 즉, 국가보안법 제7조 제1항(찬양·고무·동조·이적행위)에 관하여 법원이 '국가의 존립·안전이나 자유민주적 기본질서에 실질적 해악을 미칠 명백한 위험성'이 없는 경우에도 이 조항이 적용되는 것으로 해석하여 왔음에도 불구하고, 헌법재판소는 위 조항에 대하여 "국가의 존립·안전이나 자유민주적 기본질서에 무해한 행위는 처벌에서 배제하고, 이에 실질적 해악을 미칠 명백한 위험성이 있는 경우"에만 처벌하는 것으로 축소·제한 해석하였다. 그 결과 위 헌법재판소 결정은 법원에 아무런 기속력을 갖지 못하고 법원은 여전히 과거의 판례를 답습하였다.[71]

한편 이 사건의 본안사건은 대법원에서 확정되었기 때문에 헌법재판소법 제47조 제3항에 따라 재심청구가 가능하다고 하는 견해도 있다. 그러나 이는 어디까지나 청구인의 재판청구권 및 위 법률조항에 따라 법원에 재심을 청구할 수 있다는 것을 의미할 뿐, 당사자가 법원의 판결로 구제받을 수 있다는 것을 의미하는 것은 아니다. 대법원의 확고한 판례에 의하면 이러한 경우 재심사유에 해당하지 않기 때문에 청구를 기각하기 때문이다(대판 2001. 4. 27. 95재다14; 대판 2005. 7. 14. 2003카기110; 대판 2008. 10. 23. 2006다66272 등).

최근에도 대법원은, 헌법재판소가 구 조세감면법 부칙규정의 효력이 상실되었다고 보아야 한다면서 한정위헌결정을 함에 따라 제기된 재심사건에서, 재심사유에 해당하지 않는다고 하면서 청구를 기각하였다(대판 2013. 3. 28. 2012재두299). 본 사건에 있어서도 당사자는 법원의 재심판결로 구제받을 수 있는 길은

묘연하다. 피고인은 실제 형기를 다 마쳤다.[72]

3. 제68조 제1항, 제2항의 헌법소원을 병합하여 동시에 청구할 수 있는 가?[73]

가. 문제의 제기

권리구제형 헌법소원과 위헌심사형 헌법소원은 심판청구요건, 심판대상 등이 서로 다르다(헌재 1994. 4. 28. 89헌마221). 따라서 제68조 제1항의 헌법소원심판청구와 제2항의 헌법소원심판청구를 함께 제기할 수 있다는 것이 헌법재판소의 입장이다(헌재 2010. 3. 25. 2007헌마933). 그러나 어디까지나 이론상 그렇다는 것이고, 실제 위 두 종류의 헌법소원심판청구가 같이 (적법요건심사를 통과한 후) 본안판단을 받은 적은 없다. 물론 이론상 가능한 경우는 생각해 볼 수 있다. 가령 지난 선거에서의 여론조사결과공표금지조항위반 형사사건에서 위헌법률심판제청신청이 기각되고 위헌소원을 제기한 후, 곧 다가오는 선거에서도 여론조사결과를 공표할 수 없는 것이 보도의 자유 침해라고 주장하며 헌법소원을 제기할 수 있다. 그러나 현실에서 이런 경우가 나타날지는 의문이다.

아래에서는 헌법재판소가 두 종류의 헌법소원 병합청구가 가능하다고 설시한 사례(헌재 2020. 5. 27. 2018헌바398)를 중심으로 살펴본다.

나. 사건개요[74]

청구인 갑과 그의 배우자인 청구인 을은 기초연금법이 2014. 5. 20. 법률 제12617호로 제정되고 2014. 7. 1. 시행됨에 따라 2014. 7. 1.부터 매월 기초연금법에 따른 기초연금을 전액 받았다. 그런데 수원시 ○○구청장은 2015. 12. 1. 청구인 갑이 공무원연금법에 따른 퇴직연금일시금을 수령한 사람으로서 기초연금법 제3조 제3항에 따라 기초연금 지급대상에서 제외되나 같은 법 부칙 제5조 제1항에 따라 종전의 기초노령연금법에 따른 기초노령연금의 수급권자로서 기준연금액의 50%를 지급받을 수 있는 사람이라는 이유로 청구인들이 2014. 7.부터 2015. 9.까지 이미 지급받은 기초연금의 50%인 각 1,206,240원을 향후 청구인들에게 지급될 기초연금에서 상계하는 방식으로 환수하고, 2017. 4.부터는 정상적으로 기준연금액의 50%를 지급할 예정이라는 내용의 통지('이 사건 처분')를 하였다.

이에 청구인들은 수원시 ○○구청장을 상대로 이 사건 처분의 취소 등을 구하는 소를 제기하였고, 2017. 12. 19. 기각되자(수원지방법원 2017구합1576) 항소하였으며, 2018. 5. 3. 항소가 기각되자(서울고등법원 2018누31872) 대법원에 상고하였다(대법원 2018두45312). 청구인들은 상고심 계속 중 기초연금법 제3조 제3항 등에 대한 위헌법률심판제청신청을 하고(대법원 2018아27), 2018. 9. 13. 상고 및 위헌제청신청이 모두 기각되자, 2018. 10. 5. 이 사건 헌법소원심판을 청구하였다.

다. 심판대상

청구인들은 구 기초연금법 제3조 제3항 제1호 중 '공무원연금법 제42조에 따른 퇴직연금일시금을 받은 사람과 그 배우자'에 관한 부분의 위헌확인을 구하면서, 이 사건 처분의 취소도 함께 구하고 있다.

그런데 구 기초연금법 제3조 제3항 제1호 중 '공무원연금법 제42조에 따른 퇴직연금일시금을 받은 사람과 그 배우자'에 관한 부분에 대한 헌법소원심판청구는 위헌법률심판제청신청을 하였다 기각되자 청구한 것이므로, 헌법재판소법 제68조 제2항에 의한 헌법소원심판청구이고, 이 사건 처분에 대한 헌법소원은 헌법재판소법 제68조 제1항에 의한 헌법소원심판청구이다.

하나의 심판청구로 헌법재판소법 제68조 제2항에 의한 헌법소원심판청구와 헌법재판소법 제68조 제1항에 의한 청구를 함께 병합하여 제기하는 것이 가능하므로(헌재 2010. 3. 25. 2007헌마933 참조), 이 사건 심판대상은 **구 기초연금법 제3조 제3항 제1호 중 '공무원연금법 제42조에 따른 퇴직연금일시금을 받은 사람과 그 배우자'에 관한 부분**('심판대상조항')이 헌법에 위반되는지 여부 및 이 사건 처분이 청구인들의 기본권을 침해하는지 여부이다.

라. 주문(主文)

가. 구 기초연금법 제3조 제3항 제1호 중 '공무원연금법 제42조에 따른 퇴직연금일시금을 받은 사람과 그 배우자'에 관한 부분은 헌법에 위반되지 아니한다.

나. 청구인들의 나머지 심판청구를 모두 각하한다.

마. 비 판

위 결정의 주문만 보아도 두 가지 종류의 헌법소원심판의 병합청구가 불가능하다는 사실을 쉽사리 알 수 있다. 제68조 제1항의 헌법소원은 원행정처분을 대상으로 한 것이므로 각하되었다. 조잡한 사법적극주의의 전형이다. 앞으로도 이렇게 청구한다면 항상 "하나의 심판청구로 헌법소원과 위헌소원을 동시에 할 수 있다"고 할 것인지 의문이다. 변호사강제주의가 채택되어 있는 헌법소원심판절차에서 이런 청구가 나왔다는 것도 의문이다.

헌법재판소는 "각하결정을 받을지언정 청구 자체를 막을 수는 없지 않는가"라고 반문할 수도 있다. 위 결정이 위와 같은 설시를 하면서 인용한 '헌재 2010. 3. 25. 2007헌마933' 결정의 판시사항은 이런 추측을 가능하게 한다. 헌법재판소 공보 및 판례집에 게재된 2007헌마933 결정은 우선 【판시사항】에 "하나의 심판청구로 헌법재판소법 제68조 제1항에 의한 헌법소원심판청구와 동조 제2항에 의한 헌법소원심판청구를 병합하여 제기할 수 있는지 여부(적극)"이라고 자랑스럽게 명시하고 있다.

그런데 '국립사범대학졸업자중교원미임용자임용등에관한특별법 위헌확인 사건'의 【판시사항】에서는 "공무담임권 침해를 주장하면서 동시에 직업선택의 자유 침해를 주장할 수 있는지 여부(소극), 개별적 기본권 침해를 주장하면서 동시에 행복추구권 침해를 주장할 수 있는지 여부(소극)"이라고 명시하였다(헌재 2006. 3. 30. 2005헌마598, 판례집 18-1상, 439).

각하결정을 받는 것은 차후의 문제이고 두 종류의 헌법소원을 병합청구할 수 있다는 헌법재판소 판지를 그대로 따른다면, 직업선택의 자유나 행복추구권 주장을 헌법재판소가 판단하지 않는 것은 나중 문제이고, 청구인이 이들 기본권을 주장하는 것 자체는 막을 수 없다고 하여야 논리의 일관성이 있다.

아래에서는 피인용결정의 내용을 살펴본다.

사건개요는 다음과 같다.

부산도시공사는 2006. 2. 20.경 청구인에게 이 사건 토지에 대한 보상협의를 요청하였는데, 위와 같은 요청을 받은 청구인은 2006. 4. 26. 부산도시공사에게 '산업입지 및 개발에 관한 법률' 제24조 제1항 제1호, 같은 법 시행령 제24조의3 제1항에 근거하여 환지신청을 하였다. 그러자 부산도시공사는 2006. 5. 10. 청구인에게 이 사건 개발사업은 산업입지법이 아닌 '경제자유구역의 지정 및 운영에 관한 법률'에 근거하여 추진되고 있고, 위 법에서는 사업지 내 토지소유자에게 환지를 해줄 수 있는 규정이 없으며 실시계획승인이 완료된 현재로서는 그러한 환지계획도 없다는 취지로 회신하였다.

이에 청구인은 위 회신이 환지신청거부처분이라고 주장하며 부산지방법원에 그 취소를 구하는 소송을 제기하였는데(2006구합1822), 위 법원이 위 회신은 항고소송의 대상이 되는 처분에 해당하지 아니한다는 이유로 소각하 판결을 선고하자, 청구인은 이에 불복하여 부산고등법원에 항소를 제기하였고(2006누5281), 그 소송 계속중 위 법원에 토지수용에 관하여 규정한 '경제자유구역의 지정 및 운영에 관한 법률' 제13조에서 토지소유자의 환지청구권을 규정하지 아니한 입법부작위가 평등권을 침해하여 위헌이라고 주장하며 위헌법률심판제청신청을 하였으나(2007아12) 위 법원이 2007. 7. 6. 위 제청신청을 각하하자, 같은 해 8. 17. 이 사건 헌법소원심판을 청구하였다.

심판의 대상은 다음과 같다.

헌법소원심판청구서와 2007. 8. 27.자 헌법소원심판청구 추가보충서에 기재된 청구취지와 청구이유에 비추어 볼 때, 이 사건 심판의 대상은 **주위적**으로는 "구 '경제자유구역의 지정 및 운영에 관한 **법률' 제13조에서** 금전보상 외에 환지청구권을 **규정하지 아니한 부작위**"의 위헌 여부와 **예비적으로는 "피청구인이** 구 경제자유구역법을 제정함에 있어 금전보상 외에 환지청구권을 **규정하지 아니한 부작위**"의 위헌 여부.

결정요지를 간추려 살펴본다.

"① 헌법재판소법 제68조 제2항에 의한 헌법소원은 '법률'의 위헌성을 적극적으로 다투는 제도이므로 '법률의 부존재' 즉, 입법부작위를 다투는 것은 그 자체로 허용되지 아니한다. ② (……) 입법의무가 있음을 전제로 한 헌법재판소법 제68조 제1항에 의한 심판청구 부분은 부적법하다."

"그 자체로 허용되지 않는다"고 하면서 병합하여 제기할 수 있다고 한 이유는 무엇일까? 나중에 그런 상황이 닥칠 수도 있어 이에 대비하고자 한 것일까? 만일 그렇다면 그 때 실제 상황에서 그렇게 판단하면 된다. 기왕에 제기된 심판청구를 분리하라는 말이 아니다. 위와 같은 사건의 심판과 전혀 무관한 내용의 설시를 하지 말라는 것이다.[75] 위 결정들은 립서비스 결정이 아니라 아예 잘못된 결정이다. 헌법재판소 판지(判旨)대로라면 모든 위헌법률심판제청신청이 기각(혹은 각하) 후 위헌소원을 제기하면서 국회가 입법을 잘못한 행위 혹은 입법부작위를 법 제68조 제1항의 헌법소원도 병합하여 심판청구를 할 수 있다는 결론에 이른다. 비단 이 경우만이 아니라 대통령령, 부령 등에 대하여서도 마찬가지이다.

제 **5** 장

권한쟁의심판

I. 서   설

1. 의   의

권한쟁의심판은 "국가기관 상호간, 국가기관과 지방자치단체간 및 지방자치단체 상호간"에 권한의 존부 또는 범위에 관하여 다툼이 있을 때에 이를 심판하는 제도이다(헌법 제111조 제1항 제4호, 헌법재판소법 제61조 제1항). 헌법재판소도 권한쟁의심판은 국가기관이나 지방자치단체의 권한분쟁을 해결함으로써 국가기능의 원활한 수행을 도모하고 국가권력간의 균형을 유지하여 헌법질서를 수호·유지하고자 하는 제도라고 한다(헌재 1997. 7. 16. 96헌라2). 오늘날 권한쟁의심판제도는 정치 소수파가 다수파를 견제하는 기능도 한다. 특히 독일의 경우, 정당을 통한 의회와 정부의 통합에 따라 야당이 정부·여당을 견제하는 수단으로 권한쟁의심판제도가 활용된다. 참고로 독일에서는 정당에 권한쟁의심판의 당사자능력이 인정된다.

우리 헌법사(憲法史)에서 처음 권한쟁의심판제도를 채택한 것은 제2공화국헌법이다. 당시 헌법은 헌법재판재판소의 권한사항으로 '국가기관간의 권한쟁의'만을 규정하였다. 다만 5·16 군사쿠데타로 실제로 시행되지는 못하였다. 현행 헌법하에서 다시 채택된 이 제도는 제2공화국헌법에서보다 심판대상을 더 확대하고 있다.

2. 성   격

권한쟁의심판은 국가기관이나 지방자치단체의 '권한'에 관한 분쟁을 심판하는 것이다. '권한'이란 개인의 주관적 권리와 구별되는 것으로, 국가나 지방자치단체, 기타 공법인 또는 그 기관이 유효하게 일정한 행위를 할 수 있는 법적인 능력을 말한다. 이러한 권한에 관한 분쟁은 객관적인 법규범에 대한 분쟁이며, 그 심판은 객관소송으로서의 성격을 가진다. 따라서 권한을 침해당한 기관의 보호는 권한쟁의심판의 결과일 뿐이다.

3. 현행 제도의 내용상 특징

현행 권한쟁의심판제도는 두 가지 부류의 권한쟁의를 포함한다. 첫째, 동일한 법적 주체의 내부기관 사이의 권한쟁의이다. 국가기관간의 권한쟁의가 여기에 해당한다. 둘째, 상이한 법적 주체 사이의 권한쟁의이다. 국가기관과 지방자치단체간 및 지방자치단체 상호간의 권한쟁의가 여기에 해당한다.

현행 권한쟁의심판제도에서 심판대상이 되는 권한쟁의는 헌법상의 분쟁만이 아니라 법률상의 분쟁을 포함한다. 제61조 제2항은 "제1항의 심판청구는 피청구인의 처분 또는 부작위가 헌법 또는 법률에 의하여 부여받은 청구인의 권한을 침해하였거나 침해할 현저한 위험이 있는 때에 한하여 이를 할 수 있다"고 규정하고 있다. 이에 따라 헌법재판소의 권한쟁의심판권과 일반법원의 행정소송 관할권과의 중복이 생길 수 있다.

Ⅱ. 권한쟁의심판의 종류와 당사자

헌법 및 헌법재판소법에 따른 현행 권한쟁의심판에는 세 가지 종류가 있다. ① 국가기관 상호간의 권한쟁의심판, ② 국가기관과 지방자치단체간의 권한쟁의심판, ③ 지방자치단체 상호간의 권한쟁의심판(헌법 제111조 제1항 제4호, 헌법재판소법 제62조). 지방의회와 지방자치단체의 장이 대립하는 경우와 같은 지방자치단체 내의 기관 상호간의 권한쟁분쟁은 행정소송법상 기관소송에 의해 처리된다(행정소송법 제3조 제4호).

1. 국가기관 상호간의 권한쟁의

헌법재판소법은 국가기관 상호간의 권한쟁의를 "국회, 정부, 법원 및 중앙선거관리위원회 상호간의 권한쟁의"라고 규정하고 있다(제62조 제1항 제1호). 여기에 명시한 국가기관들이 예시인지 열거(한정)인지 문제된다. 헌법재판소는 처음에는 이를 열거조항으로 해석하였으나(헌재 1995. 2. 23. 90헌라1), 후에 판례를 변경하여 예시조항이라고 하였다.

(판 례) 권한쟁의당사자인 국가기관의 의미

헌법이 특별히 권한쟁의심판의 권한을 법원의 권한에 속하는 기관소송과 달리 헌법의 최고 해석·판단기관인 헌법재판소에 맡기고 있는 취지에 비추어 보면, 헌법 제111조 제1항 제4호가 규정하고 있는 '국가기관 상호간'의 권한쟁의심판은 헌법상의 국가기관 상호간에 권한의 존부나 범위에 관한 다툼이 있고 이를 해결할 수 있는 적당한 기관이나 방법이 없는 경우에 헌법재판소가 헌법해석을 통하여 그 분쟁을 해결함으로써 국가기능의 원활한 수행을 도모하고 국가권력간의 균형을 유지하여 헌법질서를 수호·유지하고자 하는 제도라고 할 것이다.

따라서 헌법 제111조 제1항 제4호 소정의 '국가기관'에 해당하는지 아닌지를 판별함에 있어서는 그 국가기관이 헌법에 의하여 설치되고 헌법과 법률에 의하여 독자적인 권한을 부여받고 있는지 여부, 헌법에 의하여 설치된 국가기관 상호간의 권한쟁의를 해결할 수 있는 적당한 기관이나 방법이 있는지 여부 등을 종합적으로 고려하여야 할 것이다.

헌재 1997. 7. 16. 96헌라2, 판례집 9-2, 154, 163

위 판례에 의하면 권한쟁의심판의 당사자로 인정되느냐 여부의 가장 중요한 기준은 헌법에 의하여 설치된 헌법기관이냐 여부이다. 이에 따르면 국회, 정부와 같은 전체기관만이 아니라 전체기관의 부분기관도 그 독자적 권한에 의하여 권한쟁의당사자가 될 수 있다. '국민'은 권한쟁의심판의 당사자가 되는 국가기관이 아니다(헌재 2017. 5. 25. 2016헌라2).

국가인권위원회는 헌법에 의하여 설치된 국가기관이 아니고 법률에 의하여 설치된 국가기관이므로 권한쟁의심판을 청구할 당사자능력이 없다(헌재 2010. 10. 28. 2009헌라6).

국회에 속하는 국가기관으로 국회의원(헌법 제41조), 국회의장(헌법 제48조)도

당사자가 될 수 있다(헌재 1997. 7. 16. 96헌라2; 헌재 1998. 8. 27. 97헌마8; 헌재 2000. 2. 24. 99헌라2). 국회의 각 위원회(헌법 제62조)나 위원장도 당사자가 될 수 있다(헌재 2010. 12. 28. 2008헌라7등; 피청구인 국회 외교통상통일위원회 위원장이 청구인인 소속 위원들의 자유무역협정 비준동의안 심의권을 침해하였다고 인정). 그러나 법률의 제정·개정¹⁾ 행위를 다투는 권한쟁의심판의 경우에는 국회가 피청구인이 되고, 국회의장이나 상임위원회 위원장은 피청구인 적격이 없다(헌재 2016. 5. 26. 2015헌라1).²⁾ 한편 원내교섭단체도 헌법 제41조와 제8조에 따라 당사자능력이 인정된다는 견해도 있다. 입법론으로서는 몰라도 실정법 해석론으로서는 아무런 근거 없는 주장일 따름이다. 헌법 제41조는 국회의원선거에 관한 규정이고, 제8조는 정당에 관한 규정일 뿐이다. 헌법 제8조는 정당의 자유를 특별히 보호하여 주는 것에 불과하다. 만일 제8조에 따라 정당 혹은 원내교섭단체를 헌법상의 기관이라고 한다면 헌법에 규정이 있는 노동조합이나 소비자단체, 농어민의 자조조직, 대통령의 각종 자문기구 등도 헌법상의 기관이라고 하여야 한다는 모순에 빠진다. 정당의 기본권이 침해된 경우에 헌법소원을 청구할 수 있고, 국회 내 소수파의 다수파 견제는 국회의원 개인이 권한쟁의심판을 공동으로도 청구할 수 있기 때문에 이를 인정할 실익도 없다고 본다.

정부에 속하는 국가기관으로는 대통령, 국무총리, 행정각부의 장, 국무위원, 감사원장, 감사위원 등이 당사자가 될 수 있다. 감사원도 물론 당사자가 될 수 있다(헌재 2008. 5. 29. 2005헌라3). 다만 정부 안의 부분기관 사이의 권한분쟁은 그 대부분이 상급기관(마지막에는 대통령)의 조정에 의해 해결된다. 헌법 제89조 제10호는 '행정각부간의 권한의 획정'을 국무회의 심의사항으로 규정하고 있다. 따라서 정부에 속하는 국가기관이 권한쟁의심판의 당사자로 되는 것은 주로 국회나 지방자치단체 등 외부 기관과 권한분쟁이 생긴 경우이다. 헌법재판소는 각 부장관이 피청구인인 경우 사건명(事件名)에 '정부'로 표시한다. 가령 경상남도가 4대강 사업과 관련하여 국토해양부장관을 피청구인으로 하여 청구한 권한쟁의심판의 사건명을 '경상남도와 정부 간의 권한쟁의'라 표시하였다(헌재 2011. 8. 30. 2011헌라1).

법원에 속하는 국가기관으로 대법원과 각급 법원이 당사자가 될 수 있다. 여기서의 법원은 조직법상의 법원이 아니라 소송법상의 법원을 말한다. 따라서 가령 '서울중앙지방법원 제1민사부' 혹은 '부산지방법원 형사1단독' 등이 당사자가 된다. 다만, 사건명은 '법원'으로 표시한다(국회의원과 법원 간의 권한쟁의, 헌재

2010. 7. 29. 2010헌라1). 대법원장과 대법관 또한 권한쟁의심판의 당사자능력이 인정된다.

중앙선거관리위원회와 각급선거관리위원회도 당사자능력을 가진다(헌재 2008. 6. 26. 2005헌라7).

헌법재판소는 스스로 당사자가 될 수 없다고 본다. 자신에 대한 재판은 인정될 수 없기 때문이다. 법원의 재판을 헌법소원심판의 대상에서 제외한 제68조 제1항은 일반국민의 재판청구권을 침해함과 동시에 헌법재판소의 심판권한을 침해하고 있다는 주장이 있으나, 헌법재판소가 자신이 권한침해를 심판할 수 없다는 현실상의 한계를 생각하면 부인될 수밖에 없다.

2. 국가와 지방자치단체간의 권한쟁의

헌법재판소법은 국가와 지방자치단체간의 권한쟁의를 "가. 정부와 특별시·광역시·특별자치시·도 또는 특별자치도 간의 권한쟁의심판. 나. 정부와 시·군 또는 지방자치단체인 구(자치구)간의 권한쟁의심판"이라고 규정하고 있다(제62조 제1항 제2호).

위 규정에서 '정부'는 예시로 보아야 한다. 따라서 정부 안의 부분기관이나 국회, 법원 등도 지방자치단체와의 권한쟁의에서 당사자가 될 수 있다. 대통령 (헌재 2002. 10. 31. 2001헌라1), 행정자치부장관(헌재 2001. 10. 25. 2000헌라3), 건설 교통부장관(헌재 2006. 3. 30. 2003헌라2) 등이 실제 사건에서 당사자가 되었다.

지방자치단체는 자치사무에 관해서만 권한쟁의심판의 당사자가 될 수 있고, 위임사무에 관해서는 당사자가 될 수 없다. 또한 광역지방자치단체장이 행정심판의 재결청의 지위에서 행한 처분은 국가기관의 지위에서 행한 것이므로 이에 관한 기초지방자치단체와의 권한쟁의는 지방자치단체 상호간의 권한쟁의가 아니라 국가기관과 지방자치단체간의 권한쟁의로 보아야 한다(헌재 1999. 7. 22. 98헌라4).

헌법재판소는 교육감 소속 교육장·장학관 등에 대한 징계사무는 교육공무원법령 등에 의하여 교육감에게 위임된 국가사무이고 지방자치단체의 사무가 아니므로, 교육과학기술부장관이 교육감 소속 교육장·장학관 등에 대하여 징계의결을 요구한 행위는 교육감의 권한을 침해하거나 침해할 현저한 위험이 없다고 하였다(헌재 2013. 12. 26. 2012헌라3). 헌법재판소는 이 결정에서 교육감 소속 교육장 등은 모두 국가공무원이고, 그 임용권자는 대통령 내지 교육부장관인 점도 고려하였다. 그러나 이 사건 징계의결요구가 있은 후인 2012. 12. 11. 교육공무원법 및 지방공무원법이 개정되어 교육감 소속 장학관 등 교육전문직원이 국가공무원에서 지방공무원으로 그 신분이 전환되었다. 따라서 이 결정은 개정된 법률 하에서는 더 이상 원용할 수 없다.

3. 지방자치단체 상호간의 권한쟁의

헌법재판소법은 지방자치단체 상호간의 권한 쟁의를 "가. 특별시·광역시·특별자치시·도 또는 특별자치도 상호간의 권한쟁의심판, 나. 시·군 또는 자치구 상호간의 권한쟁의심판, 다. 특별시·광역시·특별자치시·도 또는 특별자치도와 시·군 또는 자치구 간의 권한쟁의심판"이라고 규정하고 있다(제62조 제1항 제3호). 즉 지방자치단체 상호간의 권한쟁의를 세 가지 유형으로 나누어 광역자치단체 상호간, 기초자치단체 상호간 및 광역자치단체와 기초자치단체간의 권한쟁의로 구분하고 있다.

지방자치단체의 장은 지방자치단체의 기관일 뿐이며 권한쟁의심판의 당사자가 될 수 없다. 다만 지방자치법은 지방자치단체의 장에게 지방자치단체의 통할 대표권을 부여하고 있기 때문에 단체장이 권한쟁의심판에서 지방자치단체를 대표한다(지방자치법 제101조. "지방자치단체의 장은 지방자치단체를 대표하고 그 사무를 총괄한다"). 그러나 위에서 설명한 바와 같이 광역지방자치단체장이 재결청의 지위에서 행한 처분에 대한 권한쟁의심판에서는 당사자가 될 수 있다(위 98헌라4; 다만 사건명은 "성남시와 '경기도'간의 권한쟁의"로 표시하고 있다). 마찬가지로 지방자치단체의 장이 국가위임 사무에 대해 국가기관의 지위에서 처분을 행한 경우에는 권한쟁의 심판청구의 당사자가 될 수 있다(헌재 2006. 8. 31. 2003헌라1).

제62조 제2항은 "권한쟁의가 지방교육자치에 관한 법률 제2조의 규정에 의한 교육·학예에 관한 지방자치단체의 사무에 관한 것인 때에는 교육감이 제1항 제2호 및 제3호의 당사자가 된다"고 규정하고 있다. 이 조항에서 교육감이 '당사자'가 된다고 규정하고 있으나, 그 취지는 당사자인 지방자치단체를 대표한다는 의미이지, 교육감에게 권한쟁의심판에서의 당사자능력을 부여한 것은 아니다. 다만 헌법재판소는 당사자란에 '청구인 전라북도 대표자 교육감 ○○○'이라고 표시하면서도 사건명에서는 '전라북도교육감과 교육과학기술부장관 간의 권한쟁의'

라고 표시한다(헌재 2013. 12. 26. 2012헌라3등).

'지방교육자치에 관한 법률'에 의하면 지방자치단체의 교육·학예에 관한 사무를 광역자치단체의 사무로 하고 그 집행기관으로 교육감을 두고 있다(제2조, 제18조). 따라서 헌법재판소법 제62조 제2항에 따라 교육감이 당사자 역할을 수행하는 것은 광역자치단체의 권한쟁의심판이다. 헌법재판소도 지방자치단체 상호간의 권한쟁의심판을 규정하는 헌법재판소법 제62조 제1항 제3호를 국가기관에서와 같이 예시로 할 필요성 및 법적 근거가 없다고 하면서, 광역지방자치단체와 그 집행기관인 교육감 사이의 내부 분쟁은 권한쟁의심판에 속하지 않는다고 하였다(경상남도 교육청과 경상남도 간의 권한쟁의, 헌재 2016. 6. 30. 2014헌라1).

Ⅲ. 법원의 행정재판 관할권과의 관계

1. 행정소송법상 기관소송과의 관계

행정소송법은 행정소송 종류의 하나로 기관소송을 규정하고 있다. 기관소송이란 "국가 또는 공공단체의 기관 상호간에 있어서의 권한의 존부 또는 그 행사에 관한 다툼이 있을 때에 이에 대하여 제기하는 소송"이다. 다만 헌법재판소법 제2조의 규정에 의하여 헌법재판소의 관장사항으로 되는 소송은 제외한다(제3조 제4호). 이처럼 일반법원이 관할하는 행정소송법상의 기관소송은 헌법재판소가 관장하는 국가기관 상호간의 권한쟁의를 제외한 것이다.

이에 따라 행정소송법상 기관소송은 지방자치단체를 포함한 공공단체의 기관 상호간의 권한에 관한 분쟁만을 대상으로 하게 되었다. 이에 해당하는 것으로 지방자치단체의 장과 지방의회 사이의 기관소송(지방자치법 제107조 제3항, 제172조 제3항), 교육감과 시·도의회 사이의 기관소송(지방교육자치에 관한 법률 제28조 제3항)이 있다. 두 경우 모두 대법원 관할이다.

한편, 헌법상의 국가기관에 해당하지 않는 국가기관, 가령 국가인권위원회나 방송통신위원회 등과 국회 등 헌법기관 사이에서 기관소송이 발생할 수 있다는 견해도 있다. 그러나 기관소송은 "법률이 정한 경우에 법률에 정한 자에 한하여 제기할 수 있기" 때문에(행정소송법 제45조), 이 경우 기관소송을 인정하기 어렵다. 다만 국가기관이 항고소송의 형태로 다른 국가기관의 처분을 취소하는 소를 제기할 수는 있다.

(판 례) 국가기관의 항고소송 당사자능력 및 원고적격

이 사건과 같이 국가기관 사이에 어느 일방(피고 위원회)이 상대방(원고)에[3] 대하여 일정한 의무를 부과하는 내용의 조치요구를 한 사안에서 그 조치요구의 상대방인 국가기관이 이를 다투고자 할 경우, 이는 국가기관 내부의 권한 행사에 관한 것이어서 기관소송의 대상으로 하는 것이 적절해 보이나, 행정소송법은 제45조에서 '기관소송은 법률이 정한 경우에 법률에 정한 자에 한하여 제기할 수 있다'고 규정하여 이른바 기관소송 법정주의를 채택하고 있고, 조치요구에 관하여는 국민권익위원회법 등 법률에서 원고에게 기관소송을 허용하는 규정을 두고 있지 아니하므로, 이 사건 조치요구를 이행할 의무를 부담하고 있는 원고로서는 기관소송으로 이 사건 조치요구를 다툴 수는 없다.

또한 이 사건 조치요구는 법률에 근거하여 설립된 행정부 소속의 국무총리 산하기관인 피고 위원회가 헌법상의 독립기관인 중앙선거관리위원회 산하기관인 원고에 대하여 한 것으로서 정부 조직 내에서 그 처분의 당부에 대한 심사·조정을 할 수 있는 다른 방도가 없을 뿐만 아니라, 피고 위원회는 헌법 제111조 제1항 제4호 소정의 '헌법에 의하여 설치된 국가기관'이라고 할 수 없으므로(헌법재판소 2010. 10. 28. 선고 2009헌라6 전원재판부 결정 참조), 원고와 피고 위원회 사이에 헌법 제111조 및 헌법재판소법 제62조 제1항에서 정한 권한쟁의심판이 가능해 보이지도 아니한다.

결국 앞서 본 바와 같이 국민권익위원회법이 원고에게 피고 위원회의 조치요구에 따라야 할 의무를 부담시키는 외에 별도로 그 의무를 이행하지 아니할 경우 과태료나 형사처벌의 제재까지 규정하고 있는데, 이와 같이 국가기관 일방의 조치요구에 불응한 상대방 국가기관에게 그와 같은 중대한 불이익을 직접적으로 규정한 다른 법령의 사례를 찾기 어려운 점, 그럼에도 원고가 피고 위원회의 조치요구를 다툴 별다른 방법이 없는 점 등에 비추어 보면, 피고 위원회의 이 사건 조치요구의 처분성이 인정되는 이 사건에서 이에 불복하고자 하는 원고로서는 이 사건 조치요구의 취소를 구하는 항고소송을 제기하는 것이 유효·적절한 수단이라고 할 것이므로, 비록 원고가 국가기관에 불과하더라도 이 사건에서는 당사자능력 및 원고적격을 가진다고 봄이 상당하다.

대판 2013. 7. 25. 2011두1214

2. 지방자치법상 소송과의 관계

지방자치법 제169조는 지방자치단체장의 위법·부당한 명령·처분의 시정에 관련한 소송에 대해 규정하고 있다. "① 지방자치단체의 사무에 관한 그 장의

명령이나 처분이 법령에 위반되거나 현저히 부당하여 공익을 해친다고 인정되면 시·도에 대하여는 주무부장관이, 시·군 및 자치구에 대하여는 시·도지사가 기간을 정하여 서면으로 시정할 것을 명하고, 그 기간에 이행하지 아니하면 이를 취소하거나 정지할 수 있다. 이 경우 자치사무에 관한 명령이나 처분에 대하여는 법령을 위반하는 것에 한한다. ② 지방자치단체의 장은 제1항에 따른 자치사무에 관한 명령이나 처분의 취소 또는 정지에 대하여 이의가 있으면 그 취소처분 또는 정지처분을 통보받은 날부터 15일 이내에 대법원에 소(訴)를 제기할 수 있다."

그런데 국가나 상급지방자치단체가 내린 시정명령이나 취소·정지 처분이 지방자치단체의 권한을 침해한다고 판단되는 경우, 위 규정에 따라 대법원에 제소하는 것과는 별개로 헌법재판소에 권한쟁의심판을 청구할 수도 있다. 이러한 경우 대법원과 헌법재판소 사이에 관할권 경합이 생길 수 있다. 교육과학기술부장관의 시정명령에 대하여 전라북도교육감이 권한쟁의심판청구를 한 사건이 실제 있었고, 헌법재판소는 위 시정명령은 권한쟁의심판의 대상이 되는 처분에 해당한다고 판시하였다(헌재 2011. 8. 30. 2010헌라4; 다만 권한침해상태가 이미 종료하여 권리보호이익이 없다는 이유로 심판청구를 각하하였다).

이 점과 관련하여 지방자치법 제169조 제2항이 헌법 제111조 제1항 4호(헌법재판소의 권한쟁의심판권) 위반으로 위헌이 아니냐는 문제가 제기된다.

물론 반대의 경우(가령, 교육부장관이 교육감을 상대로 권한쟁의심판청구를 하는 경우)는 가능하다. '교육·학예에 관한 시·도의회의 의결사항에 대하여 서울특별시교육감이 재의요구를 하였다가 철회'하거나 '서울특별시교육감이 조례안 재의요구를 철회하자, 조례안을 이송받고 20일이 경과한 이후 교육부장관이 조례안 재의요구 요청을 한 경우, 서울특별시교육감이 재의요구를 하지 않은 부작위, 서울특별시교육감이 조례를 공포한 행위'가 교육부장관의 재의요구 요청권한을 침해한다는 이유로 권한쟁의심판을 당연히 제기할 수 있다(헌재 2013. 9. 26. 2012헌라1; 헌법재판소는 이 사건명을 '교육과학기술부장관과 서울특별시교육감 간의 권한쟁의'라고 표시하였다).

또한 지방자치법 제170조는 지방자치단체장에 대한 직무이행명령에 관련한 소송에 대해 규정하고 있다. "① 지방자치단체의 장이 법령의 규정에 따라 그 의무에 속하는 국가위임사무나 시·도위임사무의 관리와 집행을 명백히 게을리 하고 있다고 인정되면 시·도에 대하여는 주무부장관이, 시·군 및 자치구에 대하여는 시·도지사가 기간을 정하여 서면으로 이행할 사항을 명령할 수 있다. ② 주무부장관이나 시·도지사는 해당 지방자치단체의 장이 제1항의 기간에 이 행명령을 이행하지 아니하면 그 지방자치단체의 비용부담으로 대집행하거나 행 정상·재정상 필요한 조치를 할 수 있다. 이 경우 행정대집행에 관하여는 행정 대집행법을 준용한다. ③ 지방자치단체의 장은 제1항의 이행명령에 이의가 있으 면 이행명령서를 접수한 날부터 15일 이내에 대법원에 소를 제기할 수 있다. 이 경우 지방자치단체의 장은 이행명령의 집행을 정지하게 하는 집행정지결정을 신 청할 수 있다."

위 규정에 의한 소송은 자치사무가 아니라 위임사무에 관련한 것이다. 그런 데 지방자치단체는 자치사무에 관한 권한이 침해되거나 침해될 우려가 있는 때 에 한하여 권한쟁의심판을 청구할 수 있다(헌재 1999. 7. 22. 98헌라4). 따라서 위 임사무에 관련한 위의 분쟁에 관하여 권한쟁의심판을 청구할 수 없고, 권한쟁의 심판과의 관할중복은 생기지 않는다.

지방자치법은 '공유수면 관리 및 매립에 관한 법률'에 따른 매립지가 속할 지 방자치단체에 관하여는 행정안전부장관이 결정하고(제4조 제3항 제1호), 관계 지방 자치단체의 장은 행정안전부장관의 위 결정에 이의가 있으면 대법원에 소송을 제기할 수 있다고 규정하고 있다(제4조 제8항). 매립지가 어느 지방자치단체에 속 하는 것인지에 관한 지방자치단체의 구역에 관한 국가기관의 결정은 지방자치단 체의 자치권을 침해할 수 있으므로 이로 인하여 발생하는 분쟁은 전형적인 국가 기관과 지방자치단체간의 권한쟁의에 해당한다고 하면서, 이 때 헌법재판소와 대법원의 관할이 중복되는 문제가 발생한다는 견해도 있다.

그러나 헌법재판소는 지방자치법 개정에 따라 행정안전부장관이 매립지 관할 을 결정하기 전까지는 그 어느 지방자치단체의 관할에 속한다고 볼 수 없으므 로, 특정 지방자치단체의 권한이 침해될 가능성이 없다는 이유로 각하결정을 하 였다(헌재 2020. 7. 16. 2015헌라3).

한편 지방자치법 개정 전의 일이지만, 행정안전부장관이 매립지 경계를 설정 하지 않고, 어느 지방자치단체가 특정 매립지상의 부동산에 대하여 과세처분을 한 경우 타 지방자치단체가 과세처분을 한 지방자치단체를 상대로 권한쟁의심판 을 청구할 수 있었다(헌재 2006. 8. 31. 2003헌라1; 이 사건에서 헌법재판소가 광양시와 순천시 사이의 매립지 경계를 정하여 주었다).[4]

Ⅳ. 권한쟁의심판의 청구

1. 청구절차

심판청구를 하려면 심판청구서를 헌법재판소에 제출하여야 한다. 심판청구서에 기재할 사항은 ① 청구인 또는 청구인이 속한 기관 및 심판수행자 또는 대리인의 표시, ② 피청구인의 표시, ③ 심판대상이 되는 피청구인의 처분 또는 부작위, ④ 청구의 이유, ⑤ 기타 필요한 사항이다(제64조).

제출의 방법은 우편접수와 전자접수 모두 가능하다.

2. 청구인적격과 제3자 소송담당

청구인적격, 즉 실제의 개별 권한쟁의심판에서 청구인으로서 당사자적격을 가지려면 우선 '헌법 또는 법률에 의하여 부여받은 권한'을 가진 자이어야 한다. 청구인적격은 침해당하였다고 주장하는 헌법상 내지 법률상 권한과 적절한 관련성이 있는 자에게 인정된다. 즉 청구인의 주장 자체에서 일응 청구인이 주장하는 피침해권한과 청구인이 무관하다고 볼 수 없는 경우에는 청구인적격이 인정된다(헌재 2006. 8. 31. 2004헌라2).

청구인적격과 관련하여 '제3자 소송담당'이 문제된다. 기관을 구성하는 부분이 기관 전체의 권한에 관하여 권한쟁의심판을 청구하는 당사자가 될 수 있느냐의 문제이다. 예컨대 국회의 교섭단체가 국회의 권한 침해를 주장하여 정부를 상대로 권한쟁의심판을 청구할 수 있는가라는 문제이다. 이 문제는 특히 독일에서 정당국가화 경향과 관련하여 소수파보호의 필요성 때문에 논의되었다. 독일 연방헌법재판소법은 제3자 소송담당을 명문으로 인정하고 있다.

우리나라에서는 이에 관한 입법이 없다. 헌법재판소도 이를 인정한 예가 없다. 학설은 갈린다. '국무총리서리임명에 관한 국회의원과 대통령간의 권한쟁의' 사건에서 일부 재판관들이 제3자 소송담당을 인정하는 의견을 제시하였다. 이 사건에서 다수의견(5인)은 각하의견을 개진하였는데, 그중 재판관 1인은 제3자 소송담당을 소수파보호제도로 이해하여 일정수 이상의 소수의원이나 소수의원으로 구성된 교섭단체에게 국회를 위한 심판청구인적격을 인정하면서도, 재적과반수의 다수의원이나 그 교섭단체는 청구인적격이 없다고 하였다. 반면 재판관 4인은 국회의원들에게 국회권한 침해에 관한 청구인적격을 인정하였다(헌재 1998. 7. 14. 98헌라1; 다만 1인의 반대의견은 제3자 소송담당과 관련한 논의없이 기각결정 의견을 제시하였다).

위 사건 이후에도 헌법재판소는 국회의원들의 제3자 소송담당을 부인하는 입장을 지키고 있다. 세계무역기구(WTO)와의 쌀협상에 관한 합의문 작성이 국회 동의 없이 이루어진데 대해, 국회의 조약체결동의권과 국회의원의 심의표결권을 침해한 것이라고 주장하면서 국회의원 일부가 정부를 상대로 권한쟁의심판을 청구하였다. 헌법재판소는 국회의원의 제3자 소송담당을 인정할 수 없다고 하여 각하결정을 내렸다. 재판관 1인은 이를 인정해야 한다는 반대의견을 제시하였다(헌재 2007. 7. 26. 2005헌라8). 이러한 입장은 다음과 같은 결정에서 볼 수 있듯이 계속 유지되고 있다. 한·미자유무역협정에 관한 국회의원과 정부간의 권한쟁의 사건(헌재 2007. 10. 25. 2006헌라5), '예산외의 국가의 부담이 될 계약'의 체결에 관한 국회의 동의권 및 국회의원의 심의표결권 침해에 관한 국회의원과 대통령 등 간의 권한쟁의사건(헌재 2008. 1. 17. 2005헌라10), 'WTO 정부조달협정 개정의 정서'를 국회의 동의없이 체결, 비준한 것에 대한 국회의원들과 대통령 간의 권한쟁의 사건(헌재 2015. 11. 26. 2013헌라3).

(판 례) 국회의원의 제3자 소송담당

국회의 의사가 다수결에 의하여 결정되었음에도 다수결의 결과에 반대하는 소수의 국회의원에게 권한쟁의심판을 청구할 수 있게 하는 것은 다수결의 원리와 의회주의의 본질에 어긋날 뿐만 아니라, 국가기관이 기관 내부에서 민주적인 방법으로 토론과 대화에 의하여 기관의 의사를 결정하려는 노력 대신 모든 문제를 사법적 수단에 의해 해결하려는 방향으로 남용될 우려도 있으므로, 국가기관의 부분 기관이 자신의 이름으로 소속기관의 권한을 주장할 수 있는 '제3자 소송담당'을 명시적으로 허용하는 법률의 규정이 없는 현행법 체계하에서는 국회의 구성원인 국회의원이 국회의 조약에 대한 체결·비준 동의권의 침해를 주장하는 권한쟁의심판을 청구할 수 없다.

국회의원의 심의·표결권은 국회의 대내적인 관계에서 행사되고 침해될 수 있을 뿐 다른 국가기관과의 대외적인 관계에서는 침해될 수 없는 것이므로, 국회의원들 상호간 또는 국회의원과 국회의장 사이와 같이 국회 내부적으로만 직접적인 법적 연관성을 발생시킬 수 있을 뿐이고 대통령 등 국회 이외의 국가기관과 사이에서는 권한침해의 직접적인 법적 효과를 발생시키지 아니한다. 따라서 피청구인인 대통령이 국회의 동의 없이 조약을 체결·비준하였다 하더라도 국회의원인 청구인들의 심의·표결권이 침해될 가능성은 없다.

(재판관 송두환의 반대의견)

정부와 의회가 다수당에 의해 지배되어 의회의 헌법상 권한이 행정부에 의해 침해되었거나 침해될 위험에 처하였음에도 불구하고 의회의 다수파 또는 특정 안건에 관한 다수세력이 의회의 권한을 수호하기 위한 권한쟁의심판 등 견제수단을 취하지 않음으로써 의회의 헌법적 권한이 제대로 수호되지 못하고 헌법의 권력분립 질서가 왜곡되는 상황하에서는, 의회 내 소수파 의원들의 권능을 보호하는 것을 통하여 궁극적으로는 의회의 헌법적 권한을 수호하기 위하여, 그들에게 일정한 요건하에 국회를 대신하여 국회의 권한침해를 다툴 수 있도록 하는 법적 지위를 인정할 필요가 있고, 그 구체적 방안으로서 이른바 '제3자 소송담당'을 인정할 필요가 있다.

이 사건과 같은 권한쟁의심판에 있어서 '제3자 소송담당'은 적어도 국회의 교섭단체 또는 그에 준하는 정도의 실체를 갖춘 의원 집단에게는 권한쟁의심판을 제기할 수 있는 지위를 인정하여야 할 것이다.

헌재 2007. 7. 26. 2005헌라8, 판례집 19-2, 26, 27

학계는 야당의 정부·여당에 대한 견제수단이 필요하다는 이유로 제3자 소송담당을 인정해야 한다는 견해가 우세한 것으로 보인다. 찬성 견해들은 대통령이 국회의 동의 없이 조약을 체결하거나 국군을 해외에 파견한 경우를 주요 예로 든다. 그러나 이러한 경우에는 명백한 헌법위반으로 탄핵사유에 해당한다. 정치로 해결할 문제이다.[5] 여당인지 야당인지, 그 수가 과반인지를 불문하고 이를 인정할 필요는 없다고 본다. 권한쟁의에서 제3자 소송담당을 허용하는 것은 헌법이나 법률 문의의 한계를 넘는 해석이다.

피청구인 역시 당사자적격이 인정되어야 한다. 청구인이 피청구인을 잘못 지정한 때에는 청구인의 신청에 의하여 결정으로써 피청구인의 경정을 허가할 수 있다(행정소송법 제14조). 헌법재판소는 청구인이 '정부'를 '정부 및 국회'로, '정부'를 '대통령'으로 하는 피고경정신청을 각 허가한 바 있다(헌재 2005. 12. 22. 2004헌라3; 헌재 2010. 6. 24. 2005헌라9).[6]

3. 심판청구사유

심판청구는 "피청구인의 처분 또는 부작위가 헌법 또는 법률에 의하여 부여받은 청구인의 권한을 침해하였거나 침해할 현저한 위험이 있는 때에 한하여 이를 할 수 있다"(법 제61조 제2항).

가. 처 분

피청구인의 처분은 개별 행정행위만이 아니라 일반 법규범의 정립행위 등도 포함하는 넓은 개념이다. 사실행위도 일정한 법적 문제를 야기하는 경우에는 처분에 해당한다. 헌법재판소는 국회의장이 야당의원들에게 개의일시를 통지하지 않고 행한 본회의 개의, 법률안가결선포를 한 행위는 처분에 해당한다고 하였다(헌재 1997. 7. 16. 96헌라2).

처분은 법적 중요성을 지닌 것에 한한다. 청구인의 법적 지위에 어떠한 영향을 미칠 가능성이 없는 행위는 처분이라 할 수 없어 이를 대상으로 하는 권한쟁의심판청구는 허용되지 않는다. 따라서 행정자치부장관이 지방자치단체에게 한 단순한 업무협조 요청, 업무연락, 견해표명은 처분이라 할 수 없다(헌재 2006. 3. 30. 2005헌라1). 그러나 건설교통부장관의 고속철도역 명칭 결정은 처분에 해당한다(헌재 2006. 3. 30. 2003헌라2). 청구인의 권한에 나쁜 영향을 주어서 법적으로 문제되는 경우에는 사실행위나 내부적인 행위도 행정소송의 대상이 되는 처분인지 여부는 별론으로 하고, 권한쟁의심판의 대상이 되는 처분에 해당한다고 하였다.[7]

(판 례) 권한쟁의심판에서 처분의 의미

여기서의 처분은 입법행위와 같은 법률의 제정과 관련된 권한의 존부 및 행사상의 다툼, 행정처분은 물론 행정입법과 같은 모든 행정작용 그리고 법원의 재판 및 사법행정작용 등을 포함하는 넓은 의미의 공권력처분을 의미하는 것으로 보아야 할 것이다.

권한쟁의심판의 '처분'을 이와 같이 이해한다면, 이 사건의 경우와 같이 법률에 대한 권한쟁의심판도 허용된다고 봄이 일반적이다. 다만 권한쟁의심판과 위헌법률심판은 원칙적으로 구분되어야 한다는 점에서, 법률에 대한 권한쟁의심판은 '법률 그 자체'가 아니라, '법률의 제정행위'를 그 심판대상으로 해야 할 것이다(헌재 2005. 12. 22. 2004헌라3, 판례집 17-2, 650 참조).

헌재 2006. 5. 25. 2005헌라4, 판례집 18-1하, 28, 35

위 결정은 법률의 제정·개정행위가 심판대상이 된다고 판시한 점에 의의가 있다. 헌법재판소는 지방선거비용부담과 관련하여서도 위 판례에 따라 "지방선거의 선거사무를 구·시·군 선거관리위원회가 담당하는 경우에도 그 비용은 지방자치단체가 부담하여야 하고, 이에 피청구인 대한민국국회가 지방선거의 선거비용을 지방자치단체가 부담하도록 **공직선거법을 개정한 것**은 지방자치단체의 자치권한을 침해한 것이라고 볼 수 없다"고 하였다(헌재 2008. 6. 26. 2005헌라7).

그러나 위 결정이 사법행정작용뿐만 아니라 법원의 재판을 권한쟁의심판의 대상에 포함시킨 것은 의문이다. 사법권은 법원에 있는데(헌법 제101조), 법원의 재판을 받은 국가기관이나 지방자치단체가 그 법원의 재판을 권한쟁의심판의 대상으로 삼을 수 있다는 해석은 헌법에 반한다. 국가기관이나 지방자치단체가 당사자라면 재판결과에 복종하여야 하고, 당사자가 아니라면 보조참가 등을 하여 재판에 적극 임한 후 그 결과에 따라야 한다.

법률뿐만 아니라 시행령의 제정·개정행위 역시 권한쟁의심판의 대상이 되는 처분에 해당한다(헌재 2010. 6. 24. 2005헌라9등).

한편, 피청구인이 아직 행사하지 않은 장래처분(혹은 가상의 처분)을 대상으로 하여 권한쟁의심판청구가 가능한지에 대하여는 견해가 대립하고 있다.

(판 례) 장래처분이 권한쟁의심판의 대상이 되는지 여부

피청구인의 장래처분에 의해서 청구인의 권한침해가 예상되는 경우에 청구인은 원칙적으로 이러한 장래처분이 행사되기를 기다린 이후에 이에 대한 권한쟁의심판청구를 통해서 침해된 권한의 구제를 받을 수 있으므로, 피청구인의 장래처분을 대상으로 하는 심판청구는 원칙적으로 허용되지 아니한다.

그러나 피청구인의 장래처분이 확실하게 예정되어 있고, 피청구인의 장래처분에 의해서 청구인의 권한이 침해될 위험성이 있어서 청구인의 권한을 사전에 보호해 주어야 할 필요성이 매우 큰 예외적인 경우에는 피청구인의 장래처분에 대해서도 권한쟁의심판을 청구할 수 있다고 할 것이다. 왜냐하면 권한의 존부와 범위에 대한 다툼이 이미 발생한 경우에는 피청구인의 장래처분이 내려지기를 기다렸다가 권한쟁의심판을 청구하게 하는 것보다는 사전에 권한쟁의심판을 청구하여 권한쟁의심판을 통하여 권한다툼을 사전에 해결하는 것이 권한쟁의심판제도의 목적에 더 부합되기 때문이다.

그렇다면 피청구인의 장래처분도 위와 같은 예외적인 경우에는 헌법재판소법 제61조 제2항에서 규정하는 피청구인의 처분으로 인정된다고 할 것이다. (……)

아산/평택항만 건설을 계속하기 위하여 국가는 이 사건 제방을 준공한 이후에, 이에 인접한 공유수면을 매립하였으며, 매립된 토지위에 창고시설 등의 항만시설을 건설하였다. 그런데 평택시장은 창고시설이 건설된 매립토지에 대해서는, 이 사

건 제방에 대한 관할권한분쟁이 존재한다는 이유로, 이를 자신의 토지대장에 등록하지 않고 있다. 그러나 평택시장은 2002. 5. 1. 이 매립토지위에 건설된 창고시설(평택항 서부두 다목적 창고)에 대해서는 이를 일반건축물대장에 등록하였다.

이에 따라 피청구인 평택시는 이 사건 제방과 위 항만 창고시설에 대한 관할권한을 언제든지 행사할 수 있다고 할 것이다.

그렇다면 이 사건 제방과 항만 창고시설 등에 대한 피청구인 평택시의 관할권한 행사가 확실하게 예정되어 있으므로, 피청구인 평택시의 장래처분이 확정적으로 존재한다고 할 것이다.

헌재 2004. 9. 23. 2000헌라2, 판례집 16-2상, 404, 421-422

위 결정에 대하여는 '처분의 존재'라는 요건을 완화시킨 것은 법률해석의 한계를 넘는다는 비판이 유력하다. 사전(事前) 권한보호와 분쟁해결의 필요성을 지나치게 강조하여 사법(司法)이 예방기능을 수행할 위험성이 있다는 것인데 타당한 지적이다.

나. 부작위

피청구인의 '부작위'는 헌법상 또는 법률상 작위의무가 있음에도 불구하고 이를 이행하지 아니하는 것을 말한다(헌재 1998. 7. 14. 98헌라3). 국회의 입법부작위나 행정부의 행정입법부작위도 포함한다. 단순한 사실상의 부작위는 이에 해당하지 않는다.

다만 부작위는 '(적극)처분'과 겹치는 경우가 많다. 가령 대통령이 국회의 동의를 받지 않고 조약을 체결한 경우, 국회의 동의를 받지 않은 대통령의 부작위나, 동의 없이 조약을 체결한 (적극)처분 모두 권한쟁의심판의 대상이 된다.

다. '권한'의 침해

청구인의 '헌법 또는 법률에 의하여 부여받은 권한'을 침해하거나 침해할 현저한 위험이 있는 때에 한하여 청구할 수 있다. 헌법상의 권한만이 아니라 법률상의 권한도 포함되는 점을 유의해야 한다.

(판 례) 권한의 의미

(국회의원이 교원들의 교원단체 가입현황을 자신의 인터넷 홈페이지에 게시하여 공개하려 하였으나, 법원이 그 공개로 인한 기본권침해를 주장하는 교원들의 신청을 받아들여 그 공개의 금지를 명하는 가처분 및 그 가처분에 따른 의무이행을 위한 간접강제 결정을 한 것에

대해 국회의원이 법원을 상대로 제기한 권한쟁의심판청구의 적법 여부)

권한쟁의심판에서 다툼의 대상이 되는 권한이란 헌법 또는 법률이 특정한 국가기관(이하 지방자치단체를 포함한다)에 대하여 부여한 독자적인 권능을 의미하는바, 각자의 국가기관이 권한쟁의심판을 통해 주장할 수 있는 권한은 일정한 한계 내에 제한된 범위를 가지는 것일 수밖에 없으므로, 국가기관의 모든 행위가 권한쟁의심판에서 의미하는 권한의 행사가 될 수는 없으며, 국가기관의 행위라 할지라도 헌법과 법률에 의해 그 국가기관에게 부여된 독자적인 권능을 행사하는 경우가 아닌 때에는 비록 국가기관의 행위가 제한을 받더라도 권한쟁의심판에서 말하는 권한이 침해될 가능성은 없는 것이다.

헌재 2010. 7. 29. 2010헌라1, 판례집 22-2상, 201, 207

헌법재판소는 최근 재판관 전원의 일치된 의견으로, 지방자치단체인 청구인이 기관위임사무를 수행하면서 지출한 경비에 대하여 기획재정부장관인 피청구인에게 예산배정요청을 하였으나 피청구인이 이를 거부한 경우, 위 거부처분이 청구인의 권한을 침해하거나 침해할 현저한 위험이 있으므로 취소되어야 한다는 취지의 권한쟁의심판청구는 권한의 존부 또는 범위에 관한 다툼이 아니고, 위 거부처분으로 인하여 헌법 또는 법률이 부여한 청구인의 권한이 침해될 가능성도 없으므로 위 권한쟁의심판청구는 부적법하다고 하였다(서울특별시은평구와 기획재정부장관 간의 권한쟁의, 헌재 2010. 12. 28. 2009헌라2).

헌법재판소는 4대강 사업과 관련한 경상남도와 정부간의 권한쟁의에서 "청구인이 이 사건 청구에서 다투는 사유는 낙동강 사업에 대한 시행권을 위 대행계약을 통하여 청구인의 기관인 지방자치단체장에게 대행시켰다가 그 계약을 해제하고 사업시행권을 회수해 간 피청구인의 행위가 부당하다는 취지에 불과하므로, 이와 같은 문제는 공법상 계약에 의하여 청구인과 피청구인에게 귀속된 권리·의무가 유효하게 해제되었는지를 둘러싼 '공법상 법률관계에 관한 다툼'에 불과할 뿐, 권한쟁의심판의 적법한 대상이 되는 '권한의 존부 또는 범위에 관한 다툼'에 해당하지도 않는다"고 판시하였다(헌재 2011. 8. 30. 2011헌라1).

지방자치법 제4조 제1항에 규정된 지방자치단체의 구역은 주민·자치권과 함께 자치단체의 구성요소이고, 자치권이 미치는 관할구역의 범위에는 육지는 물론 바다도 포함되므로, 공유수면에 대해서도 지방자치단체의 자치권한이 미친다(헌재 2015. 7. 30. 2010헌라2). 한편 관습행정법상의 권한도 권한쟁의심판의 요건인 권한에 포함되는지에 관하여 헌법재판소는 다음과 같이 판시한 바 있다.

(판 례) 관습행정법상의 권한이 인정되는지 여부

　　피청구인은 어업면허사무가 충청남도에서 피청구인에게 위임된 1993년경 이후
부터 줄곧 자신이 이 사건 쟁송해역에 대한 어업면허사무를 담당해 왔고, 이에 대
하여 그 어느 지방자치단체도 아무런 이의를 제기한 바 없으므로, 이 사건 쟁송해
역에 관한 관할권한이 피청구인에게 속한다는 행정관습법이 성립하였다고 주장한
다. (……)

　　위 인정된 사실만으로는 이 사건 쟁송해역에 관한 관할권한이 피청구인에게 속
한다는 행정관습법이 성립되었다고 볼 수 없고, 달리 이를 인정할 증거도 없다.

　　특히 죽도리의 관할 변경을 위하여 이 사건 대통령령이 제정되었다는 점을 고려
하면, 설사 이 사건 쟁송해역에 관한 관할권한이 피청구인에게 속한다는 행정관습
법이 존재하였다 하더라도, 그러한 종전 관행을 규범내용으로 하는 행정관습법이
이 사건 대통령령 시행 이후에도 계속 존속한다고 보기는 어렵다. 이는 그간의 관
행이 관성으로 인해 새롭게 변경된 규범질서를 미처 따라가지 못한 것에 불과한
데, 관습법은 실정법의 공백이 발생한 경우에 이 공백을 보충하기 위하여 인정되
는 것일 뿐, 관습법에 실정법과 충돌하는 내용이나 실정법을 개폐하는 효력이 허
용되는 것은 아니기 때문이다.

　　결국 이 사건 쟁송해역에 관한 관할권한이 피청구인에게 속한다는 행정관습법이
성립되었다고 볼 수는 없다.

　　　　　　　　　　　헌재 2015. 7. 30. 2010헌라2, 판례집 27-2상, 54, 71-72

　　위 사건에서 헌법재판소는 형식적으로는 행정관습법이 존재할 수 있음을 인
정하였다고 볼 수밖에 없다. 또한 행정관습법의 효력(법규범의 단계구조)에 대하
여, 즉 법률인지 명령에 해당하는 것인지에 대하여는 언급이 없고 다만 대통령
령에 의해서도 개폐될 수 있는 것으로 판시한 점에 의의가 있다.

라. 권한의 '침해' 또는 '침해가능성'

　'권한의 침해'는 이미 발생하여 현재 지속되는 상태를 말하고, '침해할 현저한
위험'은 침해의 개연성이 현저히 높은 상황을 말한다. 애초에 침해의 가능성이
없는 경우는 부적법하여 각하되지만, 청구인의 권한이 피청구인의 처분과 실제
관련되어 있고, 일응 주장 자체에서 권한침해의 가능성이 있다고 인정되는 경우
에는 본안판단을 한다(헌재 2006. 8. 31. 2004헌라2).

　권한침해의 가능성은 적법요건 단계에서 판단하고 실제 권한이 침해되었는지

여부는 본안에서 판단한다. 따라서 권한침해의 가능성조차 없다면 각하결정을 면하지 못한다. 예를 들어 살펴본다. "대통령이 국회의 동의 없이 조약을 체결·비준하였다고 하더라도 국회의원인 청구인들의 심의·표결권이 침해될 가능성은 없다"(헌재 2007. 7. 26. 2005헌라8). "피청구인(관악구)이 서울시의 동 통·폐합 및 기능개편계획에 따라 행정동을 통·폐합하면서 기존의 '봉천제1동'이라는 행정동(동주민센터) 명칭을 '보라매동'으로 변경하는 내용으로 조례를 개정한 것이 청구인(동작구)의 행정동 명칭에 관한 권한을 침해할 가능성은 없다"(헌재 2009. 11. 26. 2008헌라3). "해양수산부장관이 부산광역시와 경상남도 일대에 건설되는 신항만의 명칭을 '신항'이라고 결정한 것이 경상남도와 경상남도 진해시의 자치권한을 침해하였거나 침해할 가능성은 없다"(헌재 2008. 3. 27. 2006헌라1). "기관위임사무에 관한 경비는 이를 위임한 국가가 부담하고, 그 소요되는 경비 전부를 당해 지방자치단체에 교부하여야 하므로(지방재정법 제21조 제2항, 지방자치법 제141조 단서), 청구인이 자신의 비용으로 기관위임사무인 이 사건 공사를 하였다면, 국가는 청구인에게 그 비용 상당의 교부금을 지급할 의무가 있고, 청구인은 공법상의 비용상환청구소송 등 소정의 권리구제절차를 통하여 국가로부터 이를 보전받을 수 있으므로 청구인이 그 비용을 최종적으로 부담하게 되는 것도 아니다. 따라서 이 사건 거부처분으로 말미암아 청구인의 자치재정권 등 헌법 또는 법률이 부여한 청구인의 권한이 침해될 가능성도 인정되지 아니한다"(헌재 2010. 12. 28. 2009헌라2).

헌법재판소 판례에 의하면, 권한쟁의심판도 주관적 권리구제뿐만 아니라 객관적인 헌법질서 보장의 기능도 겸하고 있으므로, 청구인에 대한 권한침해 상태가 이미 종료하여 이를 취소할 여지가 없어졌다 하더라도 같은 유형의 침해행위가 앞으로도 반복될 위험이 있고, 헌법질서의 수호·유지를 위하여 그에 대한 헌법적 해명이 긴요한 사항에 대하여는 심판청구의 이익은 인정된다(헌재 2003. 10. 30. 2002헌라1; 다만 주관적 권리가 아니라 주관적 권한이라고 표현하는 것이 옳다).

(판 례) 권한침해의 요건 판단

권한쟁의심판청구의 적법요건 단계에서 요구되는 권한침해의 요건은, 청구인의 권한이 구체적으로 관련되어 이에 대한 침해가능성이 존재할 경우 충족되는 것으로 볼 수 있다. 권한의 침해가 실제로 존재하고 위헌 내지 위법한지의 여부는 본안의 결정에서 판단되어야 할 것이다.

이 사건의 경우 피청구인이 제정한 이 사건 법률이 시행됨으로 인해 종래 지방세에 속하던 부동산 보유세가 국세로 전환된다면, 지방자치단체가 중앙정부의 간섭을 받지 아니하고 그 재원을 조달·관리·운영하는 청구인 지방자치단체의 자치재정권이 침해될 개연성은 존재한다고 볼 수 있을 것이다. 뿐만 아니라, 지방자치단체의 중앙정부에로의 종속 가능성 및 세수감소의 예측가능성 등도 전혀 부인할 수는 없다고 할 수 있을 것이다. 따라서 이 사건 심판청구의 권한침해가능성 요건은 충족되었다고 봄이 상당하다.

헌재 2006. 5. 25. 2005헌라4, 판례집 18-1하, 28, 35-36

(판 례) 침해가능성은 인정하고 침해하지 않았다고 판단한 사례

문제조항은 이미 앞에서 본 바와 같이 시간외근무수당의 대강을 스스로 정하면서 단지 그 지급기준·지급방법 등의 범위만을 행정자치부장관이 정하도록 하고 있을 뿐이므로 청구인은 그 한계 내에서 자신의 자치입법권을 행사하여 시간외근무수당에 관한 구체적 사항을 자신의 규칙으로 직접 제정하고 이를 위하여 스스로 예산을 편성, 집행하고 또 이를 토대로 하여 관련된 인사문제를 결정할 수 있는 것이다. 또한 행정자치부장관이 정하게 되는 '범위'라는 것이, 지방자치단체장의 구체적인 결정권 행사의 여지를 전혀 남기지 않는 획일적인 기준을 의미하는 것으로 볼 근거는 전혀 없는 것이므로, 문제조항은 그 형식이나 내용면에서 결코 지방자치단체장의 규칙제정권, 인사권, 재정권 등을 부정하는 것이 아니고 따라서 청구인의 헌법상 자치권한을 본질적으로 침해한다고 볼 수 없다.

헌재 2002. 10. 31. 2001헌라1, 판례집 14-2, 362, 373

4. 청구기간

권한쟁의심판청구는 그 사유가 있음을 안 날로부터 60일 이내에, 그 사유가 있은 날로부터 180일 이내에 하여야 한다(제63조 제1항). 두 기간 중 어느 하나가 먼저 도래하면 청구기간을 도과하게 된다.

권한쟁의심판청구에 있어 '그 사유가 있음을 안 날'은 다른 국가기관 등의 처분에 의하여 자신의 권한이 침해되었다는 사실을 특정할 수 있을 정도로 현실로 인식하고 이에 대하여 심판청구를 할 수 있게 된 때를 말하고(헌재 2002. 10. 31. 2002헌마520), 그 처분의 내용이 확정되어 변경될 수 없게 된 것까지를 요하는 것은 아니다(헌재 2007. 3. 29. 2006헌라7).

법률 제정에 대한 권한쟁의심판의 경우, 청구기간은 법률이 공포되거나 이와 유사한 방법으로 일반에게 알려진 것으로 간주된 때부터 기산된다. 일정한 법률안이 법률로 성립하기 위해서는 국회의 의결을 거쳐 관보에 게재·공포되어야 하고, 이로써 이해당사자 및 국민에게 널리 알려지기 때문이다(헌재 2006. 5. 25. 2005헌라4).

이 기간은 불변기간이다(제63조 제2항). 헌법재판소가 이 기간을 늘이거나 줄일 수 없다. 다만 헌법재판소법 제40조 제1항, 행정소송법 제20조 제2항 단서에 의하여 권한쟁의심판은 그 청구기간이 경과되더라도 이에 관하여 정당한 사유가 있는 때에는 이를 청구할 수 있다. '정당한 사유'라 함은 청구기간이 경과된 원인 등 여러 가지 사정을 종합하여 지연된 심판청구를 허용하는 것이 사회통념상 상당한 경우를 뜻한다(헌재 2000. 4. 27. 99헌마76). 민사소송법을 준용하여 부가기간이나 추후보완 등 일정한 예외가 인정될 수 있다(제40조).[8]

피청구인의 부작위의 경우에는 부작위가 계속되는 한 청구할 수 있으며, 청구기간 제한은 적용되지 않는다. 다만 청구인에 대한 명시적인 이행거부의 시점을 청구기간의 기산점으로 삼아야 한다는 견해도 있다. 그러나 이 견해는 입법부작위의 경우 이행거부의 명시 시점을 어떻게 판단할지에 대한 준거를 제시하지 못한다.

심판청구를 변경한 경우에는 정정신청서를 제출한 때를 기준으로 청구기간 도과 여부를 판단한다(헌재 1999. 7. 22. 98헌라4).

5. 청구의 취하

청구인은 심판청구를 취하할 수 있다. 권한쟁의심판은 객관적 법질서 보호를 위한 객관적 소송이지만, 권한분쟁이 해소되어 더 이상 권리보호이익이 없는 경우에는 청구의 취하를 인정할 필요가 있다. 헌법재판소는 권한쟁의심판의 공익적 성격만을 이유로 심판청구의 취하를 배제할 수 있는 것은 아니라고 하면서 민사소송법 제239조를 준용하여 청구의 취하를 인정하였다(헌재 2001. 6. 28. 2000헌라1).

Ⅴ. 권한쟁의심판의 대상

1. 개   관

권한쟁의심판의 대상은 청구인과 피청구인 사이에 '권한의 존부 또는 범위'

또는 '피청구인의 처분 또는 부작위가 헌법 또는 법률에 의하여 부여받은 청구인의 권한을 침해하였거나 침해할 현저한 위험이 있는지 여부'이다(제61조 제1항, 제2항).

권한의 존부 또는 범위라고 규정하고 있으나, 권한만이 아니라 의무의 존부 또는 범위도 대상이 된다고 할 것이다. 직무상의 권한은 임의로 처분하거나 포기할 수 있는 것이 아니고 직무상 의무의 관념을 포함하기 때문이다.

헌법재판소 판례 중에도 권한쟁의심판의 기능에 관하여 "……그 권한과 의무의 한계를 명확히 함으로써"라고 판시한 예가 있다(헌재 1995. 2. 23. 90헌라1).

2. 소극적 권한쟁의

심판의 대상에 관하여 이른바 소극적 권한쟁의가 포함되는지 여부가 문제된다. 소극적 권한쟁의란 특정한 사안에 관하여 분쟁당사자가 서로 자신의 권한이 아니라고 주장하는 권한쟁의이다. 학설은 갈린다.

긍정설은 헌법 제111조 제1항 제4호에서 규정한 권한쟁의는 모든 유형의 권한쟁의를 포함하고, 헌법재판소법 제61조 제1항의 '권한의 존부 또는 범위에 관한 다툼'에는 소극적 권한쟁의도 포함되며, 객관적 권한질서의 유지와 국가업무의 지속 수행을 위해 필요하다는 점을 이유로 든다.

부정설은 소극적 권한쟁의의 인정여부는 입법에 맡겨져 있고, 제61조 제2항은 '권한이 침해되었거나 침해될 현저한 위험'이 있는 때를 요건으로 규정하고 있으므로 적극적 권한쟁의를 전제하며, 행정소송법상 부작위위법확인소송 등 다른 사법적 구제수단이 있다는 점 등을 근거로 한다.[9]

헌법재판소가 이를 직접 판단한 사례를 찾아볼 수는 없다. 다만 이와 관련한 두 개의 사건이 있다. 어업면허 유효기간연장 불허가처분에 따른 손실보상금지급사무에 관한 권한을 다툰 포항시와 정부간의 권한쟁의 사건(각하결정, 헌재 1998. 6. 25. 94헌라1; 어업권자와 청구인·피청구인 사이의 단순한 채권채무관계로 보았다), 시화공업단지내 공공시설 관리권에 관한 시흥시와 정부간의 권한쟁의 사건(기각결정, 헌재 1998. 8. 27. 96헌라1)이 그것이다. 그러나 이들 사건에서 소극적 권한쟁의의 인정여부가 중요 쟁점으로 다루어지지는 않았다.

국가기관이나 지방자치단체가 서로 그 권한을 미룸으로써 야기되는 폐해를 줄이고 국가업무의 지속 수행을 위해서는 소극적 권한쟁의를 인정할 필요가 있다는 견해가 우세한 것으로 보인다. 그러나 피청구인의 의무불이행(부작위)으로 인하여 청구인의 권한이 침해받는 경우는 없거나(96헌라1), 위 94헌라1 사건의 경우와 같이 손실보상금을 청구하는 국민이 청구인·피청구인을 주위적·예비적 피고로 하여 공법상의 손실보상금을 청구하는 방법으로 헌법 또는 법률상의 문제가 해결될 수 있으므로 따로 소극적 권한쟁의를 인정할 실익은 없다고 하겠다.

Ⅵ. 심리와 가처분

1. 심 리

권한쟁의심판은 구두변론에 의한다(제30조 제1항). 권한쟁의심판은 객관적 법규범에 관한 분쟁을 심판하는 제도이기 때문에 청구인과 피청구인 외에 제3자에게 영향을 미칠 소지가 크다. 제3자의 소송참가에 관해서는 행정소송법과 민사소송법이 준용된다(제40조, 행정소송법 제17조).

2. 가 처 분

헌법재판소는 권한쟁의심판에서 "직권 또는 청구인의 신청에 의하여 종국결정의 선고 시까지 심판대상이 된 피청구인의 처분의 효력을 정지하는 결정을 할 수 있다"(제65조).

헌법재판소법은 처분의 효력을 정지하는 가처분만을 규정하고 있으나, 행정소송법과 민사소송법이 준용에 의해 집행이나 절차를 정지하는 등 그 밖의 다른 내용의 가처분도 허용된다.

나아가 새로운 법적 상태를 형성하는 가처분인 이른바 적극행위 가처분도 허용된다는 견해도 있다. 민사소송에 관한 절차가 헌법재판에도 일반적으로 준용된다는 점을 이유로 든다. 그러나 민사집행법의 가처분 규정이 권한쟁의심판에 그대로 적용된다고 할 수는 없다. 헌법재판소법 제40조 제1항 제2문 및 제2항에 따르면 권한쟁의심판에는 행정소송법이 민사소송법과 함께 준용되고, 행정소송법과 민사소송에 관한 법령이 저촉될 때는 민사소송에 관한 법령은 준용되지 않는다. 행정소송법 제23조 제2항은 '처분등의 효력이나 그 집행 또는 절차의 속행의 전부 또는 일부의 정지'만을 가처분의 내용으로 한다. 반면 민사집행법 제

300조는 '다툼이 있는 권리관계에 대하여 임시의 지위를 정하는' 가처분을 규정하고 있다. 그렇다면 권한쟁의심판에는 가처분의 대상이나 주문에 아무런 제한이 없는 민사집행법상의 가처분 조항이 아니라 취소소송에만 인정되는 행정소송법상의 '집행정지'규정만이 준용될 따름이다.

같은 이유로 권한쟁의 본안심판이 청구되기 전이라도 가처분신청을 인정하는 견해는 타당하지 않다. 민사집행법상의 가처분이 본안소송 제기를 그 전제조건으로 하지 않는 것과 달리, 행정소송법 제23조 제2항은 "취소소송이 제기된 경우에 …… 집행정지를 결정할 수 있다"고 규정하고 있기 때문이다. 따라서 본안사건 계속 후에만 집행정지(가처분)를 신청할 수 있다는 위 조항에 저촉되는 민사집행법 규정은 권한쟁의심판에는 적용되지 않는다.

본안심판의 승소가능성은 가처분 요건이 아니다. 다만 본안심판이 명백히 부적법하거나 명백히 이유 없는 경우에는 가처분을 명할 수 없다.

유의할 점이 있다. 청구인의 권한을 침해한 다른 국가기관만이 아니라 제3자도 가처분의 피신청인이 될 수 있다는 점이다. 실제 헌법재판소도 국회의원들이 국무총리서리를 임명한 대통령의 행위가 그들의 동의권을 침해한다면서 국무총리서리를 공동피신청인으로 하여 제기한 '국무총리서리 임명행위의 효력정지 및 직무집행정지 가처분신청'에서 국무총리서리에 대한 신청부분을 부적법각하하지 않고 이유 없다고 하면서 기각하였다(헌재 1998. 7. 14. 98헌사31; 이 사례를 들면서 본안의 피청구인과 가처분의 피신청인(자연인 김종필)이 다를 수 있다고 하는 견해도 있으나, 이 가처분신청의 피신청인은 본안의 피청구인인 대통령에 제3자인 국무총리서리를 추가한 것이므로 이 설명은 적절하지 않다).

가처분은 재판관 7명 이상의 출석과 출석 과반수 이상의 찬성으로 결정한다. 가처분결정에 기속력을 인정하는 법적 근거가 없다는 등의 이유로 기속력을 부정하는 견해도 있다. 반면 헌법재판소 결정의 실효성 확보를 위하여 기속력을 인정하여야 한다는 견해도 있다. 위헌법률심판에서 합헌결정에 기속력이 미치지 않는다는 점을 생각하면 가처분결정에 굳이 기속력을 인정할 필요는 없다고 본다. 헌법재판소의 가처분결정에 따르지 않는 경우는 정치 책임 등 별도의 책임을 물을 수밖에 없다.

Ⅶ. 결 정

1. 심판정족수

권한쟁의심판은 재판관 7명 이상의 출석으로 심리하며, 종국심리에 관여한 재판관의 과반수 찬성으로 의결한다(제23조).

2. 결정의 유형과 내용

종국결정에는 각하·기각·인용결정의 세 가지 유형이 있다. 그 밖에 청구취하의 경우에는 심판절차종료선언을 한다.

각하결정은 심판청구가 형식적 적법요건을 구비하지 않아 부적법한 경우에 한다. 가령, 지방자치단체가 침해당하였다고 주장하는 권한이 국가사무에 해당하는 경우나, 권한이 침해될 가능성이 아예 없는 경우이다.

심판청구가 이유 없으면 기각결정, 이유 있으면 인용결정을 한다.

결정 주문(主文)의 형태는 기각의 경우 다음 두 가지가 있다. "청구인의 피청구인에 대한 *****행위로 인한 권한침해확인청구를 기각한다"(헌재 2009. 10. 29. 2009헌라8) 또는 "청구인의 심판청구를 기각한다"(헌재 2013. 9. 26. 2012헌라1).

인용의 경우 주문의 형태는 나뉜다.

① 단순한 권한의 확인(헌재 2008. 12. 26. 2005헌라11)

"동경 126° 38′, 북위 33° 55′에 위치한 섬에 대한 관할권한이 청구인에게 있음을 확인한다."

② 단순한 권한침해의 확인(헌재 2009. 5. 28. 2006헌라6)

"피청구인이 (……) 실시한 정부합동감사는 헌법 및 지방자치법에 의하여 부여된 청구인의 지방자치권을 침해한 것이다."

③ 권한침해는 확인하고, 그 원인이 된 법률안가결선포행위의 무효확인은 기각(헌재 1997. 7. 16. 96헌라2)

"1. 피청구인이 (……) 개정법률안을 상정하여 가결선포한 것은 청구인들의 법률안 심의·표결의 권한을 침해한 것이다.

2. 청구인들의 나머지 청구를 기각한다."

④ 권한침해의 확인과 함께 그 원인된 처분등의 무효확인(헌재 1999. 7. 22. 98 헌라4)

"1. 피청구인이 (……) 도시계획사업시행자지정처분은 도시계획법 제23조 제5 항에 의한 청구인의 권한을 침해한 것이다.

2. 피청구인의 위 처분은 무효임을 확인한다."

⑤ 권한침해의 확인과 함께 그 원인된 처분등을 취소(헌재 2006. 8. 31. 2004헌라2)

"1. (……) 및 같은 동 산 223 임야 198㎡는 청구인의 관할구역에 속함을 확인한다.

2. 피청구인이 위 각 토지에 관하여 지방자치법 제5조에 의한 사무와 재산의 인계를 청구인에게 행하지 아니하는 부작위는 위법함을 확인한다.

3. 피청구인이 2004. 3. 10. 진해시 용원동 1307 도로에 대한 점용을 이유로 청구외 갑, 을, 병에게 행한 각 점용료부과처분은 이를 취소한다."

⑥ 위의 5가지 형태의 주문과 그 형식이 구별되는 것은 아니나 내용상 독특한 것이 있다. 우선 주문의 형태를 살펴보자.

"1. 청구인 겸 피청구인 경상남도, 경상남도 진해시의 피청구인 대통령에 대한 심판청구를 각하한다.

2. 부산 신항만 (……) 부분에 대한 관할권한은 청구인 겸 피청구인 경상남도, 경상남도 진해시에 있고, (******) 부분에 대한 관할권한은 피청구인 겸 청구인 부산광역시, 부산광역시 강서구에 있음을 확인한다.

3. 청구인 겸 피청구인 경상남도, 경상남도 진해시의 피청구인 겸 청구인 부산광역시, 부산광역시 강서구에 대한 나머지 심판청구와 피청구인 겸 청구인 부산광역시, 부산광역시 강서구의 청구인 겸 피청구인 경상남도, 경상남도 진해시에 대한 나머지 심판청구를 모두 기각한다"(헌재 2010. 6. 24. 2005헌라9 등, 판례집 22-1하, 374, 389).

이 결정은 헌법재판소가 판례 분류할 때 '인용'으로 한다. 경상남도와 진해시가 먼저 권한쟁의심판을 청구하였는데, 부산시가 반소 형태로 같은 권한쟁의심판을 청구한 사건에서 어느 한 쪽의 권한임을 확정하여야 하고, 따라서 어느 한 당사자에게는 인용결정이 될 수밖에 없다.[10]

위 주문례에서 살펴본 바와 같이 심판청구에 이유 있는지 여부에 관한 본안

판단은 두 단계의 과정을 포함한다.

첫째 과정은 심판의 대상이 된 국가기관 또는 지방자치단체의 권한의 존부 또는 범위에 관한 판단이다(제66조 제1항). 이 과정은 일정한 권한사항이 청구인 또는 피청구인 중 누구에게 속하는지에 관한 판단인 경우도 있지만, 실제 소송에서는 권한의 소재 자체보다는 피청구인의 권한행사가 청구인의 권한을 침해하였는지 여부를 중심으로 판단한다.

둘째 과정은 첫째의 과정에서 이유 있는 것으로 인정한 경우에 뒤따르는 2차 과정이다. "헌법재판소는 권한침해의 원인이 된 피청구인의 처분을 취소하거나 그 무효를 확인할 수 있고, 헌법재판소가 부작위에 대한 심판청구를 인용하는 결정을 한 때에는 피청구인은 결정취지에 따른 처분을 하여야 한다"는 헌법재판소법 제66조 제2항에 따른 것이다.

인용결정은 위 2차 과정의 내용에 따라 처분취소결정, 처분무효확인결정, 부작위위법확인결정으로 구분된다. 1차 과정이 본안판단의 필수 부분인데 비하여, 2차 과정은 재판부의 재량에 따라 부가되는 부분이다. 권한침해 확인의 경우 반드시 취소나 무효선언을 하여야 한다는 견해와 법문(法文)상 명백히 재량사항으로 규정하고 있기 때문에 재량으로 볼 수밖에 없다는 견해가 대립한다. 둘째 견해는 위 날치기통과의 경우 국회의원의 심의표결권을 침해한 법률안가결선포행위를 무효로 선언하지 않은 헌법재판소의 태도를 재량권 남용이라고 비판할 수 있을지언정 헌법이나 헌법재판소법 위반이라고는 할 수 없다고 한다.

생각건대, 국민의 대표기관인 국회의원의 헌법상 권한인 심의표결권을 침해하여 헌법위반으로 선언된 법률안 가결선포행위로 이후 공포, 시행된 법률을 무효로 할 수 없다는 것은 상황모순이다. 또한 재량권의 영(零)으로 수축 또는 재량권의 일탈·남용 이론이 헌법재판소에만 적용되지 않는다는 마땅한 근거도 없다. 법문(法文)에 충실한 해석을 할 수밖에 없다는 변명은 위헌결정의 소급효를 인정하거나, 심판기간을 훈시규정으로 해석하는 것과 정반대이다.

권한침해의 원인이 된 법률안 가결선포행위가 무효로 선언되는 순간, 시행중인 법률은 그 효력을 잃게 되므로 법적 혼란이 상당할 것이라는 이유로 헌법재판소의 판지에 찬성하는 견해도 있다. 그러나 국회는 같은 내용의 법안을 절차규정만 지키기만 하면 언제든지 통과시킬 수 있다. 7인 재판관 이상의 참석을 전제하지만, 단순 과반수라는 결정정족수가 이 때도 그대로 적용되는 것은 법률의 내용에는 전혀 손을 대지 못하기 때문이다. 잠시 동안의 법적 혼란은 헌법과 법률이 정한 입법절차를 지키지 않은 잘못에 따른 감내하여야 할 부분이다.

한편, 위 여러 결정에서 헌법재판소는 국회법이 정한 절차를 지키지 않은 경우에는 법률안 가결선포행위를 무효로 선언할 수 없고, 다수결 원칙과 회의의 공개 원칙이라는 헌법이 정한 절차를 위반한 경우에만 법률안 가결선포행위를 무효로 선언할 수 있다고 하였다. 그러나 위에서 살펴본 바와 같이 무효로 선언하는 것 자체를 재량행위로 보는 한 헌법위반이냐 법률위반이냐는 무의미하다.

참고로 2020. 10. 16. 현재 헌법재판소 누리집에는 권한쟁의심판에서 인용결정 사례가 14건으로 올라와 있다(선고 기준이므로 병합된 경우 1건으로 본다). 권한침해 확인만으로 족하여 애초 청구취지에 포함되지 않은 경우와 국회의원과 국회의장이나 국회 상임위원회위원장 사이의 권한쟁의를 제외한 5건 모두 권한침해의 원인이 된 처분을 취소하거나 무효라고 하였다.

심판절차종료선언은 청구인이 권한쟁의심판청구를 취하하거나, 침해당하였다고 주장하는 권한이 일신에 전속하고 당해 청구인이 사망한 경우에 한다. 헌법재판소는 "청구인이 법률안 심의·표결권의 주체인 국가기관으로서의 국회의원 자격으로 권한쟁의심판을 청구하였다가 심판절차 계속 중 사망한 경우, 국회의원의 법률안 심의·표결권은 성질상 일신전속적인 것으로 당사자가 사망한 경우 승계되거나 상속될 수 없어 그에 관련된 권한쟁의심판절차 또한 수계될 수 없으므로 권한쟁의심판청구는 청구인의 사망과 동시에 당연히 그 심판절차가 종료된다"고 하였다(헌재 2010. 11. 25. 2009헌라12).[11]

3. 결정의 효력

"헌법재판소의 권한쟁의심판의 결정은 모든 국가기관과 지방자치단체를 기속한다"(제67조 제1항). 권한쟁의심판의 결정은 인용결정이든 기각결정이든 모두 기속력을 가진다. 이 점에서 위헌법률심판에서는 위헌결정만, 헌법소원심판의 경우에는 인용결정만 기속력을 갖는 것과 다르다.

피청구인은 청구인의 권한을 침해한 자신의 처분 또는 부작위를 제거하고 이를 반복하지 말아야 할 의무를 진다. 부작위에 대한 인용결정의 경우, 피청구인은 결정취지에 따른 처분을 하여야 한다(제66조 제2항).

문제는 기속력이 동일행위 반복금지의무에만 미치는지 나아가 기존의 위헌·위법상태 제거의무에까지 미치는지 여부이다. '헌재 2010. 11. 25. 2009헌라12'

사건을 살펴보도록 한다. 사실관계는 이러하다. 야당 국회의원인 청구인들은 헌법재판소가 2009헌라8등 사건의 결정주문 제2항에서 피청구인 국회의장의 '신문법안 및 방송법안 가결선포행위'가 청구인들의 법률안 심의·표결권을 침해한 것이라고 인정한 이상, 위 주문의 기속력에 따라 피청구인은 청구인들에게 위 법률안들에 대한 심의·표결권을 행사할 수 있는 조치를 취하여야 함에도 불구하고 피청구인이 아무런 조치를 취하지 않고 있고, 피청구인의 이러한 부작위는 청구인들의 법률안 심의·표결권을 침해하는 것이라고 주장하며 2009. 12. 18. 권한쟁의심판을 청구하였다.

헌법재판관들의 견해는 나뉘었다. 각하 의견을 개진한 4인 재판관은 "권한쟁의심판에서의 권한침해 확인결정의 기속력의 내용은 장래에 어떤 처분을 행할 때 그 결정의 내용을 존중하고 동일한 사정 하에서 동일한 내용의 행위를 하여서는 아니 되는 의무를 부과하는 것에 그치고, 적극적인 재처분 의무나 결과제거 의무를 포함하는 것은 아니"라고 하였다.

법정의견인 기각 의견을 개진한 1인 재판관은 "피청구인은 헌법재판소가 그 결정에서 명시한 위헌·위법성을 제거할 헌법상의 의무를 부담"하나, "입법절차상의 하자에 대한 종전 권한침해확인결정이 갖는 기속력의 본래적 효력은 피청구인의 이 사건 각 법률안 가결선포행위가 청구인들의 법률안 심의·표결권을 위헌·위법하게 침해하였음을 확인하는 데 그친다. 그 결정의 기속력에 의하여 법률안 가결선포행위에 내재하는 위헌·위법성을 어떤 방법으로 제거할 것인지는 전적으로 국회의 자율에 맡겨져 있다. 따라서 헌법재판소가 '권한의 존부 또는 범위'의 확인을 넘어 그 구체적 실현방법까지 임의로 선택하여 가결선포행위의 효력을 무효확인 또는 취소하거나 부작위의 위법을 확인하는 등 기속력의 구체적 실현을 직접 도모할 수는 없다"고 하였다.

인용의견을 개진한 4인 재판관은 헌법재판소의 권한침해 확인결정의 기속력은 침해된 권한의 회복의무까지 포함한다고 하였다.

피청구인의 처분을 취소하는 결정은 그 처분의 상대방에 대하여 이미 생긴 효력에 영향을 미치지 아니한다(제67조 제2항). 즉 처분취소결정의 소급효는 제3자에 대한 관계에서는 제한된다. 이것은 제3자의 법적 지위 보호와 법적 안정성을 위한 것이다. 따라서 제3자의 법적 지위에 영향이 없는 경우, 즉 처분의 상대방이 청구인인 경우에는 이 조항의 적용이 없다. 위에서 살펴본 2004헌라2 사건의 경우, 피청구인인 진해시가 한 점용료부과처분은 취소되었으므로 효력이 없으나, 이미 생긴 효력, 즉 위 부과에 따른 점용료납부는 적법, 정당한 납부가 된다. 청구인인 부산시와의 관계에서 부당이득반환의 문제가 생길 따름이다.

4. 이른바 부수적 규범통제

앞서 살펴본 바와 같이 헌법재판소권한침해의 원인이 된 행위는 법률 자체가 아니고 법률의 제정이나 개정행위이다. 그러나 법률의 개정행위를 무효로 선언하는 것과 별개로 헌법소원제도에서 인정되는 이른바 헌법소원심판 시 부수적 규범통제(헌법재판소법 제75조 제5항은 공권력의 행사 또는 불행사가 위헌인 법률 또는 법률조항에 기인한 것이라고 인정될 때에는 해당 법률 또는 법률조항을 위헌으로 선언할 수 있다고 규정하고 있다)를 유추적용할 수 있다는 견해가 있다. 권한쟁의심판에서의 부수적 규범통제는 제61조 제2항이 권한쟁의심판의 대상을 법률상 권한분쟁으로 확대하고 있다는 이유를 든다. 우선 판례를 살펴보자.

(판 례) 권한쟁의심판에서의 부수적 규범통제

(2) 이 사건 관련규정이 지방자치권의 본질을 침해하는지 여부

(……) 헌법재판소는 법령에 의하여 지방자치권의 본질이 침해되었는지 여부가 문제된 사안에서"헌법상 자치권의 범위는 법령에 의하여 형성되고 제한되며, 다만 법령에 의하여 이를 제한하는 것이 가능하다고 하더라도 그 제한이 불합리하여 자치권의 본질을 훼손하는 정도에 이른다면 이는 헌법에 위반된다."(헌재 2002. 10. 31. 2002헌라2, 판례집 14-2, 378, 386-387 참조), "지방자치단체의 존재 자체를 부인하거나 각종 권한을 말살하는 것과 같이 그 본질적 내용을 침해하지 않는 한 법률에 의한 통제는 가능하다"(헌재 2001. 11. 29. 2000헌바78, 판례집 13-2, 646, 657-658)고 판시하고 있다.

이러한 논의를 바탕으로 이 사건 관련규정(지방자치단체의 자치사무에 대한 합목적성 감사의 근거가 되는 감사원법 제24조 제1항 제2호 등; 글쓴이)에 의한 지방자치권의 제한이 과연 자치권의 본질을 훼손하는 정도로 불합리한 것인지에 관하여 살펴본다. (……)

이 사건 관련규정이 지방자치단체의 고유한 권한을 유명무실하게 할 정도로 지나친 제한을 함으로써 지방자치권의 본질적 내용을 침해하였다고는 볼 수 없다.

헌재 2008. 5. 29. 2005헌라3, 판례집 20-1하, 41, 50-51

위 결정의 주문은 "청구를 기각한다"인데, 청구인의 주장 요지를 보면 "헌법에서 지방자치단체에게 부여한 권한을 침해하는 법률이므로 위헌"이 명시되어

있으므로(위 판례집 56), 겉으로 보기에는 헌법재판소가 권한쟁의심판에서 부수적 규범통제로 위헌법률심판권을 행사한 것으로 볼 수 있다.

권한쟁의심판의 대상에 법률상의 분쟁을 포함시킨 이상, 권한침해의 원인이 된 법률(규정)의 위헌여부를 심사하는 것은 불가피하다는 견해가 우세한 것으로 보인다. 이들 견해도 권한쟁의심판에서의 부수적 규범통제의 정족수는 재판관 6인 이상의 찬성을 요한다고 한다. 그러나 헌법재판소법이 법률의 위헌선언을 할 수 있는 경우를 명시하고 있는 이상, 법률 규정 없는 권한쟁의심판에서의 부수적 규범통제는 권력분립원칙에도 반하고 헌법이나 법률의 문의(文意)를 넘는 해석으로 보아야 한다. 나아가 부수적 규범통제에 따른 위헌결정의 기속력 등에 관하여는 아무런 규정이 없으므로 이러한 위헌결정에 반하는 다른 국가기관의 행위를 제어할 수도 없다.[12]

한편, 날치기 통과와 관련하여 국회의장의 법률안가결선포행위가 무효로 선언되어 결과적으로 해당 법률이 무효가 되는 결과가 된다고 하더라도 이 경우는 일반 정족수(7명 이상의 재판관 출석과 출석재판관 과반수의 찬성)로 무효선언이 가능하다. 법률의 내용을 심사하여 위헌이라 선언하는 것이 아니라 법률제정과정이 무효라는 것이므로 국회는 언제든지 합헌적이고 합법적인 절차를 거쳐 같은 내용의 법률안을 통과시키면 되기 때문이다.

법률의 내용이 아니라 법률제정(개정)행위가 권한쟁의심판의 대상이 되는 경우(가령 2005헌라7), 국회의 법률제정(개정)행위가 청구인의 권한을 침해하였다고 확인하면서 무효를 선언한다면, 사실상 해당법률을 위헌으로 선언한 것이나 마찬가지의 결과가 된다. 이때도 특별한 정족수 조항이 없으므로 7인 이상의 출석과 출석 과반수의 찬성으로 권한침해 및 무효선언을 결정할 것이므로 향후 법개정이 필요하다고 본다.[13]

앞서 잠시 언급한 바와 같이 법관이 자신의 양형결정권 침해를 이유로 '국회의 법률 제정·개정행위'를 대상으로 하여 권한쟁의심판을 청구하는 경우에도 마찬가지이다. 이때는 무효로 선언된 법조항을 본안사건에서 적용할 수 없기 때문에 그 파장은 더욱 크다.

제 6 장

탄핵심판절차

Ⅰ. 서   언

탄핵(impeachment)제도는 일반 사법절차나 징계절차로 법적 책임을 묻기 어려운 고위공직자가 위법행위를 한 때에 그 공직자를 공직에서 파면시키는 제도이다. 따라서 탄핵심판절차는 행정부와 사법부의 고위공직자에 의한 헌법침해로부터 헌법을 수호하고 유지하기 위한 제도이다.

탄핵제도는 14세기 영국에서 기원한 것으로 알려져 있다. 성문법으로는 미국 헌법에 처음으로 규정되었다. 탄핵소추기관이나 탄핵심판기관 등 제도의 세세한 내용은 나라에 따라 차이가 있다. 미국 헌법에서는 하원이 탄핵소추를 하고, 상원이 탄핵심판을 한다.

우리 헌법은 제헌헌법 이래 탄핵제도를 존속시켜오고 있다. 현행 헌법은 소추권은 국회에(제65조), 심판권은 헌법재판소에 부여하고 있다(제111조 제1항 제2호). 소추는 정치기관인 국회가, 심판은 사법기관인 헌법재판소가 한다는 점에서 우리나라의 탄핵제도는 정치적 사법(司法)에 해당한다고 볼 수 있다. 탄핵결정의 효과는 공직에서 파면하는 데 그치므로(제65조 제4항), 현행 탄핵제도는 징계 제재의 성격을 지닌다.

고위공직자 중, 특히 국무총리·국무위원에 대해서는 국회의 해임건의권이 인정되는데, 해임건의권은 정치 책임까지 물을 수 있는 반면 법적 구속력이 없다. 이에 비해 탄핵은 법적 책임을 묻는 제도이며 탄핵에 대해 법적 구속력이 인정되는 점에 차이가 있다. 다만 해임건의와 탄핵소추의 의결정족수가 '국회재적의원 3분의 1 이상의 발의와 국회재적의원 과반수의 찬성'으로 동일한 점에 문제가 있다(헌법 제63조 제2항, 헌법 제65조 제1항).

탄핵규정의 연혁을 살펴보면 탄핵사유로 '그 직무집행에 있어서 헌법이나 법률을 위반한 때'를 규정하고 있다는 점에 변함이 없다. 제헌헌법과 제2공화국 헌법은 '그 직무수행에 관하여'라는 문구를 사용한 극히 사소한 차이만 있을 따름이다. 즉 우리 헌법은 탄핵사유를 정치책임이 아닌 법적 책임에 한정하였다.

탄핵대상자는 각 헌법의 통치구조 특색에 따라 변화를 보였다. 가령 제헌헌법은 '대통령, 부통령, 국무총리, 국무위원, 심계원장(審計院長), 기타 법률이 정하는 공무원'이었다. 제2공화국 헌법은 '대통령, 헌법재판소심판관, 법관, 중앙선거위원회위원, 심계원장, 기타 법률이 정하는 공무원'이었다. 제2공화국은 의원내각제를 채택하였으므로 국회의원인 총리와 장관 등은 탄핵대상에서 제외되었다. 제3공화국 헌법은 '대통령, 국무총리, 국무위원, 행정각부의 장, 법관, 중앙선거관리위원회위원, 감사위원, 기타 법률이 정한 공무원'이었다. 제4·5공화국 헌법은 '헌법위원회위원'이 추가되었다. 현행 헌법은 헌법위원회위원이 헌법재판소재판관으로 바뀐 외에, 감사위원과 별도로 감사원장을 명시하였다.

실제 탄핵사건으로 1985. 10. 대법원장에 대한 탄핵소추안이 발의된 후 국회에서 부결된 사례가 있다. 그 후 검찰총장 등에 대해 탄핵소추안이 발의되어 폐기되거나 부결된 사례가 있다. 2004. 3. 12. 노무현 대통령에 대한 탄핵소추안이 국회 재적의원 271인 중 193인의 찬성으로 가결되었고, 5. 14. 헌법재판소는 탄핵심판청구를 기각하였다(헌재 2004. 5. 14. 2004헌나1). 2016. 12. 9. 박근혜 대통령에 대한 탄핵소추안이 국회 재적의원 300인 중 234인의 찬성으로 가결되었고, 2017. 3. 10. 재판관 전원(8인)의 찬성으로 인용되어, 박근혜 대통령은 파면되었다(헌재 2017. 3. 10. 2016헌나1).

Ⅱ. 탄핵소추

1. 탄핵대상자

탄핵소추대상자는 대통령·국무총리·국무위원·행정각부의 장·헌법재판소재판관·법관·중앙선거관리위원회 위원·감사원장·감사위원·기타 법률이 정한 공무원이다(헌법 제65조 제1항).

'기타 법률이 정한 공무원'에 해당하는 경우는 다음이 있다. 각급 선거관리위원회 위원(선거관리위원회법 제9조 제2호), 경찰청장(경찰법 제11조 제6항), 검사(검찰청법 제37조), 방송통신위원회 위원장('방송통신위원회의 설치 및 운영에 관한 법률' 제6조 제5항), 원자력안전위원회 위원장('원자력안전위원회의 설치 및 운영에 관한 법률' 제6조 제5항), 고위공직자범죄수사처의 처장·차장·수사처검사('고위공직자범죄수사처 설치 및 운영에 관한 법률' 제14조), '특별검사 및 특별검사보'('특별검사의 임명 등에 관한 법률' 제16조).[1]

탄핵대상과 관련하여 문제되는 몇 가지를 살펴보기로 한다.

첫째, 국회의원직을 보유하고 있는 국무위원이나 행정각부의 장의 경우. 이 경우 그 직무집행의 위헌·위법성을 따질 때에는 국무위원이나 장관으로서 행한 직무에 한정된다. 국회의원의 면책특권과 관련하여서도 당연하다고 하여야 한다. 탄핵의 효과도 국무위원이나 장관의 직으로부터 파면함에 그치고, 국회의원직은 박탈할 수 없다.

둘째, 군사법원의 군판사나 군검찰관은 탄핵의 대상이 되는 법관이나 검사가 아니다.

셋째, 헌법재판소 재판관의 경우는 다른 측면에서 문제점이 있다. 우선 자기 사건을 자기가 심판할 수 있는가의 문제이다. 탄핵소추의결이 된 재판관은 당해 탄핵심판에서 제척되어 나머지 재판관들로 구성되는 재판부에서 심판하여야 한다는 견해와 명문 규정에도 불구하고 헌법재판소 재판관에 대한 탄핵소추 자체가 불가능하다는 견해가 있다. 헌법 규정이 헌법재판관도 탄핵대상이라고 명시하고 있는 이상 앞 견해가 타당하다고 생각된다. 나아가 재판관 3인에 대하여 동시 또는 순차로 탄핵소추가 가능한가의 문제이다. 탄핵소추가 의결되면 그 대상자는 권한이 정지된다(제50조). 헌법재판소는 재판관 7인 이상의 출석으로 사건을 심리하는데, 헌법재판소 재판관 3인에 대하여 탄핵소추가 의결되면 헌법재판소는 당해 탄핵사건뿐만 아니라 모든 사건의 심리를 할 수 없는 상태가 된다. 이러한 모순에 대하여 헌법재판소 재판관 3인에 대하여는 탄핵이 불가능하다는 견해가 설득력을 얻고 있다. 입법론으로는 헌법재판소 재판관에 대한 탄핵만을 담당하는 비상설 특별기구를 설치하거나 예비재판관 제도를 두는 방안을 고려할 수 있다.

2. 탄핵소추사유

탄핵소추사유는 '그 직무집행에 있어서 헌법이나 법률에 위반한 때'이다(헌법 제65조 제1항). 정치 무능력이나 정책결정상의 잘못 등은 탄핵소추사유가 되지 않는다.

(판 례) 탄핵소추사유(정치적 이유 배제)

　비록 대통령의 '성실한 직책수행의무'는 헌법적 의무에 해당하나, '헌법을 수호해야 할 의무'와는 달리, 규범적으로 그 이행이 관철될 수 있는 성격의 의무가 아니므로, 원칙적으로 사법적 판단의 대상이 될 수 없다고 할 것이다. 대통령이 임기 중 성실하게 의무를 이행했는지의 여부는 주기적으로 돌아오는 다음 선거에서 국민의 심판의 대상이 될 수 있을 것이다. 그러나 대통령 단임제를 채택한 현행 헌법 하에서는 대통령은 법적으로 뿐만 아니라 정치적으로도 국민에 대하여 직접적으로는 책임을 질 방법이 없고, 다만 대통령의 성실한 직책수행의 여부가 간접적으로 그가 소속된 여당에 대하여 정치적인 반사적 이익 또는 불이익을 가져다 줄 수 있을 뿐이다.

　헌법 제65조 제1항은 탄핵사유를 '헌법이나 법률에 위배한 때'로 제한하고 있고, 헌법재판소의 탄핵심판절차는 법적인 관점에서 단지 탄핵사유의 존부만을 판단하는 것이므로, 이 사건에서 청구인이 주장하는 바와 같은 정치적 무능력이나 정책결정상의 잘못 등 직책수행의 성실성여부는 그 자체로서 소추사유가 될 수 없어, 탄핵심판절차의 판단대상이 되지 아니한다.

　　　　　　　　　　　　　헌재 2004. 5. 14. 2004헌나1, 판례집 16-1, 609, 653-654

반면, '공무원은 국민 전체에 대한 봉사자'라고 규정한 헌법 제7조 제1항, '헌법을 준수하고 국민의 복리증진에 노력하여야 한다'는 대통령 취임 선서로부터 도출되는 공익실현의무를 규정한 헌법 제69조, '국민의 기본권 보호의무'를 규정하고 있는 헌법 제10조는 탄핵사유가 되는 '헌법'에 해당한다(헌재 2017. 3. 10. 2016헌나1).

주의할 점이 있다. 헌법재판소는 노무현 대통령 탄핵 사건에서는 헌법수호(혹은 준수)의무가 마치 단독으로 탄핵사유가 된다는 취지의 판시를 하였다. 그러나 박근혜 대통령 탄핵사건에서는 "헌법준수의무를 탄핵사유로 하는 것은 '헌법준수의무를 위반하였기 때문에 헌법을 위반하였다'는 논리적 동어반복"이라는 비판을 받아들여 '국민 전체에 대한 봉사자 규정'과 결합하여 탄핵사유로 인정하였다는 점이다.

관습헌법이 탄핵사유가 되는 헌법에 포함되는지가 문제된다. 헌법재판소가 관습헌법을 인정하고 있음은 앞서 살펴본 바와 같다. 헌법재판소는 관습헌법이나 일반적으로 승인된 국제법규도 탄핵사유가 되는 헌법에 해당한다고 한다.

(판 례) 탄핵소추사유('헌법과 법률'의 의미)

　　헌법은 탄핵사유를 "헌법이나 법률에 위배한 때"로 규정하고 있는데, '헌법'에는 명문의 헌법규정뿐만 아니라 헌법재판소의 결정에 의하여 형성되어 확립된 불문헌법도 포함된다. '법률'이란 단지 형식적 의미의 법률 및 그와 등등한 효력을 가지는 국제조약, 일반적으로 승인된 국제법규 등을 의미한다.

　　　　　　　　　　　헌재 2004. 5. 14. 2004헌나1, 판례집 16-1, 609, 633

위 헌법재판소 결정에 대하여는 찬반론이 갈린다. 우선 '헌법재판소 결정에 의하여 확립된 불문헌법'이 도대체 무엇인지 의문이다. 헌법상의 원리를 말하는 것인가? 위 결정으로부터 약 5개월 후에 선고된 수도이전을 못하도록 결정한 사건에서 등장한 '관습헌법'을 의미한다고 볼 수밖에 없다. 관습헌법 자체를 인정할 수 없고, 인정한다고 하더라도 규범통제에서 달리 공직자 개인에 대한 책임추궁의 성격을 갖는 탄핵심판에서 그 실체가 불명확한 관습헌법에 위반되는 행위를 하였다는 이유로 파면하는 것은 법치주의원리에 반한다고 하여야 한다.[2]

일반적으로 승인된 국제법규에 대하여도 마찬가지 비판이 가능하다. 그 개념 자체에 대한 상세한 논의는 미루고, 이에 해당하는 것으로 논의되는 것 중 우선 국제관습법은 위와 같은 이유로 탄핵사유가 되는 헌법이나 법률에 해당하지 않는다고 보아야 한다. 일반적으로 승인된 국제법규를 우리나라가 가입하지 않았지만 대다수의 국가가 가입한 조약으로 보는 견해는 탄핵사유와 관련하여서는 더더욱 설득력을 잃는다. 일단 조약의 탈퇴는 주권국가의 자유라는 점에는 이의가 없는데, 대다수 국가가 가입한 조약에서 탈퇴하게 되면 자동으로 일반적으로 승인된 국제법규 위반이 되고, 탄핵되는 아이러니가 발생한다. 대다수의 국가가 가입한 조약에 국익을 이유로 가입하지 않거나 탈퇴하는 강대국의 정치현실에 비추어 보더라도 그러하다.

'직무집행'이란 직무에 수반되는 모든 행위를 포함한다. 시간 범위에 관하여는 논의가 있다. 헌법이 탄핵사유로 '공무원이 …… 그 직무집행'이라고 규정하고 있기 때문에 현직에서의 직무집행만에 한정되고, 전직(前職)에서의 직무집행은 포함하지 않는다는 견해가 있다. 그러나 전직도 탄핵대상 직위인 경우에는 이에 해당한다고 하여야 한다. 탄핵결정의 효과는 '그 공직'에서 파면이 아니라 '공직'에서 파면이기 때문에 탄핵대상이 되는 전직에서의 위헌·위법행위로 인하여 현직에서 파면되는 것도 가능하다고 해석할 수밖에 없다. 오히려 '공무원의 그 직무집행'이라고 규정하였으므로 전직이 탄핵대상 직위인 경우까지 포함한다는 것을 명확히 하였다고 해석하는 것이 타당하다. 전직에서 헌법이나 법률에 위반한 자를 현직으로 직무를 수행하게 한다는 것은 헌법수호라는 탄핵제도의 취지에 맞지 않기 때문이다. 다만 현직이 대통령인 경우에는 같은 논리가 적용되지 않는다는 견해도 있다. 취임의 정당성의 근거 및 탄핵소추 발의나 의결의 정족수도 다르다는 이유를 드나, 이러한 이유가 대통령에게만 예외를 인정한 정당한 근거가 되는지는 의문이다.

(판 례) 탄핵소추사유('직무집행'의 의미)

'직무집행에 있어서'의 '직무'란, 법제상 소관 직무에 속하는 고유 업무 및 통념상 이와 관련된 업무를 말한다. 따라서 직무상의 행위란, 법령·조례 또는 행정관행·관례에 의하여 그 지위의 성질상 필요로 하거나 수반되는 모든 행위나 활동을 의미한다. 이에 따라 대통령의 직무상 행위는 법령에 근거한 행위뿐만 아니라, '대통령의 지위에서 국정수행과 관련하여 행하는 모든 행위'를 포괄하는 개념으로서, 예컨대 각종 단체·산업현장 등 방문행위, 준공식·공식만찬 등 각종 행사에 참석하는 행위, 대통령이 국민의 이해를 구하고 국가정책을 효율적으로 수행하기 위하여 방송에 출연하여 정부의 정책을 설명하는 행위, 기자회견에 응하는 행위 등을 모두 포함한다.

헌재 2004. 5. 14. 2004헌나1, 판례집 16-1, 609, 633

(판 례) 탄핵소유사유('직무집행'의 시간 범위)

헌법 제65조 제1항은 '대통령…이 그 직무집행에 있어서'라고 하여, 탄핵사유의 요건을 '직무' 집행으로 한정하고 있으므로, 위 규정의 해석상 대통령의 직위를 보유하고 있는 상태에서 범한 법위반행위만이 소추사유가 될 수 있다고 보아야 한다. 따라서 당선 후 취임 시까지의 기간에 이루어진 대통령의 행위도 소추사유가 될 수 없다. 비록 이 시기 동안 대통령직인수에관한법률에 따라 법적 신분이 '대통령당선자'로 인정되어 대통령직의 인수에 필요한 준비작업을 할 수 있는 권한을 가지게 되나, 이러한 대통령당선자의 지위와 권한은 대통령의 직무와는 근본적인 차이가 있고, 이 시기 동안의 불법정치자금 수수 등의 위법행위는 형사소추의 대상이 되므로, 헌법상 탄핵사유에 대한 해석을 달리할 근거가 없다.

헌재 2004. 5. 14. 2004헌나1, 판례집 16-1, 609, 651-652

(판 례) 탄핵소추사유('중대한' 법 위반)

가. 헌법재판소법 제53조 제1항의 해석

헌법은 제65조 제4항에서 "탄핵결정은 공직으로부터 파면함에 그친다."고 규정하고, 헌법재판소법은 제53조 제1항에서 "탄핵심판청구가 이유 있는 때에는 헌법재판소는 피청구인을 당해 공직에서 파면하는 결정을 선고한다."고 규정하고 있는데, 여기서 '탄핵심판청구가 이유 있는 때'를 어떻게 해석할 것인지의 문제가 발생한다.

헌법재판소법 제53조 제1항은 헌법 제65조 제1항의 탄핵사유가 인정되는 모든 경우에 자동적으로 파면결정을 하도록 규정하고 있는 것으로 문리적으로 해석할 수 있으나, 이러한 해석에 의하면 피청구인의 법위반행위가 확인되는 경우 법위반의 경중을 가리지 아니하고 헌법재판소가 파면결정을 해야 하는바, 직무행위로 인한 모든 사소한 법위반을 이유로 파면을 해야 한다면, 이는 피청구인의 책임에 상응하는 헌법적 징벌의 요청 즉, 법익형량의 원칙에 위반된다. 따라서 헌법재판소법 제53조 제1항의 '탄핵심판청구가 이유 있는 때'란, 모든 법위반의 경우가 아니라, 단지 공직자의 파면을 정당화할 정도로 '중대한' 법위반의 경우를 말한다.

나. '법위반의 중대성'에 관한 판단 기준

(1) '법위반이 중대한지' 또는 '파면이 정당화되는지'의 여부는 그 자체로서 인식될 수 없는 것이므로, 결국 파면결정을 할 것인지의 여부는 공직자의 '법위반 행위의 중대성'과 '파면결정으로 인한 효과' 사이의 법익형량을 통하여 결정된다고 할 것이다. 그런데 탄핵심판절차가 헌법의 수호와 유지를 그 본질로 하고 있다는 점에서, '법위반의 중대성'이란 '헌법질서의 수호의 관점에서의 중대성'을 의미하는 것이다. 따라서 한편으로는 '법위반이 어느 정도로 헌법질서에 부정적 영향이나 해악을 미치는지의 관점'과 다른 한편으로는 '피청구인을 파면하는 경우 초래되는 효과'를 서로 형량하여 탄핵심판청구가 이유 있는지의 여부 즉, 파면여부를 결정해야 한다.

헌재 2004. 5. 14. 2004헌나1, 판례집 16-1, 609, 654-655

헌법재판소 설시(說示)를 보면 탄핵소추사유와 탄핵심판사유를 분리하고 있는 듯하다. 해석론상으로는 탄핵소추사유도 심판사유(결정이유)와 마찬가지로 국민의

신임을 저버려 파면을 정당화할 정도의 중대한 법위반이 있는 경우에 한정하여
야 한다는 견해도 있다. 그러나 탄핵제도, 최소한 탄핵소추의 본질은 '정치'이기
때문에, 소추기관인 국회가 '중대한 법 위반'을 정치논리로 재단하더라도 이를
막을 방법도 없다. 차후 선거에서 심판할 수 있을 뿐, 탄핵소추사유를 엄격히 해
석할 필요는 없다.

　미국 헌법은 탄핵소추사유를 우리 헌법보다 훨씬 상세하게 규정하고 있다. 미
국 헌법 제2조 제4항은 탄핵소추사유로 ' …… 기타 중한 범죄와 misdemeanor'
를 들고 있는데, 'misdemeanor'를 경범죄로 해석하는 견해와 비행(非行)으로 해
석하는 견해가 나뉜다. 전자는 탄핵사유를 엄격한 법적 의미로 한정하고, 후자는
정치 사유도 포함한다고 해석한다. 실제 탄핵사례에서도 제도의 역사적 배경과
취지를 중시하여 위 규정을 탄력있게 해석하고 있다. 닉슨 대통령과 클린턴 대
통령에 대한 탄핵사건에서도 하원 법사위원회는 '중한 범죄와 경죄'의 엄격한 정
의를 시도하지 않았다. 논란을 피하기 위하여 실제 탄핵사유로 명시된 것은 닉
슨이 '사법방해', 클린턴이 '위증 및 사법방해'였다. 실제는 전자가 권력남용(도
청), 후자가 성추문이었다. 2020년의 트럼프 대통령에 대한 탄핵소추안은 하원
법사위를 통과하였지만 본회의에서 부결되었다. 소추사유는 '권력남용과 의회방
해(abuse of power and obstruction of Congress)'였다. 탄핵사유를 엄격한 법위반에
한정하지 않음을 명확하게 보여주었다고 하지 않을 수 없다. 탄핵제도를 헌법에
처음 규정한 미국도 하원이 소추기관, 상원이 심판기관이다. 탄핵은 정치싸움이
라는 것이다. 심판장을 대법원장이 맡을 따름이다.

　우리나라는 어떠한가. 미국의 경우와 달리 우리 헌법은 명백히 헌법이나 법
률을 위반한 때를 탄핵소추사유로 규정하고 있으므로 '정치 사유'로는 탄핵소추
할 수 없다고 보는 견해가 우세하다. 그러나 국회는 정치책임만 질 뿐이므로 탄
핵사유를 법위반으로 한정할 필요도 없고, 한정할 수도 없다. 헌법재판소가 기
각 또는 각하할 것을 각오할 수 있다. 또한 추상 법규범은 얼마든지 재단할 수
있다.

　그런데 현실을 똑바로 보면 지금까지의 논의는 책상에서의 그것에 그쳤거나
일부러 덮어두었다고 볼 수밖에 없다. 우리 헌법재판소는 노무현 대통령 탄핵심
판에서 비례의 원칙을 적용하여 기각결정하였지만, 법위반으로 인정한 내용을
살펴보면 사실상 법 위반이 아닌 '정치 사유'를 판단하였다. 소추사유 가운데 선
거에서의 정치적 중립의무 위반, 재신임 국민투표를 제안한 헌법위반 등이 인정

되었다. 이것이 법규범 판단인지 정치판단인지는 독자가 판단하리라 생각한다. 아래의 결정요지를 읽어보면 그 판단이 훨씬 쉬울 것이다.

> **(판 례)** 탄핵소추사유(법개정에 대한 의견 피력)
>
> 　　대통령이 현행법을 '관권선거시대의 유물'로 폄하하고 법률의 합헌성과 정당성에 대하여 대통령의 지위에서 공개적으로 의문을 제기하는 것은 헌법과 법률을 준수해야 할 의무와 부합하지 않는다. 물론, 대통령도 정치인으로서 **현행 법률의 개선 방향에 관한 입장과 소신을 피력할 수는 있으나, 어떠한 상황에서, 어떠한 연관관계에서 법률의 개정에 관하여 논의하는가 하는 것은 매우 중요하며**(글쓴이 강조),[3] 이 사건의 경우와 같이, 대통령이 선거법위반행위로 말미암아 중앙선거관리위원회로부터 경고를 받는 상황에서 그에 대한 반응으로서 현행 선거법을 폄하하는 발언을 하는 것은 법률을 존중하는 태도라고 볼 수 없는 것이다.
>
> 　　모든 공직자의 모범이 되어야 하는 대통령의 이러한 언행은 법률을 존중하고 준수해야 하는 다른 공직자의 의식에 중대한 영향을 미치고, 나아가 국민 전반의 준법정신을 저해하는 효과를 가져오는 등 법치국가의 실현에 있어서 매우 부정적인 영향을 미칠 수 있다. 결론적으로, 대통령이 국민 앞에서 현행법의 정당성과 규범력을 문제삼는 행위는 법치국가의 정신에 반하는 것이자, 헌법을 수호해야 할 의무를 위반한 것이다.
>
> 　　　　　　　　　　　　헌재 2004. 5. 14. 2004헌나1, 판례집 16-1, 609, 613

3. 탄핵소추절차 (발의와 의결)

　탄핵소추는 국회가 한다. 대통령에 대한 탄핵소추는 국회 재적의원 과반수의 발의와 재적의원 3분의 2 이상의 찬성으로 의결한다. 그 외의 경우에는 재적의원 3분의 1 이상의 발의와 재적의원 과반수의 찬성으로 의결한다(헌법 제65조 제2항).

　탄핵소추의 절차는 국회법에서 규정하고 있다. ① 탄핵소추의 발의가 있은 때에는 의장은 발의된 후 처음 개의하는 본회의에 보고하고, 본회의는 의결로 법제사법위원회에 회부하여 조사하게 할 수 있다. 본회의가 법제사법위원회에 회부하기로 의결하지 아니한 때에는 본회의에 보고된 때로부터 24시간 이후 72시간 이내에 탄핵소추의 여부를 무기명투표로 표결한다. 이 기간 내에 표결하지 아니한 때에는 그 탄핵소추안은 폐기된 것으로 본다(국회법 제130조). ② 본회의의 탄핵소추 의결은 피소추자의 성명·직위 및 탄핵소추의 사유를 표기한 문서로 하여야 한다(국회법 제133조).

(판 례) 탄핵소추절차(소추사유의 특정)

피청구인은, 탄핵심판절차에서도 공소사실 특정에 관한 형사소송법 제254조 제4항이 준용되므로 소추사유에 해당하는 사실을 구체적으로 특정하여야 하는데, 소추의결서에 기재된 소추사실은 그 일시·장소·방법·행위태양 등이 특정되어 있지 않은 채 추상적으로 기재되어 있으므로 부적법하다고 주장한다.

탄핵심판은 고위공직자가 권한을 남용하여 헌법이나 법률을 위반하는 경우 그 권한을 박탈함으로써 헌법질서를 지키는 헌법재판이고(헌재 2004. 5. 14. 2004헌나1), 탄핵결정은 대상자를 공직으로부터 파면함에 그치고 형사상 책임을 면제하지 아니한다(헌법 제65조 제4항)는 점에서 탄핵심판절차는 형사절차나 일반 징계절차와는 성격을 달리 한다. 헌법 제65조 제1항이 정하고 있는 탄핵소추사유는 '공무원이 그 직무집행에 있어서 헌법이나 법률을 위배한' 사실이고, 여기에서 법률은 형사법에 한정되지 아니한다. 그런데 헌법은 물론 형사법이 아닌 법률의 규정이 형사법과 같은 구체성과 명확성을 가지지 않은 경우가 많으므로 탄핵소추사유를 형사소송법상 공소사실과 같이 특정하도록 요구할 수는 없고, 소추의결서에는 피청구인이 방어권을 행사할 수 있고 헌법재판소가 심판대상을 확정할 수 있을 정도로 사실관계를 구체적으로 기재하면 된다고 보아야 한다. 공무원 징계의 경우 징계사유의 특정은 그 대상이 되는 비위사실을 다른 사실과 구별될 정도로 기재하면 충분하므로(대법원 2005. 3. 24. 선고 2004두14380 판결), 탄핵소추사유도 그 대상 사실을 다른 사실과 명백하게 구분할 수 있을 정도의 구체적 사정이 기재되면 충분하다. 이 사건 소추의결서의 헌법 위배행위 부분은 사실관계를 중심으로 기재되어 있지 않아 소추사유가 분명하게 유형별로 구분되지 않은 측면이 없지 않지만, 소추사유로 기재된 사실관계는 법률 위배행위 부분과 함께 보면 다른 소추사유와 명백하게 구분할 수 있을 정도로 충분히 구체적으로 기재되어 있다.

헌법재판소는 변론준비기일에 양 당사자의 동의 아래 소추사유를 사실관계를 중심으로 ① 비선조직에 따른 인치주의로 국민주권주의와 법치국가원칙 등 위배, ② 대통령의 권한 남용, ③ 언론의 자유 침해, ④ 생명권 보호 의무 위반, ⑤ 뇌물수수 등 각종 형사법 위반의 5가지 유형으로 정리하였다. 그 뒤 변론절차에서 이와 같이 정리된 유형에 따라 청구인과 피청구인의 주장과 증거 제출이 이루어졌다. 청구인은 2017. 2. 1. 제10차 변론기일에 다른 유형과 사실관계가 중복되는 각종 형사법 위반 유형을 제외하고 ① 최○원 등 비선조직에 의한 국정농단에 따른 국민주권주의와 법치주의 위반, ② 대통령의 권한 남용, ③ 언론의 자유 침해, ④ 생명권 보호의무와 직책성실수행의무 위반 등 4가지 유형으로 소추사유를 다시 정리하였다. 그런데 피청구인은 청구인의 소추사유의 유형별 정리 자체에 대하여는 이의를 제기하지 아니한 채 변론을 진행하다가 2017. 2. 22. 제16차 변론기일에 이르러 이 사건 심판청구가 여러 가지 적법요건을 갖추지 못하였다고 주장하면서 소추사유가 특정되지 않았고 청구인의 소추사유 정리가 위법하다는 취지의 주장을 하기 시작하였다. 그러나 소추의결서에 소추사유의 구체적 사실관계가 기재되어 있어 소추사유를 확정하는 데 어려움이 없고, 이미 변론준비기일에 양 당사자가 소추사유의 유형별 정리에 합의하고 15차례에 걸쳐 변론을 진행해 온 점 등에 비추어 볼 때 소추사유가 특정되지 않았다는 피청구인의 주장은 받아들일 수 없다.

소추사유 중 공무상 비밀누설행위 부분은 소추의결서에 '복합 체육시설 추가대상지(안) 검토' 문건 등 공무상 비밀 내용을 담고 있는 문건 47건을 최○원에게 전달한 행위로 기재되어 있을 뿐 문건 47건의 구체적 내역을 구체적으로 특정하여 기재하지 않았다. 그러나 소추의결서에 증거자료로 첨부된 정○성에 대한 공소장 중 '정○성과 대통령이 공모하여 공무상 비밀을 누설한 범행' 부분에 문건 47건의 구체적 내역이 기재되어 있고, 청구인과 피청구인은 소추의결서에 기재된 문건 47건이 증거자료에 기재된 문건 47건과 같은 것임을 전제로 제15차 변론기일까지 변론을 진행해 왔으므로, 피청구인도 이 부분 소추사유에 대하여 충분히 방어권을 행사하였다. 또한, 청구인은 2017. 1. 13. 제출한 준비서면을 통해 이 문건 47건의 구체적 내역을 보완하기도 하였다. 그렇다면 소추의결서 자체에 문건 47건 목록을 첨부하지 않았다고 하여 이 부분 소추사유가 특정되지 않아 부적법하다고 볼 수도 없다.

피청구인은 이 사건 소추의결서에 따르면 탄핵사유의 내용과 그에 적용된 헌법 위반 또는 법률 위반 조항이 모두 복합적으로 나열되어 있어서 과연 각 소추사유가 무슨 법령 위반인지 특정할 수 없으므로 부적법하다고 주장한다.

헌법재판소는 원칙적으로 국회의 소추의결서에 기재된 소추사유에 의하여 구속을 받고, 소추의결서에 기재되지 아니한 소추사유를 판단의 대상으로 삼을 수 없다. 그러나 소추의결서에서 그 위반을 주장하는 '법규정의 판단'에 관하여 헌법재판소는 원칙적으로 구속을 받지 않으므로, 청구인이 그 위반을 주장한 법규정 외에 다른 관련 법규정에 근거하여 탄핵의 원인이 된 사실관계를 판단할 수 있다. 또 헌법재판소는 소추사유를 판단할 때 국회의 소추의결서에서 분류된 소추사유의 체계에 구속되지 않으므로, 소추사유를 어떤 연관관계에서 법적으로 고려할 것인가 하는 것은 전적으로 헌법재판소의 판단에 달려 있다(헌재 2004. 5. 14. 2004헌나1). 따라서 이 부분 피청구인의 주장도 받아들일 수 없다.

헌재 2017. 3. 10. 2016헌나1, 판례집 29-1, 1, 15-17

탄핵사유가 인정되더라도 탄핵소추를 의결할지 여부는 국회의 재량이다. 헌법 제65조 제1항이 "국회는 탄핵의 소추를 의결할 수 있다"고 규정하고 있기 때문이다. 따라서 국회의 탄핵소추의결의 부작위는 헌법소원의 대상이 되는 공권력의 불행사에 해당하지 아니한다(헌재 1996. 2. 29. 93헌마186).

헌법재판소 판례에 의하면 탄핵소추를 함에 있어서 법제사법위원회의 조사나 본회의에서의 토론을 반드시 거쳐야 하는 것은 아니다. 또한 소추사유별로 의결하여야 하는 것도 아니다. 나아가 탄핵소추절차에는 적법절차원칙이 적용되지 않는다.

(판 례) 탄핵소추절차(국회의 조사)

피청구인은 국회가 대통령에 대한 탄핵소추를 하려면 소추의 사유와 그 증거를 충분히 조사하여 헌법재판소가 즉시 탄핵심판의 당부를 판단할 수 있을 정도로 소추사유와 증거를 명백하게 밝혀야 한다고 주장한다. 물론, 국회가 탄핵소추를 하기 전에 소추사유에 관하여 충분한 조사를 하는 것이 바람직하나, 국회법 제130조 제1항에 의하면 "탄핵소추의 발의가 있은 때에는 …본회의는 의결로 법제사법위원회에 회부하여 조사하게 할 수 있다."고 하여, 조사의 여부를 국회의 재량으로 규정하고 있으므로, 이 사건에서 국회가 별도의 조사를 하지 않았다 하더라도 헌법이나 법률을 위반하였다고 할 수 없다.

헌재 2004. 5. 14. 2004헌나1, 판례집 16-1, 609, 629

(판 례) 탄핵소추절차(국회의 토론)

피청구인은, 이 사건 소추의결은 아무런 토론 없이 진행되었으므로 부적법하다고 주장한다.

탄핵소추의 중대성에 비추어 소추의결을 하기 전에 충분한 찬반토론을 거치는 것이 바람직하다. 그러나 국회법에 탄핵소추안에 대하여 표결 전에 반드시 토론을 거쳐야 한다는 명문 규정은 없다. 또 본회의에 상정된 안건에 대하여 토론하고자 하는 의원은 국회법 제106조에 따라 미리 찬성 또는 반대의 뜻을 의장에게 통지하고 얼마든지 토론할 수 있는데, 이 사건 소추의결 당시 토론을 희망한 의원이 없었기 때문에 탄핵소추안에 대한 제안 설명만 듣고 토론 없이 표결이 이루어졌을 뿐, 의장이 토론을 희망하는 의원이 있었는데도 고의로 토론을 못하게 하거나 방해한 사실은 없다. 따라서 피청구인의 이 부분 주장도 받아들일 수 없다.

헌재 2017. 3. 10. 2016헌나1, 판례집 29-1, 1, 17-18

(판 례) 탄핵소추절차(탄핵사유별로 의결하여야 하는지 여부)

피청구인은, 탄핵사유는 개별 사유별로 독립된 탄핵사유가 되는 것이므로 각각의 탄핵사유에 대하여 별도로 의결절차를 거쳐야 하는데, 국회가 여러 개 탄핵사유 전체에 대하여 일괄하여 의결한 것은 헌법에 위배된다고 주장한다.

탄핵소추안을 각 소추사유별로 나누어 발의할 것인지 아니면 여러 소추사유를 포함하여 하나의 안으로 발의할 것인지는 소추안을 발의하는 의원들의 자유로운 의사에 달린 것이다. 대통령이 헌법이나 법률을 위배한 사실이 여러 가지일 때 그 중 한 가지 사실만으로도 충분히 파면 결정을 받을 수 있다고 판단되면 그 한 가지 사유만으로 탄핵소추안을 발의할 수도 있고, 여러 가지 소추사유를 종합할 때 파면할 만하다고 판단되면 여러 가지 소추사유를 함께 묶어 하나의 탄핵소추안으로 발의할 수도 있다.

이 사건과 같이 국회 재적의원 과반수에 해당하는 171명의 의원이 여러 개 탄핵사유가 포함된 하나의 탄핵소추안을 마련한 다음 이를 발의하고 안건 수정 없이 그대로 본회의에 상정된 경우에는 그 탄핵소추안에 대하여 찬반 표결을 하게 된다. 그리고 본회의에 상정된 의안에 대하여 표결절차에 들어갈 때 국회의장에게는 '표결할 안건의 제목을 선포'할 권한만 있는 것이지(국회법 제110조 제1항), 직권으로 이 사건 탄핵소추안에 포함된 개개 소추사유를 분리하여 여러 개의 탄핵소추안으로 만든 다음 이를 각각 표결에 부칠 수는 없다. 그러므로 이 부분 피청구인의 주장도 받아들일 수 없다.

헌재 2017. 3. 10. 2016헌나1, 판례집 29-1, 1, 18

(판 례) 탄핵소추절차(적법절차원칙이 적용되는지 여부)

피청구인은 국회가 탄핵소추를 의결하면서 피청구인에게 혐의사실을 알려주지 않고 의견 제출의 기회도 주지 않았으므로 적법절차원칙에 위반된다고 주장한다.

탄핵소추절차는 국회와 대통령이라는 헌법기관 사이의 문제이고, 국회의 탄핵소추의결에 따라 사인으로서 대통령 개인의 기본권이 침해되는 것이 아니며 국가기관으로서 대통령의 권한행사가 정지될 뿐이다. 따라서 국가기관이 국민에 대하여 공권력을 행사할 때 준수하여야 하는 법원칙으로 형성된 적법절차의 원칙을 국가기관에 대하여 헌법을 수호하고자 하는 탄핵소추절차에 직접 적용할 수 없다(헌재 2004. 5. 14. 2004헌나1). 그 밖에 이 사건 탄핵소추절차에서 피소추인이 의견 진술의 기회를 요청하였는데도 국회가 그 기회를 주지 않았다고 볼 사정이 없으므로, 피청구인의 이 부분 주장 역시 받아들일 수 없다.

헌재 2017. 3. 10. 2016헌나1, 판례집 29-1, 1, 18-19

탄핵소추절차가 국가기관에 대한 것이므로 적법절차원칙이 적용되지 않는다는 것은 받아들일 수 없다. 헌법재판소가 "탄핵소추의결이 대통령 개인의 기본권이 **침해되지 않는다**"고 한 이유부터가 의문이다. 개인의 공무담임권을 **제한**하는 것은 틀림없지만, 헌법이 규정하고 있기 때문에 침해 문제는 애초에 발생하지 않는다. 또한 헌법재판소는 탄핵심판 결정문의 당사자란에는 "피청구인 대통령 노무현"이라고 기재하였지만, 탄핵소추의결서에는 "피소추자 성명 : 노무현(盧武鉉), 직위 : 대통령"이라고 기재되어 있었다. 소추기관인 국회 스스로 노무현 개인을 대통령 직위에서 물러나게 하는 것이 탄핵임을 알고 있었다고 보아야 한다. 이와 달리 국가기관으로서의 대통령이 당사자가 되는 권한쟁의심판에서는 당사자란에 "피청구인 대통령"으로 기재하였다(헌재 2010. 6. 24. 2005헌라9등).

헌법재판소가 위와 같이 판단한 것은 노무현 대통령측에서 자신에게 적법절차의 가장 기본인 고지(notice)와 청문(hearing)이 없었다는 항변에 마땅히 대응할 논리가 없었기 때문이라고 생각된다.[4] 그러나 탄핵소추발의 및 의결이 실시간으로 보도되고, 노무현 대통령 측에서도 즉시 반발하는 등 사실상 고지와 청문이 주어졌다고 보아야 한다는 논리를 전개하였으면 탄핵소추절차가 국가기관을 상대로 한 것이라는 무리수를 두지 않았어도 되었다. 앞서 언급한 바와 같이 헌법재판소는 변호사강제주의가 적용되는, 개인이 당사자가 되는 헌법재판의 하나로 탄핵심판절차를 들었다.

주의할 점이 있다. 헌법재판소는 탄핵소추절차에만 적법절차가 적용되지 않는다고 하였지, 탄핵심판절차에 적법절차가 적용되지 않는다고 하지는 않았다.

4. 탄핵소추의 효과

탄핵소추 의결을 받은 자는 탄핵심판이 있을 때까지 그 권한행사가 정지된다(헌법 제65조 제3항, 헌법재판소법 제50조). 탄핵소추의결서가 헌법재판소·피소추자와 그 소속기관의 장에게 송달된 때에는 피소추자의 권한행사는 정지된다. 권한행사 정지 조항은 1960년 헌법에 처음 규정되었다. 제2공화국 헌법은 의원내각제를 채택하여 국정운영의 실권이 수상에게 있었기 때문에 대통령의 권한을 정지한다고 하더라도 큰 문제가 발생할 여지가 없었다고 판단하였기 때문이라 추측된다. 그러나 대통령중심제를 채택하고 있는 헌법 하에서 다른 공무원들과 똑같이 대통령에게도 권한행사 정지 조항이 적용되는 것은 민주적 정당성을 지니는 두 대표기관 중 국회에 힘을 더 싣는 것이기 때문에 대통령중심제 헌법과 조화되기 어렵다.

탄핵소추가 의결되면 임명권자는 피소추자의 사직원을 접수하거나 해임할 수 없다(국회법 제134조 제2항). 임명권자 없는 피소추자는 사임할 수 있는지가 문제된다. 우선 중앙선거관리위원회 위원 9인 중 3인은 대통령이 임명하지만, 3인은 국회가 선출하고, 또 다른 3인은 대법원장이 지명한다(헌법 제114조 제2항). 대통령의 임명권이 아예 규정되어 있지 않다. 엄격한 문리해석을 고집한다면 선출되고 지명된 중앙선거관리위원 6인은 탄핵소추의결 후 사임할 수 있다고 해석할수 있다. 반면 헌법재판관은 중앙선거관리위원회 위원과 같은 방식으로 선출하지만, 형식상으로는 모두 대통령이 임명하기 때문에(헌법 제111조 제2항, 제3항), 이러한 문제는 발생하지 않는다.

임명권자가 아예 없는 대통령은 사임할 수 있는지의 문제이다. 대통령이나위 6인의 중앙선거관리위원의 경우 모두 사임이 가능하고 그 결과 헌법재판소가파면결정을 할 수 없다면, 법 제54조 제2항이 규정하고 있는 파면결정 후 5년간의 공무원자격 박탈이라는 파면결정의 부수적 효과도 발생하지 않는다. 사임 후또 다른 공직에 취임하는 것도 가능하다는 결론이 나온다. 전직 대통령에 대한예우, 공무원들의 퇴직금 등 또 다른 문제들도 해결하여야 한다. 만일 사임을 인정하면 헌법수호를 본질로 하는 탄핵심판제도의 취지를 몰각시키는 결과가 될수 있다. 따라서 위 두 경우에는 사임할 수 없다고 하거나, 사임하더라도 여전히탄핵심판절차는 (진행할 수 있는 것이 아니라) 진행된다고 하여야 한다.

Ⅲ. 탄핵심판

1. 당 사 자

국회가 탄핵소추를 의결하였다고 하여 탄핵심판청구의 효과가 자동 발생하는것은 아니다. 탄핵소추의결과는 별도의 탄핵심판청구가 필요하다. 제49조는 소추위원이 소추의결서의 정본을 제출하여 그 심판을 청구하여야 한다고 규정하고있다. 즉 심판청구는 문서주의에 의한다. 그러나 제76조에 따라 전자접수 방법으로도 탄핵심판을 청구할 수 있다.

일반 민사나 행정사건에서 원고에 해당하는 탄핵심판의 청구인은 국회이다. 국회 법제사법위원회 위원장이 소추위원이 된다. 제2공화국 헌법재판소법은 국회에서 3인의 소추위원을 선출하도록 하였다.

탄핵심판의 피청구인(피소추자)은 사인(私人)인지, 그 직위 혹은 공적 직무수행자인지가 문제된다. 탄핵제도는 고위공직자의 권력행사에 대한 대의기관인 국회의 통제가 그 본질이므로 피청구인은 단순한 사인의 지위에 있는 것이 아니라는 견해도 있다. 이에 의하면 탄핵심판에는 변호사강제주의가 적용되지 않는다. 그러나 탄핵제도의 헌법수호기능은 어디까지나 제도 측면에서 살펴보는 것이고, 소송의 실질은 특정 사인이 특정 공직을 수행하지 못하도록 할지를 결정하는 것이기 때문에 피청구인은 사인으로 볼 수밖에 없다. 따라서 탄핵심판절차에서는 국가기관에 대하여는 적용되지 않는다고 하는 적법절차도 적용되고, 변호사강제주의 역시 적용된다.

헌법재판소는 결정문의 피청구인란에 '대통령 박근혜', '대통령 노무현'이라고 기재함으로써 '공직 수행자로서의 사인'으로 보고 있는 듯하다. 탄핵소추의결서에서 '성명 노무현, 직위 대통령'이라고 기재한 것과는 미묘하면서도 확실히 다르다.

(판 례) 사인(私人)이 당사자인 탄핵심판

헌법재판소법 제25조 제3항에 의한 변호사강제주의의 규정은 여러가지 헌법재판의 종류 가운데 사인이 당사자로 되는 심판청구인 탄핵심판청구와 헌법소원심판청구에 있어서 적용된다고 보아야 할 것인데, 이 규정에 의해 무자력자의 헌법재판을 받을 권리의 침해가능성은 탄핵심판청구에서라기 보다는 당사자 적격에 아무런 제한을 두고 있지 않은 헌법소원심판청구의 경우라고 할 것이다.

헌재 1990. 9. 3. 89헌마120,212, 판례집 2, 288, 295

2. 심판의 대상·확정·추가

탄핵심판의 대상(소송물)은 '피청구인을 파면할지 여부'이다. 파면할지 여부를 헌법재판소는 소추사유가 파면할 만큼 중대한 헌법 또는 법률 위반에 해당하는지로 해석한다. 이와 관련하여 소추사유가 여럿인 경우 중대한 법 위반에 해당하는지 여부를 어떻게 판단하여야 하는지 견해가 갈린다. 어느 한 사유만이라도 중대한 법위반에 해당하여야 하는지, 아니면 개별 사유는 중대한 법위반에 해당하지 않지만 사유들을 종합하면 중대한 법위반에 해당하면 족한지가 그것이다. 소추절차에서 개별 사유별로 의결이 반드시 필요하지 않다는 헌법재판소 입장에 따르면 심판할 때에도 여러 사유를 종합하여 중대한 법 위반에 해당하는지를 판단할 수 있다고 하겠다.

탄핵소추사유의 추가도 변론종결 전이라면 언제든지 가능하다. 이 때는 반드시 원 탄핵소추의 발의·의결과 동일한 절차와 방식을 거쳐야 한다. 이러한 절차나 방식을 거치지 않는 경우 국회가 특별결의 등의 형식을 빌렸다고 하더라도 이는 무효이다. 그러나 기존의 소추사유와 기본 사실관계의 동일성이 인정되는 범위 내에서는 형사소송법 제298조를 준용하여 소추위원이 소추사실을 추가할 수 있다. 이 때 별도의 국회 절차는 불필요하다고 해석된다. 적용법조를 변경하는 것도 마찬가지로 인정된다. 역시 기본 사실관계가 변함없음을 전제로 법 평가만을 달리하는 것이기 때문이다.

소추사유의 변경에는 원 소추의결과 동일한 방식, 절차가 적용됨은 당연하다.

3. 심판청구의 취하

탄핵심판에 제40조에 따라 민사소송법의 소의 취하(제266조)와 형사소송법의 공소의 취소(제255조) 규정이 준용된다. 따라서 탄핵심판에서도 심판청구의 취하는 가능하다. 탄핵소추를 의결할지 여부는 국회의 재량이므로 소추의 철회에 해당하는 심판청구의 취하 역시 국회의 재량이라고 할 것이다. 심판청구는 결정 선고 전까지만 할 수 있다. 이와 관련하여 몇 가지 논의가 있다.

① 취하권자가 누구인지이다. 우선 소추위원이 단독으로 취하할 수 없음은 자명하다. 청구인은 어디까지 국회이기 때문이다. 문제는 국회의 입법기 말에 탄핵소추가 의결된 경우 차기(次期) 국회가 이를 취하할 수 있는지 문제이다. 임기 만료의 경우에는 회기불계속원칙을 규정한 헌법 제51조 단서를 유추하면 차기 국회는 전기(前期) 국회의 탄핵소추를 취하할 수 없다고 볼 여지도 있다. 그러나 국회가 제정한 법률이 당해 입법기에만 효력이 있는 것이 아니기 때문에 국회의 연속성을 인정함에 부족함이 없다. 따라서 차기 국회는 전기 국회의 탄핵소추를 취하할 수 있다고 본다.

② 정족수의 문제이다. 국회의 일반 의결정족수로 탄핵소추취하가 가능하다는 견해, 탄핵소추의결보다는 낮은 단계, 가령 대통령의 경우 재적의원과반수의 찬성으로 족하다는 견해, 탄핵소추의결과 동일한 정족수가 필요하다는 견해가 나뉜다. 그러나 헌법이나 국회법에 별도의 명문 규정이 없는 이상 재적 과반수의 출석과 출석 과반수의 찬성이라는 일반 의결정족수로 족하다고 하여야 한다.

다만 탄핵소추취하는 이론상 소추에 대립하는 개념이기 때문에, 탄핵소추를 저지할 수 있는 최소의 선인 (대통령의 경우) 국회 재적의원 3분의 1을 초과하는 수의 찬성이 중첩하여 필요하다는 견해가 있을 수 있다. 재적의원 3분의 2 이상의 찬성이 있으면 탄핵소추가 의결되므로 재적의원 300명 기준으로 101명 이상의 의원이 찬성하여야만 심판청구취하(소추취하)의 의결이 인정된다는 것이다. 그러나 일반 의결정족수로(재적 의원 300명 기준, 151명 이상 출석, 76명 이상 찬성) 충분하다고 하여야 한다. 탄핵소추의 효력을 유지시키려는 입장에서는 언제든지 국회의 출석하여 자신들의 의사를 표명하기만 하면 탄핵소추취하 안건을 부결시킬 수 있기 때문이다.

③ 피청구인(피소추자)의 동의가 필요한지 여부이다. 민사소송법 제266조 제2항에 따르면 상대방(피고)이 본안에 관하여 준비서면을 제출하거나 변론준비기일에서 진술하거나 변론을 한 뒤에는 상대방이 동의가 있어야만 소 취하의 효력이 있다고 규정하고 있다. 그런데 형사소송법 제255조는 공소의 취소에 이러한 제한을 두지 않고 있다. 생각건대 위 두 소송법 규정은 서로 저촉되고, 법 제40조 제2항에 따르면 이 경우 탄핵심판에는 형사소송법이 준용될 따름이므로 피청구인의 동의 없이 탄핵소추의 취하가 가능하다고 보아야 한다.

④ 변론종결 후 선고 전 심판청구가 취하된 경우에 헌법재판소가 종국결정을 선고할 수 있는지도 문제된다. 헌법질서의 수호·유지를 본질로 하는 헌법재판의 특성상 헌법 해명이 필요한 경우에는 '심판의 이익'을 인정하여 종국결정을 선고할 수 있다는 견해도 있다. 그러나 탄핵심판에는 형사소송법이 우선 준용되기 때문에 이 경우 형사소송법 제329조 제1항 제1호에 따라 공소기각결정에 대응하는 결정을 하여야 한다. 소송절차종료선언이 그것이다. 헌법재판소는 헌법소원심판청구사건에서 이러한 결정을 한 바 있다. "이 사건 헌법소원심판절차는 청구인들의 심판청구의 취하로 1995. 12. 14. 종료되었다"는 주문(主文)이 그것이다(헌재 1995. 12. 15. 5헌마221등). 또한 위와 같은 공소기각결정을 하여야 함에 비추어 심판청구가 취하되면 별도의 절차 없이 심판사건은 종료된다는 견해는 취할 바 아니다.

⑤ 심판청구의 취하는 국회의 탄핵소추철회의결서 정본을 소추위원이 헌법재판소에 제출함으로써 행한다는 견해도 있다. 민사소송법 제266조 제3항, 헌법재판소법 제49조 제2항을 근거로 한다고 한다. 그런데 헌법재판소법 제49조 제2항은 심판청구 시에 소추의결서 정본을 제출하라는 규정이기 때문에 그 취하 시에

도 당연히 적용되는 규정이 아니다. 또한 민사소송법 제266조 제3항 자체에서도 서면 또는 변론기일에 말로 취하할 수 있다고 규정할 수 있다. 나아가 헌법재판소법 제76조에 의하여 전자문서의 제출이 인정되므로 전자 취하도 가능하다. 무엇보다 민사소송법보다 먼저, 서로 저촉되는 경우에는 홀로 적용되는 형사소송법 제255조 제2항 단서는 공소의 취소는 공판정에서 구술로 할 수 있다고 규정하고 있으므로 탄핵심판청구의 취하가 의결된 경우에는 소추위원이 변론기일에서 구술로 심판청구를 취하할 수 있다고 하겠다.

⑥ 탄핵심판청구취하 이후에 재청구는 가능한가. "공소취소에 의한 공소기각의 결정이 확정된 때에는 공소취소 후 그 범죄사실에 대한 다른 중요한 증거를 발견한 경우에 한하여 다시 공소를 제기할 수 있다"는 형사소송법 제329조가 그대로 준용된다. 따라서 정치 부담을 고려하지 않는다면 이론상으로는 탄핵심판의 취하 후 재청구도 가능하다.

4. 탄핵심판의 심리

탄핵심판은 구두변론에 의한다(제30조 제1항). 당사자가 변론기일에 출석하지 아니한 때에는 다시 기일을 정하여야 하고, 다시 정한 기일에도 출석하지 아니한 때에는 그 출석 없이 심리할 수 있다(제52조).

소추위원은 변론기일에 피청구인을 신문할 수 있다(제49조 제2항).

재판부는 심리를 위하여 필요하다고 인정하는 경우에는 당사자의 신청 또는 직권으로 증거조사를 할 수 있다(제31조). 다른 국가기관이나 공공단체의 기관에 심판에 필요한 사실을 조회하거나 기록의 송부나 자료의 제출을 요구할 수 있다. 다만 재판·소추 또는 범죄수사가 진행 중인 사건의 기록은 송부를 요구할 수 없다(제32조).

심판의 범위는 탄핵소추사유에 한정된다.

(판 례) 탄핵심판의 대상과 범위

헌법재판소는 사법기관으로서 원칙적으로 탄핵소추기관인 국회의 탄핵소추의결서에 기재된 소추사유에 의하여 구속을 받는다. 따라서 헌법재판소는 탄핵소추의결서에 기재되지 아니한 소추사유를 판단의 대상으로 삼을 수 없다.

그러나 탄핵소추의결서에서 그 위반을 주장하는 '법규정의 판단'에 관하여 헌법재판소는 원칙적으로 구속을 받지 않으므로, 청구인이 그 위반을 주장한 법규정

외에 다른 관련 법규정에 근거하여 탄핵의 원인이 된 사실관계를 판단할 수 있다. 또한, 헌법재판소는 소추사유의 판단에 있어서 국회의 탄핵소추의결서에서 분류된 소추사유의 체계에 의하여 구속을 받지 않으므로, 소추사유를 어떠한 연관관계에서 법적으로 고려할 것인가의 문제는 전적으로 헌법재판소의 판단에 달려있다.

헌재 2004. 5. 14. 2004헌나1, 판례집 16-1, 609, 625

피청구인에 대한 탄핵심판청구와 동일한 사유로 형사소송이 진행되고 있는 때에는 재판부는 심판절차를 정지할 수 있다(제51조). 이 조항은 제헌헌법 하의 탄핵재판소법에 규정된 후 지금까지 쭉 내려오고 있다.

탄핵심판절차에 관하여 헌법재판소법이 특별히 정하는 경우를 제외하고는 헌법재판의 성질에 반하지 아니하는 한도 내에서 민사소송에 관한 법령과 형사소송에 관한 법령을 준용한다. 다만 형사소송에 관한 법령이 민사소송에 관한 법령과 저촉될 때에는 민사소송에 관한 법령은 준용하지 아니한다(제40조).

Ⅳ. 탄핵심판의 결정

1. 유형과 정족수

탄핵심판청구가 부적법한 경우에는 각하결정을 한다. 청구가 이유 없는 때에는 기각결정을 한다. 피청구인이 결정 선고 전에 해당 공직에서 파면되었을 때에도 기각결정을 한다(제53조 제2항). 청구가 이유 있는 때에는 파면결정을 한다. 주문(主文)에는 피청구인란에 직위와 성명을 함께 기재한다. "피청구인 대통령 박근혜를 파면한다." 물론 기각결정의 주문은 "이 사건 심판청구를 기각한다"이기 때문에 직위나 성명이 기재되지 않는다.

탄핵결정, 즉 파면결정을 할 때에는 재판관 6인 이상의 찬성이 있어야 한다(헌법 제113조 제1항, 헌법재판소법 제23조 제2항 제1호). 그런데 재판관 6인 이상의 찬성은 재판관 9명 전원에 의한 심리를 전제로 하는가가 문제된다. 어떠한 사유로 인하여 재판관 1인 혹은 2인의 결원이 생긴 가운데도 심리 및 인용 결정을 할 수 있는가가 문제된다. 특히 민주적 정당성을 지니는 대통령에 대한 탄핵에서는 더더욱 9명의 재판관 전원의 참여가 필요하다고 주장하는 견해도 있다.

(판 례) 8인 재판관에 의한 탄핵심판 결정 가부

피청구인은, 현재 헌법재판관 1인이 결원된 상태여서 헌법재판소법 제23조에 따라 사건을 심리할 수는 있지만 8인의 재판관만으로는 탄핵심판 여부에 대한 결정을 할 수 없고, 8인의 재판관이 결정을 하는 것은 피청구인의 '9인으로 구성된 재판부로부터 공정한 재판을 받을 권리'를 침해하는 것이라고 주장한다.

헌법 제111조 제2항과 제3항은 대통령이 임명하는 3인, 국회가 선출하는 3인, 대법원장이 지명하는 3인 등 모두 9인의 재판관으로 헌법재판소를 구성한다고 규정하고 있다. 이와 같이 입법·사법·행정 3부가 동등하게 참여하는 헌법재판소의 구성방식에 비추어 볼 때, 헌법재판은 9인의 재판관으로 구성된 재판부에 의하여 이루어지는 것이 원칙임은 분명하다.

그러나 현실적으로는 재판관의 공무상 출장이나 질병 또는 재판관 퇴직 이후 후임 재판관 임명까지 사이의 공백 등 다양한 사유로 일부 재판관이 재판에 참여할 수 없는 경우가 발생할 수밖에 없다. 이럴 때마다 헌법재판을 할 수 없다고 한다면 헌법재판소의 헌법 수호 기능에 심각한 제약이 따르게 된다. 이에 헌법과 헌법재판소법은 재판관 중 결원이 발생한 경우에도 헌법재판소의 헌법 수호 기능이 중단되지 않도록 7명 이상의 재판관이 출석하면 사건을 심리하고 결정할 수 있음을 분명히 하고 있다. 즉, 헌법 제113조 제1항은 헌법재판소에서 법률의 위헌결정, 탄핵의 결정, 정당해산의 결정 또는 헌법소원에 관한 인용결정을 할 때에는 재판관 6인 이상의 찬성이 있어야 한다고 규정하고 있다. 또 헌법재판소법 제23조 제1항은 헌법재판관 7명 이상의 출석으로 사건을 심리한다고 규정하고, 제36조 제2항은 결정서를 작성할 때 '심판에 관여한' 재판관 전원이 서명날인하여야 한다고 규정하고 있다.

재판관 결원이 발생하더라도 시급하게 결정할 필요가 없는 사건이라면 재판관 공석 상황이 해소될 때까지 기다려 9인의 재판관이 결정하는 것이 바람직할 수 있다. 하지만 대통령에 대한 탄핵소추가 의결되면 헌법 제65조 제3항에 따라 대통령의 권한행사가 정지된다. 헌법재판소장이 임기 만료로 퇴임하여 공석이 발생한 현 상황에서 대통령 권한대행인 국무총리가 헌법재판소장을 임명할 수 있는지 여부에 관하여는 논란이 있다. 국회에서도 이 문제에 관하여 정당 사이에 견해의 대립이 있는데 대통령 권한대행이 헌법재판소장을 임명할 수 없다는 의견에 따라 헌법재판소장 임명절차가 전혀 진행되지 않고 있다. 대통령의 권한행사가 정지되고 대통령 권한대행이 행사할 수 있는 권한의 범위에 관하여 논쟁이 존재하는 현 상황은 심각한 헌정위기 상황이다. 게다가 대통령 권한대행이 헌법재판소장을 임명할 수 없다는 견해를 따르면 헌법재판소장의 임기 만료로 발생한 현재의 재판관 공석 상태를 종결하고 9인 재판부를 완성할 수 있는 방법도 없다.

이와 같이 헌법재판관 1인이 결원이 되어 8인의 재판관으로 재판부가 구성되더라도 탄핵심판을 심리하고 결정하는 데 헌법과 법률상 아무런 문제가 없다. 또 새로운 헌법재판소장 임명을 기다리며 현재의 헌정위기 상황을 방치할 수 없는 현실적 제약을 감안하면 8인의 재판관으로 구성된 현 재판부가 이 사건 결정을 할 수밖에 없다. 탄핵의 결정을 하기 위해서는 재판관 6인 이상의 찬성이 있어야 하는데 결원 상태인 1인의 재판관은 사실상 탄핵에 찬성하지 않는 의견을 표명한 것과 같은 결과를 가져 오므로, 재판관 결원 상태가 오히려 피청구인에게 유리하게 작용할 것이라는 점에서 피청구인의 공정한 재판받을 권리가 침해된다고 보기도 어렵다. 따라서 이 부분 피청구인의 주장도 받아들이지 아니한다.

헌재 2017. 3. 10. 2016헌나1, 판례집 29-1, 1, 19-20

생각건대 헌법재판소의 견해가 옳다. 헌법 제8조 제4항은 "정당은 헌법재판소의 '심판'에 의하여 해산된다", 제65조 제3항은 "탄핵'심판'이 있을 때까지 그 권한행사가 정지된다"고 규정하고 있다. 따라서 '심판'은 심리와 종국결정을 포함하는 개념으로 보아야 한다. 헌법재판소법 제23조의 표제는 【심판정족수】이다. 제1항에서는 7명 이상의 출석으로 '심리'하고, 제2항에서는 종국심리에 관여한 재판관 6명 이상의 찬성으로 '탄핵결정'을 한다고 규정하고 있다. 따라서 헌법재판소법에 의하더라도 헌법재판에서의 '심판'은 '심리'와 '종국결정'을 포함하는 것임은 분명하다. 결국 헌법이나 헌법재판소법의 문언(文言) 해석상 재판관 7명 이상의 출석이 있으면 심리와 종국결정을 할 수 있다고 볼 수밖에 없다.

2. 결정 사유

탄핵결정의 사유로 위법행위의 존재만으로는 부족하고 법 위반의 중대성이 인정되어야 한다는 것은 위 소추사유 항목에서 살펴본 바와 같다. 넓게 보면 비례의 원칙이 탄핵심판에도 적용되는 것으로 볼 수 있다. 정당해산에서도 비례의 원칙이 적용된다. 파면이나 정당해산을 하지 않으면 헌법질서를 수호할 수 없다는 것, 즉 파면이나 정당해산이 헌법수호를 유지하기 위한 최후의 수단이라는 점이 인정될 때 파면이나 정당해산결정을 한다는 것이다.

아래에서는 어느 정도의 법 위반이면 중대한 법 위반이 있는지 살펴본다.

(판 례) 피청구인을 파면할 것인지 여부

피청구인은 최○원에게 공무상 비밀이 포함된 국정에 관한 문건을 전달했고, 공직자가 아닌 최○원의 의견을 비밀리에 국정 운영에 반영하였다. 피청구인의 이러한 위법행위는 일시적·단편적으로 이루어진 것이 아니고 피청구인이 대통령으로 취임한 때부터 3년 이상 지속되었다. 피청구인은 최○원이 주로 말씀자료나 연설문의 문구 수정에만 관여하였다고 주장하지만, 대통령의 공적 발언이나 연설은 정부 정책 집행의 지침이 되고 외교관계에도 영향을 줄 수 있는 것이므로 말씀자료라고 하여 가볍게 볼 것이 아니다. 더구나 피청구인의 주장과 달리 최○원은 공직자 인사와 대통령의 공식일정 및 체육정책 등 여러 분야의 국가정보를 전달받고 국정에 개입하였다.

또한 피청구인은 국민으로부터 위임받은 권한을 사적 용도로 남용하였다. 이는 결과적으로 최○원의 사익 추구를 도와 준 것으로서 적극적·반복적으로 이루어졌다. 특히, 대통령의 지위를 이용하거나 국가의 기관과 조직을 동원하였다는 점에서 그 법 위반의 정도가 매우 엄중하다.

미르와 케이스포츠 설립과 관련하여 피청구인은 기업들이 자발적으로 모금하였다고 주장하지만 기업들이 스스로 결정할 수 있었던 사항은 거의 없었다. 기업들은 출연금이 어떻게 쓰일 것인지 알지도 못한 채 전경련에서 정해 준 금액을 납부하기만 하고 재단 운영에는 관여하지 못하였다. 미르와 케이스포츠는 피청구인의 지시로 긴급하게 설립되었지만 막상 설립된 뒤 문화와 체육 분야에서 긴요한 공익목적을 수행한 것도 없다. 오히려 미르와 케이스포츠는 실질적으로 최○원에 의해 운영되면서 주로 최○원의 사익 추구에 이용되었다.

국민으로부터 직접 민주적 정당성을 부여받고 주권 행사를 위임받은 대통령은 그 권한을 헌법과 법률에 따라 합법적으로 행사하여야 함은 물론, 그 성질상 보안이 요구되는 직무를 제외한 공무 수행은 투명하게 공개하여 국민의 평가를 받아야 한다. 그런데 피청구인은 최○원의 국정 개입을 허용하면서 이 사실을 철저히 비밀에 부쳤다. 피청구인이 행정부처나 대통령비서실 등 공적 조직이 아닌 이른바 비선 조직의 조언을 듣고 국정을 운영한다는 의혹이 여러 차례 제기되었으나, 그때마다 피청구인은 이를 부인하고 의혹 제기 행위만을 비난하였다.

2014년 11월 세계일보가 정○회 문건을 보도하였을 때에도 피청구인은 비선의 국정 개입 의혹은 거짓이고 청와대 문건 유출이 국기문란 행위라고 비판하였다. 이와 같이 피청구인이 대외적으로는 최○원의 존재 자체를 철저히 숨기면서 그의 국정 개입을 허용하였기 때문에, 권력분립원리에 따른 국회 등 헌법기관에 의한 견제나 언론 등 민간에 의한 감시 장치가 제대로 작동될 수 없었다.

국회와 언론의 지적에도 불구하고 피청구인은 잘못을 시정하지 않고 오히려 사실을 은폐하고 관련자를 단속하였기 때문에, 피청구인의 지시에 따라 일한 안○범과 김○ 등 공무원들이 최○원과 공모하여 직권남용권리행사방해죄를 저질렀다는 등 부패범죄 혐의로 구속 기소되는 중대한 사태로까지 이어지게 되었다. 피청구인이 최○원의 국정 개입을 허용하고 국민으로부터 위임받은 권한을 남용하여 최○원 등의 사익 추구를 도와주는 한편 이러한 사실을 철저히 은폐한 것은, 대의민주제의 원리와 법치주의의 정신을 훼손한 행위로서 대통령으로서의 공익실현의무를 중대하게 위반한 것이다.

피청구인은 최○원의 국정 개입 등이 문제로 대두되자 2016. 10. 25. 제1차 대국민 담화를 발표하면서 국민에게 사과하였으나, 그 내용 중 최○원이 국정에 개입한 기간과 내용 등은 객관적 사실과 일치하지 않는 것으로 진정성이 부족하였다. 이어진 제2차 대국민 담화에서 피청구인은 제기된 의혹과 관련하여 진상 규명에 최대한 협조하겠다고 하고 검찰 조사나 특별검사에 의한 수사도 수용하겠다고 발표하였다. 그러나 검찰이나 특별검사의 조사에 응하지 않았고 청와대에 대한 압수수색도 거부하여 피청구인에 대한 조사는 이루어지지 않았다.

위와 같이 피청구인은 자신의 헌법과 법률 위배행위에 대하여 국민의 신뢰를 회복하고자 하는 노력을 하는 대신 국민을 상대로 진실성 없는 사과를 하고 국민에게 한 약속도 지키지 않았다. 이 사건 소추사유와 관련하여 피청구인의 이러한 언행을 보면 피청구인의 헌법수호의지가 분명하게 드러나지 않는다.

이상과 같은 사정을 종합하여 보면, 피청구인의 이 사건 헌법과 법률 위배행위는 국민의 신임을 배반한 행위로서 헌법수호의 관점에서 용납될 수 없는 중대한 법 위배행위라고 보아야 한다. 그렇다면 피청구인의 법 위배행위가 헌법질서에 미치게 된 부정적 영향과 파급 효과가 중대하므로, 국민으로부터 직접 민주적 정당성을 부여받은 피청구인을 파면함으로써 얻는 헌법수호의 이익이 대통령 파면에 따르는 국가적 손실을 압도할 정도로 크다고 인정된다.

헌재 2017. 3. 10. 2016헌나1, 판례집 29-1, 1, 46-48

3. 탄핵심판결정의 효력

탄핵심판결정의 효력발생시점에 관하여 헌법이나 법률은 아무런 규정을 두고 있지 않다. '탄핵심판이 있을 때까지' 피소추자의 권한행사가 정지된다는 규정에 비추어 보면 탄핵심판의 결정 선고시점이 결정의 효력발생시점이라고 볼 것이다.

탄핵(파면)결정이 내려지면 피청구인은 선고시점부터 당해 공직에서 파면된다(헌법 제65조 제4항, 헌법재판소법 제53조 제1항). 탄핵결정에 의하며 민·형사상의 책임이 면제되지는 않는다(헌법 제65조 제4항, 헌법재판소법 제54조 제1항). 탄핵결정에 의하여 파면된 자는 결정 선고가 있는 날로부터 5년을 경과하지 않으면 공무원이 될 수 없다(제54조 제2항).

탄핵결정을 받은 자를 대통령이 사면할 수 있는가. 헌법이나 법률이 직접 명시하고 있지는 않다. 사면법은 사면대상에서 탄핵결정을 받은 자를 명시하지 않는 반면(사면법 제3조), 징계에 대하여는 사면에 관한 규정이 적용된다고 명시하고 있다(사면법 제4조).[5] 생각건대, 헌법이 특별히 마련한 탄핵은 일반 징계와는 구별되어야 하므로 탄핵결정으로 파면된 자는 사면할 수 없다고 보아야 한다. 사면권에 내재하는 한계라고 할 수 있다. 미국 헌법은 탄핵받은 자를 사면할 수 없다고 명시하고 있다(미국 헌법 제2조 제2항 제1절).

제 **7** 장

정당해산심판

Ⅰ. 개   관

헌법 제8조 제4항은 정당의 강제해산에 관하여 규정하고 있다. 세부 사항은 정당법과 헌법재판소법에 관련 규정을 두고 있다. 정당의 강제해산은 제2차 세계대전 후의 독일 기본법이 시초로 알려져 있다.

흔히 정당의 강제해산은 방어적 민주주의를 구현하는 핵심 제도라고 한다. 이 제도는 자유민주적 기본질서를 부정하는 정당을 강제해산함으로써 자유민주적 기본질서를 수호하려는 취지에서 나온 것이라는 설명이다. 헌법재판소도 통합진보당 해산사건에서 이 제도가 정당을 보호하기 위한 절차이며 동시에 정당활동의 자유가 인정된다 하더라도 민주적 기본질서를 침해해서는 안 된다는 헌법 한계를 설정한 것이라고 하였다. 그러나 헌법정책 측면에서는 정당해산제도를 찬성할 수 없다. 다양한 사상을 지닌 다양한 정치 세력을 인정하고 제도권 내에서 보호하는 것이 민주주의의 발전에 도움이 될지언정, 해를 가하지는 않을 것이기 때문이다. 자유민주적 기본질서의 수호를 위한다면 이에 반하는 행위를 한 자 개인을 개별 형사법 규정에 맞추어 처벌하는 것으로 족하다고 생각된다.

정당해산제도를 인정하고 있는 입법례도 그다지 많지 않고, 실제 정당이 해산된 예도 독일과 터키, 우리나라를 제외하고는 찾기 어렵다. 방어적 민주주의를 구현하기 위한 또 다른 한 축인 기본권 실효제도도 실효된 지 오래되었다. 정당해산제도 역시 마찬가지 운명에 처할 것이라 생각된다.

우리 헌법은 제2공화국 헌법 이래 이 제도를 규정하고 있다. 헌법재판소는

2014. 12. 29. 통합진보당 해산 결정을 내린 바 있다. 최초이자 유일한 결정이다. 1958년 진보당이 강제해산된 사례가 있으나, 이것은 행정청인 공보실장의 직권에 의한 것이었다. 1958년 당시에는 정당을 규율하는 법률이 존재하지도 않았기 때문에 정당해산 혹은 등록취소가 아무런 법령상의 근거 없이 이루어진 공권력의 불법행사라는 것이 대다수의 견해이다. 그러나 당시에 정당을 규율하는 '정당에관한규칙'(군정법률 제55호, 1946. 2. 23. 제정, 1946. 2. 24. 시행)이 시행중이었다. 규칙 제2조 제가.항 제4호는 "각 정당 본부가 신 주소의 등록 없이 본부 혹 지부의 사무소를 이전하는 경우에는 (미군정청; 글쓴이) 공보국장은 당해 정당의 해체를 명할 수 있음"이라고 규정하여 등록취소 혹은 해산(해체) 규정이 있었다. 요컨대, 1958년 공보실장의 등록취소로 인한 강제해산은 법령상 근거는 있었는데 그 요건을 충족하지 않은 불법이 있었을 따름이다. 한편 위 규칙은 제헌헌법 제100조에 의하여 정부 수립 후에도 그 효력을 유지하고 있었다.

주의할 점이 있다. 특정 정당이 자유민주적 기본질서를 부정한다고 하더라도 헌법재판소의 해산 결정 이전까지는 그 정당은 정당의 자유를 누린다는 점이다.

(판 례) 헌법상 정당해산조항과 정당의 자유

　　헌법 제8조 제4항은 "정당의 목적이나 활동이 민주적 기본질서에 위배될 때에는 정부는 헌법재판소에 그 해산을 제소할 수 있고, 정당은 헌법재판소의 심판에 의하여 해산된다"고 규정하고 있다. 정당의 해산에 관한 위 헌법규정은 민주주의를 파괴하려는 세력으로부터 민주주의를 보호하려는 소위 '방어적 민주주의'의 한 요소이고, 다른 한편으로는 헌법 스스로가 정당의 정치적 성격을 이유로 하는 정당금지의 요건을 엄격하게 정함으로써 되도록 민주적 정치과정의 개방성을 최대한으로 보장하려는 것이다. 즉, 헌법은 정당의 금지를 민주적 정치과정의 개방성에 대한 중대한 침해로서 이해하여 오로지 제8조 제4항의 엄격한 요건하에서만 정당설립의 자유에 대한 예외를 허용하고 있다. 이에 따라 자유민주적 기본질서를 부정하고 이를 적극적으로 제거하려는 조직도, 국민의 정치적 의사형성에 참여하는 한, '정당의 자유'의 보호를 받는 정당에 해당하며, 오로지 헌법재판소가 그의 위헌성을 확인한 경우에만 정당은 정치생활의 영역으로부터 축출될 수 있다.

　　　　　　　　　　　　헌재 1999. 12. 23. 99헌마135, 판례집 11-2, 800, 814-815

Ⅱ. 정당해산심판의 청구

정당해산심판의 청구인은 정부이고, 국무회의의 심의를 거쳐 청구한다(헌법 제8조 4항, 헌법재판소법 제55조). 여기서 정부(헌법 제4장)는 대통령(제1절)과 행정부(제2절)를 포괄하는 의미의 정부이다. 따라서 대통령이 좁은 의미의 행정부를 배제한 채 단독으로 정당해산심판을 청구할 수는 없다. 다만 정부의 수장이 대통령이므로(헌법 제66조 제4항), 정당해산심판청구를 하는 실질 권한이 대통령에 있다고 할 수도 있다.

정당해산심판청구는 정부의 의무인가 재량인가에 대하여 학설이 나뉘고 있다. 헌법질서 수호를 강조하는 견해는 해산심판청구가 정부의 의무라고 한다. 그러나 법문(法文)이 명확히 "그 해산을 제소할 수 있고"라고 표현하고 있는 점, 정당의 강제해산만이 헌법수호를 위한 유일한 방법인지를 판단하는 것은 정부의 재량 범위 내일 것이므로 정부가 정당해산심판을 청구할 의무를 지지는 않는다고 보아야 한다.

정부는 정당해산심판청구를 취하할 수 있는가에 대하여도 견해가 갈린다. 그러나 이를 제한하여야 할 특별한 필요가 있는 것도 아니고, 헌법재판소심판규칙 제66조가 "정당해산심판의 청구 또는 청구의 취하가 있는 때"라는 규정을 둔 것은 청구의 취하가 인정됨을 전제로 한 규정이라는 점에 비추어 보면 정당해산심판청구의 취하는 인정된다고 보아야 한다. 정당해산심판에는 민사소송에 관한 법령이 준용되므로 피청구인 정당이 본안에 관하여 답변, 변론 등을 한 경우에는 정부의 정당해산심판청구에는 정당의 동의가 필요하다. 나아가 헌법재판소가 정부의 청구취하에도 불구하고 헌법질서의 수호·유지, 헌법적 해명의 필요성 등을 들어 종국결정을 할 수 있는가가 문제된다. 이는 해석학의 범위를 벗어난다. 정치 분쟁에는 될 수 있으면 자제하는 것이 바람직하다. 정부가 심판청구를 취하하고 정치의 장(場)에서 여전히 활동하도록 인정하였음에도 불구하고 청구인용(정당해산)결정을 한다면 불필요한 사상논쟁을 일으켜 민주주의에 바람직하지 않기 때문이다.

심판의 피청구인은 정당이다. 여기서의 정당을 정당법상의 정당등록요건을 갖추어 중앙선거관리위원회에 등록하여 유효하게 성립한 정당으로 좁게 해석할 필요는 없다. 창당준비위원회를 결성한 후 정당설립 요건을 갖추고 등록절차만 남겨둔 상태의 조직도 여기의 정당에 해당한다. 정당의 등록신청을 할 때 선거관리위원회는 실질 심사권이 없기 때문에(정당법 제15조 본문 "등록신청을 받은 관할 선거관리위원회는 형식적 요건을 구비하는 한 이를 거부하지 못한다") 자유민주적 기본질서를 부정하는 정당도 일단 등록할 수 있다. 따라서 위와 같이 정당법상의 정당 등록 직전의 준비위원회도 피청구인적격이 있다고 하겠다.

정당의 부분조직도 정당해산심판의 대상이 된다는 견해도 있다. 그러나 정당과 독립한 정당의 방계조직은 대상이 아니다.

정당해산심판이 청구된 이후, 정당은 자진해산하거나 분당, 합당 등을 할 수 있는가. 이를 금지하는 규정이 없고 정당활동의 최대보장 이념에 비추어 보면 이를 허용하여도 무방하다.

Ⅲ. 가 처 분

헌법재판소는 정당해산심판 청구를 받은 때에는 청구인의 신청 또는 직권으로 종국결정의 선고시까지 피청구인의 활동을 정지하는 가처분결정을 할 수 있다(제57조).

정당해산심판에서의 가처분 인용은 정당의 활동 전반을 금지시키기 때문에, 마치 정당해산결정의 효력발생시점을 종국결정선고 때가 아닌 가처분결정 때로 앞당기는 효력을 인정하는 셈이 된다. 이른바 선취효(先取效)를 인정하는 부당한 결과가 발생할 수도 있어 그 인용에 한층 엄격하여야 한다. 애초에 정당해산심판에 가처분을 허용하는 헌법재판소법 조항이 정당활동의 자유를 침해하는 것이 아닌지가 문제된다. 헌법재판소는 이를 합헌으로 보았다.

(판 례) 정당해산심판에서의 가처분조항의 위헌 여부

(2) 정당활동의 자유와 한계

헌법 제8조 제1항은 정당설립의 자유를 명시하고 있는데, 정당의 자유에는 정당설립의 자유만이 아니라 정당활동의 자유도 포함된다(헌재 2006. 3. 30. 2004헌마246 참조). 정당의 설립만이 보장되고 설립된 정당이 언제든지 다시 금지되거나 정당의 활동이 임의로 제한될 수 있다면, 정당설립의 자유는 사실상 아무런 의미가 없기 때문에, 헌법은 정당활동의 자유를 헌법상 기본권으로 보호하는 것이다. 다만, 정

당활동의 자유는 국민의 정치적 자유와 민주주의를 실현하는 전제 아래 인정되는 것이기 때문에 일정한 한계가 있다. 헌법 제8조 제2항은 "정당은 그 목적·조직과 활동이 민주적이어야 하며, 국민의 정치적 의사형성에 참여하는 데 필요한 조직을 가져야 한다."고 하여 정당의 조직과 활동의 자유가 가지는 한계를 명시하고 있다. 헌법 제8조 제4항이 "정당의 목적이나 활동이 민주적 기본질서에 위배될 때에는 헌법재판소의 심판에 의하여 해산된다."라고 한 것 역시 정당의 자유에 대한 한계를 정하고 있는 것이다.

따라서 정당활동의 자유 역시 헌법 제37조 제2항의 일반적 법률유보의 대상이 되고, 가처분조항은 이에 근거하여 정당활동의 자유를 제한하는 법률조항이다. 그러므로 가처분조항이 헌법의 수권 없는 법률의 규정으로 위헌이라는 청구인의 주장은 받아들일 수 없다. 다만 가처분조항이 정당활동의 자유를 제한할 수 있으므로, 가처분조항의 기본권 침해 여부를 판단함에 있어서는 과잉금지원칙을 준수했는지 여부가 심사기준이 된다.

(3) 과잉금지원칙 위배 여부

가처분은 종국결정의 실효성을 확보하고 잠정적인 권리 보호를 위해서 일정한 사전조치가 필요한 경우 헌법재판소가 하는 잠정적인 조치이다. 가처분은 회복할 수 없는 심각한 불이익의 발생을 예방하고 불가피한 공익목적을 달성하기 위해서 행해진다. 이와 같은 잠정적인 권리보호수단을 두지 않는다면, 종국결정이 선고되더라도 그 실효성이 없어 당사자나 헌법질서에 회복하기 어려운 불이익을 주는 경우가 있을 수 있다. 한편, 정당해산심판이 갖는 헌법보호라는 측면에 비추어 볼 때, 헌법질서의 유지·수호를 위해 일정한 요건 아래에서는 정당의 활동을 임시로 정지할 필요성이 있다. 따라서 가처분조항은 입법목적의 정당성 및 수단의 적정성이 인정된다.

정당해산심판에서 가처분 신청이 인용되기 위해서는 그 인용요건이 충족되어야 할 뿐만 아니라, 그 인용범위도 가처분의 목적인 종국결정의 실효성을 확보하고 헌법질서를 보호하기 위해 필요한 범위 내로 한정된다. 가처분조항에 따라 정당의 활동을 정지하는 결정을 하기 위해서는 정당해산심판제도의 취지에 비추어 헌법이 규정하고 있는 정당해산의 요건이 소명되었는지 여부 등에 관하여 신중하고 엄격한 심사가 이루어져야 한다.

나아가 가처분이 인용되더라도 종국결정 선고 시까지만 정당의 활동을 정지시키는 임시적이고 잠정적인 조치에 불과하므로, 정당활동의 자유를 형해화시킬 정도로 기본권 제한의 범위가 광범위하다고 볼 수 없다. 정당해산심판의 종국결정이 선고된 뒤 그 정당을 해산시킬 수 있다 하더라도, 이러한 사후조치만으로는 종국결정 이전에 발생할 수 있는 헌법질서에 대한 위험을 방지하기 어려워 헌법보호를 목적으로 하는 정당해산심판의 실효성을 담보할 수 없다. 또 사전적 조치인 가처분제도와 동등하거나 유사한 효과가 있는 덜 침해적인 사후적 수단이 존재한다고 볼 수도 없다. 따라서 가처분조항은 침해최소성의 요건도 충족하였다.

가처분조항에 의해 달성될 수 있는 정당해산심판의 실효성 확보 및 헌법질서의 유지 및 수호라는 공익은, 정당해산심판의 종국결정 시까지 잠정적으로 제한되는 정당활동의 자유에 비하여 결코 작다고 볼 수 없으므로 법익균형성도 충족하였다.

따라서 가처분조항은 과잉금지원칙에 위배하여 정당활동의 자유를 침해한다고 볼 수 없다.

헌재 2014. 2. 27. 2014헌마7, 판례집 26-1상, 310, 319-320

헌법재판소는 통합진보당해산심판청구사건과 더불어 제기된 가처분신청을 그 이유를 설명하지 않고 기각하였다. 그러나 제2장 일반심판절차에서 살펴본 바와 같이 정당해산심판절차에서의 가처분 발령의 요건으로 '중대한 불이익 방지, 긴급성, 필요성(이익형량)'이라는 요건을 갖추어야 한다는 판례에 비추어 보면 이러한 긴급성이나 필요성이 인정되지 않았다고 볼 수밖에 없다. 헌법재판소는 헌법재판소법이 정당해산심판 외에 명문 규정으로 가처분을 인정하고 있는 권한쟁의 심판사건에서도 "가처분결정은 피청구기관의 처분 등이나 그 집행 또는 절차의 속행으로 인하여 생길 회복하기 어려운 손해를 예방할 필요가 있거나 기타 공공복리상의 중대한 사유가 있어야 하고 그 처분의 효력을 정지시켜야 할 긴급한 필요가 있는 경우 등이 그 요건이 되고, 본안사건이 부적법하거나 이유없음이 명백하지 않은 한, 가처분을 인용한 뒤 종국결정에서 청구가 기각되었을 때 발생하게 될 불이익과 가처분을 기각한 뒤 청구가 인용되었을 때 발생하게 될 불이익에 대한 비교형량을 하여 행한다"고 하였다(헌재 1999. 3. 25. 98헌사98). 이러한 가처분 인용 요건 설시는 헌법소원사건에서의 가처분 인용 결정에서도 그대로 인용하여 설시된 바 있으므로 정당해산심판에도 적용되는 헌법재판에서의 가처분 인용의 일반적 요건으로 보아도 무방하다.

가처분신청의 인용을 위하여 필요한 정족수에 관하여는 아무런 규정이 없다. 일반 심판정족수에 따라 7인 이상의 재판관이 심리에 참여하고, 참여재판관 과반수의 찬성이 있으면 이를 발할 수 있다고 본다. 앞서 살펴본 바와 같이 정당해산 가처분 인용 결정은 정당해산 결정의 선취적 효력을 인정하는 결과가 되기 때문에 입법론으로는 재고를 요한다.

헌법재판소는 정부의 신청취지에 구속되어 인용결정을 해야 하는 것은 아니다. 정당의 활동을 전부 정지하여 달라는 신청취지를 일부 기각하고 일부 인용하여 특정 활동만을 정지할 수 있다는 점에는 이론(異論)이 없을 것이다. 문제는 정부의 청구범위를 넘어, 가령 일부 활동의 정지를 신청하였는데 정당의 활동 전체를 하지 못하도록 하는 결정을 할 수 있는지가 문제된다. 헌법재판소가 직권으로 정당해산심판에서 가처분을 발할 수 있고(제57조), "법원은 신청목적을 이루는 데 필요한 처분을 직권으로 정한다"는 규정(민사집행법 제305조 제1항)이 준용되는 점에서 이를 긍정하는 해석을 할 수밖에 없다. 입법론으로 재고를 요한다.

정당에 대한 국고보조까지도 전면적으로 금지할 수 있는지에 대하여도 견해가 나뉜다. 정당의 일반 활동을 위하여 지급되는 국고보조금(경상보조금), 이미 치러진 선거에 대한 보상금으로 지급되는 국고보조금(선거보조금)의 지급은 제한할 수 없다고 할 것이다.[1]

Ⅳ. 정당해산심판 절차(심리)

1. 개   관

정당해산심판청구가 있는 때, 가처분결정을 한 때 및 그 심판이 종료한 때에는 헌법재판소장은 그 사실을 국회와 중앙선거관리위원회에 통지하여야 한다(제58조 제1항).

정당해산의 심판은 구두변론에 의한다(제30조 제1항). 변론은 공개하는 것이 원칙이나(제34조 제1항), 국가의 안전보장, 안녕질서 또는 선량한 풍속을 해칠 우려가 있는 때에는 공개하지 않을 수 있다(제34조 제2항, 법원조직법 제57조 제1항 단서). 실제 통합진보당 해산사건에서 일부 증인에 대한 신문이 비공개로 진행되었다.

정당해산심판절차에는 민사소송에 관한 법령이 준용되는데, 형사소송에 관한 법령을 준용하지 않았다고 하여 정당의 공정한 재판을 받을 권리가 침해되었다고 할 수 없다는 것이 판례이다.

(판 례) 준용조항의 위헌 여부

(1) 침해되는 기본권과 심사기준

준용조항에 따라 정당해산심판절차에 민사소송에 관한 법령을 준용할 경우, 허용되는 증거의 범위와 입증의 정도·증거채부 및 조사에 관한 심리의 내용·청구인의 공격과 구체적인 방어의 내용 및 범위에 관하여 실질적이고 직접적인 영향을 미치게 된다. 따라서 준용조항은 청구인의 공정한 재판을 받을 권리를 제한할 수 있다. 청구인은 준용조항이 헌법상 적법절차원칙에 위배된다는 취지의 주장도 하지만, 이는 합헌적인 절차에 따라 헌법재판이 이루어져야 한다는 재판청구권에 관한 주장과 실질적으로 같은 내용의 주장이다.

그런데 절차적 기본권인 재판청구권은 원칙적으로 제도적으로 보장되는 성격이 강하므로, 그에 관하여는 상대적으로 폭넓은 입법형성권이 인정된다. 특히, 우리 헌법은 헌법재판의 심판절차에 적용되거나 준용될 법령에 대한 직접적인 규정을 두고 있지 아니하므로, 이는 헌법원리에 위배되지 아니하는 한도에서 입법형성의 자유가 있는 영역에 속한다고 보아야 한다. 따라서 준용조항이 헌법 제27조 제1항의 법률에 의한 재판을 받을 권리를 침해하는지 여부는, 헌법재판의 성질에 반하여 공정성을 훼손할 정도로 현저히 불합리한 입법형성을 함으로써 그 한계를 벗어났는지 여부를 기준으로 판단하여야 한다.

(2) 기본권 침해 여부

다른 법령을 준용하는 입법방식은 불완전한 법률을 보완하기 위한 보조수단으로서 다른 법률에 규정된 동일한 내용을 반복적으로 규정하는 것을 피할 수 있는 유용한 입법기술이다. 한편, 헌법재판소법이나 심판에 관한 규칙에 절차진행규정이 없어 헌법재판의 진행에 차질이 빚어질 경우 국민의 기본권을 보호하고 헌법질서를 유지하기 위한 헌법재판의 기능에 장애가 초래될 수 있다. 이에 준용조항은, 일정한 요건 아래 헌법재판소법 이외의 다른 법령을 준용하도록 하여 불충분한 절차진행 규정을 보완하고 원활한 정당해산심판 절차진행을 도모함으로써 신속하고 적정한 재판실현을 가능하게 하여 재판청구권을 보장하는 기능을 하므로, 입법목적의 정당성이 인정된다.

준용조항은 정당해산심판절차에 있어 다양한 절차법 중에서도 '민사소송에 관한 법령'을 준용할 수 있도록 규정하고 있다. 민사소송에 관한 법령은 민사소송뿐만 아니라, 형사소송과 행정소송 등 소송절차 일반에 널리 준용되는 일반 절차법으로서의 성격을 가지므로(형사소송법 제65조, 제477조, 행정소송법 제8조 제2항 등), 특별한 절차진행규정이 존재하지 않는 상황에서 다른 법령에 비해 더 광범위하게 절차 미비를 보완할 수 있다.

다만, 청구인의 주장과 같이 민사소송에 관한 법령보다는 형사소송에 관한 법령을 준용하도록 하는 것이 정당해산심판청구에서 청구인에게 유리한 측면이 있을 수 있다. 그러나 민사소송에 관한 법령 이외에 다른 절차법을 준용하는 것이 최선의 입법이라거나 당사자에게 항상 유리하다고 단정할 수 없다. 예컨대 형사소송에 관한 법령을 준용할 경우 압수와 수색 등 민사소송에 관한 법령을 준용할 경우 취할 수 없는 증거방법이 활용되는 등 오히려 청구인에게 불리한 경우도 있을 수 있다.

아울러 준용조항은 '헌법재판의 성질에 반하지 아니하는 한도'에서만 보충적으로 민사소송에 관한 법령을 준용하도록 하고 있다. 헌법재판소가 헌법재판의 성질에 반한다고 판단할 경우에는 그 준용을 배제하도록 함으로써, 일률적으로 민사소송에 관한 법령을 준용함에 따른 문제점을 해소하고 있는 것이다.

헌법재판의 성질에 반하지 아니하는 경우란, 다른 절차법의 준용이 헌법재판의 고유한 성질을 훼손하지 않는 경우를 말한다. 이때 헌법재판의 성질, 특히 정당해산심판의 성질에 반하는지 여부는, 정당의 법적 성격·정당보호와 헌법보호라는 이중적 의미를 갖는 정당해산심판의 성질·준용절차 및 준용대상의 성격 등을 종합적으로 고려하여 헌법재판소가 구체적·개별적으로 판단할 수밖에 없다.

구체적인 절차에서 특정한 법령의 준용 여부가 헌법재판의 성질에 반하는지 여부에 대한 판단은 헌법에 따라 정당해산에 관한 독자적인 심판권을 부여받은 헌법재판소의 고유 권한에 속한다. 한편, 헌법재판소는 헌법에서 정당해산에 관한 심판권을 부여한 취지에 부합하도록 정당해산심판의 요건뿐만 아니라, 제출된 증거의 성격이나 목적·입증취지 등을 종합적으로 고려하여 심판절차에서 적용될 법률을 결정해야 한다. 민사소송에 관한 법령 중 어떤 부분이 헌법재판의 성질에 반하지 않는 것으로 판단되어 준용되는지 여부는 헌법재판소의 구체적인 법률해석에 관한 문제이다.

청구인은, 사적 이익의 조정과 분쟁 해결을 목적으로 하여 당사자들 사이의 상대적 진실을 확정하는 민사소송절차에 따라 증거조사가 이루어질 경우 실체적 진실이 아닌 사실관계에 기초하여 정당해산 여부가 판단될 염려가 크므로, 적어도 증거조사와 사실인정에 대하여는 형사소송법이 준용되어야 한다고 주장한다. 그러나 증거조사와 사실인정에 관한 민사소송법의 규정을 적용함으로써 실체적 진실과 다른 사실관계가 인정될 수 있는 규정은 헌법과 정당을 동시에 보호하는 정당해산심판의 성질에 반하는 것으로 준용될 수 없을 것이다. 또 민사소송에 관한 법령의 준용이 배제되어 법률의 공백이 생기는 부분에 대하여는 헌법재판소가 정당해산심판의 성질에 맞는 절차를 창설하여 이를 메울 수밖에 없다. 이와 같이 법률의 공백이 있는 경우 정당해산심판제도의 목적과 취지에 맞는 절차를 창설하여 실체적 진실을 발견하고 이에 근거하여 헌법정신에 맞는 결론을 도출해내는 것은 헌법이 헌법재판소에 부여한 고유한 권한이자 의무이다.

결국, 준용조항은 헌법재판에서의 불충분한 절차진행규정을 보완하고, 원활한 심판절차진행을 도모하기 위한 조항으로, 그 절차 보완적 기능에 비추어 볼 때, 소송절차 일반에 준용되는 절차법으로서의 민사소송에 관한 법령을 준용하도록 한 것이 현저히 불합리하다고 볼 수 없다. 또한 '헌법재판의 성질에 반하지 아니하는 한도'에서만 민사소송에 관한 법령을 준용하도록 규정하여 정당해산심판의 고유한 성질에 반하지 않도록 적용범위를 한정하고 있다. 여기서 '헌법재판의 성질에 반하지 않는' 경우란, 다른 절차법의 준용이 헌법재판의 고유한 성질을 훼손하지 않는 경우로 해석할 수 있고, 이는 헌법재판소가 당해 헌법재판이 갖는 고유의 성질·헌법재판과 일반재판의 목적 및 성격의 차이·준용 절차와 대상의 성격 등을 종합적으로 고려하여 구체적·개별적으로 판단할 수 있다. 따라서 준용조항은 청구인의 재판청구권, 즉 공정한 재판받을 권리를 침해한다고 볼 수 없다.

(재판관 김이수의 별개의견)

정당해산심판의 준용법령이 특히 문제되는 영역은 증거와 사실인정에 관한 부분이다. 이는 형사소송법과 민사소송법상의 증거규정의 차이로 인해, 준용법령이 무엇인지에 따라 정당의 목적이나 활동이 '민주적 기본질서에 위배되는지' 여부에 대한 판단의 전제인 사실인정 절차가 달라지고, 결과적으로 사실인정의 내용 및 최종적 판단 결과에 영향을 줄 수 있기 때문이다. 따라서 형사소송에 관한 법령과 민사소송에 관한 법령이 상충되는 경우로서, 민사소송에 관한 법령의 준용이 절차진행상 필수불가결하게 요청되는 경우가 아님에도, 그것을 준용함으로써 현저히 피청구인인 정당의 방어권 행사에 지장을 초래하는 범위 내에서는 민사소송에 관한 법령을 준용할 수 없는 것으로 해석함이 상당하다.

정당의 방어권 행사에 지장을 초래하는지 여부는 증거제출의 당사자, 증거의 성질 및 입증취지 등을 종합적으로 고려하여 판단해야 할 것이나, 정당해산심판의 청구인인 정부가 증거로 제출하는 수사서류는 대부분 공문서라는 점, 이에 대한 진정성립 추정 시 사실상의 입증책임을 정당에게 부담시키는 결과가 되어 정당의 방어권 행사에 상당한 지장을 초래할 수 있는 점 등에 비추어 보면, 적어도 민사소송법상 공문서의 진정성립에 관한 규정은 정당해산심판절차에 준용될 수 없는 것으로 보아야 할 것이다.

따라서 정당해산심판의 증거조사절차 중 서증조사 절차에 있어서는 민사소송법 제356조의 공문서의 진정성립 추정에 관한 규정 대신, 형사소송법 제310조의2 이하에 규정된 전문증거의 증거능력 제한에 관한 규정을 준용함으로써 증거능력의 인정범위를 제한함이 상당하고, 또한 위법수집증거와 임의성이 의심되는 자백의 증거능력을 배제한 형사소송법 제308조의2, 제309조 및 범죄사실의 인정은 합리적인 의심이 없는 정도의 증명에 이르러야 한다는 형사소송법 제307조 제2항의 규정

을 준용함이 상당하다고 보이며, 이는 정당존립의 특권을 보장하는 헌법정신에도
부합하는 해석이라 생각된다.

헌재 2014. 2. 27. 2014헌마7, 판례집 26-1상, 310, 316-318, 321-322

실제 통합진보당 사건에서 증거로 인정된 대부분이 수사기관이 작성한 '수사
보고'였다. 민사소송법을 적용하면 '수사보고'는 공문서로서 진정성립이 추정된
다.[2] 피청구인의 방어권 행사에 큰 지장을 초래한다. 반면 헌법재판소 결정 이
후에 선고된 통합진보당 이석기 의원 등의 형사재판의 상고심은 헌법재판소가
사실인정의 근거로 삼은 증거 대부분의 증거능력을 부인하고, 헌법재판소가 인
정한 사실 대부분을 부인하였다. 이들 '수사보고'는 형사소송법상으로는 전문증
거(傳聞證據)이므로 이를 작성한 자가 법정에 출석하여 그 진위를 입증하여야 하
는데 이런 절차가 없었기 때문이다. 그렇다면 입법론으로서의 법 개정은 별론으
로 하고, 위 별개 의견과 같이 정당해산심판에 준용되는 민사소송절차 규정은
아주 좁게 해석할 수밖에 없다.

2. 정당해산 사유

정당의 해산사유는 본래 소송법이 아닌 실체법상의 문제이다. 그러나 우리
헌정사에서 단 한 번 있었고, 앞으로도 일어나지 않을 것 같은 위헌정당해산심
판이므로 이를 살펴보지 않을 수 없다. 강제해산의 사유는 '정당의 활동이나 목
적이 **민주적 기본질서**에 위배될 때'이다(헌법 제8조 제4항). 헌법재판소 결정에 따
라 이를 분설하면 다음과 같다.

첫째, 정당의 목적이나 활동 중 어느 하나라도 민주적 기본질서에 위배되면
해산된다.

둘째, 정당 목적의 인식은 공식적인 강령이나 당헌의 내용만이 아니라 다른
관련 자료를 통해서도 할 수 있고, 특히 '숨겨진 목적'의 파악을 위해서 필요하
다고 보고 있다. 한편 정당의 활동은 정당 기관의 행위나 주요 정당관계자, 당원
등의 행위로서 그 정당에게 귀속시킬 수 있는 활동 일반을 의미한다고 보는 것
이 판례, 학설이다. 이는 정당의 목적과 활동을 폭넓게 해석할 여지가 있어 자의
에 따른 적용의 가능성을 열어 놓고 있다. 헌법재판소도 이러한 위험을 인식하
고 있기는 하다.

(판 례) 정당해산제도의 엄격운영 필요성

정당해산심판제도가 비록 정당을 보호하기 위한 취지에서 도입된 것이라 하더라
도 다른 한편 이는 정당의 강제적 해산가능성을 헌법상 인정하는 것이므로, 그 자
체가 민주주의에 대한 제약이자 위협이 될 수 있음을 또한 깊이 주의해야 한다.
정당해산심판제도는 운영 여하에 따라 그 자체가 민주주의에 대한 해악이 될 수
있으므로 일종의 극약처방인 셈이다. 따라서 정치적 비판자들을 탄압하기 위한 용
도로 남용되는 일이 생기지 않도록 정당해산심판제도는 매우 엄격하고 제한적으로
운용되어야 한다. '의심스러울 때에는 자유를 우선시하는(in dubio pro libertate)' 근
대 입헌주의의 원칙은 정당해산심판제도에서도 여전히 적용되어야 할 것이다.

헌재 2014. 12. 19. 2013헌다1, 판례집 26-2하, 1, 19-20

(판 례) 정당해산사유로서의 정당의 목적과 활동

정당의 목적이란, 어떤 정당이 추구하는 정치적 방향이나 지향점 혹은 현실 속
에서 구현하고자 하는 정치적 계획 등을 통칭한다. 이는 주로 정당의 공식적인 강
령이나 당헌의 내용을 통해 드러나겠지만, 그밖에 정당대표나 주요 당직자 및 정
당관계자(국회의원 등)의 공식적 발언, 정당의 기관지나 선전자료와 같은 간행물,
정당의 의사결정과정에서 일정한 영향력을 가지거나 정당의 이념으로부터 영향을
받은 당원들의 행위 등도 정당의 목적을 파악하는 데에 도움이 될 수 있다. 만약
정당의 진정한 목적이 숨겨진 상태라면 공식 강령은 이른바 허울이나 장식에 불과
할 것이고, 이 경우에는 강령 이외의 자료를 통해 진정한 목적을 파악해야 한다.

정당의 활동이란, 정당 기관의 행위나 주요 정당관계자, 당원 등의 행위로서 그
정당에게 귀속시킬 수 있는 활동 일반을 의미한다. 여기에서는 정당에게 귀속시킬
수 있는 활동의 범위, 즉 정당과 관련한 활동 중 어느 범위까지를 그 정당의 활동
으로 볼 수 있는지가 문제된다. 구체적으로 살펴보면, 당대표의 활동, 대의기구인
당대회와 중앙위원회의 활동, 집행기구인 최고위원회의 활동, 원내기구인 원내의원
총회와 원내대표의 활동 등 정당 기관의 활동은 정당 자신의 활동이므로 원칙적으
로 정당의 활동으로 볼 수 있고, 정당의 최고위원 등 주요 당직자의 공개된 정치
활동은 일반적으로 그 지위에 기하여 한 것으로 볼 수 있으므로 원칙적으로 정당
에 귀속시킬 수 있을 것으로 보인다. 정당 소속의 국회의원 등은 비록 정당과 밀
접한 관련성을 가지지만 헌법상으로는 정당의 대표자가 아닌 국민 전체의 대표자
이므로 그들의 행위를 곧바로 정당의 활동으로 귀속시킬 수는 없겠으나, 가령 그
들의 활동 중에서도 국민의 대표자의 지위가 아니라 그 정당에 속한 유력한 정치
인의 지위에서 행한 활동으로서 정당과 밀접하게 관련되어 있는 행위들은 정당의
활동이 될 수도 있을 것이다.

그 밖의 정당에 속한 개인이나 단체의 활동은 그러한 활동이 이루어진 구체적인 경위를 살펴서 그것을 정당의 활동으로 볼 수 있는 사정이 있는지를 판단해야 한다. 예컨대, 활동을 한 개인이나 단체의 지위 등에 비추어 볼 때 정당이 그러한 활동을 할 권한을 부여하거나 그 활동을 독려하였는지 여부, 설령 그러한 권한의 부여 등이 없었다 하더라도 사후에 그 활동을 적극적으로 옹호하는 등 그 활동을 사실상 정당의 활동으로 추인한 것과 같다고 볼 수 있는 사정이 있는지 여부, 혹은 사전에 그 정당이 그러한 활동의 계획을 알았더라도 이를 정당 차원에서 지원하고 지지했을 것이라고 가정적으로 판단할 수 있는 사정이 있는지 여부 등을 구체적으로 살펴 전체적이고 종합적으로 판단해야 한다. 반면, 정당대표나 주요 관계자의 행위라 하더라도 개인적 차원의 행위에 불과한 것이라면 이러한 행위에 대해서까지 정당해산심판의 심판대상이 되는 활동으로 보기는 어렵다.

한편, 동 조항의 규정형식에 비추어 볼 때, 정당의 목적이나 활동 중 어느 하나라도 민주적 기본질서에 위배된다면 정당해산의 사유가 될 수 있다고 해석된다.

헌재 2014. 12. 19. 2013헌다1, 판례집 26-2하, 1, 21-22

셋째, 정당의 목적이나 활동이 '민주적 기본질서'에 위배되어야 한다. 민주적 기본질서가 헌법 전문(前文) 및 제4조가 규정하고 있는 '자유민주적 기본질서'와 동일한 것인지, 다른 것인지가 문제된다. 헌법재판소는 국가보안법 및 제주 4·3특별법 사건에서 자유민주적 기본질서는 '기본적 인권의 존중, 권력분립, 의회제도, 복수정당제도, 선거제도, 사유재산과 시장경제를 골간으로 한 경제질서 및 사법권의 독립'을 말한다고 설시한 바 있다(헌재 1990. 4. 2. 89헌가113, 헌재 2001. 9. 27. 2000헌마238등).

(판례) '민주적 기본질서'의 의미

정당해산심판제도가 수호하고자 하는 민주적 기본질서는 우리가 오늘날의 입헌적 민주주의 체제를 구성하고 운영하는 데에 필요한 가장 핵심적인 내용이나 요소를 의미하는 것으로서, 민주적이고 자율적인 정치적 절차를 통해 국민적 의사를 형성·실현하기 위한 요소, 즉 민주주의 원리에 입각한 요소들과, 이러한 정치적 절차를 운영하고 보호하는 데에 필요한 기본적인 요소, 즉 법치주의 원리에 입각한 요소들 중에서 필요불가결한 부분이 중심이 되어야 한다. 이는 이것이 보장되지 않으면 우리의 입헌적 민주주의 체제가 유지될 수 없다고 평가되는 최소한의 내용이라 하겠다.

결국 위에서 본 바와 같은 입헌적 민주주의의 원리, 민주 사회에 있어서의 정당의 기능, 정당해산심판제도의 의의 등을 종합해 볼 때, 우리 헌법 제8조 제4항이 의미하는 민주적 기본질서는, 개인의 자율적 이성을 신뢰하고 모든 정치적 견해들이 각각 상대적 진리성과 합리성을 지닌다고 전제하는 다원적 세계관에 입각한 것으로서, 모든 폭력적·자의적 지배를 배제하고, 다수를 존중하면서도 소수를 배려하는 민주적 의사결정과 자유·평등을 기본원리로 하여 구성되고 운영되는 정치적 질서를 말하며, 구체적으로는 국민주권의 원리, 기본적 인권의 존중, 권력분립제도, 복수정당제도 등이 현행 헌법상 주요한 요소라고 볼 수 있다.

헌법 제8조 제4항의 민주적 기본질서 개념은 정당해산결정의 가능성과 긴밀히 결부되어 있다. 이 민주적 기본질서의 외연이 확장될수록 정당해산결정의 가능성은 확대되고, 이와 동시에 정당 활동의 자유는 축소될 것이다. 민주 사회에서 정당의 자유가 지니는 중대한 함의나 정당해산심판제도의 남용가능성 등을 감안한다면, 헌법 제8조 제4항의 민주적 기본질서는 최대한 엄격하고 협소한 의미로 이해해야 한다.

따라서 민주적 기본질서를 현행 헌법이 채택한 민주주의의 구체적 모습과 동일하게 보아서는 안 된다. 정당이 위에서 본 바와 같은 민주적 기본질서, 즉 민주적 의사결정을 위해서 필요한 불가결한 요소들과 이를 운영하고 보호하는 데 필요한 최소한의 요소들을 수용한다면, 현행 헌법이 규정한 민주주의 제도의 세부적 내용에 관해서는 얼마든지 그와 상이한 주장을 개진할 수 있는 것이다.

마찬가지로, 민주적 기본질서를 부정하지 않는 한 정당은 각자가 옳다고 믿는 다양한 스펙트럼의 이념적인 지향을 자유롭게 추구할 수 있다. 오늘날 정당은 자유민주주의 이념을 추구하는 정당에서부터 공산주의 이념을 추구하는 정당에 이르기까지 그 이념적 지향점이 매우 다양하므로, 어떤 정당이 특정 이념을 표방한다 하더라도 그 정당의 목적이나 활동이 앞서 본 민주적 기본질서의 내용들을 침해하는 것이 아닌 한 그 특정 이념의 표방 그 자체만으로 곧바로 위헌적인 정당으로 볼 수는 없다. 정당해산 여부를 결정하는 문제는 결국 그 정당이 표방하는 정치적 이념이 무엇인지가 아니라 그 정당의 목적이나 활동이 민주적 기본질서에 위배되는지 여부에 달려있기 때문이다.

헌재 2014. 12. 19. 2013헌다1, 판례집 26-2하, 1, 22-23

헌법재판소는 위에서 본 국가보안법 결정과 달리 정당해산 결정에서는 특히 '다원적 세계관' 및 '소수배려의 의사결정'을 명시하고 있다. 또한 국가보안법 결정에서는 자유민주적 기본질서의 요소로 특히 '사유재산과 시장경제를 골간으로 한 경제질서'를 열거하고 있으나, 정당해산 결정에서는 이를 열거하고 있지 않다. 그렇다면 '민주적 기본질서'와 '자유민주적 기본질서'는 명확히 구별되는 개념이고, 헌법재판소 역시 이 둘을 구별하고 있다고 보아야 한다.

정당해산결정에서도 '기본적 인권의 존중'을 민주적 기본질서의 요소로 보고 있는 만큼, 기본적 인권의 존중에 사유재산권 보장이 포함되어 있다고 본다면 두 결정 사이에 중대한 차이가 있다고 볼 것은 아니라는 견해도 있다. 위에서 살펴본 1999년 선고된 99헌마135 결정에서도 '자유민주적 기본질서'에 위배되는 정당이라도 헌법재판소의 해산 결정 이전까지는 보호된다는 판시에 비추어 보면 정당해산 사유인 민주적 기본질서와 자유민주적 기본질서를 동일시할 여지가 없는 것도 아니다.

그러나 국가보안법 결정(89헌가113)은 헌법재판소 초창기 사건이고, 오히려 그 뒤의 사건에서는 자유민주적 기본질서 자체를 보다 좁게 본 바 있다. 즉 헌법재판소는 2004년의 대통령 노무현 탄핵사건에서 "탄핵심판절차를 통하여 궁극적으로 보장하고자 하는 헌법질서, 즉 '자유민주적 기본질서'의 본질적 내용은 법치국가원리의 기본요소인 '기본적 인권의 존중, 권력분립, 사법권의 독립'과 민주주의원리의 기본요소인 '의회제도, 복수정당제도, 선거제도' 등으로 구성되어 있다는 점에서(헌재 1990. 4. 2. 89헌가113, 판례집 2, 49, 64), 대통령의 파면을 요청할 정도로 '헌법수호의 관점에서 중대한 법위반'이란, 자유민주적 기본질서를 위협하는 행위로서 법치국가원리와 민주국가원리를 구성하는 기본원칙에 대한 적극적인 위반행위를 뜻하는 것"이라 판시한 바 있다(헌재 2004. 5. 14. 2004헌나1, 판례집 16-1, 609, 656).

이를 어떻게 해석할 것인가. 이른바 좌파라고 할 수 있는 사회민주주의, 사회주의를 지향하는 정당이나 정치단체를 결성하고 활동하는 것도 위헌이 아니고 그들의 양심의 자유, 사상의 자유에 따라 정치활동을 할 수 있는데, 다만 우리 헌법 자신은 자유민주적 기본질서를 기본 이념으로 삼고,[3] 통일도 자유민주적 기본질서에 입각하여 추진되어야 한다고 해석하는 것이 민주주의 이념에 부합할 것이라 생각된다. 이러한 해석이 현행 법률 체계와도 조화된다고 생각된다.

우선 '자유민주적 기본질서'를 규정하고 있는 법령을 살펴보자.

(i) **국가보안법**은 제5조 자진지원·금품수수, 제6조 잠입·탈출, 제7조 찬양·고무 등, 제8조 회합·통신등의 구성요건으로 '자유민주적 기본질서를 위태롭게 한다는 정을 알면서'를 공통으로 들고 있다.

(ii) **통일교육법** 제3조 제1항도 통일교육의 기본원칙이라는 표제 하에 "통일교육은 자유민주적 기본질서를 수호하고 평화적 통일을 지향하여야 한다"고 규정하고 있다.

(iii) **교육기본법** 제17조의6도 '평화적 통일 지향'이라는 표제 하에 "국가 및 지방자치단체는 학생 또는 교원이 자유민주적 기본질서를 확립하고 평화적 통일을 지향하는 교육 또는 연수를 받을 수 있도록 필요한 시책을 수립·실시하여야 한다"고 규정하고 있다.

(iv) **법교육지원법** 제1조도 "이 법은 법교육을 체계적으로 지원하고 수행하는 데 필요한 사항을 정함으로써 국민들로 하여금 자율과 조화에 바탕을 둔 합리적인 법의식을 함양하고 자유민주적 기본질서를 **이해**하는 건전한 민주시민을 육성하여 법치주의 구현에 이바지함을 목적으로 한다"라고 규정하고 있다.

위 법조항들은 자유민주적 기본질서가 통일의 기본원칙이라는 점을 분명히 밝히고 있다는 점에서만 그 의의가 있을 따름이다. 법의 일반원칙으로서는 아래에서 보는 바와 같이 민주주의에서는 사상의 자유가 우선하기 때문에 가치상대주의를 택할 수밖에 없지만, 우리 국가가 지향하는 바가 자유민주적 기본질서를 바탕으로 하기 때문에 국민들이 자유민주적 기본질서를 올바르게 '이해'하는 데 도움을 주기 위하여 법교육 지원을 할 따름이다.

반면, 다원주의를 바탕으로 한 사상, 양심, 표현, 정치의 자유에 관한 법분야에서는 시장경제를 포함하는 자유민주적 기본질서가 아닌 경제질서와는 무관하고, 따라서 최소한 사회민주주의를 포함하는 개념으로 '민주적 기본질서'라는 문구가 사용되고 있다. 아래에서 개별 법규정을 살펴본다.

(v) **방송법** 제15조 제1항 방송의 공적 책임 조항 "방송은 인간의 존엄과 가치 및 민주적 기본질서를 존중하여야 한다" 및 제33조 제2항 1호 심의규정 조항 "제1항의 심의규정에는 헌법의 민주적 기본질서의 유지와 인권존중에 관한 사항이 포함되어야 한다."

(vi) **신문 등의 진흥에 관한 법률** 제3조 제3항 "신문 및 인터넷신문은 인간의 존엄과 가치 및 민주적 기본질서를 존중하여야 한다."

(vii) **영화 및 비디오물의 진흥에 관한 법률** 제29조 제7항의 상영등급분류 조항 "제2항 각 호의 상영등급에 대한 구체적인 분류기준은 다음 각 호의 사항을 고려하여 대통령령으로 정한다. 1. 「대한민국헌법」의 민주적 기본질서의 유지와 인권존중에 관한 사항(2호 이하 생략)"

(viii) **국가인권위원회법** 제1조 "이 법은 국가인권위원회를 설립하여 모든 개인이 가지는 불가침의 기본적 인권을 보호하고 그 수준을 향상시킴으로써 인간으로서의 존엄과 가치를 실현하고 민주적 기본질서의 확립에 이바지함을 목적으

로 한다.”

(ⅸ) **법관윤리강령** 전문(前文) “법관은 국민의 기본적 인권과 정당한 권리행사를 보장함으로써 자유·평등·정의를 실현하고, 국민으로부터 부여받은 사법권을 법과 양심에 따라 엄정하게 행사하여 민주적 기본질서와 법치주의를 확립하여야 한다.”

이들 법률 규정을 살펴보면 사상, 표현의 자유가 관련되는 곳에서는 시장경제질서를 포함하는 혹은 뜻하는, 자유민주적 기본질서에 반대하더라도 사상의 자유에 따라 자신의 신념을 표현할 수 있다는 뜻이다. 정치 분야에서도 마찬가지이다. 따라서 가령 사회주의를 지향하는 정당이라 하더라도 국민의 심판에 따라 그 흥망성쇠가 결정되어야 한다. 더욱이 국가인권회 나아가 법관으로 하여금 자유민주적 기본질서가 아닌 민주적 기본질서에 기초하여 활동할 것을 주문한 점은 그 의미를 결코 가볍게 볼 수 없다. 법관 자신이 자유민주적 기본질서가 아닌 사회민주주의 혹은 사회주의를 반대하거나 싫어한다고 하더라도 민주적 기본질서를 부인하지 않는 한도에서는 이를 존중하여 법을 해석하여 재판하여야 한다는 의무를 부과한 것이기 때문이다. 물론 자유민주적 기본질서에서 시장경제질서를 제외한 노무현 대통령 탄핵 결정이 판례의 묵시의 변경에 해당한다면 위와 같은 구별의 실익은 거의 없다.

넷째, 정당의 목적이나 활동이 민주적 기본질서에 ‘위배’되어야 한다. 민주적 기본질서의 위배란 민주적 기본질서에 대한 단순한 위반이나 저촉을 의미하는 것이 아니라, 민주사회의 불가결한 요소인 정당의 존립을 제약할 만큼 그 정당의 목적이나 활동이 우리 사회의 민주적 기본질서에 대하여 실질적인 해악을 끼칠 수 있는 구체적 위험을 초래하는 경우를 가리킨다고 보아야 한다. 이러한 요건 설정은 정당해산 제도의 남용을 방지하기 위해서 필요하다.

(판 례) ‘위배될 때’의 의미

　　헌법 제8조 제4항은 정당해산심판의 사유를 “정당의 목적이나 활동이 민주적 기본질서에 위배될 때”로 규정하고 있는바, 이 “위배될 때”의 해석 여하에 따라서는 정당의 목적이나 활동이 민주적 기본질서에 단순히 저촉되는 때에도 그 정당이 해산될 수 있다고 볼 수도 있을 것이다. 그러나 이러한 해석에 의하면 극단적인 경우 정당의 목적이나 활동이 민주적 기본질서와 부합하지 않는 부분이 경미하게라도 존재하기만 한다면 해산을 면할 수 없다는 결론도 가능한데, 이는 민주주의 사회에서 정당이 차지하는 중요성에 비추어 볼 때 쉽게 납득하기 어려운 결론이다.

정당에 대한 해산결정은 민주주의 원리와 정당의 존립과 활동에 대한 중대한 제약이라는 점에서, 정당의 목적과 활동에 관련된 모든 사소한 위헌성까지도 문제 삼아 정당을 해산하는 것은 적절하지 않다.

특정 정당을 해산하는 결정은 해산되는 정당의 이념을 우리 사회의 정치적 공론의 장에서 영구적으로 추방시키는 것이므로, 이러한 결정은 오늘날 우리의 민주주의에서 정당이 차지하는 핵심적 역할에 비추어 볼 때 매우 극단적인 조치로 이해되어야 하고, 따라서 매우 제한된 상황 속에서만 활용되어야 한다는 것은 앞서 본 바와 같다.

그렇다면 헌법 제8조 제4항에서 말하는 민주적 기본질서의 위배란, 민주적 기본질서에 대한 단순한 위반이나 저촉을 의미하는 것이 아니라, 민주 사회의 불가결한 요소인 정당의 존립을 제약해야 할 만큼 그 정당의 목적이나 활동이 우리 사회의 민주적 기본질서에 대하여 실질적인 해악을 끼칠 수 있는 구체적 위험성을 초래하는 경우를 가리킨다.

헌재 2014. 12. 19. 2013헌다1, 판례집 26-2하, 1, 23-24

다섯째, 정당해산의 헌법 정당화 사유로서 비례원칙을 준수하여야 한다. 즉 "해당 정당의 위헌적 문제성을 해결할 수 있는 다른 대안적 수단이 없고, 정당해산결정을 통하여 얻을 수 있는 사회적 이익이 정당해산결정으로 인해 초래되는 정당활동 자유 제한으로 인한 불이익과 민주주의 사회에 대한 중대한 제약이라는 사회적 불이익을 초과할 수 있을 정도로 큰 경우에 한하여 정당해산결정이 헌법적으로 정당화될 수 있다"는 것이 판례의 입장이다. 이는 정당해산도 피해의 최소성 원칙 및 법익의 균형성 원칙에 부합하여야 한다는 것이다. 역시 정당해산 남용 방지의 기본입장과 상통한다.

이러한 헌법재판소의 다수의견에는 김이수 재판관의 반대의견이 있다. 반대의견은 다수의견의 기본이론 설시에 반대하는 것이 아니고, 피청구인 정당의 행위가 사건 심리 결과 민주적 기본질서에 위반되지 않는다고 보았다는 차이가 있다. 즉 피청구인이 주장하는 민중주권이 국민주권 원리를 부인하는 것도 아니고, 피청구인의 활동이 민주적 기본질서에 대한 실질 해악을 끼칠 구체적 위험이 있다고 보기에는 부족하고, 해산결정은 비례원칙에 위반된다고 보았다.

헌법재판소의 정당해산 결정 당시, 이미 통합진보당의 소위 주류세력에 대한 국민의 지지는 상당 부분 철회되었고, 소위 비주류세력은 분당하였다. 오히려 이들 비주류세력이 새로 만든 정당이 진보의 대표주자로 떠올랐다. 즉 정당해산결정을 하지 않더라도 해당 정당은 스스로 소멸되거나, 존립하더라도 국민의 정치적 의사형성에 미치는 영향력이 극히 미미하여 민주적 기본질서에 실질적 해악을 끼치지는 못할 것이라 판단되었기 때문에 굳이 정당해산이라는 칼을 휘두를 필요는 없었으리라 생각된다. 나아가 정당해산과 함께 국회의원직을 상실한 일부는 보궐선거에도 출마하였고, 주류 세력들은 지방선거에도 입후보하였다. 이는 정당해산으로 보호하고자 하는 헌법수호라는 공익은 실제에서는 전혀 보호되지 못하였다는 것을 의미한다. 이 점에서도 정당해산결정은 오발탄이라고 볼 수밖에 없다. 통합진보당 해산결정으로 의원직을 잃은 대부분의 사람들은 지금도 정치활동을 하고 있다.[4]

V. 정당해산심판결정

1. 종국결정

정당해산심판의 결정에는 각하, 기각, 해산결정이 있다. 정부가 정당해산심판청구를 취하하거나 피청구인 정당이 자진해산한 경우에는 심판절차종료선언을 해야 한다고 본다. 이에는 헌법재판소의 공식 선언 없이 사건등록부에 해당 사건이 취하되었음을 표기하고 삭제하는 것으로 절차는 종료된다고 보는 견해도 있다. 또한 자진해산의 경우에는 헌법 문제를 풀어 밝히기 위하여 필요한 경우 피청구인 정당의 목적이나 활동이 민주적 기본질서에 위배되었음을 확인할 수 있다는 견해도 있다.

해산을 명하는 경우의 주문은 "1. 피청구인 ○○당을 해산한다"이다. 정당해산을 명하는 결정이 선고된 때에는 그 정당은 해산된다(제59조). 즉 선고시점이 정당해산결정의 효력발생시점이다.

정당해산을 명하는 결정서는 피청구인 외에 국회·정부 및 중앙선거관리위원회에도 이를 송달하여야 한다(제58조 제2항). 정당해산결정의 집행은 정당법의 규정에 의하여 중앙선거관리위원회가 행한다(제60조). 헌법재판 유형 중 유일하게 집행규정이 있는 경우이다.

선거관리위원회는 헌법재판소의 해산결정의 통지가 있는 때에는 그 정당의 등록을 말소하고 지체없이 그 뜻을 공고하여야 한다(정당법 제47조). 헌법재판소의 해산결정이 창설 효력을 갖고, 선거관리위원회의 공고는 해산을 확인하는 행위이다.

2. 해산결정의 효력

해산결정의 효력은 다음과 같다. ① 대체정당은 금지된다. "해산된 정당의 강령(또는 기본정책)과 동일하거나 유사한 것으로 정당을 창당하지 못한다"(정당법 제40조). ② 해산된 정당의 명칭과 같은 명칭은 정당의 명칭으로 다시 사용하지 못한다(동법 제41조 제2항).[5] ③ 해산된 정당의 잔여재산은 국고에 귀속한다(동법 제48조 제2항). ④ 정당해산심판결정에 기속력을 인정하는 명문 규정은 없다. 따라서 청구권자인 정부에 대하여는 기속력이 미친다는 견해도 있을 수 있으나, 헌법재판소가 특정 정당의 헌법위반 활동으로 해산을 명한 결정이 모든 국가기관을 기속하지 않는다는 것은 상상하기 어렵다. 탄핵결정에도 명문으로 기속력을 인정하는 조항은 없으나, 기속력을 부인할 수는 없다. 다만 정당해산결정의 기속력 인정 여부에 따라 어떤 차이가 있는지, 논의의 실익이 있는지는 의문이다. ⑤ 해산된 정당의 소속의원이 의원직을 상실하는지 여부에 관하여는 헌법이나 법률에 아무런 규정이 없다.

(판 례) 정당해산심판제도의 본질적 효력과 의원직 상실 여부

헌법재판소의 해산결정에 따른 정당의 강제해산의 경우에는 그 정당 소속 국회의원이 그 의원직을 상실하는지 여부에 관하여 헌법이나 법률에 아무런 규정을 두고 있지 않다. 따라서 위헌으로 해산되는 정당 소속 국회의원의 의원직 상실 여부는 위헌정당해산제도의 취지와 그 제도의 본질적 효력에 비추어 판단하여야 한다.

정당해산심판제도의 본질은 그 목적이나 활동이 민주적 기본질서에 위배되는 정당을 국민의 정치적 의사 형성과정에서 미리 배제함으로써 국민을 보호하고 헌법을 수호하기 위한 것이다. 어떠한 정당을 엄격한 요건 아래 위헌정당으로 판단하여 해산을 명하는 것은 헌법을 수호한다는 방어적 민주주의 관점에서 비롯되는 것이고, 이러한 비상상황에서는 국회의원의 국민대표성은 부득이 희생될 수밖에 없다.

국회의원이 국민 전체의 대표자로서의 지위를 가진다는 것과 방어적 민주주의의 정신이 논리 필연적으로 충돌하는 것이 아닐 뿐 아니라, 국회의원이 헌법기관으로서 정당기속과 무관하게 국민의 자유위임에 따라 정치활동을 할 수 있는 것은 헌법의 테두리 안에서 우리 헌법이 추구하는 민주적 기본질서를 존중하고 실현하는 경우에만 가능한 것이지, 헌법재판소의 해산결정에도 불구하고 그 정당 소속 국회

의원이 위헌적인 정치이념을 실현하기 위한 정치활동을 계속하는 것까지 보호받을 수는 없다.

만일 해산되는 위헌정당 소속 국회의원들이 의원직을 유지한다면 그 정당의 위헌적인 정치이념을 정치적 의사 형성과정에서 대변하고 또 이를 실현하려는 활동을 계속하는 것을 허용함으로써 실질적으로는 그 정당이 계속 존속하여 활동하는 것과 마찬가지의 결과를 가져오게 될 것이다. 따라서 해산정당 소속 국회의원의 의원직을 상실시키지 않는 것은 결국 위헌정당해산제도가 가지는 헌법수호의 기능이나 방어적 민주주의 이념과 원리에 어긋나는 것이고, 나아가 정당해산결정의 실효성을 제대로 확보할 수 없게 된다.

이와 같이 헌법재판소의 해산결정으로 해산되는 정당 소속 국회의원의 의원직 상실은 정당해산심판제도의 본질로부터 인정되는 기본적 효력으로 봄이 상당하므로, 이에 관하여 명문의 규정이 있는지 여부는 고려의 대상이 되지 아니하고, 그 국회의원이 지역구에서 당선되었는지, 비례대표로 당선되었는지에 따라 아무런 차이가 없이, 정당해산결정으로 인하여 신분유지의 헌법적인 정당성을 잃으므로 그 의원직은 상실되어야 한다.

헌재 2014. 12. 19. 2013헌다1, 판례집 26-2하, 1, 113-114

정당해산의 경우에 소속의원의 의원직 상실 여부는 입법으로 해결하는 것이 바람직하다. 헌법재판소는 위 결정의 주문 제2.항에서 "피청구인 소속 국회의원 ○○○, ○○○는 의원직을 상실한다"고 명시하였다. 독일 연방선거법은 의원직 상실을 명시하고 있다. 해석론으로서는 의원직을 상실하지 않는다고 보는 것이 타당하다.

첫째, 선거가 국민주권의 행사라는 점에 비추어 의원직 상실은 헌법 또는 법률에 명시된 경우에 한하는 것이 타당하다. 1962년 헌법 제38조는 소속정당이 해산된 때에는 국회의원 자격이 상실됨을 명시하였다.

둘째, 제3공화국 헌법은 무소속 출마를 금지하는 등 초정당국가를 지향하였으므로 위와 같은 정당해산에 따른 의원직 상실을 규정하는 것이 자연스러웠고, 오히려 일관성이 있었다. 그러나 무소속 입후보를 허용하는 현행 규정상 정당해산과 의원직 상실이 반드시 연결되어야 할 필요도 없고, 이론상 연결점을 찾는 것도 어렵다.

셋째, 자유위임의 원칙에 비추어 소속의원의 정당에 대한 기속은 헌법과 법률에 명시된 범위에 한정되므로 정당해산에 따라 의원직은 상실하지 않는다는 견해도 있다. 그러나 자유위임원칙이나 정당에의 기속 문제는 의원 개인의 의사와 정당의 의사가 서로 다를 때의 문제이지 정당해산과 의원직 상실과는 그 어떤 논리의 연관을 찾아볼 수 없다.

넷째, 공직선거법 제192조 제4항은 "비례대표국회의원 또는 비례대표지방의회의원이 소속정당의 합당·해산 또는 제명외의 사유로 당적을 이탈·변경하거나 2 이상의 당적을 가지고 있는 때에는 …… 퇴직된다"고 규정하고 있을 뿐이므로 해산의 경우 의원직이 상실되지 않는다고 규정하고 있다. 여기서 '해산'을 자진해산만을 의미한다고 보는 견해는 강제해산된 경우에는 의원직이 상실된다고 한다. 그러나 그렇게 해석하여야 할 아무런 근거는 없다. 또한 그렇게 해석하더라도 이는 비례대표의원의 경우에만 그렇다는 것이지 지역구국회의원의 의원직 상실의 근거가 될 수는 없다. 반대해석에 의하면 비례대표의원만 그 직이 상실된다는 뜻을 규정한 것으로 보아야 한다. 만일 해당 의원의 활동이 정당해산결정의 근거가 된 경우에는 그 의원을 제명하는 방법(헌법 제64조 제3항)이 있기 때문에 헌법이나 법률의 근거 없이 정당해산결정으로 당연히 국회의원직이 상실된다고 해석할 수는 없다.

헌법재판소는 통합진보당 사건에서 지방의회의원의 의원직 상실 여부에 관해서는 판단하지 않았다. 청구취지에 포함되어 있지 않았기 때문이다. 중앙선거관리위원회는 헌법재판소의 위 결정 직후 비례대표 지방의회의원 역시 의원직을 상실한다고 결정하였다. 위에서 설명한 바와 같이 공직선거법상의 위 해산은 자진해산만을 의미한다는 이유에서였다. 이에 구 통합진보당 소속 지방의회의원 일부가 중앙선거관리위원회의 위 결정에 대하여 행정소송을 제기하였는데, 서울행정법원은 2015년 9월 "'지방의회의원 퇴직 통보'는 퇴직에 관한 법률 조항의 의미를 선언한 것에 불과하여 구체적인 사실에 관한 법 집행이 아니므로 행정소송의 대상이 되지 아니 한다"고 각하 결정을 내렸다. 반면 전주지방법원은 2015. 11. 25. 구 통합진보당 소속 전라북도의회 의원이 전라북도의회의장을 피고로 하여 제기한 '비례대표 지방의회의원 퇴직처분 취소 및 의원직 지위확인' 소송에서 원고 승소 판결을 내렸다 재판부는 판결문에서 "지방자치법이 지방의회의 자율권을 일정 부분 보장하고 있는 이상, 중앙선관위와 전북선관위 또는 전북도는 원고의 지방의원직 퇴직 또는 상실 여부를 결정할 아무런 권한이 없고 (……) 공직선거법 제192조 제4항은 비례대표 지방의원이 자의로 당적을 벗어나는 경우 당연 퇴직하도록 하는 한편, 타의로 당적을 이탈·변경하게 되면 그 직을 보장해주겠다는 의미로 해석하는게 자연스럽다"고 하였다. 해당 도의원은 무소속으로 활동하다 다른 당에 가입하여 임기를 다 채웠다.

폭력시위, 테러 등을 수단으로 하여 정권탈취나 정부의 전복을 목적으로 하는 정당이 있는지 의문이지만, 만일 있다면 이러한 폭력 정당만이 위헌정당해산심판의 대상이 되어야 한다. 양심적 병역거부 사건에서의 아래 헌법재판소 설시는 두고두고 음미할 만하다.

"다수결을 기본으로 하는 민주주의 의사결정구조에서 다수와 달리 생각하는 이른바 '소수자'들의 소리에 귀를 기울이고 이를 반영하는 것은 관용과 다원성을 핵심으로 하는 민주주의의 참된 정신을 실현하는 길이 될 것이다"(헌재 2018. 6. 28. 2011헌바379 등, 판례집 30-1하, 370, 419).

주

■ 제 1 장 총 론

1) 미국과 일본 헌법에는 최고법규임을 선언하는 조항이 있다(미국 헌법 제6조 제2항, 일본 헌법 제98조). 우리 헌법은 명문규정은 없고, 헌법재판소는 헌법의 최고법규성을 당연히 인정하고 있다(헌재 1989. 9. 8. 88헌가6).

2) 다만 영국은 형식적 의미의 헌법도, 헌법재판제도도 없기 때문에 이 비판은 영국에는 그대로 들어 맞지 않는다.

3) 물론 일반국민이 진정한 헌법제정권력을 행사하였는가, 최초의 성문헌법인 미국헌법도 유산계급의 재산권 보호를 기본 목적으로 한 것이 아닌가, 헌법재판 역시 기득권 세력이 일종의 보험으로 생각하고 받아들인 것은 아닌가 하는 비판이 넓게 퍼져 있는 것은 사실이다.

4) 미국, 일본 등 분산형의 경우에는 위헌결정의 형태는 '적용위헌(as-applied unconstitutionality)'이 원칙이다. 즉 법률이 위헌으로 결정되더라도 그 법률이 무효나 폐지되는 것이 아니고 구체적 사건에서 그 적용을 거부하는 것이다. 반면, 막연함(vagueness)이나 과도한 광범성(overbreadth)을 이유로 해당 규정 자체를 위헌으로 선언하는 것은 '문면상 위헌(facial unconstitutionality)'이라 한다.

5) Martin Luther v. Luther M. Borden, 마틴 루터는 극소수의 부자들에게만 선거권을 부여하여 정부를 구성한 로드 아일랜드 주정부는 연방헌법 제4조가 규정한 모든 주는 공화국이어야 한다는 조항을 위반하였으므로 적법 정부가 아니고, 무산자들에게도 모두 선거권을 부여한 투표로 이루어진 자신들이 만든 정부가 합헌 정부라고 주장하였다.

6) '당파적 게리만더링', '정치적 문제'라는 말을 쓰는 것이 보통이나 일본식 표현이라 가급적, 의도적으로(될 수 있으면 일부러) 쓰지 않았다. 또한 바로 윗부분을 보통은 미 연방대법원이 '사법심사적 합성(justiciability)'을 부인하였다고 하는데, 사법심사의 대상이 되지 않는다고 하였다는 조금은 쉬운 말로 고칠 수 있다. 한편 '인종 게리만더링(racial gerrymandering)'은 미 연방대법원이 사법심사를 하고 있는데, 인종 게리만더링은 거의 대부분 공화당 쪽에서 민주당 지지성향이 강한 지역에서 문제가 되는 점을 감안하면 양자가 엄격히 구별될 수 있는지 의문이다.

7) '평화', '평화적 생존권'이 추상성을 띤 막연한 개념이라면 자유, 민주, 정의, 평등, 행복, 존엄 등도 마찬가지다.

8) 주선아, "양벌규정 위헌결정에 따른 실무상 문제점에 대한 연구", 법원도서관 재판자료 제123집, 2012, 117쪽.

9) 다만 이 사건은 심판청구 이후 피청구인이 3인의 후임 재판관을 선출하고, 청구인이 제기한 다른 헌법소원심판청구에 대하여 재판관 9인의 의견으로 종국결정이 선고됨으로써 주관적 권리보호이익이 소멸하였다는 이유로 각하되었다.

10) 향후 이러한 관행이 법적 확신을 얻어 관습헌법이 될 수도 있다는 견해도 있다. 그러나 관습헌법을 인정한다고 하더라도 법률효력밖에 없다고 볼 것이다. 따라서 법률 개정으로 이와 다른 내용을 규정할 수 있다.

■ 제 2 장 일반심판절차

1) 지난 정권이 국가폭력을 동원하여 평화시위를 강제진압하고, 헌법재판소는 물대포 직사살수는 반복될 위험이 없으므로 각하한 사례가 있었다는 반성에 기초하였다고 보인다. 나아가 백남기 농민을 청구인으로 보지 않으면 이 사건은 각하될 운명이었다는 점이 크게 작용하여 자신의 종전 견해와 정반대되는 견해를 내놓은 것으로 평가된다. 법적 안정성 측면에서는 매우 위험한 행보라 판단된다. 다른 이론으로 소송요건 심사를 통과할 수 있었다고 본다. 참고로 이 사건의 주문은 다음과 같다. "1. 피청구인들이 2015. 11. 14. 19:00경 종로구청입구 사거리에서 살수차를 이용하여 물줄기가 일직선 형태로 청구인 1에게 도달되도록 살수한 행위는 청구인 1의 생명권 및 집회의 자유를 침해한 것으로서 헌법에 위반됨을 확인한다. 2. 청구인 2, 3, 4의 각 심판청구 및 청구인 1의 나머지

심판청구를 모두 각하한다."

2) 법정소송담당은 현행법상 다음의 4가지 형태가 있다. ① 병행형: 채권자대위권, 회사대표소송 주주, 공유자 중의 1인(보존소송), 채권질에서의 질권자, ② 갈음형: 파산관재인, 회생관리인, 유언집행자, ③ 직무상당사자: 가사소송-사망시 검사(친권상실 등), ④ 임의적: 선정당사자, 자산관리공사.

3) 헌법재판소는 피청구인인 노무현 대통령 측의 고지 및 청문(의견진술) 절차가 주어지지 않았다는 항변을 배척하기 위하여 위 논리를 동원하였다. 그러나 이는 언론 등을 통하여 청구인인 국회나 피청구인인 대통령 모두 자신의 의견을 충분히 개진하였기 때문에 특별히 적법절차원칙이 보장되어야 할 실익이 없다는 논리로 피해갈 수 있었다. 또 한 가지 주의할 점이 있다. 헌법재판소는 탄핵'**소추**'절차에 적법절차원칙이 적용되지 않는다고 하였지, 탄핵'심판'절차에 적법절차원칙이 적용되지 않는다고 하지는 않았다.

4) 실제 헌법재판소가 증거조사를 한 경우는 방송법, 신문법 등 날치기통과사건(헌재 2009. 10. 29. 2009헌라8·9·10(병합)), 통합진보당 해산사건(헌재 2014. 12. 19. 2013헌다1) 등 극히 드물다.

5) 가령 원고의 1억원 지급청구에 전액 인용>8천만원 인용>6천만원 인용 순서대로 유리하고, 검사의 5년 징역 구형에는 5년>4년>3년 순으로 원고, 검사에게 유리하다. 다만 우리나라 사실심 법원은 합의부인 경우에는 모두 3인이므로 어느 쪽을 기준으로 하는가는 그 실익이 없다. 12인 혹은 13인의 대법관이 재판하는 상고심에서 의의가 있다.

6) 이 결정의 의견 배치는 각하-기각-인용의견 순으로 배치되었다. 4:1:4로 갈린 상황에서 1인 재판관의 의견이 법정의견이 되어 그 의견을 앞에 세울 수는 없었을 것으로 생각된다. 한편 실수인지 예외인지는 알 수 없으나, 헌법재판소는 헌재 2000. 12. 14. 2000헌마659 결정 등에서는 5인의 위헌의견을 법정의견보다 앞에 두었다. 본문의 헌법불합치 주문 결정례의 95헌가6등의 결정도 5인의 위헌의견이 법정의견인 2인의 헌법불합치 의견보다 앞에 나온다. 이후 위와 같은 예외는 보이지 않는 것으로 파악된다. 그러다 2020. 10. 29. 2016헌마86 장애인시험용 이륜자동차 미비치 위헌확인 사건 결정문은 5인의 위헌의견이 앞에 나온다. 4인의 각하의견이 있는데 법정의견은 그 어느 견해도 아닌 기각이다. 그 어느 의견도 법정의견이 되지 못하니 다수의견이 결정문에 먼저 등장하는 것으로 이해하면 되겠다. 반면, 헌재 2020. 10. 29. 2019헌가15 특정경제범죄 가중처벌 등에 관한 법률 제5조 제4항 제2호 위헌제청 사건의 결정문은 4인의 합헌의견이 앞에 나온다. 4인의 합헌 결정이 법정의견으로 채택되었기 때문이다. 다만 이 결정과 같은 의견 배치 순서가 앞으로도 계속될지는 알 수 없다.

7) 다만 다음과 같은 반론이 있다. 위와 같은 평의 방식의 쟁점별 합의로의 변경 문제는 재판의 전제성, 심판이익이나 청구인적격, 청구기간 등 청구인의 권리보호와 관계될 때만 인정하자는 것이다. 관습법이 위헌법률심판의 대상이 되는가에 대하여는 각하의견 그대로 유지해도 무방할 것으로 판단된다는 것이다(헌재 2016. 4. 28. 2013헌바396). 또한 위 사건에서와 같이 합헌 4, 위헌 2, 각하 3일 때는, 각하 의견이 위헌 의견에 가담해도 5인에 불과하므로 본안판단을 해도 결론은 마찬가지라는 것이다.

8) 넓은 의미의 입법사실은 가령, 청소년대상성범죄나 소위 원조교제가 만연하고 있다는 좁은 의미의 '입법사실(legislative fact)'과 신상공개 혹은 전자발찌라는 수단을 사용하면 이런 입법사실을 없애거나 줄일 수 있다는, 즉 효과가 있다는 점까지 포함한다.

9) 양 건, 323쪽은 경제적 자유에 속하는 직업선택의 자유가 개인의 핵심적 자유영역에 속한다고 본 위 결정을 비판하고 있다.

10) 이후 "이 사건으로 돌아와 보건대 (……) 직업선택의 자유가 문제되는 것이 직업수행의 자유가 문제되는 것이므로 (……) 입법자의 판단이 현저하게 잘못되었는가'하는 명백성의 통제에 그치는 것이 타당하다고 본다"고 하였다.

11) 미국의 Megan's Law, 영국의 Sara Act 등이 특히 6~7세 가량의 어린이에 대한 성폭행에 대응하기 위한 것과 대비된다.

12) 그러나 법조문 제1조에 규정된 '입법목적'이나 법률의 제정이나 개정을 할 때의 개정이유 등, 겉으로 드러난 것에 따라 입법목적을 판단해서는 안 된다. 법제정 당시의 상황을 전하는 각종 언론과

국회 및 각 정당의 회의기록을 살펴보아야 한다. 소위 원조교제범 신상공개 관련 법안 의결 당시의 국회 속기록을 살펴보면 당시 한나라당 권영자 의원의 발언은 다음과 같다. "(……) 첫째, 청소년에 대한 각종 성착취행위 및 성폭력행위를 중대범죄행위로 규정하여 특히 엄하게 처벌함으로써 이러한 유해행위로부터 청소년에 대한 보호를 강화하였습니다. (……) 셋째, 청소년을 대상으로 하는 성매매 및 성폭력범죄를 행한 자에 대하여는 그 신상을 공개할 수 있는 근거를 마련함으로써 청소년성범죄행위에 대한 일반국민의 경각심을 높이고 범죄예방효과를 강화하였습니다(국회사무처, 국회본회의 회의록, 제209회 국회 제5호, 2001. 1. 14., 4쪽).

위의 속기록을 볼 때 신상공개는 형벌 혹은 처벌의 일반적 속성인 특별예방효과와 일반예방효과가 모두 나타나 있음을 알 수 있다. 당시 청소년보호위원회의 누리집에 게시되어 있던 청소년성보호법 해설 2쪽에서도 일방예방효과와 특별예방효과를 위하여 성범죄자의 신상을 공개한다고 설명하고 있었다. 더욱이 법제정 당시 국회 정무위원회 수석전문위원이 보고한 검토보고에서도 "개인의 범법사실 등을 공표한 예는 찾아보기 어렵고, 신상공개제도의 도입은 청소년 성매매관련 범죄를 가중처벌하는 이외에 범법자 개인의 명예에 대해서도 강력한 제재를 가함으로써 청소년 성매매행위를 근절하려는 것인 바, 체면을 중시하는 우리 사회에서는 다른 어떤 형벌보다 강력한 제재수단이 될 수도 있어 범죄의 예방효과가 클 것으로 예상됩니다"라고 하였다(보고서, 15쪽).

13) 선생님들의 종교의 자유, 흡연권, 음주·클럽을 통한 행복추구권의 행사가 학생들에게 미치는 영향이 훨씬 크므로 이들 자유의 행사를 금지하여야 한다는 비아냥이 어제 오늘의 일이 아니다.

14) 약간의 이론구성상의 어려움이 있지만, 앞서 살펴본 백남기 농민 사건에서 이 결정을 원용할 수 있었다고 본다.

15) 헌법재판소는 중앙당뿐만 아니라 지구당도 독자성을 가진 단체로서 법인격 없는 사단으로 보고 있다. 헌재 1993. 7. 29. 92헌마262.

16) 기소유예 불기소장에 항상 나타나는 문구인 "엄히 훈계한 후"는 반성문을 제출받았다는 뜻이다. 따라서 반성문 제출은 기소유예 통지로 보아야 한다는 검찰의 실무관행에 따른 입장을 반영한 것으로 볼 수 있다.

17) 가장 쉬운 예는 다음이다. 5만명의 투표총수(＝유효투표수로 가정)가 집계된 어느 선거구에서 결과는 4만표 대 1만표로 갈리었다. 그중 한 1만명의 투표구에서 부정선거가 수백장 혹은 수천장 발견되었다. 이 투표구의 모든 투표가 1만표 후보자에게 간다고 하더라도 재검표 결과는 3만표 대 2만표로 당락이 바뀌지 않는다. 이 경우 위법하기는 하지만 선거를 무효로 하지 않는 사정판결을 한다.

18) 물론 위헌법률심판에는 사정판결 규정이 없는 민사소송 법령만 준용될 뿐이므로 이 문제는 발생하지 않는다.

19) 위 헌법재판소 결정과 아래 대법원 판례를 살펴보면 국가작용에 기간을 설정한 것은 거의 대부분 훈시규정으로 해석하고, 국민의 권리행사 기간을 제한하는 규정은 모두 불변기간으로 본다는 근본 차이가 있다. 참고로 대법원이 훈시규정으로 판단한 기간 관련 판결은 판례번호만 소개한다. 대판 2011. 2. 24. 2010두21464; 대결 1982. 1. 15. 자 81그19; 대판 2008. 2. 1. 2007다9009; 대판 2008. 2. 1. 2007다9009; 대판 2017. 3. 16. 2016두54084.

20) 이 규정으로도 우리 헌법재판소법이 독일이 아닌 오스트리아 법제를 기본으로 삼았음을 알 수 있다.

21) 한편, 법령소원에서 당해 법률에 기한 공권력의 행사의 효력을 정지하여 달라는 가처분(집행정지) 신청에서 헌법재판소는 각하하지 않고 9인 재판관 전원일치의 의견으로 기각하였는 바, 이러한 가처분도 가능하다는 전제에 서 있다. 대통령이 1991. 3. 8. 행한 자치구·시·군의회의원 선거공고 처분은 헌법재판소 91헌마44 지방의회의원선거법 제36조 제1항(기탁금 규정)에 대한 헌법소원의 심판이 있을 때까지 일시 정지한다라는 결정을 구하는 집행정지신청(1995. 5. 19. 91헌사19) 사건이다. 그러나 긴급성을 요하는 가처분사건을 신청시로부터 4년이 더 지나서 판단하면서 이유없다고 기각하는 것은 모순이 아닐까 한다. 가처분의 경우 기각, 각하를 엄격히 구별하지 않고 단순히 '이유없다'고 하면서 신청을 기각하는 것이 보통이다. 그러나 법인이나 단체의 대표권 없는 자가 신청한 경우와 같이 신청 자체에 명백한 흠이 있는 경우에는 각하하기도 한다(대판 2011. 3. 24. 2010다96997 참조).

22) 가령, 민사집행법 제300조 제2항 "가처분은 다툼이 있는 권리관계에 대하여 임시의 지위를 정하기 위하여도 할 수 있다", 상법 제407조 제1항 "이사선임결의의 무효나 취소 또는 이사해임의 소가 제기된 경우에는 법원은 당사자의 신청에 의하여 가처분으로써 이사의 직무집행을 정지할 수 있고 또는 직무대행자를 선임할 수 있다"는 규정이 가처분의 근거규정이다. 반면, 민사집행법 제301조(가압류절차의 준용), 제303조(관할법원), 제305조(가처분의 방법), 제306조(법인임원의 직무집행정지 등 가처분의 등기촉탁) 등은 가처분의 절차규정에 해당한다.

23) 권한쟁의심판에는 행정소송법이 우선하므로 집행정지규정이 가처분규정보다 우선 적용된다.

24) 긍정설은 이 경우 법령의 내용을 정하는 것은 허용되지 않는다고 할 수도 있다. 그러나 헌법재판소는 권리구제형 헌법소원의 하나로 입법부작위 위헌확인 헌법소원을 인정하고 있는데 이때의 가처분은 헌법재판소가 스스로 법령의 내용을 정하여 이를 잠정 시행·적용하도록 하는 형식이 될 것이므로 본문에서의 논의와 같이 가처분의 본질을 벗어난다.

25) '헌재 2002. 4. 25. 2002헌사129' 결정의 3인 반대의견도 "위 군행형법시행령 규정은 미결수용자에게 외부인과의 면회를 주 2회 허용하고 있으므로 이 기회에 신청인들은 다수의견이 설시하는 바와 같은 면회의 목적을 대체로 달성할 수 있을 것이고, 여기에다 변호인과의 접견이 원칙상 제한 없이 허용되고 있는 점 등을 종합하면 면회제한 규정의 효력을 가처분에 의하여 긴급히 정지시켜야 할 급박한 필요성이 인정되지 않는다"고 하였다(판례집 14-1, 433).

26) 소송참가에는 독립당사자참가, 공동소송참가, 공동소송적 보조참가, 보조참가 등이 있다. 민사소송법은 제2장 제3절 제71조부터 제86조까지에 소송참가를 규정하고 있다. 헌법재판에서는 공동소송참가나 보조참가가 문제될 따름이다. 보조참가의 핵심은 참가적 효력이다. 보조참가인이 피참가인을 보조하여 공동으로 소송을 수행하였으나 피참가인이 소송에서 패소한 경우에는 형평의 원칙상 보조참가인이 피참가인에게 패소판결이 부당하다고 주장할 수 없도록 구속력을 미치게 하는 효력을 말한다. 전소 확정판결의 참가적 효력은 전소 확정판결의 결론의 기초가 된 사실상·법률상 판단으로서 보조참가인이 피참가인과 공동이익으로 주장하거나 다툴 수 있었던 사항에 미친다(대판 2020. 1. 30. 2019다268252).

27) 헌법재판소의 위헌결정은 일반적 기속력과 대세적·법규적 효력을 가져 소송당사자나 국가기관 이외의 일반 사인에게도 그 효력이 미치기 때문이다.

28) 상세히 설명하는 재판관 2인은 법률유보원칙에, 다른 2인은 과잉금지원칙에 위반된다고 하였다. 재판관 3인은 둘 다에 위반한다고 보았다.

29) 이 결정에 대해서는 소송법 측면 외에 헌법사회학 측면에서 비판할 점이 많다. 법인과 자연인의 인격을 엄격히 분리하고 있는 우리나라 법제 및 판례에 비추어 부당하다는 것과 재벌 오너는 거액을 기부할 수 있는 반면 노동자들은 그렇지 못하다는 점을 에둘러 외면하였다는 비판이 그것이다.

30) 집행의 가장 쉬운 예가 건물명도집행이다. 파면결정의 집행이라는 개념은 사실상 생각하기 어렵다.

■ **제3장 위헌법률심판**

1) 정남철 교수는 "대법원은 행정기관인 권익위가 다른 행정기관의 장에게 일정한 의무를 부과한 것으로 보았는데, 행정기관의 장인 개인이 항고소송을 제기하는 것으로 보는 것이 타당하다"고 한다. 법률신문 2018. 10. 22.; 한편 대법원은 국민권익위원회가 경기도선거관리위원회위원장에게 특정 내용의 조치요구를 한 사안에서도 위와 같은 판단을 하였다. 대판 2013. 7. 25. 2011두1214.

2) 형사재판의 가장 간단한 주문례는 다음과 같다.
【주 문】 피고인을 징역 8월에 처한다. 이 판결선고 전의 구금일수 51일을 위 형에 산입한다.

3) 주문에 관리처분계획은 무효이다 또는 유효하다 등의 문구가 들어가지는 않는다. 판결 이유 중에 "~~~~하여 무효라고 볼 수 없으므로 원고 조합의 건물명도청구는 적법하다"라고 판시한다.

4) 국어기본법 제3조 (정의) 이 법에서 사용하는 용어의 뜻은 다음과 같다. 1. "국어"란 대한민국의 공용어로서 한국어를 말한다. 2. "한글"이란 국어를 표기하는 우리의 고유문자를 말한다. 3. "어문규범"이란 제13조에 따른 국어심의회의 심의를 거쳐 제정한 한글 맞춤법, 표준어 규정, 표준 발음법, 외래어 표기법, 국어의 로마자 표기법 등 국어 사용에 필요한 규범을 말한다. 4. "국어능력"이란 국

어를 통하여 생각이나 느낌 등을 정확하게 표현하고 이해하는 데에 필요한 듣기・말하기・읽기・쓰기 등의 능력을 말한다.

5) 소위 '날치기 통과'된 노동관계법이 악법이기 때문에 노동단체들이 파업 등으로 반발한 사건이다.

6) 교육기본법(1997. 12. 13. 법률 제5437호) 제8조 (의무교육) ① 의무교육은 6년의 초등교육 및 3년의 중등교육으로 한다. 다만, 3년의 중등교육에 대한 의무교육은 국가의 재정여건을 고려하여 대통령령이 정하는 바에 의하여 순차적으로 실시한다; 구 교육법(중등교육에 대한 의무교육) 제8조의2 규정에 의한 3년의 중등교육에 대한 의무교육은 대통령령이 정하는 바에 의하여 순차적으로 실시한다; 그러나 이 결정은 잘못되었다고 본다. 뒤의 '심판대상의 확장'에서 보는 바와 같이 심판대상에 포함되어야 한다. 3인의 반대의견이 판시한 바와 같이 신구 조항은 법이 바뀌고 규정형식도 같지만, 사실상 같은 내용이기 때문이다. 지방의회의원선거법이 폐지되고 4개 선거를 일괄 규정한 통합선거법이 제정되었는데 정부출연기관임직원의 출마제한 조항 내용이 같으므로 신, 구법을 모두 심판대상에 포함한 사례가 있다.

7) '공직선거법' 또는 '선거법'이라 표기하여야 한다. 굳이 일본에서 사용한 '공선법'을 계속 사용하는 이유를 모르겠다.

8) 주석 헌법재판소법 477쪽은 헌법재판소가 이러한 이유로 재판의 전제성을 인정한 예도 없는 것으로 보인다고 한다.

9) 헌법재판소가 발간한 헌법실무제요는 '금지규정'이라고 표현하고 있으나, 의무를 부과하고 불이행시 이를 처벌하는 조항도 많다. 도로교통법상의 미신고가 가장 쉬운 예이다. 따라서 금지규정보다는 구성요건조항이라고 하는 것이 타당하다. 가령 도로교통법 제154조도 "다음 각 호의 어느 하나에 해당하는 사람은 30만원 이하의 벌금이나 구류에 처한다. 4. 제54조제2항에 따른 사고발생 시 조치 상황 등의 신고를 하지 아니한 사람, 7. 제69조제1항에 따른 도로공사의 신고를 하지 아니하거나 같은 조 제2항에 따른 조치를 위반한 사람 또는 같은 조 제3항을 위반하여 교통안전시설을 설치하지 아니하거나 같은 조 제4항을 위반하여 교통안전시설을 원상회복하지 아니한 사람"이라고 규정하고 있다. 청탁금지법 역시 공직자등의 배우자가 금품등을 수수한 경우에 공직자등에게 보고의무를 부과하면서 이를 위반한 경우 처벌조항을 두고 있다.

10) 영화법 제13조 (심의기준) "① 공연윤리위원회 또는 방송심의위원회는 제12조 제1항 또는 제4항의 규정에 의한 심의에 있어서 다음 각호의 1에 해당한다고 인정되는 영화에 대하여는 이를 심의필한 것으로 결정하지 못한다. 다만, 그 해당 부분을 삭제하여도 상영에 지장이 없다고 인정될 때에는 그 부분을 삭제하고 심의필을 결정할 수 있다. 1. 헌법의 기본질서에 위배되거나 국가의 권위를 손상할 우려가 있을 때, 2. 공서양속을 해하거나 사회질서를 문란하게 할 우려가 있을 때, 3. 국제간의 우의를 훼손할 우려가 있을 때, 4. 국민정신을 해이하게 할 우려가 있을 때"도 심판대상이 되어 방송심의위원회를 제외한 공연윤리위원회의 심의부분 역시 위헌으로 선언되었다.

11) 헌법재판소 결정문에는 '고속도로 등'이라고 기재되어 있으나 법제처 누리집에는 '고속도로등'으로 기재되어 있다. 후자가 옳다. 청탁금지법도 공무원, 사립학교교원, 언론인 등을 포괄하는 개념으로 '공직자등'이라는 법률용어를 사용한다.

12) 선해의 적법성으로 이해할 수 있다.

13) 다만, 재판의 전제성이 없다는 이유로 각하되었다.

14) 관습헌법을 다룬 또 다른 중요한 판례는 지방자치단체장 선거권이 관습헌법상 기본권인지를 다룬 결정이다(헌재 2016. 10. 27. 2014헌마797, 판례집 28-2상, 763). 이는 헌법소원심판에서 다룬다.

15) 국가형태에 관한 국가3요소설도 어디까지나 학설에 불과하다. 따라서 "국가3요소설에 의할 때"라는 문구가 위헌논증에서 성립될 수 있는 전제조건인지 의문이다. 일단 이 학설을 받아들인다는 가정하에 논의를 전개하는 것이다.

16) '노래가사 바꿔 부르기'를 줄여서 쓴 것, 즉 개사곡(改詞曲)을 말한다. 이미 있던 노래에서 악곡은 원래대로 두고 가사만 바꾸어 부르는 것이다.

17) Nigel Warburton, Philosophy: The Basics, 최희봉 옮김, 철학의 근본문제에 관한 10가지 성찰, 자작나무, 1997, 123-125쪽 참조.

18) 판례집 12-2, 437; 헌법재판소 판례집에 그렇게 나온다는 것이지 원 결정문도 그러한지는 확인되지 않는다.

19) 그러나 한글 법전을 한글로 읽어야 하는데, 장래효가 어떻게 소급효로 읽히는지 도저히 이해할 수 없다는 헌법연구관을 역임한 한 판사의 통렬한 비판이 있다.

20) 이에 관한 상세한 설명은 '재판의 전제성' 부분 참조.

21) 이 말을 반대로 뒤집어 "합헌적 법률해석의 소산이 한정합헌, 한정위헌결정이다"라고 해서는 안 된다. 합헌적 법률해석을 한 결과 단순합헌을 선언한 사례도 있다. 헌법재판소는 "위원회에서는 의원이 아닌 자는 위원장의 허가를 받아 방청할 수 있다"고 규정한 국회법 제55조 제1항은 "위원회의 공개원칙을 전제로 한 것이고, 위원장이라고 하여 아무런 제한없이 임의로 방청불허 결정을 할 수 있는 것은 아니"라고 하면서 단순합헌결정을 하였다(헌재 2000. 6. 29. 98헌마443). 나아가 헌법재판소뿐만 아니라 법원도 합헌적 법률해석을 하여 각종 주문(主文)을 낼 수 있다. 법원은 형사재판에서 헌법재판소가 단순합헌으로 결정하였던 병역법 제88조 제1항을 "양심적 병역거부는 동 조항의 정당한 사유에 해당한다고 합헌적 법률해석을 하여야 하므로 무죄" 판결을 하였다. 물론 대법원에서는 파기환송이나 상고기각의 형태로 나타난다(대판(전합) 2018. 11. 1. 2016도10912). 민사재판에서도 합헌적 법률해석을 하여 청구기각이나 청구인용 판결을 할 수 있음도 물론이다.

22) 법률의 부칙 규정의 개정이 반영되지 않은 반면, 부칙 규정이 여전히 유효함을 전제로 한 시행령의 통과가 같은 날 이루어진 경우라는 사정이 있었다. 또한 엄청난 금액의 향방이 결정되는 문제이기도 하였다. 이를 감안하더라도 이 사건의 결정문을 살펴보면 구체적 타당성과 법적 안정성의 대결 구도라는 점 위에, 과연 헌법재판소가 법률 조항의 위헌여부가 아닌 법률 부칙 조항이 효력을 상실하였는지 여부를 심사할 수 있는가가 쟁점이 된 사건이다. 이에 관해서는 뒤에서 상세히 살펴본다.

23) 이 부분 결정이유는 다음과 같다. 헌법재판소는 헌법재판소법 제68조 제1항 본문 중 "법원의 재판을 제외하고는" 부분에 대하여 이미 '법원의 재판'에 헌법재판소가 위헌으로 결정한 법령을 적용함으로써 국민의 기본권을 침해한 재판이 포함되는 것으로 해석하는 한도 내에서만 헌법에 위반된다는 한정위헌결정(헌재 1997. 12. 24. 96헌마172등, 판례집 9-2, 842, 854-862 참조)을 선고한 바 있다. 살피건대, 청구인들이 이 사건에 관하여 재판소원이 인정되는 예외적인 경우에 해당한다고 주장하는 것이 아님은 명백하고, 그 밖에 위 한정위헌결정과 달리 판단하여야 할 아무런 사정변경이 없다(헌재 2012. 7. 26. 2011헌마728, 공보 190, 1453, 1456).

24) 법원의 재판을 헌법소원심판대상에서 제외한 규정이 국민의 재판청구권을 침해하거나 헌법재판소의 권한을 침해하여 위헌이라는 주장에 대해서는 특별히 비판을 하지 않아도 될 듯하다.

25) 다시 한 번 살펴본다. "정당한 사유를 포함하지 않는 것으로 해석하는 한 헌법에 위반된다."와 "정당한 사유를 포함하는 것으로 해석하여야 하고, 이런 한도에서 헌법에 위반되지 않는다"가 어떻게 다른지, 즉 어떤 결정주문이 이 사건에 적용되어야 하는 것인지 양자의 구별을 긍정하는 견해는 설명할 수 없을 것이다.

26) '헌재 2018. 8. 30. 2014헌바180' 결정은 헌법재판소가 단순위헌으로 분류하고 있으나, 주문의 형식이나 결정이유 모두 한정위헌결정이다. 이에 대해서는 뒤의 위헌소원 부분에서 자세히 설명한다.

27) "향후 선거구 간의 인구 편차는 2:1이 바람직하다"는 방론을 입법개선촉구로 보는 견해도 있기는 하다.

28) 물론 개별 법원이 당사자의 신속한 재판청구권을 침해하지 않는 범위 내에서, 재량으로 기일을 추정(실무에서 사용하는 일종의 은어인데 추후지정을 의미한다)한다든지 넉넉한 기일을 잡아 개정된 법률이 적용되도록 할 수도 있다.

29) 헌법불합치결정을 포함한 위헌결정의 (주문과 대비되는 개념으로서의) '이유(理由)'에 기속력이 있는지의 문제와는 별개의 문제이다.

30) '대판 2020. 5. 28. 2017도8610'도 위 판결과 똑같은 내용이다. "헌법재판소는 2018. 6. 28. "집회 및 시위에 관한 법률 제11조 제3호, 제23조 제1호 중 제11조 제3호에 관한 부분, 제24조 제5호 중 제20조 제2항 가운데 '제11조 제3호를 위반한 집회 또는 시위'에 관한 부분은 헌법에 합치되지 아니한다", "위 법률조항들은 2019. 12. 31.을 시한으로 개정될 때까지 계속 적용한다"라는 헌법불합

치결정을 선고하였고(2015헌가28, 2016헌가5 전원재판부 결정), 국회는 2019. 12. 31.까지 위 법률조항을 개정하지 않았다. 헌법재판소의 헌법불합치결정은 헌법과 헌법재판소법이 규정하고 있지 않은 변형된 형태이지만 법률조항에 대한 위헌결정에 해당한다. 집시법 제23조 제1호는 집시법 제11조를 위반할 것을 구성요건으로 규정하고 있고, 집시법 제24조 제5호는 집시법 제20조 제2항, 제1항과 결합하여 집시법 제11조를 구성요건으로 삼고 있다. 결국 집시법 제11조 제3호는 집시법 제23조 제1호 또는 집시법 제24조 제5호와 결합하여 형벌에 관한 법률조항을 이루게 되므로, 위 헌법불합치결정은 형벌에 관한 법률조항에 대한 위헌결정이라 할 것이다. 그리고 헌법재판소법 제47조 제3항 본문에 따라 형벌에 관한 법률조항에 대하여 위헌결정이 선고된 경우 그 조항은 소급하여 효력을 상실하므로, 법원은 해당 조항이 적용되어 공소가 제기된 피고사건에 대하여 형사소송법 제325조 전단에 따라 무죄를 선고하여야 한다."

31) 원고는 헌법불합치결정도 위헌결정의 일종이고, 최소한 당해 사건에서는 소급효가 인정되어야 한다고 주장하였다.

32) 이 사건 외에도 남해의 한 리조트 골프장 사건 역시 똑같이 잠정적용 헌법불합치 결정이 있었고(헌재 2014. 10. 30. 2011헌바129등), 당사자는 구제를 받지 못하였다. 이후의 재판소원 역시 각하되었다(헌재 (헌재 2014. 10. 30. 2011헌바129등). 유독 골프장 건설을 위한 수용사건에서는 이렇듯 당사자가 구제를 받지 못하고 있다. 남해 골프장 사건을 담당하였던 변호사는 다음과 같이 비판하였다. "원고로서는 천신만고 끝에 헌법재판소의 위헌결정까지 받아냈으나, 정작 당해 사건에는 적용이 거부되어 구제받지 못하게 되어 억울하게 빼앗긴 토지를 되찾지 못하게 됨으로써 그동안의 모든 소송이 헛된 결과로 되었다. (……) 위헌결정에 대하여 소급효를 배제하는 주된 이유가 일반국민의 법률생활의 법적 안정성을 침해할 것을 우려하기 때문인데, 다른 위헌결정들과 마찬가지로 헌법불합치결정에 대하여도 당해사건에 한하여 소급효를 인정하더라도, 당해사건의 헌법적 침해를 구제하는 효과가 클지언정 다른 일반국민의 법률생활의 법적 안정성을 침해하는 문제점은 전혀 발생하지 아니하므로, 법적 안정성 침해를 이유로 헌법불합치결정에 대하여 당해 사건에 소급효를 배제하는 것은 설득력이 크게 떨어진다. 굳이 법적 안정성이 침해된다면, 당해 본안소송의 피고일 텐데, 헌법적 침해를 받은 원고보다 헌법침해를 저지른 피고를 더 보호해야 할 이유는 없을 것이다." 박종연, "헌법불합치 위헌결정의 소급효 배제의 문제점", https://www.lawtimes.co.kr/Legal-News/Legal-News-View?serial=138896, 법률신문 2015. 10. 12.

33) 대법원은 두 판결 모두에서 헌법재판소가 정한 개정입법 시한까지 법 개정이 이루어지지 않았다고 기술하였다. 이는 설시나 판시 그 어디에도 해당하지 않고 법 개정이 없었다는 사실을 확인한 것에 불과하다. 재판이 주문이나 결론에 어떠한 영향을 미치는 사실인정이 아님을 유의하여야 한다.

34) 최근 있었던 '헌재 2019. 12. 27. 2018헌마730' 결정(판례집 31-2하, 315)은 공개장소에서의 연설·대담시 확성기 사용 제한을 규정하고 있는 공직선거법 제79조 제3항을 심판대상으로 하였다. 그런데 이 사건의 청구인은 2018. 6. 13. 실시된 제7회 전국동시지방선거의 후보자들이 선거운동 과정에서 확성장치 등을 사용함으로써 발생된 소음으로 인하여 정신적·육체적 고통을 받았는데, 이는 심판대상조항이 전국동시지방선거의 선거운동 시 확성장치를 사용할 수 있도록 허용하면서도 확성장치의 최고출력, 사용시간 등 소음에 대한 규제기준 조항을 두지 아니하는 등 불충분하여, 즉 국가가 기본권 보호의무를 제대로 이행하지 않았다는 이유로 헌법소원심판을 청구하였다. 한편 위 제한규정에 위반하여 확성기를 사용한 자는 법 제256조 제5항 제8호에 의하여 1년 이하의 징역 또는 200만원 이하의 벌금에 처해진다. 이 조항으로 재판에 계류중인 사람이 있(었)는지, 법원이 어떻게 처리하였는지는 매우 궁금하다.

35) 이 결정은 헌법재판소 공보 제168호, 1591쪽 이하에 실려 있다. 아래에서 사실관계, 결정요지 등 인용면수는 기재하지 않는다. 이 사건에서는 의료법 외에 약사법, 의료기기법 등도 문제되었으나 이 글에서는 의료법만 다룬다. 한편 이 결정은 2009헌가31 사건도 병합되었는데 여기서는 2009헌가23 사건만 다룬다.

36) 형사재판에서 수개의 공소사실과 적용법조를 예비적으로 공소장에 기재(형사소송법 제254조 제5항)하는 취지는, 수개의 사실 또는 법조에 대하여 심판의 순서를 정하여 선순위의 주위적 공소사실이나 법조가 인정되지 않는 경우에 후순위의 예비적 공소사실이나 법조의 인정을 구하는 것이다. 법

원의 심리와 판단의 순서도 그에 따라 제한을 받게 되므로, 법원이 주위적 공소사실을 유죄로 인정하였다면, 주위적 공소사실이나 적용법조가 인정되지 않을 것을 전제로 하는 예비적 공소사실에 대한 판단을 할 필요가 없다. 헌재 2019. 2. 28. 2018헌바8, 판례집 31-1, 127, 132.

37) 가령, 정주백, "법률 개정으로 구성요건이 감축된 경우, 구법에 대한 재판전제성", 법률신문, 2010. 11. 4.; 강해룡, "양벌규정 무엇이 문제인가", 법률신문, 2009. 12. 28.; 강해룡, "양벌규정 무엇이 문제인가(Ⅱ)", 법률신문, 2010. 11. 29. 반면 이와는 정반대로 "의료법의 경우는 형의 변경이 없는 경우에 해당하고, 종업원의 위반행위와 법인이나 영업주의 과실을 구성요건으로 하는 과실범 처벌조항이 새로이 창설된 것에 불과하다"는 견해도 존재한다. 오세용, "양벌규정 개정과 형법 제1조 제2항의 적용문제", 법률신문, 2010. 1. 11.

38) 헌법재판관, 기타 실무가 및 법학교수들 사이에서도 견해가 극심히 대립되는 본 사안에서 헌법재판소는 굳이 '의심스러울 때는 피고인의 이익으로(in dubio pro reo)'라는 법언을 끌어들이지 않더라도, 위헌법률심판을 제청한 법원의 판단에 한 발짝 양보하는 것이 어땠을까 생각하여 본다. 이는 아래에서 살펴보는 재판의 전제성 요건과 직결되는 문제이기도 하다. 본 대상결정 및 후술하는 2009헌가6 사건에 있어서의 본안 사건의 피고인들은 개인병원의사이고, 개인병원의 경우 간호사 등 피용자들에 대하여 관리·감독상의 과실이 없는 경우는 상상하기 어렵다. 또한 두 경우 모두 법원에서는 피고인들에게 과실이 있다고 판단되어 위헌법률심판제청을 하였으나, 전자의 경우는 헌법재판소의 각하결정에 따라 유죄가 선고되었고, 후자의 경우는 헌법재판소의 위헌결정에 따라 무죄가 선고되었다.

39) 물론 형벌 법규가 개정되어 그 형이 구법보다 경하게 된 때에는 신법이 적용되는 것은 당연하고, (실체관계와 분리된 형의 경중에 관한) 법원의 사실인정과 이에 터잡은 법률의 해석·적용문제는 발생하지 아니하고, 법원은 신법에 따라 재판할 의무가 있을 뿐이다. 즉 구법은 당연히 재판의 전제성을 상실한다. 헌재 2006. 4. 27. 2005헌가2. 판례집 18-1상, 478, 483-484.

40) 이는 아래에서 살펴볼 위헌법률심판의 대상의 확장, 위헌결정의 효력 및 형평성의 문제가 각축하는 장이기도 하다.

41) 헌재 2000. 6. 29. 99헌가9; 이에 대하여는 "다만 위 결정 선고일 당시에는 아직 개정된 법률의 시행일이 도래하지 아니한 사정이 있었다"는 헌법재판소 스스로의 분석이 있다. 헌법재판실무제요, 49쪽.

42) 권순건, "양벌규정 위헌결정에 따른 업무처리와 관련 쟁점", 법률신문, 2009. 9. 21.

43) 헌법재판소 병합 결정의 각 피고인들의 범행일시가 2005. 9.경부터 2008. 2.경까지임에도 불구하고, 동 규정이 조문의 위치나 변경이 없었으므로, 법원이나 헌법재판소의 적용법조 및 심판대상법률은 1995. 12. 29. 법률 제5057호 제304조이다. 그러나 심판대상조문이 1995년 개정법이라고 하더라도 본문에서 본 바와 같이 화폐단위 변경을 법에 반영한 것에 불과하므로 위헌결정의 효력은 형법 제정시까지 소급한다. 행여나 간통죄 위헌결정의 심판대상조문이 1953년 제정 형법인 것과 구별해야 한다고 주장하면 안 된다. 간통죄는 벌금형이 처음부터 규정되지 않아 화폐단위 변경과 무관하다.

44) "의료법(2007. 4. 11. 법률 제8366호로 전부개정된 것) 제91조 제2항 중 "개인의 대리인, 사용인, 그 밖의 종업원이 제87조 제1항 제2호 중 제27조 제1항의 규정에 따른 위반행위를 하면 그 개인에게도 해당조문의 벌금형을 과한다"는 부분은 헌법에 위반된다." 헌재 2009. 10. 29. 2009헌가6; 어찌된 일인지 대상판례의 다수의견이나 반대의견 및 이를 비판하고 있는 학자들 사이에서도 동일한 내용에 대하여 위헌결정이 있었고, 이러한 위헌결정이 사안에 어떠한 영향을 미치는가에 대하여는 전혀 논의가 없다.

45) 법원이 위헌결정의 소급효의 범위를 확장하는 방법도 생각해 볼 수 있다. 우선 헌법재판소의 합헌결정에는 기속력이 인정되지 않는다는 것이 일반 견해이므로, 법원이 동일한 경우에 계속하여 위헌법률심판제청신청을 하면, 헌법재판소는 계속하여 각하할 것으로 예상되므로, 몇 번의 경험 후에 법원이 위와 같이 위헌결정의 소급효의 범위를 해당 조문의 위치가 변경된 경우까지 확장한다면 재판소원이 금지되는 현행 법제상 이러한 재판에 대하여 검사가 불복할 수 있는 수단이 마땅치 않다고 판단된다. 다만 법원이 이러한 극한 대립을 선택할지는 의문이다.

46) 이러한 판단은 재판관 9인의 만장일치에 의한 것이었다. 다만 김창종 등 3인 재판관은 위헌적인 부분을 일정한 시간대를 기준으로 명확하게 구분하여 특정할 수는 없으므로 심판대상조항을 전부 위헌으로 선언하여야 한다고 하였을 따름이다.

47) 간단히 기술할 수도 있는 범행일시 및 개정전후 법률의 차이를 장황하게 설명한 것은 소급효 문제를 언급하기 위하여서이다.

48) 글쓴이가 이와 관련한 논문을 발표한 이후 대법원의 여러 판결과 결정이 나왔다. 이에 맞추어 여기서는 과거의 논의는 생략하고 대법원의 판결과 결정만을 소개한다.

49) 헌법재판소도 이 사건에서 재판의 전제성과 관련하여 "헌법재판소가 이 사건 위헌심판제청을 받아들여 사형만을 유일한 법정형으로 규정하고 있는 이 사건 법률조항에 대하여 위헌선언을 하는 경우 위 법률조항이 소급하여 효력을 상실하게 되어 이 사건 법률조항을 적용법조 로 한 공소사실에 대하여는 적용할 수 없게 되므로 법원이 심리 중인 당해 사건의 재판의 주문에 영향을 미치게 되고, 제청신청인에 대한 처벌조항으로 이 사건 법률조항이 아닌 다른 법률조항, 예컨대 형법상 단순살인죄로 적용법조를 변경하는 공소장 변경이 있는 경우에도 당해 사건의 재판의 이유가 달라지게 되어......"라고 판시하였다; 위 사건은 대법원이 2006도2783 사건에서 위헌법률심판을 제청하였는데, 검색이 되지 않아 최종 결과 여부는 아직까지 알 수 없다.

50) 이에 관한 상세한 논의는 김래영, "공인회계사등록의 필요적 취소사유와 직업선택의 자유 침해", 한양법학 제20권 20집, 2009, 187쪽 이하 참조.

51) 본문에서 언급한 사건의 개요는 2009헌바123 사건에 관한 것이다. 병합결정된 2009헌바126은 위 본문 사건개요와 특별히 언급할 것이 없이 거의 동일하고, 다만 부과처분의 근거가 된 조문이 전자의 결정이 구 조세감면규제법 부칙 23조 제2항인 반면, 후자의 결정은 제1항이 그 근거가 되었다. 사건의 개요와 결정요지 및 평석에서 인용하는 결정문의 내용은 헌법재판소 공보 제188호, 962 이하에 게재되어 있다. 아래에서의 결정 내용인용 부분의 쪽수는 기재하지 않는다.

52) 대상판례의 심판대상인 이 사건 부칙규정을 말한다.

53) 이에 관한 상세한 논의는 최진수, "조세법상 부칙 해석에 관한 몇 가지 검토", 특별법연구 7권, 박영사, 2005, 507쪽 이하 참조.

54) 흡수개정방식은 기존법령의 일부를 추가·수정·삭제하는 개정법령이 성립·시행되자마자 그 개정내용이 기존법령의 내용에 흡수되는 방식으로서, 개정법령이 독립적으로 존재하는 증보방식(기존법령의 일부를 추가·수정·삭제하는 개정법령이 성립·시행된 후에도 기존법령 중에 흡수되지 않고 형식상 독립적으로 존재하며 기존법령을 내용적으로 수정하는 방식)과 대립된다. 홍용건, "법률이 전문 개정된 경우 개정 전 법률 부칙의 경과규정도 실효되는지 여부(원칙적 적극) 및 예외적으로 실효되지 않는다고 보기 위한 요건으로서 '특별한 사정의' 의미와 판단방법(2008. 11. 27. 선고 2006두19419 판결 : 공2008하, 1808)", 법원도서관, 대법원판례해설 78호(2008 하반기), 2009, 342쪽; 법제처, 법령입안심사기준, 2008., 239-260, 505-520, 598-639.

55) 홍용건, 위의 글, 343-344; 정태용, <법령해석 사례해설> "법률이 전부개정된 경우 종전 부칙의 효력에 관한 유권해석", 법제처, 법제, 2010. 9., 86쪽.

56) 정태용, 위의 글, 87쪽.

57) 물론, 개정법률의 부칙에서 경과규정을 둔 경우에는 그에 따른다는 것은 당연하다.

58) 김시철 판사는 "헌법재판소가 '법률이 전문 개정된 경우 원칙적으로 구법 부칙이 실효된다는 일반원칙'에 관한 대법원 판시를 마치 헌법원칙과 유사한 것으로 인정하고 그 예외를 인정한 대법원의 법률해석이 위헌이라고 판시하였다"고 비판하면서, 나아가 "만일 명문의 법률규정이 있었다면 다툼의 여지가 없으므로, 이 사건의 쟁점은 법률의 해석·적용에 관한 법률적 차원의 문제일 뿐, 이를 헌법적 차원의 문제라고 볼 수 없다"고 자신의 견해를 피력하고 있다. 김시철, "위헌법률심판절차에서 사법작용의 당부를 심사할 수 있는지 여부", 법률신문 2012. 6. 28. 제4043호; 반면 이명웅 변호사는 "통상 전부개정이 이루어지면 경과규정을 두거나 달리 효력을 유지하지 않는 한 구법은 효력을 상실한다"고 전제하고 있는데, 이러한 효력상실이 헌법원칙에 기인한 것인지 대법원의 법률해석의 결과인지를 설명하고 있지 않아 김시철 판사의 견해를 더욱 설득력 있게 만드는 것이 아닌가

생각된다.

59) 김시철 판사는 "법률의 위헌여부를 다루는 것은 법률의 실효여부를 다루는 것이어서 헌법적 차원의 문제이지만, 법률이 사후적으로 실효되는 원인은 다양하기 때문에 신법이나 특별법이 우선하는 등 법률의 사후적 실효의 문제가 곧바로 헌법문제가 되는 것은 아니다"라고 하고 있다. 김시철, 위의 글 참조.

60) 대상 판례의 본안사건에서 "법률의 의미내용을 밝히는 작업"은 (이미 본칙에 정의되어 있지만) 재평가, 자산재평가적립금, 가산세 등 규범의미의 내용을 밝히는 것이다.

61) 본 대상결정을 지지하는 견해도 "법률의 위헌심사는 법률의 내용의 인식을 전제로 하는데 그 인식은 법원의 해석을 거쳐야만 완성될 수 있다"고 하고 있는데(이명웅, 위헌법률심판제도에서 법규범과 법해석의 연관성", 법률신문 2012. 6. 21.(4041호), 평석대상결정에서 헌법재판소나 법원 모두 법률(여기서는 구 조세감면규제법 부칙 제23조)의 내용을 인식한 것이 아니라, 법률의 효력 여부만을 결정한 것임을 유의할 필요가 있다. 한편 이명웅 변호사는 "법적 공백상태가 심한 부정의에 이른다면 예외적으로 법원이 적극적 법해석을 통하여 한시적으로 구법의 효력을 유지시킬 여지가 있"으나, 조세형평의 문제가 심각한 법적 혼란을 초래한다고 보기도 어렵다고 하면서 헌법재판소의 결정을 찬성하고 있다.

62) 이 문제에 관한 상세한 논의는 헌법소원 추가논의 부분 참조.

63) 만일 당사자가 위헌제청신청서에 이에 관한 "구체적 기재"를 하지 아니하는 경우 그 신청은 "부적법"하다; 대결 1990. 8. 28. 90초77; 대결 1996. 1. 4. 95초28; 헌재 1998. 9. 30. 98헌바3; 헌재 2003. 12. 8. 2002헌바91,94 등 참조.

64) 한정위헌청구의 적법성, 결정의 효력 등에 관한 논의가 뒤따라야 한다. 다만 중복기술을 피하기 위하여 이 부분은 헌법소원 부분에서 살펴본다.

65) http://www.moleg.go.kr 참조; 상세한 개정이유는 다음과 같다. 헌법재판소가 판시하고 있는 바와 같이 심판대상조항을 삭제하여 청구인 회사에 자산재평가취소에 따른 원과세를 감면하여 주기 위한 것이 아님이 명백하다고 하겠다. ① 세무지식이 부족하거나 기장능력이 미흡하여 현행 세법상의 각종 조세감면혜택을 받기 어려운 영세중소기업체에 실질적인 감면혜택이 돌아갈 수 있도록 기업이 납부하여야 할 소득세 또는 법인세의 100분의 20에 상당하는 세액을 경감하여 주는 중소제조업세액감면제도를 신설함. ② 기업이 연구원의 인건비, 종업원의 기술훈련비등 기술 및 인력개발을 위하여 지출한 비용이 있는 경우 그 지출한 비용의 일정비율에 상당하는 금액을 법인세 또는 소득세에서 공제하여 주는 기술인력개발비세액공제제도를 개선하여 기술인력개발비를 많이 지출하는 기업일수록 보다 많은 혜택을 받을 수 있도록 함. ③ 각종 특별감가상각, 준비금 및 세액감면제도에 대한 지원수준을 적정수준으로 축소하면서 지원의 통일성을 기하도록 함. ④ 첨단설비등의 투자에 대한 세액공제를 함에 있어서 현재는 세액공제신청서외에 투자계획서 및 투자완료보고서를 제출하도록 하고 있으나, 앞으로는 세액공제신청서만 제출하도록 하여 그 절차를 간소화함. ⑤ 과세의 형평을 도모하고 양도세가 소득과세로서의 기능을 회복하도록 하기 위하여 양도세 비과세·감면을 다음과 같이 축소조정함. ⑥ 공공법인에 대하여는 현재 과세소득 3억원이하분에 대하여는 100분의 17, 과세소득 3억원초과분에 대하여는 100분의 25의 세율을 적용하여 법인세를 과세하고 있으나, 앞으로 과세소득 3억원이하분에 대한 법인세의 세율을 100분의 18로 상향조정하여 다른 법인과의 과세형평을 도모함. ⑦ 내국법인이 주주로부터 현금출자를 받아 자본을 증가하는 경우 당해 자본증가액의 일정비율에 상당하는 금액을 과세소득에서 공제하여 주는 증자소득공제제도의 경우 현재 1993년 12월 31일까지 자본을 증가하는 경우에 한하여 적용하도록 하고 있으나, 제조업등을 영위하는 내국법인에 대하여는 그 적용시한을 연장함으로써 제조업등의 재무구조개선을 지원하도록 함. ⑧ 산업의 경쟁력강화를 위하여 운용하고 있는 현행 조세지원제도중 광업·축산업·임업 및 의료업등 특정 산업에 한하여 적용되는 지원제도를 축소함으로써 업종간 과세의 공평성을 높이도록 함.

66) 아래의 논거는 주로 홍용건, 앞의 글, 354-359쪽을 참조한 것이다.

67) 조세법 분야는 거의가 정부제출법안임을 감안하면, 입법자(사실은 정부)의 의도는 위 부칙규정은 여전히 효력을 가지도록 하였다는 것임은 명백하고, 다만 다시 규정할 필요성이 없어서 일부러 규정하지 않았던지 혹은 과실에 의한 입법흠결로 볼 수밖에 없다. 요컨대 입법자는 동 부칙 조항의

효력을 상실케 할 의도는 결코 없었다.

68) 아래의 유권해석 부분은 정태용, 앞의 글을 옮긴 것이다.

69) 인터넷법률신문 2014. 9. 15.자 기사, http://www.lawtimes.co.kr

70) 2014. 9. 5. 양창수 대법관 퇴임사, http://www.newsis.com/ar_detail/view.htm

71) 헌재 2009. 3. 26. 2007헌가5등; 헌재 2010. 7. 29. 2009헌가4; 헌재 2009. 3. 26. 2007헌가5등; 헌재 2010. 7. 29. 2009헌가4.

72) 대판 2017. 3. 9. 2015다233982, 대판 2010. 10. 14. 2010두11016 등 다수; 다만 "위헌결정의 효력이 미치는 범위가 무한정일 수는 없고, 다른 법리에 의하여 그 소급효를 제한하는 것까지 부정되는 것은 아니며, 법적 안정성의 유지나 당사자의 신뢰보호를 위하여 불가피한 경우에 위헌결정의 소급효를 제한하는 것은 오히려 법치주의의 원칙상 요청된다"고 하여 소급효가 무한 확장되는 것을 막고 있다.

73) 이에 대한 상세한 논의는 김래영, "위헌결정은 자구만 변경된 개정법률에도 효력을 미치는가?", 서울지방변호사회, 변호사 제47-1집, 2015, 10쪽 이하.

74) 남복현, "자구만 바뀐 개정조항에 위헌결정의 효력이 미치는지 여부", 헌법재판연구 제2권 제1호, 2015, 42-45쪽.

75) 헌법재판소는 이 사건 심판대상규정들에 대해 위헌결정을 하여 당장 그 효력을 상실시킬 경우 법적 공백상태가 발생할 것이므로 이를 방지하기 위하여 헌법불합치결정을 선언하는바, 영비법 제29조 제2항 제5호는 입법자가 2009. 12. 31.을 기한으로 새 입법을 마련할 때까지 잠정 적용하여야 하며, 영진법 규정은 당해 사건과 관련하여서는 여전히 효력을 유지하고 있으므로 당해 사건에 관해 그 적용을 중지하고, 영비법이 개정될 때를 기다려 개정된 신법을 적용하여야 한다고 하였다. 아래에 기호붙인 사건들에서도 역시 구법 적용중지, 신법 잠정 적용이라는 주문을 내고 있다; 한편 신, 구법 조항은 다음과 같다. "제1항의 규정에 의한 영화의 상영등급은 다음 각 호와 같다. 다만, 예고편·광고영화 등 본편 영화 상영전에 상영되는 모든 영화는 제1호에 해당하는 경우에 한하여 상영등급을 분류받을 수 있다. 5. "제한상영가" : 상영 및 광고·선전에 있어서 일정한 제한이 필요한 영화"

76) 헌법재판소의 위헌결정 이후에 똑같은 내용의 법 개정이 있었다면 입법자의 어떠한 결단이 있었기 때문이라고 볼 수 있다. 위헌결정의 기속력 문제는 차치하고 이 때는 법원이 개입할 성질이 아니다.

77) 헌법재판소는 헌재 1999. 6. 24. 96헌바67 사건의 '주문(主文)'에서 "구 상속세법 제9조 제1항(1993. 12. 31. 법률 제4662호로 개정되기 전의 것) 중 "상속재산의 가액에 가산할 증여의 가액은 …… 상속개시 당시의 현황에 의한다."는 부분은 위헌임을 확인한다"고 하면서, '판단'에서 "청구인들이 헌법재판소법 제68조 제2항에 따라 헌법소원심판청구를 한 이 사건 법률조항은 이미 헌법재판소가 1997. 12. 24. 96헌가19 등(병합) 사건에서 별지와 같은 이유(요지)로 "구 상속세법 제9조 제1항(1993. 12. 31. 법률 제4662호로 개정되기 전의 것) 중 "상속재산의 가액에 가산할 증여의 가액은 …… 상속개시 당시의 현황에 의한다."는 부분은 헌법에 위반된다."는 결정을 선고한 바 있으므로(판례집 9-2, 762), 이 사건 법률조항에 대하여는 위헌임을 확인하는 결정을 하기로 한다"고 하였다. 공보 36, 562-563.

78) 헌법재판소는 위 두 결정을 한정위헌결정으로 분류하고 있다. 이에 대하여 대법원은 "위 헌법재판소 결정은 그 주문의 표현 형식에도 불구하고 집시법의 위 각 조항의 '시위'에 관한 부분 중 '해가 진후부터 같은 날 24시까지' 부분이 헌법에 위반된다는 일부 위헌의 취지라고 보아야 하므로, 헌법재판소법 제47조에서 정한 위헌결정으로서의 효력을 갖는다"고 판시하여(대판 2014. 8. 20. 2011도15007) 기존의 한정위헌결정의 기속력을 부인하는 태도에서 다소나마 완화된 입장을 취하고 있는 것으로 생각된다.

79) 이 결정들에 대하여는 다음 두 가지 점을 먼저 논하여야 한다. 첫째, 2007년 개정법은 1989년 집시법이 '일출시간 전, 일몰시간 후에는'이라는 문구를 '해가 뜨기 전이나 해가 진 후에는'으로 개정한 것에 불과하여 뒤에서 살펴보는 바와 같이 '단순히 자구만 변경된 경우'와 완전히 동일하나, 집

시법 사건은 개정후법의 위헌결정이 먼저 있었다는 점이 다르다. 둘째, 선행결정은 '야간시위'에 관한 부분만 위헌이라고 하였으나, 선행결정은 '야간집회 및 야간시위' 부분이 위헌이라고 선언하였기 때문에 양자는 심판대상이 전혀 다른 결정이라고 보는 견해도 있을 수 있다. 그러나 본문에서 살펴본 바와 같이 선행, 후행 결정 모두 야간시위 금지규정 위반으로 기소된 사건이고, 시위는 움직이는 집회이기 때문에(양 건, 헌법강의 제9판, 법문사, 2020, 774쪽은 '장소를 이동하는 집회이며, 집회의 일종'이라고 표현하고 있다), 두 결정은 동일한 내용으로 보아야 한다.

80) 선행결정의 기속력은 선행결정의 형사본안사건에도 미친다는 표현으로 바꿀 수도 있다.

81) 남복현, 앞의 글 31-32쪽; 이 견해는 "그 사건에서 사건담당법원이 구태여 신법에 대해 위헌심판을 제청하지 않고 내용의 동일성이 인정됨을 이유로 그대로 판결을 선고한 것은 헌법재판소에 제청한다고 해서 구법의 경우와 동일하게 위헌결정될 것임이 예측되는 반면, 신속한 권리구제에 저해된다는 점을 감안한 것으로 보인다. 그럼으로써 국민들의 신속한 재판을 받을 권리를 신장함에는 기여하였을지 모르지만, 위헌법률심판의 제청에 따른 심판이라는 헌법재판절차와 관련해서는 중대한 문제를 제기한 것으로 보인다"고 평가하고 있다.

82) 공직선거법 제60조 제1항 제6호는 '예비군 중대장급 이상의 간부'라고 규정하고 있으나, 중대장, 대대장, 연대장 등으로 구분할 수 있는 경우에 해당하므로 사건의 당사자가 대대장인 경우 심판대상은 이에 한정된다.

83) 공직선거법 제60조 제1항 제7호는 "통·리·반의 장 및 읍·면·동주민자치센터(그 명칭에 관계없이 읍·면·동사무소 기능전환의 일환으로 조례에 의하여 설치된 각종 문화·복지·편익시설을 총칭한다. 이하 같다)에 설치된 주민자치위원회(주민자치센터의 운영을 위하여 조례에 의하여 읍·면·동사무소의 관할구역별로 두는 위원회를 말한다. 이하 같다)위원"이라고 규정하고 있다.

84) 해당 신·구 법조문의 내용이 동일하다는 것이지, 신·구법은 지방세에 관한 법체계 정비에 따른 법 개정이므로 단순히 자구만 변경된 것으로 볼 수 없다는 견해도 있다.

85) 형벌조항에 대한 헌법불합치 결정의 효력 및 제 문제에 관하여는 헌법재판소, 형벌조항에 대한 헌법불합치 결정, 헌법재판연구 2017 및 강재원, '형벌조항에 대한 위헌결정의 효력과 재심', 사법논집 제64집, 법원도서관, 2017 참조.

86) 다만 위 주문에서 볼 수 있듯이 위 결정은 '의사' 부분이 위헌이라는 취지이다. 그렇다면 만일 조산사나 한의사가 사건의 당사자인 경우는 어떤가? 충분히 가능한 이야기이다. 이는 바로 앞 항목의 '동일한 심사척도가 적용되는 경우'로 연결된다. 의사의 동의낙태죄가 위헌인데, 한의사나 조산사의 동의낙태죄가 합헌이라고 판단하는 것은 있을 수 없는 일이기 때문이다.

87) 합헌적 법률해석은 다룬 글은 매우 많고, 이미 충분히 소개되어 있다. 그중 남복현, '법률해석과 관련한 헌법재판소와 대법원의 갈등, 그 원인과 해법', 경북대학교 법학연구소 법학논고 제45집, 2014, 김예영, '하급법원과 대법원, 헌법재판소의 관계에서 본 양심적 병역거부 문제', 사법발전재단 사법38호, 2016 및 강재원, '양심적 병역거부자에 대한 형사처벌의 위헌성', 인권판례평석, 박영사, 2017과 강태경, '양심적 병역거부의 '정당한 사유' 해석론 비판, 형사정책연구 29-3호, 2018을 주로 참조하였다.

88) 판례집 30-1하, 370, 420-421; 위 내용은 위 결정에서의 강일원, 서기석 재판관의 견해이다. 또 다른 2인 재판관은 별개의 합헌의견, 1인 재판관은 각하의견을 개진하였는데 대체로 본문에서 인용한 내용과 비슷하다. 4인 재판관은 위헌 의견을 개진하였다. 한편 헌법재판소는 이 사건에서 "구 병역법 제5조 제1항은 2013. 6. 4. 법률 제11849호로, 2016. 1. 19. 법률 제13778호로, 2016. 5. 29. 법률 제14183호로 각각 개정되었으나, 그 개정내용은 '제1국민역'을 '병역준비역'으로, '제2국민역'을 '전시근로역'으로, '공익근무요원'을 '사회복무요원'으로 바꾸는 등 용어를 변경하고, 국제협력분야와 예술·체육 분야 공익근무요원을 각각 '국제협력봉사요원'과 '예술·체육요원'으로 구분하여 별도의 보충역 편입대상자로 분류하였다가 관련법의 폐지에 따라 보충역의 종류에서 '국제협력봉사요원' 및 '국제협력의사'를 삭제하는 등 경미한 것들일 뿐이고, 위 조항의 실질적 내용에는 변화가 없이 현재에 이르고 있다. 따라서 위 개정된 조항들도 그 위헌 여부에 관하여 2013. 6. 4. 법률 제11849호로 개정되기 전의 구 병역법 제5조 제1항과 결론을 같이할 것이 명백하므로, 이를 심판대상에 포함시키기로 한다"고 하여, 위에서 언급한 자구만 변경된 법 개정이 있었는데 헌법재판소가

심판대상에 포함시키지 않은 경우 법원이 헌법재판소에 심판제청을 하지 않고 스스로 혼자서 위헌판단을 할 수 있는 경우에도 해당한다. 위 결정 이전에도 헌법재판소는 일관되게 병역법 제88조 제1항 제1호 처벌규정은 헌법에 위반되지 않는다고 판단하였다. 헌재 2011. 8. 30. 2008헌가22등, 헌재 2011. 8. 30. 2007헌가12등, 헌재 2004. 8. 26. 2002헌가1.

89) 법률의 의미는 결국 개별·구체화된 법률해석에 의해 확인되는 것이므로 법률과 법률의 해석을 구분할 수는 없다는 표현이 그것이다. 헌재 2012. 12. 27. 2011헌바117, 판례집 24-2하, 387; "법률의 위헌성을 판단함에 있어서는 그 법률의 해석 내지 그 법률이 어느 경우에 적용되는가를 확정하는 것이 선행되어야 하므로 이 한도 내에서는 헌법재판소로서도 법률의 해석 내지 그 적용에 관여하지 않으면 안되는 것이며, 정당행위로 인정되지 않는 집단적 노무제공 거부행위를 위력업무방해죄로 형사처벌하는 것이 헌법에 위반된다면 결국 법원의 해석에 의하여 구체화된 이 사건 심판대상 규정이 위헌성을 지니고 있는 셈이 된다. 따라서 집단적 노무제공 거부행위를 위력업무방해죄로 형사처벌하는 것이 헌법에 위반되는지 여부는 이 사건 심판대상 규정의 위헌여부에 관한 문제로서 헌법재판소의 판단대상이 된다."는 헌법재판소 판시도 같은 취지이다. 헌재 1998. 7. 16. 97헌바23, 판례집 10-2, 243, 252.

▪ 제4장 헌법소원심판

1) 이 경우가 위에서 설명한 바와 같이 청구인능력과 청구인적격을 구별할 실익이 있는 경우에 해당한다.

2) 뒤에서 다룰 "법 제68조 제1항, 제2항의 헌법소원을 병합하여 하나의 심판청구를 할 수 있다", "다만 각하된다"는 헌법재판소 판지대로라면 위와 같은 국가기관이나 공법인도 헌법소원심판청구 자체는 할 수 있다. 다만 각하될 뿐이다.

3) 헌법재판소는 축협중앙회는 회원의 임의탈퇴나 임의해산이 불가능한 점 등 공법인의 특성을 많이 가지고 있지만 그 존립목적 및 설립형식에서의 자주적 성격에 비추어 사법인의 성격도 겸유한 특수한 법인이라는 이유를 들었다.

4) 논리를 좀 더 비약하면 공법인에 해당하는 한국토지주택공사는 특정 집단을 주택공급에서 제외할 수도 있다는 결론을 도출할 수도 있다. LH도 영업의 자유 혹은 직업수행의 자유의 주체가 된다는 이론구성이 가능하기 때문이다. 이런 결과를 용인할 수 없음은 당연하다.

5) 아래의 선례도 원용할 만하다. "지방자치단체 장의 계속 재임을 3기로 제한한 지방자치법 규정에 대한 헌법소원심판청구의 기산일은 법 시행일인 1994. 12. 20.이 아니라 청구인 자치단체 장들이 3기 초과 연임을 하고자 하는 경우에 비로소 기본권 침해가 구체적으로 현실화된다"(헌재 2006. 2. 23. 2005헌마403, 판례집 18-1상, 320).

6) 헌법재판소도 헌법재판실무제요 제2개정판에서는 "일정기간을 두고 주기적으로 반복되는 공직선거와 관련해서는 사안에 따라 청구기간 기산일이 다르다. (……) 그런데 이와는 달리 (……) 형이 확정된 자에 대한 선거권 또는 피선거권 제한과 관련해서는 (……) 헌법재판소는 그 이유를 명확히 밝히지 않았다"고 한다. 국가기관이 자신의 명의로 공식 발간하는 책에 '헌법재판소는 (……) 않았다'고 하는 것은 문제이다. 한편, 위 제요는 선거권만 언급하였을 따름이고 선거운동 부분은 언급하지 않았다.

7) 헌재 2004. 4. 29. 2003헌마814 결정에서는 국가안전보장회의의 결정에 대한 청구를 대통령의 파견결정으로 변경하였다. '국회의 동의'는 언급이 없었다.

8) 헌법재판소 자신의 실수로 먼저 청구된 헌법소원을 부적법하다고 하는 것은 이해할 수 없다.

9) 관습법 자체가 국민의 기본권을 직접 침해하는 경우는 없기 때문이다.

10) 여기서도 주의할 점이 있다. 헌법소원이 불가능하다, 즉 헌법소원심판을 청구할 수 없다는 의미는 청구 자체를 할 수 없다는 의미가 아니고 청구하더라도 부적법각하된다는 의미이다. 두 종류의 헌법소원을 병합청구할 수 있다는 판시가 사리에 맞지 않다는 점은 여기서도 뚜렷이 드러난다. 바로 아래에서 살펴볼 원행정처분에 대한 헌법소원과 관련하여서도 마찬가지의 비판이 가능하다.

11) 이 사례에서 헌법재판소는 수용자가 열람신청한 도서를 수용자가 원하는 상당한 기간 내에 대여해

주어야 할 소장의 작위의무가 인정되는 것은 아니나, 교도소장으로서는 수용자가 재판 준비와 진행에 어려움이 없도록 도움을 주어야 할 의무가 있고, 이는 헌법 제27조 제1항의 재판청구권으로부터 도출되는 헌법상 작위의무라고 하였다. 다만 반드시 법률서적의 열람제공에 의하여만 위 작위의무와의 이행이 이루어져야 하는 것은 아니라고 하면서 심판청구를 기각하였다.

12) 법정의견은 "내사종결처분 시점 이전에 피고소인에 대한 고소사실의 공소시효가 모두 경과되었음이 명백"하므로 청구를 기각한다고 하였다. 이에 대하여 안창호 재판관 등 4인은 공소시효가 완성된 것이 명백하므로 권리보호이익이 없고, 따라서 각하하여야 한다고 하였다. 논리만 놓고 본다면 반대의견이 더 타당하다.

13) 행정소송에서 원고적격 확대화 방안으로 논의되는 경원자(競願者)·경업자(競業者)·린인(隣人) 소송을 헌법소원심판청구에서의 자기관련성에서도 참고할 수 있다.

14) 만일 백화점 셔틀버스를 운행하도록 한 법률이 새로 제정되는 경우, (특히) 마을버스 운송업체는 소위 경업자(競業者)에 해당하여 헌법소원심판의 자기관련성이 인정된다.

15) 청구인이 고등검사장 7명이었는데, 이 중 1명은 실제 검찰총장이 되었다.

16) 심판대상은 '국가보안법 제19조(구속기간의 연장)'이고 그 내용은 다음과 같다. "① 지방법원판사는 제3조 내지 제10조의 죄로서 사법경찰관이 검사에게 신청하여 검사의 청구가 있는 경우에 수사를 계속함에 상당한 이유가 있다고 인정한 때에는 형사소송법·제202조의 구속기간의 연장을 1차에 한하여 허가할 수 있다. ② 지방법원판사는 제1항의 죄로서 검사의 청구에 의하여 수사를 계속함에 상당한 이유가 있다고 인정한 때에는 형사소송법 제203조의 구속기간의 연장을 2차에 한하여 허가할 수 있다. ③ 제1항 및 제2항의 기간의 연장은 각 10일 이내로 한다."
이에 대하여 헌법재판소는 "국가보안법 제19조에 따른 수사기관의 구속기간연장허가신청에 대한 지방법원판사의 허가결정에 대하여는 형사소송법상 항고, 준항고, 즉시항고 등의 불복방법이 마련되어 있지 아니하다. 즉 구속기간연장을 허가하는 지방법원판사는 "독립된 재판기관"(강학상 수임판사)으로서 "수소법원"에 해당되지 아니하여 형사소송법 제402조에 의한 항고의 대상도 되지 아니하고, "재판장 또는 수명법관"에도 해당되지 아니하여 형사소송법 제416조에 의한 준항고의 대상도 되지 아니하며, 또한 구속기간의 연장허가는 형사소송법 제403조 제2항이 정하는 "판결전의 소송절차"에 있어서의 구금에 관한 결정에도 해당되지 아니하여 위 규정에 의한 항고도 할 수 없다. 나아가서 형사소송법 제214조의2가 규정하고 있는 구속적부심사의 경우를 보더라도 구속적부심사의 대상에 여기에서 문제로 되고 있는 "수사를 계속함에 상당한 이유가 있는지의 여부"도 포함되는 것인지, 이론과 실무상의 관행이 확립되어 있지 아니한 상황 아래에서 사전적인 권리구제절차로서 구속적부심사를 반드시 거쳐 오는 것을 기대할 수 없으며, 더욱이 구속기간의 연장은 10일 이내라고 하는 단기간에 걸쳐서 행해지는 것인데, 그럼에도 불구하고 국가보안법 제19조의 규정의 위헌성을 다투기 위하여는 먼저 구속적부심사의 청구를 하고 그 과정에서 위 법률조항의 위헌성 여부를 다투어 위헌여부심판의 제청신청을 하고 그 제청신청이 기각된 경우에는 다시 헌법재판소법 제68조 제2항의 규정에 따라 헌법소원심판을 청구하도록 하는 것은, 이러한 절차가 10일이라고 하는 단기간 내에 모두 이루어지리라고 예상하기 어려운 상황에서 청구인들로 하여금 이러한 절차를 거친 후에 헌법소원심판을 청구하도록 하는 것은 권리구제의 기대가능성이 없는 불필요한 우회절차를 요구하는 것밖에 되지 아니한다"고 하였다. 판례집 9-2, 295, 304-305.

17) 형사재판을 담당하는 법원이 위 시행령 조항이 위헌이라 판단되면 무죄선고를 하게 될 것이다. 또한 법률과 시행령이 불가분의 관련이 있어 함께 위헌법률심판의 대상이 될 수 있다는 것은 별론이다.

18) 나아가 매도청구권을 규정한 제21조 제8항에 대해서는 "임차인이 매도청구권을 행사하였거나 할 예정이라고 인정할 만한 아무런 자료가 없을 뿐 아니라, 임차인이 임차인 총수 3분의 2 이상의 동의를 얻어 분양전환승인을 받은 사실이 있다고 하더라도 장래 임차인이 매도청구권을 행사할 것이 확실하다고 단정하기 어려우므로, 위 규정에 의한 청구인의 기본권침해가 현재 확실히 예측된다고 할 수 없다. 따라서 임대주택법 제21조 제8항에 대한 청구 부분은 기본권침해의 현재성이 인정되지 아니하므로 부적법하다"고 하였다.

19) 강일원, 유남석, 최완주, "헌법소원심판", 법원도서관, 헌법재판제도의 이해(재판자료 제92집), 2001, 531.

20) 변호사법 제18조 제1항 제2호는 '등록취소'라는 표제 하에 "대한변호사협회는 변호사가 다음 각 호의 어느 하나에 해당하면 변호사의 등록을 취소하여야 한다. 2. 제4조에 따른 변호사의 자격이 없거나 제5조에 따른 결격사유에 해당하는 경우"라고 규정하여 공인회계사법 규정과 그 형식이 완전히 같다.

21) 다시 한 번 비판하건대, 법 제68조 제1항, 제2항의 헌법소원을 병합하여 하나의 헌법소원심판청구를 할 수 있다는 헌법재판소 결정을 그대로 따른다면 이 경우에도 불합격처분취소를 구하는 헌법소원심판청구를 할 수 있다고 하여야 한다. 다만 각하될 따름이다.

22) "김홍도는 그림보다 세상을 바라보는 시각이 깊고 넓었다. 보이는 그대로 세상을 품는 것은 화가로서 정직하고 차분했다.", 서철원, 최후의 만찬, 다산책방, 2019, 71쪽.

23) 앞서 언급하였듯이 처분성을 갖는 명령·규칙·조례에 대한 헌법소원에서 헌법재판소의 판례변경이 있을지 두고 볼 일이다.

24) 헌법소원심판에는 행정소송법이 준용되기 때문에 사정판결(事情判決)을 할 수도 있다. 사정판결이 있는 경우 국회의 입법부작위는 위헌·위법으로 확인되었기 때문에 국가에 손해배상청구도 할 수 있다. 다만 사정판결은 헌법재판의 본질에 반한다는 의견도 있다.

25) 이 경우의 주문은 다음과 같다. 1. 인천지방검찰청 2014년 형제58011호 정신보건법위반 피의사건에서 피청구인이 2014. 10. 22. 청구인에 대하여 한 기소유예처분은 청구인의 평등권과 행복추구권을 침해한 것이므로 이를 취소한다. 2. 정신보건법 제58조 중 '개인의 대리인·사용인 기타 종업원이 그 개인의 업무에 관하여 제57조 제10호, 제57조 제11호의 위반행위를 한 때에는 행위자를 벌하는 외에 그 개인에 대하여도 그 해당 조의 벌금형을 과한다.'는 부분은 헌법에 위반된다. 헌재 2015. 3. 26. 2014헌마1089, 판례집 27-1상, 401.

26) 청구인은 침해되는 기본권으로 선거권 외에 평등권, 알권리 및 행복추구권도 주장하였다. 헌법재판소는 평등권에 대하여는 "대통령 선거에 참여하는 선거권자와 지방자치단체의 장 선거에 참여하는 선거권자는 본질적으로 같은 비교집단이 된다고 보기 어려우므로 차별취급 여부를 논할 수 없다. 한편 이 사건에서 실질적인 불평등은 투표를 실시하는 선거구의 선거권자와 후보자가 1인이 되어 무투표 당선이 결정된 선거구의 선거권자 사이에서 초래된다고 볼 수도 있겠으나, 이는 결국 선거권 침해 문제로 귀결되는바, 선거권 침해 여부에 관하여 판단하는 이상 이에 대해서는 별도로 판단하지 않는다"고 하였다. 알권리 및 행복추구권 침해 주장에 대하여는 "심판대상조항은 지방자치단체의 장 당선인의 결정방식에 관한 것일 뿐 후보자의 선거운동이나 공약 등 후보자 정보의 제공을 금지하는 조항은 아니며, 가사 심판대상조항으로 인해 선거가 시행되지 않아 후보자에 대한 정보취득이 어려워진 사정이 발생하였더라도 이는 심판대상조항으로 인한 간접적, 사실적 제한일 뿐이므로 심판대상조항으로 인하여 청구인의 알권리가 제한된다고 볼 수 없다. 또한 행복추구권 침해 여부에 대해서는 선거권이라는 우선적인 기본권의 침해 여부를 판단하는 이상 별도로 판단하지 않는다"고 하였다.

27) 물론 헌법재판소는 "관습헌법상 인정되는 기본권"이라고 명시하지는 않았다. 그러나 뒤에서 보는 바와 같이 헌법재판소의 표현은 관습헌법에 대한 많은 비판을 에둘러 피해가기 위한 것으로 보인다.

28) 헌법재판소는 바로 이러한 삼위일체에 의한 헌법해석론을 택하였기 때문에 아래에서 보는 바와 같이 종전의 헌법해석에 관한 헌법재판소의 의견 변경임을 명시하지 않았던 것으로 판단된다.

29) 한편 헌법재판소가 재외국민의 선거권 제한 사건에서 "헌법 제25조는 '모든 국민은 법률이 정하는 바에 의하여 공무담임권을 가진다'고 규정하여 국민에게 공무담임권을 보장하고 있고, 선거에 의하여 국가기관 또는 지방자치단체의 의원이나 장으로 선출될 수 있는 자격을 의미하는 피선거권은 공무담임권에 포함되므로, 지방의원 및 지방자치단체의 장의 피선거권에 대한 제한이 헌법상의 기본권에 대한 제한임은 명백하다"고 판시한 것(헌재 2007. 6. 28. 2004헌마644 등, 판례집 19-1, 859, 882)은 지방자치단체장 피선거권이 헌법상의 권리인지 여부에 대해서는 아무런 판단도 하지 않았다는 것이라는 견해가 있다(손상식, 공무담임권의 내용과 심사기준, 헌법재판소, 2014, 14쪽 주)49). 나아가 지방자치단체장 선거권을 (헌법재판소가) 법률상 권리가고 보는 것은 지방자치단체장 피선거권이 헌법상 권리라고 한 것과 논리적으로 합치되지 않는다고 한다(위 15쪽) 다만 이 견해가 "선거권과 피선거권은 동전의 양면에 해당하기 때문에 하나는 헌법상 권리이고 다른 하나는

법률상 권리라고 할 수 없다"고 한 점에는 전적으로 찬성한다. 다만 글쓴이는 양자를 법률상 권리라고 보는 점에 차이가 있다.

30) 헌법 제24조의 선거권의 해석과 관련하여 교육감 선거도 몇 년 후이면 관습헌법상의 기본권이 될 수 있고, 따라서 헌법 제24조의 선거권에 포함된다고 볼 수 있고, 반면 헌법 제118조가 지방자치단체장 선임방법은 언급하고 있는 것과 달리 교육감 선임방법은 아예 언급조차 없기 때문에 헌법 제24조의 선거권에 포함될 수 없다는 견해가 있을 수 있다. 그러나 헌법 제31조 제4항의 교육의 자주성과 헌법 제117조의 지방자치 규정에 교육자치를 도출해 낼 수 있다는 견해도 가능하기 때문에 전자의 입장이 더 설득력이 있다고 생각된다.

31) 황치연, 주민직선의 지방자치제도의 정착과 직선단체장의 정치적인 개성신장권, 헌법판례연구 제1권, 1999, 박영사, 383쪽.

32) 3·15 부정선거의 초석을 놓은 것으로 평가할 수 있겠다. 또한 동법 제2조는 "본법에서 지방자치단체라 함은 대별하여 좌의 2종을 말한다. 1. 도와 서울특별시, 2. 시, 읍, 면; 도와 서울특별시는 정부의 직할하에 두고 시, 읍, 면은 도의 관할구역내에 둔다"고 규정하고 있었다. '군'은 지방자치단체가 아닌데 어떻게 군수가 있는지 의문이나 이는 이 글의 논점과는 무관하므로 더 이상 조사하지 않았다.

33) 이 조항만 보더라도 특별시장과 도지사의 '선임방법'은 직선제로 하든지, 간선제로 하든, 임명으로 하든 법률사항임을 명백히 알 수 있다. 헌법유보사항으로 **시·읍·면장의 선거만 반드시 직선제**로 하면 되기 때문이다.

34) 제3공화국 헌법 제110조 제1항은 지방자치단체에'는'이라고 하여 현행 헌법보다 한 글자 많은 것에 불과하기 때문에 양자는 동일하다고 보아도 무방하다.

35) 지방자치단체장 임명에 관하여는 부칙에서도 전혀 규정하고 있지 않다. 헌법사항이 아니기 때문이다.

36) 제4공화국 헌법 부칙 제10조는 "이 헌법에 의한 지방의회는 조국통일이 이루어질 때까지 구성하지 아니한다"라고, 제5공화국 헌법 부칙 제10조는 "이 헌법에 의한 지방의회는 지방자치단체의 재정자립도를 감안하여 순차적으로 구성하되, 그 구성시기는 법률로 정한다"라고 규정하고 있었다.

37) 물론 지금의 정치수준에서 임명제도 무방하다는 뜻은 절대 아님을 밝힌다.

38) "과잉금지원칙을 위반하여 자치단체장의 공무담임권을 제한하는 것이 아니고 무죄추정의 원칙에도 저촉되지 않는다고 판시하였던 2005. 5. 26. 2002헌마699, 2005헌마192(병합) 결정은 이 결정과 저촉되는 범위 내에서 변경하기로 한다." 헌재 2010. 9. 2. 2010헌마418, 판례집 22-2상, 526, 550.

39) "종전에 이와 견해를 달리하여 법령에 대한 헌법소원의 청구기간의 기산점에 관하여 기본권의 침해가 확실히 예상되는 때로부터 청구기간을 기산한다는 취지로 판시한 우리 재판소의 의견은(1990. 6. 25. 선고, 89헌마220 결정; 1996. 2. 29. 선고, 94헌마213 결정 등) 이를 변경하기로 한다." 헌재 1996. 3. 28. 93헌마198, 판례집 8-1, 241, 251; "우리재판소가 종전에 1995. 2. 23. 선고, 90헌라1 결정에서 이와 견해를 달리하여 헌법재판소법 제62조 제1항 제1호를 한정적, 열거적인 조항으로 보아 국회의원은 권한쟁의심판의 청구인이 될 수 없다고 판시한 의견은 재판관 황도연, 재판관 정경식, 재판관 신창언을 제외한 나머지 재판관 6인의 찬성으로 이를 변경하기로 한다." 헌재 1997. 7. 16. 96헌라2, 판례집 9-2, 154, 166.

40) "종전에 헌법재판소가 이 결정과 견해를 달리하여 '평화적 생존권을 헌법 제10조와 제37조 제1항에 의하여 인정된 기본권으로서 침략전쟁에 강제되지 않고 평화적 생존을 할 수 있도록 국가에 요청할 수 있는 권리'라고 판시한 2003. 2. 23. 2005헌마268 결정은 이 결정과 저촉되는 범위 내에서 이를 변경한다." 헌재 2009. 5. 28. 2007헌마369, 판례집 21-1하, 769, 777; "음란표현은 헌법 제21조가 규정하는 언론·출판의 자유의 보호영역 내에 있다고 볼 것인바, 종전에 이와 견해를 달리하여 음란표현은 헌법 제21조가 규정하는 언론·출판의 자유의 보호영역에 해당하지 아니한다는 취지로 판시한 우리 재판소의 의견(헌재 1998. 4. 30. 95헌가16, 판례집 10-1, 327, 340-341)은 이를 변경하기로 하며, 이하에서는 이를 전제로 하여 이 사건 법률 조항의 위헌 여부를 심사하기로 한다."

41) 그럼에도 불구하고 헌법재판소가 헌법 제24조의 선거권이 분리될 수 없다고 명시하였기 때문에 이는 '의견의 변경'에 해당한다고 볼 수밖에 없다.

42) 헌법해석의 문의적 한계를 설시하고 이에 따라 판시한 헌법재판소 결정례를 살펴보도록 한다. "헌법 제49조 전문은 "국회는 헌법 또는 법률에 특별한 규정이 없는 한 재적의원 과반수의 출석과 출석의원 과반수의 찬성으로 의결한다"라고 규정하여, 의회민주주의의 기본원리인 다수결의 원리를 선언하고 있다. 이러한 다수결의 원리를 실현하는 국회의 의결방식은 헌법이나 법률에 특별한 규정이 없는 한 재적의원 과반수의 출석과 출석의원 과반수의 찬성을 요하는 일반정족수를 기본으로 한다. 일반정족수는 국회의 의결이 유효하기 위한 최소한의 출석의원 또는 찬성의원의 수를 의미하므로, 의결대상 사안의 중요성과 의미에 따라 헌법이나 법률에 의결의 요건을 달리 규정할 수 있다. 즉 일반정족수는 다수결의 원리를 실현하는 국회의 의결방식 중 하나로서 국회의 의사결정시 합의에 도달하기 위한 최소한의 기준일 뿐 이를 헌법상 절대적 원칙이라고 보기는 어렵다. 헌법 제49조에 따라 어떠한 사항을 일반정족수가 아닌 특별정족수에 따라 의결할 것인지 여부는 국회 스스로 판단하여 법률에 정할 사항이다. 국회법 제109조도 "의사는 헌법 또는 이 법에 특별한 규정이 없는 한, 재적의원 과반수의 출석과 출석의원 과반수의 찬성으로 의결한다"라고 규정하여 국회법에 의결의 요건을 달리 규정할 수 있음을 밝히고 있다. 이러한 점에 비추어 볼 때 가중다수결은 헌법 제53조 제4항, 제64조 제3항, 제65조 제2항, 제130조 제1항과 같이 그 결정의 의미와 중요성이 특별히 엄중한 경우에만 요구된다는 인용의견은, 헌법 제49조의 문언의 의미를 벗어난 것이라고 할 것이다." 헌재 2016. 5. 26. 2015헌라1, 공보 236, 866, 877.

43) 독일에서도 관습헌법에 관하여 논의가 있고, 독일의 경우 국가상징물(국기, 국가 등)도 필수적 헌법사항에 포함시키는 것이 보통이라고 한다. 그러나 독일에서 구체적 사안에서 관습헌법을 인정한 예는 없다고 한다. 홍강훈, "관습헌법의 성립영역으로서의 헌법외적 관습헌법-태극기와 애국가는 관습헌법인가?-", 공법연구 제43집 제3호, 2015, 257-267쪽.

44) 또 다른 근대헌법의 특성인 경성헌법에 따를 때, 가사 관습헌법을 인정한다고 하더라도 이러한 관습헌법은 법률적 효력만을 갖게 되므로 법률에 의하여 개정가능하다고 하여야 한다. 허영, 헌법이론과 헌법, 2004년판, 42-43쪽.

45) 국민이 주권자임을 이유로 헌법에 규정되어 있는 헌법개정절차를 거치지 아니한 채, 헌법적 사항에 관한 관행에 대한 국민의 법적 확신이 있다는 이유만으로 성문헌법과 같은 효력을 가지는 관습헌법을 창설할 수 있다는 논리는 통치권 내지 공권력적 작용의 법기속성의 요청에 위반한다는 점에서 허용될 수 없다'고 하는 견해(박경철, "국민주권, 국민의 헌법제정권력 그리고 관습헌법", 헌법학연구 13권 2호, 2007, 203-214쪽)에 전적으로 찬성한다. 이 견해도 "명시적이고 공식적인 절차를 통하여 확인된 바도 없는 국민의 의사"를 어떻게 알 수 있는가(213쪽), 국민은 국적보유자 전체를 의미하는 집합개념에 불과하고 국민 전체는 하나의 통일된 의사를 가직 행동할 수 있는 단일체가 될 수 없기 때문에 '국민의 의사'라는 개념이 허구라는 취지로 주장하고 있다(204쪽). 또한 이용구 역시 "'국민'에 의하여 수도 서울의 관습헌법성이 확인되었다고 할 때의 '국민'은 판단자의 인식 속에 의제된 것에 불과하다고 한다", 이용구, "헌법재판규범으로서의 관습헌법-헌법재판소 2004헌바554·566(병합) 결정을 중심으로-", 우리법연구회 논문집(1), 2005위의 글, 327쪽.

46) 이용구, 위의 글, 315-316쪽; 또 하나 반드시 짚고 넘어가야 할 점이 있다. 헌법재판소는 수도가 서울이라는 관행은 조선시대 때부터 약 600년간 지속되어 왔다고 하였다. 그러나 조선시대의 수도인 한양은 백성이 주권자로서 결정한 것이 아니라, 주권자인 이성계가 결정하고 후대왕들과 통치의 대상인 백성들이 이에 따랐을 뿐이다.

47) 물론 이에 대하여는 "수도가 서울이 아닌 대전인 대한민국은 대한민국이 아닌 것인가?"라는 통렬한 비판이 있다. 이용구, 위의 글, 301쪽; 만일 지방자치단체장 선거권이 국가의 정체성에 관한 문제라면 역대 헌법 중 주민직선제를 실시하지 않는 시절의 대한민국은 대한민국이 아니라는 것이 되고, 헌법상 시·읍·면장 선거만 직선제로 하고, 특별시장, 도지사 선거는 지방자치법에 의하여 직선제로 뽑도록 한 대한민국은 정체성을 반 정도 갖고 있는 대한민국이라는 뜻이 된다.

48) 공직선거법상의 대통령 피선거권의 5년 국내거주요건이 위헌인지의 여부를 심판하거나, 국회의원 피선거권에 대한 새로운 요건이 공직선거법에 추가된 것이 위헌인지를 심판할 때 침해되는 기본권

은 피선거권이라고 하여야지 공무담임권이라고 할 수는 없다. 물론 넓은 의미의 공무담임권에 이들 피선거권이 포함되는 것은 당연하나 개별, 특별 규정이 있는데 포괄기본권을 가져올 수는 없다. 표현의 자유, 거주이전의 자유, 직업수행의 자유 침해 여부를 심판하지 않고 행복추구권 침해 여부를 심판하는 꼴이 된다.

49) 이에 관한 상세한 논의는 홍강훈, "관습헌법의 성립영역으로서의 헌법외적 관습헌법-태극기와 애국가는 관습헌법인가?", 공법연구 제43집 제3호, 2015, 255쪽 이하; 홍강훈은 헌법외적 관습헌법의 전형으로 태극기와 애국가를 들고 있다. 그러나 이는 헌법이론적으로도 입법례와도 맞지 않다. 국가(國歌)를 애국가 아닌 다른 노래로 바꾸거나 애국가의 가사를 바꾸는데 개헌과 국민투표가 필요하다면 이를 받아들일 수 있는가? 독일기본법 제22조의 수도(제1항), 국기(제2항), 프랑스헌법 제2조 국기(제2항), 국가(제3항)과 같이 명문 규정이 있는 경우에는 이들 수도, 국기, 국가조항은 당연히 헌법개정사항이다.

50) 이와 정반대의 논리가 수도가 서울이라는 것이 법률사항인 이유는 헌법 제117조 제2항이 지방자치의 조직, 종류 등을 법률에 위임하였기 때문이라는 것이다. 수도 역시 지방자치의 한 형태로 보는 것이 타당하다. 이용구, 위의 글, 317쪽.

51) 이용구, 위의 글 319쪽도 이러한 점을 지적하고 있다.

52) 대한변호사협회, 2017 인권보고서, 2018, 361쪽.

53) 그 관행이 헌법적인 것인지, 즉 헌법사항에 관한 관행인지는 소위 '묻지도 따지지도' 않는다는 의미인지 궁금하다. 앞서 언급한 바와 같이 헌법내적 관습헌법으로 분류될 수 있는 사항이기 때문에 수도이전 결정에서와 같이 헌법적 관행이라는 표현을 쓸 필요는 없지 않았나 생각해본다.

54) 물로 글쓴이도 현행과 같은 주민직선의 지방자치단체장 방식을 절대 지지함을 밝혀둔다.

55) 아래에서 기술하는 심판대상, 주문, 결정요지 및 평석에서 인용하는 결정문의 문장은 공보 제195호, 104면 이하에 실려있다. 구체적인 쪽수 기재는 생략한다.

56) 대상판례는 한정위헌청구의 적법성을 인정하는 전제하에서 "심판의 대상"과 "심판대상조문"을 별개로 적시하였다. 심판대상조문은 물론 형법 제129조 제1항이다.

57) 위 법정의견에는 이진성 재판관 등 3인의 반대의견이 있다. 다음과 같다. "한정위헌청구를 원칙적으로 적법하다고 하여 받아들이더라도, 심판의 대상범위를 '법원의 해석'으로 한정한 것은 규범통제제도로서 지니는 헌법재판의 객관적 법질서보호라는 특성에 부합하지 않고, 합헌 또는 단순위헌결정을 하게 될 경우 당사자가 청구한 것과 달리 판단하게 되므로 결론에 따라 심판대상이 달라지는 문제점이 있으며, 결국 법원의 재판을 심판대상으로 하는 것으로 재판소원을 금지하는 헌법재판소법 규정에 저촉되어 허용되기 어렵다. 우리 법상 공무원의 개념은 개별 법령의 취지에 따라 다양하게 사용되고 있고, 뇌물죄는 공무집행의 공정과 직무행위의 불가매수성을 보호법익으로 하는 것이므로 비록 국가공무원법·지방공무원법상에 따른 공무원이 아니라고 하더라도 법령에 의해 위촉되어 국가 또는 지방자치단체의 공무를 담당하는 경우에는 뇌물죄의 주체인 '공무원'으로 정당하게 해석될 수 있어 죄형법정주의의 명확성원칙에 위배되지 않는다. 이는 법률조항의 가능한 문언의 의미 내에서 입법자의 입법목적이나 의도를 고려한 해석, 적용으로서 법원의 정당한 법해석 범위를 벗어난 것이 아니므로 죄형법정주의에서 금지하고 있는 유추적용(또는 유추해석)에 해당하지 않는다."

58) 위 (ⅰ)은 한정위헌청구의 적법성 인정하는 견해이고, (ⅱ)는 한정위헌청구의 적법성을 인정하거나 혹은 이는 인정되지 않으나, 헌법재판소가 한정위헌결정을 하는 것은 가능하다는 견해이고, (ⅲ)은 기본적으로 한정위헌결정 자체를 인정하지 않는 것을 전제로 하고 있다고 볼 수 있다. (ⅰ), (ⅱ)의 입장에서도 심판대상규정이 너무 모호하거나 광범위한 경우에 단순위헌결정을 할 수 있는 것은 물론이다.

59) 이 글에서는 헌법소송법적 요건에 관하여서만 검토하는 것이기 때문에 본 네 번째 쟁점에 관하여는 심도있게 논하지 않는다. 다만 헌법소송법적 요건과 일정 부분 관련도 있기 때문에(심판대상의 획정), 간단히 논하자면 직무의 청렴성이라는 이익보다는 형벌규정의 엄격성의 요청이 더 큰 경우이기 때문에 형식적 공무원 개념을 채택하는 것이 옳다고 본다.

60) 남복현 교수는 심판대상의 획정을 먼저 논한 후에 한정위헌청구의 적법성 문제를 다루고 있으나,

한정위헌청구가 적법한 것으로 받아들여진 후, 그 심판대상을 어떻게 획정(혹은 확정)할 것인가를 논하는 것이 논리적이라고 본다. 남복현, "한정위헌청구의 적법성과 위헌결정의 법적 효과", 한국비교공법학회, 공법학연구 제14권 제1호, 2013, 77쪽 이하.

61) 오시영, "헌법재판소의 변형결정에 대한 고찰", 서울지방변호사회, 『변호사』 32집, 2002., 52면; 김명수, ""변형결정(한정합헌, 한정위헌 및 헌법불합치 결정)의 기속력과 법원의 재판, 법원도서관, 『재판자료』 75집, 1997, 527쪽.

62) 엄밀히 말하면 "'명예회복에 적당한 처분'에 사죄광고를 포함시키는 한 위헌"이라는 결정은 일부위헌이 아니고 적용위헌이거나 한정위헌이다. 그러나 실제 판례에서나 이론상으로도 명예회복에 적당한 처분은 곧 사죄광고를 의미하는 것이었고, 다른 적당한 처분을 제시하지 못하였다. 기껏해야 사죄광고와 유사한 '법위반 사실 공표'를 생각할 수 있었을 뿐이다. 이러한 실무를 고려하여 위 경우를 일부위헌으로 분류할 수 있다는 의미이다.

63) 가령 살인죄는 살해라는 결과의 발생을 요하는 결과범結果犯)이라는 것과 대비된다.

64) 반대의견은 이와 같이 심판대상을 획정하는 것이 종래 헌법재판소의 선례에서 적법한 한정위헌청구의 하나로 인정하고 있는 경우 및 청구인의 주위적 청구취지에도 부합한다고 한다.

65) 남복현, 앞의 글, 78쪽 및. 헌법불합치결정의 현안, 한국학술정보, 2011, 170쪽.

66) 청구인이 위헌소원심판청구서를 제출하면서 한정위헌임을 주장하면서 말미에 여론(餘論)으로, 혹은 별개의 청구이유보충서에 명확성 원칙 위반 주장을 추가할 수 있다. 물론 헌법재판소가 직권으로 명확성 원칙 위반을 심사할 수도 있다.

67) 단순합헌으로 결정할 경우 후행소송에서는 선례를 인용한 후 사정변경의 점이 발견되지 않는다고 간단히 판단할 수 있는 반면, "~~라고 해석하는 것은 헌법에 위반되지 않는다"고 결정할 경우 후행소송에서 모두 심사기준에 따른 심사를 하여야 하는 차이점이 있다.

68) 가령, 헌재 1996. 11. 28. 96헌가13; 헌재 2001. 1. 18. 99헌바112; 헌재 2003. 6. 26. 2001헌가17; 헌재 2004. 10. 28. 2002헌마328 등은 헌법재판소가 동일한 심사척도가 적용되어 심판대상을 확장한 예이다.

69) 본 셋째 항목 및 위 둘째 항목과 관련하여 면책규정이 없는 양벌규정에 관한 위헌결정과의 차이점을 검토하여 볼 필요가 있다. 대상판례는 심판대상이 형법 제129조의 '공무원'으로 한정할 수 반면, 위 양벌규정은 그 근거법률이 어림잡아도 100개는 넘기 때문에 양벌규정을 두고 있는 모든 법률은 위헌이라고 선언할 수 있는 법리는 현행 법체제 하에서는 존재하지 않기 때문이다. 물론 추상적 규범통제를 도입할 때는 가능할 것이다.

70) 이 사건에서 헌법재판소는 공적 업무의 청렴성 보장보다는 형벌조항 해석이 엄격성을 보다 더 큰 이익으로 보았기 때문이다.

71) 대판 1987. 9. 22. 87도929, 대판 1992. 7. 14. 91도41, 헌재 1990. 4. 2. 89헌바113; 이에 대하여는 위 국가보안법 사례를 들면서 헌법재판소가 법원의 실제의 법률해석 및 적용과 전혀 다른 해석을 전제로 합헌해석을 하는 것은 합헌적 법률해석권의 남용으로 인정되지 않는다고 보아야 할 것이라는 비판적 견해가 있다. 양 건, 헌법강의 제9판, 법문사, 2020, 61-62쪽.

72) 이 사건과 관련하여서는 KBS '시사기획 창'에서 2014. 10. 4. '대법원과 헌법재판소의 위험한 게임'이라는 제목으로 심층보도한 바 있다.

73) 글쓴이는 수업이나 특강 때 위 제목과 같은 질문을 상당히 많이 받았다. 헌법재판소가 판시한 내용도 있고, 교수님들이나 학원 강사들도 모두 그렇게 강의하였다고 한다. 그런데 위에서 언급한 바와 같이 헌법재판소가 립서비스로 제시한 내용을 무작정 추종하여서는 안 된다. 헌법재판소도 이러한 설시는 자제하여야 한다.

74) 이 결정은 헌법재판소 판례집 32-1하, 312 이하에 게재되어 있다. 뒤에 나오는 2007헌마933 결정 역시 판례집 22-1상, 496 이하에 게재되어 있다. 이들 결정에서의 사건개요, 심판대상, 결정이유 등의 세부 게재쪽수는 기재하지 않는다.

75) 헌법재판소는 "행복추구권은 다른 기본권에 대한 보충적 기본권으로서의 성격을 지니므로, 공무담

임권이라는 우선적으로 적용되는 기본권이 존재하여(청구인들이 주장하는 불행이란 결국 교원직 상실에서 연유하는 것에 불과하다)그 침해여부를 판단하는 이상, 행복추구권 침해 여부를 독자적으로 판단할 필요가 없다"고 하였다(헌재 2000. 12. 14. 99헌마112 등, 판례집 12-2, 399, 408). 이와 같은 방식으로 "청구인이 구하는 제1청구에 관하여 판단하는 이상, 같은 내용의 제2청구는 판단하지 않는다"고 간단히 설시하면 족하리라 생각한다. 물론 "병합청구할 수 없다"는 판시사항을 기재하면 더욱 확실할 것이나, 앞에서 설명한 바와 같이 병합 청구가 가능한 상황을 이론상으로나마 생각할 수 있기 때문에 결정이유에서 판단하지 않는다는 뜻만 밝히면 충분하리라 생각한다.

■ **제 5 장 권한쟁의심판**

1) 헌법재판소는 많은 결정에서 '법령의 제·개정행위'라는 표현을 쓰고 있다. 이 사건 결정문에서는 따옴표까지 사용하였다(판례집 22-1하, 374, 392). 그러나 제정(制定)과 개정(改正)은 애초에 다른 한자를 사용하는 단어인데 위와 같이 방점을 사용하여 제·개정이라고 하는 것은 타당하지 않다고 생각된다.

2) 당사자능력은 권한쟁의심판에서 당사자가 될 수 있는가의 문제이고, 당사자적격은 실제 권한쟁의사건에서 당사자가 될 수 있는지의 문제이다.

3) 원고는 경기도선거관리위원회 위원장이고 피고는 국민권익위원회이다.

4) 청구인 광양시와 광양시장은 ○○ 주식회사가 전라남도로부터 분양 받은 산업단지 446,283㎡와 위 산업단지 블럭 1-1 구역의 공장(196,734㎡), 부대시설(6,325,377㎡) 중 제2별지 도면 표시 1, 2, 3, 4, 5의 각 점을 순차 연결한 선 오른쪽 부분은 청구인 광양시의 관할구역에 속함을 확인하고, 피청구인들이 2003. 7. 1.자로 위 회사에 부과한 도시계획세, 공동시설세 등의 부과처분은 청구인들의 지방자치권(자치재정권)을 침해한 것으로 무효임을 확인하는 이 사건 권한쟁의심판을 2003. 8. 28. 헌법재판소에 청구하였다. 주문 (제2항)은 "전라남도 광양시, 순천시 및 여수시 소재 율촌제1지방산업단지 매립지 중 ○○ 주식회사가 전라남도로부터 분양받은 산업단지 446,283㎡(135,000평)와 위 산업단지 블럭 1-1 구역의 공장 연면적 231,192.92㎡, 사무실 등 연면적 10,171.85㎡ 중 제1별지 도면 표시 가, 나, 다, 라, 마, 바, 사, 아, 자의 각 점을 순차 연결한 선의 오른쪽(동쪽) 부분에 대한 관할권한은 청구인 광양시에게 있음을 확인한다."이다. 확인판결의 형태이나, 사실상 형성판결(形成判決)이다.

5) 국회의 동의 없이 체결된 조약은 국내법으로서의 효력을 가지지 않는다. 또한 국회의 동의없는 해외파병 역시 합법 및 정당한 국군통수권의 행사가 아니기 때문에 이에 복종할 의무도 생기지 않는다. 오히려 위법한 명령에 따른 책임을 추궁당할 우려가 높다.

6) 다만 2004헌라3 사건에서는 정부의 법률안제출행위는 처분에 해당하지 않는다고 하여 각하결정을 하였다.

7) 다만 지방자치단체의 영토고권을 인정할 수 없고, 따라서 침해되는 권한이 인정되지 않는다는 이유로 각하결정되었다.

8) 민사소송법 제172조 ① 법원은 법정기간 또는 법원이 정한 기간을 늘이거나 줄일 수 있다. 다만, 불변기간은 그러하지 아니하다. ② 법원은 불변기간에 대하여 주소 또는 거소가 멀리 떨어진 곳에 있는 사람을 위하여 부가기간(附加期間)을 정할 수 있다. 제173조① 당사자가 책임질 수 없는 사유로 말미암아 불변기간을 지킬 수 없었던 경우에는 그 사유가 없어진 날부터 2주 이내에 게을리한 소송행위를 보완할 수 있다. 다만, 그 사유가 없어질 당시 외국에 있던 당사자에 대하여는 이 기간을 30일로 한다.

9) 행정소송법 제36조의 부작위위법확인소송은 "처분을 신청"할 것을 요건으로 한다는 점, 항고소송의 주체에 국가기관도 포함된다는 점을 전제로 하여야 하나 상급기관(혹은 관리감독기관)이 하급기관(피감독기관)에 대하여 항고소송을 할 수는 없다는 점을 감안하면 위 마지막 논거는 받아들이기 어렵다.

10) 권한쟁의심판에 먼저 준용되는 행정소송법에는 반소라는 개념이 없지만, 민사소송법 역시 헌법재판의 성질에 반하지 않는 한 준용되므로 위 사례와 같이 두 기관이 서로 자신의 권한을 주장하는 경

우에는 반소 규정이 준용되지 않을 이유가 없다. 더군다나 선행 청구의 피청구인인 부산시는 처음에는 원 청구 중 적은 부분만 자신의 권한이라는 후행청구(반소)를 하였다가 헌법재판소의 표현 그대로 옮기면 "계쟁지역 전부에 대하여 관할권한의 확인을 구하는 것으로 청구취지를 변경하였다". 즉 반소에서 청구취지를 확장하기까지 하였다.

11) 국회의원의 경우, 지역구나 비례대표를 불문하고 모두 보궐선거를 통하여 혹은 후순위자가 자동으로 의원직을 승계하기는 하나, 심의・표결권을 침해한 특정행위는 사망한 국회의원에 대한 것이므로 소송수계가 인정되지 않는 것이 극히 당연하다. 그러나 법관의 경우에는 조금 달리 생각해 볼 수 있다. 판사가 바뀌면 변론을 갱신한다. 법관의 양형결정권을 침해한다는 이유로 법률의 제정・개정 행위를 한 국회를 피청구인으로 권한쟁의심판을 청구한 당사자는 개인이 아닌 소송법상의 법원(法院)인 '서울중앙지방법원 형사1단독'이다. 1단독 판사가 사망하였다고 하여 해당 재판부의 재판이 종료되지 않고 후임 판사가 변론을 갱신하고 그대로 진행하는 것처럼, 권한쟁의에서 소송을 수계하여 권한쟁의심판의 당사자가 될 수 있다고 하여야 한다. 물론 후임자가 해당 조항은 법관의 권한을 침해하는 것은 아니라고 판단할 경우 청구를 취하하는 것도 가능하다고 하여야 한다.

12) 한편 글쓴이는 탄핵심판에서는 탄핵소추사유로 기재된 법률조항의 위헌여부를 헌법재판소가 부수적 규범통제로 심판할 수 있다는 입장이다. 얼핏 권한쟁의심판에서 부수적 규범통제는 부정하는 것과 모순처럼 보일 수 있다. 그러나 탄핵심판에서 위헌으로 판단되는 법률 규정은 국가기관 담당자의 권리나 권한을 헌법에 위반되게 제한하는 것임은 분명하다. 반면 권한쟁의심판에서 위헌여부가 문제되는 규정은 국민의 기본권 보장을 위한 통치구조의 원리상 합목적성이 우선하기 때문에 위헌의 문제가 생길 여지가 거의 없다. 글쓴이가 이 둘을 구분하는 이유이다. 한편 탄핵심판에서 법률을 위헌으로 선언한 결정의 기속력도 문제삼을 수 있을 것이나, 피소추자에게 적용을 거부하는 것(as-applied unconstitutionality)으로 족하다 할 것이므로 이 역시 문제되지 않을 것이다.

13) 개정법률안 가결선포행위와 법률제정(개정)행위는 전혀 다른 성격의, 완전히 구별되는 별개 행위이다. 앞은 것은 피청구인이 국회의장이나, 뒤의 것은 국회가 피청구인이다.

제 6 장 탄핵심판절차

1) 나아가 개별 사건의 특별검사와 특별검사보 역시 탄핵의 대상이 됨을 규정하고 있다(가령 '드루킹 특검법'과 '국정농단 특검법' 제16조).

2) 헌법재판소는 어떤 이유에서인지는 몰라도 2017년 박근혜 대통령 사건에서도 탄핵소추사유인 '헌법' 위반을 설명하면서 위 판시를 그대로 인용하였다. 또한 앞서 설명한 바와 같이 가령 양심적 병역거부 사건에서 헌법재판소의 반복된 결정에 반하는 판결을 한 법관은 모두 탄핵되어야 한다는 모순이 있다.

3) 헌법재판소가 "대통령은 법률 개선방향 입장과 소신을 피력할 수 있다"고 한 것은 헌법해석인가 정치판단인가? 헌법 제52조에 따라 정부는 법률안을 제출할 수 있고, 대통령은 정부의 수반이다. 대부분의 교과서들이 대통령의 법률안제출권이라는 목차로 대통령 항목에서 이를 설명하고 있다. 즉, 대통령은 품위유지의무를 지키면서, 시의적절하게 법률개정에 대한 의견을 피력할 수 있는 것이 아니라, 국무회의심의 등 절차를 지키기만 하면 그 뜻대로 언제든지 어느 상황이든지 법률안을 제출할 수 있다. 다시 한 번 헌법해석인지 정치판단인지 생각해보길 바란다.

4) 헌법재판소는 박근혜 대통령 탄핵사건에서도 이 논리를 유지할 수밖에 없었다. 노무현 대통령 때와 똑같은 항변과 똑같은 배척이 있었다.

5) 사면법 제3조(사면 등의 대상) 사면, 감형 및 복권의 대상은 다음 각 호와 같다. 1. 일반사면: 죄를 범한 자, 2. 특별사면 및 감형: 형을 선고받은 자, 3. 복권: 형의 선고로 인하여 법령에 따른 자격이 상실되거나 정지된 자, 제4조(사면규정의 준용) 행정법규 위반에 대한 범칙(犯則) 또는 과벌(科罰)의 면제와 징계법규에 따른 징계 또는 징벌의 면제에 관하여는 이 법의 사면에 관한 규정을 준용한다.

■ **제 7 장 정당해산심판**

1) 당시의 가처분 신청도 사실은 통합진보당에 지급되는 국고보조금 때문이라는 것은 누구나 알고 있었다. 특히 당시는 대통령 선거 및 국회의원 선거가 있는 해이기 때문에 세 배의 국고보조금이 지급되었다.

2) 재판관들은 증거능력을 획득한 이들 수사보고를 자유심증에 의하여 증명력까지 모두 인정하였다.

3) 글쓴이는 자유민주적 기본질서가 우리 헌법의 최고이념이라는 데 동의하지 않는다. 그런 의미에서 '기본 이념'이라 표현하였다. 인간으로서의 존엄과 가치가 최고이념이고, 자유민주적 기본질서는 이를 달성하기 위한 수단이다. 비단 우리 역사만이 아니라 전 세계에서 자유민주적 기본질서라는 것을 달성하기 위하여 인간의 존엄과 가치가 말살, 희생되는 경우가 많았고, 현재에도 많이 볼 수 있다.

4) 독일연방헌법재판소는 2017년 극우로 분류되는 국가민주당(NPD) 해산심판사건에서 정당의 당원 및 의석수나 활동 등을 심사한 후 비례의 원칙을 적용하여 독일의 헌정질서에 그 어떠한 위험을 초래할 가능성이 거의 없다고 하면서 해산청구를 기각하였다.

5) 이에는 찬성할 수 없다. 조금 극단으로 말하면 몇십년 후에도 그 정당 이름을 사용하지 못한다는 것은 너무 이론에만 매달리는 것이다. 곧바로 같은 이름을 사용하여 창당하지 못한다는 것으로 합헌적 해석을 할 필요가 있다.

[저자 소개]

■ 김래영

1990년 한양대학교 법학과 졸업
2004년 한양대학교 대학원 법학과 졸업(법학박사)
1998년 제40회 사법시험 합격
2001년 사법연수원 수료(제30기)
2001년 변호사
2004년 KBS 미디어포커스 자문위원
2007년 국가인권위원회 전문상담위원
2007년 단국대학교 법과대학 법학과 교수
2016년 국민권익위원회 청탁금지법 자문위원
2016년 경찰청 시민감찰위원

헌법소송법

2021년 2월 1일 초판 인쇄
2021년 2월 5일 초판 1쇄 발행

저 자 김 래 영
발행인 배 효 선

발행처 　도서출판　法 文 社

주 소 10881 경기도 파주시 회동길 37-29
등 록 1957년 12월 12일/제2-76호(윤)
전 화 (031)955-6500~6 FAX (031)955-6525
E-mail (영업) bms@bobmunsa.co.kr
(편집) edit66@bobmunsa.co.kr
홈페이지 http://www.bobmunsa.co.kr
조 판 법 문 사 전 산 실

정가 34,000원   ISBN 978-89-18-91172-4